高等院校精品课程系列教材

投资银行学

理论与案例

第3版

Investment Banking

马晓军 编著

机械工业出版社
China Machine Press

图书在版编目（CIP）数据

投资银行学：理论与案例 / 马晓军编著 . —3 版 . 北京：机械工业出版社，2020.8（2021.1 重印）

（高等院校精品课程系列教材）

ISBN 978-7-111-66146-7

I. 投… II. 马… III. 投资银行 – 高等学校 – 教材 IV. F830.33

中国版本图书馆 CIP 数据核字（2020）第 129925 号

本书是南开大学金融系（现为金融学院）开设 20 年投资银行学课程成果的结晶。作者在详细阐述投资银行基本知识和基本业务的同时，还特别关注读者对中国投资银行业务的理解和接纳程度，因此，本书非常适合国内的初学者。另外，作者注重引入案例讲解，不但在相应的知识点上列举并分析了国内相应的案例，还从国外成熟市场投资银行业务中精选经典案例，使读者既能理解中国投资银行业务，又能熟悉当前国际发展的前沿成果，具有更广阔的视角。

本书适合作为高等院校金融学、投资学、财务管理类专业本科和研究生的教材，也可作为投资银行等金融机构人员的培训教材。

出版发行：机械工业出版社（北京市西城区百万庄大街 22 号 邮政编码：100037）
责任编辑：杜 霜 责任校对：李秋荣
印　　刷：北京文昌阁彩色印刷有限责任公司 版　　次：2021 年 1 月第 3 版第 2 次印刷
开　　本：185mm×260mm 1/16 印　　张：24.75
书　　号：ISBN 978-7-111-66146-7 定　　价：55.00 元

客服电话：(010) 88361066 88379833 68326294 投稿热线：(010) 88379007
华章网站：www.hzbook.com 读者信箱：hzjg@hzbook.com

版权所有 • 侵权必究
封底无防伪标均为盗版
本书法律顾问：北京大成律师事务所 韩光 / 邹晓东

作者简介
ABOUT THE AUTHOR

马晓军，南开大学金融学院副教授、经济学博士、硕士生导师，金融学院学术发展中心副主任，自2000年开始一直在南开大学讲授投资银行学课程，同时也讲授公司金融、公司并购与战略重组、项目融资、微观银行学等课程，著有《投资银行学：理论与案例》《证券设计理论及融资工具创新问题研究》《风险投资与风险资本市场》等教材和学术专著，译著有斯托厄尔的《投资银行、对冲基金和私募股权投资》（原书第3版）、查尔斯·琼斯的《投资学》（原书第12版），并在《金融研究》《国际金融研究》等期刊上发表过多篇学术论文。马晓军副教授除了在学术上颇有建树，还有商业银行、投资银行、城投公司和上市公司的相关实践经验。

前言 PREFACE

投资银行与商业银行的本质区别在于它是直接融资还是间接融资。随着金融市场的日渐发展，投融资的渠道渐渐从商业银行向金融市场转移，在这个渠道转移过程中，投资银行起着"中间人"的作用。在直接融资强大的攻势下，商业银行也逐渐改弦易张，现在放眼望去，虽然原则上商业银行不被允许做直接的股权投资，但是除了区域性小银行，几乎已经看不到没有投资银行部的商业银行了。

投资银行业务的核心作用，是在投融资双方之间搭建了一座"桥梁"。在"建筑材料""工艺水平"相对简单的过去，贷款是最主要的模式。虽然现在这座桥梁的结构已经越来越精巧了，但是成本却在下降，这就是投行工程师的杰作。笔者还是愿意引用罗伯特·库恩的那句话："投资银行业的精髓是它对经济的推动力，它永远使人充满激情的复杂性和创新性。"

由于资本市场落后，我们付出了很高的代价。阿里巴巴、腾讯、百度这些互联网巨头所获得的利润，几乎百分之百来自中国，而真正因其发展有所收获的却主要是海外投资者，究其原因，就是我国资本市场的发展滞后。再往前，四大行上市，我们给了海外投资者战略入股的获利机会，若干年后，他们带着利润纷纷退出，这也是我们的"学费"。

投资银行的发展，需要有坚实的市场基础设施，因为在商业银行间接融资模式下，投资者面对的是商业银行的信用加持，商业银行不需要直接了解融资者的信用，也就是说，商业银行作为金融中介，以其自身的信用来减少信息不对称。但是在直接融资模式下，投资者将直接面对融资者，信息不对称是不可避免的。投资银行并不是在单打独斗，金融市场的基础设施包括会计制度、法律制度、交易制度等，当我们要求投资银行发展的时候，一定不要忘记它们所需要的合作伙伴。面对上市公司的欺诈，如果背后是会计师的失职以及法律制度的纵容，投资者怎敢放心托付手中的资金？所以，我们在学习本书有关投资银行的各项业务时，千万不要忘记先决条件；国家在发展直接融资时，也绝不要疏忽基础设施的建设。

本书第 1 版出版于 2011 年，第 2 版出版于 2014 年，笔者本来计划每 3 年一更新，但是第 3 版由于各种原因，直到 2019 年 10 月才完稿，滞后于读者的期望，笔者感到非常抱歉。尤其在完稿时收到了第 2 版第 13 次印刷的样书，笔者真心感到愧对读者的厚爱。

也许是辩解，但笔者认为，"慢工"带来的结果还是比较好的，相比于第 2 版，第 3 版有了非常多的更新，无论是从形式还是从内容上看，都可以说相当于一本新书。

从形式上看，本书引入了二维码阅读，提供了一些学习网址，这样可以容纳更多的参考资料。大量的参考资料通过二维码的形式呈现，读者可以一边阅读教材，一边扫码阅读对应的法律制度、年报、公告、网页等，既丰富了教材内容，又减少了正文篇幅。

从内容上看，本书的更新主要体现在三个方面：第一，根据我国证券市场近年来的一些重大变化，更新了相关的制度和法律法规，包括 IPO、再融资、债务融资、资产证券化、投资银行监管等方面，尤其是 2020 年 3 月 1 日新《证券法》实施，我国证券发行和交易制度出现重大创新，教材及时纳入了这一最新变化；第二，采用了近年来发生的案例，对第 2 版中某些较为经典的案例，本书进行了保留，案例总数由第 2 版的 38 个增至第 3 版的 44 个；第三，对全书结构进行了调整，增加了第 2 章"企业融资方案设计"，删去了第 2 版第 7 章"项目融资"以及第 8 章"资产管理业务"，将第 2 版第 9 章"投资银行的风险管理"拆分为两章，即第 3 版的第 8 章"投资银行的风险管理"和第 9 章"投资银行的监管"。

当然，在第 3 版中，笔者也根据第 2 版教学中的一些反馈意见，对其中的错漏进行了更正。

在教材特点方面，第 3 版延续了第 2 版的主要特点：一是强调对投资银行基本知识和基本业务的掌握，各章都列出了知识要点，同时对基本知识点进行了较为详细的阐述，以避免学生因为不熟悉资本市场的相关基础知识而难以理解资本运作，此外，本书对投资银行的前沿理论和实务进行了跟踪与更新；二是注重案例教学，对于一些重要的知识点，本书精选了相关案例，并对案例进行了简要的分析，这些案例可以在课上或者课后进一步展开，以便更加详细地讨论；三是所有内容均以中国的投资银行业务为主，辅以国外成熟市场投资银行业务的介绍，在案例选择方面，本书也首先选择我国的相关案例，因为各国的法律制度不同、金融市场的发展程度不同，各国的投资银行业务还存在比较大的差别。

相较于投资银行实务的蓬勃发展，理论界对于投资银行这类金融机构的研究相对欠缺，这说明投资银行学在研究方面面临困难，但同时又暗示着投资银行学的研究仍有广阔空间。如何将丰富的实践与相对严谨的理论结合起来，如何拓展投资银行的理论研究，这些正是投资银行学从教者不断探索的内容。一方面积极汲取理论研究的新知，另一方面及时纳入实践发展的新料，这样才能让学生在投资银行方面看得更远，脚步更坚实。投资银行学理论绝不是一两个简单的公式，而是一套不断丰富完善的求解体系。

笔者在南开大学金融学院讲授"投资银行学"课程已有 20 余年，讲授由投资银行学衍生的"公司并购与战略重组"等课程也有很多年了,感谢 20 年来学生对课程的积极参与,感谢同事的热心建议,也感谢业界朋友和学生的交流指正,更感谢机械工业出版社一如既往的支持,尤其还要感谢中国银行间市场交易商协会给予的研究和探讨机会,使笔者能够站在一个更全面的角度去观察这个行业。

投资银行业务是金融中最灵活、最能体现创新的业务,笔者希望本书能够与时俱进,更好地服务于人才培养大业。由于投资银行业务处于不断的发展变化之中,加之笔者的学识有限,书中难免存在不足之处,敬请各位专家、读者不吝赐教,以利于教材的不断完善。

最后,感谢各方对本教材的支持与帮助,尤其感谢每一届使用本书的学生,只有读者才是本书编写者真正的"上帝"!

马晓军
2020 年 3 月 12 日于南开大学

教学目的：

让学生了解投资银行的各项基本业务，领会资本市场的运作模式，掌握证券发行、公司并购、资产管理、资产证券化等各个细分领域的基础知识，同时引导学生学习资本运作的一些案例，能够运用知识创造性地分析和解决问题。

前期需要掌握的知识：

西方经济学、公司金融、投资学、会计学、财务管理等课程的相关知识。

课时分布建议：

教学内容	学习要点	课时安排		
		金融专业硕士研究生	金融专业本科生	非金融专业本科生
第1章 投资银行概述	1. 了解投资银行的定义、投资银行与商业银行的异同（重点） 2. 了解投资银行的主要业务和特点（重点） 3. 理解投资银行的存在形式与组织形式 4. 理解投资银行功能的经济学解释（重点） 5. 了解我国投资银行的发展状况	2	2	4
第2章 企业融资方案设计	1. 了解企业融资需求的分析方法 2. 预测融资需求 3. 了解融资方式选择需考虑的要点	4	2	0
第3章 股份有限公司与首次公开发行	1. 了解公司的概念和类别 2. 分析上市融资的动机（重点） 3. 理解证券发行的制度和程序（重点） 4. 了解股票发行方式 5. 了解股票发行的定价方法和影响股票发行定价的因素（重点） 6. 分析IPO折价现象（选学） 7. 了解借壳上市的特点、操作方式	8	6	6

（续）

教学内容	学习要点	课时安排		
		金融专业硕士研究生	金融专业本科生	非金融专业本科生
第4章 上市公司再融资	1. 了解上市公司资本市场再融资的主要方式 2. 理解配股、公开增发、非公开增发、优先股、可转换公司债券、可交换公司债券的特点（重点） 3. 了解再融资的承销风险	8	6	6
第5章 债券的发行与承销	1. 了解债券的基本概念、特征和主要分类 2. 了解国债、地方政府债券的发行特点 3. 了解金融债券的发行与承销 4. 了解公司信用类债券的发行主体、发行条件、发行程序和发行定价（重点） 5. 了解我国债券的主要交易市场	6	6	6
第6章 资产证券化	1. 了解资产证券化的定义 2. 理解资产证券化的基本结构（重点） 3. 了解资产证券化的特点 4. 理解资产证券化的各类产品（重点） 5. 理解资产证券化的收益和风险 6. 了解我国资产证券化的主要类别和典型案例（重点）	8	6	6
第7章 公司并购	1. 了解公司并购的概念和类型 2. 理解公司并购的动因（重点） 3. 了解公司并购的一般操作程序 4. 理解公司并购的估值、支付方式（重点） 5. 理解杠杆收购的概念、一般程序、风险和收益 6. 理解反收购的主要策略 7. 了解要约收购	8	6	6
第8章 投资银行的风险管理	1. 理解投资银行风险的整体特征和具体各项业务的风险 2. 理解投资银行风险的全面管理模式 3. 理解投资银行的风险管理架构和风险管理政策 4. 熟悉以VaR为代表的投资银行风险管理技术	2	0	0
第9章 投资银行的监管	1. 理解投资银行监管的目标和原则（重点）、主要监管模式和主要监管内容 2. 了解我国投资银行业务监管的主要框架（包括商业银行投行业务和证券公司投行业务）（重点） 3. 了解全球投资银行监管政策的变化	2	2	2
课时总计		48	36	36

说明：

（1）在课时安排上，对于硕士研究生可以安排48学时，对重要知识点通过案例和学生演示等方法加强互动教学；对于金融专业本科生和非金融专业本科生（一般是财务方向）可以安排36学时，主要针对重要知识点进行讲解。

（2）本教材涉及的法律法规较多，这方面建议安排学生自学。

（3）在实际教学中，股票发行（包括再融资）、债券发行、资产证券化、公司并购这四个章节都有较大的扩展余地，因此往往导致授课时间不够。教师可以自行选择重点内容深入讲授，而将剩余章节留给学生自学，笔者认为局部深入的教学优于面面俱到。以上教学时间分配仅做参考。

作者简介
前　　言
教学建议

第1章　投资银行概述 ……………… 1

1.1　投资银行的定义、与商业银行的异同
　　　及主要业务 ………………………… 1
1.2　投资银行的存在形式与组织形式 …… 18
1.3　投资银行对经济的促进作用 ………… 25
1.4　投资银行功能的经济学解释 ………… 29
1.5　我国投资银行的发展 ………………… 34

第2章　企业融资方案设计 ………… 48

2.1　企业融资需求分析 …………………… 48
2.2　融资需求预测 ………………………… 56
2.3　企业融资方式的选择 ………………… 61

第3章　股份有限公司与首次公开发行 … 77

3.1　股份有限公司 ………………………… 77
3.2　公开上市的动机 ……………………… 81
3.3　首次公开发行与股票上市 …………… 92
3.4　股票发行方式 ………………………… 100

3.5　股票上市 ……………………………… 115
3.6　股票发行定价 ………………………… 121
3.7　借壳上市 ……………………………… 133

第4章　上市公司再融资 …………… 147

4.1　上市公司发行新股 …………………… 147
4.2　上市公司发行优先股 ………………… 158
4.3　上市公司发行可转换公司债券 ……… 162
4.4　上市公司发行可交换公司债券 ……… 174
4.5　再融资的承销风险 …………………… 177

第5章　债券的发行与承销 ………… 180

5.1　债券的基本知识 ……………………… 180
5.2　国债的发行与承销 …………………… 186
5.3　地方政府债券的发行与承销 ………… 195
5.4　金融债券的发行与承销 ……………… 197
5.5　公司信用类债券的发行与承销 ……… 199
5.6　债券交易市场 ………………………… 211

第6章　资产证券化 ………………… 216

6.1　资产证券化的基本概念 ……………… 216
6.2　资产证券化的主要类型 ……………… 227

6.3 资产证券化的收益和风险分析 …… 234
6.4 我国资产证券化的实践 …………… 238

第 7 章 公司并购 ……………………… 262

7.1 并购的概念和类型 ………………… 262
7.2 公司并购的动因 …………………… 267
7.3 公司并购的一般操作程序 ………… 277
7.4 公司并购的支付方式 ……………… 288
7.5 杠杆收购 …………………………… 293
7.6 反收购策略 ………………………… 302
7.7 要约收购 …………………………… 312

第 8 章 投资银行的风险管理 ………… 325

8.1 投资银行的风险来源 ……………… 325
8.2 投资银行的风险管理 ……………… 327

第 9 章 投资银行的监管 ……………… 339

9.1 投资银行监管的目标和原则 ……… 339
9.2 投资银行的监管模式 ……………… 345
9.3 对商业银行投行业务的管理 ……… 348
9.4 对证券公司投行业务的监管 ……… 356
9.5 投资银行监管政策的变化 ………… 365

参考文献 ………………………………… 384

第 1 章
投资银行概述

■ 本章提要

投资银行是主营资本市场业务的金融机构,是金融市场中最为活跃的一支力量。本章首先介绍了投资银行的定义,比较了投资银行与商业银行,概括了投资银行的主要业务;然后介绍了各国投资银行的存在形式和组织形式、投资银行对经济的促进作用,并从经济学角度对投资银行的功能进行了解释;最后介绍了我国投资银行的发展状况。

■ 重点与难点

1. 投资银行的定义以及主要业务
2. 投资银行与商业银行的异同
3. 投资银行在美国、欧洲、英国、日本等主要国家和地区的存在形式
4. 投资银行的简要发展历史
5. 投资银行主要的组织形式及其优缺点
6. 投资银行对经济的促进作用
7. 投资银行的功能(经济学角度)
8. 我国投资银行的发展历史以及经营特点

1.1 投资银行的定义、与商业银行的异同及主要业务

1.1.1 投资银行的定义

投资银行(investment bank,简称"投行"),起源于欧洲,其名称来自美国。19世纪前,"银行"只是一个笼统的名称,凡是从事存贷款和投资、证券发行等业务的金融机构,都可以称为银行。1933年,美国在大萧条之后由国会通过《1933年银行法》(Banking Act of 1933),或称《格拉斯 – 斯蒂格尔法案》(Glass-Steagall Act),划清了商业银行和投资银行的界限,明确禁止商业银行从事投资和证券经纪业务,投资银行也不得从事存款及贷款等商业银行的业务,分业型模式自此开始。典型的事例是老牌的银行 J. P. 摩根拆分为 J. P. 摩根银行和摩根士丹利公司,前者继续开展其商业银行业务,后者则另起炉灶,专门从事投资银行业务。在1933年之

前,美国银行业处于混业状态,并没有明确的商业银行与投资银行之分,商业银行既经营存贷款业务,也经营投资业务。比如,花旗银行在早期是以承销作为主要业务的。1947年,美国成立了"投资银行协会"(Investment Banking Association),自此"投资银行"的名称基本成形。

按照罗伯特·劳伦斯·库恩在《投资银行学》㊀一书中的介绍,根据业务涵盖范围的大小,投资银行业务可以分为四个层次。

最广义的投资银行业务包括金融机构的全部业务,从国际承销业务到零售交易业务以及其他许多金融业务,如不动产投资和保险。

第二广泛的投资银行业务包括所有资本市场的活动,从证券承销、公司融资到并购,以及基金管理和风险投资等,但不包括不动产经纪、保险和抵押贷款业务。

第三广泛的投资银行业务只限于某些资本市场业务,着重于证券承销和公司并购,但不包括基金管理、风险投资、商品交易、风险管理交易等。

最狭义的投资银行业务仅限于一级市场证券承销和资本筹措、二级市场证券交易和经纪业务。

目前普遍被接受的是第二广泛的投资银行业务,它比较准确地界定了当今投资银行的业务范围,即投资银行业务是指以资本市场为主的金融业务,它主要包括公司资本市场上的融资、证券承销、公司并购以及基金管理和风险投资等业务,而主要从事这种活动的金融机构,则被称为投资银行。

在投资银行中,往往还有更为具体的投资银行部,投资银行部的业务一般是上述第三广泛的投资银行业务,着重于证券承销和公司并购。

表1-1列出了2017年全球十大投资银行的经营状况,从中我们可以发现:①全球十大投资银行,有六家在美国;②投资银行业务往往与商业银行业务是混业经营的;③我国的投资银行目前尚未排入世界前十。与之不同的是,在英国《银行家》杂志的"2018年全球1 000家大银行榜单"上,我国的四大银行位列前四名。

表1-1 2017年全球十大投资银行的经营状况

公司简称	主要上市地	投行业务收入	公司市值	营业收入	净利润	总资产	股东权益
摩根大通	NYSE	67.32	3 710.52	996.24	244.41	25 336.00	2 556.93
高盛集团	NYSE	58.78	960.96	320.73	42.86	9 167.76	822.43
美林证券	NYSE	53.58	3 079.71	873.52	182.32	22 812.34	2 671.46
花旗集团	NYSE,TSE	50.42	1 267.40	714.49	-67.38	18 424.65	2 016.72
摩根士丹利	NYSE	50.35	948.60	379.45	62.16	8 517.33	784.66
瑞信	SIX,NYSE	34.48	456.08	209.00	-9.48	7 962.89	421.89
巴克莱银行	LSE,NYSE	34.22	464.78	189.97	-8.94	11 332.48	660.16
德意志银行	DAX,NYSE	28.11	393.04	264.48	-7.35	14 747.32	680.99
富国银行	NYSE	21.40	2 987.55	883.89	224.60	19 517.57	2 080.79
加拿大皇家银行	TSE,NYSE	21.29	1 186.41	406.69	114.69	12 128.53	744.28

注:投行业务收入、公司市值的数据采用的金额单位为亿美元。营业收入、净利润、总资产和股东权益的数据采用本国(地区)货币单位:瑞信采用亿瑞士法郎,巴克莱银行采用亿英镑,德意志银行采用亿欧元,加拿大皇家银行采用亿加拿大元,其他投资银行均采用亿美元。

资料来源:投行业务收入排名来自《2017年全球十大顶级投行业绩表现一览》(http://money.163.com/18/0116/05/D88GEAA9002580S6.html),其他信息来自东方财富Choice金融终端。

㊀ 库恩. 投资银行学[M]. 李申,薛伯英,赵家和,等译. 北京:北京师范大学出版社,1996.

1.1.2 投资银行与商业银行的异同

在现代金融体系中，投资银行和商业银行构成了金融市场的主体部分，是最基本、最核心的两类金融机构。这两类金融机构虽然在不同国家因为法律制度的不同，其业务范畴的划分有所不同，但在很多国家都表现出了混业经营的特色：商业银行可能在从事投资银行的业务，投资银行也可能在从事商业银行的业务。尤其是2008年9月，美国联邦储备系统（以下简称"美联储"）宣布高盛集团和摩根士丹利获准向银行控股公司转型，该举措标志着美国传统的独立投行模式就此终结。虽然在现代金融的背景下，投资银行与商业银行在机构和业务方面的边界日益模糊，但是它们所代表的两种基本金融模式的区别还是明显的。在此，我们根据金融机构的业务属性，将银行机构区分为商业银行、投资银行和全能银行。

投资银行和商业银行的区分，主要是依据1933年《格拉斯－斯蒂格尔法案》所限定的框架范围。在此范围内，投资银行指的是以资本市场业务作为其主要收入来源的专业性金融机构，其基本业务包括证券发行与承销、私募发行、公司并购重组、证券经纪和交易、基金管理、风险投资、财务咨询等。而商业银行则可以吸收公众存款，并在此基础上发放贷款，其本源业务是具有债务属性的存贷款业务。

投资银行与商业银行的比较如表1-2所示。

表 1-2 投资银行与商业银行的比较

比较项目	投资银行	商业银行
本源业务	证券承销与交易	存贷款业务
融资功能	直接融资	间接融资
活动领域	主要活动于资本市场	主要活动于借贷市场
业务特征	难以用资产负债表反映	分为表内与表外业务
利润来源	佣金与交易利润	存贷款利差
风险特征	在一般情况下，投资人面临的风险较大，投资银行风险较小	在一般情况下，存款人面临的风险较小，商业银行风险较大
经营方针	在风险控制下，稳健与开拓并重	追求安全性、盈利性和流动性的统一，坚持稳健原则
监管部门	主要是证券监管当局	主要是银行监管机构

1999年，美国颁布了《金融服务现代化法案》，该法案废除了《格拉斯－斯蒂格尔法案》中禁止银行拥有证券关系企业的规定，并允许银行控股公司不受限制地从事证券承销、买卖，以及共同基金业务、保险业务，打破了20世纪30年代以来美国在银行、证券和保险业之间的法律壁垒，允许金融领域混业经营。在这样的背景之下，原先的投资银行的业务范围开始模糊，商业银行纷纷介入投资银行领域，从事发行承销、资产证券化、并购融资、基金管理等传统投资银行业务。

图1-1是1952～2008年美国金融机构资产总体结构变化，可以发现：第二次世界大战（以下简称"二战"）结束以来，商业银行资产总量的增长基本与名义GDP的增长趋同，而其他金融机构的资产则出现了飞速增长，重新构造了美国金融资产的结构。在美国金融机构资产总体结构中，更多的金融资产来自代表直接融资的证券市场，如股票、债券、资产证券化产品等，而在证券资产的背后，投资银行是主要的发动力量。

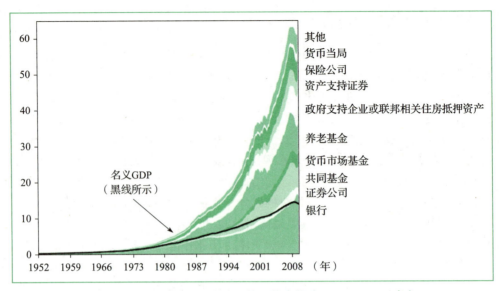

图 1-1 美国金融机构资产总体结构变化（1952～2008 年）

资料来源：《2010 年美国总统经济报告》。

1. 投资银行与商业银行的区别

投资银行与商业银行是现代金融市场中两类最重要的中介机构，从本质上来讲，它们都是资金盈余者和资金短缺者之间的中介，一方面使资金供给者能够充分利用多余资金以获取收益，另一方面又帮助资金需求者获得所需资金以求发展。从这个意义上来讲，投资银行与商业银行的功能是相同的。

然而，在发挥金融中介作用的过程中，投资银行的运作与商业银行有很大的不同：投资银行是直接融资的金融中介，而商业银行则是间接融资的金融中介。投资银行和商业银行的金融中介作用具体如图 1-2 和图 1-3 所示。

图 1-2 投资银行直接融资的金融中介作用

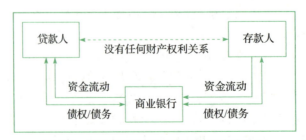

图 1-3 商业银行间接融资的金融中介作用

投资银行作为直接融资的中介，仅充当中介人的角色，它为筹资者寻找合适的融资机会，为投资者寻找合适的投资机会。但在一般情况下，投资银行并不介入投资者与筹资者之间的权利和义务之中，而只是收取佣金，投资者与筹资者直接拥有相应的权利和承担相应的义务。

商业银行则不同，商业银行同时具有资金需求者和资金供给者的双重身份：对存款人来说，商业银行是资金需求者，存款人是资金供给者；对贷款人而言，商业银行是资金供给者，贷款人是资金需求者。在这种情况下，存款人与贷款人之间并不直接发生权利与义务关系，而是通过商业银行间接发生关系，双方不存在直接的合同约束，因此这种融资方式被称作"间接融资方式"。

此外，商业银行以资产负债业务为主，服务于债务市场；投资银行并不主要依靠资产负债业务，而是以中介业务为主，服务于资本市场。因此，投资银行与商业银行在其他方面也存在较多的差别（见表 1-2）。

2. 投资银行与商业银行的关系

按照历史的发展，投资银行与商业银行的关系基本上可以分为四个阶段。

（1）**早期的自然分业阶段**。较为典型的投资银行在开始的时候是以独立形态存在的。比如，美国的投资银行美林公司，在 19 世纪 20 年代创建之初，就是一家专门经销证券和从事企业票据贴现业务的商号。这一阶段商业银行和投资银行是各自独立的，这种分离不是法律规定的，而是历史自然形成的，它们各自的任务较明确，商业银行经营资金存贷和其他信用业务，投资银行主要是发行和承销各类证券。

（2）**19 世纪末 20 世纪初期的自然混业阶段**。20 世纪 30 年代以前，西方国家经济的持续繁荣带来了证券业的高速增长，银行业与证券业的混业经营特点非常明显。在商业银行向投资银行业务大力扩张的同时，投资银行也在极力地向商业银行领域拓展。在这一时期，商业银行与投资银行在业务上几乎不存在什么界限。

（3）**20 世纪 30 年代大萧条后的现代分业阶段**。商业银行与投资银行的最终分离是在 1929～1933 年世界经济大萧条之后开始的。为了保护商业银行的全面发展，1933 年美国国会通过了《1933 年银行法》，第一次明确了投资银行在国民经济中的地位，同时决定了半个多世纪美国银行业与证券业分业经营的模式。一般认为，摩根士丹利公司的成立，标志着现代投资银行的诞生。1948 年，日本制定了《证券交易法》，对银行业务与证券业务的分离也做了法律上的规定，该法也促成了日本商业银行与投资银行的正式分离。

（4）**20 世纪 70 年代以来的现代混业阶段**。从 20 世纪 70 年代末开始，各国金融当局纷纷对本国金融体制实行重大改革，其中一个重要内容就是打破商业银行与投资银行的界限，出现了商业银行与投资银行融合的趋势。这一阶段西方各国金融改革的基本特征是放松管理，业务更趋于自由化和国际化，是商业银行与投资银行的高级融合阶段。尤其是 1999 年，美国通过了《金融服务现代化法案》，作为金融控股公司的银行控股公司所能从事的业务被扩充至证券承销和自营买卖、保险代理及承销业务、商人银行业务等，可以兼跨银行、证券、保险三个业态。

1.1.3 投资银行的主要业务

全球各家投资银行的业务各有不同、各有侧重，但其主要业务是相似的（见表 1-3）。

表 1-3　投资银行的主要业务

分类	业务内容
一级市场业务	为企业融资
	为政府部门筹资
	证券承销（公募、私募、批发、零售）
二级市场业务	充当经纪商
	充当交易商
	充当做市商
资产管理业务	基金设立与证券组合管理
	合伙基金管理
	受托理财
企业并购业务	企业兼并
	企业收购
	企业改组
资产证券化业务	抵押贷款
	抵押转付
	资产支持
项目融资业务	融资租赁
	BOT融资
	项目债券融资
私募投资业务	私募基金设立
	股权投资或者证券投资
	推动企业上市或者并购
其他业务	信息咨询
	衍生工具设计与交易
	金融产品创新

1. 一级市场业务

一级市场业务，又称证券发行与承销业务，是投资银行最本源、最基础的业务活动，是投资银行为公司或政府机构等融资的主要手段之一。该业务一般由投资银行设立的投资银行部门或公司融资部实施，西方投资银行的一级市场业务一般由市场开发部门、公司融资部、市场销售部等部门合作完成。

投资银行发行与承销的证券范围很广，包括本国中央政府发行的债券、地方政府发行的债券、政府部门发行的债券、各种企业发行的股票和债券、外国政府与外国公司在本国和其他国家发行的证券、国际金融机构发行的证券等。

按照面向投资者的范围不同，证券发行可分为两种：一种是**公募发行**（public placement），另一种是**私募发行**（private placement）。公募发行主要指面向社会公众投资者（即非特定投资人）发行证券的行为。其中股票的公募发行包括拟上市公司的**首次公开发行**（initial public offering，IPO）、上市公司再融资所进行的增资发行和面向老股东的配股发行。最常见的公募发行证券主要有股票、公司债券、政府债券、可转换公司债券等。私募发行主要指通过非公众渠道，直接向特定的合格投资者发行的行为，主要发行对象包括各类共同基金、保险公司、各类养老金、社保基金、投资公司等。私募发行不受公开发行的规章限制，除能节约发行时间和发行成本外，还能够比在公开市场上交易相同结构的证券给投资银行和投资者带来更高的收益率，但是私募发行也有流动性差、发行面窄、难以公开上市、难以扩大企业知名度等缺点。

投资银行在承销过程中一般要按照承销金额及风险大小来选择承销方式。承销方式通常有三种：第一种为包销，包括全额包销和余额包销两种，是指证券投资银行主承销商和它的辛迪加成员同意按照协议的价格全部购入发行的证券（全额包销）或者在承销期结束时将售后剩余证券全部自行购入（余额包销），再把这些证券卖给他们的客户。发行者不承担风险，风险转嫁到了投资银行身上。第二种为代销，即投资银行只接受发行者的委托，代理其销售证券，如在规定的期限计划内发行的证券没有全部销售出去，则将剩余部分返回证券发行者，发行风险由发行者自己承担。采用这种发行方式的证券一般是信用等级较低、承销风险大的证券。第三种为投资承销，是指投资银行通过参加投标承购证券，再将所获证券销售给投资者，采用这种发行方式的证券通常都是信用等级较高、颇受投资者欢迎的证券。

2. 二级市场业务

二级市场业务，又称证券交易业务，同样是投资银行最本源、最基础的业务活动。在二级市场业务中，投资银行扮演着 经纪商（broker）、做市商（market maker）和 交易商（dealer）三重角色。作为经纪商，投资银行代表买方或卖方，按照客户提出的价格代理其进行交易；作为做市商，投资银行有义务为该证券创造一个流动性较强的二级市场，并维持市场价格的稳定；作为交易商，投资银行自行判断买卖的品种和机会，这是因为投资银行接受客户的委托，管理着大量的资产，必须要保证这些资产的保值与增值。后两种角色均为自营商。此外，投资银行还在二级市场上进行无风险套利和风险套利等活动。二级市场业务受到市场波动的影响非常大，因此，风险控制成为二级市场业务的重心。

部分投资银行同时还参与货币市场的业务，如组建货币市场基金，参与买卖银行承兑汇票、大额定期存单等。在我国，证券公司被允许创建货币市场基金，参与回购业务和同业拆借市场等，也可以按照相关规定以其证券为抵押向商业银行借款等。

3. 资产管理业务

资产管理业务是指根据资产管理合同约定的方式、条件、要求及限制，对客户资产进行经营和运作，为客户提供证券及其他金融产品的投资管理服务的行为，具体包括对股票、债券、可转换公司债券、另类资产（如对冲基金、私募股权投资基金和房地产）、大宗商品外汇等各项进行投资。根据波士顿咨询公司发布的《2017年全球资产管理报告：创新者的破局之路》，全球资产管理规模约为69.1万亿美元。资产管理人专门管理不同类别的资产并根据资产类别及管理人的能力收取管理费。

投资银行可以在自己的资产管理部管理客户委托的资产，也可以通过其设立的基金进行资产管理。比如，高盛集团设立了全球阿尔法对冲基金，摩根大通收购了对冲基金高桥资本，它们还可以参与私募股权投资，但是2010年7月生效的《多德-弗兰克法案》限制了

投资银行对私募股权基金的直接投资或共同投资。⊖

截至 2017 年年底，美国最大的银行摩根大通所管理的客户资产达到 2.8 万亿美元，而摩根士丹利作为一家纯粹的投资银行，其管理的客户资产也达到了 2.37 万亿美元。

4. 企业并购业务

19 世纪末至今，美国共发生了五次大规模的兼并收购浪潮，直接导致了大型公司与跨国公司的产生。并购本身就是产业和经济结构的调整，对美国经济产生了深远的影响。投资银行在历次并购浪潮中都发挥了关键作用，特别是 20 世纪 70 年代以后，企业收购与兼并业务得到长足发展，成为投资银行的核心业务和主要收入来源之一。

投资银行可以以多种形式参与企业的并购活动，如寻找并购对象、向猎手公司和猎物公司提供有关买卖价格或者价格条款的咨询服务、帮助猎手公司制订并购计划或帮助猎物公司针对恶意的收购制订反收购计划、帮助安排资金融通和过桥贷款等。此外，投资银行还可以采用杠杆收购、公司改组和资产结构重组等方式参与企业并购过程。

5. 资产证券化业务

资产证券化是近 30 年来国际金融市场领域中最重要的金融创新之一，是被西方金融实务领域广泛认同的业务发展大趋势之一。它是将资产原始权益人或发起人（卖方）不流通的存量资产或可预见的未来现金流量，构造和转变成为资本市场可销售和流通的金融产品的过程。资产证券化是一项以提高流动性和融资为目的的金融创新，它对一组原本流动性较差的金融资产进行组合，使其产生长期稳定的现金流收益，再配以相应的信用担保，把这种未来现金流的收益权转变为可在金融市场上流动的、信用等级较高的证券，其实质就是将金融资产的未来现金流收益权进行转让。

在资产证券化中，投资银行可以担任不同的角色，从而起到不同的作用。它既可以是为客户设立特殊目的载体的协助者，也可以作为资产支持证券的承销商。

6. 项目融资业务

项目融资是对一个特定经济单位或项目策划安排的一揽子融资的技术手段，贷款者可以只以该经济单位或项目的现金流量及所获收益作为还款来源，并以该单位或项目的资产作为借款担保，进行抵押贷款或者通过发行股票、各类债券、基金以及各种证券化产品来安排项目投资所需的资金融通。项目融资具有涉及方面广、参与者众多、融资结构复杂、组织运作专业性强等特点，仅仅依靠项目投资者自己很难独立全程操作，必须依靠具有丰富项目融资专业经验的融资顾问的指导和帮助。在某种程度上可以说融资顾问是决定融资能否成功的关键，而投资银行是担任这一角色的最适合人选。

投资银行在项目融资中的作用主要表现为：①对项目的可行性与风险进行全面评估；②确定项目的资金来源、承担的风险、筹措成本；③估计项目投产后的成本超支及项目完工后的投产风险和经营风险；④通过贷款人或从第三方获得承诺，转移或减少项目风险；⑤以项目融资专家的身份充当领头谈判人，在设计项目投资方案中起关键作用。

⊖ 根据《多德-弗兰克法案》（全称为《多德-弗兰克华尔街改革和消费者保护法案》）的规定，在任何私募股权投资中，投资银行最多只能持有其 3% 的股份，并进一步限制投资银行在私募股权和对冲基金上的投资不得超过银行一级资本的 3%。

7. 私募投资业务

私募投资业务是近年来涌现出来的新投资方式，是指通过私募的方式筹集资金进行投资，所形成的基金称为私募基金。私募基金一般分为私募股权投资基金和私募证券投资基金，前者集中投资于未上市公司的股权，后者则投资于金融市场中交易流动性较强的各种证券。私募投资业务由于投资方式灵活、所受监管和限制较少，因而业绩一般比公募基金好一些，从而成为金融领域的一个新趋势。

投资银行会在三个阶段参与私募投资业务：第一个阶段是资金募集阶段，投资银行利用其广泛的客户资源，帮助发起人进行募资，甚至投资银行经常会直接投资认股；第二个阶段是投资管理阶段，在私募股权投资中，投资银行往往会帮助寻找项目、选择项目和管理项目，而在私募证券投资中，投资银行往往会提供投资标的以及投资参考意见，出具投资研究报告等；第三个阶段是推动所投资企业上市或者并购阶段，投资银行往往会利用其在证券发行和公司并购方面的优势，帮助私募基金所投资企业上市或者寻找收购方，通过上市或者收购实现投资退出。

8. 其他业务

（1）**金融衍生工具业务**。根据特性不同，金融衍生工具一般分为三类：期货类、期权类和互换类。使用衍生工具的策略主要有套期保值和投机套利。通过金融衍生工具的设立与交易，投资银行进一步拓展了业务空间和提高了资本收益。

（2）**金融工程业务**。通过灵活使用金融衍生工具进行金融创新以保值获利，是投资银行金融工程的主要内容。事实证明，投资银行可以通过金融工程为客户提供更加满意的服务，因为金融工程业务可以通过对衍生工具的组合创新使金融活动实现流动、获利和避险的最佳配置。

（3）**投资咨询业务**。投资咨询业务是投资银行所承担的对公司尤其是上市公司的证券市场业务的策划和咨询业务的总称，主要是指投资银行在公司进行股份制改造、上市、在二级市场再筹资以及发生兼并收购、资产重组等重大交易活动时提供专业性意见。投资银行作为专业性的金融服务机构，可以为客户提供有关资产管理、负债管理、风险管理、流动性管理、投资组合设计、标的估值等多方面的咨询服务。投资咨询业务是联结一级与二级市场，沟通证券市场投资者、经营者及证券发行者的纽带和桥梁。

案例 1-1

高盛集团有限公司的主要业务

高盛集团有限公司（The Goldman Sachs Group Inc.，以下简称"高盛"）是一家全球领先的投资银行，为世界各地不同行业的重要客户提供投资银行业务、证券交易和投资管理方面的服务。客户包括企业、金融机构、政府和高净值个人等。高盛成立于1869年，目前是一家在纽约证券交易所（NYSE）上市的上市公司（NYSE: GS），总部设在纽约，并在伦敦、法兰克福、东京、香港和世界其他主要金融中心设有分支机构。2017年年底，高盛的员工总数为36 600人，其中美国境内员工19 100人，美国境外员工17 500人。

2017年，高盛的全年净收入为320.73亿美元，净利润为42.86亿美元，截至2017年12

月31日，高盛的总资产为9 167.76亿美元，股东权益为822.43亿美元，普通股核心一级资本充足率（common equity tier 1 ratio）为12.1%，核心一级资本（tier 1 capital ratio）充足率为14.1%，总资本充足率为16.8%。○高盛所管理的资产（assets under supervision，AUS）为1.49万亿美元。

根据高盛2017年的年报，高盛提供的金融服务分为四条主要的业务线，即投资银行业务（investment banking）、机构客户服务（institutional client services）、投资与贷款（investing and lending）、投资管理（investment management）。○高盛的业务条线如图1-4所示。

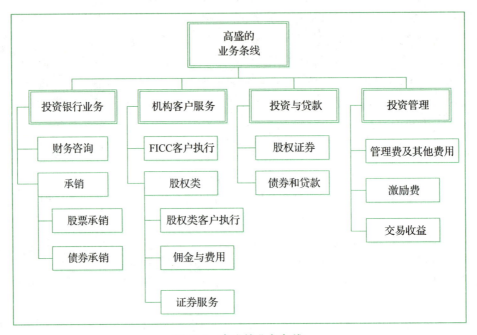

图1-4 高盛的业务条线

投资银行业务分为财务咨询和承销两个部分。财务咨询主要包括有关并购、公司分立、并购防卫、风险管理等一系列的咨询服务。承销业务主要是帮助客户公募发行和私募发行证券，为企业以及公共部门融资，也包括与发行业务有关的衍生产品交易。在IPO和普通股融资方面，高盛多年来一直是全球的领导者。机构客户服务主要是指在固定收益、股权、货币、商品等各个市场为企业、金融机构、投资基金、政府这些机构投资者提供交易服务和做市服务，也为一些主要的股票、期权、期货交易所提供做市和客户清算服务，并为机构客户提供融资、融券、经纪等服务。投资与贷款服务主要是指为客户发起并持有长期的贷款，直接或者间接通过所管理的基金对债券、贷款、股权、房地产、综合性投资实体、电站等进行投资。投资管理指的是通过独立管理的账户或者一些混合型的工具为客户提供投资管理服务并提供投资产品，同时也为富裕的个人及家庭提供理财方面的服务和咨询。

根据高盛2017年的年报，高盛各业务单元的营业状况如表1-4所示。

○ 均按照标准法计算。

○ 2009年之前，高盛将其业务划分为三大块，即投资银行业务（investment banking）、交易和主要投资（trading and principal investment），以及资产管理及证券服务（asset management and securities services）。

表 1-4 高盛各业务单元的营业状况（2015～2017 年）（单位：百万美元）

业务单元	项目	2017 年	2016 年	2015 年	三年合计	所占比重（%）①	波动率（%）②	利润率（%）
投资银行业务	营业净收入	7 371	6 273	7 027	20 671	21.42	8.15	
	运营费用	3 526	3 437	3 713	10 676	16.11	3.96	
	税前利润	3 845	2 836	3 314	9 995	33.08	15.15	48.35
机构客户服务	营业净收入	11 902	14 467	15 151	41 520	43.03	12.38	
	运营费用	9 692	9 713	13 938	33 343	50.30	22.00	
	税前利润	2 210	4 754	1 213	8 177	27.06	66.99	19.69
投资与贷款	营业净收入	6 581	4 080	5 436	16 097	16.68	23.33	
	运营费用	2 796	2 386	2 402	7 584	11.44	9.19	
	税前利润	3 785	1 694	3 034	8 513	28.18	37.33	52.89
投资管理	营业净收入	6 219	5 788	6 206	18 213	18.87	4.04	
	运营费用	4 800	4 654	4 841	14 295	21.57	2.06	
	税前利润	1 419	1 134	1 365	3 918	12.97	11.59	21.51
总计	营业净收入	32 073	30 608	33 820	96 501	100.00	5.00	
	运营费用	20 941	20 304	25 042	66 287	100.00③	11.64	
	税前利润	11 132	10 304	8 778	30 214	100.00③	11.86	31.3

① 所占比重指的是各业务单元三年的营业净收入（或者运营费用或税前利润）与相应的总计值相除得到的比值。例如，投资银行业务单元三年的税前利润所占比重就是投资银行业务部门三年的税前利润除以总计的税前利润得到的值。

② 波动率指的是三年间各业务单元的营业净收入（或者运营费用或税前利润）计算得到的标准差与其对应的算术平均值的比值。例如，投资银行业务单元的税前利润的波动率即 2015～2017 年这三年投资银行业务的税前利润的标准差除以这三年投资银行业务的税前利润的算术平均值。

③ 因四舍五入，数据相加不一定为 100%。

由表 1-4，我们可以清晰地发现：从营业规模看，高盛营业净收入和运营费用最高的业务单元都是机构客户服务。2015～2017 年这三年中，机构客户服务的营业净收入和运营费用所占比重为 43.03% 和 50.30%，几乎占到一半，而投资银行业务、投资与贷款、投资管理这三个业务单元的经营规模差别不大。从图 1-5 和图 1-6 分别可看到四条业务线 2015～2017 年各年的营业净收入和税前利润情况。

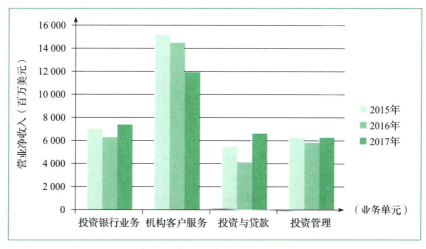

图 1-5 高盛的营业净收入（2015～2017 年）

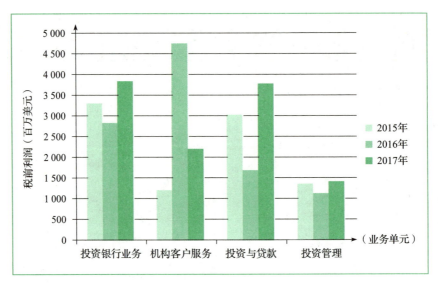

图1-6　高盛的税前利润（2015～2017年）

从创造利润的角度看，这三年来，高盛四大业务单元的税前利润总额由高到低的排名是投资银行业务、投资与贷款、机构客户服务、投资管理。

从利润率的角度看，投资银行业务、投资与贷款的税前利润率相对较高，三年平均的税前利润率分别为48.35%和52.89%。投资管理、机构客户服务的税前利润率分别为21.51%和19.69%。可见，机构客户服务单元虽然营业规模大，但是创利能力相对较低。

从波动率角度看，按照这三年税前利润的波动率排序，波动率最高的是机构客户服务，其次是投资与贷款、投资银行业务，波动率最低的是投资管理。

综合而言，投资银行业务虽然营收规模不算大，但是它同时具备利润率较高和波动率较低的特点，从而构成了投资银行最基本、最核心的业务。

表1-5和图1-7具体列出了高盛2015～2017年营业收入的具体来源。

表1-5　高盛的营业收入来源（2015～2017年）　（单位：百万美元）

收入来源		2017年	2016年	2015年	三年合计	所占比重（%）
	投资银行业务	7 371	6 273	7 027	20 671	21.42
	投资管理	5 803	5 407	5 868	17 078	17.70
	佣金及收费	3 051	3 208	3 320	9 579	9.93
	做市	7 660	9 933	9 523	27 116	28.10
	其他本金交易	5 256	3 200	5 018	13 474	13.96
小计：非利息收入		29 141	28 021	30 756	87 918	91.11
	利息收入	13 113	9 691	8 452	31 256	
	利息支出	10 181	7 104	5 388	22 673	
利息净收入		2 932	2 587	3 064	8 583	8.89
总计：营业收入		32 073	30 608	33 820	96 501	100.00

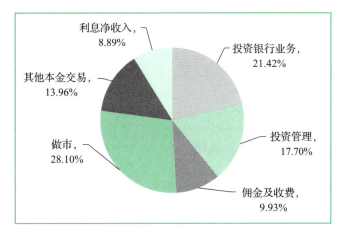

图 1-7　高盛的营业收入来源（2015～2017 年）

从高盛的收入来源看，2015～2017 年，非利息收入是最重要的来源，占比达到 91.11%，利息净收入仅为 8.89%，这是投资银行和一般商业银行不同的地方。在非利息收入中，做市所得到的营业收入占比最高，为 28.10%，这与我们前面所看到的机构客户服务在营业收入和税前利润中比重最大相吻合。而投资银行业务、投资管理、佣金及收费、其他本金交易所占营业收入的比重相差无几。

表 1-6 和图 1-8 具体列出了高盛 2015～2017 年的运营费用来源。

表 1-6　高盛的运营费用来源（2015～2017 年）　　（单位：百万美元）

运营费用	2017 年	2016 年	2015 年	三年合计	所占比重（%）
福利与补偿	11 853	11 647	12 678	36 178	54.58
经纪、清算、交换和分配费	2 540	2 555	2 576	7 671	11.57
市场开发	588	457	557	1 602	2.42
通信和技术	897	809	806	2 512	3.79
折旧与摊销	1 152	998	991	3 141	4.74
物业占用成本	733	788	772	2 293	3.46
专家费	965	882	963	2 810	4.24
其他费用	2 213	2 168	5 699	10 080	15.21
总计：运营费用	**20 941**	**20 304**	**25 042**	**66 287**	**100.00**

注：由于四舍五入的原因，相加总和不一定为 100%。

从高盛的运营费用来源看，福利与补偿是最重要的运营费用。所谓福利与补偿，指的是用于员工工资、奖金、保险、股权激励等一系列人力资本的支出。这一支出从 2015 年到 2017 年占到了当期总运营费用的 54.58%，三年合计约为 362 亿美元，平均每年高达约 120 亿美元，这也是投资银行和一般商业银行不同的地方。从 2015 年到 2017 年，高盛在资金方面的利息支出是 227 亿美元，远低于人力资本的支出。从人均水平看，高盛员工每年的人均福利与补偿大约为 33.56 万美元。

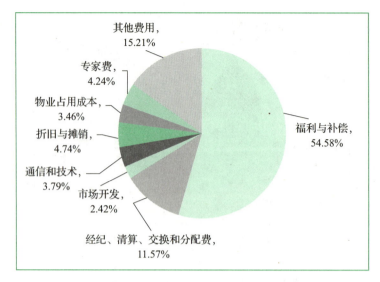

图 1-8 高盛的运营费用来源（2015～2017 年）

注：由于四舍五入的原因，相加总和不一定为 100%。

为了防范风险，美国于 2010 年通过了《多德－弗兰克法案》，该法案限制投资银行进行更多投机活动，要求其将自营交易与常规银行业务分离，因而投资银行大幅缩减投资银行自营交易的规模。另外，该法案要求投资银行不能持有任何私募股权和对冲基金超过 3% 的股份，同时也要求投资银行在私募股权和对冲基金上的投资不超过银行一级资本的 3%。遵循该法案的要求，高盛的业务结构发生了变化，基于自营的投资与贷款业务出现了明显的下降。

近年来，高盛也发生了科技变革，将更多的科技应用于金融。公司的首席数据官（chief data officer）、电子执行服务的全球主管和电子交易的首席技术官（chief technology officer）分别负责电子执行系统和电子交易。2017 年年底，高盛成为彭博（Bloomberg）交易宝（TradeBook）的独家执行提供商，开始为彭博旗下的经纪客户执行股票交易。在数字消费金融服务平台方面，高盛有马库斯（Marcus）平台，为消费者提供个人贷款，并正在演变成一系列产品和服务消费金融领域的颠覆者。目前，高盛大约有 1/4 的员工从事各种与技术和工程相关的工作。在校园招聘方面，2017 年的分析师校园招聘中，超过 1/3 的人具有科学、技术、工程和数学（STEM）背景，未来这一比例还会继续上升。

资料来源：本案例所有财务信息均来自高盛 2017 年年报，http://www.goldmansachs.com/investor-relations/financials/current/annual-reports/2017-annual-report/index.html。

案例 1-2

中信证券的主要业务

1995 年 10 月 25 日，中信证券有限责任公司成立，并于 1999 年 12 月 25 日通过增资扩股改制为中信证券股份有限公司（以下简称"中信证券"）。2002 年 12 月，中信证券发行 A 股，并于 2003 年 1 月在上海证券交易所上市交易。2011 年 9 月，公司首次发行 H 股，并于 10 月在香港联合交易所（以下简称"香港联交所"）主板挂牌上市。2011 年 12 月 27 日，原第一大股东中信集团改制为国有独资公司,并改名为"中国中信集团有限公司",同日,中信集团联合北京中信管理有限公司成立"中国中信股份有限公司"(以下简称"中信股份")。2013年2月25日,中信集团与中信股份办理股权过户手续,中信证券第一大股东变更为中信股份。截至2017年年底,中信证券的第一大股东仍为中信股份,持股比例为16.50%,实际控制人为中信集团。具体的股东架构如图1-9所示。

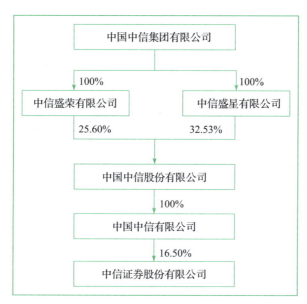

图1-9 中信证券的股东架构

中信证券是中国证券监督管理委员会(以下简称"中国证监会")核准的第一批综合类证券公司之一。截至2017年12月31日,中信证券的注册资本为12 116 908 400元,主营业务范围为:证券经纪(限山东省、河南省、浙江省天台县、浙江省苍南县以外区域),证券投资咨询,与证券交易、证券投资活动有关的财务顾问,证券承销与保荐,证券自营,证券资产管理,融资融券,证券投资基金代销,代销金融产品,股票期权做市。

截至2017年年末,中信证券的公司总资产为6 255亿元,营业收入为433亿元,所有者权益为1 531亿元,净资本为867亿元,归属于母公司股东的净利润为114亿元,均位居国内第一。

中信证券的主要业务有证券经纪业务、投资银行业务、资产管理业务、交易业务、投资业务和其他业务。表1-7列出了2015~2017年中信证券各业务单元的营业收入、成本和利润情况。

表1-7 中信证券各业务单元的营业收入、成本和利润(2015~2017年)(单位:亿元)

业务单元	项目	2017年	2016年	2015年	三年合计	所占比重(%)	波动率(%)	利润率(%)
证券承销	营业收入	40.02	52.54	45.22	137.78	10.03	13.70	
	营业成本	21.86	27.79	17.96	67.61	8.54	21.96	
	营业利润	18.16	24.75	27.26	70.17	12.08	20.09	50.93
证券经纪	营业收入	108.15	121.12	217.12	446.39	32.51	40.00	
	营业成本	59.39	64.99	80.45	204.83	25.86	15.98	
	营业利润	48.76	56.13	136.67	241.56	41.57	60.56	54.11

(续)

业务单元	项目	2017年	2016年	2015年	三年合计	所占比重（%）	波动率（%）	利润率（%）
证券投资	营业收入	77.29	48.86	176.35	302.50	22.03	66.37	
	营业成本	40.82	36.45	92.61	169.88	21.45	55.17	
	营业利润	36.47	12.41	83.74	132.62	22.82	82.09	43.84
资产管理	营业收入	75.75	71.61	77.24	224.60	16.36	3.90	
	营业成本	40.33	38.04	38.13	116.50	14.71	3.34	
	营业利润	35.42	33.57	39.11	108.10	18.60	7.83	48.13
其他	营业收入	131.70	85.90	44.20	261.80	19.07	50.15	
	营业成本	108.03	70.73	54.44	233.20	29.44	35.34	
	营业利润	23.67	15.17	−10.24	28.60	4.92	185.07	10.92
总计	营业收入	432.91	380.03	560.13	1 373.07	100.00	20.23	
	营业成本	270.43	238.00	283.59	792.02	100.00	8.89	
	营业利润	162.48	142.03	276.54	581.05	100.00	37.42	42.32

资料来源：东方财富 Choice 数据。

证券经纪业务主要包括从事证券及期货经纪业务，代销金融产品。投资银行业务包括股权融资、债务融资及资产证券化和财务顾问业务。资产管理业务包括集合资产管理、定向资产管理、专项资产管理、基金管理及其他投资账户管理。交易业务主要包括从事权益产品、固定收益产品、衍生品的交易及做市、融资融券业务、另类投资和大宗商品业务。投资业务主要包括私募股权投资等业务。其他业务主要包括托管、研究、国际业务等。

在证券经纪业务方面，代理股票基金交易总额为人民币 13.05 万亿元（不含场内货币基金交易量），市场份额为 5.69%，排名保持行业第二。截至 2017 年年末，经纪业务零售客户超过 770 万户，一般法人机构客户 3.3 万户（扣除已销户机构客户数量），托管客户资产合计人民币 5 万亿元，客户总数及资产规模分别同比提升 15% 和 18%。QFII 客户 138 家，占比 45%；RQFII 客户 52 家，占比 23%；QFII 与 RQFII 总客户数量稳居市场前列。

在投资银行业务方面，根据 2017 年年报公布的数据，中信证券完成 A 股主承销项目 87 单，主承销金额为人民币 2 209.82 亿元（含资产类定向增发），市场份额达 12.29%，主承销金额及单数均排名市场第一；主承销各类信用债券合计 726 只，主承销金额为人民币 5 116.28 亿元，市场份额为 4.29%，债券承销金额、承销单数均排名同业第一；完成的 A 股重大资产重组交易金额约为人民币 1 398 亿元，市场份额为 16.21%，排名行业第一。

在资产管理方面，公司资产管理规模为人民币 16 673.35 亿元，市场份额达 10.10%，主动管理规模为人民币 5 890 亿元，均排名市场第一。其中，集合理财产品规模、定向资产管理业务规模（含企业年金、全国社保基金）与专项资产管理业务规模分别为人民币 1 613.32 亿元、15 041.40 亿元和 18.62 亿元。公司资产管理规模及行业占比继续保持行业第一。

在交易及相关金融服务方面，中信证券的业务可分为资本中介型业务和证券自营投资。资本中介型业务提供固定收益业务、股权衍生品业务、融资融券业务、大宗商品业务和大宗经纪业务等服务，其中融资融券规模约为人民币 709.75 亿元，占全市场业务规模的 6.92%，排名市场第一。在证券自营投资方面，中信证券以风险收益比作为投资决策的重要参考指标，已开展的业务或策略包括：股指期现套利、境内宏观策略、统计套利、基本面量化、可转债套利、商品策略、期权策略、私募可交换债策略、组合对冲基金投资、全球多策略基金等。

中信证券的各项业务中，营业收入和营业利润最高的都是证券经纪业务，占比分别为

32.51%和41.57%，证券经纪业务不但业务规模大，利润率也是几类业务中最高的，达到了54.11%。证券经纪业务的这种特点使得该项业务成为我国证券行业最主要的盈利来源，但证券经纪业务受证券市场周期的影响较大，因而其营业利润的波动率高达60.56%，也是各项业务中波动率次高的，仅次于证券投资业务。证券承销业务营业利润的波动率相对较低，利润率相对较高，但是受制于市场规模，扩张难度较大。资产管理业务营业利润的波动率最低（三年来波动率仅为7.83%），因为收益主要来源于管理费，受市场波动的直接影响较小；同时资产管理也有着较好的利润率，达到了48.13%。

图1-10列出了中信证券的组织结构。通过组织结构图，我们可以对中信证券的业务构成以及管理架构有所了解。

图1-10 中信证券的组织结构

资料来源：中信证券股份有限公司. 中信证券股份有限公司2017年年度报告［R/OL］.（2018-03-22）［2020-02-01］. http://www.cs.ecitic.com/newsite/tzzgx/cwbgyzy/cwbg/201803/P020180322726094360484.pdf.

1.2 投资银行的存在形式与组织形式

1.2.1 投资银行的存在形式

投资银行最初产生于欧洲,其雏形可追溯到15世纪欧洲的商人银行。早期商人银行的主要业务是通过承兑贸易商人的汇票提供融资,18世纪开始销售政府债券和贴现企业票据,19世纪开始随着公司的发展而进行股权融资,20世纪以后证券二级市场业务迅速发展,投资银行的业务除发行承销外,也有了交易、自营和资产管理。

以下我们分别论述几个国家及地区的典型投资银行发展历史。

1. 美国的投资银行

19世纪末20世纪初,美国的银行都处于自然的混业经营阶段,商业银行既经营存贷款业务,又经营投资业务。比如,当时花旗银行的主要业务是票据和债券的发行与承销,后来才逐渐转型成为商业银行。此时,投资银行的业务从汇票承兑、贸易融资发展到发行和销售政府债券与铁路债券,在此过程中产生了一些具有影响力的投资银行,如摩根财团、美林、高盛、雷曼兄弟等。到了1929年危机前,投资银行的控制范围已经扩大到整个经济领域,如1912年摩根财团控制了美国钢铁公司、美国电话电报公司、纽约中央铁路公司以及几家全国最大的保险公司等,控制着240亿美元的资产。20世纪20年代,持续的经济繁荣使华尔街成了狂热投机的集中地,从而成为经济危机的始作俑者。

在1929年10月,美国发生了世界性的经济恐慌。股市暴跌,经济进入大萧条时期。到1932年,股市市值仅剩下经济大萧条前的10%。1930~1934年,在24 000多家银行金融机构中,有9 000多家倒闭,其严重性连带波及存款保险公司等金融机构,导致整体金融制度几乎全面崩溃,投资者对银行体系已经失去信心。经济大萧条之后,人们认为银行之所以会大量倒闭,是因为银行进入了风险较高的证券市场,如果禁止商业银行经营证券业务,银行体系就比较安全了。为了防止经济大萧条的再度出现以及恢复投资者对银行体系的信心,多项重要法律相继出台。1933年,美国国会通过《1933年银行法》,明令禁止商业银行投资证券经纪业务,投资银行也不得从事吸收存款及办理贷款等商业银行的业务,分业型模式自此开始。在分业经营的模式下,美国发展出独立的投资银行体系。

20世纪30年代,美国投资银行的经营比较困难,其主要业务是债券换新。20世纪四五十年代为投资银行发展提供了一些机遇,二战以及战后经济建设的需要,使得政府大量发行国债,企业融资也欣欣向荣,投资银行的经营状况大大改善。20世纪六七十年代是美国投资银行迅速发展的时期,主要原因是公用事业、市政、共同基金等新行业开始发行证券,企业的盈利状况也非常出色。这一时期,美国新成立了一些交易所,如芝加哥商业交易所、芝加哥期权交易所、纳斯达克证券交易所(NASDAQ)等;取消了固定佣金制;诞生了欧洲债券等创新工具。

但在1963年之后,商业银行和投资银行便开始从事"相关的"业务,至1972年,依照《银行控股公司法1970年修正案》制定了新标准,使美联储可以决定从事哪些非银行业务。至1999年通过《金融服务现代化法案》,废除《格拉斯-斯蒂格尔法案》中禁止银行拥有证券关系企业的规定,并允许银行控股公司可以不受限制地从事证券承销、买卖,以及共同基金业务、保险业务，大幅提高了美国银行、证券业、保险业的竞争效率。《金融服务现代化法案》打破了20世纪30年代以来美国银行、证券和保险业之间的法律壁垒，允许金融领域混业经营。

表1-8列举了1933～1999年美国商业银行和投资银行的分业与混业情况。

表1-8　1933～1999年美国商业银行和投资银行的分业与混业情况

时间	内容
1933年	美国国会通过《格拉斯–斯蒂格尔法案》，明令禁止商业银行投资证券经纪业务，投资银行也不得从事存款及贷款等商业银行的业务
1963年以前	大多数商业银行和投资银行严格遵守《格拉斯–斯蒂格尔法案》的规定
1963年以后	商业银行和投资银行开始从事灰色地带的业务
1972年	依照《银行控股公司法1970年修正案》制定了新标准，美联储可以决定从事哪些非银行业务
1987年	美联储允许商业银行以银行控股公司的形式通过设立20条款（section 20）的附属机构从事证券相关活动，包括商业本票承销、不动产抵押证券承销以及市政府公债承销等，但不得超过附属机构总营业收入的5%
1989年	商业银行业务中增加公司债券承销业务一项，收入比重放宽到10%
1990年	商业银行业务中增加公司权益证券承销业务
1991年	美国财政部向国会提出《金融制度现代化：提高银行金融安定与竞争能力建议书》（Modernizing the Financial System: Recommendations for Safer, More Competitive Banks），针对存款保险制度、银行业务限制、银行监管体系等进行全面检讨
1995年	美联储主席格林斯潘及财政部长鲁宾皆表示赞同撤销《格拉斯–斯蒂格尔法案》，允许商业银行拥有保险公司和证券公司，避免商业银行失去竞争力
1997年	美联储将商业银行从事投资银行业务的上限从10%调高到25%
1999年	参议院和众议院分别通过《金融服务现代化法案》与《1999年金融服务法》，允许银行控股公司可以不受限制从事证券承销、买卖，以及共同基金业务、保险业务，大幅提高了美国银行、证券业、保险业的竞争效率

自2008年次贷危机爆发，美国华尔街的前五大投资银行都陷入了前所未有的困境。雷曼兄弟宣告破产，美林证券被美国银行收购，贝尔斯登被摩根大通银行收购，而摩根士丹利和高盛则向美联储申请转型为银行控股公司，华尔街原先的独立投资银行模式就此结束。此次金融危机中独立投资银行深陷危机的主要原因有三：第一，独立投资银行的盈利模式过于依靠自营业务，因而加大了经营杠杆，提升了风险。1992年，自营业务占美国投资银行营业收入的1/3，到了2002年这一比例便上升到2/3。1992年华尔街投资银行平均杠杆水平为10倍，但到2007年年初达到了30倍。2008年，贝尔斯登的杠杆率是33倍，雷曼兄弟的杠杆率是32倍，摩根士丹利的杠杆率是33倍，高盛的杠杆率也达到28倍。第二，这些投资银行的内部风险缺乏控制，激励机制存在短期倾向。基于VaR的风险监控模型只是根据历史数据计算风险，对可能的市场变化预计不足，对金融衍生工具更是难以企及。在激励机制方面，各家投资银行大额支付员工薪金、福利以及红利。2007年，高盛、摩根士丹利、雷曼兄弟以及贝尔斯登用于员工薪金、福利以及红利的开支总额高达497亿美元，过高的短期激励使得管理人员和员工转向短期盈利，如果投机成功，个人收益巨大，如果失败，最后由公司买单，由此增加了冒险倾向。第三，监管机制存在重大问题。从20世纪80年代开始的放松监管，使得监管当局实际监管能力减弱，再加上华尔街投资银行设计了复杂又艰深的衍生工具，给监管带来了很大的难度。

危机之后，美国的投资银行都进入调整阶段，根据监管要求而主动降低杠杆率，并不断寻找更加适宜的经营模式。随着美国经济的复苏和证券市场的再度活跃，美国的投资银行又一次迎来了新的利润机会。事实证明，任何一次危机，都难以扼杀具有充分活力的投资银行，在每一次调整之后，投资银行总会更加健康、活跃。

2. 欧洲大陆全能银行

欧洲大陆投资银行业采取商业银行业务与投资银行业务相结合的模式，即**全能银行**（universal bank），其发展历程及形成原因如下。

首先，银行与企业之间关系密切是欧洲的投资银行发展成为全能银行的主要原因。德国具有极强的代表性。德国的产业发展落后英国100多年，德国为奋起直追而迫切需要金融市场的力量。在产业革命初期，政府实施先扶植银行，再借助银行的力量协助产业发展的政策，联邦德国银行不仅为工商业者融资，还参与企业经营生产，协助企业运营管理。从20世纪60年代起，在联邦德国政府的默许和支持下，大量企业倒闭或合并。1972年后，垄断集团之间收购和吞并的现象不断增加；1979年，西方工业国家的大企业中较大的联合和购买共有49起，其中西欧购买的25起中有10起是由联邦德国购买的。随着资本聚集、生产集中和竞争加剧，银行的地位日益上升，银行通过购置企业股票实现资本参与，企业也通过这种资本参与、人事交织和金融业联系形成关系紧密的联盟。这种方式形成了以大银行为中心的垄断财团。例如，德意志银行财团是由德意志银行、西门子、戴姆勒–奔驰等企业集团紧密结合而形成的。像德意志银行一样，德累斯顿银行、德国商业银行均形成了各自的财团，从而包揽了有关的商业银行业务与投资银行业务，包括向有关企业提供资金融通、投资贷款便利、租赁服务、代理债权债务、代为发行证券、买卖证券等金融服务。

其次，欧洲大陆各国国内股票市场的相对不发达和欧洲债券市场的规模庞大，决定了欧洲大陆投资银行的发展模式。在欧洲大陆，各国国内股票市场规模不大，证券在经济生活中的直接融资作用并不显著，无论是企业所需资金还是个人所需资金，都主要依靠全能银行发放贷款。而在欧洲大陆，欧洲债券市场极为发达，这种市场格局决定了欧洲的投资银行需要有相当的资金、技术实力与众多的分支机构网络，为规模巨大的欧洲债券市场提供咨询、设计、发行与承销等全方位金融服务。单一的投资银行很难承担如此重任，而全能银行有资金实力，而且它们在广泛的分支机构网络上的优势也得以充分发挥。

再次，法规提供的便利也是欧洲大陆全能银行形成的一个重要原因。在欧洲大陆，依照法律，所有的银行都可以经营证券、外汇、黄金等各种业务，并可以不超过一定比例持有企业股份。银行除需遵守几条基本原则外，在证券发行、交易和资本输出上不受直接限制。在这样的法律条件下，商业银行凭借其强大的经济实力和高度的市场占有率，在社会需要投资银行业务时很快进入角色，活跃于资本市场。

最后，银行自身发展的需要是欧洲大陆投资银行成为全能银行的内在动力。在传统商业银行业务的收益趋于下降的情况下，银行为了提高盈利、分散业务风险、提高竞争力，不得不调整和优化产品结构，扩展业务范围，提供新的、有较高收益的金融服务，如证券代理发行、资产管理、咨询、公司融资、各种股权商品、金融衍生产品等表外业务。这样，大力从事投资银行业务成为欧洲银行的必然选择。

欧洲大陆全能银行发展至今，主要凭借资金和网络两大优势与美日的投资银行进行激烈竞争。欧洲大陆全能银行以商业银行业务为基础，更易于集聚雄厚的资金作后盾，其进行投资银行业务具有明显的资金优势；全能银行与企业关系密切，它通过控股组成财团从而拥有众多客户，而且其商业银行业务已经形成全球性分支机构网络，此为欧洲大陆全能银行的第二大优势。

3. 英国的商人银行

商人银行（merchant bank）是投资银行在欧洲的叫法，它是指那些从事公司并购、资产管理、保险、外汇以及参与风险投资的金融机构。

商人银行一开始不是做投资银行业务的，早期只是做票据承兑业务的商人。贸易做得比较好的商人，愿意以自身信用为别的商人提供汇票承兑业务，收取一定手续费，之后，这些商人就从贸易中分离出来，改而专门从事票据承兑，称为承兑行（discount house）。由于英国的银行实力较雄厚，而且专业化制度严格，因此，这些承兑行起初只做一些商业银行涉足较少的业务，之后逐步开始做债券和股票的发行。随着股票和债券发行规模的扩大以及证券交易的日益活跃，英国的商人银行逐步壮大起来，一些实力雄厚的大银行，如霸菱银行在证券市场和整个国民经济中都发挥着举足轻重的作用。然而第一次世界大战（以下简称"一战"）以后，随着英国国际经济金融中心地位的不断下降，英国的商人银行也发展缓慢。直到20世纪70年代，这一局面才有所改观，商人银行开始重振雄风。

二战以后，英国国民经济发生了一系列重大变化，包括民营化、企业并购浪潮和证券市场变革。首先，在20世纪70年代末80年代初的"民营化"浪潮中，英国财政部为了充分利用市场机制来促进竞争和提高效率，开始进行国有企业的民营化改革。在民营化过程中，私人银行可以提供广泛的服务，包括帮助制订国有企业出售方案，为股票上市提供咨询服务或代理发行等。在英国铁路公司、国家货运公司、英国电信公司等诸多企业的民营化过程中，许多商人银行，如霸菱、华宝、施罗德等都曾有过出色表现。民营化使商人银行和企业建立了密切的关系，为以后进一步扩展投资银行业务打下了基础。其次，20世纪80年代的兼并与收购风潮推动商人银行业务进一步发展。许多商人银行利用自有资本或代为管理的共同基金积极参与企业的兼并与收购。1987年，英国公司并购美国公司资产总值达317亿美元，基本上是依靠英国商人银行的协助与筹划才得以完成的。1994年年底，对全球跨境并购业务的统计表明：当时全球前十大跨境并购业务中有6项都有英国商人银行的参与。英国商人银行在从并购风潮中获得丰厚利润的同时，在全球投资银行业中也占据了举足轻重的地位。最后，1986年英国证券市场的重大改革为商人银行的发展创造了新的契机。英国伦敦证券交易所（LSE）在一战之前是世界上最大的证券交易所。二战以后，随着英国经济实力的下降，伦敦证券交易所先后落到纽约证券交易所（NYSE）和东京证券交易所（TSE）之后。为重新恢复其在世界证券市场中的领先地位，加强其自身管理，拓展业务的广度和深度，英国对其金融业进行了大刀阔斧的改革，并于1986年10月通过了《金融服务法案》，打破了英国商人银行和商业银行严格的业务界限，允许英国的商业银行直接进入投资银行领域。此举标志着英国商人银行和商业银行混业经营的开始。在实力雄厚的商业银行取得了同等的竞争地位之后，商人银行面临生存威胁，它们进行了大规模的合并，生存下来的商人银行规模增大，业务重心也从"全能战略"转向"主攻优势战略"，以便发挥各自的专长，主要致力于专业化的服务，如公司财务咨询和投资管理业务。

在经历了民营化、企业并购浪潮以及证券市场的变革以后，英国的商人银行逐步发展壮大起来，形成了与商业银行共同经营投资银行业务的格局。目前商人银行的主要业务包括中长期借款、公司理财、新股发行和承销、公司并购咨询和融资、债务改组、风险投资等。

4. 日本证券公司

日本的证券公司历史悠久，早在明治维新时期就出现了证券公司的雏形。然而，由于历史的原因，间接融资在日本的金融体系中始终占据极其重要的地位，大财阀雄厚的资金实力也为经济的发展提供了充足的物质基础。因此，长期以来日本的证券市场始终处在发展非常缓慢的状态中。直到二战以后，日本的证券市场才逐渐活跃起来，证券公司也随之发展起来。

二战以后，由于财阀的解散，间接融资在日本金融体系中的中心地位逐渐动摇，再加上战争期间国民经济遭受重创，公司通过银行融资根本不能满足经济发展的需要。1948年，日本政府重新颁布了《证券交易法》，标志着投资银行和商业银行分业经营模式的确立和现代投资银行业的诞生。20世纪60年代，随着日本经济的腾飞，日本的证券公司也飞速发展起来，并在为国民经济发展筹集资金方面发挥了巨大的作用。与此同时，日本政府开始逐步开放资本市场，日本的证券公司也跨出国门，在国际资本市场中占据重要地位。

由于历史的原因，日本的投资银行业始终缺乏充分竞争的市场机制，垄断相当严重。20世纪60年代以后，行业集中加剧，形成了以野村、大和、日兴、山一证券公司（1997年11月24日，山一证券公司倒闭）为主，新日本、三洋证券公司次之，其他小券商并存的格局。四大证券公司在很大程度上操纵和控制着日本证券市场，它们包揽了一级市场上80%的承销业务，二级市场上的大宗买卖也多由它们代理，外国公司在日本发行债券或上市股票的80%也由四大证券公司承担，再加上它们间接控制一些中小证券公司，四大证券公司的垄断地位难以动摇。

日本投资银行业缺乏充分的竞争机制还表现在固定费率上，以手续费为主要收入。日本证券公司的证券零售代理和交易业务占全部业务的比重较大，这一点有别于美国的一流投资银行。美国的一流投资银行并没有在美国开设众多的证券营业部，经纪业务并不是其最主要的收入来源。日本证券公司则一直实行固定费率制，即按照代理买卖交易量的一定比率收取手续费，缺乏灵活性。而美国等西方国家的投资银行早就在代理业务收费上引入了竞争机制，实行协议佣金制。固定费率制降低了价格竞争的可能性，稳定了日本证券公司与其客户的长期关系。大企业和机构投资者多通过四大证券公司来从事证券交易。基于互利的原则，证券公司秉承"追随客户"的原则，倾其所能为大客户服务，有时不惜违反证券法规为大客户提供内幕消息，甚至动用自有资金来弥补企业经营上的损失。近年来，日本暴露了一些涉及四大证券公司的金融丑闻，这与日本证券公司和大企业财团的微妙关系不无关联。

1.2.2 投资银行的组织形式

在投资银行两百多年的发展历史中，其组织形式经历了长期演变，由早期的合伙制演变为公众公司并进而成为银行控股公司。不同的组织形式具有不同的特点，其选择是由当时的经济发展、法律制度和经营特点决定的。

1. 合伙制：早期投资银行的组织形式

早期的投资银行除一些家族企业外，大多数采用合伙制企业的组织形式。合伙制企业是指由两个或两个以上合伙人拥有公司并分享公司利润，合伙人即为企业主人或股东的组织形式。合伙制企业的主要特点是：合伙人共享企业经营所得，并对经营亏损共同承担无限责任；它既可以由所有合伙人共同参与经营，也可以由部分合伙人经营，其他合伙人仅出资并自负盈亏；合伙人的组成规模可大可小。

1862 年 J.P.摩根成立，1869 年高盛成立，1914 年美林公司成立，1923 年贝尔斯登公司成立，这些投资银行都采用了合伙制的组织形式。

起初，这些机构都采用普通合伙制，但之后，随着机构的扩张、业务规模的扩大，有限合伙制成为新的选择。有限合伙制中，普通合伙人主导公司的经营，对公司损失承担无限责任，而其他投资者则以有限合伙人身份提供资金，但是不参与管理。有限合伙制因其所有权与管理权合二为一，能充分调动管理者的积极性，同时保证投资银行经营的稳定性和连续性，因而一度被认为是投资银行最理想的组织形式。

但是，合伙制存在一些制度缺陷，随着投资银行业务经营的日渐复杂、资金规模要求的日渐庞大以及风险日渐增加，这些缺陷越发明显。合伙制的缺点主要在于：

（1）承担无限责任的风险。随着投资银行杠杆率的上升以及证券市场的波动，投资银行破产的可能性大为增加，这使合伙人开始担心他们承担的无限责任。

（2）扩充资本金的压力。由于无限责任的约束，合伙制企业融资困难，因此其原本只是小企业和中介业务的组织模式。随着投资银行业务对资本的要求越来越高，合伙制投资银行已经难以适应不断提升的业务对资本的要求。另外，随着老的合伙人的退休，他们会带走属于自己的大量资金，引起公司资本的下降，不过这一点是现代公司制度能够克服的。

（3）激励机制的弊端。合伙制投资银行对优秀业务人员的最高奖励就是接纳其成为合伙人，但是这种激励机制需要漫长的等待时间（在 1952 年，成为摩根士丹利合伙人的平均年限是 23 年，高盛是 24 年，美林是 19 年），而年轻、优秀的一线投资银行人员往往得不到足够的机会。此外，合伙人的激励机制难以普惠，无法对大多数员工实施。另外，合伙人的激励机制会影响人才的流动机制。

2. 公众公司：现代投资银行的组织形式

20 世纪 50 年代末，美国的投资银行开始转型为现代公司，先是非上市的有限责任公司，然后成为上市的公众股份公司。1959 年，美林公司注册成为一家有限责任公司，之后，很多投资银行都在 20 世纪六七十年代完成了有限责任的转型。

而从 20 世纪 70 年代开始，投资银行又开始由非上市的有限责任公司向公众公司转型。1970 年，美国证券市场上出现了第一家公开上市的投资银行——唐纳德·卢夫金和杰略特公司。但由于影响有限，直到 1971 年 7 月，美林证券公开发行上市，才真正揭开了大型投资银行由合伙制向股份制转变的序幕。直至 1999 年，高盛完成了公开发行，美国主要投资银行中的最后一家合伙制投资银行消失了，美国所有主要的投资银行都变成了股份制上市公司。

美国投资银行由合伙制改为股份制并上市，在多方面得到了提升：募集到大量资本，充实了资本金；股票期权得以实施并成为普遍的激励机制；信息披露增加了投资银行的透明度；投资银行增添了市场外部约束机制等。

也有研究从人力资本和科技进步的角度来解释合伙制向公众公司的转变。Alan D. Morrison 和 William J. Wilhelm Jr.（2008）的研究认为，合伙制有利于人力资本的发挥，而科技进步抵消了人力资本在投资银行中的作用，随着科技进步对人力资本的替代，更多的投资银行选择成为公众公司。㊀

但是，公众公司的组织形式也并不是完美无缺的，其主要问题体现在以下三个方面：

（1）企业文化的转变或丧失。在合伙制时代，各投资银行都形成了彼此之间大相径庭的企业文化。例如，在上市之前，美林充满了罗马天主教的气息；摩根士丹利则拥有盎格鲁-撒克逊血统，专注于非犹太人的上流社会；所罗门兄弟公司则看起来就像是一个犹太人的小圈子。转换成股份制企业后，公司之间的同质化倾向严重。

（2）激励约束机制变味。合伙制投资银行合伙人模式的存在，使得投资银行在经营过程中更注重长远的激励，但是投资银行成为上市公司后，股权的分散化进一步形成，使得公司管理层独大现象普遍，上市公司普遍为高级管理人员和员工提供高额报酬及股票期权，却无法形成合伙制相应的责任约束机制，使得投资银行在进行业务决策时，更愿意冒险。

（3）风险管理的缺失。投资银行虽然也有其内在的风险控制机制，但是由于投资银行的本性是靠承担风险而获得利润的，它们是风险的始作俑者，因此，投资银行热衷于设计复杂的产品和交易模式来获取超额利润，而这些产品和交易模式往往蕴藏着巨大的风险。在现代公司的有限责任体制下，公司内部约束风险的动力是不足的。

3. 银行控股公司主导的投资银行

在美国，银行控股公司起先是商业银行进入投资银行业及其他金融甚至非金融业务的替代方式，而2008年金融危机中幸免于难的高盛和摩根士丹利都放弃了独立投资银行的身份而选择成为银行控股公司，原先的商业银行和投资银行最后殊途同归，都通过银行控股公司来经营投资银行业务。

二战之后，随着美国金融管制的放松，商业银行不断通过银行控股公司蚕食投资银行的地盘，至《银行控股公司法1970年修正案》通过后，美联储颁布了《Y条例修正案》，允许银行控股公司拥有投资顾问公司及证券经纪子公司。1987年后，美联储允许银行控股公司通过所设的"20条款"附属机构从事一些"不重要的"证券业务，如承销商业票据等，但其收入不得超过附属机构总收入的5%。而之后，这一收入占比一再放松，直至1998年宽松至25%，并且，"不重要的"行为系列扩大到包括承销与交易债券和股票。随着1999年《金融服务现代化法案》的颁布，银行控股公司的经营范围进一步扩大，转变为金融控股公司的银行控股公司所能从事的业务被扩充至证券承销和自营买卖、保险代理及承销业务和商人银行业务。

高盛和摩根士丹利选择成为银行控股公司是有原因的。2008年金融危机发生后，花旗银行、瑞士银行、摩根大通的投资银行业务亏损额比五大投资银行要高，却能在金融危机中屹立不倒，欧洲的全能银行应对危机的能力也相对较强，这些都源于银行控股公司的综合优势。

㊀ MORRISON A D, WILHELM W J. The Demise of Investment Banking Partnerships: Theory and Evidence [J]. The Journal of Finance, 2008, 63（1）: 311-350.

（1）从业务经营范围看，多元化经营提高了银行控股公司的风险应对能力。银行控股公司不仅经营商业银行业务、保险业务、证券业务，而且也经营资产管理以及参股非金融工商业子公司，经营的多元化提供了更有效的规避市场风险或分散风险的能力。相比之下，独立投资银行的业务模式相对单调，受证券市场波动的影响大，更容易被风险击中。比如，根据2005年的年报，雷曼兄弟的资产主要集中于金融工具和其他资产头寸（43%）以及抵押贷款协议（45%），这两项业务占总资产的88%；花旗银行资产业务相对分散，有38%的贷款、20%的交易账户资产，以及15%的出售联邦基金、证券和回购协议。

（2）从业务种类看，商业银行的信用卡业务和金融零售业务等都决定了银行控股公司拥有较强的风险防范能力。以花旗银行为例，在其2007年的收入构成中，消费金融业服务（包括信用卡、消费信贷、金融零售业务和商业业务）占总收入的69.7%，这些业务风险相对较小，来源分散，决定了其收入相对稳定并且经营风险较低，抵御风险的能力也相对较强。

（3）救助渠道的保障作用。在面临金融危机时，银行控股公司能得到中央银行作为最后贷款人的融资，而且有联邦保险公司提供保险，这些都保证了银行控股公司流动性相对充裕。同时，银行控股公司还可以通过其控股的商业银行机构来吸纳大量低成本存款，增加其流动性，降低资金成本。2008年金融危机发生后，花旗银行、摩根大通、美国银行和美联银行就在美联储贴现窗口借贷20亿美元。而投资银行不是美联储成员，在法律上是没有资格向美联储的贴现窗口拆借资金的，只能通过在资本市场上变卖金融债券资产或者通过同业拆借来缓解流动性不足的问题。

当然，银行控股公司模式也有其缺陷。首先，银行控股公司很容易引起内部风险在各部门机构间传递，造成一损俱损。其次，在银行控股公司的经营中容易出现利益冲突，形成内幕交易、关联交易等，所以必须建立严格的监管制度。最后，银行控股公司存在贪大求全的经营特点，这会损害到投资银行的专业特色，投资银行会被商业银行和其他金融机构的经营文化同化，影响其专业能力和效率。

1.3 投资银行对经济的促进作用

随着全球金融市场的发展，资本市场相对于传统的银行借贷市场发展更为迅猛，以资本市场作为业务核心的投资银行，自然在其中发挥着主导作用，以其金融中介的枢纽地位引导资金的流动。除了充当直接金融中介，投资银行还有多种经济功能，具体体现在以下几个方面。

1.3.1 媒介资金供求

20世纪40年代以前，在"真实票据论"和"转换理论"等商业银行经营管理理论的影响下，商业银行仅向客户提供短期贷款，需要中长期资金的客户无法从商业银行获得贷款，只得转向投资银行，要求投资银行帮助发行股票或债券以获得中长期资金的支持。可以说，最初的投资银行业务就是在商业银行无法提供中长期贷款而市场对这种资金的需求又极为旺盛的基础上发展起来的。尽管20世纪70年代以来，商业银行进入资产负债管理，积极介入中长期信贷，但是商业银行在中长期资金市场中所占据的地位仍十分有限，而且，商业银行几乎不会介入企业的股本投资。中长期资金的需求者依然主要通过投资银行发行股票和债券以获取资金，投资银行在中长期资金供求方面发挥关键的媒介作用。

投资银行媒介资金供求的方式为直接信用方式，即投资银行并不介入投资者与筹资者之间的权利和义务，投资者与筹资者直接发生关系，并且相互拥有权利和承担相应义务。

1.3.2 推动证券市场发展

1. 投资银行在不同市场主体中扮演的角色

证券市场的重要市场主体主要包括四大部分：筹资者、投资者、各类中介机构、监管机构和自律组织，它们是证券市场发展的主要推动者。而投资银行在不同的市场主体中都扮演着重要角色，发挥着独特的作用，它既是中介机构，又是主要参与者之一。

（1）投资银行作为主要的金融中介机构。投资银行作为主要的金融中介机构，在筹资者与投资者中间扮演着桥梁的角色。在证券发行市场上，投资银行可作为承销商为公司发行股票和债券，为政府和其他机构发行债券筹措资金，也可作为投资顾问和基金管理者认购证券；在证券交易市场上，投资银行为投资者从事证券经纪业务和理财顾问业务，为活跃证券市场发挥了重要作用，提高了市场的流动性和定价的有效性，从而提高了证券市场运行的效率。

（2）投资银行作为机构投资者。投资银行本身也是证券市场上重要的机构投资者之一，它们拥有雄厚的资金实力，通过自营业务实现投资回报；作为证券投资基金和基金管理公司的主要发起人之一，投资银行还直接带动了更多的资本投入到资本市场中，并直接从事基金的投资管理和基金运作；投资银行还可以作为证券市场的做市商，承接二级市场的买进和卖出，起到了活跃证券二级市场的重要作用。

（3）投资银行作为市场监督力量。投资银行还是资本市场自律组织中的重要组成部分。例如，证券交易所和证券业协会的会员主要是由投资银行和相关金融中介机构组成的。而在证券发行过程中，投资银行选择发行对象，为证券发行保荐，它们的信用直接影响到发行对象的信用，在微观层面上发挥了证券市场优胜劣汰的融资选择机制。在资本市场的规则确定方面，投资银行的行为构成了一系列法律法规的基础，有时还会直接参与规则的酝酿和制定过程；同时，投资银行还经常性地为政府监管机构制定法规政策提供意见和建议，促进了资本市场的规范化发展。

2. 投资银行在推动证券市场发展中的重要作用

构成资本市场的基本要素除以上提到的市场主体外，还包括多样化的金融工具、较完善的证券交易市场、清算体系和较充足的资金头寸等。投资银行在资本市场基本要素的形成和发展中发挥了重要作用，主要表现在以下三个方面：

（1）创新是投资银行的灵魂。投资银行是金融领域内最活跃、最积极的创新力量，它们推陈出新，推动了金融工具的创新，开拓了一个又一个新的业务领域，为市场带来了多样化的金融衍生产品和交易便利。一方面，投资银行做到了风险控制、最佳流动性和最大收益三者的结合；另一方面，投资银行客观上还使包括证券市场在内的各种金融市场得以在衍生工具的辅助下更加活跃，发展更为迅猛。

（2）投资银行作为证券交易所及相关交易市场的主要会员，直接参与了证券交易市场和清算体系的建设；同时，投资银行的证券经纪业务和交易网络系统遍布全球的每一个角落，对证券交易市场和资金清算体系的建设发挥了重要作用。

（3）投资银行通过金融中介业务和自营业务，促进了社会储蓄向投资领域的转化，为资本市场提供了丰富的资金来源，并极大地提高了资本市场的流动性。

1.3.3 提高资源配置效率

1. 通过证券发行实现资金的有效配置

一方面，投资银行通过证券发行，形成资金资源；另一方面，投资银行通过证券发行将资金配置到各产业部门和企业。在这一过程中，投资者购买某一证券主要以该证券发行人的资金边际产出能力确定，或者说资金总是向效益高的产业或企业流动；而发行人之所以能发行证券，也取决于其资金使用效率。发展前景好、效益高的企业就更容易通过证券融资；相反，发展前景不好、资金使用缺乏效益的产业或企业，就难以通过证券融资。这促使资金向边际产出高的产业或企业流动和集中，进而带动其他资源，如人力资源、物资等的分配，实现资源的优化配置。

完成上市以后，如果经营状况和财务状况恶化，不能给投资者带来较高的回报，投资者就会"用脚投票"（出售该公司股票），使得企业股价下跌，该企业就可能被收购或退市；若企业上市后，经营状况和财务状况较好，能够给投资者带来较高的回报，投资者就会愿意出较高的价格购买该企业的股票，该企业就能很容易以更低的成本筹措更多的资金。从长期来看，优胜劣汰机制在证券市场上是十分有效和明显的。

2. 通过管理基金优化资金配置

投资银行管理着大量基金，可以通过左右基金的投向来影响证券市场的资金配置。投资基金在二战后，特别是20世纪七八十年代，在欧美及日本得到了迅速发展。到20世纪90年代，美国投资基金的总额已经超过银行存款，将数百万客户的存款转化为上万亿美元的基金投资，从而重新构建了美国金融业的资金结构。投资银行作为基金的重要参与机构之一，运用其人力资源和信息优势，按基金的类型，投资于股市、债市、货币市场、房地产、未上市企业、金融衍生工具以及国外证券市场，成为其投资对象有利的金融支持。

（1）投资银行将掌握的大部分基金用来从事股票、债券等金融资产的投资，为金融市场的发展提供了稳定的资金来源渠道，成为稳定市场供求关系的重要力量。

（2）投资银行将部分基金用来从事产业投资，扶持未上市公司，能够促进有潜力的公司得到快速发展，从而为证券市场培育新的优质上市公司。

（3）跨国投资银行发行海外基金，引进外国资本。通过这种方式筹资的规模大，可以获得长期资金来源，也避免了传统方式借贷融资可能带来的债务危机。

（4）投资银行操作的投资基金成为证券市场上最为重要的机构投资者。其投资行为受到有关法律的规范和市场的约束，可以明显降低市场运行的风险。

3. 通过并购业务优化资源配置

企业并购是现代投资银行的核心业务。投资银行活跃于并购的各个环节，主要是提供信息服务和融资安排。投资银行家在并购中对资金运作的惊人能力，促成了众多企业并购的成功。

20世纪初，出现了包括美国钢铁公司、美国通用汽车公司等在内的垄断企业；20世纪70年代末80年代初，杠杆收购的产生使收购规模空前膨胀，"垃圾债券大王"迈克尔·米尔肯开发出的垃圾债券融资，产生了"小鱼吃大鱼"的效果，使得一些较小的企业实现了对一些传统的企业王国的成功并购。正如美国著名未来学家阿尔文·托夫勒在《权力的转移》一书中所说："摩根和米尔肯以相反的方式改变了美国的金融业。"前者主张资金的集中，限制资金的使用机会，从而促进了美国20世纪之初综合性大企业的形成；后者则恰恰相反，出售债券、资助兼并，从而粉碎这些庞然大物，建立起较小、较灵活、在战略上更有重点的公司。这充分表明了投资银行在企业兼并、产业调整中的重要作用。并购后的企业，无论是发挥大集团的规模效益，还是剥离重整后从事专业性生产，都起到优化资源配置的作用。

1.3.4 推动产业结构升级

1. 推动企业并购，实现产业结构调整和升级

在经济的发展中，生产的社会化和专业化要求产业结构不断调整，既要有符合大规模社会生产的垄断性企业，又要有高度专业化、多样化的小型企业参与竞争。经济发展到当代，企业兼并、收购与重组成为时常发生的现象，制造业、金融业、通信业、运输业等行业也纷纷掀起并购热潮，且有愈演愈烈的趋势。投资银行为企业提供各种金融中介服务，促进了生产的社会化和产业结构的优化与升级。

在这一领域里，投资银行凭借其专业优势、人才优势和经验优势，依赖其广泛的信息网络、深入的分析能力、高度的科学创意、精明的战略策划、熟练的财务技巧和对法律的精通，来完成对企业的前期调查、实务评估、方案设计、条件谈判、协议执行以及配套的融资安排、重组规划等诸多高度专业化的工作。也正因为如此，在近几年全球大规模的企业兼并与收购浪潮当中，无处不见大型投资银行在幕后操作的身影。投资银行对企业实力的增强、企业兼并的产生与发展起到了推波助澜的作用。一次次兼并浪潮，使产业集中向着更深、更广的领域拓展，从而也促进了资源的合理配置和产业结构的升级换代。

2. 投资银行的风险投资业务，有利于促进高新技术产业化发展

当代经济的发展已经进入以信息产业、生物工程、新能源、新材料为代表的高新技术迅猛发展的阶段。以知识、科学技术作为社会和经济的推动力量，已成为各国的共识。高科技产业的发展，除了要拥有创造精神和高素质的科技人员，资金支持也是一个重要因素。风险投资基金和投资银行为高科技公司开辟了广阔的融资天地。例如，硅谷这个众所周知的高科技公司的集中地，同时也是风险资本募集和风险资本投资的集中地。投资银行通过发展风险投资业务，成为为高科技企业融资、促进高新技术产业化发展的重要参与者。投资银行的具体业务主要有以下几个方面。

（1）为高新技术企业提供上市服务，促进风险投资的退出。高新技术企业在准备上市的过程中，会遇到很多专业化的问题，作为承销商，投资银行可以为高新技术企业发行证券提供服务。事实证明，如果有一家声誉卓著的投资银行在推动一家企业上市，那么这家企业的上市就已经成功了一半，因为该投资银行已经在用自己的信誉为这家新兴的企业做背书，投资者有更多的理由相信这家新企业。

（2）在股票上市后进行价格维护。对企业而言，上市并不是单纯的集资，而是运作资本、提高知名度、优化财务管理等。现代投资银行为上市公司提供良好的市场交易支持，形成并保持公司股票较高的上市开盘价和日后股价的稳步上扬，提高其二级市场的交易量。

（3）发起设立风险投资基金。风险投资基金是风险投资的高级形态，是风险资本运作"规模化、专业化、机构化"的体现。个人投资者分散地从事风险投资难以形成规模，也会缺乏投资经验，此时有必要充分发挥风险投资家的专家管理优势，从事组织制度化的风险投资运作。投资银行作为风险投资基金设立的发起人，有四方面的优势：一是拥有成功的证券投资基金的设立和管理经验，有利于保障风险投资基金的良好运作；二是具有较强的风险投资意识，是规避投资风险的有利因素；三是拥有雄厚的研究力量，这是任何投资基金发展不可或缺的条件；四是有条件联合上市公司作为发起人。

（4）起到风险投资宣传的"播种机"作用。投资银行是播种资本市场知识的队伍，在资本市场中，许多新的专业知识是通过现代投资银行传播的，一些新的理念也是通过它的业务运作建立起来的。对企业来说，在接受现代投资银行的业务服务过程中，它们也将从现代投资银行那里直接或间接地接受现代企业制度的完善方法、资本市场的运作意识与运作技巧；对投资者来说，现代投资银行传播着现代的投资理念和投资技巧。投资银行通过业务运作与宣传，可以激励广大投资者更好地分享风险投资的成果。

（5）提供财务顾问、研究服务或咨询服务。财务顾问的主要内容有公司的兼并、收购策划、私募融资或上市融资策划、财务评估与财务工程的建立、资产重组与法人治理结构的改善、人才和营销渠道的提供、长期融资战略与发展战略的制定等。研究服务是指投资银行将创业企业与其行业的竞争对手进行比较，提供高质量的定期研究报告以便公司对其前景进行评价。咨询服务是指投资银行利用自身的人才优势，建立由管理、财务和科技等专家组成的具有一定权威的高科技产业评估咨询小组，为投资和贷款决策提供咨询服务；利用自己广泛的业务联系为资金寻找新的投向牵线搭桥；此外，还可以提供资本市场法规、政策咨询。

（6）为风险投资的引进和退出提供金融工具及金融手段的创新服务。在风险投资的引进和风险投资的退出过程中，需要设计、设立和运用适合高科技产业发展特点的金融工具和金融手段。投资银行可以提供多样的创新服务品种，包括可转换优先股、可转换债券、追加投资期权、以技术成果合资、吸收合并、曲线上市以及引进战略投资者等。

1.4 投资银行功能的经济学解释

投资银行是金融市场中最为活跃的机构之一，其存在的功能是什么？对整体经济效率是否有提高？是如何提高的？多年来，经济学家早已建立了关于商业银行基本的金融中介理论，分析了商业银行在其中的保障支付、提供流动性保险、解决借款人和贷款人信息不对称问题等方面的重要作用。但直到近年来，经济学家才就投资银行经济功能的问题展开充分的讨论。我们将关于投资银行功能的经济学解释归结为以下三点：作为信息生产商，搜集、加工和销售信息并由此获利；在信息市场的生产者和使用者之间充当中介；以自身信誉来降低市场中的信息不对称。

1.4.1 作为信息生产商进行搜集、加工和销售信息并由此获利

在投资过程中，信息是促使投资者进行资产配置决策的关键，只有高质量的信息从被投资方向投资方进行有效的传递，投资才会发生，才会有效率。不管是什么类型的信息，如果它能够吸引足够的资本而使项目得以实施，那么这样的信息就是至关重要的，因为它会影响到资本的分配，这类信息被称为"**价格相关信息**"（price-relevant information）。

价格相关信息具有两种经济作用：第一，它涉及资源在经济创新上的分配，没有精确的价格相关信息，资本可能会错配，或者可能不提供资本；第二，它涉及对人们或者企业创新行为的激励。好的创新引致好的项目，好的项目得到好的价格，这样，创新的价值通过有效的价格进行传递，使得好的创新得到激励。

投资银行作为一家金融机构，其实质是一家信息生产商，所起的作用体现在搜集、加工和销售信息并由此获利。

由于信息产品易于分享且分享成本几乎为零，会产生信息搭便车的现象，因此信息生产者必须保证生产信息能够获利才会从事信息生产。那么，投资银行能否成为这样的信息生产者呢？

激励信息生产最有效的方式是建立信息的产权，一个强有效的产权体系能够保证信息生产者在愿意的前提下，把信息让渡给他们选定的交易对象。但是，由于以下三个问题的存在，人们不可能建立关于信息的正式产权：第一，信息一旦被对方知晓，信息的价值就会大大下降，就很难让对方支付应有的价格购买，但是，事前又很难让潜在信息购买者相信信息是准确的，因而也很难确定信息的公平价格；第二，很难证明当事人的信息就是从生产者手中而不是从其他途径获得的，同时也很难证明信息购买者的获利来自所购买的信息而不是其他途径，这样会对购买信息的支付造成困难；第三，很难阻止信息生产者将信息出售给多个对象，对购买者而言，信息的商业价值就多多少少会被破坏。

这三个问题都说明了信息验证的困难，因而难以通过传统的法律合约来界定和解决，也无法建立一个竞争性的市场来拍卖信息的排他性权利。另外，通过法律来建立信息产权交易模式的尝试将会引起信息的外泄，从而损害信息的价值。所以，经由法律途径试图建立对价格相关信息的正式产权是徒劳的，只能通过商业途径来建立对价格相关信息的非正式产权。所谓非正式，就是这种产权是模糊的、无法清晰界定的，也难以获得法律保护。

投资银行，作为一种营利性的金融中介，它可以通过建立对价格相关信息的非正式产权而促进该类信息的生产和销售，从而使得金融市场必需的信息得以创造，资金得以流转和配置。就投资银行而言，它可以在交易市场中利用信息优势而盈利，即提前发现被低估或者被高估的标的证券，然后买入或者卖出标的证券而获利；也可以在发行市场利用其信息加工能力承揽证券发行业务，将信息表现在发行价格上和发行过程中，进而完成证券销售，从而赚取承销费用。由此可见，投资银行利用价格相关信息而盈利的能力，能够促使投资银行完成私自的信息生产并努力提高信息的质量。

在信息生产方面，商业银行与投资银行的处理模式是不同的。商业银行生产的信息主要是自用，比如对其贷款客户进行信用风险的分析，好的信息使得银行盈利，而差的信息使得银行亏损。自用的模式很好地避免了信息销售障碍、搭便车等问题。投资银行生产的信息虽然有的也是自用，但更多的是他用——向金融市场参与者直接销售信息产品或者间接销售含

有信息的金融产品。因而,投资银行在信息生产上的难度较高,需要以好的模式向市场证明自身信息加工的能力和质量。

总而言之,投资银行在信息至关重要的金融市场上,可以通过存在激励机制的信息生产模式获利,间接地为金融市场提供信息,保障市场的运转。

1.4.2 在信息市场的生产者和使用者之间充当中介

如上所述,信息自身特殊的属性阻碍了信息价格的形成,也阻碍了交易过程的完成。此时,投资银行代替了传统的价格机制的作用,它充当了信息生产者和使用者的中介。

投资银行的核心活动是证券发行,我们以证券发行为例,对投资银行的信息中介作用进行分析。⊖

如图1-11所示,在一次证券发行中,发行人需要知道市场对自己公司所发行证券的需求状况,发行人通过委托投资银行发行并支付发行费用,由此发行人可以获得较为满意的价格。需求信息的供给方来自信息生产者,它们可能是一些大型机构(如退休基金机构),也可能是专注于某一方面的小型投资者(如私募股权投资公司)。投资银行通过与这些信息生产者保持联系,建立了图1-11所示的"信息网络"。投资银行与其信息网络成员签订非正式合约,承诺对它们所提供的新发行证券的价格相关需求信息进行补偿,补偿一般采用发行折价的方式(参见本书"3.6.5 IPO折价现象")。

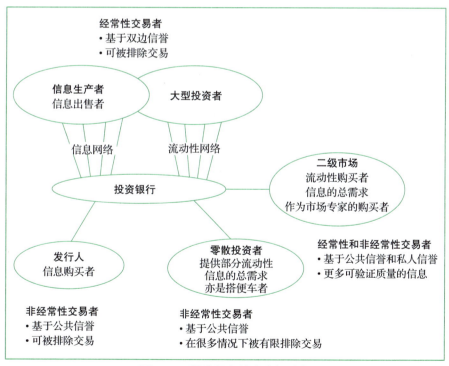

图 1-11 投资银行信息市场结构

由于投资银行的信息网络并不足以保证成功发售投资银行定价的全部证券,因此投资银行

⊖ 莫里森,维尔勒姆. 投资银行:制度、政治和法律[M]. 何海峰,译. 北京:中信出版社,2011.

会建立另一个网络，即流动性网络，这个网络涵盖了尽可能多的对这些证券有购买需求的大型投资者，当然一些大型投资者同时也是信息生产者，两个网络会有所重合。大部分大型投资者并不参与信息生产，而只是通过双边信誉建立对投资银行定价的信任。投资银行对提供流动性支持的流动性网络成员也提供一定程度的补偿，并保证以公平的价格向它们出售证券。

在这两个网络中，投资银行通过其声誉维持其网络地位，并在核心商业活动中起到至关重要的作用，同时，投资银行通过选择排除当事人的方式来为网络成员提供最有效的成本效益激励。

当然，投资银行本身也会通过研究部门直接参与信息生产，这将增加投资银行的成本，但同时也增加了投资银行与其他信息生产者讨价还价的能力。

投资银行会从两个维度来对流动性进行投资。首先，一些投资银行维持着非常庞大并且协调良好的零散投资者网络，这些投资者可以更加灵活、自由地进出信息市场，也可以进行零星交易，从而提供部分流动性。对投资银行来说，来自零散投资者的总需求信息同样也是具有价值的，因为当这种网络规模足够大并且能够得到良好协调时，投资银行可以在与机构的流动性网络谈判时提供一个另外的选择。

其次，投资银行连接了二级市场，二级市场的存在使得一级市场的投资者能够保持退出的流动性，投资银行也可以利用二级市场的信息来掌握市场情绪，从而有利于提供有效的定价。一个稳定的、有深度的二级市场，对于一级市场的发行，是一个重要的支持。

1.4.3　以投资银行的信誉降低市场中的信息不对称

如前所述，投资银行在证券发行业务这一盈利模式中，最大的资源来自对信息网络和流动性网络的掌控，其收益也取决于对这两个网络的利用和管理。

在这样的条件下，投资银行如果不能履约，将会对网络中的各方造成损害，当这些信息网络和流动性网络的参与者不再相信投资银行时，它们会选择离开网络，寻找新的投资银行。很明显，它们的离开会对投资银行的业务能力造成伤害，因而投资银行会尽力维持其信誉，以此保留乃至扩大这些网络参与者的规模。

投资银行想要维持其信息网络，必须维持在信息支付上的信誉，这种支付可以通过两种方式完成：第一种方式是，投资银行折价发行新证券，这样新证券的购买者就可以通过其价格相关信息获利；第二种方式是，投资银行在量的方面将证券更多地分配给效率最高的信息生产者。

投资银行与其信息网络合约关系的信誉基础得到了广泛的研究支持，比如 Baron 和 Holmstrom（1980）、Baron（1982）、Loughran 和 Ritter（2004）等的研究。另外，双方也有着非合约关系的信誉联系，比如 Nanda 和 Yun（1997）证明了潜在证券发行人关注着投资银行在市场定价方面的声誉。

大的、老牌的投资银行往往会拥有更大的网络，而大规模的网络可以使交易定价更加精确，并降低单位信息成本。因此，好的投资银行可以拥有信息生产中的巨大信誉规模经济。研究发现，证券发行人在与主承销商签约时，其购买的是投资银行的网络，而不是投资银行的分析能力。Carter, Dark 和 Singh（1998）指出，从发行后多年的良好表现来看，最有威望的投资银行的承销发行质量也最高。在并购方面，投资银行的声誉影响也有所体现。Andrey Golubov

等人（2012）发现，在公开市场并购中，顶级投资银行的投标回报率高于非顶级投资银行，股东由此平均获得 6 583 万美元的收益。他们认为，这种改善来自顶级投资银行对协同效应更强的识别能力和获得能力，与此相对应，顶级投资银行在这些交易中会收取溢价费用。㊀

1.4.4　人力资本在投资银行中的作用

投资银行业是一种人力资本密集型的行业。投资银行所起到的信息中介作用，主要是依靠具有丰富知识和技能的员工来完成的，而且这种专业技能很难或者不可能加以复制。虽然现代教育已经在这个行业设置了很多课程教学和专业证书，但是真正的投资银行专业技能只能在行业中通过真正的历练才可以达成，这种历练造就了人力资本的价值。同时，由于投资银行的业务较多地维系在人力资本上，而人力资本是与员工捆绑在一起的，因此一旦核心员工离职，投资银行的业务和声誉将受到较大的影响。

对人力资本的倚重，使得投资银行在人力资本的支出方面一直处于较高的水准，投资银行家会对其人力资本索取较高的回报。从经济需求看，投资银行业应该实行人力资本抵押和绑定，但事实上，人力资本不可能从法律上来界定，也无从实行抵押和绑定。因此，投资银行的组织结构设计会着重将投资银行家的人力资本与雇主单位捆绑起来。

合伙制是投资银行早期的组织形式。在华尔街的历史上，投资银行业在诞生以来的很长一段时期里，组织形式主要是合伙制，美林、高盛、摩根士丹利均起源于合伙制。在合伙制下，投资银行通过与资深投资银行家建立合伙关系，形成较为长期的激励和风险机制。随着全球主要投资银行由合伙制转变为股份制，对投资银行家的激励更多地采用奖金和期权方式，双方的合约关系变得短期化，因而投资银行从业人员的流动性加大了。为了保持对人力资本的长期占有，现代投资银行都设计了非常复杂的薪酬制度。

如图 1-12 所示，现代投资银行业的人力资本体现在隐性知识与技术性技能两个方面，不同的投资银行业务对两种人力资本各有侧重。㊁

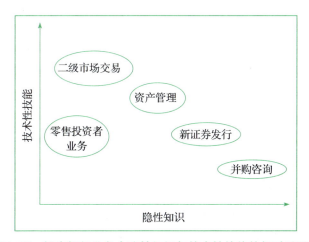

图 1-12　投资银行业务中隐性知识与技术性技能的相对重要性

㊀ GOLUBOV A，ET AL. When It Pays to Pay Your Investment Banker: New Evidence on the Role of Financial Advisors in M&As［J］. The Journal of Finance，2012，67（1）：271-311.

㊁ 莫里森，维尔勒姆. 投资银行：制度、政治和法律［M］. 何海峰，译. 北京：中信出版社，2011.

隐性知识的概念最早是由迈克尔·波兰尼（Michael Polanyi）提出的，与显性知识相对应。按照波兰尼的理解，显性知识是能够被人类以一定符码系统（最典型的是语言，也包括数学公式、各种符号等形式）加以完整表述的知识，而隐性知识是指难以被符号化表述并且难以通过简单方式交流的知识。在投资银行业务中，隐性知识一般包括对客户提供咨询、建立客户关系、读懂市场信号、谈判并购交易等。

就投资银行的各项业务而言，二级市场交易依赖的是技术性技能，它们更像是工程师技能而不是传统投资银行家技能。计算机技术的发展，使得二级市场的交易撮合、账户管理等变得越来越模式化和标准化，交易效率也大幅度提高。零售业务的关键可能是后台部门的运行，其中计算机和工作流程设计等的重要性超过了人工代理活动。资产管理对隐性知识有一定要求，但同时也包含大量技术性技能的支持。建立资产组合、分析市场数据这些原本依靠人工技能的工作越来越程序化，开始通过计算机的大批量数据运算来解决，但新证券发行和并购咨询这两项业务仍然主要依靠隐性知识，因为它们的成功主要依赖于对企业信息的调查和分析，同时也需要人员来维护客户关系和机构间的关系，其核心技能大部分是隐性的，业务也主要靠关系型合约。

从投资银行发展的趋势来看，投资银行活动逐渐向左上角移动（见图1-12），隐性知识这一传统投资银行的人力资本约束逐渐减少，这在一定程度上引发投资银行界合伙制组织形式的瓦解。合伙制的消失，使得投资银行从业者改换雇主更加容易。因此，一方面，投资银行与核心员工签订一些具有延期发放和长期激励性质的薪酬合约，以加强对核心员工人力资本的控制；另一方面，投资银行在业务结构中需要不断增加金融资本密集型业务，从而减少来自人力资本的要挟。

根据美国证券业协会和证券业数据库的资料统计，1980～2004年，美国投资银行的非工资薪酬占总支出的比重从20%多下降到10%左右，而同期工资薪酬占总支出的比重相对稳定，这说明投资银行的报酬结构开始逐渐向工资薪酬倾斜，对人力资本的依赖性在降低。同时，1994年以前，投资银行的利息支出占总支出的比例为30%～45%，而1994年之后，这一比例逐渐上升到40%～50%，这从另一个角度说明了投资银行通过加大金融资本而逐渐减少对人力资本的依赖。总的来说，在投资银行业内，单位产出对人力资本的依赖度呈现不断下降的趋势。

1.5 我国投资银行的发展

1.5.1 我国投资银行的发展阶段

相对于西方发达国家，我国的证券市场和投资银行的形成时间较晚，荷兰早在17世纪初就成立了阿姆斯特丹证券交易所，发行和交易股票，英国和美国也分别在1773年和1790年建立了证券交易所。我国最早的证券交易所是1905年设立的"上海众业公所"，中华人民共和国成立后，一度取消了证券交易，直至1990年，上海和深圳相继设立证券交易所。从时间上看，我国的证券市场相对于西方国家的证券市场四百多年的历史是非常滞后的，相应地，依赖于资本市场的投资银行和投资银行业务也起步较晚。

中华人民共和国成立以后，高度集中、统一的银行信用制度代替了多种信用形式和多种金融机构并行的格局，财政拨款代替了企业的股票、债券及其他形式的直接融资，中国的金融市场特别是资本市场难以得到规范发展，自然也就无法建立经营证券业务的投资银行。改革开放以后，随着经济体制特别是金融体制改革政策的逐步推行，中国的金融市场逐步发展起来。从20世纪80年代初开始的国债发行，到几年后银行系统的同业拆借，从20世纪80年代中后期企业股票的发行，到20世纪90年代初深沪两市建立后的股票上市交易，中国的证券市场发展催生了中国投资银行的建立、运营与逐步发展壮大。

我们以证券公司为主体，对我国投资银行的发展阶段进行简短的回顾。

1. 投资银行的萌芽阶段（1979～1991年）

在这段时间，我国尚未出现真正的投资银行，从事投资银行业务的主体是兼营证券业务的信托投资公司，典型的投资银行业务是国债的发行与承销。这一时期我国证券市场规模很小，并且是以债券市场为主，股票市场还处于民间或试验阶段，二级市场是以柜台市场形式出现的，还没有开设正式的证券交易所。

1979年10月，我国第一家信托投资公司——中国国际信托投资公司成立，标志着我国投资银行进入萌芽阶段。此后，各地方政府以及中国工商银行、中国农业银行、中国银行、中国建设银行四大国有银行等都成立了自己的信托投资公司，在高峰时期，全国共有信托投资公司800余家。

当时，信托投资公司的主要业务包括委托存款、委托贷款和委托投资，以及信托存款、信托贷款和信托投资，还包括同业拆借、融资租赁、担保业务、境外借款、资本金贷款和投资、债券发行、证券承销和经纪、投资业务、基金管理、投资顾问等。可见，除活期存款、个人储蓄存款和结算业务外，信托投资公司的经营范围还包括银行业、证券业和信托业的所有业务，接近于欧洲的全能银行。此时，信托投资公司成为各银行拓展其他业务的主要平台。

1986年9月，中国工商银行上海信托投资公司静安业务部开办了第一笔代理股票买卖；1986年，沈阳信托投资公司试办以国债转让为主的有价证券柜台转让业务；1987年9月，中国第一家证券公司——深圳经济特区证券公司成立；1988年4月，中国第一家上市公司深圳发展银行的股票正式在深圳经济特区证券公司挂牌交易；1990年年底，上海证券交易所和深圳证券交易所成立。两大证券交易所的成立，标志着资本市场的正式形成，投资银行开始步入正轨。

2. 投资银行的早期发展阶段（1992～1999年）

1995年，我国颁布了《中华人民共和国商业银行法》（以下简称《商业银行法》），其中第四十三条规定："商业银行在中华人民共和国境内不得从事信托投资和股票业务不得用不动产投资或者向非银行金融机构和企业投资，但国家另有规定的除外。"这在法律上限定了我国投资银行的发展模式，此举标志着银行业和证券业、信托业分业经营、分业监管的开始。1999年7月，《中华人民共和国证券法》（以下简称《证券法》）正式实施，标志着证券行业进入规范发展阶段。从证券交易所的成立到《证券法》正式实施之前，我国投资银行处于早期发展阶段。这一阶段的特点是，证券公司出现并成为资本市场和投资银行的主体，证券市场规模特别是股票市场规模不断壮大，资本市场上的金融工具种类持续增加，相关法律法规相继颁布等。在这个时期，我国投资银行的发展可大致分为两个阶段。

（1）数量扩张阶段（1992～1995年）。在这一阶段，我国证券公司从无到有，再到蓬勃发展，证券公司数量迅速扩张，规模不断扩大。我国早期的证券公司起源于三种途径：一是由各地专业银行设立的证券公司和证券交易营业部，当时80%以上的证券经营机构都属此列，如由交通银行设立的海通证券等；二是由各地信托投资公司设立的证券交易营业部；三是由各地财政部门开设的证券公司。1993年，中央组建三大证券公司——华夏证券、国泰证券和南方证券。这三家证券公司的注册资本均为10亿元，注册地分别为北京、上海和深圳，时称三大证券公司，又被称为中国证券业的中央军。到1995年年底，全国证券公司达到近90家。

（2）分业重组阶段（1996～1999年）。1995年颁布的《商业银行法》确立了我国金融分业经营制度，银证分业和信证分业导致公司之间的兼并和重组，并催生出一批较大的重量级证券公司。1996年7月，申银证券公司和万国证券公司合并为申银万国证券公司，是当时最大的证券公司；1998年，国泰证券与群安证券合并；2000年8月，中国华融资产管理股份有限公司、中国长城资产管理股份有限公司、中国东方资产管理股份有限公司、中国信达资产管理股份有限公司和中国人保信托投资公司五大公司所属的证券业务部门合并重组成立了中国银河证券。虽然我国证券公司注册资本金规模的最高纪录不断被打破，但是证券公司的总体规模仍然较小。1997年年初，全国证券公司达到94家，但是其中资本金超过10亿元的证券公司仅有7家。

3. 投资银行的规范发展阶段（1999～2009年）

1999年7月1日，我国《证券法》正式实施，标志着我国的投资银行业进入了规范发展阶段。

《证券法》（1999年版）第一百一十九条规定："国家对证券公司实行分类管理，分为综合类证券公司和经纪类证券公司，并由国务院证券监督管理机构按照其分类颁发业务许可证。"综合类证券公司可以经营证券经纪业务、证券自营业务、证券承销业务以及经国务院证券监督管理机构核定的其他证券业务，但注册资本不得低于人民币5亿元，而经纪类证券公司注册资本只需人民币5 000万元，但只能从事证券经纪业务。

在《证券法》颁布之初，我国大部分证券公司属于中小证券公司，按照分类标准还达不到综合类证券公司的要求，因此，只能从事证券经纪业务。《证券法》的颁布在我国掀起了一股证券公司增资扩股浪潮。1999年，湘财证券、湖北证券、中信证券、长城证券等10家证券公司共增资扩股100亿元，国泰证券与君安证券合并成立国泰君安证券股份有限公司，注册资本为37.7亿元。之后，券商增资扩股不断。2003年，中信证券IPO成功，成为首家上市的证券公司。再之后，不断有新的证券公司通过借壳方式成为上市公司，这些证券公司有宏源证券、东北证券、国元证券、长江证券、国金证券、西南证券、太平洋证券、海通证券、华泰证券、招商证券和光大证券等。

从2002年开始，由于证券市场遭遇熊市，同时证券公司违规经营风险暴露，鞍山证券、佳木斯证券、新华证券等一批中小券商相继被关闭或撤销。2004年，南方证券被中国证券监督管理委员会和深圳市政府接管。2004～2007年是我国对证券公司的综合治理阶段，我国建立了以风险管理能力为基础的分类监管体系。

从2004年8月开始，中国证监会在证券监管系统内全面部署和启动了综合治理工作，包括证券公司综合治理、上市公司股权分置改革、机构投资者发展在内的一系列重大变革由此展开。

2006 年 1 月，修订后的《证券法》《中华人民共和国公司法》(以下简称《公司法》)正式施行。

2007 年 7 月，中国证监会下发了《证券公司分类监管工作指引（试行）》和相关通知，这是对证券公司风险监管的新举措。

在投资银行对外开放方面，成立于 1995 年的中国国际金融有限公司①（以下简称"中金公司"）是我国首家合资证券公司。该公司是由国内外著名金融机构和公司基于战略合作关系共同投资组建的合资投资银行，注册资本为 1.25 亿美元，初期股东包括中国建银投资有限责任公司、摩根士丹利国际公司、中国投资担保有限公司、新加坡政府投资公司和名力集团控股有限公司。中金公司对中国投资银行业的初期发展起到了重要的推动作用，完成了很多里程碑项目，例如，1997 年完成中国电信（香港）有限公司（后更名为中国移动（香港）有限公司）的境外首次公开发行；2000 年完成中国联通、中国石化、中国石油的首次境外公开发行；2001 年完成中国铝业首次境外公开发行以及中国石化 A 股首次公开发行；2003 年完成中国人寿、中国人保首次境外公开发行；2006 年完成中国工商银行 A+H 股首次公开发行，合计融资 219.39 亿美元，是全球有史以来最大的 IPO。这些项目对中国投行业的发展产生了深远的影响。

我国加入 WTO 后，积极履行证券服务业对外开放的承诺。2002 年 6 月，中国证监会发布了《外资参股证券公司设立规则》，明确了外资参股证券公司的设立条件及程序，并于 2002 年 7 月 1 日起正式实施。2002 年以来，华欧国际、长江巴黎百富勤、海际大和、高盛高华、瑞银证券等多家合资券商先后设立。以高盛高华、瑞银证券为代表的合资券商已在中国证券市场上形成鲜明的外资系。

4. 投资银行的创新发展阶段（2009 年至今）

2009 年 3 月 5 日，时任国家总理温家宝在第十一届全国人民代表大会第二次会议的政府工作报告中指出，中国要继续推进资本市场改革，维护股票市场稳定，发展和规范债券市场，稳步发展期货市场。我国投资银行业的创新进入了一个崭新的阶段。

（1）资本市场创新。在这个阶段，我国的资本市场发展提速，标志性的事件是多层次资本市场的初步形成、债券市场的发展以及资本市场的国际化。

2009 年 3 月 31 日，中国证监会正式发布《首次公开发行股票并在创业板上市管理暂行办法》。同年 10 月 23 日，中国创业板举行开板启动仪式，28 家首批创业板公司上市。创业板的启动，标志着我国多层次资本市场的建设取得了实质性的进展。之后，全国中小企业股份转让系统于 2012 年 9 月正式注册成立，这是继上海证券交易所、深圳证券交易所之后第三家全国性证券交易场所，主要服务于创新型、创业型、成长型的中小微企业，由此，多层次资本市场体系的框架搭建基本完成。

在这一阶段，除股权市场的发展外，债券市场也得到了迅速的发展。2005 年 5 月，短期融资券试水，并且在发行方面实行注册制，这为企业债的市场化发行奠定了基础。2008 年 4 月，中期票据问世，同样实行注册制，企业债券的期限延长到 1～10 年。2009 年，以非金融企业债务融资为主的信用债券市场进一步扩容，企业债券、短期融资券和中期票据的发行总量达到了 1.46 万亿元，比 2008 年增长了将近一倍，占比由 10.58% 提升到 17.31%。

---

① 2015 年由有限责任公司整体变更为股份有限公司，公司全称依法变更为"中国国际金融股份有限公司"。

2018年11月5日,国家主席习近平在首届中国国际进口博览会开幕式上宣布设立科创板,并在该板块内进行注册制试点,它是独立于现有主板市场的新设板块。2019年6月13日,科创板正式开板;7月22日,科创板首批公司上市,标志着我国资本市场和科技创新更加深度地融合,对于完善多层次资本市场体系、提升资本市场服务实体经济的能力具有重要意义。

(2)证券业务创新。2008年10月5日,中国证监会宣布启动融资融券试点。2008年10月31日,中国证监会发布《证券公司业务范围审批暂行规定》,并于12月1日开始实施。2010年1月8日,国务院原则上同意了开设融资融券业务试点,标志着融资融券业务进入了实质性的启动阶段。此后,融资融券余额迅速上升,2017年年末,两融余额达到10 262亿元,其间在2015年6月18日达到峰值22 730亿元。

2010年2月20日,中国证监会正式批复中国金融期货交易所沪深300股指期货合约和业务规则。2月22日9时起,正式接受投资者开户申请。沪深300股指期货合约自2010年4月16日起正式上市交易,自此开始了中国证券市场中的股票指数类衍生工具。

在这一时期,证券公司的资产管理业务规模也迅速扩大。对证券公司而言,资管业务可以分为通道服务和主动管理两大类。其业务开展可以追溯到1995年,以2004年2月1日施行的《证券公司客户资产管理业务试行办法》为标志,证券公司资产管理业务正式步入规范化发展的轨道。早期的资管产品投向较为单一,多投向A股市场。2012年,中国证监会修订了有关证券公司资管业务的"一法两则"(《证券公司客户资产管理业务管理办法》《证券公司集合资产管理业务实施细则》《证券公司定向资产管理业务实施细则》),放松了对证券公司资管业务的限制与约束,尤其是定向资管业务的投资范围与信托业务基本相近。投资范围的放开使得定向资管计划规模得以快速扩张。截至2017年年底,证券公司资产管理规模达到16.88万亿元。

券商直投业务是指对非公开发行公司的股权进行投资,投资收益通过以后企业上市或并购时出售股权兑现。为推动证券公司直接投资业务的创新发展,规范直接投资业务活动以及直接投资业务从业人员执业行为,中国证券业协会2012年11月2日正式发布《证券公司直接投资业务规范》。从此,券商直投业务只需在中国证券业协会备案,业务范围也有所扩大。券商强有力的投行能力使得直投子公司成为券商重要的投资渠道和利润来源。截至2017年6月,国内有近70家券商直投,管理的总规模接近3 000亿元。

(3)渐进式推动对外开放。2014年4月10日,中国证监会正式批复开展沪港通。沪港通包括沪股通和港股通两部分:沪股通,是指投资者委托中国香港地区的经纪商,经由香港联交所设立的证券交易服务公司,向上海证券交易所进行申报(买卖盘传递),买卖规定范围内的上海证券交易所上市的股票;港股通,是指投资者委托内地证券公司,经由上海证券交易所设立的证券交易服务公司,向香港联交所进行申报(买卖盘传递),买卖规定范围内的在香港联交所上市的股票。

2016年12月5日,在沪港通实践经验的基础上,深港通正式启动,深港通的开通进一步呈现出"互联互通"的效果。

2018年12月14日,沪伦通启动。所谓"沪伦通",是指上海证券交易所和伦敦证券交易所的互联、互通。沪伦通的逻辑是:人民币输出到伦敦离岸市场,让伦敦的人民币回流到上海,而载体则是沪股、伦股,这对开放我国资本市场、推动人民币国际化都有重要的意义。

在机构设立方面,21世纪伊始,在我国加入WTO后,我国金融监管部门特许外资设立合资证券公司,但持股比例限制在 50% 以内。随着《外资参股证券公司设立规则》和《内地与香港关于建立更紧密经贸关系的安排》补充协议的相继实施,外资参股证券公司的条件和业务范围进一步放开。2018 年,我国宣布将证券公司、基金管理公司、期货公司、人身险公司的外资持股比例上限放宽至 51%,并决定在三年后不再设限。2019 年 10 月,我国政府进一步宣布,从 2020 年开始取消期货公司、证券公司和基金管理公司外资持股比例限制,比原计划提前了一年。

1.5.2 我国投资银行的发展特点

1. 投资银行的总体情况

我国证券公司的总体规模比较小,虽然这些年随着市场的发展,证券公司的规模增长迅速,但是总体规模依然较小。截至 2018 年年底,131 家证券公司的总资产为 6.26 万亿元,净资产为 1.89 万亿元,净资本为 1.57 万亿元,客户交易结算资金余额为 9 378.91 亿元,托管证券市值 32.62 万亿元,受托管理资金本金总额 14.11 万亿元。表 1-9~表 1-12 列出了 2018 年我国分别在总资产、净资产、营业收入、净利润方面排名前十的证券公司。

表 1-9 2018 年我国在总资产方面排名前十的证券公司　　（单位：万元）

序号	证券公司	总资产	序号	证券公司	总资产
1	中信证券	50 804 114	6	华泰证券	28 508 487
2	国泰君安	33 489 805	7	招商证券	28 308 916
3	广发证券	31 614 503	8	银河证券	22 644 211
4	海通证券	31 056 417	9	中金公司	20 503 046
5	申万宏源	29 252 053	10	国信证券	19 700 706

资料来源:中国证券业协会网站。

表 1-10 2018 年我国在净资产方面排名前十的证券公司　　（单位：万元）

序号	证券公司	净资产	序号	证券公司	净资产
1	中信证券	13 050 256	6	招商证券	7 794 725
2	国泰君安	12 352 980	7	申万宏源	6 489 897
3	海通证券	10 964 836	8	银河证券	6 470 793
4	华泰证券	10 058 977	9	国信证券	5 151 891
5	广发证券	7 961 028	10	东方证券	5 127 453

资料来源:中国证券业协会网站。

表 1-11 2018 年我国在营业收入方面排名前十的证券公司　　（单位：万元）

序号	证券公司	营业收入	序号	证券公司	营业收入
1	中信证券	3 722 071	6	中金公司	1 291 408
2	海通证券	2 376 501	7	申万宏源	1 217 042
3	国泰君安	2 271 882	8	招商证券	1 132 161
4	华泰证券	1 610 826	9	中信建投	1 090 717
5	广发证券	1 527 037	10	东方证券	1 030 349

资料来源:中国证券业协会网站。

表 1-12　2018 年我国在净利润方面排名前十的证券公司　　（单位：万元）

序号	证券公司	净利润	序号	证券公司	净利润
1	中信证券	852 700	6	招商证券	422 776
2	国泰君安	692 814	7	申万宏源	421 405
3	海通证券	558 956	8	国信证券	329 392
4	华泰证券	474 932	9	中信建投	295 060
5	广发证券	465 087	10	银河证券	287 845

资料来源：中国证券业协会网站。

根据中国证券业协会的统计（见表 1-13），2018 年我国证券公司全年实现营业收入 2 662.87 亿元，实现净利润 666.20 亿元，净利率为 25.02%，行业净资产收益率为 3.52%。各项主营业务净收入按照从多到少的顺序排序，依次是：证券投资净收益为 200.19 亿元（占 30.05%），代办买卖证券业务净收入为 155.96 亿元（占 23.41%），受托客户资产管理业务净收入为 68.82 亿元（占 10.33%），证券承销与保荐业务净收入为 64.69 亿元（占 9.71%）；另外，投行业务方面因并购而产生的财务顾问业务净收入为 35.51 亿元（占 4.19%），经纪业务方面因融资融券业务而产生的利息净收入为 53.76 亿元（占 8.07%）。

表 1-13　2018 年我国证券公司利润和收入情况

项目	2018 年上半年	2018 年全年	2017 年
营业收入（亿元）	1 265.72	2 662.87	3 113.28
代办买卖证券业务净收入占比（%）	28.74	23.41	26.37
投资咨询业务净收入占比（%）	1.15	1.18	1.09
证券承销与保荐业务净收入占比（%）	9.23	9.71	12.34
财务顾问业务净收入占比（%）	3.57	4.19	4.03
受托客户资产管理业务净收入占比（%）	10.97	10.33	9.96
证券投资净收益占比（%）	23.35	30.05	27.66
融资融券业务利息净收入占比（%）	8.92	8.07	11.18
其他业务占比（%）	14.07	13.06	7.37
净利润（亿元）	328.61	666.20	1 129.95
净利率（%）	25.96	25.02	36.29

注：净利率＝净利润÷营业收入×100%。
资料来源：中国证券业协会网站，证券公司经营数据由未经审计财务报表统计而得。

需要说明的是，2018 年是股票市场较弱的一年，因此所反映的证券公司业绩相对也比较弱。2018 年证券公司实现的营业收入比 2017 年减少了 14.47%，净利润减少 41.04%，并且盈利连续两年下滑。

关于我国证券公司的业绩排名，请扫码进入中国证券业协会官网阅读中国证券业协会不定期发布的"证券公司业绩排名"。

证券公司业绩排名

请扫码进入中国证券业协会官网阅读。

2. 监管特征

我国采用集中监管模式，经历了早期的财政部独立管理阶段（1981～1985年）、中国人民银行主管阶段（1986～1992年10月）、国务院证券委员会主管阶段（1992年10月～1998年8月）和中国证监会主管阶段（1998年至今）。中国证监会在各地分设证监局，执行地方证券监管职能。这种模式比较集权，有利于控制行业风险，但同时对市场效率和创新的促进不足。

《证券法》第一百六十四条规定："证券业协会是证券业的自律性组织，是社会团体法人。证券公司应当加入证券业协会。证券业协会的权力机构为全体会员组成的会员大会。"

从监管方式看，我国采用分业监管模式，分业监管的出发点也在于强调风险控制。但是，随着金融市场日渐复杂、金融机构的经营界限越来越模糊，分业监管的困难也越来越大，目前，各监管机构的协调监管是主要的解决办法。

在对证券公司的具体监管上，我国采用分类监管的方式。中国证监会根据市场发展情况和审慎监管原则，在征求行业意见的基础上，制定并适时调整证券公司分类的评价指标与标准，每年审议公布证券公司的具体分类。分类标准是以证券公司风险管理能力为基础，结合公司市场竞争力和持续合规状况，按照评价结果来确定证券公司的类别。在风险管理能力方面主要根据资本充足、公司治理与合规管理、动态风险监控、信息系统安全、客户权益保护、信息披露等六类评价指标；在市场竞争力方面主要根据证券公司经纪业务、承销与保荐业务、资产管理业务、成本管理能力、创新能力等方面的情况进行评价；在持续合规状况方面主要根据司法机关采取的刑事处罚措施、中国证监会及其派出机构采取的行政处罚措施、监管措施及证券行业自律组织纪律处分的情况进行评价。

根据证券公司评价计分的高低，证券公司分为 A（AAA，AA，A），B（BBB，BB，B），C（CCC，CC，C），D，E 等 5 大类 11 个级别。其中，A 类公司的风险管理能力在行业内最强，能较好地控制新业务、新产品方面的风险；B 类公司的风险管理能力在行业内较强，在市场变化中能较好地控制业务扩张的风险；C 类公司的风险管理能力与其现有业务相匹配；D 类公司的风险管理能力弱，潜在风险可能超过公司可承受范围；E 类公司的潜在风险已经变为现实风险，已被采取风险处置措施。

2016～2018 年我国证券公司的分类结果如图 1-13 所示。

按照规定，如果券商分类评级遭到下调，将直接影响其风险准备金规模要求以及缴纳的投资者保护基金比例；同时，证券公司分类结果将作为证券公司申请增加业务种类、新设营业网点、发行上市等事项的审慎性条件，还将作为确定新业务、新产品试点范围和推广顺序的依据。其中，投资者保护基金缴纳比例和融资成本的调整，将直接影响到券商的整体利润，如券商评级由 BBB 回升至 AA，投资者保护基金缴纳比例将由营业收入的 1.5% 降至 0.75%。风险准备金计算标准的调整，则将影响券商的业务规模。例如，由于股票质押业务规模与分类评级挂钩，券商自有资金融资余额不得超过公司净资本比重，对应各评级标准分别为 A 类 150%，B 类 100%，C 类 50%。如果评级上升，则有助于两融业务规模的拓展，业绩弹性自然会提升。此外，券商申请场外期权一级交易商资格须最近一年分类评级在 A 类 AA 级以上。

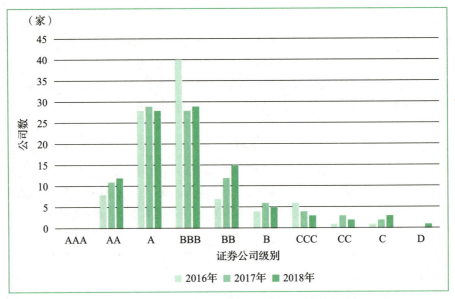

图 1-13 2016～2018 年我国证券公司的分类结果

资料来源：根据中国证券业协会网站公布的历年数据整理。

3. 经营特点

我国证券市场的发展时间并不长，也不成熟，因此，依托证券市场从事直接融资和经纪交易业务的投资银行在其发展中也有着与西方不同的特点，概括起来，主要有以下几点。

（1）总体规模尚小。将我国的投资银行与作为国际投资银行标杆的美国高盛相比，2018年年底，高盛的总资产是 9 317.96 亿美元，约合人民币 63 951 亿元[一]，略大于我国 131 家证券公司的合计总资产（6.26 万亿元），不过相比更早的 2012 年，高盛公司的总资产几乎并未增长，而我国证券公司的总资产增长了 3 倍。若与我国最大的证券公司中信证券相比，高盛公司的总资产是中信证券总资产的 12.59 倍。在高盛达到鼎盛的 2007 年，其总资产甚至达到 11 198 亿美元。

我国投资银行与商业银行相比，规模也比较小。截至 2018 年年末，银行业境内总资产为 261.4 万亿元，约是证券业总资产的 41.76 倍。截至 2018 年年末，作为我国第一大银行的中国工商银行，总资产规模达到 27.70 万亿元，成为全球资产规模第一的银行，也是全球核心资本最多的银行，其核心一级资本总额达到 2.23 万亿元。但是，作为我国第一大证券公司的中信证券，其总资产仅为中国工商银行的 1/54，其净资本也仅为中国工商银行的 1/27。

美国最大的商业银行摩根大通银行 2018 年年末的总资产为 26 225 亿美元，相当于高盛总资产的 2.81 倍；摩根大通银行的核心一级资本是 1 834 亿美元，相当于高盛净资产的 2.03 倍。这两家分别代表美国商业银行和投资银行的金融机构，总资产和资本的差距并不是特别大。

（2）头部逐渐集中。由于投资银行是品牌和人力资本密集的行业，因此在我国也出现了投资银行业无论是营收还是利润都向头部企业聚焦的特点。Wind 资讯数据显示，2018 年营

[一] 2018 年 12 月 31 日，1 美元 ≈ 6.863 2 人民币。

收最高的前 5 家和前 10 家证券公司占行业总营收的比重分别为 26.39% 和 42.14%，分别比 2017 年高出 1.26 个百分点和 1.80 个百分点；在净利润集中度方面，行业前 5 家和前 10 家证券公司的占比分别达到 46.2% 和 69.0%，分别比 2017 年高出 13.34 个百分点和 19.47 个百分点。从集中度来看，已经进入较为集中的区域，同时集中度还在继续上升。

头部集中的趋势在 IPO 业务方面尤其明显。2018 年全年仅有 45 家证券公司揽得承销项目，承销规模排名前 5 和前 10 的证券公司的市场份额分别达到 65.56% 和 77.67%，分别比 2017 年增加了 29.78 个百分点和 20.09 个百分点。在债券主承销方面，前 10 家证券公司主承销金额合计占比达 62.66%，较 2017 年上升了 5.07 个百分点，承销家数合计占比达 52.13%，较 2017 年上升了 0.89 个百分点。

（3）从暴利走向平均利润，收益波动明显。由于市场的相对垄断性以及相对较高的佣金费率，证券行业一度是暴利行业。近年来，我国的证券公司加强了业务多元化，开拓了资产管理、信用业务等创新业务，使得盈利波动有所减缓（见图 1-14 和图 1-15）。2007 年证券业的净资产收益率（ROE）为 38%，至 2018 年已降至 3.5%。资产收益率（ROA）的下降趋势也是同步的，从净资产收益率历年的表现来看，2007 年、2009 年和 2015 年明显优于其他年份，这三个年份恰是 A 股股指涨幅较高的年份。

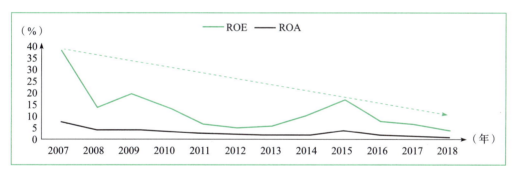

图 1-14　我国证券行业的盈利水平（2007～2018 年）

资料来源：Wind，信达证券研究中心。

图 1-15　我国行业净佣金费率（2010～2018 年）

资料来源：中国证券业协会，信达证券研究中心。

（4）业务逐渐多元化，但创新依旧不足。从业务结构看，我国证券公司的主要收益在很长一段时间都来自经纪业务，但是随着经纪业务佣金费率的不断降低，经纪业务所占收入的比重不断下降，自营收入成为最主要的收入来源（见图 1-16）。2011 年，全行业的经纪业务收入占比为 68.8%，到 2018 年下降到 26.9%；自营业务的收入占比则从 5% 上升到 34.6%。但是，在投行各项业务中，自营业务的风险性和波动性都是最大的，这蕴含着潜在的行业风险。

图 1-16　我国证券行业的收入结构（2011～2018 年）

资料来源：Wind，信达证券研究中心。

与美国的投资银行相比，我国证券公司的经纪业务还有继续下降的空间。美国证券行业的经纪业务收入占比已经降到了 20% 以下，到 2007 年更是下降到了 7%（见图 1-17）。

图 1-17　美国证券行业的收入结构（1970～2010 年）

资料来源：数据由美国证券交易委员会（SEC）收集，信达证券研发中心整理。

目前，我国的证券公司已经逐步形成了经纪、资管、自营、投行、资本中介和其他业务的收入结构。在业务创新方面，2012 年是一个重要的分界线。2012 年前，证券公司主要开展经纪、资管、投行和自营业务，除自营外，其他三类业务主要赚取手续费收入，自营业务则是通过公允价值变动及投资净收益创造利润。2012 年 5 月，券商创新大会在北京召开，从业务开展、行政审批等方面给予证券行业较为宽松的监管环境，从之前次贷危机后期的严格监管转为鼓励创新，以两融、股票质押为代表的资本中介类业务开始发展。

我国经济转型升级、发展多层次资本市场等多项指导政策出台，为证券公司从事创新型资本投资和资本中介业务，如资产管理、资产证券化、代销金融产品以及股票质押式回购交易、约定购回式证券交易和直接投资等业务奠定了政策基础。在审慎监管大环境下，证券公司正处于对各项创新业务的积极探索中，为证券行业盈利结构的改善、收入来源的增加奠定了基础。

但是，与国外先进投行相比较，我国投行的业务创新仍显不足，尤其在衍生产品、做市业务等方面基本是空白。

（5）杠杆较低。根据2016年发布的修改后的《证券公司风险控制指标管理办法》，我国证券公司资本杠杆率不得低于8%，也就是说，证券公司资本杠杆不得高于12.5倍，而基于流动性风险等要求，实际上证券公司资本杠杆远低于12.5倍。这些年，我国证券公司的杠杆倍数基本稳定在3倍左右（见图1-18），属于较低水平。较低的杠杆倍数意味着，一方面证券公司的风险被控制在较低水平，但另一方面其盈利水平难以提高。

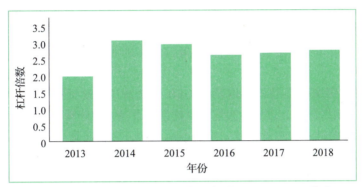

图1-18　我国证券公司的杠杆倍数（2013～2018年）

资料来源：中国证券业协会、天风证券研究所的统计数据。

以美国的高盛为例，高盛2003～2008年致力于发展金融衍生品，其杠杆倍数持续攀升，2008年次贷危机爆发前夕，公司的权益乘数高达24.92。金融衍生品过高的杠杆水平使得高盛在金融危机中受损严重，之后在监管不断趋于严格的背景下，公司杠杆倍数持续下降，截至2018年年底，公司的权益乘数为10.7，而我国证券公司的杠杆水平要低得多。

（6）国际化程度快速推进。我国证券行业一直在有序推进对外开放。《外资参股证券公司设立规则》为国际金融机构和国际投行进驻中国提供了制度保障，而根据内地与港澳签署的《内地与香港关于建立更紧密经贸关系的安排》（简称"CEPA"）补充协议，内地证券公司、证券投资咨询机构对港澳地区进一步开放，允许符合设立外资参股证券公司条件的港资、澳资金融机构设立全牌照证券公司，最高持股比例可达到51%。但是2018年以前，我国证券行业对外资的开放基本处于比较缓慢的阶段。

从2018年开始，随着资本市场双向开放不断深化，中国证券行业国际化进程加速推进。2018年，沪港通、深港通和债券通运行良好，A股市场与国际成熟市场深度融合迈入新阶段，沪伦通开启，合格境外机构投资者（QFII）和人民币合格境外机构投资者（RQFII）规则更加优化，CDR业务规则正式出台，在纳入明晟指数后，A股进一步入选富时罗素指数，境外投资者投资A股的限制进一步放宽，交易所债券市场对外开放进一步扩大，原油期货正式上市，外商投资国内证券公司持股比例上限进一步放宽，首家外资控股证券公司正式获批，中国资本市场的全球影响力和国际竞争力进一步增强。

2018年，国内证券公司跨境业务试点快速推进，对境外子公司的管控进一步加强，跨界业务模式持续丰富，国际化业务的重要性明显提升，部分具有领先优势的证券公司已经从网络布局、业务拓展阶段迈入资源整合、转型升级阶段。在中国香港市场上，2018 年内资证券公司竞争力明显增强，市场份额显著提升。根据彭博终端数据显示，16 家内资证券公司跻身中国香港股票市场承销前 50 名，合计市场份额为 21.3%，同比增长了 3.02 个百分点，尤其是在 IPO 市场，内资证券公司包揽了承销榜单的前 3 名。在并购市场上，有两家内资证券公司排名跻身前 10，内资证券公司市场份额比 2017 年增加了近 11 个百分点。

当然，这一开放进程反映到相关数据上还需要一段时间。2018 年，我国 11 家合资券商的营收总计为 163 亿元，整体占行业比重为 6.1%；净利润合计为 18 亿元，整体占行业比重仅为 2.7%；且其中 6 家合资券商均呈现亏损状态。剔除中金公司后，其余 10 家合资券商的营收、总资产和净资产占行业比重仅为 1% 左右，整体规模较小，且净利润为负。

2018 年，我国在博鳌亚洲论坛上宣布将证券公司、基金管理公司、期货公司、人身险公司的外资持股比例上限放宽至 51%，三年后不再设限。2019 年 10 月，更是明确提前取消期货公司、证券公司和基金管理公司的外资持股比例限制，将原定时点由 2021 年提前到 2020 年。

2019 年 9 月，国家外汇管理局取消了 QFII 和 RQFII 的投资额度限制，并同步取消了 RQFII 试点国家和地区限制，进一步为境外机构投资者参与中国资本市场提供了便利。

随着证券行业的进一步对外开放，中国本土证券公司将面临更多的外资金融机构竞争，同时也促使中国证券公司在专业程度和国际化程度等方面进一步改善。

请扫码进入中国产业经济信息网阅读对《中国证券业发展报告（2019）》的解读，了解我国证券行业的基本特点。

《中国证券业发展报告（2019）》解读

请扫码进入中国产业经济信息网阅读。

■ 本章小结

1. 投资银行业务是指以资本市场为主的金融业务，它主要包括公司资本市场上的融资、证券承销、公司并购以及基金管理和风险投资等业务，而主要从事这种活动的金融机构，则被称为投资银行。
2. 投资银行是直接融资的金融中介，而商业银行是间接融资的金融中介。两者的经营模式、资产负债结构有较大的差别，但同时两者又处于相互融合的过程中。
3. 投资银行的基本业务包括一级市场业务、二级市场业务、资产管理业务、企业并购业务、资产证券化业务、项目融资业务、私募投资业务、金融衍生工具业务、金融工程业务和投资咨询业务等。
4. 在美国，从事投资银行业务的机构称为投资银行，而在欧洲大陆则为全能银行，英国称之为商人银行，在日本则表现为证券公司。各国投资银行的历史发展轨迹是不同的，与各国经济发展背景和金融市场发展格局相适应。
5. 投资银行的组织形式包括早期的合伙制、现代的公众公司以及目前转型中的银行控股公司主导的投资银行。
6. 投资银行对经济的促进作用包括媒介资金供求、推动证券市场发展、提高资源配置效率和推动产业结构升级。
7. 根据经济学的解释，投资银行的经济功能主要体现在三个方面：作为信息生产商搜集、加工和销售信息并由此获利；在信息市场的生产者和使用者之间充当中介；以其信誉降低市场中的信息不对称。
8. 我国投资银行的发展经历了 1979～1991

年的萌芽阶段、1992～1999年的早期发展阶段、1999～2009年的规范发展阶段以及2009年至今的创新发展阶段。

9. 我国投资银行这些年来得到了巨大的发展，其经营特点可概括为：总体规模尚小；头部逐渐集中；从暴利走向平均利润，收益波动明显；业务逐渐多元化，但创新依旧不足；杠杆倍数较低；国际化程度快速推进。

思考题

1. 如何理解投资银行的定义？
2. 投资银行和商业银行的差别体现在哪些方面？
3. 投资银行有哪些主要业务？
4. 根据历史的发展，投资银行有哪些组织形式？这些组织形式各有什么特点？
5. 投资银行对经济有哪些促进作用？
6. 根据经济学的解释，投资银行的功能主要体现为哪些方面？
7. 为什么投资银行业非常依赖人力资本？人力资本可以分为哪两个基本类型？为什么现代投资银行在不断降低对人力资本的依赖？
8. 我国投资银行的发展大致经历了哪几个阶段？
9. 我国投资银行的经营特点有哪些？
10. 2008年开始的金融危机对投资银行有什么影响？投资银行发生了哪些主要的变化？

企业融资方案设计

■ 本章提要

本章从投资银行的角度介绍如何为企业设计融资方案。本章首先介绍了企业融资需求分析的重要性及其需要关注的各项要点;然后介绍了融资需求预测的步骤和主要方法,从财务量化角度更加具体化融资需求问题;最后,介绍了企业如何选择具体的融资方法,包括资本结构的确定以及根据融资方式需要考虑的股权融资要点、债务融资要点和结构融资要点。

■ 重点与难点

1. 企业融资需求分析的关注要点
2. 基于融资角度的企业财务状况分析:现金流量和偿债能力的分析
3. 融资需求预测的步骤
4. 融资需求预测的方法,尤其是几种定量预测方法
5. 确定资本结构的方法
6. 股权融资的要点
7. 债务融资的要点
8. 结构融资的要点

2.1 企业融资需求分析

2.1.1 企业融资方案设计的重要性

企业在发展过程中遇到资金瓶颈问题,可以通过经营现金流产生的内源性融资或外部融资来解决。但并非所有的企业外部融资都能获得成功,这与企业实力以及发展前景有着莫大联系,同时也与企业融资方案的好坏分不开。企业进行融资,表面上看起来比较简单,似乎只是解决其资金缺口问题,但也正是由于这个原因,在企业融资需求方面,投资银行参与融资方案设计和建议相对还比较少,投资银行一般都只是在重要的环节出现,比如IPO上市融资、上市公司的股权再融资、发行债券、并购融资等。作为投行人员,深入介入企业的融资

需求分析、提供合理的融资方案，可以为企业提供更为优质的投行服务，与客户建立更长久的关系。

在融资方案的设计及优化中，资金结构分析是一项重要内容。资金结构的合理性和优化由公平性、风险性、资金成本等多方因素决定。资金结构指的是企业发展所需筹集资金中的股本资金、债务以及各种资金的来源与所占的比例。

以贵州茅台（600519.SH）为例，2001 年 7 月 27 日，贵州茅台成功首发上市，发行股票 7 150 万股，募集资金 22.4 亿元，扣除国有股存量发行收入及本次发行费用后，实际筹集资金 199 602.8 万元。通过 IPO，贵州茅台对外出让股份 28.6%。从此之后，贵州茅台未再做任何的股权再融资，未发行债券，也几乎没有从银行贷过款，账面上的现金大量积累。上市以来至 2016 年年底，贵州茅台已经分红 351 亿元，粗略估算，28.6% 股权获得分红 90 亿元（简单估算，贵州茅台通过股利支付的资金成本为 10.56%（$=\sqrt[15]{90/19.96}-1$），而考虑到股利实际发放的时间成本，资金成本会远高于 10.56%）。除此之外，更大的融资成本在于股权的让渡，按照 2016 年 12 月 30 日贵州茅台 334.15 元的收盘价计算，这部分股权的市场价值是 1 200 亿元。由此可见，贵州茅台上市融资的代价巨大，相对于债务融资而言，股权融资方案或许并不是一个好的融资方案。

回顾上市之前贵州茅台的财务状况：上市前一年，也就是 2000 年，公司实现利润 44 603.13 万元，净利润 25 110.36 万元，主营业务利润 71 909.92 万元，资产净利率为 23.00%，净资产收益率为 68.86%，应收账款周转次数为 20.41 次/年，存货周转次数为 0.42 次/年。对比 1998 年和 1999 年的模拟指标，公司的利润、净利润、主营业务利润持续稳定增长，且净资产收益率极高。

从负债角度看（见表 2-1），2000 年年底，贵州茅台的总资产为 126 886 万元，总负债为 82 353.19 万元，资产负债率为 64.90%，全部为流动负债，无已到期仍未偿还的债务。贵州茅台的负债比率看起来较高，但是如果仔细分析，真正构成有息负债的只有 1.29 亿元贷款，只占总资产的 10% 左右，大量资金来自对客户资金的占用（预收账款为 3.85 亿元）。由此分析，贵州茅台完全可以依靠增加银行贷款来进行融资。按照贵州茅台募集资金使用计划，2001 年、2002 年和 2003 年的所需投资总额分别为 104 771 万元、69 908 万元和 19 032 万元。实际募集资金使用情况是：2001 年 57 244 万元、2002 年 57 026 万元、2003 年 85 925 万元，按照当时公司的偿债能力，其实完全可以通过增加长期负债来进行融资（即使是稀释最严重的上市次年，贵州茅台的加权平均净资产收益率也高达 13.86%，之后很快就上升到 20% 以上和 30% 以上，完全可以承担长期负债的成本），但是贵州茅台从未采用过任何长期负债进行融资，却采用了代价极高的股权融资。

表 2-1 贵州茅台发行上市时的负债情况　　　　　　　　　　（单位：元）

负债及股东权益	2000 年 12 月 31 日	1999 年 12 月 31 日
流动负债：短期借款	129 000 000.00	117 100 000.00
应付账款	29 849 878.67	30 919 891.95
预收账款	385 340 199.56	86 012 360.84
应付福利费	6 706 990.10	890 294.04
应付股利	5 617 043.56	

(续)

负债及股东权益		2000 年 12 月 31 日	1999 年 12 月 31 日
	应交税金	162 256 601.28	279 994 490.42
	其他应交款	-827 815.94	-1 643 514.17
	其他应付款	105 580 857.90	50 024 931.40
	预提费用	8 163.87	36 647.61
	一年内到期的长期负债		57 360 000.00
	流动负债合计	823 531 919.00	629 695 102.09
长期负债:长期借款			
	长期负债合计		
	负债合计	823 531 919.00	629 695 102.09
	少数股东权益	1 358 890.07	
股东权益:股本		185 000 000.00	185 000 000.00
	资本公积	88 432 681.62	88 432 681.62
	盈余公积	63 667 136.55	6 166 053.19
	其中:公益金	21 222 378.85	2 055 351.06
	未分配利润	106 865 617.66	5 763 120.42

反过来,也有好些企业因为过度负债而陷入了债务危机,比如 20 世纪 90 年代,史玉柱的巨人软件已经成为中国第二大民营高科技企业,但是由于史玉柱负债 12 亿元建造巨人大厦,资金链断裂而拖累了巨人软件。作为对比,京东(NASDAQ: JD)虽然连年亏损,但是依靠占用供货商货款和股权的外部融资,成功地维持了较低的债务融资。根据京东的年报数据分析,京东商城 2014 年、2015 年和 2016 年占用供货商资金的账期[⊖]分别为 51.94 天、60.03 天和 61.72 天。

2.1.2 企业融资需求分析的关注要点

企业融资需求分析是设计企业融资方案的基础,好的融资方案必然是切合企业实际需求,并配合现有各种融资手段而给出的最优解决方案。融资方案主要解决融资来源、融资规模、融资方式、融资结构、融资成本和融资风险这六个方面的问题。

融资需求分析是融资方案设计的起点,主要涉及企业基本情况分析、融资用途分析和财务分析这三个方面的内容,可以采用定性分析和定量分析两种手段。

1. 企业基本情况分析

企业基本情况分析包括对企业的行业属性分析、资产属性分析和所有权分析等。

(1)行业属性分析。对企业的行业属性分析,主要是了解公司开展经营所处的行业环境以及同行业公司的情况。

国家统计局专门编制有《国民经济行业分类》(GB/T 4754—2017),通过国家统计局发布的行业相关数据,可以了解所分析公司的行业特征、景气度等,作为对公司进行深度分析的基础。

⊖ 占用供货商资金的账期的计算公式为:账期 = 应付账款及票据 / 营业总收入 × 365 天。

一些数据供应商也会提供相关的行业数据，比如 Wind 资讯中有"行业数据专题报表""行业中心"等。对于上市公司，还有更加丰富的数据支持，比如证监会行业分类、WIND 行业分类、中信证券行业分类等，从中可以获取相关行业上市公司的数据进行对比分析。一些咨询公司或者数据供应商还会提供一些付费的行业发展报告，可以根据实际需求选择购买。

对于相同行业的公司，我们可以观察该行业的增长情况、行业竞争程度、主要产品的毛利率、典型企业的资产负债率、存货周转率、应收账款周转率等指标，将被分析公司的相关指标与之对比，从而了解该公司在行业中所处的地位、竞争力和风险状况等。

（2）资产属性分析。所谓资产属性分析，是指需要区分所分析公司是属于轻资产类公司还是重资产类公司。

重资产类公司，主要集中在采矿业、基础设施开发、房地产行业以及一些资本密集型的制造业。这类公司的特点是融资需求量大、未来现金流主要由资产产生、资产抵押能力较强，重资产类公司融资一般采用债务融资的方式。

轻资产类公司，主要集中在知识密集型制造业、服务业等。这类公司一般不需要太多的资产，支持公司发展的主要是人力资本以及一些通过研发形成的专利，融资的用途主要是用于研发、市场推广等。轻资产类公司融资较为困难，因为他们一般缺乏排他性且可转移的抵押资产，大多以股权融资为主，或者采用可转换公司债券、可转换优先股等方式。一方面，股权融资不需要抵押品，也不会对轻资产类公司造成偿债压力和破产威胁，还可以在成功时为股权投资方提供超额收益；另一方面，股权融资可以与人力资本形成良好结合，实现对人力资本的激励，从而优化公司治理机制。

（3）所有权分析。在对企业所有权进行分析时，需要观察两个方面的情况：一是股权稀释的承受度，二是股东背景。

股权稀释是在股权融资过程中发生的，在这一过程中，股权融资会增大股本，引起原有股东股权的稀释，甚至会影响到公司的控制权。对于发展前景良好的公司，其股权融资的成本较高，公司控股股东往往希望公司尽可能少地稀释股权来融资，但是如果以债务融资代替，公司又有可能因为未来收入的不确定性而难以偿还债务。股权稀释的承受度是股权融资过程中融资方必须去权衡的事情，它决定了股权融资的上限。

股东背景，也是公司在融资过程中需要认真考虑的，强大的股东背景对融资非常有利。股东背景包括股东实力、公司所有制性质、股东支持意愿等方面。

1）实力强大的股东，有较多的资源可以帮助下属公司来提高经营业绩，在公司遇到财务困难的时候，也会伸手施援。

2）公司所有制性质，对融资有比较重要的影响。一般而言，国有性质的公司，在债务融资过程中往往会得到更多的资金和更优惠的条件，因为国资背景往往隐含了政府对该公司的支持，公司因而具有较高的信用等级。

3）股东支持意愿包括显性支持和隐性支持。显性支持一般表现在股东主动提供担保、出具宽慰函、签署销售协议等方面；隐性支持则较难把握。股东支持意愿较强的，可以直接安排债务融资，也可以考虑安排项目融资。对于股东支持意愿不够强的，但是公司项目的现金流能力较强的，或者有特定的收益型资产的，可以安排结构化融资。

当然，在企业基本情况分析方面，还有很多细节需要关注，这些细节因事而异，需要依靠投资银行的经验做周密的分析。

2. 融资用途分析

融资用途关系到还款来源，在对企业的融资用途进行分析时，一般需要考察这几个方面：是用作资本性开支还是日常流动资金；是偿还现有贷款还是用于企业经营发展；在境内使用还是在境外使用；是否属于并购融资。

（1）是用作资本性开支还是日常流动资金。资本性开支属于长期融资，我们需要了解企业的长期经营计划和财务规划，预测企业未来的收支和盈利情况，同时也要考虑到未来可能发生的突发事件并预先筹划安排对策。日常流动资金相对比较稳定，易于测算，流动资金周转快，风险较小，不过企业维持正常的流动资金是其经营的基本条件，一旦出现资金流转不畅，有时甚至会引起整个企业的崩溃。

（2）是偿还现有贷款还是用于企业经营发展。融资一般会用于企业的经营和发展，如果用于偿还现有贷款，则可能会对资金的回收造成潜在的风险。很多企业，尤其是上市公司会通过股权融资来偿还公司的债务，从而降低资产负债率，但是股权资金是成本相对较高的资金，用成本较高的资金去替换成本较低的资金，也许意味着公司的经营能力和偿债能力值得怀疑。如果公司以前的贷款利率较高，而目前市场利率下降，那么公司希望采用较低利率的负债替代之前的高利率负债，则是可以接受的经济动机。

（3）在境内使用还是在境外使用。融资货币一般要与企业收益来源的货币币种一致，从而减少贷款方或者投资方的汇率风险。如果出现不一致，就需要考虑绕道境外融资的动机是什么，是否境内融资市场对其融资有所限制？即使在融资动机成立的条件下，也需要考虑相应的汇率风险防范预案，避免未来的汇率风险。

（4）是否属于并购融资。由于并购融资涉及的资金量大，还款期长，而且资金并不投入到生产经营过程中，而是对其他公司的股权或者资产的收购，再加上并购融资往往涉及二级市场，会受到股价波动的影响，因此并购融资需要引起格外关注，采用更为严格的审核程序。

3. 财务分析

在分析企业的融资需求时，需要对企业的财务状况进行分析。财务分析是一个非常具体和复杂的过程，股权融资和债务融资对企业财务的分析要点有所侧重和差异，在此只对其中一些要点做概要性的介绍。

进行融资需求分析时，可以分析的财务指标非常多，在此仅选择企业的现金流量和偿债能力这两个方面进行分析，因为这两个方面基本代表了融资分析中最为重要的关注点。

图 2-1 展示了通过对企业营运现金流量（operating cash flow）的分析来最终确定企业融资结构安排的过程。一方面，债务和股权的比例安排由

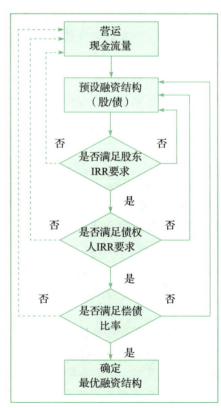

图 2-1 营运现金流量和融资结构的确定

企业营运现金流量大小决定；另一方面，该比例的设定也会影响到营运现金流量用于债务和股权支付的具体金额，从而影响到股东及债权人的内部收益率（internal rate of return，IRR）以及各项债务偿付指标。最优融资结构（股和债的比例）就是在这样的不断调试中最终确定的，它需要满足股东的IRR、债权人的IRR以及债务偿付率要求。

（1）基于现金流量表的分析。现金流量是指企业一定时期的现金和现金等价物的流入和流出的数量。现金流量分析的主要数据来自企业的现金流量表。在现金流量表中，现金流量分为三大类：经营活动现金流量、投资活动现金流量和筹资活动现金流量。现金流量表告诉我们企业的现金来自何方、去向哪里以及现金余额发生了什么变化。图2-2展示了经营周期与现金流周期对应的生产过程的不同阶段。

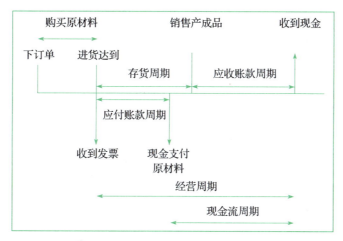

图2-2 经营周期与现金流周期对应的生产过程的不同阶段

对于投融资而言，现金流量分析的重要性体现在两个方面：其一，对一家企业来说，最终经营成果是需要用现金来体现的，虽然权责发生制可以以利润的视角来报告企业的经营结果，但最终还是需要通过现金来验证，相对于净利润而言，企业的经营活动现金流量更能反映企业真实的经营成果；其二，现金流是企业经营的生命线，是保证债务偿还、股东分配的基础，也是企业维持正常运转所必需的。

现金流量分析的主要指标有：经营活动现金流量净额、投资活动现金流量净额、筹资活动现金流量净额以及这三个指标衍生出来的一些比率。

经营活动现金流量净额是经营活动现金流入与经营活动现金流出的差额，这是企业经营的根本，也是债权人和股东获得回报的基础来源，即图2-1中的营运现金流量。与此相关的一些财务分析指标如下。

1）反映企业盈利能力的现金流指标。通过现金流量，可以把经营活动产生的现金净额与净利润、资本支出进行比较，揭示企业保持现有经营水平、创造未来利润的能力。主要的现金流指标包括以下几种。

第一种是销售现金比率，计算公式为：

$$销售现金比率 = 经营活动现金流量净额 / 同期销售额$$

销售现金比率能够反映每元销售额所能得到的现金回报。

第二种是每股营业现金净额，计算公式为：

$$每股营业现金净额 = 经营活动现金流量净额 / 普通股股数$$

每股营业现金净额反映的是企业对现金股利的最大限度的分派能力。

第三种是全部资产现金回收率，计算公式为：

$$全部资产现金回收率 = 经营活动现金流量净额 / 全部资产$$

全部资产现金回收率表示的是企业资产在多大程度上能够产生现金，或者说，企业资产产生现金的能力有多大。它反映企业的资产属性，轻资产类公司的这一比率一般都比较高。

第四种是创造现金的能力，计算公式为：

$$创造现金的能力 = 经营活动现金流量净额 / 净资产$$

创造现金的能力反映了投资者投入资本创造现金的能力，比率越高，代表创造现金的能力越强。

第五种是每股现金流量总资产现金报酬率，计算公式为：

$$每股现金流量总资产现金报酬率 = 支付利息和所得税前的经营净额 / 平均资产总额$$

这一比率是对现行财务分析中总资产报酬率的进一步分析，用以衡量总资产产生现金的能力。它表明企业使用资产创造现金的能力，也是投资评价的关键之一。对于一个企业来说，评价其盈利能力最终要落实到现金流入能力的保证上，即通过对现金流量的分析来对企业的盈利能力进行客观分析。

2）反映企业静态偿债能力的现金流指标。现金流量分析，可以揭示企业的现金偿债能力，因为债务必须通过企业的现金资源来偿还，所以现金流对于企业偿债具有决定性的意义。有些企业即使在账面上保持着较高的利润，但现金流较弱，也会遭遇偿债危机。反映企业偿债能力的现金流指标主要包括以下几种。

第一种是现金流量与流动负债比。现金流量与流动负债比是指年度经营活动产生的现金流量净额与当期流动债务值相比，表明现金流量对流动债务偿还满足的程度，其计算公式为：

$$现金流量与流动负债比 = 经营活动现金流量净额 / 流动负债 \times 100\%$$

经营活动现金流量净额与流动负债之比，是债权人非常关心的指标，它反映企业偿还短期债务的能力，是衡量企业短期偿债能力的动态指标。其值越大，表明企业的短期偿债能力越强；反之，则表示企业短期偿债能力越弱。

第二种是债务保障率。债务保障率是年度经营活动所产生的现金流量净额与全部债务总额之比，表明企业现金流量对其全部债务偿还的满足程度，其计算公式为：

$$债务保障率 = 经营活动现金流量净额 / (流动负债 + 长期负债) \times 100\%$$

现金流量与债务总额之比的数值也是越大越好，它同样是债权人所关心的一种现金流量分析指标，反映了企业的长期偿债能力。

（2）基于息税折旧摊销前利润（earnings before interest, taxes, depreciation and amortization，EBITDA）的分析。息税前利润（earnings before interest and taxes，EBIT）与税后利润的最大区别是，EBIT 未扣除利息费用和所得税费用，这样用 EBIT 对同一行业的不同企业进行盈利比较，可以剔除不同企业的所得税税率或资本结构的差异，从而更客观地评估企业的资产运营能力。

20 世纪 80 年代中期，杠杆收购的私募并购基金使用 EBIT 分析方法，对被收购对象的还款能力进行评估，从而决定收购报价。更进一步，加入折旧（depreciation）和摊销（amortization），得出 EBITDA，因为折旧本身是对过去资本支出的间接度量，将折旧从利润计算中剔除后，投资者能更直观地看到对未来资本支出的估计，而摊销中包含的是以前会计期间取得无形资产时支付的成本，并非投资人更关注的当期现金支出。现在 EBITDA 经常被用于评估企业的还款能力，同时也作为经营业绩的考察指标之一。

由于财务报表适用的会计准则不同，因此中美两国 EBITDA 的计算公式有所不同。EBITDA 指标源自美国，美国的计算公式较为简单，由会计报表可以直接获得：

$$EBITDA = 销售收入 - 销售成本 - 销售费用、综合及行政管理费用$$

在我国，因为没有销售费用、综合及行政管理费用（selling, general and administrative expense，SG&A）这一项，所以需要经过调整，具体公式是：

$$EBITDA = 净利润 + 偿付利息所支付的现金 + 所得税 + 固定资产折旧 + 无形资产摊销 + 长期待摊费用摊销$$

EBITDA 这个指标的实质是揭示企业每年（或者每个会计期间）的经营成果，但是这个经营成果比我们一般所用的税前利润、净利润都要大，因为 EBITDA 除了包含利润和税，还包含利息、折旧和摊销。这个指标的特点在于揭示了企业经营成果中可以用以偿付对外债务的现金能力，因为利润可以偿债；利息原本就是偿债的一部分；税收在利息之后支付（如果利息增大，所得税会抵消到零）；折旧和摊销在权责发生制下要作为成本扣减，但实际并不发生现金流出。

EBITDA 可以作为一个估值指标。EV/EBITDA 估值法，又称企业价值倍数，其公式为：

$$企业价值倍数 = EV^{\ominus} / EBITDA$$

EV/EBITDA 估值法一般适用于资本密集、准垄断或者具有巨额商誉的收购型公司，这样的公司往往因为大量折旧摊销而压低了账面利润；EV/EBITDA 估值法还适用于净利润亏损但毛利、营业利润并不亏损的公司。

EBITDA 指标将折旧和摊销计算在内，是对企业经营成果和偿债能力较为宽裕的估算，因为企业持续经营条件下，设备更新、无形资产购置都是必需的，在长期条件下，这些开支都应该考虑进去。EBITDA 指标具有"寅吃卯粮"的特点，企业在使用的时候应该有所注意，以避免对企业经营成果的认识过度乐观。

与 EBITDA 指标相关的财务指标有三种。

第一种是 EBITDA 利润率（EBITDA margin），其计算公式为：

$$EBITDA 利润率 = EBITDA / 营业收入 \times 100\%$$

EBITDA 利润率是从 EBITDA 角度对企业盈利能力进行衡量的指标。如果该指标较高，就说明企业从营业收入中获取现金的能力较强；反之，则比较弱。

第二种是 EBITDA 与带息债务之比，其计算公式为：

$$EBITDA 与带息债务之比 = EBITDA / 带息债务 \times 100\%$$

EBITDA 与带息债务之比衡量的是企业的债务压力，但是与传统的资产负债率不同。第一，该指标考察的是带息负债，不包括企业经营过程中与其客户通过应付账款等形成的贸易融资，因为那些融资（或者称为占用资金）是不需要支付利息的，资产负债率则是考察了所有的负债；第二，该指标是从盈利角度去衡量债务压力的，假定偿债的基础来自企业的盈利，而资产负债率是从资产的角度进行衡量的，假定偿债的基础是企业的资产。一般而言，该指标应该大于企业债务的利息率，否则偿债风险会比较大。

$\ominus$　企业价值（EV）= 股权市值 +（总负债 - 总现金）= 市值 + 净负债。

第三种是**利息覆盖率**，或称 **EBITDA 利息覆盖率**（interest coverage ratio），其计算公式为：

$$利息覆盖率 = EBITDA/利息费用 \times 100\%$$

利息覆盖率指标衡量的是企业偿付债务利息的能力。如果指标较高，则偿付能力强；反之，则较弱，一般至少应保持在 1 以上，警戒值为 1.5。当然，需要注意的是，该指标未考虑企业未来可能发生的资本开支，如果存在资本开支，则用于偿债的现金资源将会减少。

例如，假设某家公司的 EBITDA 为 8 000 万元，它的利息费用为 2 000 万元，则 EBITDA 利息覆盖率为 4，那么这家公司目前应该有足够的利润来支付利息费用，而且存在继续增加负债的能力。

与利息覆盖率相似的一个财务指标是利息保障倍数，它是企业生产经营所获得的息税前利润（EBIT）与利息费用的比率。

为了考察企业偿付利息能力的稳定性，一般应计算 5 年或 5 年以上的利息保障倍数。保守起见，应选择 5 年中最低的利息保障倍数作为基本的利息偿付能力指标。

2.2 融资需求预测

融资需求预测是指企业根据生产经营的需求，对未来所需资金的估计和推测。企业筹集资金，首先要对融资需求进行预测，即对企业未来组织生产经营活动的融资需求进行估计、分析和判断，它是企业制订融资计划的基础。

2.2.1 融资需求预测的步骤

第一步，预测销售额。销售额预测是企业财务预测的起点，可以根据未来销售倒推可用于未来投资的经营现金流，根据资产的使用效率来倒推对外部融资的需求。一方面，企业进行融资的目的在于扩大经营规模和增长销售额；另一方面，未来融资的偿付必须依靠销售额增长所带来的现金流的增量。从技术上说，企业的很多财务指标往往是与销售额成一定比例的，如销售费用、应收账款等。完成销售额预测之后，才有预测其他财务指标的基础。

在具体执行时，投行人员可以与企业的管理人员进行商讨，研究未来若干年销售额的增长趋势，给出一个合理的预测百分比。比如，预测融资后 1～2 年销售额以 5% 的比率增长，2～5 年以 20% 的比率增长，5～10 年保持 10% 的比率增长，10 年以后零增长。

第二步，估计所需资产。企业的资产通常是销售额的函数，根据历史数据可以分析出该函数关系。根据预计销售额以及资产与销售额之间的函数关系，就可以预测所需资产的总量。某些流动负债也是销售额的函数，相应地也可以预测负债的自发增长率，这种增长可以减少企业外部融资的金额。

第三步，估计各项费用和留存收益。销售额和费用之间也存在一定的函数关系，因此，可以根据销售额来估计费用水平，从而确定净利润。再由净利润和股利支付率，测算出留存收益，从而估计出留存收益所能提供的内源融资金额。

第四步，估计追加融资需求并确定外部融资数额。预计资产总量减去已有的资金来源、自发增长的负债和内部提供的留存收益，可以得出应追加的融资需求，以此为基础可以进一步计算确定所需的外部融资数额。

以上融资需求预测的四个步骤，可以与企业管理人员共同、具体商讨决定；同时，应该基于企业原有的财务报表，根据预测的假设，对报表进行外延式推演，测算未来的现金流状况以及偿付融资的能力。

2.2.2 融资需求预测的方法

企业融资需求的预测方法主要有两种：定性预测法和定量预测法。

1. 定性预测法

定性预测法是根据调查研究所掌握的情况和数据资料，凭借预测人员的知识和经验，对融资需求所做的判断。这种方法一般不能提供有关事件确切的定量概念，主要是定性地估计某一事件的发展趋势、优劣程度和发生的概率。定性预测是否正确，完全取决于预测者的知识和经验。在进行定性预测时，虽然要汇总各方面人士的意见，综合地说明财务问题，但也需将定性的财务资料进行量化，这并不改变定性预测的性质。定性预测主要是根据经济理论和实际情况进行理性地、有逻辑地分析和论证，以定量方法作为辅助，一般在缺乏完整、准确的历史资料时采用。下面主要介绍专家意见法、市场调查法和交互影响预测方法这三种定性预测方法。

（1）专家意见法。专家意见法或专家函询调查，是依据系统的程序，采用匿名发表意见的方式（即专家之间没有横向联系，只能与调查人员联系），通过填写问卷、归集问卷意见来得到对相关问题的认识。在进行销售额预测时，主要是通过向财务管理专家进行调查，利用专家的经验和知识，对过去发生的财务活动、财务关系和有关资料进行综合分析，从财务方面对未来经济的发展做出判断。预测一般分两步进行：首先，由熟悉企业经营情况和财务情况的专家，根据其经验对未来情况进行分析判断，提出融资需求的初步意见；然后，通过各种形式（如信函调查、面对面沟通等），在与一些同类企业的情况进行对比的基础上，对预测的初步意见加以修订，最终得出预测的结果。

在进行融资方案设计时，投行人员会遇到对未来一些重要的宏观经济变量的预测，这方面也可以听取专家独立意见，如对未来通货膨胀、利率水平、汇率水平的预测等。

（2）市场调查法。市场调查的主要对象是各种与财务活动有关的市场主体、市场客体和市场要素。市场调查以统计抽样原理为基础，包括简单随机抽样、分层抽样、分群抽样、规律性抽样和非随机抽样等技术，主要采用询问法、观测法和实验法等，以使定性预测准确、及时。

（3）交互影响预测方法。专家意见法和市场调查法所获得的资料只能说明某一事件现状发生的概率和发展的趋势，而不能说明有关事件之间的相互关系。交互影响预测方法，又称交叉概率法，是通过分析各个事件由于相互作用和联系引起概率发生变化的情况，研究各个事件在未来发生的可能性的一种预测方法，是研究一系列事件 D_j (D_1, D_2, $\cdots$, D_n) 及其概率 P_j (P_1, P_2, $\cdots$, P_n) 之间相互关系的方法。

交互影响预测方法的步骤包括：①确定其他事件对某一事件的影响关系；②专家调查，评定影响程度；③计算变化概率 P'_n 并得出分析结果；④用 P'_n 代替 P_n 进行风险决策。

2. 定量预测法

定量预测法是指以融资需求与有关因素的关系为依据，在掌握大量历史资料的基础上选用一定的数学方法加以计算，并将计算结果作为预测。定量预测的方法有很多，如趋势分析法、相关分析法、线性规划法等，下面主要介绍销售百分比法、资金习性法和因素分析法这三种预测方法。

（1）销售百分比法。销售百分比法是指在分析年度资产负债表有关项目与销售额关系的基础上，根据市场调查和销售预测取得的资料，确定资产、负债和所有者权益的有关项目占销售额的百分比，然后依据计划期销售额及假定不变的百分比关系预测计划期的融资需求。

采用销售百分比法进行预测一般有三个步骤。

第一步是计算预计资产负债表的资金差额，即分别计算销售额增长所需要的资产量和销售额增长引起的流动负债增量，由此计算得到资产增量和负债增量，两者相减，得到资金缺口。需要注意的是，在计算资产增量和负债增量时，要考虑资产或者负债对销售收入的敏感程度。根据资产或者负债对销售收入的敏感程度，可以将资产分为敏感性资产和非敏感性资产；敏感性资产项目主要有现金、应收账款、存货等；非敏感性资产主要指长期资产。同样地，负债也可以分为敏感性负债和非敏感性负债：敏感性负债项目主要有应付账款、应付费用等；非敏感性负债主要指长期负债。

第二步是预计利润表，即预计销售额增长所引起的利润变化，从而计算所引起的留存收益的增量，由此得到企业因销售额增长而得到的内源融资金额。

第三步是估计外部筹资量，将资金缺口减去内源融资量，就得到需要外部筹集的资金量。

以上步骤用公式可以表述为：

$$外部融资需求 = 预计总资产 - 预计总负债 - 预计所有者权益$$

更为具体地，可以表述为：

$$外部融资需求 = 增加的资产 - 增加的自发负债 - 增加的留存收益$$

式中　增加的资产 = 增量收入 × 基期敏感资产占基期销售额的百分比 + 非敏感资产的调整数

增加的资产 = 基期敏感资产 × 预计销售收入增长率 + 非敏感资产的调整数

增加的自发负债 = 增量收入 × 基期敏感负债占基期销售额的百分比

增加的自发负债 = 基期敏感负债 × 预计销售收入增长率

增加的留存收益 = 预计销售收入 × 销售净利率 × 利润留存率

例如，A 公司 2017 年 12 月 31 日的资产负债表如表 2-2 所示。已知 2017 年销售收入为 20 亿元，销售净利率为 10%，2017 年分配的股利为 1 亿元。如果预计 2018 年的销售收入增长率是 20%，假定销售净利率不变，公司采用的是固定股利支付率政策，并假设公司短期借款对销售收入不敏感（见表 2-3），试预测 2018 年需从外部追加的资金。

表 2-2　资产负债表

会企 01 表
单位：万元

编制单位：A 公司	资产	负债和所有者权益	
\multicolumn{4}{c}{2017 年 12 月 31 日}			
现金	4 000	应付账款	26 000
应收账款	56 000	应付费用	10 000
存货	60 000	短期借款	24 000
长期资产	80 000	公司债券	40 000
		实收资本	60 000
		留存收益	40 000
资产合计	200 000	负债和所有者权益合计	200 000

表 2-3　A 公司资产和负债对销售收入的敏感性

资产	占销售收入百分比	负债与所有者权益	占销售收入百分比
现金	2%	应付账款	13%
应收账款	28%	应付费用	5%
存货	30%	短期借款	不敏感
长期资产	不敏感	公司债券	不敏感
		实收资本	不敏感
		留存收益	不敏感
合计	60%	合计	18%

根据所给出的条件以及资产和负债对销售收入的敏感性列表计算，得到以下结果。

2018 年的销售收入计划增量 = 200 000 × 20% = 40 000（万元）

2018 年预计利润 =（200 000 + 40 000）× 10% = 24 000（万元）

2017 年的利润 = 200 000 × 10% = 20 000（万元）

2017 年公司的股利支付率 = 10 000/20 000 × 100% = 50%

2018 年的外部融资需求 = 增加的资产 − 增加的自发负债 − 增加的留存收益

= 60% × 40 000 − 18% × 40 000 − 24 000 ×（1 − 50%）= 4 800（万元）

所以，2018 年需从外部追加的资金为 4 800 万元。

（2）资金习性法。所谓资金习性，是指资金占用量与产品产销量之间的依存关系。我们可以根据资金与产品产销量之间相对稳定的关系，来预测企业的资金需求。

按照资金习性，可将占用资金区分为不变资金、变动资金和半变动资金。不变资金是指在一定的产销规模内不随产量（或销量）变动的资金，主要包括为维持经营活动开展而占用的最低数额的现金、原材料的保险储备、必要的成品储备和厂房、机器设备等固定资产占用的资金。变动资金是指随产销量变动而同比例变动的资金，一般包括在最低储备以外的现金、存货、应收账款等所占用的资金。半变动资金是指虽受产销量变动的影响，但不成同比例变动的资金，如一些辅助材料上占用的资金等，半变动资金可采用一定的方法划分为不变资金和变动资金两部分。

对资金习性进行分析后，可以将资金划分为变动资金和不变资金两部分；然后根据资金与产销量之间的数量关系来建立数学模型，再根据历史资料预测资金需求量。

比如，我们可以用线性的方法来做简单的预测，认为资金需求量是产销量的一元一次函数，即：

$$y = a + bx$$

式中　y——资金需求量；

a——不变资金；

b——单位产销量所需要的可变资本额；

x——产销量。

例如，某电视机企业 2013～2017 年的产销量和资金需求量如表 2-4 所示，预计 2018 年产销量为 8 百万台，试预测 2018 年需要的资金总量。

表 2-4　某电视机企业 2013～2017 年的产销量与资金需求量

年份	产销量（百万台）	资金需求量（亿元）
2013	6.0	60
2014	6.5	63
2015	5.6	58
2016	7.1	70
2017	7.5	75

根据给出的条件，建立一元一次方程 $y = ax + b$，将表 2-4 中的数据代入，得到 $a = 9.02$，$b = 6.20$。因此，该预测方程为 $y = 9.02x + 6.20$，将 $x = 8$ 代入，得到 $y = 78.36$，即 2018 年需要的资金总量预计是 78.36 亿元。

另外，根据表 2-4 的数据可画出某电视机企业产销量与资金需求量的关系图，如图 2-3 所示。斜率 a 和截距 b 的求解也可以借助 Excel 中的 LINEST 函数来进行计算，具体的计算公式为：

$$a = \text{INDEX}(\text{LINEST}(\text{known\_y's}, \text{known\_x's}), 1)$$
$$b = \text{INDEX}(\text{LINEST}(\text{known\_y's}, \text{known\_x's}), 2)$$

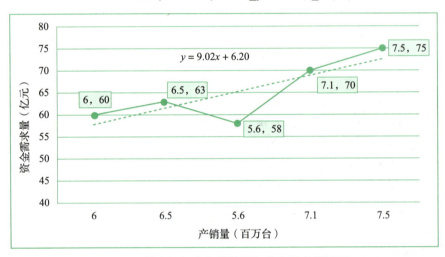

图 2-3　某电视机企业产销量与资金需求量预测

（3）因素分析法。因素分析法又称分析调整法，是指以有关项目基期年度的平均资金需求量为基础，根据预测年度的生产经营任务和资金周转加速的要求，进行分析调整，来预测资金需求量，其基本公式为：

资金需求量 =（上年资金平均占用量 − 不合理平均占用额）
×（1 ± 预测年度销售增减率）×（1 ± 预测年度资金周转速度变动率）

式中　（上年资金平均占用量 − 不合理平均占用额）——上一年去除不合理占用资金后的公司实际资金需求；

（1 ± 预测年度销售增减率）——由销售收入增长或减少引起的资金需求量的增加或减少；

（1 ± 预测年度资金周转速度变动率）——由资金周转加快或减慢引起的资金需求量的减少或增加。

例如，假设某企业上年度资金实际平均占用量为 5 000 万元，其中不合理部分占 10%，预计本年度销售增长 10%，资金周转速度加快 3%。则：

预计年度资金需求量 = (5 000 − 500)×(1 + 10%)×(1 − 3%) = 4 801.5（万元）

因素分析法比较简单，容易计算和掌握，但预测结果不太准确。

2.3 企业融资方式的选择

2.3.1 资本结构的确定

企业需要融资来维持运营和扩张经营，而筹集资本的主要来源有债务和权益。由于在筹集资本的过程中不可避免地会发生成本，因此合理地安排好债务和权益在资本结构中所占的比重对企业来说至关重要。所谓最优资本结构，是指企业在一定时期内，使综合资金成本最低、企业价值最大时的资本结构，它通常是企业追求的目标，又称目标资本结构。

1. 影响资本结构的因素

（1）资金成本。一般而言，债务资金的成本是低于股权成本的，而且在便捷性上也优于股权，所以，在企业现金流强度允许的条件下，应该尽可能安排债务资金，节约股权资本。在经济大环境处于上升时期或发生通货膨胀的情况下，则更应增加债务资本的比重，这样可降低综合资金成本，获得财务杠杆利益，使权益资本收益率提高。

（2）行业经营特点。不同行业的经营特点使得不同企业有不同的资本结构。比如，工业企业生产需要厂房、设备等大量固定资产，根据长期资产应由长期资本来源进行筹资的原则，应保持较高的权益资本比率，以股权或者长期债务来对应固定资产筹集，以短期债务来对应流动资金需求；商业周转类企业则可以维持较高的资产负债率，并尽量采用贸易融资的方法降低融资成本；人力资本密集型企业，则应尽量增加股权融资。

（3）企业财务状况和风险程度。当企业财务状况好，获利能力强时，可适当调高债务资本比率，因为在这种情况下，企业有能力承担风险，也易于吸纳债务资本。对于经营风险高的企业，为增强企业竞争实力，应保持较高的权益资本比率，避免出现财务风险。

（4）企业所处的生命周期。处于初创期的企业，往往风险较高，资金需求量不大，但期待能有资金之外的帮扶，此时应多采用吸引风险投资类股权资本的方法，共担风险、共享收益；在成长期和成熟期，企业经营风险相对下降，并且在企业盈利模式确定之后的扩张与复制过程中，企业的资金需求量相应成比例增加，因而一般采用可以被债权人所接纳（预期风险相对稳定且较小）的债务融资。

（5）股东对控股权的要求。由于企业实际上由控制权所有者控制，因此企业的行为实际上是以最大化控股股东的利益为目标的。控股股东的利益包括其作为一般股东的现金流价值以及控制权利益价值两部分。对于股东对控股权要求较高的企业，可以尽量采用债务融资的方式，比如发行永续债，既可以解决企业长期资金融资的问题，又不会引起股权稀释。在债务融资困难的时候，也可以考虑采用可转换公司债券等缓释的方式来进行股权融资。

（6）企业所有者与管理人员的偏好。对于敢冒风险，善于运用风险时机扩大经营、获取风险收益的经营者与投资者来说，企业应保持较高的债务资本比率。对于追求相对稳定收益的企业所有者和管理人员，企业则应保持相对较低的债务资本比率，避免债务扩张引起的偿债风险。

（7）税务筹划。债务融资的利息是在税前支付的，可以起到税盾作用，发挥负债融资的财务杠杆效用，因此，企业可适当增加债务融资，从而增加企业效益。对于购置成本金额较大的设备融资，可以尽量利用政府对固定资产更新的优惠政策，享受投资抵扣和加速折旧等税收政策。

2. 确定最佳资本结构的方法

（1）比较资金成本法。这种方法较为简单，是指在筹资决策前，事先确定贷款、债券、股权等各项融资的资金成本，然后根据资金成本的高低确定资金结构。这种方法分为初始资本结构决策和追加资本结构决策。

初始资本结构决策相对简单，只要根据企业长短期的资金需求，大致确定若干债务/股权的融资组合方案，然后计算各个方案的加权平均资金成本，选择成本较低的方案即可。

追加资本结构决策相对复杂一些，需要考虑到追加资本引起的资金成本的变化，在综合考虑初始资金成本和追加资金成本后，选择成本最低的方案。

例如，某公司初始的筹资方案如表2-5所示。假设该公司计划后续融资100万元，追加筹集资金的方案和资金成本的变化如表2-6所示。如何为该公司选择最优的融资方案？

表2-5 某公司初始的筹资方案

筹资方式	A方案		B方案	
	筹资金额（万元）	资金成本（%）	筹资金额（万元）	资金成本（%）
长期借款	100	6	300	10
长期债券	200	8	200	8
普通股	300	10	100	15
合计	600		600	

表2-6 某公司的追加筹资方案

追加筹资方式	A方案		B方案	
	筹资金额（万元）	资金成本（%）	筹资金额（万元）	资金成本（%）
长期借款	20	12	80	15
长期债券	30	13	20	8
普通股	50	16	0	12.5
合计	100		100	

假定不考虑追加融资，那么计算两种方案的综合资金成本如下（计算结果四舍五入后保留两位小数）：

A方案的综合资金成本 = 6%×100/600 + 8%×200/600 + 10%×300/600 = 8.67%

B方案的综合资金成本 = 10%×300/600 + 8%×200/600 + 15%×100/600 = 10.17%

比较A、B两方案后，应该选择A方案。

如果把追加投资也考虑进去，那么计算两种方案的整体综合资金成本如下：

A方案的整体综合资金成本 = 6%×100/700 + 12%×20/700 + 8%×200/700 + 13%×30/700 + 10%×300/700 + 16%×50/700 = 9.47%

B方案的整体综合资金成本 = 10%×300/700 + 15%×80/700 + 8%×200/700
+ 8%×20/700 + 15%×100/700 = 10.66%

经对比，此时应该选择 B 方案。选择 B 方案的原因在于虽然 A 方案的初始资金成本较低，但是后续股权成本上升较快；而 B 方案虽然初始资金成本较高，但是后期债务融资成本上升较慢，从而降低了整体的资金成本。

（2）比较每股收益法。评价资本结构是否合理，分析每股收益的变化也是重要的方法之一。能提高每股收益的资本结构是合理的，反之则不够合理。每股收益分析是利用**每股收益**（earning per share，EPS）无差别点进行的。所谓每股收益无差别点，是指每股收益不受筹资方式影响的销售水平。根据每股收益无差别点，可以分析和判断在什么样的销售水平下采用何种资本结构：当销售额大于每股收益无差别点时，运用债务融资可获得较高的每股收益；当销售额小于每股收益无差别点时，运用股权融资可获得较高的每股收益。

例如，假设某企业原有融资 5 000 万元，其中，债务融资 2 000 万元，年利率为 8%，权益资本 3 000 万元（普通股 100 万股，每股价格 30 元）。该企业适用的所得税税率为 25%。由于公司需要扩大业务，拟追加筹资 2 000 万元，有两个方案可供选择：A 方案是全部发行普通股，增发 40 万股，每股面值 50 元；B 方案是发行债券，债券年利率预计为 9%。请运用每股收益无差别点分析法帮助企业进行筹资决策。

假设每股收益无差别点为 $EBIT$，则

$$EPS = \frac{EBIT - I \times (1-T) - D}{N}$$

式中　I——每年需支付的债务利息；
　　　T——所得税税率；
　　　D——优先股股利（本例中为 0）；
　　　N——普通股股数。

A 方案下股东的每股收益为：

$$EPS_A = (EBIT - 2\,000 \times 8\%) \times (1 - 25\%)/(100 + 40)$$

B 方案下股东的每股收益为：

$$EPS_B = (EBIT - 2\,000 \times 8\% - 2\,000 \times 9\%) \times (1 - 25\%)/100$$

由 $EPS_A = EPS_B$，得到 $EBIT = 790$（万元）

结论：①当预期息税前利润为 790 万元时，选择股权融资和债务融资方式均可；②当预期息税前利润大于 790 万元时，应选择债务融资方式；③当预期息税前利润小于 790 万元时，应选择股权融资方式。

图 2-4 为每股收益无差别点分析，根据 $EPS = \dfrac{EBIT - I \times (1-T) - D}{N}$ 可知：债务融资的斜率较高，股权融资的斜率较低。因为在债务融资下，I 较高且 N 较低，所以斜率较大。债务融资和股权融资两条线相交于 P 点，P 点即为每股收益无差别点。

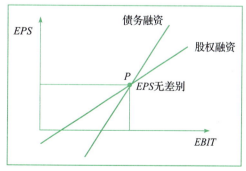

图 2-4　每股收益无差别点分析

2.3.2 股权融资的要点

股权融资奠定了企业所有权的基础，除了可以融入资金，股权还带有很多与公司控制和公司治理有关的内容。以下为企业融资方案设计中股权融资的一些关注要点。

1. 股权稀释与控制权问题

股权融资，支付的对价是企业所让渡的部分所有权，因此，股权融资的价格，实际上是公司未来的价值。一个企业在其发展壮大的过程中会不断遇到融资问题，如果过度依赖股权融资，创始人的股份会被极大地稀释，创始人甚至会失去控制权。因此，企业一方面要善于利用各种融资手段，另一方面也要在股权融资时采取一定的方法减少股权稀释、防范控制权失控。

比如，腾讯控股（00700.HK）2004年在中国香港地区上市时，马化腾的股份只有14.43%，第一大股东南非MIH集团的持股比例为37.5%；百度从创办到上市前一共进行过三轮融资，百度上市时，美国基金的持股比例已经达到25.8%，李彦宏个人持股22.4%；2014年阿里巴巴在美国上市时，马云所持的股份为7.80%，第一大股东为日本软银，持股32.40%，第二大股东为雅虎，持股16.30%。在不断进行股权融资的过程中，上述三家公司的创始股东都从第一大股东退位，持有相对不多的股份。

不过，这三家公司的创始人通过不同的制度安排，都保持了对各自公司的控制权。腾讯控股的第一大股东南非MIH集团充分信任马化腾，一开始就放弃了所持股份的投票权，因此马化腾持有腾讯的股份比例虽然不高，但公司的具体经营管理主要还是由他和几位联合创始人来负责。百度的李彦宏采用了双重股权安排，通过A股和B股1∶10的投票权安排，李彦宏和夫人马东敏两位创始人共持34%的B类股，其投票权高达68.17%，稳稳地掌握了公司控制权。马云则通过阿里巴巴合伙人制度达到了控制董事会的目的，合伙人提名的董事占董事会人数一半以上，因任何原因董事会成员中由合伙人提名或任命的董事不足半数时，合伙人有权任命额外的董事以确保其半数以上的董事控制权。这样，马云等创始人就通过合伙人制度控制了董事会一半以上的席位。

在股权融资的过程中，防止股权稀释和控制权失控的方法主要有两种，即融资工具选择和控制权设计。

（1）在融资工具选择方面，股权融资带来了永久性的资本，但是发行人也可以选择采用优先股和永续债的方式来获得长期融资，这些融资不会影响到公司的股权结构。当然，为了保护出资人的利益，可以在这些工具上再添加可赎回、可转换等条款，或者配合普通股的认购权出售。

2004年，刘强东走上了电商之旅。一开始京东走的是靠收益滚动发展的常规道路，2007年销售额超过8 000万元。对于这样的速度，刘强东并不满意，他开始到处融资，然而，此时京东处于需大量投入资金的阶段，虽然销售额增长很快，但是在可见的未来可能都难以实现盈利，投资人都不敢投资京东。

京东在2007～2010年发行了A、B、C三轮"可转可赎回优先股"。京东的A轮融资由今日资本提供。2007年3月27日，京东发行1.55亿份"A类可赎可转优先股"，附带1.31亿份购股权。同年8月15日，1.31亿份购股权被今日资本行使。两笔融资合计1 000万美元。由于早期估值低，今日资本A轮获得的优先股相当于总股本的30%，如果不转股可享受 8% 年息。

2008 年 10 月，京东耗光了今日资本的 1 000 万美元，又赶上金融危机，再融资困难，京东到了最危急的关头。

2009 年 1 月，出现了转机，今日资本、雄牛资本及梁伯韬联合投资了 2 100 万美元。这就是京东的 B 轮融资。这笔投资不仅维持了公司运营，还让京东的物流平台、服务技术上了一个大台阶。2009 年，京东销售额达到 40 亿元，三年涨了 50 倍。

2010 年 9 月，京东又进行了 C 轮融资。这次京东发行了 1.78 亿份"C 类可赎可转优先股"，融入 1.38 亿美元资金，投资方为高瓴资本。

通过三轮融资，刘强东获得了 1.69 亿美元，若非采用优先股策略，刘强东对京东的控制权早已旁落。

2011 年，京东业务蒸蒸日上，开始通过发售普通股融资。当年，京东从俄罗斯 DST 基金融资 7.46 亿美元，之后老虎基金、红杉资本等前赴后继，京东累计发售 4.49 亿股普通股，获得 16.43 亿美元。

此时，刘强东要求后续投资人把投票权委托给自己，不答应就不接受投资。通过几番博弈，在京东上市之前，刘强东通过两家 BVI 公司[○]控制了 13.74 亿份投票权（涉及 11 个投资人委托的 7.96 亿股，包括腾讯的 3.51 亿股），占比 55.9%，以微弱的优势保住了控制权，但还是有好些投资人不愿让渡投票权。

京东上市后，刘强东持有的 5.65 亿股将转为 B 类股，每股有 20 份投票权。其他新旧投资人持有的股票都是 A 类股，每股有 1 份投票权。招股文件显示，刘强东可掌握 84% 的投票权。

从 2007 年到 2014 年，7 年间京东获得了 20 亿美元的股权融资，而刘强东仍然牢牢把握着控制权。

（2）在控制权设计方面，主要可以采用双层股权结构（在我国公司法背景下，目前还不能使用）、董事会席位的提名权、交错选举董事条款和董事任职资格要求等。

2. 股权的成本

股权作为资本性项目，虽然不需要偿还，但其成本是股权融资时所让渡的部分公司价值。公司价值，简单来说，是未来公司现金流的折现值，也是公司未来偿付各项债务之后的所有剩余价值。

股权成本的衡量方法有很多，常用方法主要有三种，即股利折现法、CAPM 法和可比公司法。

（1）股利折现法。股利折现法是指根据股利核算普通股成本。根据固定股利增长模型（戈登模型），普通股的价值公式为：

$$P = \frac{D_1}{k-g}$$

式中　D_1——融资后第一年的股利；

　　　k——股权成本（股票预期收益率）；

○ 英属维尔京群岛（British Virgin Islands，BVI）是世界上发展最快的海外离岸投资中心之一，在此注册的公司就被称为 BVI 公司。

g——预期公司未来的增长率或者是股利发放的增长率。

那么倒推股权成本 k，可以得到以下公式：

$$k = \frac{D_1}{P(1-f)} + g$$

式中 f——普通股融资中发生的费用率。

这样，我们就得到了根据股利核算的普通股融资成本。

例如，某公司普通股每股价格为 100 元，筹资费用率为 4%，上年末发放股利每股 10 元，预计以后每年增长 5%，试计算普通股融资的成本率。

根据给出的条件，计算普通股融资的成本率为：

$$k = \frac{D_1}{P(1-f)} + g = 10 \times (1 + 5\%)/[100 \times (1 - 4\%)] + 5\% = 15.94\%$$

所以，根据股利核算的普通股成本约为 15.94%。

（2）CAPM 法。CAPM 法是指根据 CAPM 衡量普通股成本。对于在证券市场中流动性较好的股票而言，可以利用市场数据来估算股权融资成本。

根据资本资产定价模型（capital asset pricing model，CAPM），一只股票的期望收益率为：

$$R_i = R_f + \beta(R_m - R_f)$$

式中 R_i——股票的期望收益率；

R_f——无风险收益率；

β——贝塔系数；

R_m——市场收益率。

也就是说，该股票要求的回报率为无风险收益率加上由市场带来的风险溢价。我们可以假设股权融资成本就是该股票的期望收益率。

例如，假设某上市公司的贝塔系数是 1.2，市场无风险利率为 2.5%，股票市场长期收益率为 12%，那么该公司如果采用普通股融资，其成本率大约是多少？

根据 $R_i = R_f + \beta(R_m - R_f)$，带入题中各项数据，得到：

$$R_i = 2.5\% + 1.2 \times (12\% - 2.5\%) = 13.9\%$$

所以，该公司普通股融资的成本大致为 13.9%。

在计算过程中，一般可以利用长期国债（比如五年期或者十年期国债）的收益率作为无风险收益率，使用股票市场较为长期的复利收益率数据作为市场收益率，贝塔数据可以通过 Wind 等数据库获得。

需要注意的是，使用 CAPM 估算时，市场有效性是一个重要的前提，偏离有效市场越远，算得数据的可信度就越差。

（3）可比公司法。可比公司法可以用来确定普通股成本，是一种比较便捷的确定普通股融资成本的方法，即根据同类型公司来大致估算本公司的股权价值，从而确定普通股的融资成本。其便利之处在于准备普通股融资的公司并不一定要是上市公司；另外，选择良好的参照对象后，在进行价格谈判时，较有说服力，比较容易达成一致。

可供对比的指标包括市盈率、市净率、市销率等。通常，对比可采用两种方式：一种是与业务相似的已上市公司的数据进行比较，寻找合适的市盈率、市净率、市销率、市现率等指标;另一种是与近期发生普通股融资的公司进行比较,参照其融资成本。

对于盈利较为稳定、未来收益便于估算的公司,可以采用市盈率作为参照;对于重资产属性的公司,可以采用市净率作为参照;对于销售增长较快但尚未实现盈利的公司,可以采用市销率作为参照。

我们以市盈率为例说明可比公司法的使用方法。假定 A 公司是一家非上市公司,希望进行普通股融资,融资额为 3 000 万元,该公司现有股权 1 亿股,每股收益是 0.20 元,那么该公司股权融资时可以参考同类公司的市盈率。假定在上市公司中同行业公司的市盈率为 25 倍,考虑到公司规模和股权流动性,该公司认为 15 倍的市盈率较为合适。如果按照 15 倍的市盈率计算,该公司的股票价格为 3 元,需要发行 1 000 万股,那么该公司普通股的静态资金成本是 6.67%(= 0.20 元/股 × 1 000 万股 ÷ 3 000 万元)。如果公司未来能够保持 10% 的增长率,那么根据戈登公式 $P = \dfrac{D_1}{k-g}$,即 $3 = 0.2 \times 1.1/(k-0.1)$,计算得到普通股的融资成本 k 约为 17.33%。

3. 融资阶段

企业的发展一般分为四个阶段:种子期、发展期、扩张期和稳定期。伊查克·爱迪思(Ichak Adizes)在 1989 年提出,企业成长过程可分为孕育期、婴儿期、学步期、青春期、盛年期前期、盛年期后期、贵族期、官僚初期、官僚期以及死亡期共十个阶段(见图 2-5)。他认为,企业成长的每个阶段都可以通过灵活性和可控性两个指标来体现:当企业初建或年轻时,企业充满灵活性,做出变革相对容易,但可控性较差,行为难以预测;当企业进入老化期时,企业对行为的控制力较强,但缺乏灵活性,直到最终走向死亡。成长过程中的不同阶段对应的股权融资方式有所不同。下面主要介绍一般的企业发展的四个阶段。

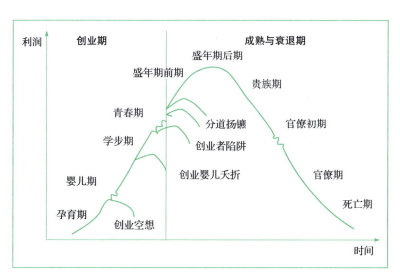

图 2-5 企业生命周期

资料来源:爱迪思. 企业生命周期[M]. 赵睿,译. 北京:华夏出版社,2004.

(1)种子期。企业发展的种子期,对应的是天使投资阶段。在这一阶段,企业处于启动期和初创期，往往只有一些商业创意或者初始的专利，离成熟的市场化运作和获得回报还很遥远，企业失败的可能性很高。天使投资实际上是风险投资的一种特殊形式，是对高风险、高收益的初创企业的第一笔投资。在这一阶段，出资方一般是富裕的个人投资者或者家人、朋友，也有一些基金会介入天使投资阶段。在这一阶段，投资人对企业的估值非常困难，投资人往往只拥有10%～20%的股权，企业创始人保持控股权，投资人会通过投资多个项目而分散投资风险。

（2）发展期。发展期大致相当于我国划分的小试阶段后期和中试阶段前期。在这一阶段，技术风险大幅度下降，产品或服务进入开发阶段，并有数量有限的顾客试用，费用在增加，但几乎没有销售收入。直至这一阶段末期，企业才完成产品定型，着手实施其市场开拓计划。在这一阶段，资金需求量迅速上升，由于创业企业很难靠自我积累和债务融资等方式解决这一阶段的资金需求，因此创业投资依然是其主要投入形式。

（3）扩张期。扩张期大致相当于我国划分的中试阶段后期和工业化阶段。在这一阶段，企业开始出售产品和服务，但支出仍大于收入。在最初的试销阶段获得成功后，企业需要投资以提高生产和销售能力。在这一阶段，企业的生产、销售、服务已具备成功的把握，企业可能希望组建自己的销售队伍，扩大生产线、增强其研究发展的后劲，进一步开拓市场，或拓展其生产能力或服务能力。这一阶段，企业逐步形成经济规模，开始达到市场占有率目标，此时成功率已接近70%，企业开始考虑上市计划。

企业在这一阶段的资金需求量更大。比较保守或规模较大的创业投资机构往往希望在这一阶段为企业提供创业资本。在股本金增加的同时，企业还可以争取各种形式的资金，包括私募资金、有担保的负债或无担保的可转换债以及优先股等。

从发展期到扩张期，是创业投资的主要介入阶段，在这个过程中可以根据企业的成熟度，细分为A轮投资、B轮投资、C轮投资和PE投资等。

A轮投资和B轮投资针对的是发展期的企业。在获得A轮投资时，企业的特征是已经有了产品原型，可以拿到市场上面对用户了，但基本还没有收入或者收入很少，也谈不上盈利。在获得B轮投资时，企业相对成熟，有比较清晰的盈利模式，但是尚未实现盈利。获得C轮投资及以后，企业基本已经能够存活，投资人开始关注企业的盈利能力了。成熟的风险投资企业，投资对象多为处于创业期的中小型企业，而且多为高新技术企业，投资期限至少为3～5年或5年以上，投资方式一般为股权投资，通常占被投资企业30%左右的股权，不要求控股权，也不需要任何担保或抵押。股权投资协议中，往往包含对赌条款。

（4）稳定期。在这一阶段，企业的销售收入高于支出，开始产生净利润，或者即使尚未产生净利润，其商业模式也已经为投资者所广泛接受，初期的投资者开始考虑撤出。对企业来讲，在这一阶段筹集资金的最佳方法是通过发行股票上市。企业成功上市得到的资金，一方面为企业发展增添了动力，拓宽了运作的范围和规模；另一方面也为前期的天使投资和风险投资创造了退出条件。

在这一阶段，企业已经产生盈利，未来发展的风险明显减小，对企业的估值相对难度降低，同时未来IPO的可能性又提供了潜在的股权增值和流动性提升的空间。在这一阶段，股权估值明显提升，企业所需要的融资量也相对较大，其一般情况下，私募股权投资（PE）是这个阶段的投资主力。私募股权机构的投资数额较大，其通过推动非上市企业价值增长、

IPO、并购、管理层回购、股权置换等方式出售持股、套现退出。

2.3.3 债务融资的要点

债务融资的成本比股权融资的成本低，一是由于在企业的各项资金来源中，债务资金的利息是企业在税前支付的；二是从风险收益的均衡角度来看，由于债权人承担的风险比投资者承担的风险相对小，因此要求的报酬率较低。根据 Jensen 和 Meckling（1976）的观点，在股东与经营者之间形成的委托代理关系中，由于经营者与股东因效用函数不完全一致而产生利益冲突，所以产生一定的代理成本。为解决企业经营者的代理人问题，就必须设立一套有效的激励约束机制来规范企业经营者的行为，债务融资契约就被认为是抑制经营者道德风险进而降低股权融资契约代理成本的一种有效方式。

1. 负债的税盾作用

税盾（tax shield）是指可以产生避免或减少企业税负作用的工具或方法。企业通过举债，可以在缴纳所得税前支付利息，从而达到减少应纳税所得额、降低税负的效果。

例如，某企业某一年的利润是 100 万元，假定所得税税率为 25%，那么在没有负债时，该企业需要支付 25 万元的所得税，剩余的税后净利润是 75 万元。假定该企业决定负债 1 000 万元，年利率为 5%，那么 50 万元的利息费用在税前列支，这时企业只需要支付 12.5 万元的所得税。虽然支付利息费用使税前利润总额由 100 万元降为 50 万元，但税后净利润实际是 37.5 万元，比 75 万元只减少了 37.5 万元，而不是 50 万元，这其中减少的 12.5 万元，就是税盾作用的结果。

从另一个角度看，企业如果要向债权人和股东支付相同的回报，则依托股权经营需要产生更多的息税前利润（EBIT），这就是所谓的"税盾效应"。还是刚才的例子，如果企业对债权人支付 50 万元利息（即债权人要求 50 万元回报），企业需要产生 50 万元息税前利润，但是如果公司股东要求获得 50 万元回报，则企业需要产生 74.63 万元（= 50 万元 / (1 – 33%)）息税前利润，因此"税盾效应"使得企业的债务融资相比股权融资更为便宜。

当然，负债的税盾作用是有限的。一方面，增加负债会使部分收益流向债权人，从而减少股东的所得。假定一家企业未来的总现金流收益是 10 亿元，所得税税率为 25%，如果不引入债务融资，股东和政府将分配这 10 亿元，股东获得 7.5 亿元，政府获得 2.5 亿元；如果引入债务资金，假定运营期间需要偿付债权人 5 亿元利息，那么这 10 亿元将在债权人、股东和政府之间分配，债权人获得 5 亿元，政府获得 1.25 亿元，股东获得 3.75 亿元，股东的收益反而低了。在这个例子中，股东引入负债的好处在于节约了股本金，提高了股本收益率，但获得的投资回报总额减少了。另一方面，要实现一定量的预期税盾数额，企业需要较大规模的债务额，而过度增加债务资金，会增加企业的财务风险，使破产的可能性变大。

2. 财务杠杆作用

（1）财务杠杆系数。财务杠杆又叫筹资杠杆或融资杠杆，它是指固定债务利息和优先股股利的存在导致普通股每股利润变动幅度大于息税前利润变动幅度的现象。所谓杠杆，就是浮动收益与固定成本的关系，由于企业的营业利润（息税前利润）的变动是浮动的，但是债务利息和优先股股利都是固定的，因此，在去除这些固定的财务成本之后，留给普通股股东的收益（税后利润）受息税前利润变动的影响，其变动程度会更大。我们一般用**财务杠杆系数**（degree of financial leverage，DFL）来衡量财务杠杆的程度，其公式为：

$$DFL = 税后利润变动率 / 息税前利润变动率$$

通过加大财务杠杆，可以在企业盈利的时候，提高股权资本的回报率；但反过来，在企业盈利不佳的时候，会更快地降低股权资本的收益，甚至导致财务风险。因而，在设计企业的融资方案时，需要对企业的财务进行研判，寻找合适的财务杠杆系数。财务杠杆系数的计算公式为：

$$DFL = \frac{EBIT}{EBIT - I}$$

式中　EBIT——息税前利润；

　　　I——企业包括利息、租赁费等在内的各项固定财务费用支出，一般以财务费用代替。

如果企业资本中含有优先股，那么，财务杠杆系数的计算公式应修正为：

$$DFL = \frac{EBIT}{EBIT - I - PD/(1-T)}$$

式中　PD——优先股股利；

　　　T——所得税税率。

（2）杜邦分析法。财务杠杆的作用也可以通过杜邦分析法显示出来。杜邦分析法最早是由美国杜邦公司使用的，它利用几种主要的财务比率之间的关系来综合地分析企业的财务状况，尤其是用来评价企业的盈利能力和股东权益回报之间的关系，其基本思想是将企业净资产收益率逐级分解为多项财务比率的乘积。

企业的**净资产收益率**（rate of return on equity，ROE）可以做以下分解：

$$净资产收益率 = 净利润 / 净资产 = （净利润 / 销售收入）\times（销售收入 / 净资产）$$
$$= 销售净利率 \times（销售收入 / 总资产）\times（总资产 / 净资产）$$
$$= 销售净利率 \times 总资产周转率 \times 权益乘数$$
$$权益乘数 = 总资产 / 净资产 = 总资产 /（总资产 - 总负债）$$
$$= 1/（1 - 资产负债率）$$

权益乘数指标从资产负债的角度衡量了财务杠杆。

根据杜邦分析法，企业的经营业绩（用净资产收益率表示）受三类因素影响：

1）销售净利率，即净利润 / 销售收入，该指标表明企业产品的盈利能力。

2）总资产周转率，即销售收入 / 总资产，表明企业的营运能力。

3）财务杠杆，用权益乘数衡量，表明企业的资本结构。

例如，假设某企业的净资产收益率为15%，其销售净利率为5%，总资产周转率为2，权益乘数为1.5，那么该企业如果要提高其净资产收益率，可以采用三种方法：其一，提高销售净利率；其二，提高总资产周转率；第三，提高财务杠杆。具体采用哪种方式，需要根据企业的具体情况进行分析。

此处的财务杠杆用权益乘数来衡量，权益乘数体现了财务上的融资能力。上例中企业的权益乘数为1.5，意味着该企业用1个单位的净资产，就能借到1.5个单位的资金，形成2.5个单位的资产。权益乘数越大，资产负债率越高，说明公司的债务融资能力越强。当然，这个指标所衡量的债务资金，包含了所有的负债，既有需要支付利息的债务，也包含不需要支付利息的应付款项等，是相对宽泛的负债衡量指标。

3. 债务成本

相对于股权融资，债务融资的成本更低，而且债务融资要求约定的本息回报，现金流求偿权优先于股权。良好的债务结构有利于提高股权资金的利用效率，降低整体综合融资成本，但同时也需要控制好债务总量，防止财务风险的出现。

（1）债务成本的构成。具体到企业发债的过程中，债务成本主要由发行利率和发行费用组成，而发行利率可细分为市场基准利率和利差。

1）市场基准利率。国际上一般采用伦敦同业拆放利率（London interbank offered rate，LIBOR）作为市场基准利率。LIBOR是基于银行在伦敦批发货币市场（或称银行同业拆借市场）向他行贷出无担保贷款所报利率的日常参考利率，是国际金融市场中大多数浮动利率的基础利率。作为银行从市场上筹集资金进行转贷的融资成本，贷款协议中议定的LIBOR通常是几家指定的参考银行在规定的时间（一般是伦敦时间上午11:00）报价的平均利率。最经常使用的是3个月和6个月的LIBOR。

国内的基准利率包括上海银行间同业拆放利率和贷款基础利率。

上海银行间同业拆放利率（Shanghai interbank offered rate，SHIBOR），是由信用等级较高的18家银行自主报出的人民币同业拆出利率计算确定的算术平均利率，是单利、无担保、批发性利率。目前，对社会公布的SHIBOR品种包括隔夜、1周、2周、1个月、3个月、6个月、9个月及1年。全国银行间同业拆借中心受权SHIBOR的报价计算和信息发布，每个交易日根据各报价行的报价，剔除最高、最低各4家报价，对其余报价进行算术平均计算后，得出每一期限品种的SHIBOR，并于上午11:00对外发布。

贷款基础利率（loan prime rate，LPR），是金融机构对其最优质客户执行的贷款利率，其他贷款利率可根据借款人的信用情况，采取抵押、期限、利率浮动等方式，在贷款基础利率基础上加减。LPR报价银行团现由中国银行、中国工商银行等9家商业银行组成。这些报价银行都是符合财务硬约束条件和宏观审慎政策框架要求的，系统重要性程度高、市场影响力大的商业银行。中国外汇交易中心暨全国银行间同业拆借中心受权贷款基础利率的报价计算和信息发布。每个交易日根据各报价行的报价，剔除最高、最低各1家报价，对其余报价进行加权平均计算后，得出贷款基础利率报价平均利率，并于上午11:30对外发布。

2）利差。利差是指借款人实际支付利率与基准利率之差，一般可以分解为信用利差、期限利差和流动性补偿。

信用利差（credit spread）是用以向债权人补偿其基础资产违约风险的，高于无风险利率的利差。在贷款中，信用利差是贷款利率与基准利率之差；在债券中，信用利差是债券收益率与无风险利率之差。就银行贷款而言，贷款利率在基准利率上下一定范围内浮动，由客户和银行协商决定。就债券而言，信用利差由市场决定，是市场中同类别债券的收益率与基准国债收益率之差。在债券发行时，也可以参考同类债券最近发行时的信用利差水平。

期限利差（term spread）是指不同期限债务工具的利息差。一般长期债务工具的利率比短期债务工具的利率高，即维持正的期限利差，因为期限越长，债权人对额外补偿的要求就越高。

流动性不同的债务工具，其定价不同，这部分的价差被称为**流动性补偿**。流动性好的债务工具，利差会低一些；流动性差的债务工具，则需要更高的利差来为流动性风险做补偿。从这个角度看，贷款、私募债券和公募债券的流动性越来越强，其利差中的流动性补偿部分则越来越低。

3）债务筹资费用。债务筹资费用是指在获得债务融资过程中所耗用的费用。在贷款方面，有时会有贷款承诺费、银团管理费、补偿余额等直接或间接的成本；在债券方面，则有相关的发行费用。

（2）债务成本的估算。债务成本的估算一般是针对较为长期的债务融资计划而言的。债务成本的估算可以分为税前债务成本的估算和税后债务成本的估算。税后债务成本只需要对税前债务成本进行所得税调整即可，即：

$$税后债务成本 = 税前债务成本 \times (1 - 企业所得税税率)$$

我们下面仅讨论税前债务成本。税前债务成本的估算有三种方法：到期收益率法、风险调整法和财务比率法。[⊖]

1）到期收益率法。在市场中找到相似行业和规模、相似期限的公司债券，计算其到期收益率，即为本公司近似的税前债务成本。

可用内插法求解计算到期收益率，债券估价公式：

$$P_0 = \sum_{t=1}^{n} \frac{I}{(1+r)^t} + \frac{F}{(1+r)^t}$$

式中　P_0——债券当前价格；
　　　I——各期应偿付的利息；
　　　F——债券本金；
　　　n——债务的年限；
　　　r——到期收益率。

2）风险调整法。如果找不到合适的可比公司，可以寻找期限相同的政府债券，通过风险调整法来估算。此时，该公司的债务成本即为同期限的政府债券的收益率加上企业的信用风险补偿之和，即：

$$税前债务成本 = 政府债券的市场回报率 + 企业的信用风险补偿率$$

企业的信用风险补偿率可以参考相应的信用评级。首先，为公司估计合适的信用评级，并寻找市场中交易的这类债券，计算其到期收益率；然后，与对应期限的政府债券的收益率相减，得到企业的信用风险补偿率；最后，加上相同期限的政府债券利率，即为公司大致的税前债务成本。

3）财务比率法。财务比率法即根据目标公司的关键财务比率，大体上去判断该公司的信用级别，有了信用级别就可以使用风险调整法确定其债务成本。该方法背后的逻辑在于信用评级往往是基于对关键财务指标的评价。可供对照的关键财务比率包括利息保障倍数、净

⊖　为简便计算，在估算中暂不考虑相关的债务费用。

现金流/总负债、资本回报率、经营利润/销售收入、长期负债/总资产、资产负债率等。

2.3.4 结构融资的要点

结构融资是近年来越来越常用的融资方式，是企业实现融资的一项重要工具，与传统的股权和债务融资工具相比，结构融资有其特殊的优势。

所谓**结构融资**（structured finance），是指通过构建**特殊目的载体**（special purpose vehicle，SPV），将拥有未来现金流的特定资产从原有公司售卖给 SPV，从而实现剥离，同时依托该项资产的未来现金流进行融资。结构融资中，对于"结构"的理解来自两个方面：一方面，该项融资需要在公司主体之外搭建 SPV 这样的特殊结构来实现融资；另一方面，结构融资实现了公司资产负债表结构的变化，即将公司资产负债表内的特定资产进行出售转换为现金，从而通过资产置换的方式获得融资，优化资产项目的结构，提高资金运营效率，但又不增加公司的负债。

结构融资一般通过资产证券化的方式运行。资产证券化是指以基础资产所产生的现金流为偿付支持，通过结构化等方式进行信用增级，在此基础上发行资产支持证券的业务活动。资产证券化发行过程中，资产支持证券的发起人是证券化资产的原始所有权人，发起人将该项资产出售给 SPV 获得现金，SPV 再依托该项资产对投资者发行证券化产品。

1. 结构融资对企业的助力

（1）从资产方融资，不提高企业的资产负债率。传统的融资方式主要通过增加企业负债（债务融资）和增加企业权益（股权融资）两种方式来实现。债务融资和股权融资这两种方式反映的是资产负债表右侧的活动。结构融资往往进行的是资产负债表左侧的活动，是一种资产信用的融资方式，通过构建一个严谨的交易结构来实现融资。[⊖]

多数的结构融资采用了表外融资的处理方法，将基础资产通过出售转移到资产负债表外，从而达到改善资产负债表结构的目的。例如，对于很多行业，当其资产负债率达到某一水平后，有关法规对企业融资就会有一定限制。而利用结构融资的方法，在资产负债率不变的前提下，企业可以调整资产负债表左侧的结构，将某些资产出售剥离，实现融资，在不改变资产负债率的条件下降低风险资产总额，改善资产流动性。

（2）突破传统融资方式在信用条件方面的限制。传统的股权融资或债务融资都是以企业整体信用为基础进行的。股权融资要以现有的全部权益为基础与投资者分享未来的收益，引起股权稀释；债务融资要以企业的整体信用为基础决定融资成本，企业必须在流动性、负债率和盈利水平等方面满足较高的信用条件才能获得融资。从微观角度看，企业不加区别地依托整体资产信用进行融资是一种资源浪费，而结构融资针对企业的特定基础资产、项目或其他权益，只要具有稳定的、可预测的现金流，就可以对投资者发行证券化产品，实现结构融资。因此，优质的资产能够脱离发行人自身的信用，以优质资产获得优质资金。对于那些整体信用不足并且资产负债率较高的企业而言，如果存在优质资产，则可以通过结构融资获得企业所需资金，确保经营的顺利进行。

⊖ 对于收益权类的资产证券化，由于收益权代表的是一种未来才能确定的债权，尚未形成，也不是资产负债表中的资产，因而发起人只能比照债务融资进行会计处理，从而难以实现发起人的资产出表。

（3）突破企业融资规模的限制。由于结构融资是从资产方进行融资，因此融资规模不受限于企业自身净资产的规模。而一般情况下，银行贷款和债券都会根据企业的资产规模来限定企业的融资规模。

（4）突破企业在资金用途上的限制。在真实出售的结构融资中，发起人获得的资金来自资产出售，所以在符合相关法律法规及国家产业政策要求的情况下，可由企业自主安排募集资金用途。

（5）一定条件下可以降低融资成本。在企业整体财务条件不佳但有良好的可证券化资产的条件下，企业可以获得优于整体信用融资的融资条件，从而降低融资成本。一般而言，由于基础资产的支持作用，资产证券化优先级产品的债项评级可在主体评级基础上提升半个子级或更多，从而有效降低企业的融资成本。

（6）利用结构融资可以通过真实出售减少风险资产。结构融资涉及标的资产的真实出售。通过真实出售，风险出表，购买证券化产品的投资人在发生风险时不能追偿发起人。发起人对投资人的支持方式，一般是在交易结构中购买劣后层证券，从而为之前的各层资金做担保，但是持有劣后进行的担保是有限的，以所持劣后金额为限。只要发起人不对整个融资进行担保，则发起人在整个交易中将承担有限追索责任，可以有效地隔离被出售资产引发的风险。

2. 如何判断企业是否可以采用结构融资

（1）适合资产证券化的基础资产。华尔街上流行着一句话："如果你有稳定的现金流，就将它证券化。"大致而言，只要资产能够在未来产生稳定的现金流，就可以作为基础资产进行证券化融资。

一般而言，企业适合进行证券化的资产，从大的方面可以分为债权资产、收益权资产和不动产资产三种类型。其中，债权资产主要包括租赁债权、保理债权、小额贷款、贸易应收账款、信托受益权、委托贷款、公积金贷款、两融债权、股票质押债权、购房尾款等；收益权资产主要包括市政收费权、航空客票、电影票款、索道收费、物业管理费、学费收入等；不动产资产主要包括商业地产、保障房等。

对于通过资产支持专项计划进行资产证券化融资的企业，中国证券投资基金业协会于2015年2月制定了《资产证券化业务基础资产负面清单指引》，理论上不在负面清单中的基础资产均可以进行资产证券化。中国证券投资基金业协会至少每半年对负面清单进行一次评估，并在协会网站及时公开发布负面清单。该项"指引"可以作为判断某项资产是否适合作为基础资产的一个标准。

（2）企业的业务模式。对于企业资产证券化来说，发起人的业务经营是基础资产的根基，不同的业务模式在根本上决定了基础资产所产生现金流的回收模式、稳定性、可预测性、风险因素和违约救济方式。了解企业业务模式对于策划结构融资至关重要。

比如，分析租赁应收款资产证券化产品首先要了解租赁公司的业务模式。租赁公司通过租赁的方式为企业融资，同时获取租赁费收益。因此，投行人员一方面需要了解租赁市场的发展状况以及该租赁公司的业务发展状况，从这些基本面资料可以了解到应收租赁费是否会成为持续稳定的基础资产来源；另一方面需要了解租赁公司客户的信用状态以及租赁公司的信用管理能力，从而确定租赁债权的安全性。其他需要了解的是租赁公司的其他融资渠道以及相关成本。

企业的行业特性决定了企业所面对的竞争环境，类似于供热、供水、供气、供电等具有自然垄断性质的行业，其现金流的稳定性相对较高，适合采用资产证券化融资。一般商贸企业面临风险较大，应收账款回款较为不确定，现金流稳定性差。

（3）基础资产的质量要求。

1）基础资产的法律标准。基础资产的法律标准体现为合法性和确定性。

基础资产的合法性是信托有效设立的首要条件。基础资产的合法性是指发起人取得、持有、处分、运营基础资产合法且享有正当权益。

基础资产的确定性是指作为信托财产的基础资产权属清晰、边界明确，不存在与他人共有、代他人持有或与他人存在权属争议的问题。

2）基础资产的经济标准。基础资产在经济方面的要求体现为现金流标准，现金流标准包括持续性、预期稳定、可预测且具有一定的规模。

持续性即基础资产或资产组合的运营及因运营而产生的现金流在证券产品有效期间具有可持续性，不存在影响到其可持续运营的因素，如即将到期的收费权、特许权到期等。

预期稳定即能在证券产品有效期间产生可预见的稳定的现金流的资产。从历史来看，该基础资产已经经历过一定时间的运营考验，有良好的运营效果和信用记录（如低违约率、低损失率等）；从发展来看，该基础资产不存在影响其收益的稳定性的、可预测的风险因素。

可预测即基础资产具有相对稳定的现金流记录的历史数据，可以基于统计学规定预测未来资产现金流及风险，并基于此做出信用评级和产品定价。

具有一定的规模即基础资产产生的现金流具有一定的规模，方可摊薄证券化时较高的初始发行成本与后续的维护成本，进行证券化发行才具有经济性。

■ 本章小结

1. 企业融资方案设计是投资银行为企业提供的一项基本服务，合理的融资方案是提供优质的投行服务以及建立客户长久关系的基础。
2. 融资需求分析是融资方案设计的起点，主要涉及企业基本情况分析、融资用途分析和财务分析这三个方面的内容，可以采用定性分析和定量分析两种手段。
3. 现金流量和偿债能力是进行融资需求分析最重要的两个财务角度，这两个方面基本代表了融资分析中最为重要的关注点。
4. 企业筹集资金，首先要对融资需求进行预测，具体包括销售额预测、估计需要的资产、估计各项费用和留存收益、估计所需要的追加融资需求并确定外部融资的数量。
5. 融资需求预测的方法分为定性预测法和定量预测法，销售百分比法、资金习性法和因素分析法是三种重要的定量预测方法。
6. 资本结构是企业选择融资方式首先需要考虑的问题，最优资本结构是指企业综合资金成本最低、企业价值最大时的资本结构。
7. 影响资本结构的因素包括资金成本、行业经营特点、企业财务状况和风险程度、企业所处的生命周期、股东对控股权的要求、企业所有者和管理人员的偏好、税务筹划等。
8. 确定最优资本结构的方法主要有比较资金成本法和比较每股收益法。
9. 股权融资考虑的要点包括股权稀释与控制

权问题、股权的成本、融资阶段等。
10. 债务融资考虑的要点包括负债的税盾作用、财务杠杆作用、债务成本等。
11. 结构融资考虑的要点包括适合资产证券化的基础资产、企业的业务模式、基础资产的质量要求等。

■ 思考题

1. 为什么投资银行业务人员需要学习融资方案设计？
2. 在分析企业融资需求时，一般应关注哪些方面？
3. 融资需求预测的对象一般包含哪些？
4. 融资需求预测主要有哪些定性方法？定性预测的利弊如何？
5. 融资需求预测主要有哪些定量方法？各种方法的特点如何？
6. 设计最佳资本结构需要考虑哪些因素？
7. 如何确定采用股权融资还是债务融资？
8. 在股权融资时需要考虑哪些要点？
9. 在债务融资时需要考虑哪些要点？
10. 在结构融资时需要考虑哪些要点？

股份有限公司与首次公开发行

■ 本章提要

本章首先介绍了公司的概念以及作为资本市场融资主体的股份有限公司；然后分析了上市融资的动机，比较了公开上市的好处和弊端；接着，讲述了首次公开发行与股票上市的基本制度和程序，以及投资银行的主要工作，同时还介绍了股票发行定价问题以及IPO折价问题；最后介绍了间接上市的方法，即借壳上市。

■ 重点与难点

1. 公司的概念和类别
2. 股份有限公司的设立
3. 公众公司与非公众公司
4. 公开上市的动机
5. 证券发行制度
6. 证券发行的程序
7. 投资银行在发行过程中的工作
8. 股票发行方式
9. 股票上市的条件和程序
10. 股票发行的定价方法和影响股票发行定价的因素
11. IPO折价现象
12. 借壳上市

3.1 股份有限公司

3.1.1 公司的概念

资本市场的投融资，将原先小范围的私人借贷和投资行为扩展到了更广阔的市场空间，而承载这一投融资方式变化的基本要求，就是企业法人组织形式方面与资本市场公平、公开、公正原则的对应。各类公司，尤其是股份有限公司，是资本市场的基本细胞。

市场经济的主体在法律上包括公民和法人。公司是企业法人组织的一种重要形式，是市场经济的主体，是依法定条件和程序设立的以营利为目的的社团法人。因各个国家公司法对设立公司的要求不同，公司的法律概念也不尽相同。从公司投资者的角度来看，传统的观念认为，公司是由两个以上的投资者设立的法人实体。现今，多数国家的公司法一般规定公司必须有两个以上的投资者，但也有一些国家允许单一投资者的公司存在。

3.1.2 公司的类别

依照不同的标准，可以对公司加以不同的分类，根据股东责任不同，可将公司分为无限责任公司、有限公司（包含有限责任公司和股份有限公司）、有限合伙公司（两合公司）。

1. 无限责任公司

无限责任公司由两个以上股东组成，股东对公司的债务承担连带无限清偿责任，即股东不论其出资多少，对公司的债权人负有共同或单独清偿全部债务的责任。对公司的债务，以自然人为限，负有相同的连带无限清偿责任，而不以出资不同或盈亏比例不同而改变其责任范围。

无限责任公司起源于家族共同企业团体。中世纪，在意大利、德意志的商业都市中，数个继承人共同继承家父的营业时，各继承人对该营业负无限责任。中世纪后期，该制度渐次推行于欧洲各国。该制度先是实行于亲族之间，后发展到亲族之外，至近代逐渐成为无限责任公司的组织，所以现代无限责任公司还带有家族的意味。有限公司起源较晚，后由于其制度上的优势，逐渐成为中小企业的主要组织形式。

无限责任公司属于人合公司，股东利益一致，共同承担风险、分享利润，股东向心力强。由于各股东承担无限责任，因此无限责任公司的信用更加坚厚，对方乐于与之交易。但无限责任公司的股东责任过重，不容易筹集资金。而且由于各股东共同参与管理，而各股东水平参差不齐，会影响公司的效率，可能发生个别股东拖累公司的情况。

2. 有限责任公司

有限公司包括有限责任公司和股份有限公司，我们先介绍有限责任公司。

有限责任公司是指由两个以上股东（如果公司法允许一人有限责任公司存在，则单一股东也可以）共同出资，每个股东以其认缴的出资额对公司承担有限责任，公司以其全部财产对其债务承担责任的企业法人。有限责任公司实行资本金制度，但公司股份对股东不分成均等股份，股东仅就其出资额为限对公司负责。股东人数既有最低限也有最高限，我国为1人以上50人以下。股东向股东以外的人转让其出资时，必须经过半数股东同意；不同意转让的股东应当购买该转让的出资，如果不购买该转让的出资，视为同意转让。经股东同意转让的出资在同等条件下，其他股东对该出资具有优先购买权。公司财务不必公开，但应当按公司章程规定的期限将财务会计报告送交各股东。

有限责任公司也存在一些缺点，例如，有限责任公司是靠发起设立的，不得向社会公开募集资金，因此受资金规模的限制，规模一般不是很大；由于股东对公司债务承担有限责任，如果公司负债过重，债权人的利益将会受到影响。

3. 股份有限公司

股份有限公司的全部资产分为等额股份，股东仅以其所持股份为限对公司承担责任，公司以其全部资产对公司的债务承担责任。股份有限公司采取公开向社会发行股票的方式筹集资本，为筹集资金开辟了广阔的渠道。股东人数不受限制，可以在一定范围内增加，这样便于更多人向公司投资。我国对股份有限公司的股东人数有最低限制，要求有 2 人以上 200 人以下为发起人。公司股票可以自由转让，此外，转让的价格只要交易双方接受即可成交，这使投资者有可能从股票交易中获利，从而使股份有限公司在投资者心目中具有极大的吸引力。而无限责任公司和有限责任公司的股东在转让股份时一般都受到限制。由于股份有限公司是公开向社会发股筹资的，股东人数多，因此各国法律都要求股份有限公司应将其财务公开。

股份有限公司的优点主要表现在：股份有限公司可以向社会公开募集资金，这有利于公司股本的扩大，增强公司的竞争力；股东持有的股份可以自由转让，股东的责任以其持有股份为限，股东的投资风险不会无限扩大；股份有限公司的股东依照所持股份，享有平等的权利，如无特殊规定⊖，所有股东无论持股多少，都享有表决权、分红权、优先认购本公司新发行股票的权利等；股份有限公司的股东是公司的所有者，公司的经营管理权由股东委托董事会承担。所有权与经营权的分离是现代公司治理结构的一个重要组成部分，股份有限公司为公司的所有者和经营者实现所有权和经营权分离创造了条件。

4. 有限合伙公司（两合公司）

有限合伙公司是指由负有限责任的股东和负无限责任的股东两种成员组成的公司，其中无限责任股东对公司债务负连带无限的清偿责任，而有限责任股东则以其出资额为限对公司债务负有限清偿责任。无限责任股东对公司负有很大责任，因而享有对公司的直接经营管理权，对外可代表公司；有限责任股东则无权管理公司业务，对外不能代表公司。有限合伙公司是无限公司的发展，兼有无限公司信用高和有限公司集资快的优点。法、日等国承认有限责任公司是法人，英、美等国则视其为有限合伙，也称为有限合伙制。

有限合伙公司起源于 15 世纪的意大利。目前，美国、法国、德国、日本等都有有限合伙公司。在有限合伙公司中，合伙人分为"活跃的合伙人"和"睡着的合伙人"。"活跃的合伙人"必须承担无限责任，以体现权利与责任相统一的原则；"睡着的合伙人"，则只负有限责任。

在我国，2006 年 8 月 27 日第十届全国人民代表大会常务委员会（以下简称"全国人大常委会"）第二十三次会议修订了《中华人民共和国合伙企业法》（以下简称《合伙企业法》），并于 2007 年 6 月 1 日正式施行。《合伙企业法》引入有限合伙制度，专门增加了一章（第三章）来规范我国的有限合伙制。《合伙企业法》第二条第三款规定："有限合伙企业由普通合伙人和有限合伙人组成，普通合伙人对合伙企业债务承担无限连带责任，有限合伙人以其认缴的出资额为限对合伙企业债务承担责任。"修订后的《合伙企业法》从合伙人的责任形式、合伙人的人数、对有限合伙企业的公示要求、有限合伙人的权利、有限合伙人有限责任保护的免除，以及有限合伙企业与普通合伙企业的不同六个方面进行了规定。

3.1.3 股份有限公司的设立

在我国，设立股份有限公司，应当有 2 人以上 200 人以下为发起人，其中须有半数以上的发起人在中国境内有住所。

⊖ 此处不考虑双重股权情况，且股东指的是普通股股东。

股份有限公司的设立，可以采取发起设立或者募集设立的方式。

发起设立又叫"同时设立""单独设立"，是指由发起人认购公司应发行的全部股份而设立公司。选择发起设立方式设立公司，一般是由于各个发起人的资金比较雄厚或者公司的资本总额无须太高，在创立公司时，无须向社会公众募集资金，发起人的出资即可构成公司的资本总额。以发起方式设立的股份有限公司，由于没有向社会公众公开募集股份，在其发行新股之前，其全部股份都由发起人持有，因而其全部股东都是设立公司的发起人，而没有其他的任何人作为该公司的股东。根据这一特点，以发起方式设立股份有限公司，无须制作认股书，无须向社会公开募集股份，无须召开创立大会，设立程序比募集设立简单。

募集设立又叫"渐次设立"，是指由发起人认购公司应发行股份的一部分（按照我国法律的要求，以募集设立方式设立股份有限公司的，发起人认购的股份不得少于公司股份总数的35%），其余股份向社会公开募集或者向特定对象募集而设立公司。发起人采取募集设立方式设立公司，往往是希望通过向社会公众发行股份而募集更多的资金，从而使公司能够达到较高的资本总额。如果募集设立是对社会公众募集股份，公司股东除发起人以外，还会包括社会公众，要求会比较复杂。发起人向社会公开募集股份，必须公告招股说明书，并制作认股书。以募集方式设立股份有限公司公开发行股票的，还应当向公司登记机关报送国务院证券监督管理机构的核准文件。同时，所发股票应当由依法设立的证券公司承销，签订承销协议，并与银行签订代收股款协议。发起人应当自股款缴足之日起30日内主持召开公司创立大会，创立大会由发起人、认股人组成。

3.1.4 公众公司与非公众公司

《公司法》主要规定了两种类型的公司，即有限责任公司和股份有限公司，没有对公众公司下定义。股份有限公司有公众公司和非公众公司两类：公众公司是由公众持有股份的股份有限公司；非公众公司虽然也是股份有限公司，但不是由公众持股。在股份有限公司中，非公众公司占据了多数。

公众公司和非公众公司的区别点在于对"公众"的定义。在我国，公众公司是指向不特定对象公开发行股票，或向特定对象发行股票使股东人数超过200人的股份有限公司。股份有限公司成为公众公司的途径主要是：向不特定对象公开发行股票，或者股东人数超过200人。如果出现下列情况，股份有限公司也可能成为公众公司：向特定对象发行股票使得股东人数超过200人，或者由于继承、赠与、转让等原因使得股东人数超过200人。

公众公司的股份募集属于公募行为，因而需要受到证券监管当局的管制。根据我国法律规定，股东人数超过200人，即为公开募集。因为涉及众多中小投资人的利益，所以监管当局对公募资金的使用方向、信息披露内容、风险防范要求都非常高。《证券法》第九条规定："公开发行证券，必须符合法律、行政法规规定的条件，并依法报经国务院证券监督管理机构或者国务院授权的部门注册；未经依法注册，任何单位和个人不得公开发行证券。证券发行注册制的具体范围实施步骤，由国务院规定。有下列情形之一的，为公开发行：（一）向不特定对象发行证券；（二）向特定对象发行证券累计超过二百人，但依法实施员工持股计划的员工人数不计算在内；（三）法律、行政法规规定的其他发行行为。非公开发行证券，不得采用广告、公开劝诱和变相公开方式。"

对于非公众公司，在募集资金时，只可以采用私募方式。所谓私募，就是指面向少量的、特定的投资者募集资金的方式。参加人一般要求具有一定的经济实力、风险识别和风险承担能力。私募融资相对于公募融资，有较多便利，而且节约成本，比如，发行无须经过核准，无须履行信息披露责任，无须承销机构参与等。但是，私募对投资者资格和人数有限制，因而募集资金的数量相对会少一些。

3.2　公开上市的动机

公司在经营发展的过程中，出于各种目的需要资金的投入。资金投入的主要方式有：①内源融资，即企业本身经营活动带来的留存资金；②外部债务融资，包括银行贷款、发行债券等方式；③外部股权融资。外部股权融资又可以分为公募融资和私募融资。企业会根据自身的要求和条件，综合分析各种融资的可行性和必要性，最终形成合理的融资方案。

一个企业由私人公司（private company）转化为公众公司（public company），是企业的重要蜕变。相对于私人公司，公众公司意味着更高的阶段和层次，但同时，也有着更多的责任和义务。因而，是否决定经由首次公开募股而成为一家公众公司，是企业经营过程中重要的决策。

美国本国的上市公司在1996年达到其高峰值，为8 090家，到了2017年年底，这一数据降低到了4 336家[○]（见图3-1），而我国的沪深两个交易所自1990年年底设立以来，上市公司数量不断上升，1996年，上市公司数量为530家，到2017年年底，达到了3 485家（见图3-2）。两者对比，可以思考两国企业在公开上市的动机方面所体现的差别：为什么这些年来美国企业选择公开上市的数量在减少，而我国却在不断增加？

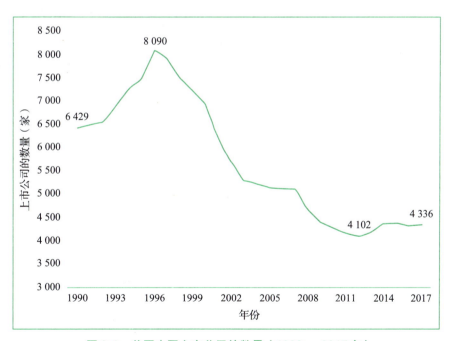

图3-1　美国本国上市公司的数量（1990～2017年）

○ SIFMA Research. U.S.Capital Markets Deck［R/OL］.（2018-09-06）[2020-01-31］. https://www.sifma.org/resources/research/us-capital-markets-deck-2018/.

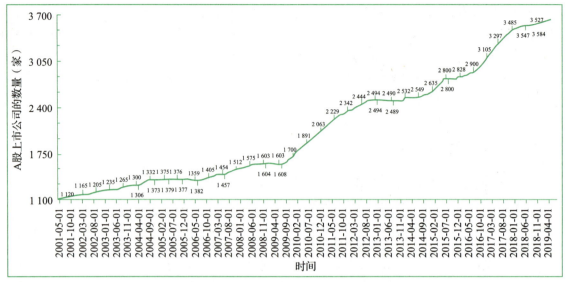

图 3-2 我国沪深两市 A 股上市公司的数量

3.2.1 公开上市的好处

综合而言，公开上市为企业提供的好处主要来自融资的便利、企业形象的改善、相对合理的定价、股权的流动以及股权激励计划的实行。

1. 融资的便利

一家公司成为公众公司，最大的好处来自融资的便利。上市本身就是一次公开募集股份的过程，可以使企业获得重要的股本资金，充实资本。公开上市以后，在符合证券交易所以及证券监管部门的规则要求下，公司则有更多的融资方式可以选择，例如，通过配股、增发、可转债、优先股等方式进行股权再融资，或者发行公司债券进行债务融资。一家优秀的上市公司可以源源不断地融得资金，尤其是通过资本融资。相比较私人公司的资本融资，由于公众公司完成上市之后，其相关的企业经营资料都已经公开透明，在融资过程中，投资者更容易了解和接受上市公司，因此，公众公司的资本融资更加便捷、规模更大、过程更加规范。同时，在定价方面，由于股票交易二级市场为股权融资提供了较好的估值参考，因此融资定价较易得到投资者的认可。

2. 企业形象的改善

成为一家上市公司，总体而言，意味着公司是一家较有实力、较为诚信的公司，对改善企业形象有着重要的帮助。很多公司通过上市，扩大了知名度，为消费者所了解，并逐渐发展壮大起来。

企业形象是指人们通过企业的各种标志而建立起来的对企业的总体印象，是企业精神文化的一种外在表现形式。公司上市后，人们除了可以从产品市场了解该公司，也可以通过资本市场披露的各种信息来了解该公司；同时，上市公司还要受到资本市场监管层的监管，综合起来，这些都更有助于树立公众对公司的信任。

3. 相对合理的定价

上市公司的股票价格一般相对于非上市公司有溢价，这个溢价来自证券市场提供的流动性以及投资者对上市公司整体较高质量的认同。

Emory 在 1985～2000 年之间不断对公司在 IPO 前后的股票价格差异开展研究。他发现，根据 1980～2000 年的数据，公司在 IPO 之前的股票价格普遍低于 IPO 之后的股票价格，平均折扣率为 46%。㊀Silber（1991）研究了 1981～1988 年的 69 个样本，发现非自由交易的限制股票比自由交易的公开股票平均折价 33.8%。㊁Koeplin Sarin 和 Shapiro（2000）提出了"并购交易比较法"，以并购交易的市场倍数来衡量未公开发行公司的股票折价幅度，得到的结果是：美国市场平均折价 20%，美国以外的市场平均折价 54%。㊂又比如 Block（2007）沿用 Koeplin，Sarin 和 Shapiro（2000）的方法，比较了同一行业内上市公司和私有公司在可比时期内的估值，研究发现在 1999 年至 2006 年间，91 家上市和私有公司的平均折价率为 20%～25%。其中，制造业价格折扣率最高，金融企业折扣率最低。㊃Gupta 和 Misra（2010）研究了银行作为收购方对上市和非上市目标的出价，发现非上市目标公司的交易价值比上市目标公司的股权倍数平均低 13.75% 左右。㊄这些研究都说明了流动性受限的股权价值会低于流动性较强的股权价值，即流动性溢价在市场中确实存在。

公司如果能够具有较好的估值以及维持市场中较好的流动性，那么对于公司对外支付股权进行收购、公司发行股票再融资或者公司股东减持股票都会大有好处，这是公司上市之后进行资本运作的重要支持条件。

4. 股权的流动

企业完成公开上市之后，原先的创始股东持有的股份在冻结期（限售期）结束后，就可以进入流通。根据《公司法》第一百四十一条第一款规定："发起人持有的本公司股份，自公司成立之日起一年内不得转让。公司公开发行股份前已发行的股份，自公司股票在证券交易所上市交易之日起一年内不得转让。"根据我国上海和深圳证券交易所的股票上市规则规定，除了对发行人公开发行股票前已发行的股份有一年的转让限制，还对控股股东和实际控制人有三年的限售要求，即自发行人股票上市之日起 36 个月内，不得转让或者委托他人管理其直接或者间接持有的发行人公开发行股票前已发行的股份，也不得由发行人回购其直接或者间接持有的发行人公开发行股票前已发行的股份。

公司高管的股份出售也会受到限制，《公司法》第一百四十一条第二款规定："公司董事、监事、高级管理人员应当向公司申报所持有的本公司的股份及其变动情况，在任职期间每年转让的股份不得超过其所持有本公司股份总数的百分之二十五；所持本公司股份自公司股票上市交易之日起一年内不得转让。上述人员离职后半年内，不得转让其所持有的本公司股份。公司章程可以对公司董事、监事、高级管理人员转让其所持有的本公司股份作出其他限制性规定。"

原始股份的兑现，便利了原始股东创业资金的撤出。在上市之后，公司发展进入相对稳定期，而且原始股东利用部分股权即可实现对公司的控制，因此，部分资金的兑现和退出是

㊀ OLSTHOORN K. The Private Company Discount [J]. Business Economics. 2017.
㊁ SILBER W. Discounts on Restricted Stock: The Impact of Illiquidity on Stock Prices [J]. Financial Analysts Journal, 1991, 47: 60-64.
㊂ KOEPLIN J P, SARIN A, SHAPIRO A C. The Private Company Discount [J]. Journal of Applied Corporate Finance, 2000, 12(4): 94-101.
㊃ BLOCK S. The Liquidity Discount in Valuing Privately Owned Companies [J]. Journal of Applied Finance, 2007, 17.
㊄ GUPTA A, MISRA L. Handbook of Quantitative Finance and Risk Management [J]. Springer US, 2010.

非常正常的，这些资金一般会进入其他的领域进行新的投资。股权在公开市场上市交易，可以使这些退出的股份获得相对较好的定价。

公司上市之后，上市前对公司进行投资的私募股权基金、风险投资基金等机构投资者也会选择合适的时机退出投资，公开上市为它们提供了良好的投资退出渠道。

更进一步看，对于企业而言，公开上市的逻辑是：公开上市提供了良好的股权流动性，因而享有较高的估值；较高的估值使得企业愿意进入该市场进行股权融资，资本市场从而提供融资的便利；同时在股权的流动性得到保障、股价合理估值的条件下，股权激励计划才得以顺利实施，达到激励的效果。所以，在企业公开上市的动机中，股权的流动性是最基本的支撑，一个好的资本市场必须提供良好的流动性，从而保障资本市场的效率。

5. 股权激励计划的实行

股权激励计划是公司通过对公司管理人员及普通员工赋予认股权或者直接给予股份，从而达到激励员工的目标，并将员工利益与公司利益相捆绑、提高员工的忠诚度。股权激励计划需要公司提供股权，可以通过**库存股**（treasury stock）的方式赋予股权，也可以通过定向增发的方式赋予股权。股权激励计划虽然也可以在非上市公司内开展，但是由于股权的流动性差、行权后难以按照正常价格出售等因素，股权激励计划的效果会受到影响。

以上五个方面是从企业角度对公开上市的好处进行的归纳，如果从社会整体福利这一更高的维度去分析，那么由于上市公司需要面对公众投资者，因而在信息披露、决策机制等方面会比私人公司更加有助于保护中小股东的利益。也就是说，从公司治理角度看，公开上市对提高社会融资效率、弱化信息不对称是有好处的，当然这又是有成本的，当减少信息不对称的成本过高时，公开上市反而不是更好的选择。

3.2.2 公开上市的弊端

与公开上市的好处相对应，公开上市的弊端主要有以下几点。

1. 缺少运营的隐秘性和灵活性

公开上市以后，面对公众投资者，公司按照法律和监管的规定，需要履行公开披露的义务，公司的经营数据、财务数据、重大合同、合作伙伴等各方面的情况都会暴露到竞争对手眼中，因此，公司经营的隐秘性会受到较大影响。同时，公司的重大决策需要通过股东大会表决，在经营灵活性方面也不如非上市公司。

2. 公司的控制权可能失控

公司上市以后，股权会发生分散，因此，公司的控制权会存在失控的可能。当然，上市公司会通过一些制度的设计尽量避免控制权的失控。比如，在美国，上市公司通过发行A股和B股两类表决权不同的股份，来维持原有控股股东及管理团队对公司所有权的控制力，即所谓**双重股权结构**（dual class share structure）。谷歌在2004年上市时，将普通股股份分为A股和B股，每份A股具有10张投票权，而每份B股只有1张投票权，A股可以按照1∶1的比例转换为B股，但是，反之则不行。A股和B股除了投票权的差异之外，其他权利都相同。同样的控制权结构也出现在Facebook、京东这些公司身上。

《公司法》第一百二十六条确立了"同股同权"原则，其第一款规定，"同种类的每一股份应当具有同等权利"，因此在主板、中小板和创业板中的上市公司，都不能采用双重股权结构。2019年1月30日，上海证券交易所发布的《上海证券交易所科创板股票发行上市审核规则（征求意见稿）》中，明确允许设置差异化表决权的企业在科创板上市，这是A股对于"特殊投票权机制"的首次实践。

3. 上市所需的时间和费用以及维持上市地位的成本

首次公开发行是一个相当复杂的过程，需要耗费若干年的时间成本，同时也会发生相关财务费用。

一般来讲，企业发行上市的成本费用主要包括中介机构的发行费用、交易所收取的费用和辅助推广费用三部分。

中介机构的发行费用中最大部分是承销费用，我国目前包销商收取的包销佣金大致为包销股票总金额的1.5%～3%；代销佣金为实际售出股票总金额的0.5%～1.5%。创业板的承销费用相比主板收取的比例会更高一些。根据Wind数据统计，2010～2017年投行IPO项目的平均承销费率由4.24%上升到9.25%，2018年下落为5.27%（见图3-3），整体呈现逐年上升的态势，这一结果与我国上市企业结构趋向中小型企业有关。

图3-3 我国投行IPO项目的平均承销费率（2010～2018年）

资料来源：王小军，关竹. 从杜邦分析看年报——过去12年证券公司业务变迁［R/OL］.（2019-05-30）［2020-02-01］. http://pdf.dfcfw.com/pdf/H3_AP201905311333186115_1.pdf.

除了承销商的佣金，发行公司还需要支付其他中介机构的费用，包括律师费、审计费，有时还有公关公司的费用等等。更有甚者，这些费用有可能成为沉没成本，也就是虽然发生了这些中介费用，但由于某种原因，公开上市募资失败，这些费用就无法弥补了。

辅助推广费用主要包括印刷费、媒体及路演的宣传推介费等。

除了中介费用，拟上市公司还需要向证券监管机构缴纳发行审核费，中国证监会收取的发行审核费为20万元。

上市之时，公司需要向证券交易所缴纳上市初费。上海证券交易所收取总股本的0.03%，不超过3万元；深圳证券交易所收取3万元的上市初费。上市之后，公司还会支付维持上市地位的费用。上海证券交易所对A股上市公司收取年费，收费标准为：上市总面额的 0.012%，不超过 6 000 元。深圳证券交易所则按月度收取月费，收费标准为：5 000 万元股本以下收取 500 元；每增加 1 000 万元股本增收 100 元，最高限额为 2 500 元。

4. 公司价值的波动

公司上市之后，股票在每个交易日都会被投资者进行价值评估，并通过买或者卖的行为来对其投票，使股票价格上涨或者下跌。而这种市场供求决定的定价制度往往会受投资者情绪影响而出现大幅度的波动。以中国 A 股市场为例，在 1994 年、2005 年和 2008 年出现了市场底部，A 股平均市盈率都低于 20 倍，沪深 300 指数成分股在 3 次熊市的最低市盈率都低至 15 倍；而在 1997 年、2001 年和 2007 年的牛市顶部，A 股平均市盈率均超过 60 倍，沪深 300 指数成分股的市盈率也超过 50 倍。

当熊市来临时，过低的股价会引起公司市值损失，同时，也使公司更容易被恶意收购。作为应对之策，上市公司往往在股价低估时主动回购公司股票或者通过控股股东增持股票，从而保护公司的价值和市场形象。

综合而言，公开上市是一家公司走向成熟和进一步发展的重要环节，但过程艰难，成本高，需要拟上市公司慎重对待和认真权衡。上市与不上市，很难简单地判断，公司应该根据自身的需要寻找最合适的道路。

案例 3-1

高盛为何上市

20 世纪 80 年代以前，合伙制是美国投资银行的主要组织形式。20 世纪 80 年代以来，投资银行业发展的最大的变化之一就是由合伙制转换为公司制，并先后上市，许多大的投资银行都已经实现了这一转变。除了美林证券上市日期比较早之外，所有投资银行都是在 1981～1999 年上市的。

美林证券：1954 年，由合伙制企业转化为有限责任公司。1971 年，首次公开发行，在纽约证券交易所上市。

雷曼兄弟：1977 年，与投资银行库恩-洛布公司（Kuhn Loeb）合并。1984 年，与综合性金融服务商希尔森-美国运通公司（Shearson American Express）合并，成为一家上市公司的一部分。1994 年，从美国运通公司中拆分出来，在纽约证券交易所上市。

所罗门兄弟：1980 年，与交易商菲布罗公司（Phibro）合并，成为一家上市公司的一部分。1997 年，与旅行者集团（Traveler Group）下辖的史密斯-巴尔尼公司（Smith Barney）合并为所罗门美邦公司（Salomon Smith Barney）。1998 年，随着花旗银行（Citibank）与旅行者集团合并，所罗门美邦成为花旗集团（Citigroup）的投资银行及证券经纪部门。

摩根士丹利：于 1970 年改制；1986 年，拿出了 20% 的股份向公众出售，进行首次公开发行，在纽约证券交易所上市。1997 年，与零售经纪商添惠公司（Dean Witter）合并，成为综合性金融服务商。

高盛作为华尔街的一家主要投资银行，曾在 1986 年就提出了公开发行股票的方案，但由于合伙人意见不一致而流产。虽然高盛的主要对手都选择了公开上市，但是，高盛依然在坚守其合伙制的传统。高盛 130 年以来一直是一家合伙制企业，同时，高盛也担心公开上市会影响其业务的隐秘性。

高盛选择公开上市,背弃其合伙制传统的原因,基本有三。

第一个原因是资本不足的掣肘。虽然投资银行利润丰厚,但合伙制是人合性质的企业,难以积累资金,因为合伙人退出公司时,资本随其退出,公司资本难以持续发展,因而合伙制的资本规模很难成长到与资合性质的上市公司相同的水平。资本的不足,在投资银行发展的初期,并没有带来多大的障碍,因为投资银行的初期业务都以中介业务为主,不需要动用自有资金。但是,随着投资银行业务的发展以及行业竞争的加剧,投资银行的利润来源更集中到本金交易类产品,而且即使是承销业务也开始对投资银行的资金有越来越高的要求。资本不足的另一个忧虑是对被收购的忧虑。在金融界的并购活动中,投资银行几乎总是成为被收购的对象,收购者通常是商业银行、综合性金融服务商或保险公司这样拥有雄厚资本的公司,这主要是因为投资银行资本规模太小。所罗门兄弟公司、第一波士顿公司先后落入大型商业银行之手,充分证明了投资银行在商业银行面前的脆弱性。

第二个原因是公司治理的考虑。高盛当时已经有190多名合伙人,合伙制是相对简单的公司组织机制。随着投资银行的发展,规模和内部组织的复杂性越来越大,直至超过了合伙制这种组织形态的控制能力,而股份有限公司模式则更能胜任这个任务。同时,从激励机制的角度看,原先合伙制企业通过升级为合伙人来鼓励员工,但是,随着公司规模的扩大和内部组织越来越复杂,这种激励机制已经不如股权激励机制。一方面,股权激励机制可以扩展到更多的员工;另一方面,股权激励机制在激励金额分配方面也更加灵活。

第三个原因是无限责任的风险。随着更多金融创新产品的出现,投资银行所面临的风险越来越大,合伙制的无限责任对投资银行合伙人个人资产造成了实质性的威胁,而股份公司制则能避免这种威胁。

1999年3月,高盛实现了转制并在公开市场中出售了6 000万股普通股,成为一家公众公司。用《最后的合伙人:华尔街投资银行的秘密》中的话来概括高盛最终上市的原因:

"合伙制企业弱点的核心仍然是资本金短缺问题。账面上没有足够的资本,投资银行不能承销足够的交易项目,也不能令华尔街感觉到它们的影响力,它们的声誉和地位将迅速受到质疑。即使在商号拥有盈余资本的情况下,它们的未来仍然是很不稳定的,因为,当它们的合伙人退休时,会抽走自己的资本金,从而缩小商号的财务基础。很少有合伙人会在离开之后还把资本留在商号内部。有的人为了商号将资本留下来,而其他合伙人则不能抗拒完全变现的诱惑。"⊖

案例 3-2

借力资本腾飞的爱尔眼科

爱尔眼科(300015.SZ)是一家优秀的民营眼科医院,主要提供屈光、白内障、眼前段、眼后段、视光等各项眼科医疗服务。该公司于2009年10月12日完成首次公开发行,发行股数3 350万股,公司总股本增长到13 350万股,募集资金9.38亿元,扣除发行费用后实际募集8.82亿元。

公司上市后,利用资本市场抓住三个阶段的不同侧重点,实现了快速发展,最终成为全球最大规模的眼科医疗机构。

第一阶段: 通过募集资金新建或收购眼科医院实现快速扩张

爱尔眼科采用"三级(中心城市—省会城市—地市级城市)连锁"的商业模式(见

⊖ 盖斯特. 最后的合伙人:华尔街投资银行的秘密[M]. 向桢,译. 北京:中国财政经济出版社,2003.

图3-4），具有很好的复制性，在得到募集资本后，可以快速有效地发展，实现整体规模和经营业绩的迅速扩大和提升。

上市前，该公司只有1家分公司和20家控股子公司。2010年是爱尔眼科上市后的第一年，公司不仅兼并收购了包括北京英智、郴州光明、天津麦格、重庆麦格、石家庄麦格、南充麦格等六家眼科医院的股权，而且还受让了湖南康视医疗投资管理有限公司持有的南昌爱尔、济南爱尔的全部股权。同时，公司还通过自建或增资扩股分别在昆明、长春、菏泽、南京、岳阳、怀化、贵阳等城市投资设立了连锁医院。截至2010年12月31日，爱尔眼科已运营的连锁医院达31家，连锁医院布局覆盖了全国19个省份（直辖市），基本形成了完善的连锁网络体系。

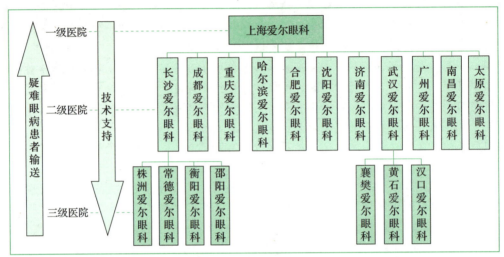

图3-4 爱尔眼科的三级连锁商业模式

之后，爱尔眼科继续坚定不移地通过自建和并购双轨出击，迅速扩张规模。

2018年1月，公司通过非公开发行募集17亿元，用于爱尔总部大厦建设项目、2家眼科医院迁址扩建项目、9家眼科医院收购项目，以及信息化基础设施改造与IT云化建设项目。

第二阶段：通过产业并购基金加大收购杠杆

公司于2014年开始设立并购基金，用于在上市公司体外设立或者收购眼科医院（见表3-1），体外医院达到一定成熟期后，再分批注入上市公司。并购基金的"体外孵化"模式维持了上市公司的业绩稳定，利用资本杠杆减少了公司的资金压力，加速扩张速度。并购基金对投资项目的全过程监管有利于消除公司并购项目的各种风险，通过提前规范，实现并购标的被纳入上市公司时可实现无缝衔接。

表3-1 爱尔眼科公告设立的一些产业并购基金

公告日期	产业并购基金	投资方向
2014年3月18日	深圳前海东方爱尔医疗产业并购合伙企业（有限合伙）	并购和新建眼科医疗机构及相关领域企业
2014年3月27日	北京华泰瑞联并购基金中心（有限合伙）	医疗服务及医药、TMT、大消费、环保等行业
2014年12月11日	湖南爱尔中钰眼科医疗产业并购投资基金（有限合伙）	投资、经营、管理眼科专科医院及其供应链服务
2015年7月31日	江苏华泰瑞联并购基金（有限合伙）	大消费、大健康、TMT、高端制造、节能环保等行业

（续）

公告日期	产业并购基金	投资方向
2016年2月5日	宁波弘晖股权投资合伙企业（有限合伙）	针对全球区域内健康领域及相关领域产品或服务的企业进行股权投资
2016年3月10日	深圳市达晨创坤股权投资企业（有限合伙）	医疗健康、TMT等高成长新兴行业的股权投资
2016年5月23日	南京爱尔安星眼科医疗产业投资中心（有限合伙）	对眼科医院进行新建投资，或对眼科医院、眼科上游企业、眼科相关产业包括眼科互联网企业进行股权投资
2016年9月5日	爱尔全球科技创新投资孵化基金	围绕眼科、视觉科学及相关领域具有广阔市场前景的创新成长型企业或项目
2016年11月30日	湖南亮视交银眼科医疗合伙企业（有限合伙）	医院投资管理、医院经营管理咨询、股权投资
2017年2月27日	Rimonci International Specialized Fund, L.P.（Rimonci基金）	眼科、数字健康、医学人工智能及其他生命科学、医疗高科技等产业领域

2014年，公司推出合伙人计划，通过与有技术与口碑的核心人才、医生合作，形成利益共同体，然后共同投资设立新医院。在新医院达到一定盈利水平后，公司通过发行股票、支付现金等方式，以公允价值收购合伙人持有的医院股权。

通过产业并购基金和合伙人计划，爱尔眼科利用资本扩张的速度进一步加快。

2019年10月23日，公司公告，拟以发行股份方式间接收购湖南爱尔中钰、南京爱尔安星、湖南亮视交银三家爱尔产业基金的26家眼科医院的多数股权，并购买广东众生药业股份有限公司持有的湛江奥理德视光学中心有限公司100%的股权与宣城市眼科医院有限公司80%的股权，并募集配套资金。产业基金和并购模式继续为爱尔眼科的增长添加动力。

第三阶段：境外收购知名眼科医院

2015年，公司全资子公司香港爱尔以2.12亿港元收购了中国香港地区眼科行业的领先机构Asia Medicare Group Limited（亚洲医疗集团有限公司）100%的股权。公司由此快速切入中国香港地区医疗市场，实现了境外发展的第一步。

2017年，公司全资子公司美国爱尔以1 800万美元收购了AW Healthcare Management, LLC 75%的股权。此次收购对公司业务增长、品牌推广、协同创新等具有重要推动作用。2017年，爱尔眼科收购了美国由Dr. MING WANG的眼科中心、欧洲巴伐利亚眼科，其中欧洲巴伐利亚眼科是欧洲最大的连锁眼科医疗机构，在西班牙、德国、意大利等国经营76家眼科医疗中心，屈光手术在西班牙、德国市场占有率第一，拥有174名眼科医生和110名视光医生。2018年公司欧洲区实现收入8.55亿元，占公司收入比重10.7%。

国际化战略不仅仅表现在业务层面，还进一步体现在爱尔眼科与国际先进眼科中心或高等学府进行眼科技术的交流与合作，构建国际化、全球化的眼科健康布局，使自身发展为国内外领先的创新性眼健康服务集团。

数十载的发展与细致耕耘，为爱尔眼科长期发展奠定了坚实的基础。2008~2018年公司营收、利润CAGR分别为33.69%和32.31%，双双实现快速增长。在资本助力下，2008~2018年，爱尔眼科的门店数从17家增长到290余家，门诊量从37.5万人次增长到573.57万人次。白内障（占比19%）、屈光（占比35%）、视光（占比18%）三大业务齐头并进，推动公司的长期发展。

资本的力量令爱尔眼科原本优秀的经营如虎添翼,并使爱尔眼科在 A 股市场基本原地踏步的条件下,实现了十年十倍的增长(见图 3-5)。

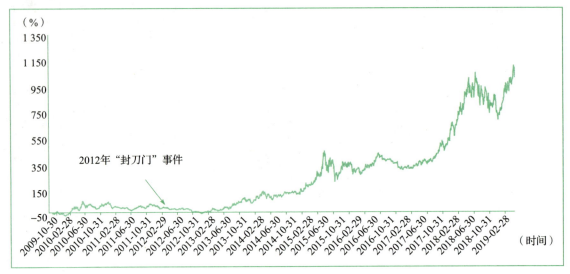

图 3-5　爱尔眼科十年股价走势复盘

案例 3-3

浙江世宝为何 A 股 IPO

浙江世宝股份有限公司是一家上市公司(以下简称"浙江世宝"),其总部设在杭州,是一家专业致力于研发、设计、制造及销售汽车转向系统产品的现代化企业。

2006 年 5 月,浙江世宝在香港联交所创业板上市,发行数量为 8 671.4 万股,每股发行价为港币 1.5 元,上市后成交量长期低迷,股价甚至一度低于 1 港元。2011 年年初,浙江世宝转战香港联交所主板,股价也始终徘徊在 2~3 港元。

2006~2011 年,公司营业收入由 15 236.90 万元上升至 62 591.71 万元,复合增长率为 32.66%;净利润由 3 317.80 万元上升至 11 064.80 万元,复合增长率为 27.24%。

受国内外经济形势和汽车市场发展速度放缓的影响,该公司 2012 年的业绩增速已经出现了明显下滑。数据显示,2012 年上半年,浙江世宝营业收入及净利润分别为 31 165.48 万元及 4 817.58 万元,较上年同期下滑 6.36% 和 18.27%。其 2012 年 11 月 5 日公布的风险提示公告更是显示,2012 年 1~9 月,浙江世宝营业收入为 44 001.06 万元、净利润为 6 012.30 万元,较上年同期分别下降了 5.99% 和 25.08%。

主承销商招商证券对浙江世宝 A 股合理估值区间为每股 5.5~6.2 元,相当于 15~17 倍的发行市盈率。浙江世宝计划发行不超过 6 500 万股,募集资金合计 5.1 亿元用于包括汽车液压助力转向器扩产在内的三个项目的建设。然而,由于监管原因,最终浙江世宝确定发行价格为 2.58 元,相当于 7.17 倍的发行市盈率,发行数量为 1 500 万股,募集资金 3 870 万元,较 5.1 亿元削减了 92.4%。浙江世宝此次 IPO 承担的发行费用合计达到了 898.82 万元,扣除费用之后,浙江世宝的募集资金净额只有不到 3 000 万元,如果考虑前期在发行方面已经投入的费用,浙江世宝这 1 500 万股的代价更高。

浙江世宝为何愿意承担如此大的损失而坚持上市 A 股市场呢?定价是其最重要的考虑因

素。虽然发行价被压制在2.58元，但是上市后首日最高价为18.75元，并且收盘于最高价，涨幅为626.74%，之后股价也一直运行在10元以上，远远高于同期香港创业板市场上2~3港元的定价。这一良好的估值体系，使得浙江世宝在未来的股份增发、股份减持等方面可以得到更好的价格，因此，即使上市之初承受一定的损失，从长远看，还是值得的。

果然，2014年，浙江世宝进行了定向增发，发行价格为18.46元，发行3 820万股，实际募集资金6.58亿元。2016年12月5日，公司控股股东世宝控股通过大宗交易方式减持公司股票1 100万股，占A股股数比例为4.8%，套现约4.54亿元。2016年10月13日，公司以非公开发行方式发行了1亿元可交换公司债券，可交换公司债券的债券持有人于2017年7月31日至9月15日期间，以11.96元/股的价格合计交换了355.85万股浙江世宝A股股票，减持占有公司A股股数比例为0.62%。

案例 3-4

万福生科会不会后悔上市

万福生科（湖南）农业开发股份有限公司（以下简称"万福生科"），一直致力于成为国内领先的粮油加工企业和健康食品的供应商，利用洞庭湖区丰富的稻谷资源为消费者提供营养健康的食品、高品质的生活服务。万福生科集大米结晶葡萄糖、大米高蛋白、高麦芽糖浆等淀粉糖系列产品生产、销售与粮食收购、储备及科技研发于一体，是稻米深加工副产品综合利用循环经济企业，是废水、废渣无害化处理与综合利用的绿色环保企业。

2011年9月27日，万福生科成功在深圳证券交易所创业板挂牌上市，股票代码为300268，保荐机构为平安证券。公开发行股数为1 700万股，每股发行价格为人民币25元，募集资金总额为425 000 000.00元，扣除发行费用30 189 459.00元后的实际募集资金净额为394 810 541.00元。上市后，公司实际控制人龚永福、杨荣华夫妇各持有4 019万股（占公司总股本的59.98%）。

万福生科最先被发现的造假行为是2012年半年报。在2012年半年度报告中，该公司虚增营业收入1.88亿元，虚增营业成本1.46亿元，虚增净利润4 023.16万元，造假数据金额较大，且导致该公司2012年上半年财务报告盈亏方向发生变化，情节严重。因此万福生科被湖南省证监局立案调查，并在2012年11月23日被深圳证券交易所公开谴责。

随着调查的深入，监管部门进一步发现了万福生科的造假行为。2013年3月2日万福生科发布公告称，经公司自查发现2008~2011年定期报告财务数据存在虚假记载，初步自查结果如下：2008~2011年累计虚增收入7.4亿元左右，虚增营业利润1.8亿元左右，虚增净利润1.6亿元左右。据万福生科招股说明书及2011年年报显示，2008~2011年，该公司净利润分别是2 565.82万元、3 956.39万元、5 555.4万元和6 026.86万元，四年内净利润总数为1.81亿元。可是其中有1.6亿元净利润是虚构的，实际上四年合计净利润数只有2 000万元左右，近九成为"造假"所得。

万福生科的上述行为违反了《证券法》等相关法律法规的规定，构成《证券法》（2006年版）第一百八十九条所述"发行人不符合发行条件，以欺骗手段骗取发行核准"及第一百九十三条所述"发行人、上市公司或者其他信息披露义务人未按照规定披露信息，或者所披露的信息有虚假记载、误导性陈述或者重大遗漏"的违法行为。

根据《证券法》相关规定，中国证监会拟责令万福生科改正违法行为，并给予警告，处以30万元罚款；对董事长龚永福给予警告，并处以30万元罚款；同时对严平贵等其他19

名高管给予警告,并处以 5 万～25 万元罚款。此外,拟对龚永福、财务总监覃学军采取终身证券市场禁入措施。

保荐机构平安证券在万福生科上市保荐工作中,未审慎核查其他中介机构出具的意见;未对万福生科的实际业务及各报告期内财务数据履行尽职调查、审慎核查义务;未依法对万福生科履行持续督导责任;内控制度未能有效执行;其出具的《发行保荐书》和持续督导报告存在虚假记载。

根据《证券法》及《证券发行上市保荐业务管理办法》等规定,中国证监会拟对平安证券及相关人员采取以下行政处罚和行政监管措施:对平安证券给予警告并没收其万福生科发行上市项目的业务收入 2 555 万元,并处以 2 倍的罚款,暂停其保荐机构资格 3 个月;对相关的保荐代表人给予警告并分别处以罚款、撤销保荐代表人资格、撤销证券从业资格、终身证券市场禁入等惩罚措施。

相关的会计师事务所和律师事务所也受到了相应的处罚。

鉴于万福生科对投资者造成的巨大损失,2013 年 5 月 11 日,平安证券宣布出资 3 亿元成立专项基金,先行偿付符合条件的投资者因万福生科虚假陈述而遭受的投资损失,并委托中国证券投资者保护基金有限责任公司担任基金管理人,负责基金的日常管理及运作,存续期为 2 个月。赔偿期间,12 756 名万福生科虚假陈述案适格投资者与平安证券达成和解,占适格投资者总人数的 95.01%,对适格投资者支付的补偿金额近 1.79 亿元。

经由此事件,平安证券的评级从 A 级下调为 C 级,三分之二投行人员离职,储备客户大范围流失。据平安证券统计,加上主动放弃的项目,其流失和清理的客户多达 150 多家,付出了数以十亿计的巨大代价。

一场多方精心策划的包装上市,引发上市公司、实际控制人、保荐机构、保荐人、其他中介机构在刑事方面和经济方面的损失,投资者也遭受了不必要的损失。最终,企业的正常发展受到了影响,而始作俑者的投资银行也遭遇了断崖式的挫折。

3.3 首次公开发行与股票上市

3.3.1 证券发行制度

1. 证券发行审核制度

一般而言,证券发行审核制度分为审批制、核准制和注册制三种。

目前,我国证券发行正处于核准制向注册制过渡阶段。1992 年起,国家对证券发行实行额度控制和行政审批的制度,即审批制,每年确定发行总规模,然后按条块层层分解。1998 年起,《证券法》规定证券发行采用核准制,但那时还不是真正的核准制,因为发行规模依旧存在。直到 2000 年以后,才取消规模控制,逐渐向真正的核准制转变。2019 年 12 月 28 日,全国人民代表大会(以下简称"全国人大")审议通过修订后的《证券法》,并宣布该法案将于 2020 年 3 月 1 日起施行,其主要修订内容包括全面推行注册制。

证券发行核准制是指证券的发行不仅以证券和公司的真实状况的充分公开为条件,而且主管机关还应该在事实完全公开前,对准备发行证券的性质、价值进行准确的判断,以确定证券是否可以发行。对于认定不符合发行条件的证券,或在认为对证券市场投资人的保护有一定危险的情况下,否定该证券的发行。

我国采用核准制主要是因为我国的股票市场尚处于发展的初级阶段,出现很多过度包装、虚假包装、上市公司质量不高、不规范等问题,单纯问责中介机构难以控制上市公司的质量和避免上市过程中发行人与中介机构的共谋欺诈,所以,如果由政府再加一道较为严厉的监管,客观上能够起到更好的防范效果;再者,上市资格目前在我国还是一种比较稀缺的资源,又具有很强的政策性,比如需要向国有企业倾斜等,所以如果实行注册制,完全交由市场来决定哪家公司上市或哪家不能上市,会影响倾斜政策的执行。因而,我国在发行制度方面(科创板除外)选择了介于审批制和注册制之间的过渡型制度,即核准制。随着2019年科创板的开设,注册制在我国开始实施。2020年3月1日,新《证券法》实施,全面推行注册制,证券发行注册制的具体范围、实施步骤由国务院规定。

证券发行注册制是市场化程度比较高的国家实行的一种证券制度。它是一种要求发行人充分、客观地把发行人及发行证券的资料向证券主管机关提示并申请发行,经证券主管机关对实施形式要件审查并合格后予以注册,即可公开发行的审核制度。注册制强调公开原则,即发行人必须真实、客观、全面地反映公司的一切资料,并向社会公开,以供投资者了解、判断和选择。

审批制、核准制和注册制三者的比较如表3-2所示。

表3-2 审批制、核准制和注册制的比较

比较项目	审批制	核准制	注册制
发行指标和额度	有	无	无
发行上市标准	有	有	有
保荐人或推荐人	政府或行业主管部门	中介机构	中介机构
对发行主体做实质判断的主体	证监会	证监会和中介机构	中介机构
发行监管性制度	证监会实质性审核	证监会和中介机构分担实质性审核职责	证监会形式审核[①]、中介机构实质性审核
市场化程度	行政体制	市场化过渡	市场化

注:①我国目前采用交易所审核、证监会履行注册程序的方式。参见《证券法》第二十一条。

美国是实行证券发行注册制的代表。美国《1933年证券法》规定,公司发行证券时必须向证券主管机关(目前是美国证券交易委员会(SEC))办理证券注册登记手续。证券发行公司在登记注册前要向证券监管部门提交"证券注册申报书"(registration statement)、初步招股说明书(preliminary prospectus 或 red herring)和相关的一些资料。SEC的公司融资部(division of corporation finance)会根据《1933年证券法》和《1934年证券交易法》的规定选择性地审查相关的信息披露和会计要求。在其注册审查过程中,该部门不评估任何业务的优点,也不判断该项投资是否适合投资者。同时,该部门的审查程序并不能保证披露是完整和准确的,完整和准确披露的责任由发行公司和其他参与中介负责。

根据2002年《萨班斯-奥克斯利法案》的要求,该部门至少每三年对每个报告公司进行一次一定程度的审查,并更频繁地审查大量公司。此外,该部门还选择性地审查交易文件——公司在进行公开发行、并购交易和股东大会表决时提交的文件。为了保持选择性审查程序的完整性,该部门不公开披露其用于识别公司和提交审查文件的标准。

公司提交的注册材料会首先经过公司融资部的审核。SEC根据行业划分了12个审阅办公室,每个审阅办公室有25~35人。经过初步的内部审核,会形成员工评价意见(staff comments)。该意见转交给发行公司后,发行公司会对每条评论做出回应,如果需要的话,还会修改文件。员工评价和公司回应的过程将持续，一般会经过四轮，直到公司融资部和发行公司解决所有提出的意见。

当发行公司解决了公司融资部所提出的所有意见后，公司融资部将通过 SEC 授予的权力，通过 SEC 的 EDGAR 系统[○]向公众发出通知，宣布该注册登记已经生效。为了提高审查过程的透明度，当该部门完成文件审查时，它会将其评论信和公司对这些评论信的回复公开于 EDGAR 系统，这些函件将在公司融资部完成审查或宣布登记声明生效后不迟于 20 个工作日内公布。

SEC 并不对发行公司做实质性审查，对发行公司的业务优劣、财务强弱不做判断，它只是对发行过程是否合规、信息披露是否充分进行判断；同时，SEC 也不对招股说明书中的信息的真伪及准确程度进行检查。一般而言，SEC 的审查重点内容包括：披露的信息是否完备、准确且清晰、或有损失的计算和披露、财务报表和会计问题、特殊实体问题如中国公司的协议控制（VIE）模式、法律和政府政策的影响、商业运营与盈利来源等。

除了 SEC，交易所也需要对拟上市公司进行审核。通常，发行人会同时向 SEC 和交易所提交申请，申请文件的主要内容相同，但会根据 SEC、交易所的具体要求有所区别。在审核过程中，SEC 与交易所也是各自独立操作，不会就审核中的问题交换意见或进行协调。交易所的审核重点是考虑公司的各项指标是不是达到了交易所规定的上市标准，在指标的选取上则重点关注财务指标、流动性和公司治理要求等方面。NYSE 和纳斯达克对公司首次上市申请仅进行合规性审核，检查公司是否满足首次上市定量标准和定性要求，而不对公司的盈利前景、募集资金用途合理性提出实质性意见。相较于 SEC，交易所的审核流程相对简单且交易所一般情况下不会否决符合注册标准的公司的上市申请。

在注册制下，证券发行奉行的是"信息披露"原则。用美国大法官路易斯·D. 布兰代斯（Louis D. Brandeis, 1856—1941）的话概括，就是："阳光是最好的消毒剂，灯光是最有效的警察。"信息披露原则认为，政府应该保证每个投资者能够自己根据信息做出决定，通过投资者的自由决策而使市场自由地发挥其功能，从而有效地分配社会资金。从这个角度看，管理者的工作是确定哪些信息应该公开并确保提供恰当的信息，即没有错误、遗漏和延误的信息。

在我国，股票发行注册制是一个逐渐尝试的过程。2015 年 12 月，全国人大常委会对实施股票发行注册制予以授权，使得科创板试点注册制有了充分的法律依据。2019 年 1 月 23 日，习近平总书记主持召开中央全面深化改革委员会第六次会议并发表重要讲话，会议审议通过了《在上海证券交易所设立科创板并试点注册制总体实施方案》《关于在上海证券交易所设立科创板并试点注册制的实施意见》。2019 年 3 月 1 日，《科创板首次公开发行股票注册管理办法（试行）》经中国证券监督管理委员会第 1 次主席办公会议审议通过，并自公布之日起施行。

科创板采用注册制，发行人申请首次公开发行股票并在科创板上市，应当按照中国证监会有关规定制作注册申请文件，由保荐人保荐并向交易所申报。交易所设立独立的审核部门，负责审核发行人公开发行并上市申请。中国证监会收到交易所报送的审核意见、发行人注册申请文件

○ EDGAR 系统（Electronic Data Gathering, Analysis, and Retrieval System），又称"埃德加"系统，是美国证券交易委员会采用的一个电子数据收集、分析和检索系统，执行自动收集、验证、索引、接受与转发公司和其他公司提交的文件。按照法律要求，这些公司和其他公司必须向美国证券交易委员会提交表格。它的主要目的是通过加快接收、接受、分发和分析提交给该机构的对时间敏感的公司信息，提高证券市场的效率和公平性。

及相关审核资料后，履行发行注册程序。发行注册主要关注交易所发行上市审核内容有无遗漏，审核程序是否符合规定，以及发行人在发行条件和信息披露要求的重大方面是否符合相关规定。

2. 证券发行执行制度

从具体的证券发行执行角度看，我国的股票发行制度大致经历了以下四个阶段。

（1）"额度管理"阶段（1993～1995年）。这一阶段的主要做法是，国务院证券管理部门根据国民经济发展需求及资本市场实际情况，先确定总额度，然后根据各个省级行政区域和行业在国民经济发展中的地位和需要进一步分配总额度，再由省级政府或行业主管部门来选择和确定可以发行股票的企业（主要是国有企业）。

（2）"指标管理"阶段（1996～2000年）。这一阶段实行"总量控制，限报家数"的做法，由国务院证券管理部门确定在一定时期内应发行上市的企业家数，然后向省级政府和行业管理部门下达股票发行家数指标，省级政府或行业管理部门在上述指标内推荐预选企业，证券主管部门对符合条件的预选企业同意其上报发行股票正式申报材料并审核。

（3）"通道制"阶段（2001～2004年）。自2001年3月开始，我国实行了核准制下的"通道制"，也就是向各综合类券商下达可推荐拟公开发行股票的企业家数。只要具有主承销商资格，就可获得2～9个通道，主承销商的通道数也就是其可申报的拟公开发行股票的企业家数。通道制下股票发行"名额有限"的特点未变，但通道制改变了过去行政机制遴选和推荐发行人的做法，使得主承销商在一定程度上承担起股票发行风险，同时也真正获得了遴选和推荐股票发行的权力。

（4）"保荐制"阶段（2004年10月至今）。保荐制的全称是保荐代表人制度，这是中国证券监管部门目前实行的一种股票发行监管制度。保荐制的主体由保荐人和保荐机构两部分组成，满足一定条件和资格的人方可担任企业发行股票的保荐人，凡具有两个以上保荐人的证券公司（或资产管理公司）可成为保荐机构，并具备推荐企业发行上市的资格。保荐制就是由保荐机构及其保荐代表负责发行人证券发行上市的推荐和辅导，经尽职调查核实公司发行文件资料的真实、准确和完整性，协助发行人建立严格的信息披露制度。保荐制就其本质来说，是对证券发行设立一个"第一看门人"，即保荐人和保荐机构，凭借其在保荐过程中对拟上市公司的洞察、了解和勤勉尽责，从而达到选择质地优良的公司上市、提高上市公司质量的目的。与通道制相比较，保荐制增加了由保荐人承担发行上市过程中的连带责任的制度内容，这是该制度设计的初衷和核心内容。保荐人的保荐责任期包括发行上市全过程，以及上市后的一段时期（比如两个会计年度）。

3.3.2 公开发行股票的条件

根据《证券法》第二章相关条款的规定，公司公开发行股票的条件主要包括：

第九条　公开发行证券，必须符合法律、行政法规规定的条件，并依法报经国务院证券监督管理机构或者国务院授权的部门注册。未经依法注册，任何单位和个人不得公开发行证券。证券发行注册制的具体范围、实施步骤，由国务院规定。

有下列情形之一的，为公开发行：

（一）向不特定对象发行证券；

（二）向特定对象发行证券累计超过二百人，但依法实施员工持股计划的员工人数不计算在内；

（三）法律、行政法规规定的其他发行行为非公开发行证券，不得采用广告、公开劝诱和变相公开方式。

第十条　发行人申请公开发行股票、可转换为股票的公司债券，依法采取承销方式的，或者公开发行法律、行政法规规定实行保荐制度的其他证券的，应当聘请证券公司担任保荐人。

保荐人应当遵守业务规则和行业规范，诚实守信，勤勉尽责，对发行人的申请文件和信息披露资料进行审慎核查、督导发行人规范运作。

保荐人的管理办法由国务院证券监督管理机构规定。

第十一条　设立股份有限公司公开发行股票，应当符合《中华人民共和国公司法》规定的条件和经国务院批准的国务院证券监督管理机构规定的其他条件，向国务院证券监督管理机构报送募股申请和下列文件：

（一）公司章程；

（二）发起人协议；

（三）发起人姓名或者名称，发起人认购的股份数、出资种类及验资证明；

（四）招股说明书；

（五）代收股款银行的名称及地址；

（六）承销机构名称及有关的协议。

依照本法规定聘请保荐人的，还应当报送保荐人出具的发行保荐书。

法律、行政法规规定设立公司必须报经批准的，还应当提交相应的批准文件。

第十二条　公司首次公开发行新股，应当符合下列条件：

（一）具备健全且运行良好的组织机构；

（二）具有持续经营能力；

（三）最近三年财务会计报告被出具无保留意见审计报告；

（四）发行人及其控股股东、实际控制人最近三年不存在贪污、贿赂、侵占财产、挪用财产或者破坏社会主义市场经济秩序的刑事犯罪；

（五）经国务院批准的国务院证券监督管理机构规定的其他条件。

上市公司发行新股，应当符合经国务院批准的国务院证券监督管理机构规定的条件，具体管理办法由国务院证券监督管理机构规定。

第十三条　公司公开发行新股，应当报送募股申请和下列文件：

（一）公司营业执照；

（二）公司章程；

（三）股东大会决议；

（四）招股说明书或者其他公开发行募集文件；

（五）财务会计报告；

（六）代收股款银行的名称及地址。

依照本法规定聘请保荐人的，还应当报送保荐人出具的发行保荐书。依照本法规定实行承销的，还应当报送承销机构名称及有关的协议。

第十四条　公司对公开发行股票所募集资金，必须按照招股说明书或者其他公开发行募集文件所列资金用途使用；改变资金用途，必须经股东大会作出决议。未作纠正的，或者未经股东大会认可的，不得公开发行新股。

更为具体的首次公开发行条件，可以参看中国证监会公布的《首次公开发行股票并上市管理办法》。

首次公开发行股票并上市管理办法
请扫码进入中国证监会官网阅读。

3.3.3 投资银行的发行准备工作

证券发行与承销是投资银行的传统业务之一，也是投资银行最重要的一项本源业务。投资银行作为从事资本市场业务的专业机构，拥有从事证券发行的丰富经验和专业人才，在证券承销过程中，充当发行人与投资人的桥梁和纽带，发挥着重要的作用。

在我国，根据 2008 年中国证监会发布的《证券发行上市保荐业务管理办法》，要求发行人在首次公开发行股票并上市、上市公司发行新股或可转换公司债时聘请具有保荐资格的证券公司履行保荐职责。保荐机构一般由主承销商承担，也可以由其他具有保荐资格的证券公司与该保荐机构共同担任，尤其是发行规模较大时，但参与联合保荐的保荐机构不得超过 2 家。2020 年 3 月 1 日开始实施的新《证券法》第十条规定："发行人申请公开发行股票、可转换为股票的公司债券，依法采取承销方式的，或者公开发行法律、行政法规规定实行保荐制度的其他证券的，应当聘请证券公司担任保荐人。保荐人应当遵守业务规则和行业规范，诚实守信，勤勉尽责，对发行人的申请文件和信息披露资料进行审慎核查，督导发行人规范运作。"

保荐机构的主要工作是完成尽职调查、上市辅导、准备募股文件及报批、提交发行申请等。

1. 尽职调查

尽职调查是承销商在股票承销前所做的工作，调查的范围包括：发行人的基本情况，一、二级市场状况，发行人主营业务，发行人的财务状况等。其中关于发行人的调查是重点，涉及生产经营、财务状况、日常管理、发展前景等众多方面。在我国实行额度控制和行政审批的时期，由国家主管部门确定每年的股票发行额度或上市指标，然后将这一上市指标在各地区、各部门间分解，由各地区和各部门在分配的上市指标范围内选择企业上市的对象。投资银行的工作主要是通过中央有关部委和各省级政府，寻找已经或者有可能取得发行额度的企业以及获得境外上市立项的企业。然而，随着我国证券市场管理体制的改革，废除了原来股票发行的额度控制和行政审批，实行了核准制度。投资银行需要自发寻找潜在的上市客户，对发行人进行调查与选择，特别是在承销业务竞争日益激烈的情况下，投资银行一方面需要积极寻找和准确判断潜在客户，提高发行的成功率、提升投行在发行市场中的声誉；另一方面，为了争取到更多的承销业务，需要进行自我推荐与公关，提供更有竞争力的发行条件，这样才能最终取得证券主承销权。

2. 上市辅导

为了保证公开发行股票的公司严格按照《公司法》《证券法》等法律法规建立规范的法人治理结构和完善的运行机制，提高上市公司质量，股份有限公司在提出首次公开发行股票申请前，应聘请辅导机构（主承销商）进行辅导，辅导期所需时间不做硬性规定。

上市辅导的主要内容主要包括以下几个方面：①督促股份公司董事、监事、高级管理人员、持有 5% 以上（含 5%）股份的股东（或其法定代表人）进行全面的法规知识学习或培训；②督促股份公司按照有关规定初步建立符合现代企业制度要求的公司治理基础；③核查股份公司在设立、改制重组、股权设置和转让、增资扩股、资产评估、资本验证等方面是否合法、有效，产权关系是否明晰，股权结构是否符合有关规定；④督促股份公司实现独立运营，做到业务、资产、人员、财务、机构独立完整，主营业务突出，形成核心竞争力；⑤督促股份公司规范与控股股东及其他关联方的关系；⑥督促股份公司建立和完善规范的内部决策和控制制度，形成有效的财务、投资以及内部约束和激励制度；⑦督促股份公司建立健全公司财务会计管理体系，杜绝会计造假；⑧督促股份公司形成明确的业务发展目标和未来发展计划，制订可行的募股资金投向及其他投资项目的规划；⑨对股份公司是否达到发行上市条件进行综合评估，协助开展首次公开发行股票的准备工作。

中国证监会的派出机构具体负责对辅导机构的辅导内容、辅导效果进行评估和调查，并向中国证监会出具调查报告，作为发行申请文件的组成部分。

3. 准备募股文件及报批

股票发行的实质性工作是准备招股说明书以及作为招股说明书编制依据和附件的专业人员的结论性意见，这些文件统称为募股文件。

（1）招股说明书（申报稿）。招股说明书是公司发行股票时就发行中的有关事项向公众做出披露，并向特定或非特定投资人提出购买或销售其股票的要约的法律文件。公司发售新股前必须制作招股说明书，编制招股说明书是发行准备阶段的基本任务。招股说明书必须对法律、法规、规章、上市规则要求的各项内容进行披露。招股说明书由发行人在主承销商及其他中介机构的辅助下完成，由公司董事会表决通过。审核通过的招股说明书应当依法向社会公众披露。

在招股说明书的准备过程中，IPO 小组中各成员有较明确的专业分工。一般是发行人的管理层在其律师的协助下负责招股说明书的非财务部分，作为承销商的投资银行负责股票承销合约部分，发行公司内部的会计师准备所有的财务数据，独立的会计师对财务账目的适当性提供咨询和审计。招股说明书各部分完成后，经小组成员一起讨论修改，并请发行人董事会表决通过，最后送交证券监管机构登记备案。

（2）其他文件。

1）招股说明书摘要（申报稿）。这是由发行人编制、随招股说明书一起报送批准后，在承销期开始前 2～5 个工作日，在至少一种由中国证监会指定的全国性报刊上及发行人选择的其他报刊上刊登，供公众投资者参考的关于发行事项的信息披露法律文件。

2）发行保荐书。保荐机构需要出具对发行人的保荐意见，并由保荐代表人和保荐机构签字。

3）资产评估报告。资产评估报告是评估机构完成评估工作后出具的具有公正性的结论报告，经由资产管理部门或上级主管部门确认后生效。

4）审计报告。审计报告是审计人员向发行人及利害关系人报告其审计结论的书面文件，也是审计人员在股票发行准备中禁止调查的结论性文件。

5）盈利预测审核报告（如有）。盈利预测审核报告是发行人对未来会计期间的经营成果的预计和测算。盈利预测的数据至少应包括会计年度营业收入、利润总额、净利润和每股盈利。

6）法律意见书和律师工作报告。法律意见书是律师对发行人发行准备阶段审核工作依法做出的结论性意见。发行人聘请的律师参与企业的重组工作，并对公司各种法律行为、法律文件的合法性,在完成发行准备工作后,律师应当就其审核工作做出结论性意见,出具法律意见书。律师工作报告是对公司发行准备阶段律师的工作过程、法律意见书所涉及的事实及其发展过程、每一法律意见所依据的事实和有关法律规定做出的详尽、完整的阐述。

7)辅导报告。辅导报告是主承销商对发行公司的辅导工作结束以后,就辅导情况、效果及意见向有关主管单位出具的书面报告。

募股文件除了上述几种,还包括政府关于发行人公开发行股票的同意意见、主承销商的推荐意见、公司章程、发行方案、资金运用可行性报告及项目批复等。

4. 提交发行申请

派出机构首先要检验主承销商是否达到申请公开发行股票的基本条件。

在相关发行文件准备完毕之后,主承销商将进入正式的发行申报程序,向中国证监会提交发行申请及相关材料,等待审核意见并及时与审核部门沟通,按审核要求补充相应材料。

3.3.4 股票发行审核

发行准备工作完毕后,即进入正式的发行申请程序,由主承销商向中国证监会提出发行申请。股票发行审核委员会(以下简称"发审委")的具体审核方法由 2006 年 5 月 8 日通过的《中国证券监督管理委员会发行审核委员会办法》来规范。⊖ 中国证监会设立发审委,发审委审核发行人股票发行申请和可转换公司债券等中国证监会认可的其他证券的发行申请。具体程序包括以下几个环节。

1. 受理申请文件

受理申请文件,即由主承销商向中国证监会报送的申请材料,申报文件要求齐全和形式合规;审计资料的最后审计日应在 3 个月内。

《证券法》第十三条规定,公司公开发行新股,应当报送募股申请、公司营业执照、公司章程、股东大会决议、招股说明书、财务会计报告、代收股款银行的名称及地址、承销机构名称及有关的协议,依照《证券法》规定聘请保荐人的,还应当报送保荐人出具的发行保荐书。

2. 初审

中国证监会的初审具体包括发行部静默审核申报材料、发行部提出反馈意见、发行人及中介机构落实反馈意见、发行部审核反馈意见落实情况、发行部形成初审报告。在此过程中,中国证监会还应就公司募股投向是否符合国家产业政策征求中华人民共和国国家发展和改革委员会(以下简称"国家发改委")以及商务部的意见。

3. 发审委会议审核

中国证监会初审完毕后,将初审报告和申请文件提交发审委审核。发审委委员由中国证监会的专业人员和中国证监会外的有关专家组成,由中国证监会聘任。发审委设会议召集人。发审委会议表决采取记名投票方式,表决票设同意票和反对票,发审委委员不得弃权。发审委委员在投票时应当在表决票上说明理由。每次参加发审委会议的发审委委员为 7 名。

⊖ 新《证券法》规定全面推行注册制,取消发行审核委员会,但截至本书完稿时,具体规则尚未出台,请读者关注最新的政策。

表决投票时同意票数达到 5 票为通过，同意票数未达到 5 票为未通过。发审委会议对发行人的股票发行申请投票表决后，中国证监会在网站上公布表决结果。发审委会议对发行人股票发行申请做出的表决结果及提出的审核意见，中国证监会有关职能部门应当向发行人聘请的保荐人进行书面反馈。

4. 核准发行

依据发审委会议的审核意见，中国证监会对发行人的发行申请做出核准或不予核准的决定。予以核准的，出具核准公开发行的文件；不予核准的，出具书面意见，并说明不予核准的理由。中国证监会应当自受理申请文件之日起 3 个月内做出决定。在审核过程中收到的举报信必须处理完毕，方能提请发审委会议讨论发行申请；在提交发审委会议后收到的举报信，必须处理完毕后，方可核准发行。

3.4　股票发行方式

股票发行方式是股票发行过程中的一项具体制度设计，它会直接影响到股票发行的效率和对各类投资者的公平，也会影响到股票的定价机制。我国在各个特定的历史时期曾经尝试过很多种发行方式，下面分别进行介绍。

3.4.1　我国曾经用过的发行方式

我国曾经用过的发行方式有内部认购、认购证、全额预缴款、储蓄存款挂钩、上网定价发行、上网竞价发行、市值配售等。

所谓内部认购，即只对有限的内部人士进行股票发售。作为中华人民共和国成立后的第一只股票——飞乐音响（SH: 600651），在当时的历史背景下，采用的就是内部认购的发行方式，这种发行方式极不符合"公开、公平、公正"的原则。

1991～1992 年，我国采用限量发售认购证方式发行股票。1993 年开始，我国采用无限量发售认购证方式以及储蓄存款挂钩方式发行股票。

1996 年，《中国证券监督管理委员会关于股票发行与认购方式的暂行规定》规定了上网定价、全额预缴款和银行储蓄挂钩三种发行方式。"全额预缴款"包括"全额预缴款、比例配售、余款即退"方式和"全额预缴款、比例配售、余款转存"两种方式。储蓄存款挂钩的方式是指在规定的期限内无限量发售专项定期存单，根据存单发行数量、批准发行股票数量及每张中签存单可认购股份数量来确定中签率，根据摇号确定中签者。

1998 年，中国证监会停止了全额预缴款和银行储蓄挂钩这两种发行方式，也就是说，A 股只能以上网定价方式发行。上网定价方式是指主承销商利用证券交易所的电脑交易系统，由主承销商作为股票的唯一"卖方"，投资者在指定的时间内，按规定发行价格委托买入股票的方式进行股票认购。主承销商在上网发行前应在证券交易所设立股票发行专户和申购资金专户。申购结束后，根据实际到位资金，由证券交易所主机确认有效申购数。

另外，在 1994 年 6 月～1995 年 1 月期间，我国还尝试过上网竞价发行方式，曾有哈岁宝、青海三普、厦华电子和琼金盘等四家公司进行了试点。上网竞价发行较上网定价发行更具有市场自主定价的特征，具体操作程序为：由发行人准备招股说明书，凡在交易所开设股东账户的投资者均可参与竞价；在规定发行期限内，由投资者以不低于发行底价的价格竞相购买，然后由交易系统主机根据投资者申购的价格，按照价格优先、同价格时间优先的顺序从高价位到低价位依次排队，累积订单的方式通过荷兰式拍卖而确定有效申购。但是由于当时竞价时只设底价而不设价格上限，出现发行价格偏高的问题。哈岁宝、青海三普、厦华电子虽然售出了全部股票，但上市首日均跌破了发行价；琼金盘只发出 47.3% 的股票，其余由主承销商包销。同时，也产生了发行募集资金大大超过了其预计资金投向等问题。因此，此后新股发行未再采用该方式。

2000 年 2 月 13 日，中国证监会颁布《关于向二级市场投资者配售新股有关问题的通知》，开始试行市值配售的发行方式。该方式是指在新股发行时，将一定比例的新股由上网公开发行改为向二级市场投资者配售，投资者根据其持有的上市流通证券的市值确定可以申购的新股的限额，然后自愿申购并摇号配售新股。这种方式将认购新股作为对二级市场投资者的优惠政策，避免专门的"打新"行为，保护中小投资者。但是，这种方式在规模较大的股票发行时，难以动员更多的资金。同时，将申购者限定在二级市场，也有违公平原则。

3.4.2 我国现行的发行方式

我国目前采用的是网下配售和上网定价发行相结合的发行方式，适用的管理法规是 2018 年修订的《证券发行与承销管理办法》。该法第四条规定，首次公开发行股票，可以通过向网下投资者询价的方式确定股票发行价格，也可以通过发行人与主承销商自主协商直接定价等其他合法可行的方式确定发行价格。公开发行股票数量在 2 000 万股（含）以下且无老股转让计划的，可以通过直接定价的方式确定发行价格。同时第十二条规定，首次公开发行股票的网下发行应和网上发行同时进行。

1999 年至 2001 年上半年，发行市盈率管制逐步放松，我国开始尝试询价机制，发售方式上则引入了法人配售；2005 年开始，新股发行采用询价制度，监管部门不再对新股价格进行核准，仅在必要时进行适度的指导；2006 年取消了市值配售，代之以网下询价配售与网上资金申购相结合的发行方式。2009 年 6 月 10 日，中国证监会公布了《关于进一步改革和完善新股发行体制的指导意见》，对新股发行制度进行改革和完善。

目前，我国首次公开发行股票的具体操作程序基本如下：

（1）发行人刊登招股意向书，同时刊登初步询价公告，披露初步询价和推介的具体安排。

（2）初步询价公告刊登后，保荐机构向参与初步询价的询价对象提供投资价值研究报告，询价对象在研究发行人内在投资价值和市场状况的基础上独立报价，并将报价依据和报价结果提交保荐机构。

（3）初步询价结束后，发行人及其保荐机构根据询价对象的报价结果确定发行价格区间及相应的市盈率区间。在深圳证券交易所中小企业板上市的公司，可以在初步询价阶段直接确定发行价格及发行数量。

（4）发行价格区间确定后，发行人及其保荐机构应将拟定的发行价格区间或发行价格及依据、初步询价结果公告及网下发行公告报中国证监会发行监管部备案。

（5）发行价格区间报备后，发行人及其保荐机构刊登初步询价结果公告及网下发行公告。

（6）累计投标询价和网下配售期间，保荐机构负责组织网下累计投标申购，接受申购报价单，冻结申购资金，进行簿记建档。在深圳证券交易所中小企业板上市的公司，如在初步询价阶段直接定价，可直接进行网下配售，不需进行累计投标询价。目前，网上资金申购定价发行与网下配售同时进行，即在网下配售阶段，询价对象以外的投资者可以通过证券交易所的交易系统申购发行人的股票。

（7）保荐机构聘请具有证券从业资格的会计师事务所对申购冻结资金进行验资，并出具验资报告；同时还需聘请律师事务所对询价对象的询价、配售行为是否符合法律法规及《证券发行与承销管理办法》的规定等进行见证，并出具专项法律意见书。

（8）申购缴款结束后，保荐机构对申购结果进行分析，并与发行人协商确定发行价格和发行股数，发行人及其保荐机构应将发行价格及其确定依据报中国证监会发行监管部备案。

（9）发行价格报备后，发行人及其保荐机构对发行价格以上的全部有效申购进行同比例配售。配售比例为拟向询价对象配售的股份数量除以发行价格以上的有效申购总量。

（10）股票配售完成后，发行人及其保荐机构刊登网下配售结果公告。

2013年11月底，中国证监会推出《中国证监会关于进一步推进新股发行体制改革的意见》，对原有的新股发行机制进行了一些改革，主要体现在以下几个方面：

第一，发行人首次公开发行新股时，鼓励持股满三年的原有股东将部分老股向投资者转让，增加新上市公司可流通股票的比例。

第二，引入主承销商自主配售机制。网下发行的股票，由主承销商在提供有效报价的投资者中自主选择投资者进行配售。

第三，改革新股发行定价方式。首次公开发行股票时，发行人与主承销商通过向网下投资者询价的方式确定股票发行价格的，既可以在初步询价确定发行价格区间后，通过累积投标询价确定发行价格并向参与累积投标询价的对象配售股票的方式进行，也可以通过初步询价确定发行价格并向参与申购的对象配售股票的方式进行。

第四，改进网上配售方式。持有一定数量非限售股份的投资者才能参与网上申购。网上配售应综合考虑投资者持有非限售股份的市值及申购资金量，进行配号、抽签。

第五，发行人和主承销商应当允许符合条件的个人投资者参与网下定价和网下配售。

3.4.3 回拨机制

回拨机制是指通过向机构投资者询价并确定价格，对一般投资者进行上网定价发行，然后根据一般投资者的申购情况，最终确定对机构投资者和对一般投资者的股票分配量。这种股票分配方式，体现了对一般投资者利益的保护。回拨机制在中国香港地区被称为回补机制。

由于一般投资者不参与新股的询价和定价过程，因此，在定价权力方面，机构投资者与一般投资者是不平等的。为了保护一般投资者，可以通过回拨机制在机构投资者和一般投资者之间形成一种相互制衡的关系。这种相互制衡的关系，一方面，在股票分配的份额中体现为对一般投资者的保护，当他们认购意愿强烈时，优先保证他们的认购而减少机构投资者的配售数量；另一方面，在新股发行价格的形成方面，一般投资者间接参与了新股定价过程，以新股分配的比例来制约机构投资者的不合理报价。具体而言，如果机构投资者提出的股票价格过低，则一般投资者参与增加，中签率下降，使得机构投资者获配售的数量下降，低价的股票流向一般投资者；如果机构投资者提出的股票价格过高，则一般投资者参与减少，中签率上升，使得机构投资者获配售的数量增加，机构投资者自食高价后果。这种机构投资者和一般投资者的博弈过程有利于新股的市场化定价。

另外，回拨机制对于发行后股价的定位以及缓解机构投资者的股票上市时对股份的冲击均有好处。一般投资者参与多的股票，上市时可流通部分较多，不会使股价上扬至过高，而机构投资者持有部分不太多，也减少了解冻时对市场的冲击。一般投资者参与少的股票，上市时可流通部分较少，股票的交易价格相对会高一些，待到机构投资者认购的股票解冻时，较高的股价可以适度缓冲大量股票解冻对股价的冲击。不过，随着新股认购过程中锁定期的取消，这一调节机制也就不存在了。

根据 2013 年 11 月底中国证监会推出的《中国证监会关于进一步推进新股发行体制改革的意见》：公司股本 4 亿元以下的，网下配售比例不低于本次公开发行股票数量的 60%；公司股本超过 4 亿元的，网下配售比例不低于本次公开发行股票数量的 70%。余下部分向网上投资者发售。网上投资者有效认购倍数在 50 倍以上但低于 100 倍的，应从网下向网上回拨，回拨比例为本次公开发行股票数量的 20%；网上投资者有效认购倍数在 100 倍以上的，回拨比例为本次公开发行股票数量的 40%。

案例 3-5

中国卫通首次公开发行 A 股的安排

1. 发行的基本背景

中国卫通集团股份有限公司（以下简称"中国卫通"）是中国航天科技集团有限公司从事卫星运营服务业的核心专业子公司，主营业务为卫星空间段运营及相关应用服务，主要应用于卫星通信广播，公司通过投资、建设和运营通信广播卫星及配套地面测控和监测系统，为用户提供广播电视、通信、视频、数据等传输服务。

中国卫通首次公开发行不超过 40 000 万股人民币普通股（A 股）的申请已获中国证监会证监许可〔2019〕1018 号文核准。本次发行的保荐机构（主承销商）为中信建投证券股份有限公司。中国卫通的股票简称为"中国卫通"，股票代码为 601698。

2019 年 6 月 10 日，该公司披露了首次公开发行 A 股股票招股意向书，介绍了本次发行的基本情况。表 3-3 列出了该公司招股意向书披露的发行概况。

中国卫通的首次公开发行 A 股股票招股意向书

请扫码阅读 PDF 文件。

表 3-3 中国卫通首次公开发行股票招股意向书所披露的发行概况

股票情况	人民币普通股（A 股）
每股面值	人民币 1.00 元
发行股数及占发行后总股本的比例	不超过 40 000 万股，占发行后总股本的比例不低于 10%
每股发行价格	【　】元（通过向询价对象进行询价，根据询价结果和市场情况确定发行价格，或证券监管部门批准的其他方式）
发行市盈率	【　】倍（每股发行价格除以每股收益，每股收益按【　】年度经审计的扣除非经常性损益前后孰低的净利润除以本次发行后总股本计算）
发行前每股净资产	2.712 2 元（按公司 2018 年 12 月 31 日经审计的归属于母公司所有者权益除以发行前总股本计算）

（续）

股票情况	人民币普通股（A股）
发行后每股净资产	【 】元（按本次发行后归属于母公司所有者权益除以发行后总股本计算，其中，发行后归属于母公司所有者权益按公司【 】年【 】月【 】日经审计的归属于母公司所有者权益和本次募集资金净额之和计算）
发行市净率	【 】倍（按每股发行价格除以发行后每股净资产确定）
发行方式	采取网下向询价对象配售与网上按市值申购定价发行相结合的方式或证券监管部门认可的其他发行方式
发行对象	在中国证券登记结算有限责任公司上海分公司开立人民币普通股（A股）股东账户的中国境内自然人、法人及其他机构投资者（中国法律、行政法规、所适用的其他规范性文件及发行人须遵守的其他监管要求所禁止者除外）
承销方式	由主承销商组织的承销团以余额包销的方式承销
募集资金	募集资金总额为【 】万元，扣除发行费用后，募集资金净额为【 】万元
发行费用概算（各项费用均为不含增值税费用）	本次发行费用总额：30 646 385.61 元 其中，保荐和承销费用：17 950 000.00 元 审计与验资费用：5 347 169.79 元 律师费用：849 056.60 元 用于本次发行的信息披露费用：4 575 471.70 元 发行手续费用：1 924 687.52 元

2. 发行的时间安排

表 3-4 列明了中国卫通（601698）首次公开发行的重要时间节点。

表 3-4　中国卫通（601698）首次公开发行的重要时间节点

日期	发行安排
T-6 日，2019 年 6 月 10 日（周一）	刊登《发行安排及初步询价公告》《招股意向书摘要》等相关公告与文件 网下投资者提交核查文件截止日（当日 17:00 前）
T-5 日，2019 年 6 月 11 日（周二）	网下投资者在中国证券业协会完成注册截止日（当日 12:00 前） 保荐机构（主承销商）对网下投资者提交材料进行核查
T-4 日，2019 年 6 月 12 日（周三）	初步询价（通过申购平台） 初步询价期间为 9:30～15:00
T-3 日，2019 年 6 月 13 日（周四）	初步询价（通过申购平台） 初步询价期间为 9:30～15:00 初步询价截止日
T-2 日，2019 年 6 月 14 日（周五）	确定发行价格 确定网下有效报价投资者及其可申购股数 刊登《网上路演公告》
T-1 日，2019 年 6 月 17 日（周一）	刊登《发行公告》《投资风险特别公告》 网上路演
T 日，2019 年 6 月 18 日（周二）	网下发行申购日（9:30～15:00，当日 15:00 截止） 网上发行申购日（9:30～11:30，13:00～15:00） 确定是否启动回拨机制及网上网下最终发行数量 网上申购配号
T+1 日，2019 年 6 月 19 日（周三）	刊登《网上申购情况及中签率公告》 网上发行摇号抽签 确定网下初步配售结果

（续）

日期	发行安排
T+2日，2019年6月20日（周四）	刊登《网下初步配售结果及网上中签结果公告》 网下发行获配投资者缴款，认购资金到账16:00截止 网上中签投资者缴纳认购资金
T+3日，2019年6月21日（周五）	保荐机构（主承销商）根据网上网下资金到账情况确定最终配售结果和包销金额
T+4日，2019年6月24日（周一）	刊登《发行结果公告》

更为详细的资料请扫码阅读中国卫通首次公开发行股票发行公告。

3. 定价方式

本次发行采用网下向符合条件的投资者询价配售（以下简称"网下发行"）与网上向持有上海市场非限售A股股份和非限售存托凭证市值的社会公众投资者定价发行（以下简称"网上发行"）相结合的方式进行。发行人和保荐机构（主承销商）通过网下初步询价直接确定发行价格，网下发行不再进行累计投标询价。

中国卫通首次公开发行股票发行公告

请扫码阅读网页文件。

本次发行的初步询价工作于2019年6月13日完成。发行人和保荐机构（主承销商）根据网下投资者的报价情况，并综合考虑发行人基本面、所处行业、市场情况、同行业上市公司估值水平、募集资金需求及承销风险等因素，协商确定本次发行价格为2.72元/股，同时确定可参与网下申购的投资者名单及有效申购数量。

此价格对应的市盈率为：

（1）26.01倍（每股收益按照经会计师事务所遵照中国会计准则审计的扣除非经常性损益前后孰低的2018年归属于母公司股东的净利润除以本次发行后总股本计算）；

（2）23.41倍（每股收益按照经会计师事务所遵照中国会计准则审计的扣除非经常性损益前后孰低的2018年归属于母公司股东的净利润除以本次发行前总股本计算）。

本次发行价格2.72元/股对应的发行人2018年扣除非经常性损益前后孰低的净利润摊薄后市盈率为26.01倍，低于中证指数有限公司发布的定价日前一个月行业平均静态市盈率。

一旦确定发行价格，公司就可以发布招股说明书，与之前招股意向书不同的是，招股说明书会将已经确定的每股发行价格、募集资金数、发行市盈率、发行后每股净资产、发行市净率等信息填入。

2019年6月16日，中国卫通公布了首次公开发行A股股票招股说明书。

更为详细的资料请扫码阅读其招股说明书。

4. 回拨机制及最终发行结果

（1）回拨机制以及网上中签结果。本次发行网上网下申购于2019年6月18日（T日）15:00同时截止。申购结束后，发行人和保荐机构（主承销商）将根据网上申购

中国卫通的首次公开发行A股股票招股说明书

请扫码阅读PDF文件。

情况于2019年6月18日（T日）决定是否启动回拨机制，对网下、网上发行的规模进行调

节。回拨机制的启动将根据网上投资者初步有效申购倍数确定：

网上投资者初步有效申购倍数 = 网上有效申购数量 / 回拨前网上发行数量

有关回拨机制的具体安排如下：

1）网下发行获得足额申购的情况下，若网上投资者初步有效申购倍数超过50倍、低于100倍（含）的，应从网下向网上回拨，回拨比例为本次公开发行股票数量的20%；网上投资者初步有效申购倍数超过100倍的，回拨比例为本次公开发行股票数量的40%；网上投资者初步有效申购倍数超过150倍的，回拨后网下发行比例不超过本次公开发行股票数量的10%。

2）若网上申购不足，可以回拨给网下投资者，向网下回拨后，有效报价投资者仍未能足额申购的情况下，则中止发行。

3）在网下发行未获得足额申购的情况下，不足部分不向网上回拨，中止发行。在发生回拨的情形下，发行人和保荐机构（主承销商）将及时启动回拨机制，并于2019年6月19日（T+1日）在《网上申购情况及中签率公告》中披露。中签率及配售比例公式如下：

网上发行初步中签率 = 回拨前网上发行数量 / 网上有效申购数量

网上发行最终中签率 = 回拨后网上发行数量 / 网上有效申购数量

网下发行初步配售比例 = 回拨前网下发行数量 / 网下有效申购数量

网下发行最终配售比例 = 回拨后网下发行数量 / 网下有效申购数量

最终，网上初步有效申购倍数为1 796.48倍，高于150倍，发行人和保荐机构（主承销商）决定启动回拨机制，将本次发行股份的60%由网下回拨至网上。

回拨后，网上最终发行数量为360 000 000股，占本次发行总量的90.00%。回拨机制启动后，网上发行最终中签率为0.166 993 17%。

（2）网下配售结果。回拨后，网下最终发行数量为40 000 000股，占本次发行总量的10.00%；网下配售的结果如表3-5所示。

表3-5 中国卫通网下配售结果

配售对象类别	有效申购股数（股）	占网下有效申购总量的比例（%）	获配股数（股）	占网下最终发行数量的比例（%）	获配比例（%）
公募养老社保类	59 382 700 000	39.71	20 002 943	50.01	0.03
年金保险类	8 073 000 000	5.40	2 715 757	6.79	0.03
其他类	82 083 400 000	54.89	17 281 300	43.20	0.02
合计	149 539 100 000	100.00	40 000 000	100.00	—

（3）保荐机构（主承销商）包销情况。根据《证券发行与承销管理办法》（中国证券监督管理委员会令第144号）、《首次公开发行股票承销业务规范》（中证协发〔2018〕142号）、《首次公开发行股票配售细则》（中证协发〔2018〕142号），网上、网下投资者放弃认购股数全部由保荐机构（主承销商）包销，保荐机构（主承销商）包销股份的数量为929 818股，包销金额为2 529 104.96元，保荐机构（主承销商）包销比例为0.23%。

更多信息请扫码参阅中国卫通的首次公开发行股票网上申购情况及中签率公告。

5. 股票上市概况

（1）上市地点：上海证券交易所。

（2）上市时间：2019年6月28日。

（3）股票简称：中国卫通。

中国卫通的首次公开发行股票网上申购情况及中签率公告

请扫码阅读PDF文件。

（4）股票代码：601698。

（5）本次公开发行后的总股本：4 000 000 000 股。

（6）本次公开发行的股票数量：400 000 000 股。

（7）本次上市的无流通限制及锁定安排的股票数量：网下最终发行数量为 40 000 000 股，占本次发行总量的 10.00%；网上最终发行数量为 360 000 000 股，占本次发行总量的 90.00%，本次合计上市的无流通限制及锁定安排的股票数量为 400 000 000 股。

中国卫通集团股份有限公司首次公开发行 A 股股票上市公告书

请扫码阅读 PDF 文件。

（8）发行前股东所持股份的流通限制及期限以及发行前股东对所持股份自愿锁定的承诺请参见《中国卫通集团股份有限公司首次公开发行 A 股股票上市公告书》的"第一节 重要声明与提示"之"二、股份锁定及限售承诺"以及"三、本次发行前持股 5% 以上股东的持股意向和减持意向"。

（9）股票登记机构：中国证券登记结算有限公司上海分公司。

（10）上市保荐机构：中信建投证券股份有限公司。

3.4.4 超额配售选择权

超额配售选择权，又称**"绿鞋"期权**（green shoe option），因 1963 年美国波士顿绿鞋制造公司 IPO 当时率先使用而得名。它是国际上主承销商应对证券承销风险最常用，也是最重要的工具之一，尤其是纳斯达克市场发行股票时，超额配售选择权几乎成为标准化模式。在我国，中国证监会在《证券发行与承销管理办法》第十五条第一款中规定："首次公开发行股票数量在 4 亿股以上的，发行人和主承销商可以在发行方案中采用超额配售选择权。超额配售选择权的实施应当遵守中国证监会、证券交易所、证券登记结算机构和中国证券业协会的规定。"

超额配售选择权，是发行人授予主承销商的一项选择权，获此授权的主承销商可以按同一发行价格超额发售不超过包销数额一定比例（一般是 15%）的股份，即主承销商可以按不超过包销数额 115% 的数量向投资者发售股份。

主承销商在获得发行人许可后，可以采用超额配售股票的发行方式，其意图在于防止股票发行上市后的股价跌破发行价，从而达到支持和稳定二级市场交易的目的。

超额配售选择权的具体操作程序如下：首先，发行人计划实施超额配售选择权的，应当提请股东大会批准，因为行使超额配售选择权而发行的新股为本次发行的一部分。发行人应当披露因行使超额配售选择权而可能增发股票所募集资金的用途，并提请股东大会批准。拟实施超额配售选择权的主承销商，应当向证券监管机构报告，有关超额配售选择权的实施方案，应当在招股意向书和招股说明书中予以披露。然后，在新股发行时，主承销商应当向证券登记结算公司申请开立专门用于行使超额配售选择权的账户，与常规发行的账户相区别。在发行包销部分的股票上市之日起 30 日内，主承销商有权根据市场情况选择从集中竞价交易市场购买发行人股票，或者要求发行人增发股票，分配给对此超额发售部分提出认购申请的投资者。其中，常规发行部分直接面向投资者发行并实际配售；超额配售的 15% 部分则是名义配售。该部分的最终配售结果要视市场情况在配售期结束之后加以最终确定。在超额配售选择权行使期内，如果发行人股票的市场交易价格低于发行价格，主承销商用超额发售股票获得的资金，按不高于发行价的价格从集中竞价交易市场购买发行人的股票，分配给提出认购申请的投资者；如果发行人股票的市场交易价格高于发行价格，主承销商可以根据授权要求发行人增发股票，分配给提出认购申请的投资者，发行人获得发行此部分新股所募集的资金。

超额配售选择权的好处在于发行人和承销商可以灵活应对发行市场的不确定性，在市场良好的情况下，增加股份的发行；在市场不好的时候，利用超额配售账户获得的资金干预市场，从市场中买入股份（必须在集中竞价交易市场，且不高于发行价）而交付给超额配售认购者，从而稳定新股股价。

案例 3-6

中国工商银行 A 股超额配售选择权

1. 发行背景

2006 年 9 月，中国工商银行的 A 股开始首次公开发行招股。此次首发采用向战略投资者定向配售、网下配售与网上发行相结合的方式，发行总额预计为 130 亿股 A 股，同时，发行人授予 A 股联席保荐人（主承销商）的超额配售选择权（或称"绿鞋"期权），A 股联席保荐人（主承销商）可超额配售 1 950 000 000 股，占初始发行规模的 15%。

战略配售和网下配售由本次发行联席保荐人（主承销商）负责组织实施；网上发行在网下配售的最后一天同时进行，投资者通过上海证券交易所交易系统进行申购，以价格区间上限缴纳申购款。

2. 超额配售选择权（"绿鞋"期权）

发行人授予本次发行联席保荐人（主承销商）超额配售选择权，联席保荐人（主承销商）可按本次发行价格向投资者超额配售不超过初始发行规模 15%（不超过 19.5 亿股）的股票，即向投资者配售总计不超过初始发行规模 115%（不超过 149.5 亿股）的股票，具体超额配售数量由联席保荐人（主承销商）在 10 月 20 日（T+1 日）根据本次发行的申购情况确定，具体超额配售数量将在 10 月 23 日（T+2 日）《中国工商银行股份有限公司首次公开发行 A 股定价、网下发行结果及网上中签率公告》中公布。超额配售股票将通过向本次发行的部分战略投资者延期交付的方式获得。超额配售的股票全部面向网上投资者配售。中国国际金融有限公司为本次发行具体实施"绿鞋"期权操作的保荐人（主承销商）。

自本次网上发行的股票在上海证券交易所上市交易之日起 30 个自然日内（含第 30 个自然日，若其为节假日，则顺延至下一个工作日），获授权主承销商可使用超额配售股票所获得的资金从集中交易市场（下称"二级市场"）买入本次发行的股票，以稳定后市，但每次申报买入价均不得高于本次发行的发行价，累计买入股数不得超过超额配售股数。获授权主承销商也可代表本次发行的联席保荐人（主承销商）行使"绿鞋"期权，要求发行人按本次发行价格超额发行相应数量的股票。行使"绿鞋"期权超额发行的股数 = 发行时超额配售股数 − 使用超额配售股票所获得的资金从二级市场买入的股数。具体行使"绿鞋"期权的情况包括以下三种：

（1）"绿鞋"期权不行使。分两种情况：①未进行超额配售；②进行了超额配售，但获授权主承销商从二级市场买入的股票数量与超额配售股数相同。

（2）"绿鞋"期权全额行使。超额配售股数为本次发行初始发行规模的15%，且获授权主承销商未从二级市场买入本次发行的股票，并要求发行人超额发行本次发行初始发行规模15%的股票。

（3）"绿鞋"期权部分行使。分两种情况：①超额配售股数为本次发行初始发行规模的15%，且获授权主承销商从二级市场买入的股票数量小于超额配售股数，因此要求发行人超额发行的股票数量小于本次发行初始发行规模的15%；②超额配售股数小于本次发行初始发行规模的15%，获授权主承销商未从二级市场买入本次发行的股票或买入的股票数量小于超额配售股数，因此要求发行人超额发行的股票数量小于本次发行初始发行规模的15%。

在上述有关"绿鞋"期权操作结束后，获授权主承销商将在相关操作结束后的两个工作日内将相应的股票划转给延期交付的战略投资者，并在3个工作日内公告"绿鞋"期权不行使、全额行使或部分行使的情况。

获授权主承销商在符合相关法律法规规定的条件下，可在股票上市后30个自然日内以超额配售股票所得的资金从二级市场买入本次发行的股票以支持股价，但该措施并不能保证防止股价下跌。获授权主承销商行使"绿鞋"期权后或从二级市场买入的股票数量达到超额配售股数后，将不再采取上述措施支持股价。

3. 超额配售选择权行使结果

本次A股发行初始发行规模为13 000 000 000股，超额配售1 950 000 000股，共计配售14 950 000 000股，其中向战略投资者定向配售5 769 220 000股，网下向询价对象询价配售2 350 000 000股，网上资金申购发行配售6 830 780 000股。

获授权主承销商于2006年11月16日全额行使超额配售选择权，发行人按照本次发行价格3.12元人民币，在初始发行130亿股A股的基础上超额发行19.5亿股A股，占本次发行初始发行规模的15%。发行人因此增加的募集资金总额为60.84亿元人民币，连同初始发行130亿股A股对应的募集资金总额405.6亿元人民币，本次发行最终募集资金总额为466.44亿元人民币，扣除发行费用后的募集资金净额约为455.79亿元人民币。

超额发行的股票已于2006年11月16日登记于延期交付的战略投资者的股票账户中。战略投资者获配股票（包括延期交付的股票）的50%自本次发行的股票上市交易日（2006年10月27日）起锁定12个月，50%锁定18个月。

A股超额配售选择权全额行使后，本次发行的最终发行规模为149.5亿股，发行结构为：向A股战略投资者定向配售57.692 2亿股，占本次发行的38.59%；向网下询价对象询价配售23.5亿股，占本次发行的15.72%；向网上发行68.307 8亿股，占本次发行的45.69%。

资料来源：①中国工商银行股份有限公司首次公开发行A股发行安排及初步询价公告[N].上海证券报，2006-09-27.
②工商银行首次公开发行A股股票上市公告书[N].上海证券报，2006-10-26.

案例 3-7

中国邮政储蓄银行在港IPO时超额配售选择权的使用

1. 发行的基本情况

2016年9月28日，中国邮政储蓄银行在香港联交所完成首次公开发行并上市。中国邮政储蓄银行是中国领先的大型零售银行，定位于服务"三农"、城乡居民和中小企业，致力于为中国经济转型中最具活力的客户群体提供服务，推进特色化、综合化、轻型化、智能化和集约化"五化"转型。截至 2016 年 3 月 31 日，中国邮政储蓄银行的资产总额、存款总额和贷款总额分别达人民币 77 076 亿元、67 324 亿元和 26 658 亿元，在中国商业银行中分别位居第五位、第五位和第七位。根据英国《银行家》杂志"全球银行 1 000 强排名"，以截至 2015 年 12 月 31 日资产总额计，该行在全球银行中位居第 22 位。

该行较之中国其他商业银行具有显著的差异性。首先，依托中国邮政集团公司的代理网点，该行建立了中国银行同业唯一的"自营＋代理"运营模式，拥有数量最多、覆盖最广的分销网络，能够为广大客户提供更便捷的金融服务，同时获得长期、稳定和低成本的资金来源，并创造显著的产品分销和交叉销售机会。其次，该行战略定位于服务小区、服务中小企业、服务"三农"，致力于满足中国经济转型中最具活力的客户群体的金融服务需求，显著受益于中国经济转型的机遇。最后，该行认为，该行独特的资产结构、优异的资产质量及审慎的风险偏好能够增强公司应对经济周期波动的能力。

图 3-6 列示了中国邮政储蓄银行首次公开发行的基本情况。

图 3-6 中国邮政储蓄银行首次公开发行的基本情况

2. 关于超额配售选择权

此次发行是中国香港地区当年最大的 IPO，为保证发行成功，中国邮政储蓄银行决定采用超额配售选择权（香港当地称为超额配股权）。

本次发行为全球发售，总量在行使超额配售选择权之前为 12 106 588 000 股 H 股，所有发行分为本港发行和国际发行，其中本港发行部分为 605 330 000 股 H 股（相当于根据全球发售初步可供认购的发售股份总数约 5%），供中国香港地区公众人士认购；国际发售部分，发售 11 501 258 000 股 H 股（相当于根据全球发售初步可供认购的发售股份总数约 95%，可予调整及视乎超额配股权行使与否而定），另外最多可能有 1 815 988 000 股通过超额配股形成的额外 H 股，该部分相当于根据全球发售初步可供认购 H 股总数的约 15%。

根据国际承销协议中中国邮政储蓄银行授予国际承销商的选择权,可由联席代表(代表国际承销商)于不迟于截止递交中国香港地区公开发售认购申请日期后 30 日全部或部分行使。据此可要求中国邮政储蓄银行按发售价配发及发行最多合共 1 815 988 000 股额外 H 股(相当于全球发售初步发售股份约 15%),用于(及其他)补足国际发售的超额配股(如有),价格与国际发售项下每股发售股份的价格相同。

3. 关于稳定价格

稳定价格是承销商在若干市场促销证券采用的惯常做法。为稳定价格,承销商可于特定期间内在第二市场竞投或购入证券,从而减少并在可能情况下阻止有关证券的市价跌至低于发售价。在中国香港地区及部分其他司法权区,采取稳定价格措施后的价格不得高于发售价。

就全球发售而言,稳定价格操作人或其连属人士、任何代其行事的人士,均可代表承销商进行超额配发、卖空或任何其他稳定价格交易,以稳定或维持 H 股的市价高于公开市场原先应有的水平。卖空是指稳定价格操作人卖出超过承销商须在全球发售中购买的 H 股的数量。"有担保"卖空是指卖空的股数不超过超额配股权的数量。稳定价格操作人可以通过行使超额配股权购买额外的 H 股,也可从公开市场上购买 H 股以将有担保卖空平仓。决定将有担保卖空平仓的 H 股来源时,稳定价格操作人将(其中包括)比较 H 股于公开市场的价格及根据超额配股权可购买的额外 H 股的价格。稳定价格交易包括竞投或购买 H 股,以阻止或减少在全球发售过程中 H 股市价的下跌。在市场购买 H 股可通过任何证券交易所(包括香港联交所、任何场外市场或其他方式)进行,只需遵照所有适用法律及监管规定。然而,稳定价格操作人或其连属人士或代其行事的任何人士均无责任进行该等稳定价格行动,行动一旦开始则由稳定价格操作人全权酌情进行,并可随时终止。有关稳定价格行动须在递交中国香港地区公开发售申请截止日期起计 30 日内结束。

扫码阅读《中国邮政储蓄银行的全球发售招股说明书》,有关超额配股权及稳定价格的安排的详情载于该招股说明书"全球发售的架构"一节。

中国邮政储蓄银行全球发售招股说明书

请扫码阅读 PDF 文件。

4. 超额配售选择权行使情况与稳定价格的实际情况

2016 年 10 月 21 日,中国邮政储蓄银行宣布,招股章程所述的超额配股权已由联席代表(代表国际承销商)于 2016 年 10 月 20 日部分行使,涉及合共 319 986 000 股 H 股("超额配发股份"),占根据全球发售可初步提呈的发售股份总数约 2.64%,以用于包括补足国际发售的超额分配。

同时,有关全球发售的稳定价格期已于 2016 年 10 月 20 日(即截止办理中国香港地区公开发售认购申请登记日期后第 30 日)结束。高盛(亚洲)有限责任公司(为"稳定价格操作人")或其连属人士或代其行事的任何人士于稳定价格期内进行的稳定价格行动如下:

(1)于国际发售中超额分配合共 1 815 988 000 股 H 股,占行使超额配股权之前根据全球发售初步提呈的发售股份总数约 15%。

(2)于稳定价格期先后在市场上按每股 H 股 4.76 港元(不包括 1% 经纪佣金、0.002 7% 证监会交易征费及 0.005% 香港联交所交易费)的价格购买合共 1 725 974 000 股 H 股。稳定价格操作人于稳定价格期在市场上做出的最后一次购买为 2016 年 10 月 20 日按每股 H 股 4.76 港元（不包括 1% 经纪佣金、0.002 7% 证监会交易征费及 0.005% 香港联交所交易费）的价格购买。

（3）联席代表（代表国际承销商）于 2016 年 10 月 20 日就合共 319 986 000 股 H 股（相当于超额配股权获行使前根据全球发售初步可供认购发售股份总数约 2.64%）按每股 H 股的发售价部分行使超额配股权，以便为根据其各自的基石投资协议向已同意延迟交付所认购 H 股的两名基石投资者交付有关股份。

2016 年 9 月 28 日，中国邮政储蓄银行在香港交易所挂牌，作为稳定价格操作人的高盛披露首日以招股价买入 4.75 亿股，涉资 22.6 亿元，占当日 46 亿元成交额的近半。之后，高盛又不断买入中国邮政储蓄银行的股票，以支持股价（见图 3-7）。

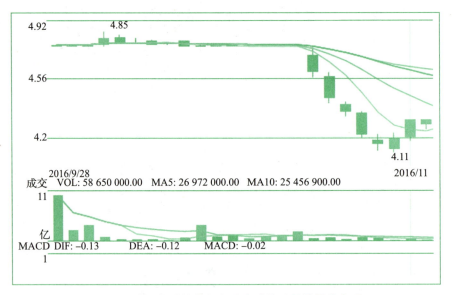

图 3-7　中国邮政储蓄银行稳定价格阶段的股价表现

中国邮政储蓄银行的股份稳定价格期在 2016 年 10 月 20 日结束，也就是说 2016 年 10 月 20 日以后，稳定价格操作人高盛没有义务也不允许继续为中国邮政储蓄银行股价护盘了。2016 年 10 月 26 日，中国邮政储蓄银行股价报收于 4.27 港元 / 股，跌 2.29%，成交总额为 1.45 亿元。结束护盘后，中国邮政储蓄银行四天累计跌幅竟高达 10.5%。

3.4.5　其他国家和地区的股票发行方式

世界各国（地区）常用的新股发行定价方式包括累计投标方式、竞价方式、固定价格允许配售、固定价格公开认购四种。

不同发行定价方式的区别体现在两个方面：一是在定价前是否已获取并充分利用投资者对新股的需求信息；二是在出现超额认购时，承销商是否拥有配发股份的灵活性。

1. 美国新股发行方式：累计投标方式

美国 IPO 市场之所以采用累计投标方式作为通行的新股发行方式，主要是因为市场中机构投资者占有绝对主导地位。通过机构投资者采用累计投标的方式竞价，可以形成相对合理的发行价格，同时，机构投资者又是新股的主要买方，实力雄厚、研究能力强且对市场熟悉，而且这些机构投资者一般在购入后很少立即卖出谋取短期利益，所以，累计投标方式更加有效，它将新股的买卖双方直接连接起来，提高了定价效率，缩短了发行时间间隔，减少了承销风险。

但是，美国式的累计投标方式屏蔽了一般小户投资者。小户投资者一般不能直接参与新股发行，买不到新股，因而享受不到新股发行的初始价格上涨。20世纪90年代，新股上市后上涨一倍以上，但是许多投资者不具备获得原始新股的资格和途径，他们必须等到该股上市后才能买进。

美国采用经纪－自营商（broker-dealers）制度，他们会参与到证券发行的承销过程中。他们可以采用包销协议（firm commitment），也可以采用代销协议（best efforts）。他们可以代理客户认购新发行的股票，也可以为自己的账户购买所发行证券的一部分。一旦承销过程结束、证券成功发行后，经纪－自营商就成为分销商，他们将尽力向客户销售通过分销所获得的证券，当然也可以通过他们的自营账户买入证券。

在美国，还有一种新型的股票发行方式，即直接公开发行（direct public offering，DPO），最早采用这一发行方式的是Spring Street Brewing公司。1996年，该公司通过网络向投资者公开募股，筹资160万美元，成为首家通过网络直接公开IPO的企业。Spring Street Brewing公司的创始人安德烈·克雷恩（Andrew Klein）之后又设立了Wit Capital、Soleil Securities、SkyBridge Capital等公司，致力于网络直接融资的投资银行业务。

2004年谷歌的发行也采用了DPO方式。谷歌在互联网上设立了专门的网页，同时设定了荷兰式拍卖程序，所有感兴趣的投资者都可以参与竞价、购买谷歌发行的股份。拍卖过程分为资格认定、投标、投标截止、定价、分配股份五个阶段。谷歌和承销商摩根士丹利、瑞士信贷第一波士顿银行从网上收集到有效申购单，最终确定发行价、分配股份。

英国最主要的发行方式也是累计投标方式，这也是由英国机构投资者在市场中的绝对优势地位决定的。

案例 3-8

谷歌的 DPO 发行

1998年，两位斯坦福大学的博士生拉里·佩奇（Larry Page）和谢尔盖·布林（Sergey Brin）创立了谷歌，公司致力于提供网上最好的查询服务，开发出了世界上最大的搜索引擎，提供了最便捷的网上信息查询方法。而且，谷歌通过其独特的商业模式获得了利润，上市前一年（2003年）谷歌的销售额为9.6亿美元，纯利润为1.06亿美元，而2004年今年一季度，谷歌的边际利润率达到了59%。

2004年4月29日，谷歌向SEC递交了用于IPO注册的S-1表，申请首次公开发行。此次发行有两大特点：其一是采用直接拍卖（DPO）的上市方式，而传统企业上市都会将股票统一销售给指定的机构投资者或成熟投资人，然后再转销给普通投资人；其二是公司采用了双重股权结构，即股票分为A、B两种，1股A股是1份投票权，而1股B股是10份投票权,对公众只发行 A 股,而 B 股则保留在原先的谷歌创始人以及管理层手中。双重股权结构的目的在于确保创始人和管理层对公司的控制力从而避免上市后被收购,但许多专家表示了对这种结构的忧虑,认为可能会使谷歌的股价受到压制。

在谷歌提交的 S-1 文件中,发行人就潜在投资者如何参加 IPO 过程进行了详细说明。

谷歌出售股份的来源有两部分,一部分是谷歌的新发行股份,另一部分是创始人原始股份的配售。

首先,有意向的投资者需要向两家股票承销商摩根士丹利或瑞士信贷第一波士顿银行中的一家提交认股意向书,并说明想要认购的股票数量和愿意支付的价格。

谷歌的投行专家将收集投标数据,并将其输入主订单簿,送交公司和承销商共同评审。如果投标总额过大或者出现干扰拍卖的系列投标,或者竞标价格远远超出招股说明书中确定的投标价格范围,那么该投标者将被认定为投机者,从而失去竞标资格。

在摩根士丹利和瑞士信贷两大投行通知竞标者投标结束后,公司和投行专家将进行评标。将发股总额结清的最高出价者可按购股意向提交的股票数来认购 IPO 股票。

由于谷歌股票的拍卖会吸引成千上万的竞标者,所以最低中标价格的投资者想要购买的股票总额将很容易超出谷歌发股总量。为了解决这一问题,谷歌股票承销商通过两种分配方式只需选择其中一种来决定发售比例:其一,按比例发售,保证每位投资者都按其申请的购股总数的一定比例进行购买;其二,不管投资者最先要求的股份数为多少,按结清价向他们发售同一数量的股票。

谷歌赋予了两家承销商超额配售选择权,以便于他们稳定股价、维护市场。

谷歌的股票拍卖采用了"荷兰式拍卖法",即拍卖标的的竞价由高到低,依次递减,直到以适当价格成交。

在发行过程中,谷歌调整了发行计划,将其出售的股票数由原来的 2 570 万股缩减到了 1 960 万股,并其发行价格由原来预期的 108～135 美元下调到 85～95 美元,最终发行价确定为 85 美元,募集资金 16.7 亿美元。

2004 年 8 月 19 日,谷歌结束了首次公开发行并在纳斯达克上市,收报于 100.34 美元,比发行价攀升了 17%,谷歌的近 2 300 名员工中有 950～1 050 人将成为百万富翁。

由于采用了 DPO 方式,谷歌的承销商们只能分享 4 670 万美元,也就是说佣金只占募集资金总量的 2.8%,只有通常的 7% 的 1/3 左右。

2. 中国香港新股发行方式:混合招股机制

1980～1994 年,中国香港股市新股定价基本上都采用固定价格公开发售方式。1994 年 11 月起,香港大型新股发行基本上采用累计投标和公开认购混合的招股机制。这种机制在一定程度上保护了中小投资者的利益,也达到了充分发挥机构投资者对发行定价的主导作用。

在混合招股方式下,发行股份总额分为两部分:香港认购部分和国际配售部分。在大部分情况下,两者分别占招股总额的 10%～15% 和 85%～90%。其中,香港认购部分供公众、机构及专业投资者认购。设立公开认购部分的一个主要目的是使中国香港地区的中小投资者可以有机会参与股份的认购。国际配售部分由承销商售予经其甄选并对配售部分有大量需求的国际(包括中国香港)投资机构及专业投资者,一般不会配发给散户投资者。(可以参阅案例 3-7 中中国邮政储蓄银行在港 IPO 的案例,在该发行中,在超额配售选择权行使之前,中国香港认购部分占 5%,国际配售部分占 95%。)

由混合机制下的股份分配比例可以看出,国际配售部分的比重占绝大多数,因此定价过程的主要步骤与累计投标方式下类似,主要根据机构投资者的需求定价。一般在中国香港地区招股书公布的时候列出发行价格的定价范围,通常情况下,该价格范围的上限须予以固定,而下限可以调整。申请认购的投资者需在认购期内提出申请,并按价格范围的上限付款,如果最终确定的发行价格低于该上限,有关的申购款项将会无息退还给申请者。

为了最大限度地在配售市场和认购市场需求之间达到平衡,混合机制中引入了回拨机制,即公开认购部分与国际配售部分之间的股份分配,可根据两个部分的认购比率而做出调整。在公开认购超额较多的情况下,会将原本分配给国际配售部分的一部分股份拨入公开认购部分,以满足公开认购者的需求;反之,如果公开认购部分的认购率不足,则承销商也可将公开认购部分的部分或全部股份回拨至国际配售部分。

通常情况下,在注册申请生效、承销协议签署后,股票挂牌交易。在此后的一个月内,承销商通常要对该股票给予后市支持,即当股票跌破发行价时,承销商要在二级市场上买入发行的股票,以维持股价,保证股票发行成功;当市场的股价太高时,承销商可以行使超额配售选择权,发行更多的股份,保持市场价格稳定。

混合招股方式将累计投标方式的灵活定价机制与固定价格公开认购下对散户的公平对待相结合,既充分发挥了机构投资者对最终发行定价的影响,使新股定价反映市场需求,又能够保障散户投资者在新股认购中的利益。这种招股机制比较适合中国香港地区股市国际化程度越来越高且本地散户投资者比例又较高的特点。同时回拨机制的引入,体现了对中小投资者的保护;超额配售选择权的运用,体现了发行程序更加贴近市场化。

为了保证中小投资者能够认购到股票,中国香港在股票发行时还有一种制度,叫作"红鞋制度",也称"一人一手"制。投资者只要参与申购,每个账户就能得到一定数量的新股。这样能尽量保证每个申购账户都可以得到一手新股。

3. 中国台湾新股发行方式:固定价格公开认购、竞价发行及累计投标方式

1995 年之前中国台湾证券市场新股发行定价方式只有固定价格公开认购一种方式,1995 年 3 月,中国台湾金融主管部门核定修改了《台北市证券商业同业公会证券商承销或再行销售优价证券处理办法》,在原有的固定价格公开认购以外,又增加了竞价发行方式,规定新股首次公开发行采用竞价发行方式的,由承销商事先确定发行股数,但不确定发行价格。原则上 50% 股份用于竞价拍卖,50% 用于公开认购,公营事业不限制拍卖比例。同时,上市公司增发新股可以采用累计投标方式。因此,目前中国台湾证券市场上主要有固定价格公开认购、竞价及累计投标的新股发行方式。

3.5 股票上市

3.5.1 股票上市条件

目前,我国股份有限公司上市有四个场所,即主板、中小板、创业板和科创板,上市条

件有所区别，最基本的条件由《证券法》第四十条规定：

第四十七条　申请证券上市交易，应当符合证券交易所上市规则规定的上市条件。

证券交易所上市规则规定的上市条件，应当对发行人的经营年限、财务状况、最低公开发行比例和公司治理、诚信记录等提出要求。

1. 主板上市的主要条件

主板市场又称为一板市场，指传统意义上的证券市场，是一个国家或地区证券发行、上市及交易的主要场所。主板市场对发行人的营业期限、股本大小、盈利水平、最低市值等方面的要求标准较高，上市企业多为大型成熟企业，具有较大的资本规模以及稳定的盈利能力。我国的主板市场分为上海证券交易所和深圳证券交易所。

主板上市的主要条件如下：

（1）股票经国务院证券管理部门批准已向社会公开发行。

（2）发行人最近三个会计年度净利润均为正且累计超过人民币3 000万元；最近三个会计年度经营活动产生的现金流量净额累计超过人民币5 000万元，或者最近三个会计年度营业收入累计超过人民币3亿元。

（3）发行前股本总额不少于人民币3 000万元。

（4）向社会公开发行的股份不少于公司股份总数的25%；如果公司股本总额超过人民币4亿元，其向社会公开发行股份的比例不少于10%。

（5）公发行人是依法设立且持续经营三年以上的股份有限公司。原国有企业依法改组而设立的，或者在《公司法》实施后新组建成立的公司改组设立为股份有限公司的，其主要发起人为国有大中型企业的，成立时间可连续计算。

（6）公司在最近三年内无重大违法行为，财务会计报告无虚假记载。

（7）最近一期末无形资产（扣除土地使用权等）占净资产的比例不超过20%。

（8）最近三年内公司的主营业务未发生重大变化。

（9）最近三年内公司的董事、管理层未发生重大变化。

（10）国家法律、法规规章及交易所规定的其他条件。

2. 中小板上市的主要条件

2004年5月，中国证监会同意深圳证券交易所设立中小板。2004年6月，深圳证券交易所发行了8只新股在中小板上市，启动了中小板这一新的发行市场。

中小板市场服务的是发展成熟的中小企业，相比较而言，主板市场服务的是比较成熟、在国民经济中有一定主导地位的企业。中小板的企业一般都处于成长期，具有高成长、高收益的特点，同时我国的中小板市场还偏重于扶持自主创新能力强的企业。中小板企业往往是一些在各自细分行业处于龙头地位的小公司，具有较强的科技自主创新能力，科技含量较高。深圳证券交易所2004年5月20日公布了《中小企业板块交易特别规定》《中小企业板块上市公司特别规定》和《中小企业板块证券上市协议》。

中小企业板块的总体设计可以概括为"两个不变"和"四个独立"，即在现行法律法规不变、发行上市标准不变的前提下，实行"运行独立、监察独立、代码独立、指数独立"的相对独立管理。因此，中小板市场的上市条件与主板市场的上市条件相似。

3. 创业板上市的主要条件

2009年3月31日，中国证监会正式发布《首次公开发行股票并在创业板上市管理暂行办法》，该办法自2009年5月1日起实施。2009年10月23日，中国创业板启动开板仪式，首批共28家创业板公司实现了首次公开发行。2009年10月30日，中国创业板正式开市。

在我国，创业板设立于深圳证券交易所内，创业板是主板市场以外的另一个证券市场，其主要目的是为新兴公司提供集资途径，助其发展和扩展业务。在创业板市场上市的公司大多从事高科技业务，具有较高的成长性，但往往成立时间较短，规模较小，业绩较好。

在创业板进行首次公开发行的主要条件如下：

（1）主体资格要求：依法设立且持续经营三年以上的股份有限公司。

（2）经营年限：持续经营时间应当在三年以上（有限公司按原账面净资产值折股整体变更为股份公司可连续计算）。

（3）盈利要求：最近两年连续盈利，最近两年净利润累计不少于1 000万元，且持续增长；或者最近一年盈利，且净利润不少于500万元，最近一年营业收入不少于5 000万元，最近两年营业收入增长率均不低于30%。净利润以扣除非经常性损益前后孰低者为计算依据（注：上述要求为选择性标准，符合其中一条即可）。

（4）资产要求：最近一期末净资产不少于2 000万元。

（5）股本要求：企业发行后的股本总额不少于3 000万元。

（6）成长性与创新能力：发行人具有较高的成长性，具有一定的自主创新能力，在科技创新、制度创新、管理创新等方面具有较强的竞争优势。

（7）公司治理方面：最近两年主营业务、董事和高级管理人员没有重大变动，实际控制人没有变更；依法建立健全股东大会、董事会、监事会以及独立董事、董事会秘书、审计委员会制度，相关机构和人员能够依法履行职责。

综合而言，在创业板IPO对企业的规模、盈利等的要求相对主板较低，但是对企业的成长性与创新能力提出了更高的要求。

4. 科创板上市的主要条件

2019年1月30日，中国证监会发布《关于在上海证券交易所设立科创板并试点注册制的实施意见》。2019年3月1日，中国证监会发布《科创板首次公开发行股票注册管理办法（试行）》和《科创板上市公司持续监管办法（试行）》。2019年6月13日，科创板正式开板。科创板首批公司于2019年7月22日上市。

科创板根据板块定位和科创企业特点，设置多元包容的上市条件，从发行后股本总额、股权分布、市值、财务指标等方面，设置了五套科创板上市条件。发行人申请在上海证券交易所科创板上市，下列的市值及财务指标中至少需符合其中的一项标准：

（1）预计市值不低于人民币10亿元，最近两年净利润均为正且累计净利润不低于人民币5 000万元，或者预计市值不低于人民币10亿元，最近一年净利润为正且营业收入不低于人民币1亿元。

（2）预计市值不低于人民币15亿元，最近一年营业收入不低于人民币2亿元，且最近三年累计研发投入占最近三年累计营业收入的比例不低于15%。

（3）预计市值不低于人民币20亿元，最近一年营业收入不低于人民币3亿元，且最近三年经营活动产生的现金流量净额累计不低于人民币1亿元。

（4）预计市值不低于人民币30亿元，且最近一年营业收入不低于人民币3亿元。

（5）预计市值不低于人民币40亿元，主要业务或产品需经国家有关部门批准，市场空间大，目前已取得阶段性成果。医药行业企业需至少有一项核心产品获准开展二期临床试验，其他符合科创板定位的企业需具备明显的技术优势并满足相应条件。

参考资料 3-1

纽约证券交易所的上市条件

纽约证券交易所（NYSE）对申请上市的公司有着宽泛的甄别标准，以下列出了纽约证券交易所上市的一些基本量化标准，实际执行时并不仅限于此。

纽约证券交易所的上市条件
请扫描二维码详尽了解拓展内容。

1. 对美国国内公司的 IPO 要求

（1）财务标准。根据财务标准，拟上市公司可以按照盈利标准（依据 Rule 102.01C（Ⅰ））或者按照全球市值标准（依据 Rule 102.01C（Ⅱ）），两者至少达到其一。

1）根据盈利标准，对于调整后的税前利润，最近三个财务年度的总和不低于 1 000 万美元；最近两个财务年度均不低于 200 万美元；最近三个财务年度均不小于 0。

2）根据全球市值标准，全球市值不低于 2 亿美元。

（2）流通性要求。在流通性方面，需要达到所有的标准。

1）持股人数：持有 1 手（100 股）的股东人数不少于 400 人。

2）公众持股量不低于 110 万股。

3）公众持股市值不低于 4 000 万美元。

4）最低股价不低于 4 美元/股。

2. 对非美国公司的 IPO 要求

（1）财务标准。

标准一：盈利标准（依据 103.01B（Ⅰ））。对于调整后的税前利润，最近三个财务年度的总和不低于 1 亿美元；最近两个财务年度均不低于 2 500 万美元；最近三个财务年度均不小于 0。

标准二：现金流标准。第一类现金流标准（根据现金流测试标准 103.01B（Ⅱ）(a)）：最近三个财务年度的调整后的现金流总和不低于 1 亿美元；最近两个财务年度均不低于 2 500 万美元；同时，全球市值不低于 5 亿美元；并且，最近一个财务年度的营业收入不低于 7 500 万美元。

第二类现金流标准（根据纯的估值/营业收入测试标准 103.01B（Ⅱ）(b)）：全球市值不低于 7.5 亿美元；并且，最近 12 个月的营业收入不低于 1 亿美元。

标准三：联营公司（affiliated company）标准（依据 103.01B（Ⅲ））。全球市值不低于 7.5 亿美元，并且营运历史不少于 12 个月。

（2）流通性要求。在流通性方面，需要达到所有的标准。

对于联营公司方式上市的，要求：

1）持股人数：持有1手（100股）的股东人数在全球不少于5 000人。

2）全球公众持股量不低于250万股。

3）全球公众持股市值不低于6 000万美元。

4）最低股价不低于4美元/股。

对于其他方式上市的，要求：

1）持股人数：持有1手（100股）的股东人数在全球不少于5 000人。

2）公众持股量不低于250万股。

3）公众持股市值不低于1亿美元。

4）最低股价不低于4美元/股。

除了以上这些量化的标准之外，纽约证券交易所还有一些定性的标准需要遵守，诸如公司治理的要求（Section 303A）。

资料来源：Overview of NYSE Quantitative Initial Listing Standards［EB/OL］. https://www.nyse.com/publicdocs/nyse/listing/NYSE_Initial_Listing_Standards_Summary.pdf.

参考资料 3-2

纳斯达克市场的上市标准

在纳斯达克（NASDAQ）市场上市可以选择三个子市场：纳斯达克全球精选市场（NASDAQ global select market）、纳斯达克全球市场（NASDAQ global market）和纳斯达克资本市场（NASDAQ capital market）。

纳斯达克市场的上市标准
请扫描二维码详尽了解拓展内容。

这三个市场的上市要求呈递进关系。纳斯达克全球精选市场是要求最高的市场。

1. 纳斯达克全球精选市场上市的要求

（1）财务标准。公司在纳斯达克上市，在财务方面，可以有以下四种选择，只需符合其一即可。

1）盈利标准（earning standard）：最近三个财务年度的税前利润非负且总额达到1 100万美元，并且最近两个财务年度都不低于220万美元。

2）基于现金流的市值标准（capitalization with cash flow standard）：前三个财务年度的现金流非负且总额达到2 750万美元，市值在过去12个月中不低于5.5亿美元，上一财务年度营业收入不低于1.1亿美元。

3）基于营业收入的市值标准（capitalization with revenue standard）：市值在过去12个月中不低于8.5亿美元，上一财务年度营业收入不低于9 000万美元。

4）股权资产标准（assets with equity standard）：市值在过去12个月中不低于1.6亿美元，总资产不低于8 000万美元，股东权益不低于5 500万美元。

以上四个选择均需要满足最低报价（bid price）不低于4美元/股。

（2）流动性标准。在流动性方面，要求整手（100股及以上）股票持有者不少于450人或者股东不少于2 200人，公众持有的股票不低于125万股，公众持有股份的市值不低于4 500万美元。

2. 纳斯达克全球市场上市的要求

纳斯达克全球市场上市可以有四种选择。

（1）利润标准（income standard）：最近财务年度或者最近三个财务年度中的两个财务年度来自持续经营业务的利润不低于100万美元，股东权益达到1 500万美元，公众持有股份达到110万股，公众持股的市值达到800万美元，最低报价不低于4美元/股，整手股票持有者不少于400人，有3个做市商。

（2）权益标准（equity standard）：股东权益达到3 000万美元，公众持有股份达到110万股，公众持股的市值达到1 800万美元，最低报价不低于4美元/股，整手股票持有者不少于400人，有3个做市商，营运历史不少于两年。

（3）市值标准（market value standard）：上市证券（在纳斯达克或其他全国性的证券交易市场）市值不低于7 500万美元，公众持有股份达到110万股，公众持股的市值达到2 000万美元，最低报价不低于4美元/股，整手股票持有者不少于400人，有4个做市商。

（4）总资产或营业收入标准（total assets/ total revenue standard）：最近财务年度或者前三个财务年度中的两个的总资产不少于7 500万美元、总收入不低于7 500万美元，公众持有股份达到110万股，公众持股的市值达到2 000万美元，最低报价不低于4美元/股，整手股票持有者不少于400人，有4个做市商。

3. 纳斯达克资本市场上市的要求

纳斯达克资本市场上市可以有三种选择。

（1）权益标准（equity standard）：股东权益不低于500万美元，公众持股的市场价值不低于1 500万美元，至少两年的营运历史，公众持股不低于100万股，股东人数不少于300人，有3个做市商，最低购买报价不低于4美元/股或者收盘价不低于3美元/股。

（2）市值标准（market value of listed securities standard）：股东权益不低于400万美元，公众持股的市场价值不低于1 500万美元，营运历史不做要求，上市证券的市场价值不低于5 000万美元，公众持股不低于100万股，股东人数不少于300人，有3个做市商，最低购买报价不低于4美元/股或者收盘价不低于2美元/股。

（3）净利润标准（net income standard）：股东权益不低于400万美元，公众持股的市场价值不低于500万美元，营运历史不做要求，最近财务年度或者前三年中的两年的净利润不低于75万美元，公众持股不低于100万股，股东人数不少于300人，有3个做市商，最低购买报价不低于4美元/股或者收盘价不低于3美元/股。

除了以上的财务要求和流动性要求，纳斯达克同样对公司治理有着详细的要求，具体包括年度和期间业绩的公告、独立董事、审计委员会、高管薪酬、董事提名权、行为准则、年度股东大会、利益冲突等一系列问题。

资料来源：Initial Listing Guide (Nasdaq) [EB/OL]. (2020-01-31) [2020-02-20]. https://listingcenter.nasdaq.com/assets/initialguide.pdf.

3.5.2 股票上市程序

（1）拟定股票代码与股票简称。股票发行申请文件通过发审委会议后，发行人即可提出股票代码与股票简称的申请，报证券交易所核定。

（2）上市申请。发行人股票发行完毕后，应及时向证券交易所上市委员会提出上市申请。

（3）审查批准。证券交易所上市委员会在受到上市申请文件并审查完毕后，发出上市通知书。

（4）签订上市协议书。发行人在收到上市通知后，应当与证券交易所签订上市协议书，以明确相互间的权利和义务。

（5）披露上市公告书。发行人在股票挂牌前3个工作日内，将上市公告书刊登在中国证监会指定报纸上。

（6）股票挂牌交易。申请上市的股票将根据证券交易所安排和上市公告书披露的上市日期挂牌交易。一般要求，股票发行后7个交易日内挂牌上市。

（7）股票上市后，需要交纳相关的上市费用。

3.6 股票发行定价

3.6.1 股票的发行价格

一般而言，股票可以按照面值、溢价、时价和折价等方式确定发行价格。

1. 面值发行

面值发行即以股票的票面金额作为发行价格。在股东分摊发行时，一般按平价发行，不受股票市场行情的左右。由于市价往往高于面额，因此以面额为发行价格能够使认购者得到因价格差异而带来的收益，使股东乐于认购，又保证了股票公司顺利地实现筹措股金的目的。这种方式一般在股份公司发起设立的时候采用。

2. 溢价发行

溢价发行不是以面额作为发行价格，而是以高于票面额的价格确定发行价格。这种价格与票面额的差价称为溢价，溢价带来的收益归该股份公司所有，计入资本公积金账户。新股发行，一般都采用溢价发行的方式，具体的发行价格、溢价程度由多种因素决定。

3. 时价发行

时价发行也不是以面额作为发行价格，而是以流通市场上的股票价格（即时价）为基础确定发行价格。这种方式用于已上市公司进行增发或者配股。时价发行的价格一般高于面额，因此存在溢价，溢价带来的收益归该股份公司所有，同样计入资本公积金账户。时价发行能使发行者以相对少的股份筹集到相对多的资本，从而减轻负担，还可以稳定流通市场的股票时价，促进资金的合理配置。按时价发行，对投资者来说也未必吃亏，因为股票市场上行情变幻莫测，如果该公司将溢价收益用于改善经营，提高了公司和股东的收益，长期而言会使股票价格上涨。时价发行在具体决定价格时，还要考虑股票销售难易程度、对原有股票价格的冲击程度、认购期间价格变动的可能性等因素，因此，一般将发行价格定在低于时价5%~10%的水平上是比较合理的。

4. 折价发行

折价发行即发行价格低于票面额，是以打了折扣的价格发行股票。折价发行有两种情况。一种是优惠性的，通过折价使认购者分享权益。例如公司为了充分体现对现有股东优惠而采取搭配增资方式时，新股票的发行价格就为票面价格的某一折扣，折价不足票面额的部分由公司的公积金抵补。现有股东所享受的优先购买和价格优惠的权利就叫作优先购股权。若股东自己不享用此权，他可以将优先购股权转让出售。这种情况有时又称作优惠售价。另一种情况是该股票行情不佳，发行有一定困难，发行者与推销者共同议定一个折扣率，以吸引那些预测行情要上浮的投资者认购。很多国家规定发行价格不得低于票面额，因此，这种折扣发行需经过许可方能实行。

5. 确定股票发行价格时需考虑的因素

在确定一种新股票的发行价格时，一般要考虑五个方面的数据资料：

（1）上市公司上市前近三年来平均每股税后纯利和已上市的近似类的其他股票最近三年来的平均利润率的比较。

（2）上市公司上市前近三年来平均每股所获股利和已上市的近似类的其他股票最近三年平均股利率。

（3）上市公司上市前最近期的每股资产净值。

（4）上市公司当年预计的股利和银行一年期的定期储蓄存款利率的比较。

（5）当前股票市场的运行状态。

3.6.2 我国股票发行定价

1. 我国股票发行的定价方式

我国股票发行的定价方式主要有以下几种：

（1）协商定价方式。该方式是指由发行人与主承销商协商确定股票发行价格，报中国证监会核准。在这种定价方式中，不存在像累积订单方式中的巡回推介，一般由承销商和发行人通过商业谈判确定，因此价格的确定往往与谈判能力有直接关系。

（2）一般的询价方式。该方式是指在对一般投资者上网发行和对机构投资者配售相结合的发行方式下，发行人和主承销商事先确定发行量和发行底价，通过向机构投资者询价，并根据机构投资者的预约申购情况确定最终发行价格，以同一价格向机构投资者配售和对一般投资者上网发行。

（3）累计投标询价方式。该方式是指在发行过程中，根据不同价格下投资者的认购意愿确定发行价格的一种方式。通常，主承销商将发行价格确定在一定的区间内，投资者在此区间内按照不同的发行价格申报认购数量，主承销商将所有投资者在同一价格之上的认购量累计计算，得出一系列在不同价格之上的总认购量。最后，主承销商按照总认购量超过发行量的一定倍数（即超额认购倍数）确定发行价格。

（4）上网竞价方式。该方式是指发行人和主承销商利用证券交易所的交易系统，由主承销商作为新股的唯一卖方，以发行人宣布的发行底价为最低价格，以新股实际发行量为总的卖出数，由投资者在指定的时间内竞价委托申购，发行人和主承销商以价格优先的原则确定发行价格并发行股票。

2. 我国股票发行定价制度的演变

图 3-8 列出了我国历年 IPO 的公司数量。表 3-6 展示了我国股票发行定价制度的演变。

图 3-8　我国历年 IPO 的公司数量

资料来源：Wind 资讯。

表 3-6　我国股票发行定价制度演变阶段划分

时间	阶段	市盈率管制上限
1992 年至 1999 年 8 月	固定价格定价阶段	不适用
1999 年 9 月至 2001 年 10 月	累计投标询价定价阶段	无市盈率管制
2001 年 11 月至 2004 年 11 月	固定市盈率发行定价阶段	20 倍
2004 年 12 月至 2009 年 5 月	询价制下的管制市盈率上限定价阶段	30 倍
2009 年 6 月至 2012 年 3 月	询价制下的市场化定价阶段	无市盈率限制
2012 年 4 月至 2014 年 3 月	询价制下的管制市盈率上限阶段	参考同行业
2014 年 4 月至今	询价制下的管制市盈率上限定价阶段	23 倍

资料来源：初可佳，张昊宇. 中国 IPO 发行制度演变对新股定价效率的影响——基于定价管制视角 [J]. 金融经济学研究，2019, 34(1):83-93.

第一阶段：固定价格定价。证券市场建立以前，我国公司股票大部分按照面值发行，定价没有制度可循。证券市场建立初期，即 20 世纪 90 年代初期，公司在股票发行的数量、发行价格和市盈率方面完全没有决定权，基本上由管理层确定，大部分采用固定价格方式定价。

第二阶段：相对固定市盈率定价（1992～1999 年）。1992 年 10 月，国务院证券委员会和中国证监会正式成立，形成了全国统一的证券监管体系。在此期间，我国新股发行定价主要以行政定价公开认购方式为主，定价方法以市盈率倍数法为主，发行市盈率基本维持在 13～16 倍，一般是 15 倍，新股定价严重低估。新股发行具体采用认购证、与储蓄存款挂钩、全额预缴款、比例配售和上网定价等发行方式。

从 1994 年开始，我国进行发行价格改革，曾在一段时间内实行竞价发行，当时由于股票市场规模太小，股票供给与需求极不平衡，股票发行定价往往较高，只有四家公司进行了试点，以后没有再使用。

在此阶段，新股发行定价使用相对固定市盈率的定价方法，新股的发行价格根据企业的每股税后利润和一个相对固定的市盈率水平来确定。在此期间，由于股票发行方式和发行价格均带有明显的行政色彩，发行市盈率与二级市场的平均市盈率脱节，造成股票发行价格和二级市场交易价格之间的巨大差异，新股上市当天有50%～250%的涨幅，导致一系列问题。一级市场与二级市场的利差使新股风险加大，新股一进入二级市场市盈率就较高，持股风险加大。

第三阶段：累计投标定价（1999～2001年）。1999年7月1日生效的《证券法》规定，股票发行价格由发行人和承销商协商后确定，表明我国证券市场在价格机制上，向市场化迈进了一大步。2001年，中国证监会发布《新股发行上网竞价方式指导意见》，明确了累计投标定价方式，但是，由于我国股票发行尚未达到真正的市场化，新股供不应求，因此在累计投标定价方式下，新股定价大大高于正常水平。比如，2000年7月发行的闽东电力（000993.SZ）发行市盈率达到了88.69倍，而且上市后依旧高涨，上市首日涨幅为34.6%。过高的发行市盈率使企业获得了远远超过预计的募集资金，引起募集资金的低效使用。闽东电力募集的资金是计划的3倍，而4年后，它花光了上市募集的资金，业绩大幅亏损。

第四阶段：控制市盈率定价（2001～2004年）。2001年下半年起，在首发新股中重新采用了控制市盈率的做法。与原有传统的市盈率定价方式相比，新方法在两个方面做出了调整：一是发行价格区间的上下幅度约为10%；二是发行市盈率不超过20倍。券商和发行人只能在严格的市盈率区间内，通过累计投标询价，决定股票的发行价格，因此也可称其为"半市场化"的上网定价发行方式。从发行市场的实际运作情况看，首次公开发行的市盈率基本保持在18倍左右。虽然这一阶段采用了限定区间的名义询价，但从询价结果上来看，最终发行价格几乎全部落在了询价区间的上限，这表明设限的询价方式所确定的发行区间脱离了市场，带来的直接后果是新股上市出现报复性的大幅上涨。

第五阶段：初步询价和累计投标询价（2005～2013年）。2004年12月11日，中国证监会发布《关于首次公开发行股票试行询价制度若干问题的通知》及配套文件《股票发行审核标准备忘录第18号——对首次公开发行股票询价对象条件和行为的监管要求》。这两个文件于2005年1月1日起实施，首次公开发行股票的公司（简称发行人）及其保荐机构应通过向询价对象询价的方式确定股票发行价格。

在此制度下，询价分为初步询价和累计投标询价两个阶段，发行人及其保荐机构应通过第一阶段——初步询价确定发行价格区间，通过第二阶段——累计投标询价确定发行价格。初步询价的对象应不少于20家，公开发行股数在4亿股（含4亿股）以上的，参与初步询价的询价对象应不少于50家。发行价格区间确定后，发行人及其保荐机构在发行价格区间内向询价对象进行累计投标询价，并应根据累计投标询价结果确定发行价格。

发行人及其保荐机构向参与累计投标询价的询价对象配售股票，公开发行数量在4亿股以下的，配售数量应不超过本次发行总量的20%；公开发行数量在4亿股以上（含4亿股）的，配售数量应不超过本次发行总量的50%。

2009年6月11日，中国证监会公布《关于进一步改革和完善新股发行体制的指导意见》，在新股定价方面，完善了询价和申购的报价约束机制，淡化了行政指导，形成了进一步市场化的价格形成机制。此次改革的要点是：询价报价与申购报价应当具有逻辑一致性，主承销商应当采取措施杜绝高报不买和低报高买；对每一只股票发行，任一股票配售对象只能选择网下或者网上一种方式进行新股申购；对网上单个申购账户设定上限，原则上不超过本次网上发行股数的千分之一。这些新的规则，限制了机构投资者在询价中的不规范行为，也限制了机构投资者利用资金优势伤害中小投资者认购新股的利益。

第六阶段：发行人与承销商协商定价（2013年至今）。 2013年11月底中国证监会推出《中国证监会关于进一步推进新股发行体制改革的意见》，提出"改革新股发行定价方式。按照《证券法》第三十四条的规定，发行价格由发行人与承销的证券公司自行协商确定。发行人应与承销商协商确定定价方式并在发行公告中披露。网下投资者报价后，发行人和主承销商应预先剔除申购总量中报价最高的部分，剔除的申购量不得低于申购总量的10%，然后根据剩余报价及申购情况协商确定发行价格"，同时规定"发行人和主承销商应当允许符合条件的个人投资者参与网下定价和网下配售"。

3.6.3　影响股票发行定价的因素

影响股票发行价格的因素很多，而且不同的条件下，各种影响因素的影响程度也不尽相同，但总体看来，这些影响因素可分为两大类：本体因素和市场环境因素。

1. 本体因素

本体因素就是发行人内部经营管理对发行价格制定的影响因素。一般而言，发行价格由发行人的实质经营状况而定。这些因素包括公司现在的盈利水平及未来的盈利前景、财务状况、生产技术水平、成本控制、员工素质、管理水平等，其中最为关键的是盈利水平。在正常状况下，发行价格是盈利水平的线性函数，承销商在确定发行价格时应以利润为核心，并从主营业务入手对利润进行分析和预测。当然，未来的利润增长预期也具有直观重要的影响，因为买股票就是买未来。因此，为了制定合理的价格，承销商必须对企业未来的盈利做出合理的预期。

2. 市场环境因素

（1）股票流通市场的状况及变化趋势。股票流通市场直接关系到一级市场的发行价格。在结合发行市场来考虑发行价格时，主要应考虑三点：第一，制定的发行价格要使股票上市后有一定的上升空间；第二，在股市处于通常所说的牛市阶段时，发行价格可以适当偏高，价格若低会降低发行人和承销机构的收益；第三，若股市处于熊市，价格宜偏低，因为此时价格偏高会将投资者拒之门外，甚至可能导致整个发行人筹资计划的失败。

（2）发行人所处行业状况、经济区位状况。就行业因素而言，不但应考虑本行业所处的发展阶段（如是成长期还是衰退期等），还应进行行业间的横向比较和考虑不同行业的技术经济特点。就经济区位而言，必须考虑经济区位的成长条件和空间以及所处经济区位的经济发展水平，考虑是在经济区位内还是受经济区位的辐射等。这些因素和条件对发行人的未来经营有巨大的影响，因而在确定发行价格时不能不加以考虑。

3.6.4　股票发行定价方法

发行人和主承销商事先都要协商出一个发行底价或者发行价格区间。这一发行底价或者发行价格区间可以采取以下五种方法来估计。

1. 可比公司定价法

可比公司定价法是指主承销商对历史的、可比较的或者具有代表性的公司进行分析后，根据与发行人有着相似业务的公司的新近发行以及相似规模和质量的其他新近的首次公开发行情况，确定发行价格。

可比公司参照的定价标准包括市盈率、市净率、市销率等，也可以参照公司客户价值或者市占率等各项指标，定价的参照系相对比较灵活，往往根据投资者普遍比较接受的模式而确定。

可比公司定价法的主要缺点来自两个方面：其一，绝对一样的公司是不存在的，相似的公司也是很难找到的，因而在参照系的选择方面具有较大的主观性，可能在选择时受到人为因素的影响，故意选择有利的参照公司；其二，可比公司定价法采用的是相对估值方法，对价值缺少绝对估算，容易根据市场随波逐流，使价格出现较大的波动。

2. 市盈率定价法

市盈率定价法是指依据注册会计师审核后的发行人的盈利状况计算出发行人的每股收益，然后根据二级市场的平均市盈率、发行人的行业情况、发行人的经营状况及其成长性等拟定发行市盈率，最后依据发行市盈率与发行人每股收益的乘积决定发行价格。

通过这种方法确定股票发行价格具体分为四步：第一步，根据发行人的资产损益状况和税后利润总量确定发行人的预期市值并确定符合商业条件的发行总量；第二步，根据注册会计师审核后的盈利计算出发行人的每股收益；第三步，根据二级市场的平均市盈率、发行人的行业情况、发行人的经营状况及其成长性等拟定发行市盈率；第四步，根据发行市盈率与每股收益的乘积决定发行价。发行价格的具体计算公式为：

$$发行价 = 每股收益 \times 发行市盈率$$

市盈率定价法的决定因素在于每股收益的计算方法，而每股收益的决定取决于两个变量，其一是收益的确定，其二是股本的确定，不同的确定标准会得到不一致的结果，从而影响投资者的判断。

目前，我国在新股发行上市时，对收益的确认采用的是上一财务年度遵照中国会计准则审核的扣除非经常性损益前后孰低的净利润。这一方法的好处在于比较客观，以过去的业绩作为发行定价的基准。对公司总股本的确定有两种方法：一种是以发行前的公司总股数计算，另一种是以发行后的总股数计算，前者计算得到的每股收益比较高，后者比较低。

市盈率定价法的好处在于比较直观，投资者可以将发行市盈率横向比较而估计新股相对的发行价位，从而决定是否购买。但是，市盈率的不足也是相当明显的，其缺点主要是市盈率定价法的模糊空间较大、透明度不够。发行市盈率是高还是低，在很大程度上取决于公司未来的发展。因此，很多增长较快的公司往往通过强调未来的盈利而以较高的市盈率发行，比如科创板的公司，其发行市盈率往往达到 80～100 倍；而相应的解释是公司未来的高成长，比如公司下一年盈利增长一倍，那么发行市盈率则降低为 40～50 倍。但是，公司未来的增长，其实有很多的不确定因素，投资者如果基于这种乐观的估计而接受高市盈率，那么会存在较大的投资风险。另外，有些公司未来的业绩可能会下滑，但是发行公司和主承销商依旧会根据过去较高的业绩来指导发行价格，这样也会误导投资者以过高的价格买入新股。因此，市盈率定价法其实是一种静态的定价方法，在公司发展比较稳定时，用这种方法定价的误差会比较小，但是，如果公司业绩变动较大，用动态的市盈率方法定价或者采用其他方法定价会更加科学一些。

在我国的新股发行制度改革后，中国证监会坚持市场化方向，将新股发行定价权交给市场，通过初步询价确定价格区间，并由最终的询价和累积订单投标法得到最终的发行价格。但是，拟发行公司及承销商受利益驱动，会产生共谋的动机，倾向于选择较高市盈率发行。同时，新股上市后，一般短期内都会超过发行价，这种新股"无风险"收益空间的存在使得参与询价和申购的机构愿意承受较高市盈率，个人投资者也往往跟随机构投资者追逐新股首发收益，结果，自然形成了超额认购、中签率低以及新股发行市盈率不断走高的局面。随着市场定价的进一步放开，很多新发行的上市公司股价逐渐回落，趋向合理，新股往往会出现"破发"现象。新股破发是一种调节和惩罚机制，它使得参与认购新股的机构和个人理性地对待新股定价，同时抑制发行人和承销商不合理的定价。

3. 现金流贴现定价法

现金流贴现（discounted cash flow，DCF）定价法是通过预测公司未来的盈利能力，按照一定的折扣率计算公司的净现值，从而确定股票发行价格的一种方法。

现金流贴现定价法被认为是最科学、最成熟、最常用的公司估值方法。其中心要点在于：在考虑时间和风险的基础上将预期的现金流折成现值，算出公司每股价值。其计算公式为：

$$PV = \sum_{t=1}^{n} \frac{CF_t}{(1+r)^t} + \frac{TV}{(1+r)^n}$$

式中 CF_t——各期现金流；
TV——终值；
r——贴现率。

在终值难以确定或者期限很遥远时，往往可以忽略终值，不过，如果设定终值的话可以减少估计误差。

现金流贴现模型如果细分，可以根据现金流的不同类型，分为股利贴现模型、公司自由现金流贴现模型和股权自由现金流贴现模型三类。

（1）股利贴现模型。该模型认为股票价值是股权投资者未来所实际得到所有股利的现值，但考虑到公司往往只把一部分可分配利润进行分红，像伯克希尔-哈撒韦这样的公司甚至从不分红，因此有时候也可以用公司的盈利替代分红，作为被贴现对象，因为不论盈利分配与否，最终都归属于投资者。其计算公式为：

$$PV = \sum_{t=1}^{\infty} \frac{D_t}{(1+r_t)^t}$$

式中 D_t——公司第 t 期的股利预测值；
r_t——第 t 期公司的股权成本。

（2）公司自由现金流贴现模型。该模型认为股票价值是公司自由现金流的现值。**公司自由现金流**（free cash flow of firm，FCFF）是在企业支付了所有营运费用，进行了必要的固定资产与营运资产投资后可以向所有投资者（包括股权投资者和债权投资者）分派的税后现金流量，其计算公式为：

公司自由现金流 = 净收益 + 折旧 + 利息费用 × （1 - 税率） - 资本性支出 - 营运资本追加额

公司自由现金流贴现模型公式为：

$$PV = \sum_{t=1}^{n} \frac{FCFF_t}{(1+WACC)^t} + \frac{TV}{(1+WACC)^n}$$

式中　$FCFF_t$——公司第 t 期的公司自由现金流预测值；
　　　$WACC$——公司加权平均资本成本，即综合了股权成本和债务成本的加权平均成本。在该模型中，以 $WACC$ 作为贴现率。

（3）股权自由现金流贴现模型。该模型认为股票价值是股权自由现金流的现值。**股权自由现金流**（free cash flow of equity，FCFE）是在企业支付了所有营运费用、再投资支出、所得税和净债务支付（即利息、本金支付减发行新债务的净额）后可分配给公司普通股股东的剩余现金流。其计算公式为：

股权自由现金流＝净收益＋折旧－资本性支出－营运资本追加额－债务本金偿还＋新发行债务

股权自由现金流贴现模型公式为：

$$PV = \sum_{t=1}^{n} \frac{FCFE_t}{(1+r_t)^t} + \frac{TV}{(1+r_n)^n}$$

式中　$FCFE_t$——公司第 t 期股权自由现金流的预测值；
　　　r_t——第 t 期公司的股权成本；
　　　r_n——第 n 期（即末期）公司的股权成本。

现金流贴现定价法的缺点有二：其一，各期现金流（CF_t）难以确定；其二，贴现率（r）难以确定。现金流贴现定价法分析高度依赖于贴现率的选择，一个百分点的差异都是非常明显的，甚至会因此导致完全不同的结果。一般可以采用当前对未来利息率的预期作为基数，然后根据产业、公司和财务结构的风险因素进行适当的调整。在采用现金流贴现定价法定价时，必须配以敏感度分析。

现金流贴现定价法的适用范围主要是港口、公路、桥梁、电厂、自来水等的定价，因为这些项目初期投入大，项目形成后，有稳定的现金流，并且随着时间的推移，现金流量还会不断增多，甚至能够抵消通货膨胀的影响，但如果采用市盈率定价法则会低估公司的价值。

4. 市净率定价法

市净率指的是每股股价与每股净资产的比率。

市净率作为估值方法，有其特殊的应用场景，因为市净率衡量的是市场价值与账面价值（账面净资产）之间的关系，它不涉及公司的盈利能力，所衡量的关系是一种静态的关系，是基于终止经营和清算价值的角度进行的估值，所以在 IPO 场景下需要持续经营类型的公司，一般会慎用。一般认为，经营状况良好的企业，有发展潜力，其定价可以高于账面价值，获得比较高的市净率；反之资产质量差、没有发展前景的公司，则市净率较低，甚至低于 1。

通过市净率定价法估计股票发行价格时，首先应根据审核后的净资产计算出发行人的每股净资产；然后，根据二级市场的平均市净率、发行人的行业情况、发行人的经营状况及其净资产收益率等拟定发行市净率；最后，依据发行市净率与每股净资产的乘积决定发行价。

比如，中国邮政储蓄银行在中国香港地区 IPO 时，发行定价为每股 4.76 港元，当时中国邮政储蓄银行的每股净资产约为 4.6 港元。若上市价按每股 4.76 港元计算，中国邮政储蓄银行的发行市净率为 1.03 倍。在发行之前，按照我国国有资产管理规定，国有控股公司的股份发行价格不得低于每股净资产价值。如果按照市盈率定价的话，当时四大行的市盈率普遍在 5 倍左右，而且中国邮政储蓄银行的盈利水平不如四大行，中国邮政储蓄银行参考这个市盈率水平定价的话，发行价仅为 2 元多港币，必然低于每股净资产。因此，中国邮政储蓄银行最终定价时选择了市净率定价法，根据发行后总股本和净资产计算得到的中国邮政储蓄银行的发行市净率为 1.2 倍。此时，从盈利角度计算的发行市盈率达到了 8 倍，远高于其他主要商业银行。中国邮政储蓄银行通过超额配售选择权维持了较高的发行价，但价格稳定期结束后，股价即出现了迅速下滑（参阅案例 3-7 中中国邮政储蓄银行在港 IPO 时超额配售选择权的使用）。

5. 经济增加值定价法

经济增加值定价法是目标公司的价值等于公司总投入资金加上公司未来经济增加值的现值之和的方法。所谓经济增加值（economic value added，EVA），是从税后净营业利润中扣除包括股权和债务的所有资金成本后的真实经济利润。上市公司只有在创造的财富大于资本成本（包括债务资本和权益资本）时，才算是为股东创造了财富，因而 EVA 越大，公司为股东创造的财富就越多。

20 世纪 90 年代，很多国外的大公司相继引入 EVA 指标，一些国际著名的投资银行和大型投资基金也开始将 EVA 指标作为评价上市公司和建立投资组合的工具。

经济增加值定价的具体方法为：第一步，确定公司具备创造 EVA 能力的年限；第二步，测算预测期内各期的 EVA；第三，计算公司总价值。

EVA 的计算方法为：

$$EVA = (r - C^*) \times I = r \times I - C^* \times I = 税后净营业利润 - 资本成本$$

式中　r——投资收益率；

　　　C^*——加权平均资本成本率；

　　　I——资本额。

加权平均资本成本率需要根据行业的风险情况决定，一般以 CAPM 中的贝塔系数衡量。

将计算出的各期的 EVA 折现加总，就可以得到公司的定价。由于 EVA 的技术性比较强，我国的新股发行尚未引入经济增加值定价法。

案例 3-9

招商证券的发行定价之争

2009 年，作为国内第三家 IPO 上市券商的招商证券（600999.SH）在询价之旅中曾引发一场争议，作为承销商的瑞银证券和高盛高华证券给出的每股估值差距竟达罕见的 3 元之大。瑞银证券出具的招商证券投资价值研究报告显示，招商证券的合理价值区间在每股人民币 21.7～30.4 元；高盛高华证券在招商证券路演中提供的报告指出估值区间为每股人民币 18.0～27.0 元。

为什么会出现这种差距？首先，二者在估值方法上采用的方式不同。高盛高华证券曾明确表示："由于中国券商的盈利往往大幅波动，因此我们认为市净率/净资产收益率和股利贴现模型估值方法能够最好地体现其价值。基于相同的原因，我们认为市盈率估值法不太适当。"而瑞银证券应用"股利贴现模型"确定估值的下限，用"可比公司法"来确定估值的上限。

其次，瑞银证券素来以"激进"风格闻名。承销商给出的价值区间只是代表一个机构的建议，最终定价主要是看询价期间投资者对公司价值的把握。类似这种案例在 A 股和港股市场并不算少，例如碧桂园上市前，摩根士丹利的预期市盈率为 11～15 倍，而瑞银给出的最高市盈率达到 23 倍。

最终，招商证券采用网下询价、上网定价的发行方式，发行价确定为每股 31 元，发行市盈率为 56.26 倍，实际募资 111.15 亿元。

招商证券的股票 2009 年 11 月 17 日上市，首日最高价 35.70 元，最低价 33.11 元，收盘价 33.61 元，涨幅 8.64%，但之后很快就跌破了发行价，直到 2014 年 12 月借助大盘的上涨和对 2014 年业绩突增的预期才突破 31 元（后复权），但是 2015 年 6 月再度跌破 31 元，直至 2019 年 10 月，股价依然徘徊在 26 元附近（后复权），依旧没有回到 31 元（见图 3-9）。

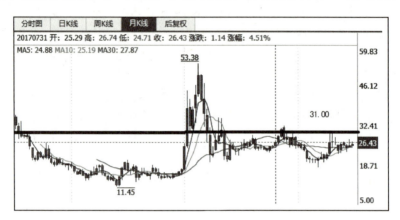

图 3-9 招商证券的后复权月 K 线（2009 年 11 月～2019 年 10 月）

由于证券市场发育尚不成熟，我国目前实行的 IPO 询价制同真正意义上的询价制仍有不少区别，无论是投资银行对公司的估值、确定询价区间方面，还是累计投标的实行方面都存在不少问题。询价过程缺乏信息激励与甄别是影响询价制度实施效果的主要因素。

3.6.5 IPO 折价现象[○]

一般而言，新股发行上市，与发行价格相比，都会有一定的升幅，这种现象称为 IPO 折价；也就是说，新股发行定价一般会比实际上市时的价格低一些。根据主流的金融理论，IPO 折价主要是由于信息不对称引起的：发行人、承销商和投资者（机构投资者和散户），他们两两之间存在一定程度的信息不对称，而这些信息不对称会影响到 IPO 过程中各市场参与者的行为，进而产生折价。

1. 发行人与承销商之间信息不对称引起的 IPO 折价

在 IPO 过程中，发行人与承销商之间虽然总体而言是利益共同体，但是他们之间也存在着矛盾的一面，并且彼此信息不对称，因此，IPO 折价体现了承销商的信息优势。该类理论的代表主要包括以下两种。

（1）委托代理理论。委托代理理论[○]认为，承销商与发行人间存在信息不对称。因为承

○ 王晓芳，谢金静. IPO 折价的信息不对称理论述评 [J]. 金融教学与研究，2008（2）: 53-56.
○ BARON D P. Model of the Demand for Investment Banking Advising and Distribution Services for New Issues[J]. The Journal of Finance, 1982, 37(4): 955-976.

销商有较多的资本市场与客户需求的信息,而发行人需要承销商的服务,于是愿意接受较低的发行价来降低发行成本,以此作为承销商提供信息的代价,所以当 IPO 股票的市场需求不确定性越高时,发行定价过低的程度也会越高,IPO 折价成为消除或降低信息不对称的一种代理成本。

(2)承销商风险规避假说。承销商风险规避假说认为,相对于发行人和投资者而言,担任新股发行的承销商对上市公司有信息优势。①但是为了减少新股承销中的风险和成本,承销商会有意识地使新股定价偏低,以保证新股能被投资者充分认购,从而减少承销不成功的可能性以及相应的成本。特别地,实力和信誉不高的承销商在承销中定价偏低的程度较大。

2. 发行人与投资者之间信息不对称引起的 IPO 折价

相对于投资者,发行人对所发股票更加知情,为了吸引更多不知情的投资者参与认购新股,折价就成为必然。该类理论较多,有代表性的包括以下两种。

(1)承销商声誉理论。承销商声誉理论认为,声誉越好的承销商所确定的 IPO 价格越能够准确地反映发行企业的内在价值。②承销商的声誉具有正的信号传递功能,即一旦承销商答应承销某个企业的 IPO 业务,就等于向投资者传递关于该企业价值的正面信号。对于投资者而言,通过承销商的声誉可以间接地判断发行企业质量的好坏。所以企业在进行 IPO 时可以通过选择高声誉的承销商来向投资者传递有关自身价值的信息,以此证明其发行的新股具有投资价值。大量的实证文献研究证实了 IPO 折价与承销商声誉之间的上述关系。

(2)信号传递理论。信号传递理论认为,由于在 IPO 时投资者和发行人之间的信息不对称,为了避免出现低质量的企业按平均价格发行,高质量的企业就愿意向投资者发出一些反映自己质量的信号,以使自己与低质量的企业区分开来。③为此,在 IPO 时高质量的企业有意识地折价发售自己的证券,当公开上市后,发行企业的类型就会被投资者知晓,这样,再融资时高质量的企业可以根据真实投资价值为自己的证券制定一个较高的发行价格,从而可以收回在 IPO 时低价发行所造成的损失,而低质量的发行企业却不能够像高质量的企业那样在再融资时通过高价发行来弥补因 IPO 折价造成的损失。因此,IPO 折价是高质量发行企业向投资者传递有关自己高质量信号的一个手段。

3. 投资者与投资者之间信息不对称引起的 IPO 折价

该类理论的代表主要包括以下两种。

(1)"赢者的诅咒"假说。"赢者的诅咒"假说认为,在 IPO 市场上,由于潜在投资者之间存在信息不对称,所以新股的市场价值也具有不确定性。④知情投资者有充分的与新股相关的信息,他们会认购预期内价值大于发行价格的新股;不知情投资者容易遭受所谓"**赢者的诅咒**"(winner's curse)式的损失。"赢者的诅咒"意味着不知情投资者即使认购新股成功,也会因为对新股出价过高而遭受损失。为了避免发行失败、吸引不知情投资者认购新股,新

---

① RITTER J R, WELCH I. A Review of IPO Activity, Pricing, and Allocations[J]. The Journal of Fanance, 2002, 57(4): 1795-1828.
② BOOTH J R, SMITH R. Capital Raising, Underwriting and the Certification Hypothesis [J].Journal of Financial Economics 1986(15): 261-281.
③ ALLEN F, FAULHABER G R. Signaling by Underpricing in the IPO Market [J]. Journal of Financial Economics, 1989(23): 303-323.
④ ROCK K. Why New Issues Are Underpriced [J]. Journal of Financial Economics , 1986(15): 187-212.

股就必须以折价（低于新股内在价值）的方式发行。"赢者的诅咒"假说从投资者之间的信息不对称入手，很有说服力地阐释了发行人为何要对新股进行折价，它在信息不对称理论中极具代表性，对后续研究影响深远。

（2）信息串联假说。信息串联假说[①]认为，如果投资者连续地做出他们的投资决策的话，可以建立一个信息串联模型。在这个模型里，后期的投资者可以根据前期投资者的报价来评估他们自身的报价，理性地忽视他们自己的信息。成功的 IPO 发售有利于后期投资者忽略自身拥有的信息而追随投资；反之，失败的 IPO 将会阻止后期的投资者进行投资，尽管他们拥有私人信息。其结果是，对 IPO 的需求在一段时间里要么很高，要么很低。信息串联的可能赋予前期投资者一个市场力量，从而前期投资者可以在认购时要求享有更高的折价来开始一个正的信息串联，所以信息串联在解释 IPO 折价方面可能有一定的说服力。

4. 承销商与投资者之间信息不对称引起的 IPO 折价

投资者歧视理论[②]的基本观点认为，在累计投标方式发行中，承销商会根据投资者（机构投资者和个体投资者）之间的信息不对称来歧视个体投资者，而这种投资者歧视与 IPO 折价存在密切的关系。即当发现折价水平为正时，机构投资者获得新股的比例远远大于个人投资者；而折价水平为负时，两者差距非常小；同时发现机构投资者从一个 IPO 折价获得的收益也远远大于个人投资者，而且机构投资者在进行 IPO 投资时获得的利润也大于个人投资者。因此，投资者歧视理论认为 IPO 发行中存在歧视，机构投资者在 IPO 发行中获得的利益大于个人投资者。投资者歧视理论以累计投标制为前提，从承销商角度考察不同折价水平下机构投资者与个人投资者的股权数量和收益，得出承销商歧视个人投资者，偏好机构投资者的结论。

信息不对称理论目前已成为西方成熟资本市场上解释 IPO 折价现象的主流理论。但是，需要注意的是，这些理论的前提都是二级资本市场有效，即假定二级市场能够有效地对股票定价，IPO 折价就是低于市场价格的发行。

表 3-7 展示了各个国家和地区在特定年份内的 IPO 初始回报。

表 3-7　各个国家和地区 IPO 初始回报一览

国家和地区	年份	初始回报水平（%）	国家和地区	年份	初始回报水平（%）
中国大陆	2000～2004	115.93	西班牙	1985～1990	35.00
马来西亚	1980～1991	80.30	瑞典	1970～1994	34.10
巴西	1979～1990	78.50	墨西哥	1987～1990	33.00
韩国	1980～1990	78.10	新加坡	1973～1992	31.40
泰国	1988～1989	58.10	新西兰	1979～1991	28.80
葡萄牙	1986～1987	54.40	意大利	1985～1991	27.10
希腊	1987～1991	48.50	日本	1970～1996	24.00
中国台湾	1971～1990	45.00	智利	1982～1990	16.30
瑞士	1983～1989	35.80	中国香港	1980～1996	15.90
印度	1992～1993	35.30	美国	1960～1996	15.80

---

① WELCH I. Sequential Sales, Learning, and Cascades[J]. The Journal of Finance, 1992, 47(2): 695-732.
② AGGARWAL R, PRABHALA N R, PURI M. Institutional Allocation in Initial Public Offerings: Empirical Evidence [J]. The Journal of Finance, 2002, 57(3):1421-1442.

(续)

国家和地区	年份	初始回报水平（%）	国家和地区	年份	初始回报水平（%）
土耳其	1990～1995	13.60	丹麦	1989～1997	7.70
挪威	1984～1996	12.50	荷兰	1982～1991	7.20
英国	1959～1990	12.00	奥地利	1964～1996	6.50
澳大利亚	1976～1989	11.90	加拿大	1971～1992	5.40
德国	1978～1992	10.90	以色列	1993～1994	4.50
比利时	1984～1990	10.10	法国	1983～1992	4.20
芬兰	1984～1992	9.60			

资料来源：郁韡君.我国IPO询价制度实施效果研究[J].证券市场导报，2005（9）：23-28.

3.7 借壳上市

借壳上市，又称**反向收购**（reverse merger），是指一家非上市公司（借壳公司）通过收购一些业绩较差、再融资能力弱化的上市公司（壳公司）来取得上市的地位，然后通过"反向收购"的方式注入自己有关业务及资产，实现间接上市。借壳上市是IPO的替代方式，虽然通过借壳方式同样可以实现公司上市，但是在具体运用的过程中，与IPO又有较多的差异，下面是借壳上市与IPO的比较。

3.7.1 借壳上市与IPO的比较

1. 监管审核和效率不同

首先在监管审核方面，IPO一方面涉及公司公开上市，另一方面涉及对公众的募资行为，因而监管重点在于对公开上市和募资行为的规范。我国IPO监管所依据的法律主要包括《首次公开发行股票并上市管理办法》《证券发行与承销管理办法》等；IPO的审核部门是中国证监会的发行部和发审委会议。借壳上市所对应的公司已经是上市公司，而且一般不涉及融资问题（如果有融资，属于再融资性质，不是首发），因此关注的重点与IPO不同，借壳上市所依据的法律主要是《上市公司重大资产重组管理办法》；借壳上市的审核部门是中国证监会的上市部和并购重组审核委员会（以下简称"并购重组委"）负责。在审核标准方面，借壳上市审核严格执行首次公开发行股票上市标准。中国证监会将借壳上市条件与IPO标准等同，有利于防止市场监管套利。借壳上市的审查重点在于重组完成后上市公司是否具有持续经营能力，是否符合中国证监会有关治理与规范运作的相关规定，在业务、资产、财务、人员、机构等方面是否独立于控股股东、实际控制人及其控制的其他企业，与控股股东、实际控制人及其控制的其他企业间是否存在同业竞争或者显失公平的关联交易。随着注册制的实施，借壳上市的必要性将大大降低，企业会更愿意通过IPO完成上市。

其次，在效率方面，IPO要经历改制、上市辅导、申报材料、反馈意见和通过发审委会议审核这一严格的法定程序，时间长，要求高，被否决的风险大；借壳上市虽然也要受到监管当局的审查，但是相对审查时间较短，如果操作谨慎则被否决的风险较小。由于相对于IPO而言，借壳上市所需时间较短，因而被很多公司选择成为上市的一条间接通道。案例

3-10 中，2016 年 2 月顺丰尚在考虑通过 IPO 上市，但是到了 5 月即改为借壳上市，其中的原因即在于借壳上市所需时间较短。

2. 现金流不同

IPO 同时完成了公开募集资金和公开上市，因而可以获得大量的募集资金；借壳上市本身并不包含融资，融资需要通过增发来完成，增发可以在借壳上市时配合非公开增发，也可以在借壳上市完成后进行再融资。

3. 风险不同

IPO 的风险主要是上市申请被否决的风险、IPO 暂停的风险等，相对而言，这些风险主要是审核风险，一般可预测并可适度控制；借壳上市虽然也有审核方面的风险，但它所涉及的风险更多来自市场，包括壳公司质量风险、获得壳公司股份的定价风险和增发新股不确定性等，所以，选择合适的壳公司、合适的收购时机非常重要。

4. 成本不同

IPO 发行的成本主要来自中介成本，包括对保荐机构、承销商、会计师事务所、律师事务所等中介机构的支付；借壳上市的成本也包含对中介机构的支付，但是更多的成本来自借壳成本。借壳成本来自三个方面：其一是二级市场购买股权的成本（如有），其二是清壳的成本，其三是注入资产的收益权被稀释的成本，其中第三项成本往往是借壳上市过程中最大的成本。由于壳公司一般都采用对收购方定向发行股份以收购注入壳公司的经营实体，因此经营实体注入完成后，收购方对原经营实体的股权比例将会下降。与 IPO 相比较，这部分收益权的稀释并未给股权出售方带来任何现金流，只是单纯地为了获得上市公司的上市地位。综合起来，从成本看，借壳上市的成本一般都高于 IPO 的成本，这也是成熟市场上借壳上市较少的原因。

5. 市场时机不同

IPO 需要选择证券市场比较热的时段，而借壳上市可以在任何时间进行，并且证券市场较弱的时候，恰恰是壳成本较低的时候，反而是借壳的好时机，等到借壳、清壳、资产注入都完成后，市场可能开始上升，恰好可以运作再融资。可以说，借壳上市可以是全天候的上市捷径。

综合而言，虽然与 IPO 相比，借壳上市更灵活、更快捷，但是借壳上市的成本更高，面临更多的市场风险，同时在融资方面也面临着较多的不确定性。

3.7.2 借壳上市的一般过程

根据收购方是否需要先购买上市公司的控制权，借壳上市分为两类：一类是两步法，先买壳获得控制权，然后进行资产置换和业务整合、再融资等，如国美电器借壳上市案例（见案例 3-12）；另一类是一步法，通过资产置换和发行股份购买资产而直接获得控制权，如顺丰借壳鼎泰新材上市案例（见案例 3-10）。

借壳上市一般分为找壳、买壳、清壳、资产注入、业务整合、再融资这几个过程。

借壳首先需要寻找合适的壳公司。合适的壳公司，需要从股本规模、股价、财务质地、再融资可能性等几个方面来衡量。如何识别有价值的壳资源，是借壳或借壳企业应慎重考虑的问题，借壳方要结合自身的经营情况、资产情况、融资能力及发展计划，选择适宜的壳公司。

如果采用两步走的模式，则需要收购壳公司的控股权，既可以通过协议收购，也可以通过二级市场收购，收购过程需要动用较多的现金，会遇到股价变动的不确定性，同时还有强制要约收购的可能，风险比较大。如果采用一步走的模式，则通过壳公司收购买壳方预备注入壳公司的实体而获得控制权。相对于两步法，一步法比较简单，不需要动用现金，并且受二级市场波动的影响较小。

清壳的过程就是将壳公司原有资产剥离的过程。因为壳公司原有资产一般都是不良资产，并且往往与收购方的主业不一致，如果留在上市公司会影响未来的业绩，所以必须剥离上市公司。两步走的模式下，清壳在获得控股权之后进行；一步走的模式下，直接在发行股份的过程中进行置换，也就是用壳公司现有的资产来购买注入的资产，不足部分对买壳方发行股份来补偿。清壳的成本，就是买壳方对壳公司原有资产进行清理和重组的成本。借壳过程中，需要尽量避免过度的财务风险，因为能够被收购的壳公司一般财务状况都比较差，主营业务改良和继续的可能比较小，重组过程中，需要清理壳公司的不良资产、承担相应的债务、调整原先的人事、安置职工等。除了考虑上述成本外，还要关注信息不对称的影响，壳公司往往会隐瞒对自己不利的信息，比如额外的债务或者担保、现有资产缺少合法所有权等，而且，在重组过程中的有些成本往往会超出借壳方事前的估计，因此，借壳方必须事先多角度、全方位地了解被收购对象，充分估计各种不利可能，同时设计合理的结构避免可能的债务陷阱、法律陷阱等。

资产注入是借壳上市资产重组时最为关键的一个过程，收购人通过反向收购，将控制人的优质资产（目前要求是经营性实体）注入壳公司，从而对壳公司进行彻底的改造，使其主营业务、资产、盈利等都发生重大变化。外部投资者是否愿意买入该公司股份或参加未来的再融资，都取决于新公司的质量。新公司应规范运作，并尽量避免原先壳公司的不良影响。资产注入的方式主要有定向增发收购控股股东的资产、将原壳公司中的资产与控股股东的资产进行置换、换股吸收合并控股股东的子公司等，个别的情况下也有壳公司现金收购资产实现注入的。其中，定向增发是使用较多的方法。

资产注入完成后，原来的壳公司改天换地，业务发生了全面的变化，未来的工作主要是业务整合和新公司的发展。资产注入后新公司的表现将影响到公司二级市场的股价以及未来的再融资。

案例 3-10

顺丰借壳鼎泰新材上市

顺丰是我国知名的快递公司，因为业务的需要，该公司希望成为一家公众公司，从而更便利地从资本市场获得融资，帮助其扩张业务，尤其是支持其航空器材的购置以及飞行支持项目等。因为 IPO 的过程较长，顺丰选择了借壳鼎泰新材（见表 3-8）。

2017 年 2 月 23 日，顺丰借壳鼎泰新材（002352.SZ）正式在深圳证券交易所敲钟，且鼎泰新材于 2 月 24 日正式更名，证券简称由"鼎泰新材"变更为"顺丰控股"，证券代码不变。2017 年 1 月 18 日，鼎泰新材曾发布公告称，公司拟将证券简称由"鼎泰新材"变更为"顺丰控股"，证券代码不变。

表 3-8 顺丰借壳鼎泰新材的时序表

时间	事件
2016 年 2 月 18 日	顺丰在媒体刊登"上市辅导公告"，拟进行 IPO
2016 年 4 月 5 日	鼎泰新材停牌
2016 年 5 月 23 日	鼎泰新材发布"增发预案公告"，顺丰改借壳上市
2016 年 5 月 26 日	鼎泰新材分红除权 10 转 10 股，每 10 股派 1.4 元
2016 年 5 月 31 日	鼎泰新材复牌
2016 年 9 月	顺丰剥离中顺易和共赢基金的全部资产
2016 年 12 月 12 日	借壳方案获得中国证监会核准
2016 年 12 月 23 日	顺丰就股东变更事宜完成工商变更登记手续
2016 年 12 月 28 日	新聘董事长王卫
2017 年 1 月 23 日	定向增发股份于深圳证券交易所上市，增发价为每股 10.76 元，增发数量为 395 018.587 3 万股，募资总额为 4 250 400 万元，购买顺丰控股 100% 股权
2017 年 2 月 24 日	鼎泰新材改名"顺丰控股"，证券代码不变

顺丰借壳的方案可以分为三个环节：一是资产置换，即顺丰控股作价 433 亿元，与鼎泰新材作价 8 亿元的所有资产负债进行置换；二是鼎泰新材发行股份购买资产，即"本次交易中拟置出资产初步作价 7.96 亿元，拟置入资产初步作价 433 亿元，两者差额为 425 亿元。置入资产与置出资产的差额部分由公司以发行股份的方式自顺丰控股全体股东处购买"；其三是配套募资，即对合格投资者定向增发股份而募集 80 亿元资金（见图 3-10）。

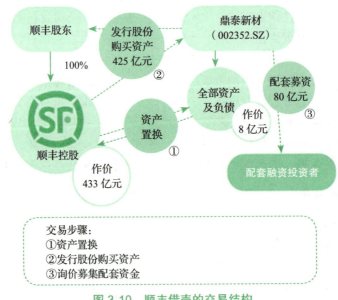

图 3-10 顺丰借壳的交易结构

资产置换完成后，明德控股等七家原顺丰控股的股东的持股比例由 100% 下降为 94.42%，当时定向增发股票共 395 018.587 3 万股，发行价为 10.76 元/股，发行总金额为 4 250 400 万元。如果按照顺丰控股 1 500 亿元的市值估算，顺丰借壳稀释给原鼎泰新材股东的股权价值约为 75 亿元。

2017 年 8 月 22 日，顺丰控股通过定向增发完成了 80 亿元的配套融资募集，发行价格为 35.19 元 / 股，定向配售股份数量为 22 733.73 万股。配套融资完成后，顺丰控股原股东的持股比例进一步下降到 91.02%（见图 3-11）。

图 3-11　顺丰借壳后上市公司的股权结构变化

注：配套融资实施前，顺丰控股原股东持股比例为 94.4%。

鼎泰新材的收购报告书
请扫码阅读 PDF 文件。

3.7.3　借壳上市的监管

1. 中国内地对借壳上市的监管

中国内地对借壳上市的监管主要依据《上市公司收购管理办法》和《上市公司重大资产重组管理办法》，前者规范收购的过程，后者规范资产剥离和资产注入。

《上市公司重大资产重组管理办法》由中国证监会于 2016 年 9 月 8 日进行了修改，号称"重组新规"。㊀

（1）借壳上市的具体标准。《上市公司重大资产重组管理办法》第十三条定义了借壳上市的具体标准，条文的具体规定是："上市公司自控制权发生变更之日起 60 个月内，向收购人及其关联人购买资产，导致上市公司发生以下根本变化情形之一的，构成重大资产重组，应当按照本办法的规定报经中国证监会核准。"这也就是说，借壳上市必须

上市公司重大购买、出售、置换资产行为（构成借壳上市的）审批程序
请扫码进入中国证监会官网阅读。

㊀ 中国证监会于 2019 年 1 月 25 日公布对该管理办法的最新修改决定，请读者自行登录中国证监会官网查阅。

经由中国证监会核准，构成借壳上市的标准是"控制权发生变更＋向收购人及其关联人购买资产而构成重大资产重组"，时间期限是 60 个月。

第十三条还给出了更为具体的量化指标，从资产总额、营业收入、净利润、净资产、股份比例五个角度来定义重大资产重组：

（一）购买的资产总额占上市公司控制权发生变更的前一个会计年度经审计的合并财务会计报告期末资产总额的比例达到 100% 以上；

（二）购买的资产在最近一个会计年度所产生的营业收入占上市公司控制权发生变更的前一个会计年度经审计的合并财务会计报告营业收入的比例达到 100% 以上；

（三）购买的资产在最近一个会计年度所产生的净利润占上市公司控制权发生变更的前一个会计年度经审计的合并财务会计报告净利润的比例达到 100% 以上；

（四）购买的资产净额占上市公司控制权发生变更的前一个会计年度经审计的合并财务会计报告期末净资产额的比例达到 100% 以上；

（五）为购买资产发行的股份占上市公司首次向收购人及其关联人购买资产的董事会决议前一个交易日的股份的比例达到 100% 以上；

（六）上市公司向收购人及其关联人购买资产虽未达到本款第（一）至第（五）项标准，但可能导致上市公司主营业务发生根本变化；

（七）中国证监会认定的可能导致上市公司发生根本变化的其他情形。

文中所指的"控制权"，按照《上市公司收购管理办法》第八十四条的规定进行认定，即：

第八十四条 有下列情形之一的，为拥有上市公司控制权：
（一）投资者为上市公司持股 50% 以上的控股股东；
（二）投资者可以实际支配上市公司股份表决权超过 30%；
（三）投资者通过实际支配上市公司股份表决权能够决定公司董事会半数以上成员选任；
（四）投资者依其可实际支配的上市公司股份表决权足以对公司股东大会的决议产生重大影响；
（五）中国证监会认定的其他情形。

上市公司股权分散，董事、高级管理人员可以支配公司重大的财务和经营决策的，视为具有上市公司控制权。

（2）借壳上市的核准要点。《上市公司重大资产重组管理办法》第十三条同时规定：

上市公司实施前款规定的重大资产重组，应当符合下列规定：
（一）符合本办法第十一条、第四十三条规定的要求；⊖
（二）上市公司购买的资产对应的经营实体应当是股份有限公司或者有限责任公司，且符合《首次公开发行股票并上市管理办法》规定的其他发行条件；
（三）上市公司及其最近 3 年内的控股股东、实际控制人不存在因涉嫌犯罪正被司法机关

⊖ 第十一条和第四十三条的内容在本书中不再赘述，请读者自行参考《上市公司重大资产重组管理办法》（2016 年修订）原文。

立案侦查或涉嫌违法违规正被中国证监会立案调查的情形，但是，涉嫌犯罪或违法违规的行为已经终止满3年，交易方案能够消除该行为可能造成的不良后果，且不影响对相关行为人追究责任的除外；

（四）上市公司及其控股股东、实际控制人最近12个月内未受到证券交易所公开谴责，不存在其他重大失信行为；

（五）本次重大资产重组不存在中国证监会认定的可能损害投资者合法权益，或者违背公开、公平、公正原则的其他情形。

（3）核准程序。中国证监会在发审委中设立上市公司并购重组委，并购重组委以投票方式对提交其审议的重大资产重组或者发行股份购买资产申请进行表决，提出审核意见。上市公司重大资产重组属于《上市公司重大资产重组管理办法》第十三条规定的交易情形的，应当提交并购重组委审核。

上市公司在收到中国证监会关于召开并购重组委工作会议审核其申请的通知后，应当立即予以公告，并申请办理并购重组委工作会议期间直至其表决结果披露前的停牌事宜。

上市公司收到并购重组委关于其申请的表决结果的通知后，应当在次一工作日公告表决结果并申请复牌。公告应当说明，公司在收到中国证监会做出的予以核准或者不予核准的决定后将再行公告。

（4）发行股份购买资产。关于发行股份购买资产，《上市公司重大资产重组管理办法》第四十三条规定：

上市公司发行股份购买资产，应当符合下列规定：
（一）充分说明并披露本次交易有利于提高上市公司资产质量、改善财务状况和增强持续盈利能力，有利于上市公司减少关联交易、避免同业竞争、增强独立性；
（二）上市公司最近一年及一期财务会计报告被注册会计师出具无保留意见审计报告；被出具保留意见、否定意见或者无法表示意见的审计报告的，须经注册会计师专项核查确认，该保留意见、否定意见或者无法表示意见所涉及事项的重大影响已经消除或者将通过本次交易予以消除；
（三）上市公司及其现任董事、高级管理人员不存在因涉嫌犯罪正被司法机关立案侦查或涉嫌违法违规正被中国证监会立案调查的情形，但是，涉嫌犯罪或违法违规的行为已经终止满3年，交易方案有助于消除该行为可能造成的不良后果，且不影响对相关行为人追究责任的除外；
（四）充分说明并披露上市公司发行股份所购买的资产为权属清晰的经营性资产，并能在约定期限内办理完毕权属转移手续；
（五）中国证监会规定的其他条件。

此外，《上市公司重大资产重组管理办法》第四十五条第一款和第二款规定：上市公司发行股份的价格不得低于市场参考价的90%。市场参考价为本次发行股份购买资产的董事会决议公告日前20个交易日、60个交易日或者120个交易日的公司股票交易均价之一。本次发行股份购买资产的董事会决议应当说明市场参考价的选择依据。交易均价的计算公式为：董事会决议公告日前若干个交易日公司股票交易均价＝决议公告日前若干个前款所称交易日公司股票交易总额/决议公告日前若干个交易日公司股票交易总量。

关于股份冻结，《上市公司重大资产重组管理办法》第四十六条规定：

特定对象以资产认购而取得的上市公司股份，自股份发行结束之日起12个月内不得转让；属于下列情形之一的，36个月内不得转让：

（一）特定对象为上市公司控股股东、实际控制人或者其控制的关联人；

（二）特定对象通过认购本次发行的股份取得上市公司的实际控制权；

（三）特定对象取得本次发行的股份时，对其用于认购股份的资产持续拥有权益的时间不足12个月。

2. 中国香港对借壳上市的监管

从2002年开始，A股市场扩容减缓，大量民营企业开始在中国香港地区借壳上市。此时，香港对借壳上市的监管较松。比如，李书福的吉利汽车，借助"国润控股"（0175.HK）顺利上市。但其中，不乏大量劣质公司，香港联交所为此深感不安，因为这既对投资者不负责，也对IPO上市的企业不公。于是，2004年4月1日，香港联交所专门修改《上市规则》，规定了第14.06（6）条"反收购行动"一项，将进行反收购（即反向收购）的上市公司视作新申请人，必须按照IPO的程序审批。《上市规则》对反收购的界定是：其一，注入资产值达到壳公司资产的100%，或者所贡献的盈利等于或大于壳股的一倍以上，且收购事项发生后，上市公司控制权发生变动；其二，在上市公司控制权发生变化的24个月内，上市公司向取得控制权的人士收购的资产值达到壳公司资产的100%。《上市规则》这些注资构成"非常重大交易"。

中国香港对借壳上市的监管视同于IPO程序，保证了借壳公司的质量，一方面保护了投资者的利益；另一方面，对IPO公司也是公平的。但是，较为严厉的监管也在一定程度上限制了借壳上市。

香港联交所及证监会对借壳上市还做出了一些限制，包括：全面收购，即收购者如购入上市公司超过30%的股份，须向其余股东提出全面收购；公众持股量，即上市公司须维护足够的公众持股量，否则可能被停牌。

3. 美国对借壳上市的监管

美国对借壳上市的监管特点是强调对原公司的保护，具体分为几个方面：第一是要求维持原股东的利益，必须有一定的股份掌控在原壳公司的股东手中；第二是新公司借壳上市后多不能马上剥离原有壳公司的资产和负债，两者要并行较长时间，如6个月至1年，在此期间不可控的财务风险和法律风险较大；第三规定新公司要承担壳公司原有的一切债权债务和法律责任以及亏损，因此，原有壳公司可能存在的诉讼和债务风险较大，而壳公司的潜在债权人往往会等新公司置换入优质资产后，诉讼才随之而来，使新公司因此遭受巨额损失。综合而言，美国对借壳上市的监管非常严厉，对借壳方而言，充满着风险。

在美国，由于NYSE和NASDAQ在财务方面有着较高的门槛，对壳公司的收购成本以及收购后对其现有业务和劳工的处置成本都比较高，因此在这两个主要市场进行反向收购比较昂贵，因此，实践中借壳上市的对象往往是在场外柜台交易系统上交易的公司。

场外柜台交易系统（over the counter bulletin board，OTCBB），又称布告栏市场，是由

NASDAQ 的管理者全美证券交易商协会（NASD）所管理的一个交易中介系统。OTCBB 上市程序简单且费用较低。OTCBB 对上市公司在股价、资产、利润等方面没有维持报价或挂牌的标准，只要经过 SEC 核准，有三名以上做市商愿为该证券做市，就可以向 NASD 申请挂牌。挂牌后企业按季度向 SEC 提交报表，就可以在 OTCBB 上面上市流通了。

但是由于 OTCBB 受投资者关注度极少，企业交易量并不活跃，二级市场维护难度高，后续融资难度也高，转板到 NASDAQ 市场难度也很大，因此，OTCBB 借壳上市虽然简易和廉价，但对公司未来的发展不利。

在美国有一种特殊的借壳上市方式，称为**特殊目的收购公司**（special purpose acquisition company，SPAC）。SPAC 上市融资方式集直接上市、海外并购、反向收购、私募等金融产品特征及目的于一体，并优化各个金融产品的特征，完成企业上市融资之目的。

SPAC 自己造壳，即首先在美国设立一个特殊目的的公司，这个公司只有现金，没有实业和资产。这家公司将投资并购欲上市的目标公司。目标公司将通过和已经上市 SPAC 并购迅速实现上市融资的目的。

以 SPAC 形式上市在充分符合 SEC 规定的最低公开上市标准要求的同时，与直接到海外上市相比，SPAC 方式不仅节省时间，费用也相对低很多；而相较于传统的借壳上市，SPAC 的壳资源干净，没有历史负债及相关法律等问题。

案例 3-11

蓝色光标 SPAC 海外借壳

蓝色光标（300058.SZ）2019 年 8 月 23 日公告，拟将其子公司蓝标国际下属四家控股子公司 Vision 7 International Inc.，We Are Very Social Limited，FuseProject,LLC，Metta Communications Limited 的全部股权，以及蓝色光标所持有控股公司 Madhouse Inc. 81.91% 的股权，注入一家在美国注册、NYSE 上市的名为 Legacy Acquisition Corporation（以下简称"Legacy"，交割后名称暂定变更为"Blue Impact, Inc."）的 SPAC。

Legacy 是一家在 NYSE 挂牌上市的 SPAC（股票代码：LGC）。Legacy 于 2017 年 11 月上市，以每股 10 美元发行普通股共 3 000 万股，募集资金 3 亿美元，用以在两年内寻找一家或多家企业进行兼并，资产收购，股票购买，重组或类似业务合并。

此次交易蓝色光标所获利益如下：

（1）资本平台的拓展。蓝色光标实现了境外资产在 NYSE 的上市，进入一个全球化的融资平台，为公司未来持续国际化发展打下了一个良好的基础。

（2）财务方面，补充了现金流。蓝色光标将获取 Legacy 定向增发的 3 000 万股股票，每股以 10 美元计，合计 3 亿美元，约占 Legacy 44.4% 的股权（但通过实际控制，可以动用 Legacy 的账面现金）；根据 Madhouse 2019～2022 年的利润增长情况，最多获得不超过 1.11 亿美元的对赌对价；补偿给公司的本次交易全部成本约 1 000 万美元。

（3）获得 Legacy 的控制权及并表。交易完成后，蓝色光标作为 Legacy 单一最大股东，将有权提名 Legacy 董事会 9 席中的 6 席，蓝标国际现有管理团队将负责运营该公司，从而对 Legacy 形成实质控制，并在财务报表上对 Legacy 进行合并。

（4）帮助获得美国的客户资源。Legacy 的创始人都在美国的快消行业（如宝洁、百事等公司）担任过很重要的职位，对美国的营销市场十分了解，通过他们的关系可以帮助蓝色光标更好地获得在美国的客户资源。

（5）减少商誉减值的风险。蓝色光标当年收购这些子公司的时候积累了接近22亿元人民币的商誉，并且对这5家公司的股权占比下降至44.4%，这相应地减轻了蓝色光标未来潜在的减值风险。

蓝色光标 SPAC 借壳上市的公告
请扫码阅读 PDF 文件。

案例 3-12

国美电器借壳上市

国美电器的实际控制人为黄光裕，黄光裕通过在中国香港地区借壳上市，注入资产，而实现了国美电器在港上市。在过程中，黄光裕采用了国际通行的途径，先在百慕大或英属维尔京群岛设立海外离岸公司，通过其购买上市壳公司的股份，不断增大持有比例，主导该上市公司购买黄光裕自有的非上市公司资产，将业务注入上市公司。经过一系列操作后，壳公司从资产结构、主营业务乃至公司名称都发生了变化，从而达到借壳上市的目的。

从 2000 年 6 月底开始，黄光裕通过海外离岸公司，开始收购了香港上市公司京华自动化（0493.HK）原大股东的股份，到 7 月底，获得了该上市公司的控制权。总计使用现金 7 520 万港元。

2000 年 9 月，京华自动化发布公告，以增加公司运行资金的名义，以全数包销的方式，增发 3 100 万股新股，公司总发行股本增至 18 800 万股。本次配发的股份数量，折合公司已发行总股本的 19.7%，低于 20%，因此，不需要停牌和经过股东大会决议过程，通过这种方式黄光裕增加了股权比例。

2000 年 12 月 6 日，京华自动化停牌发布公告收购黄光裕持有的物业，支付的方式是：现金支付 1 200 万港元，余下的 1 368 万港元以向卖方发行股份的形式支付。

通过这次操作，黄光裕个人以持股 3 600 万股（16.1%）成为京华自动化的第二大股东。

2001 年 9 月京华自动化再次公告，以增加公司运行资本金和等待投资机会的名义，全数包销配售 4 430 万股新股，新股价格为公告停牌前一天的收盘价折让 10%，即 0.18 港元/股，募集资金 797.4 万港元，本次配发的股份数量折合公司已发行总股本的 19.8%。

2002 年 2 月 5 日，京华自动化发布公告，增发 13.5 亿股新股，0.1 港元/股，全部由黄光裕独资的 BVI 公司以现金认购。这标志着黄光裕已决心将其旗下的实业业务装入此壳中。他选择了先装入地产，国美电器是他最值钱的核心业务，当时他正在全力以赴收购内地 A 股市场的 *ST 宁窖（600159），而且进展顺利，是否把核心资产拿到中国香港，他还要权衡两地优劣，选择更好的时机。

借壳支出的 1.35 亿港元的现金，全部投入上市公司发展地产业务，逐步收购内地地产行业的优质资产，京华自动化的公众股价格在这轮利好消息的刺激下连翻了四倍。

至此，黄光裕和其独资的 A 公司合计持有 85.6% 的股份，根据香港联交所《香港公司收购、合并及股份收回守则》，触发无条件收购。即要么全部收购剩余的 14.4% 的公众股份退市，要么为了维持上市地位，必须转让到个人持股比例 75% 以下。2002 年 4 月 26 日，黄光裕转让 11.1% 的股份给机构投资者，作价 0.425 港元/股，共得 7 650 万港元现金，使其个人的持股比例降低到 74.5%，这个减持比例做到了"一石三鸟"，既保住了上市地位，又实现了一股独大，同时套现减压。

2002年4月10日，京华自动化出资现金加代价股合计1.95亿港元，收购了一家注册在百慕大的公司Artway Development（由黄光裕持有），而Artway Development拥有北京朝阳区一处物业权益的39.2%。黄光裕通过上市公司购买自身控制的内地物业资产，得以将上市公司账面的几乎全部现金1.2亿元转入自己的账户，顺利解除收购"净壳"支付的大笔现金的资金链压力，加上4月26日减持套现的7 650万港元，一个月内其现金流入，即约2亿港元。

至此，黄光裕通过先后把左手的三间写字楼和物业，倒到右手的上市公司里，套现上市公司现金，使现金链条得以回笼，同时增持股份，白得了一个"净壳"。2002年7月，京华自动化发布公告正式更名为"中国鹏润"并在地产、物业等优质资产的带动下开始扭亏。

2003年年初，黄光裕开始重组"国美电器"，将"北京国美"的经营性资产、负债和天津、济南、广州、重庆等地共18家子公司94家门店全部股权装入"国美电器"，由鹏润亿福持有65%的股份，黄光裕直接持有国美电器剩余35%的股份。

2004年6月，中国鹏润（0493.HK）公告宣布以83亿港元的代价，买下拥有65%国美股权的Ocean Town而成为"国美电器"的第一大股东。国美正式装入壳中，并正式更名为"国美电器"。

置入国美电器时，中国鹏润向黄光裕定向配发了价值2.435亿港元的不受任何禁售期限制的代价股份；向黄光裕定向发行第一批价值70.314亿港元的可换股票据，相关换股权可在自票据发行日起三周年内的任何时点随时行使，满三年后强制行使；向黄光裕定向发行第二批价值10.269亿港元的可换股票据，相关换股权仅于北京国美偿还所欠国美电器相关债务后方可行使。这些安排是为了使黄光裕的持股数不超过75%。

上市以后黄光裕的持股比例达到了74.9%，离无条件收购要求的持股比例只差0.1个百分点，另外黄光裕手中还有14.598亿股的可换股票，黄光裕的当务之急是抛出股票，套取现金。

2004年7月初，黄光裕开始了国美上市后的第一次配售，计划以4.85～6.53港元/股的价格配售5.75亿旧股，计划套现37.5亿港元，而当时国美的股价均在8港元/股以上，配售的前一天股价为8.7港元/股，配售的股价折让超过20%，但却受到冷落，配售失败。并且股价自配售消息公布后连续下跌。7月中旬，黄光裕又开始了第二次减价配售，售价在4.05～4.85港元/股，配售股数由5.75亿股减至4亿股。正当此次配售获得两倍足额认购时，黄光裕却宣布中止配售计划，理由是避免令股价继续受压，投资者蒙受损失。这两次的配售是黄光裕试探市场的行动，配售价格过高市场不认可，价格过低，黄光裕又不愿意。第三次套现是真正的套现，并且通过国际机构投资者实现。2004年9月底，黄光裕开始了第三次套现，以3.98港元/股的超低价，将手中3亿股卖给惠理基金、J. P.摩根和Fidelity三个机构投资者，黄光裕套现11.92亿港元。虽然配售价并不高，但是引入国际机构投资者明显可以提升国美电器的内在价值。

2004年12月中旬，国美电器第四次配售，以6.25港元/股的价格成功配售2.2亿股旧股，套现13.75亿港元。由于国际机构投资者的引入，第四次配售价格比第三次提高了57%，推动了股价的上升。通过这两次配售，黄光裕一共套现25亿港元之多，相比之下，此时苏宁电器在国内中小板上市募集资金仅4亿多元，而且，张近东的股份有三年的冻结期。

第四次配售完成后，黄光裕的股份由74.9%降到67.5%，同时2005年3月国美电器向大股东黄光裕收购旗下国美家电余下35%的股权，收购价高达60.58亿元，其中10亿元支付现金，余下的 50.58 亿元将透过发行 7.38 亿新股支付，则黄光裕持股量将由目前 67.5% 回增至 77.58%，加上黄光裕手中持有的十几亿股可转换股票，为了避开中国香港地区关于单一股东持股比例 75% 限制的无条件收购条款，黄光裕必将把配售套现进行到底。

国美电器借壳上市的过程可总结为三个阶段。

第一阶段：收购壳公司"京华自动化"

国美电器借壳上市第一阶段示意图如图 3-12 所示。

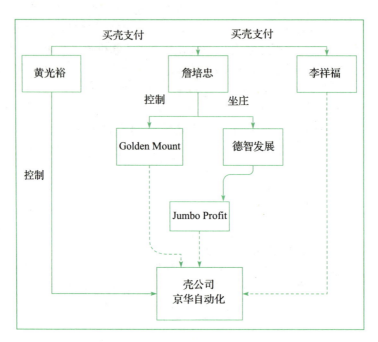

图 3-12　国美电器借壳上市示意图（1）

第二阶段：资产注入，改名"中国鹏润"

国美电器借壳上市第二阶段示意图如图 3-13 所示。

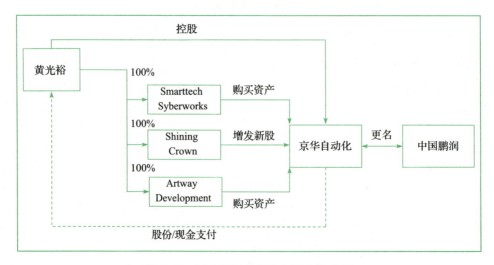

图 3-13　国美电器借壳上市示意图（2）

第三阶段：资产注入，改名"国美电器"

国美电器借壳上市第三阶段示意图如图 3-14 所示。

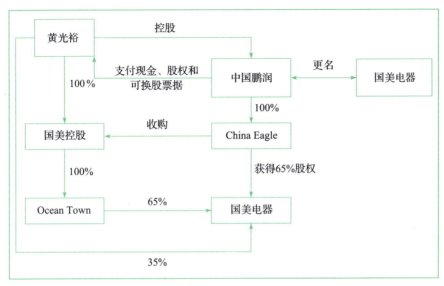

图 3-14　国美电器借壳上市示意图（3）

国美电器的对手苏宁电器，走了完全不同的一条资本道路。2004 年 7 月 7 日，苏宁电器在中小板市场发行 2 500 万股新股，发行价为 16.33 元/股，募集资金 4.08 亿元人民币，之后，通过向机构投资者两次增发股份，募集资金 36.3 亿元人民币（截至 2009 年年末）。苏宁的道路是简单平实的扩张融资道路，张近东等股东的身价随公司股价的上升而迅速增长，从 2004 年 7 月上市到 2009 年 7 月，股价上涨了 40 倍。国美电器走的是复杂的资本运营之路，黄光裕的股份随资产注入而增加，随股价上升而猛增，随着股份配售而套现。黄光裕的国美之路从借壳到注资，到套现，步步设计精巧，环环相扣，体现了资本运作的高水平。

■ 本章小结

1. 公司是依法定条件和程序设立的以营利为目的的社团法人，根据股东责任不同，可将公司分为无限责任公司、有限责任公司、股份有限公司和有限合伙公司。
2. 股份有限公司是现代资本市场的核心，它有利于向社会公开募集资金，股东持有的股份可以自由转让，股东承担有限责任，股份有限公司有利于实现公司的所有权和经营权分离。
3. 股份有限公司可以采取发起设立和募集设立两种方式。
4. 股份有限公司包含公众公司和非公众公司两类，其内在的区别在于是否公开募集，股东是否属于公众。
5. 一家公司如果公开上市融资，其主要的好处在于：融资的便利、企业形象的改善、相对合理的定价、股权的流动、股权激励计划的实行等。但同时，上市之后也会有一些弊端。
6. 证券发行制度分为审批制、核准制和注册制三种。
7. 在股票发行过程中，我国采用保荐制度，保荐机构的主要工作是完成尽职调查、上市辅导、对发行上市申请文件进行内部核查、对发行人证券上市后进行持续督导等。
8. 我国目前股票发行方式是网下配售和上网定价发行相结合的发行方式。
9. 在股票发行的过程中一般会采用一些机制来保障顺利发行，包括回拨机制和超额配售选择权机制。
10. 股票上市是由交易所安排的，需要满足一些基本的条件。
11. 股票发行的定价制度有很多种，我国主要采用询价和协商定价的方法。
12. 影响股票发行价格的因素有很多，这些影响因素可以分为本体因素和市场环境因素。
13. 基本的股票发行定价方法包括可比公司定价法、市盈率定价法、现金流贴现定价法、市净率定价法和经济增加值定价法。
14. 新股发行上市时，市场价格与发行价格相比都会有一定的升幅，这种现象被称为IPO折价。根据主流的金融理论，IPO折价主要是由于信息不对称引起的。
15. 借壳上市是间接上市的方式，比IPO更灵活、更快捷，但成本更高，市场风险更大，在融资方面也面临较多的不确定性。

■ 思考题

1. 什么是公司？公司有哪些主要的类别？
2. 什么是股份有限公司？股份有限公司有哪些优势？
3. 股份有限公司有哪两种设立方式？
4. 什么是公众公司？什么是非公众公司？二者的差别体现在什么地方？
5. 请根据一些实际的案例，分析一下公开上市的利弊。
6. 证券发行有哪三种制度？各有什么特点？
7. 简要叙述证券发行的程序。
8. 简要叙述投资银行在发行过程中的工作。
9. 募股文件主要包括哪些？
10. 什么是回拨机制？它的好处是什么？
11. 什么是超额配售选择权"绿鞋"？其作用何在？
12. 我国股票上市的条件是什么？
13. 股票发行的定价制度有哪些？股票发行定价的影响因素有哪些？
14. 基本的股票发行定价方法有哪些？理解各种方法的利弊。
15. 什么是IPO折价现象？引起IPO折价的原因是什么？
16. 借壳上市与直接IPO相比，有哪些差异？
17. 什么是SPAC？这种方式的上市与IPO有什么差别？

第 4 章

上市公司再融资

■ 本章提要

本章主要讲述上市公司股权再融资的各种方法，具体包括增发（公开增发和定向增发）、配股、优先股、可转换公司债券、可交换公司债券，以及这些再融资工具的概念、融资特点、应用案例和发行条件等，同时介绍了再融资承销中存在的风险。

■ 重点与难点

1. 上市公司资本市场再融资的主要方式
2. 配股与增发的比较
3. 定向增发与公开增发的比较
4. 定向增发的特点及优势
5. 上市公司发行新股的基本条件
6. 上市公司发行优先股的融资特点
7. 上市公司发行优先股的条件
8. 可转换公司债券的基本概念和特征
9. 可转换公司债券的发行优势
10. 可分离公司债券的基本概念和发行的好处
11. 可交换公司债券的概念以及融资特点
12. 再融资的承销风险

4.1 上市公司发行新股

上市公司再融资的方式包括银行贷款融资、债券融资、股权融资等（见图4-1）。本章所指的上市公司再融资专指在资本市场以股权或类股权方式的再融资，不具体讨论银行贷款融资和发行债券融资⊖这两种债务融资方式。因此，本章所指的再融资具体包括发行新股、发行可转换公司债券和发行可交换公司债券，后两者由于都具有部分股权融资的性质，而且在上市公司再融资时相应的定性和监管方面也是偏向股权类融资工具的，因此将可转换公司债券和可交换公司债券也放在本章讨论。

⊖ 发行债券融资请参见本书第 5 章。

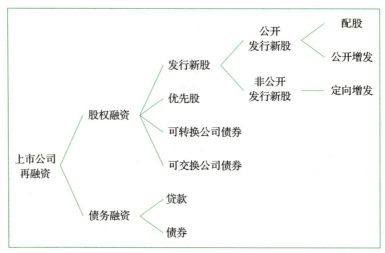

图 4-1　上市公司再融资的主要方式

4.1.1　配股

1. 基本概念

上市公司发行新股是指上市公司直接发行普通股进行股权融资，具体可以分为配股和增发，增发又可以分为公开增发和定向增发。

配股是上市公司根据公司发展的需要，依据有关规定和相应程序，向原股东进一步发行新股、筹集资金的行为，原股东按其持股比例，以低于市价的某一特定价格获得配售的新股。

在我国，上市公司向原股东配股的，除了要符合公开发行股票的一般规定外，还应当符合下列规定：①拟配售股份数量不超过本次配售股份前股本总额的30%；②控股股东应当在股东大会召开前公开承诺认配股份的数量；③采用《证券法》规定的代销方式发行。

2. 融资特点

第一，在发行条件和程序方面，配股是向原有股东按一定比例配售新股，不涉及引入新的股东，不涉及新老股东之间利益的平衡，因此发行条件要低于增发，发行程序也较为简单。配股属于公开发行，按《上市公司证券发行管理办法》的规定，需要最近三年以现金方式累计分配的利润不少于最近三年实现的年均可分配利润的30%。财务方面要求最近三个会计年度连续盈利，扣除非经常性损益后的净利润与扣除前的净利润相比，以低者作为计算依据。但是不像公开增发对近三年的净资产收益率有不低于6%的要求。正是由于配股实施时间短、操作简单、发行成本低、审批快捷，所以成为上市公司最为常规的再融资方式。

第二，从定价方式来看，配股的价格由主承销商和上市公司根据市场的预期，采用现行股价折扣法确定，也就是配股的价格是按照发行公告发布时的股票市价作一定的折价处理来确定的。当市场环境不稳定的时候，确定配股价是非常困难的。在正常情况下，新股发行的价格按发行配股公告时股票市场价格折价10%～25%。一般而言，折价越深，越容易完成配股，但过低的折价会减少募集资金量，因此投资银行往往会寻找合适的市场时机来推进配股。

配股完成后，股价需要进行除权调整，计算公式为：

配股后的除权价 =（股权登记日的收盘价 + 配股价 × 每股配股数）÷（1+ 每股配股数）

例如，某股票股权登记日的收盘价为 18.00 元 / 股，10 股配 3 股，即每股配股数为 0.3，配股价为 6.00 元 / 股，则除权后股价为 15.23（=（18.00 + 6.00 × 0.3）÷（1 + 0.3））元。

如果未全额完成配股，则根据实际配股的股数进行调整，计算公式为：

$$每股除权后价格 = (行权前发行在外普通股的市值总额 + 配股收到的款项) \div 行权后发行在外的普通股股数$$

第三，在融资用途方面，配股募集资金不需要针对特定的项目，因此在资金用途方面较为便利。

第四，配股对控股股东的认购有一定的要求。根据《上市公司证券发行管理办法》的规定，向原股东配股，控股股东应当在股东大会召开前公开承诺认配股份的数量。控股股东如果不履行认配股份的承诺，可以认为是配股失败。

虽然配股是最为常规的再融资方式，但是由于对控股股东认购有一定要求、融资量较少、定价困难等多种因素，在实际应用中，配股反而成为上市公司较少采用的再融资方式。

案例 4-1

隆基股份配股融资

隆基股份（601012.SH）成立于 2000 年，是国内最早从事太阳能光伏业务的公司之一，经过十几年的创新和发展，已成为全球最大的集研发、生产、销售和服务于一体的单晶光伏产品制造企业，是唯一入选工信部首批制造业单项冠军示范企业的光伏制造企业。该公司始终专注于单晶硅棒、硅片的研发、生产和销售，目前已成为全球最大的太阳能单晶硅光伏产品制造商。

该公司于 2012 年完成首次公开发行股票，发行价格为 21.00 元 / 股，募资净额为 151 310.50 万元。2015 年 6 月该公司完成一次定向增发，发行价格为 15.30 元 / 股，募资净额为 191 997.19 万元。

表 4-1 列出了 2011 ～ 2018 年隆基股份资产负债情况的历年变化。我们可以发现该公司的资本压力较大，随着业务的扩张，负债率不断上升，随着 2012 年的 IPO 和 2015 年的定向增发，资产负债率、流动比率、速动比率三项指标立竿见影地得到提升，但是事后流动比率和速动比率又很快继续下降。由此可见，隆基股份对股本资金的需求一直比较迫切。这就是该公司采用配股方式发行新股内在的财务需求。

表 4-1 隆基股份的主要财务风险指标（2011 ～ 2018 年）

财务风险指标	2018 年	2017 年	2016 年	2015 年	2014 年	2013 年	2012 年	2011 年
资产负债率（%）	57.58	56.68	47.35	44.62	49.41	36.16	38.25	52.86
流动比率	1.54	1.53	1.87	1.70	1.31	1.80	1.85	1.20
速动比率	1.25	1.34	1.68	1.30	0.87	1.16	1.31	0.80

2018 年 8 月，公司为进一步巩固和提升在单晶硅领域的核心竞争力，增强持续盈利能力，董事会提议采取配股方式募集资金，具体资金用途见表 4-2。公司董事会对配股募集资金使用的可行性进行了分析。

隆基股份的配股募集资金使用的可行性分析报告

请扫码阅读 PDF 文件。

表 4-2　隆基股份配股资金的用途说明

序号	项目名称	投资总额（万元）	募集资金投入金额（万元）
1	宁夏乐叶年产 5 吉瓦高效单晶电池项目	304 955.00	254 000.00
2	滁州乐叶年产 5 吉瓦高效单晶组件项目	226 186.00	106 000.00
3	补充流动资金	30 000.00	30 000.00
	合计	561 141.00	390 000.00

隆基股份确定了国信证券股份有限公司作为此次配股的主承销商，在其协助下完成了一系列准备工作，之后，隆基股份向中国证监会提交了配股申请，并经"证监许可〔2019〕202 号文件"核准发行。

本次配股以股权登记日 2019 年 4 月 8 日（T 日）上海证券交易所收市后公司总股本 2 790 803 535 股为基数，按每 10 股配售 3 股的比例向股权登记日全体股东配售，共计可配售股份总数为 837 241 060 股。配股价格为每股人民币 4.65 元。截至认购缴款结束日（2019 年 4 月 15 日（T＋5 日）），隆基股份配股有效认购数量为 833 419 462 股，认购金额为人民币 3 875 400 498.30 元。

截至认购缴款结束日（2019 年 4 月 15 日（T＋5 日）），隆基股份控股股东李振国、李喜燕及其一致行动人李春安均履行了全额认购的承诺，合计全额认购其可配股数 262 315 397 股，占本次可配股份总数（837 241 060 股）的 31.33%。

本次配股新增股份上市流通日为 2019 年 4 月 29 日，配股完成后公司股本总数变更为 3 624 214 690 股。

表 4-3 列出了隆基股份配股期间的时间安排。

表 4-3　隆基股份配股期间的时间安排

交易日	日期	配股安排
T－8 日至 T－4 日	2019 年 3 月 26 日至 4 月 1 日	刊登《关于配股发行期间转股连续停牌的提示性公告》（5 次）
T－3 日	2019 年 4 月 2 日	"隆基转债"开始停止转股
T－2 日	2019 年 4 月 3 日	刊登配股说明书及摘要、配股发行公告、网上路演公告
T－1 日	2019 年 4 月 4 日	网上路演
T 日	2019 年 4 月 8 日	股权登记日
T＋1 日至 T＋5 日	2019 年 4 月 9 日至 15 日	配股缴款起止日期刊登配股提示公告（5 次，网上配股截止于 T＋5 日 15:00）
T＋6 日	2019 年 4 月 16 日	登记公司网上清算、验资
T＋7 日	2019 年 4 月 17 日	刊登发行结果公告 发行成功的除权基准日或发行失败的恢复交易日及发行失败的退款日

隆基股份的配股说明书
请扫码阅读 PDF 文件。

隆基股份的配股发行公告
请扫码阅读 PDF 文件。

4.1.2　公开增发

1. 基本概念

增发新股是指在首次公开发行股票后，公司向不特定对象公开募集股份，包括向全体社会公众或者向特定的投资者发售股票，前者称为公开增发或者公募增发，后者称为定向增发、非公开发行○或者私募增发。公开增发在本小节介绍，定向增发在 4.1.3 节介绍。

公开增发新股由于涉及新老股东的利益平衡，同时受二级市场股价影响较大，因此相比配股，更为复杂一些。

隆基股份的配股股份变动及获配股票上市公告书

请扫码阅读 PDF 文件。

2. 融资特点

首先，公开增发可能会稀释原有股东的权益，原股东会产生抵触情绪。增发后，原股东持有的股票并不增加，但是因为增发之后，公司的注册资本、权益资本等诸多财务数据发生了变化，每股权益和收益也相应发生变化，一般而言，同期每股账面权益（净资产值）会增加，但同期每股收益会被摊薄。

其次，公开增发对上市公司要求的条件较高，既有现金分红的要求，比如，要求上市公司最近 3 年现金分红的比例至少要达到年均可分配利润的 30%；又有财务指标的要求，比如最近 3 年连续盈利（创业板为最近两年盈利），不存在利润下滑 50% 以上的情形，且最近 3 个会计年度加权平均净资产收益率平均不低于 6%，以扣非后净利润和净利润中的低者作为加权平均净资产收益率的计算依据。

最后，公开增发的市场操作难度较大。公开增发的发行价格不低于公告招股意向书前 20 个交易日公司 A 股股票均价或前一个交易日公司 A 股股票均价，这属于市价发行，客观上造成公开增发的市场择机难度很大，如果要成功实施，需要股价处于上升区间，否则很容易增发价跌破市价而导致发行失败。而且根据发行安排，发行价格在确定后，还需要经历 2 个交易日后才会停牌进入申购期，而如果在此期间上市公司股票价格大幅下跌的话，很可能使已经确定的发行价低于市价，从而出现"破发"的情形。

由于公开增发存在以上的发行困难，因此 A 股上市公司再融资很少选择公开增发的方式。2014 年 5 月 6 日沧州大化完成了一次公开增发，那也是当年唯一的一次公开增发，之后的五年里没有一次公开增发。直到 2019 年 4 月 19 日，广东拓斯达科技股份有限公司公开增发的申请获得中国证监会审核通过，才续上了这一再融资方式。

关于公开增发和配股的具体程序和发行条件，请扫码阅读中国证监会关于"公司公开发行股票（A 股、B 股）核准—上市公司公开发行股票（公开增发、配股）"的行政许可事项服务指南。

上市公司公开增发和配股的具体程序和发行条件

请扫码进入中国证监会官网阅读。

🌐 案例 4-2

拓斯达公开增发融资

广东拓斯达科技股份有限公司（以下简称"拓斯达"），是国家级高新技术、机器人骨干企业，

○ 关于采用"非公开发行"还是"定向增发"的说法，存在一定争议。从概念分析，定向增发是非公开发行的一种，而且《上市公司证券发行管理办法》中只提及"非公开发行"，并未提及"定向增发"，中国证监会网站的《行政许可事项服务指南》针对的也是"上市公司非公开发行新股核准"，实践中，因为实际操作的非公开发行一般就是定向增发，所以往往将两者等同，并且更多地愿意采用"定向增发"这种说法。

专注于工业机器人等智能装备软硬件的研发、制造、方案和应用全产业链。拓斯达坚持"让工业制造更美好"的企业使命,提供以工业机器人为核心的智能装备,以控制系统及 MES 为代表的工业物联网软件系统,基于工业机器人的自动化应用和智能环境整体方案。拓斯达在国内已累计服务超过 6 000 家客户,包括比亚迪、长城汽车、伯恩光学等知名企业,致力于成为系统集成 + 本体制造 + 软件开发 + 工业互联网四位一体的智能制造综合服务商,持续建设健康的智能制造生态圈。

2017 年 1 月,拓斯达(300607.SZ)完成 IPO 并在创业板上市,安信证券担任主承销商,发行价为 18.74 元 / 股,共发行新股 1 812 万股,募集资金净额 30 084.44 万元,发行后总股本由 5 434.78 万股增加为 7 246.78 万股。

2018 年 10 月 10 日,拓斯达公告了公开增发 A 股股票预案以及公开增发 A 股股票募集资金使用可行性分析报告等文件,启动了公开增发之旅,计划通过增发募集股权资本 8 亿元。本次募集资金投资项目为江苏拓斯达机器人有限公司机器人及自动化智能装备等项目,实施主体为江苏拓斯达机器人有限公司,项目建设期为 2 年,总投资为 80 000 万元。该项目将结合智能制造产业升级需求及自动化、智能化、信息化趋势,建立智能装备生产基地,深入布局华东市场,加强产品及服务辐射能力。

拓斯达的公开增发 A 股股票预案

请扫码阅读 PDF 文件。

关于选择公开增发这一再融资方式的原因,在《广东拓斯达科技股份有限公司公开增发 A 股股票方案论证分析报告》中的表述是:"1. 公司自有资金不能满足本次募投项目的资金需求;2. 优化公司资产负债结构;3. 增强公司资金实力,提高行业竞争力。"

拓斯达的公开增发 A 股股票方案论证分析报告

请扫码进入中国证监会官网阅读。

2019 年 4 月 19 日,中国证监会第十八届发行审核委员会 2019 年第 22 次工作会议审核并通过了拓斯达公开增发 A 股股票事宜。

2019 年 6 月 14 日,拓斯达收到中国证监会于 2019 年 5 月 29 日出具的《关于核准广东拓斯达科技股份有限公司增发股票的批复》(证监许可〔2019〕963 号),批复内容具体如下:①核准公司公开增发不超过 2 600 万股新股;②本次发行股票应严格按照公司报送中国证监会的招股说明书及发行公告实施;③本批复自核准发行之日起 6 个月内有效;④自核准发行之日起至本次股票发行结束前,公司如发生重大事项,应及时报告中国证监会并按有关规定处理。截至 2019 年 6 月 19 日,拓斯达的控制权结构如图 4-2 所示。

图 4-2 拓斯达的控制权结构(截至 2019 年 6 月 19 日)

2019 年 11 月 13 日,拓斯达的公开增发采用原股东优先配售和网上、网下定价发行相结合的方式进行,发行价格为 40.46 元 / 股,募集资金总额 649 999 974.54 元,募资净额 609 170 647.00 元,顺利地完成了公开增发。

4.1.3 定向增发

1. 基本概念

公开增发和定向增发是增发的两种方式，其中定向增发是近年来在我国资产市场中广泛使用的再融资方式。在我国，定向增发属于"非公开发行股票"，是指上市公司采用非公开方式，向特定对象发行股票的行为，发行对象不超过十名。

2. 融资特点

首先，在发行程序和监管方面，定向增发虽然属于私募性质，但是根据《证券法》（2006年版）第十三条第二款："上市公司非公开发行新股，应当符合经国务院批准的国务院证券监督管理机构规定的条件，并报国务院证券监督管理机构核准。"2020年的新《证券法》代之以第十二条中的"上市公司发行新股，应当符合经国务院批准的国务院证券监督管理机构规定的条件，具体管理办法由国务院证券监督管理机构规定"。中国证监会具体的监管法规依据为《上市公司非公开发行股票实施细则》，2007年9月17日公布，并在2011年8月1日和2017年2月15日进行了修订。

其次，在发行条件方面，定向增发没有公开增发所要求的"最近3个会计年度加权平均净资产收益率平均不低于6%"的硬性财务指标，也没有对近3年现金分红比例的明确要求，所以，相较于公开发行股票，非公开发行股票的发行条件较低。非公开发行股票的具体条件在4.1.4节中列举，此处不再赘述。

再次，在定价方面，由于非公开发行股票一般采用折价发行方式，这会对原有股东形成利益侵害，因此国家对上市公司非公开发行股票的发行价格制定了较为严格的要求，要求发行价格不低于定价基准日前20个交易日公司股票均价的90%。"定价基准日"具体指计算发行底价的基准日。定价基准日可以为关于本次非公开发行股票的董事会决议公告日、股东大会决议公告日，也可以为发行期的首日。上市公司应按不低于该发行底价的价格发行股票。

最后，通过股份冻结来限制套利，即本次发行的股份自发行结束之日起，12个月内不得转让；控股股东、实际控制人资格及其控制的企业认购的股份，36个月内不得转让。

3. 定向增发的财务战略

定向增发往往是与发行公司特定的财务战略相联系的，是重要的资本运作工具，具体而言，定向增发往往伴有收购资产、吸收合并、引入战略投资者、资产重组等财务战略。

（1）引入战略投资者。定向增发是引入战略投资者的一种重要方式。通过对特定的战略投资者定向发行股份，一方面，可以增加上市公司的股本实力；另一方面，战略投资者除了带来资金之外，往往还会带来技术、管理或者资本市场的能力，增强原公司的实力。因此，对上市公司的其他投资者而言，定向增发是一项重要的利好。

比如，1995年8月，福特汽车以4 000万美元认购了江铃汽车当时发行的1.39亿股B股，并于1998年10月江铃汽车增发时，又以每股0.454美元的价格认购了该公司增发总股数1.3亿股中的1.2亿股，从而成为我国证券市场定向发行的经典案例。2002年，青岛啤酒向美国最大的啤酒制造商安海斯布希公司分3次定向发行的1.82亿美元可转换公司债券。根据约定，青岛啤酒此次向安海斯布希公司定向发行的可转换公司债券，将在7年内逐渐转为青岛啤酒的股份（H股）。转股完毕后，安海斯布希公司以27%的股份，成为青岛啤酒的大股东之一。

（2）收购控股股东的资产。控股股东向上市公司注入资产时，定向增发是非常重要的方式。定向增发的好处在于：第一，节省了上市公司的现金；第二，增加了控股股东的股权比例；第三，提高了上市公司的资产质量和盈利能力。

收购控股股东的资产，根据收购的交易背景不同，可以分为三种：一般性收购、整体上市、财务重组型定向增发。

1）一般性收购。一般性收购指的是上市公司对控股股东增发股份，用于收购控股股东的经营性资产。

比如，2010年7月，平安集团收购了深圳发展银行，成为深圳发展银行的控股股东，持股比例为29.99%，此时，平安集团旗下还有另一家银行，即深圳平安银行，该银行前身是平安集团于2006年收购的原深圳市商业银行，平安集团占90.75%的股份。这样对于深圳发展银行而言，出现了同业竞争问题，必须将深圳平安银行吸收合并。平安集团于2010年9月以90.75%的深圳平安银行股份和现金26.92亿元（等额于深圳平安银行约9.25%股份评估值）作为对价，认购深圳发展银行以非公开方式定向增发的16.39亿股股份。通过此次定向增发以及之后对小股东剩余9.25%的股份的收购，深圳发展银行完全吸收合并了深圳平安银行，既避免了同业竞争问题，又增厚了深圳发展银行的资产和分支机构，而平安集团通过此次资产注入，其对深圳发展银行的持股比例进一步上升到52.4%。2012年8月1日，深圳发展银行正式更名"平安银行"。

2）整体上市。定向增发是整体上市的重要一环，上市公司通过向控股股东定向增发股票，换取大股东相关经营性资产，从而达到上市公司控股股东整体上市的目的。比如上汽集团（600104.SH）整体上市的案例中，上汽集团就是通过对控股股东上汽股份定向增发32.75亿股、注入价值为214.03亿元的核心资产，最终实现整体上市的。

3）财务重组型定向增发。对于资产重组型的并购，收购方一般都会采用定向增发的方式向控股股东收购优质资产，收购的方式可以像顺丰借壳鼎泰新材那样一步完成，也可以像国美电器注入中国鹏润那样采用两步走的方式。不管采用哪种方式，通过定向增发收购优质资产，都有避免发生现金支付且交易简洁可控的优势。

（3）调整股东的持股比例。在公司运作过程中，往往会发现公司的股权结构不够合理，那么，定向增发是改变股权结构的一个重要手法。这种改变分为两种：其一是通过定向增发提高控股股东的持股比例；其二是通过定向增发降低某些股东的持股比例。

在第一种情况下，上市公司会对控股股东定向增发股份，从而使控股股东的持股比例上升，而且这种方式还可以有效地避免要约收购。比如，江淮汽车（600418.SH）2007年4月进行定向增发，之前的控股股东江淮汽车集团持有江淮汽车总股本的29.81%，低于30%的要约收购线，上市公司控股权有一定的被收购风险。通过对江淮汽车集团及关联股东定向增发股份，本次发行后江淮汽车集团占江淮汽车总股本比例上升为34.68%。这一持股比例虽然触发了要约收购义务30%的界限，但根据相关规则，中国证监会豁免了江淮汽车集团的要约收购义务。

在第二种情况下，上市公司通过刻意避开某些股东进行定向增发，从而使该股东的持股比例相对下降，降低其持股比例。例如，2010年浦发银行引入战略投资者中国移动，增发股份数约为22亿股，增发后中国移动持股比例为20%，融资规模为398亿元人民币，提升核心资本充足率4个百分点。浦发银行向中国移动定向增发后，中国移动成为第二大股东，上海国际集团仍将以微弱优势保持其第一大股东的地位，原先的第三大股东花旗银行的持股比例则被进一步稀释。

（4）作为股权激励计划的股票来源。股权激励计划中，管理层所获股权往往来自上市公司的定向增发。比如，2016年6月8日，爱尔眼科医院集团股份有限公司第三届董事会第四十七次会议审议通过了《关于向激励对象授予限制性股票的议案》，确定2016年6月8日为授予日，向1 557名激励对象授予限制性股票，股票来源为公司向激励对象定向增发的本公司A股普通股，总量为2 200万股，占当前公司总股份数的2.23%，首次授予的限制性股票的授予价格为每股14.26元。激励对象包括公司董事、中高级管理人员，以及公司认定的核心业务（技术）人员，解锁期为自授予之日起12个月至24个月解锁34%，自24个月至36个月解锁22%，自36个月至48个月解锁22%，自48个月至60个月解锁22%。

定向增发和公开增发的比较如表4-4所示。

表4-4 定向增发和公开增发的比较

比较项目	定向增发	公开增发
目的	引入战略投资者、项目融资、收购资产、资产重组、调整股东持股比例、股权激励等	募集资金
增发对象	10个以内的特定投资者	社会公众
股份购买权	原股东无优先购买权	原股东享有优先购买权
增发对价	现金、股权、实物资产等	现金
发行价	一般低于公开增发	根据市场询价定价
募集资金量	较少	较多
中介机构	可以不通过承销商	证券机构承销
程序	简单	复杂
费用	低	较高
二级市场表现	股价往往受利好刺激而上升	股价往往下跌

关于上市公司非公开发行股票的具体程序和发行条件，请扫码阅读中国证监会关于"上市公司非公开发行新股核准"的行政许可事项服务指南。

上市公司非公开发行股票的具体程序和发行条件

请扫码进入中国证监会官网阅读。

2010～2019年我国A股再融资统计数据如表4-5和图4-3所示。

表4-5 2010～2019年我国A股再融资统计数据 （金额单位：亿元）

年份	增发 金额	增发 公司数（家）	配股 金额	配股 公司数（家）	优先股 金额	优先股 公司数（家）	可转换公司债券 金额	可转换公司债券 公司数（家）	可交换公司债券 金额	可交换公司债券 公司数（家）
2010	3 088.52	149	1 438.22	18	—	—	717.3	8	—	—
2011	3 462.02	175	338.5	14	—	—	413.2	9	—	—
2012	3 214.07	152	51.92	6	—	—	157.05	4	—	—
2013	3 564.95	266	475.73	13	—	—	551.31	9	2.56	1
2014	6 777.03	470	137.97	13	1 030	5	311.19	12	55.6	3
2015	12 237.87	812	42.34	6	2 007.5	12	93.8	3	134.13	11
2016	16 879.07	813	298.51	11	1 623	12	226.52	12	572.63	58
2017	12 705.31	540	162.96	7	200	1	602.72	23	1 251.78	93
2018	7 523.52	267	228.32	15	1 349.76	7	1 071.6	77	556.5	38
2019	6 887.70	251	133.88	9	2 550	6	2 477.81	106	831.38	62

资料来源：Wind金融终端。

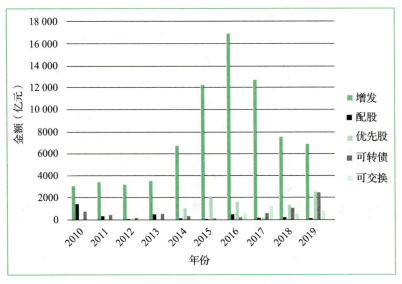

图4-3 2010～2019年我国A股再融资按类别金额统计

4.1.4 上市公司发行新股的条件

《证券法》第十二条第一款规定了首次公开发行新股的条件，对再融资没有具体规定，只在第二款规定："上市公司发行新股，应当符合经国务院批准的国务院证券监督管理机构规定的条件，具体管理办法由国务院证券监督管理机构规定。"以下是当前对上市公司发行新股的一些主要的具体条件。

1. 主板（含中小企业板）公开发行新股的条件[⊖]

（1）上市公司的组织机构健全、运行良好，符合下列规定：①公司章程合法有效，股东大会、董事会、监事会和独立董事制度健全，能够依法有效履行职责；②公司内部控制制度健全，能够有效保证公司运行的效率、合法合规性和财务报告的可靠性，内部控制制度的完整性、合理性、有效性不存在重大缺陷；③现任董事、监事和高级管理人员具备任职资格，能够忠实和勤勉地履行职务，不存在违反《公司法》第一百四十八条、第一百四十九条规定的行为，且最近36个月内未受到过中国证监会的行政处罚、最近12个月内未受到过证券交易所的公开谴责；④上市公司与控股股东或实际控制人的人员、资产、财务分开，机构、业务独立，能够自主经营管理；⑤最近12个月内不存在违规对外提供担保的行为。

（2）上市公司的盈利能力具有可持续性，符合下列规定：①最近3个会计年度连续盈利，扣除非经常性损益后的净利润与扣除前的净利润相比，以低者作为计算依据；②业务和盈利来源相对稳定，不存在严重依赖于控股股东、实际控制人的情形；③现有主营业务或投资方向能够可持续发展，经营模式和投资计划稳健，主要产品或服务的市场前景良好，行业经营环境和市场需求不存在现实或可预见的重大不利变化；④高级管理人员和核心技术人员稳定，最近12个月内未发生重大不利变化；⑤公司重要资产、核心技术或其他重大权益的取得合

⊖ 创业板上市公司公开发行股票的条件与主板有所不同，在此不再赘述，读者如果有需要，可以到中国证监会网站了解相关信息。

法，能够持续使用，不存在现实或可预见的重大不利变化；⑥不存在可能严重影响公司持续经营的担保、诉讼、仲裁或其他重大事项；⑦最近24个月内曾公开发行证券的，不存在发行当年营业利润比上年下降50%以上的情形。

（3）上市公司的财务状况良好，符合下列规定：①会计基础工作规范，严格遵循国家统一会计制度的规定；②最近3年及一期财务报表未被注册会计师出具保留意见、否定意见或无法表示意见的审计报告，被注册会计师出具带强调事项段的无保留意见审计报告的，所涉及的事项对发行人无重大不利影响或者在发行前重大不利影响已经消除；③资产质量良好，不良资产不足以对公司财务状况造成重大不利影响；④经营成果真实，现金流量正常，营业收入和成本费用的确认严格遵循国家有关企业会计准则的规定，最近3年资产减值准备计提充分合理，不存在操纵经营业绩的情形；⑤最近3年以现金方式累计分配的利润不少于最近3年实现的年均可分配利润的30%。

（4）上市公司最近36个月内财务会计文件无虚假记载，且不存在下列重大违法行为：①违反证券法律、行政法规或规章，受到中国证监会的行政处罚，或者受到刑事处罚；②违反工商、税收、土地、环保、海关法律、行政法规或规章，受到行政处罚且情节严重，或者受到刑事处罚；③违反国家其他法律、行政法规且情节严重的行为。

（5）上市公司募集资金的数额和使用应当符合下列规定：①募集资金数额不超过项目需要量；②募集资金用途符合国家产业政策和有关环境保护、土地管理等法律和行政法规的规定；③除金融类企业外，本次募集资金使用项目不得为持有交易性金融资产和可供出售的金融资产、借予他人、委托理财等财务性投资，不得直接或间接投资于以买卖有价证券为主要业务的公司；④投资项目实施后，不会与控股股东或实际控制人产生同业竞争或影响公司生产经营的独立性；⑤建立募集资金专项存储制度，募集资金必须存放于公司董事会决定的专项账户。

（6）上市公司存在下列情形之一的，不得公开发行证券：①本次发行申请文件有虚假记载、误导性陈述或重大遗漏；②擅自改变前次公开发行证券募集资金的用途而未作纠正；③上市公司最近12个月内受到过证券交易所的公开谴责；④上市公司及其控股股东或实际控制人最近12个月内存在未履行向投资者做出的公开承诺的行为；⑤上市公司或其现任董事、高级管理人员因涉嫌犯罪被司法机关立案侦查或涉嫌违法违规被中国证监会立案调查；⑥严重损害投资者的合法权益和社会公共利益的其他情形。

（7）主板（含中小企业板）上市公司配股的条件。向原股东配售股份（简称"配股"），还应当符合下列规定：①拟配售股份数量不超过本次配售股份前股本总额的30%；②控股股东应当在股东大会召开前公开承诺认配股份的数量；③采用证券法规定的代销方式发行。

控股股东不履行认配股份的承诺，或者代销期限届满，原股东认购股票的数量未达到拟配售数量70%的，发行人应当按照发行价并加算银行同期存款利息返还已经认购的股东。

（8）主板（含中小企业板）上市公司公开增发的条件。主板上市公司向不特定对象公开募集股份（简称"公开增发"），还应当符合下列规定：①最近3个会计年度加权平均净资产收益率平均不低于6%，扣除非经常性损益后的净利润与扣除前的净利润相比，以低者作为加权平均净资产收益率的计算依据；②除金融类企业外，最近一期末不存在持有金额较大的交易性金融资产和可供出售的金融资产、借予他人款项、委托理财等财务性投资的情形；③发行价格应不低于公告招股意向书前 20 个交易日公司股票均价或前 1 个交易日的均价。

2. 主板（含中小企业板）上市公司非公开发行股票的条件[一]

（1）上市公司非公开发行股票，是指上市公司采用非公开方式，向特定对象发行股票的行为。

（2）非公开发行股票的特定对象应当符合下列规定：①特定对象符合股东大会决议规定的条件；②发行对象不超过 10 名。发行对象为境外战略投资者的，应当经国务院相关部门事先批准。

（3）上市公司非公开发行股票，应当符合下列规定：①发行价格不低于定价基准日前 20 个交易日公司股票均价的 90%；②本次发行的股份自发行结束之日起，12 个月内不得转让，控股股东、实际控制人及其控制的企业认购的股份，36 个月内不得转让；③募集资金使用符合本办法第十条的规定；④本次发行将导致上市公司控制权发生变化的，还应当符合中国证监会的其他规定。

（4）上市公司存在下列情形之一的，不得非公开发行股票：①本次发行申请文件有虚假记载、误导性陈述或重大遗漏；②上市公司的权益被控股股东或实际控制人严重损害且尚未消除；③上市公司及其附属公司违规对外提供担保且尚未解除；④现任董事、高级管理人员最近 36 个月内受到过中国证监会的行政处罚，或者最近 12 个月内受到过证券交易所公开谴责；⑤上市公司或其现任董事、高级管理人员因涉嫌犯罪正被司法机关立案侦查或涉嫌违法违规正被中国证监会立案调查；⑥最近一年及一期财务报表被注册会计师出具保留意见、否定意见或无法表示意见的审计报告，保留意见、否定意见或无法表示意见所涉及事项的重大影响已经消除或者本次发行涉及重大重组的除外；⑦严重损害投资者合法权益和社会公共利益的其他情形。

4.2 上市公司发行优先股

4.2.1 基本概念

我国股份制经济改革之初并未启动优先股，因此，在《公司法》和《证券法》中，都没有明确提到优先股。2013 年 11 月 30 日，国务院印发《国务院关于开展优先股试点的指导意见》(国发〔2013〕46 号)，在该指导意见中，定义优先股是："依照公司法，在一般规定的普通种类股份之外，另行规定的其他种类股份，其股份持有人优先于普通股股东分配公司利润和剩余财产，但参与公司决策管理等权利受到限制。"

根据一般理解，**优先股**（preferred stock 或 preferred shares）通常被认为是一种权益工具，没有明确的到期期限，它在索偿权（或对其在公司资产中所占份额的权利）的位次低于公司的各项债务但优先于普通股，一般获得类似于债券的稳定收益且先于普通股获得利润分配。优先股股东对公司决策管理权受到限制，一般无表决权。

[一] 创业板上市公司非公开发行股票的条件与主板有所不同，在此不再赘述，有需要的可以到中国证监会网站了解相关信息。

4.2.2 融资特点

（1）优先股的金融特性在于它兼具股本证券和债务融资的特点，类似于普通股之处是它不需要还本，属于长期的资本融资；类似于债券之处在于它具有固定的股利，而且在一定条件下可以要求破产清算。在破产清偿过程中，优先股的清偿地位次于债券而先于普通股，这一点是对投资者较好的保护（见表4-6）。

表4-6 优先股、普通股和债券的比较

比较项目	优先股	普通股	债券
偿还性	固定股利回报，一般不还本	无固定回报要求	利息回报，需还本
清偿地位	次于债券而先于普通股	居于最后	先于所有股权资本
投票权	一般无	有	无

（2）优先股的契约设定有较大的灵活性，可以根据投融资双方的需要而灵活设置，一般而言，优先股可以有以下几种：

1）累积优先股和非累积优先股。对于累积优先股，在某个营业年度内，如果公司所获的盈利不足以分派规定的股利，则日后优先股的股东对未给付的股利，有权要求如数补发。对于非累积优先股，如该年公司所获得的盈利不足以按规定分派股利，则非累积优先股的股东不能要求公司在以后年度中予以补发。

2）参与优先股与非参与优先股。当企业利润增大时，除享受既定比率的利息外，还可以跟普通股共同参与利润分配的优先股，被称为"参与优先股"。除了既定股利外，不再参与利润分配的优先股，被称为"非参与优先股"。一般来讲，参与优先股较非参与优先股对投资者更为有利。

3）可转换优先股与不可转换优先股。可转换的优先股是指允许优先股持有人在特定条件下把优先股转换成为一定数额的普通股。否则，就是不可转换优先股。可转换优先股是日益流行的一种优先股。

4）可赎回优先股与不可赎回优先股。可赎回优先股是指允许发行该类股票的公司，按原来的价格再加上若干补偿金将已发行的优先股收回。当该公司认为能够以较低股利的股票来代替已发生的优先股时，就往往使这种权利。反之，就是不可赎回优先股。

在美国的风险投资中，可转换可赎回优先股（convertible redeemable preferred shares）是使用最多的方式，私募股权投资基金对高风险企业进行投资时，采用可转换可赎回优先股既可以在企业成功时转换为普通股获得超额收益，又可以在企业失败时得到类似于债权的保护。

这一融资特性在我国创投企业中也得到体现，如果我们阅读小米集团（1810.HK）在香港联交所IPO的资料，就可以看到，小米集团自成立以来（在IPO之前）进行了A轮到F轮的融资，均采用了优先股的方式。

同时，小米公司与优先股股东约定，此优先股均为可转换可赎回优先股。转换权利是指当公司实现合格上市或者经多数投资人书面同意后，优先股可以自动转换为本公司的B类普通股。赎回权利指的是如果公司在约定时间内没有实现合格上市，则自该日起除F轮优先股股东外的其他优先股股东或多数F轮优先股股东均有权要求公司以下列两者中较高的一方作为赎回其持有的优先股的价格：投资成本加年复利8%加已计提但尚未支付的股利，或者赎回时点市场公允价值。

请扫码阅读 2018 年 6 月 14 日小米集团向中国证监会提交的公开发行存托凭证招股说明书（申报稿），其中，优先股融资情况见"公司历次融资涉及的股本变动情况"部分，"优先股主要条款"部分介绍了小米集团优先股的主要条款。

小米集团发行优先股的主要条款
请扫码进入中国证监会官网阅读。

（3）优先股是商业银行补充资本的重要工具。根据巴塞尔协议Ⅲ，优先股可以作为商业银行的其他一级资本计入合格资本，因此优先股成为商业银行提高资本充足率的一个重要渠道。2014 年，中国银行业监督管理委员会（以下简称"中国银监会"）和中国证监会发布了《关于商业银行发行优先股补充一级资本的指导意见》，2019 年 7 月，中国银行保险监督管理委员会[①]（以下简称"中国银保监会"）、中国证监会又对此文件进行了修订。我国商业银行于 2014 年开始发行优先股，用于补充其他一级资本，在 2019 年无固定期限资本债券推出以前，优先股作为商业银行唯一的其他一级资本工具，对充实银行资本、提高银行资本实力发挥了重要作用。不过需要注意的是，商业银行发行优先股，如果要成为合格的其他一级资本，必须包含强制转股条款，在银行发生风险时可以强制性地转换为普通股，从而降低银行的偿付压力并充实核心一级资本。比如浦发银行（600000.SH）所发行的优先股（浦发优 1 和浦发优 2）的条款中，附带强制转股条款，触发条件为核心一级资本充足率低于 5.125% 或被中国银监会认定生存困难。

4.2.3　上市公司发行优先股的条件

在我国，上市公司发行优先股融资除了需要遵循《公司法》和《证券法》的相关规定，更为具体地需要符合《优先股试点管理办法》所规定的条件。

1. 上市公司发行优先股一般规定

（1）上市公司应当与控股股东或实际控制人的人员、资产、财务分开，机构、业务独立。

（2）上市公司内部控制制度健全，能够有效保证公司运行效率、合法合规和财务报告的可靠性，内部控制的有效性应当不存在重大缺陷。

（3）上市公司发行优先股，最近三个会计年度实现的年均可分配利润应当不少于优先股一年的股利。

（4）上市公司最近三年现金分红情况应当符合公司章程及中国证监会的有关监管规定。

（5）上市公司报告期不存在重大会计违规事项。公开发行优先股，最近三年财务报表被注册会计师出具的审计报告应当为标准审计报告或带强调事项段的无保留意见的审计报告；非公开发行优先股，最近一年财务报表被注册会计师出具的审计报告为非标准审计报告的，所涉及事项对公司无重大不利影响或者在发行前重大不利影响已经消除。

（6）上市公司发行优先股募集资金应有明确用途，与公司业务范围、经营规模相匹配，募集资金用途符合国家产业政策和有关环境保护、土地管理等法律和行政法规的规定。除金

[①] 2018 年 3 月，国务院宣布将中国银行业监督管理委员会和中国保险监督管理委员会的职责整合，组建中国银行保险监督管理委员会。

融类企业外，本次募集资金使用项目不得为持有交易性金融资产和可供出售的金融资产、借予他人等财务性投资，不得直接或间接投资于以买卖有价证券为主要业务的公司。

（7）上市公司已发行的优先股不得超过公司普通股股份总数的50%，且筹资金额不得超过发行前净资产的50%，已回购、转换的优先股不纳入计算。

（8）上市公司同一次发行的优先股，条款应当相同。每次优先股发行完毕前，不得再次发行优先股。

（9）上市公司存在下列情形之一的，不得发行优先股：①本次发行申请文件有虚假记载、误导性陈述或重大遗漏；②最近12个月内受到过中国证监会的行政处罚；③因涉嫌犯罪正被司法机关立案侦查或涉嫌违法违规正被中国证监会立案调查；④上市公司的权益被控股股东或实际控制人严重损害且尚未消除；⑤上市公司及其附属公司违规对外提供担保且尚未解除；⑥存在可能严重影响公司持续经营的担保、诉讼、仲裁、市场重大质疑或其他重大事项；⑦公司董事和高级管理人员不符合法律、行政法规和规章规定的任职资格；⑧严重损害投资者合法权益和社会公共利益的其他情形。⊖

2. 公开发行的特别规定

（1）发行优先股，应当符合以下情形之一：①其普通股为上证50指数成分股；②以公开发行优先股作为支付手段收购或吸收合并其他上市公司；③以减少注册资本为目的回购普通股的，可以公开发行优先股作为支付手段，或者在回购方案实施完毕后，可公开发行不超过回购减资总额的优先股。

（2）上市公司最近三个会计年度应当连续盈利。扣除非经常性损益后的净利润与扣除前的净利润相比，以孰低者作为计算依据。

（3）上市公司公开发行优先股应当在公司章程中规定以下事项：①采取固定股利率；②在有可分配税后利润的情况下必须向优先股股东分配股利；③未向优先股股东足额派发股利的差额部分应当累积到下一会计年度；④优先股股东按照约定的股利率分配股利后，不再同普通股股东一起参加剩余利润分配。商业银行发行优先股补充资本的，可就第①项和第②项事项另行约定。

（4）上市公司公开发行优先股的，可以向原股东优先配售。

（5）除《优先股试点管理办法》第二十五条的规定外，上市公司最近36个月内因违反工商、税收、土地、环保、海关法律、行政法规或规章，受到行政处罚且情节严重的，不得公开发行优先股。

（6）上市公司公开发行优先股，公司及其控股股东或实际控制人最近12个月内应当不存在违反向投资者做出的公开承诺的行为。

3. 其他规定

（1）公开发行优先股的价格或票面股利率以市场询价或中国证监会认可的其他公开方式确定。非公开发行优先股的票面股利率不得高于最近两个会计年度的年均加权平均净资产收益率。

（2）上市公司不得发行可转换为普通股的优先股。但商业银行可根据商业银行资本监管规定，非公开发行触发事件发生时强制转换为普通股的优先股，并遵守有关规定。

（3）上市公司非公开发行优先股仅向《优先股试点管理办法》规定的合格投资者发行，

⊖ 这一条规定对应的是《优先股试点管理办法》第二十五条。

每次发行对象不得超过 200 人，且相同条款优先股的发行对象累计不得超过 200 人。发行对象为境外战略投资者的，还应当符合国务院相关部门的规定。

关于上市公司发行优先股的具体程序和发行条件，请扫码阅读中国证监会关于"上市公司公开发行优先股核准"的行政许可事项服务指南。

上市公司发行优先股的具体程序和发行条件

请扫码进入中国证监会官网阅读。

案例 4-3

晨鸣纸业发行优先股

2015 年 9 月 17 日，晨鸣纸业（000488.SH）获得中国证监会出具的《关于核准山东晨鸣纸业集团股份有限公司非公开发行优先股的批复》（证监许可〔2015〕2130 号）。2016 年 3 月 17 日，晨鸣纸业向国信租赁有限公司、齐鲁银行股份有限公司（齐鲁银行"泉心理财"系列）、莱芜市光阳投资有限公司、山东东泰进出口有限公司、山东泰山钢铁集团有限公司这五家公司或机构定向发行了优先股 2 250 万股，募集资金总额 22.5 亿元，扣除已支付的发行费用 1 125 万元后，募集资金净额为人民币 223 875 万元。

晨鸣纸业的非公开发行优先股募集说明书

请扫码阅读 PDF 文件。

晨鸣纸业 2015 年年度报告

请扫码阅读 PDF 文件。

晨鸣纸业 2016 年半年度报告

请扫码阅读 PDF 文件。

请阅读《山东晨鸣纸业集团股份有限公司非公开发行优先股募集说明书》以及晨鸣纸业公司基本面情况（包括产品市场和财务方面），思考以下问题：①晨鸣纸业为何需要再融资？②与其他再融资方式相比，晨鸣纸业为何选择优先股？③该优先股为可参与优先股，晨鸣纸业为何发行可参与优先股，这对普通股股东的利益影响如何？

4.3 上市公司发行可转换公司债券

可转换公司债券是一种重要的金融工具，也是我国近年来发展比较快的再融资工具之一。由于可转换公司债券涉及未来的转股和公开市场流通，所以我国能够发行可转换公司债券进行融资的，一般都是已上市公司⊖。

我国很早就推出了可转换公司债券这一融资工具，证券交易所成立没多久，1992 年深宝

⊖ 只有"茂炼转债"的案例是非上市公司发行转债，2004 年 7 月 14 日转债到期，但由于茂炼公司没有成为上市公司，最终投资者将转债回售给了茂炼公司，同时停止转债交易并将茂炼公司进行摘牌处理。

安就发行了首只可转换公司债券，但是前期的发展是缓慢和不成熟的，从 1992 年到 2001 年九年时间里仅发行了 5 只可转换公司债券。2001 年 4 月 27 日中国证监会发布了《上市公司发行可转换公司债券实施办法》和三个配套的相关文件，从而使可转换公司债券进入了规范发展阶段，很多上市公司开始使用可转换公司债券作为再融资工具，之后，又推出了可转换公司债券的创新模式——可分离公司债券[○]，这些可转换工具已经成为上市公司再融资的重要选择。

4.3.1 基本概念

1. 可转换公司债券的定义

可转换公司债券又称为转债或者转券，与普通债券相比，可转换公司债券可以视作一种附有"转换条件"的公司债券。这里的"转换条件"就是一种根据事先的约定，债券持有者可以在将来某个规定的期限内按约定条件转换为公司普通股票的特殊债券，其实质就是债券和买入看涨期权（long call）相结合的混合金融工具，我们也可以把可转换公司债券视作债券与股票认股权证相互融合的一种金融工具。2018 年，A 股市场一共有 77 家上市公司通过可转换公司债券进行再融资，融资金额为 1 071.10 亿元，约占当年再融资总额的 10%。

由于这种特殊"转换"的期权特性，使得可转换公司债券得以兼具债券、股票和期权三个方面的部分特征：首先，作为公司债券的一种，可转换公司债券同样具有确定的期限和利率；其次，通过持有人的成功转换，可转换公司债券又可以以普通股的形式存在，债券持有人通过转换可以由债权人变为公司普通股股东；第三，可转换公司债券具有期权性质，即投资者拥有是否将债券转换成股票的选择权，这是可转换公司债券的根本特性。

2. 可转换公司债券的一般特征

（1）可转换公司债券是一种混合证券，介于债券与普通股之间，具有债务和股权两种特征，且两者密不可分。但是，通过可分离公司债券的方式，可以将股、债这两种属性分开。

（2）与普通公司债券相比，具有较低的利息。由于附带转换期权，因此可转换公司债券的利率要低于一般债券，低出的部分可以视为买入看涨期权的期权费。对发行公司而言，可转换公司债券意味着一种"廉价"融资渠道，进而可以减轻公司的财务负担。

（3）可转换公司债券的转换价格一般高于股票现价（在个别情况下，转换价格也会低于股票现价）。

（4）投资者买入期权。在可转换期到来之后，可通过转换为普通股而获得资本利得的机会。投资者需要比较作为债券投资和作为股票的投资哪一个收益更大。

（5）投资者卖出期权。可转换公司债券有两种：一种是强制转换的，一种是非强制转换的。强制转换的债券通常附有赎回条款，允许投资者在不愿转换时兑取债券面值加贴水。非强制转换的债券一般有一个稍长的转换期。例如，2007 年 12 月 19 日，我国的中国投资有限责任公司购买了摩根士丹利 56 亿美元面值的到期强制转股债券，这种强制转股债券期限为两年七个月，按照年息 9% 按季支付利息，到期后转换成摩根士丹利公司上市交易的股票，转换价格区间为 48.070 0 ～ 57.684 0 美元 / 股。若转换时股价高于 57.684 9 美元，则按照 57.684 9 美元转股；若股价低于 48.070 0 美元，则按照 48.070 0 美元转股；若在两个价格之间，则按当时市价转换。最终中国投资有限责任公司的转股价为 48.07 美元 / 股，当时市场

○ 因为权证产品在市场上引发种种风波，所以中国证监会已于 2009 年暂停对可分离公司债券的审批。

价格约为25美元/股。

（6）发行人赎回期权。由于发行人支付低于普通公司债券的利息，因此发行人在股价大幅高于换股价的情况下可以行使回赎权以迫使投资者将转债转换为股票。这样，可以避免在债券转换价格明显低于股票市场价格的情况下，使转债持有者获得巨大的收益。但这一策略只有在转换期尚未到来时是有效的，在转换期到来后，转债持有者则可以做出任意决定，是转换为普通股股票，还是干脆坚持到底，取得作为债券的稳定利息并到期兑付面值。为了在公司可能受到利率损失时鼓励转债持有者提前兑取，一般贴水值也可能被规定为递减的。

（7）较低的信用等级和有限避税权利。一般可转换公司债券所评定等级比公司发行的不可转换的公司债券要低。当公司破产时，可转换公司债券对资产的索赔权一般都后于其他债券，仅优于公司优先股。此外，转化成股票前，利息支出可以作为税前开支，免交所得税。

图4-4为可转换公司债券的价值构成。

3. 可转换公司债券的发行优势[①]

这种多重特征的叠加，客观上使可转换公司债券具有了筹资和避险的双重功能，因此，与单纯的筹资工具或避险工具相比，无论是对发行人，还是对投资者而言，可转换公司债券都更有吸引力。

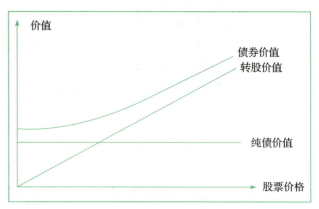

图4-4 可转换公司债券的价值构成

具体而言，与配股、增发相比，可转换公司债券具有一定的优越性。对于发行人来说，在公司未来发展良好时，投资者将会转股，由于转股价会比配股、增发的发行价更高，因此意味着发行者以更高的发行价增发了股票；[②]当公司发展状况不佳时，投资者会选择不转股而以债券形式持有，此时和一般债券相比，则可以支付相对较低的利息。同时，对于投资者来说，股价较高时，选择转换成股票可以获得资本利得，但是相较直接持股，投资者损失了股票现价与转换价之间的资本利得；股价较低时选择以债券形式持有，则本金和票面利息收入可以得到保证，只是会有机会成本的损失，即接受较低的利率（见表4-7）。

表4-7 可转换公司债券的发行优势

比较项目		股价高	股价低
发行人	行动	以较高的价格发行股票融资	以较低的利率进行债券融资
	结果	获利	获利
投资者	行动	转股而获得资本利得	持有债券而获得本息回报
	结果	获利，但有机会成本	获利，但有机会成本

[①] 在公司财务理论中，关于发行可转换公司债券的原因及优势，是非常有争议的。请参见罗斯、威斯特菲尔德、杰富的《公司理财》（原书第6版）。

[②] 也有人认为可转换公司债券的转股是"缓释"的发行，与转股时的市场价相比，发行人并没有节约成本。但是，需要注意的是，从现金流的角度看，在可转换公司债券发行之初，而不是在持有人转股时，现金即流入了发行公司，所以，对发行人而言，还是以较配股和增发更好的价格发行了股票。

利用可转换公司债券融资，发行人实际是向投资者出售了股票买入期权，在未来投资者行权时，发行人虽然需要将公司股票按照低于市场价卖出，但是，由于行权价与发行当时（现金流入时）的股价相比更高，因此，对发行人是合适的；当期权未被行使，投资者不转股时，发行人获得期权费收益，即以较低的利率发行了债券。因此，无论未来股价如何，对发行人都是有利的。对于投资者而言，未来股价高涨而行权时，虽然可以获得资本利得，但是行权价与认购资金投入时的股价相比较要低，因此，投资者实际转让了一部分的投资收益，即行权价和认购当时股价之间的价差，这种成本甚至可以进一步设想为假设当时发行人采用配股或者增发时的发行价与可转债行权价的价差；当未来股价低迷而无法行权时，投资者虽然可以获得本息保障，免受股价下跌的损失，但是，投资者相应地损失期权费，即债券利率低于正常市场利率。综合而言，在利益的分配方面，发行人所得更多一些，投资者则是有成本地获得了一些保护。

在实践中，企业一般在股市低迷、银行利率较高的情况下选择发行可转换公司债券。这是因为，股市低迷、银行利率高时往往是经济周期的萧条期，此时社会资金紧张。若直接发行普通股筹资，由于市道低迷，往往会发行失败，即使发行成功，由于股票价位较低，筹集的资金量相对较少，所以筹资成本较高。而如果向银行申请贷款，由于贷款利率较高，公司资金使用成本高，所以筹资代价比较大，公司一般较难承受。此时发行可转换公司债券，往往更为有利，从投资者角度来看，未来股市上升的概率较大，因此认购可转换公司债券是较为安全的策略；从发行人角度来看，选择可转换公司债券可以提高发行的成功可能，同时节约发行成本。

在发行过程中，可转换公司债券的发行风险要低于配股和增发。其原因之一是配股和增发是与当前的股价相联系的，一旦股价跌破增发或配股的价格，将出现发行失败，而可转换公司债券的转股价是未来的价格，当前市场价格的变化虽然会影响到转股价与现价的溢价水平，但是，与配股和增发相比，价格下跌对发行的冲击相对要小一些。另外，可转换公司债券能否转股取决于公司未来的股价，因此可转换公司债券对公司控股股东和管理层存在激励机制，同时，配股和增发往往传递的是公司股价高估的信息，而可转换公司债券则是传递看好公司未来的信息，因此，投资者对发行可转换公司债券往往持支持的态度，所以，发行失败的风险相较于配股和增发要小一些。

4.3.2 基本条款

1. 与债性有关的条款

与债性有关的基本条款包括票面利率、期限、担保等。

在利率方面，由于可转换公司债券已经包含了股票买入期权，因此票面利率都低于同期银行存款利率，但是为了吸引投资者购买可转换公司债券，票面利率多数以逐年递增的方式设计。比如蓝色光标（300058.SZ）2015年发行的蓝标转债（123001.SZ），期限为六年，第一年到第六年的利率分别为：0.5%、0.7%、1.0%、1.5%、1.8%和2.0%。

为了提高对投资者的保护，更重要的是保证发行成功率，与可转换公司债券的债性有关的条款会增加对投资者的保护，包括时点回售条款、利息补偿条款、利率调整条款等。时点回售条款是指可转换公司债券持有人有权在可转换公司债券到期日之前的若干个交易日内，将持有的可转换公司债券按面值的一定溢价率回售给公司，从而保证投资者获得更高的利息回报。利率补偿条款则保障了持有至到期的投资人能得到较为确定的年收益,比如蓝标转债的条款中规定:"在本次发行的可转债期满后 5 个交易日内,发行人将以本次发行的可转债票面面值上浮 8% 的价格(含最后一期利息)向投资者赎回全部未转股的可转债。"还有一些可转换公司债券则会加入利率调整条款,如果基准利率出现上调,其债券利率也将同样上调,使投资人进一步规避了利率风险。

根据《上市公司证券发行管理办法》第十五条的规定,可转换公司债券的期限最短为 1 年,最长为 6 年。一般说来,可转换公司债券的期限最常见的是 3～5 年。

关于担保,对规模较大的公司可以免于提供担保,但对净资产低于 15 亿元的规模较小的公司,则需要提供全额担保,担保方式可以是保证,也可以是抵押或质押。《上市公司证券发行管理办法》第二十条规定:"公开发行可转换公司债券,应当提供担保,但最近一期末经审计的净资产不低于人民币 15 亿元的公司除外。提供担保的,应当为全额担保,担保范围包括债券的本金及利息、违约金、损害赔偿金和实现债权的费用。以保证方式提供担保的,应当为连带责任担保,且保证人最近一期经审计的净资产额应不低于其累计对外担保的金额。证券公司或上市公司不得作为发行可转债的担保人,但上市商业银行除外。设定抵押或质押的,抵押或质押财产的估值应不低于担保金额。估值应经有资格的资产评估机构评估。"

2. 转换条款

转换条款是可转换公司债券之可转换性质的具体体现,基本条款包括初始转股价格、转股期限、回售条款、赎回条款、修正条款等。

(1)初始转股价格。初始转股价格也就是转股权的执行价格,是决定期权价值的主要因素之一。按照《上市公司证券发行管理办法》第二十二条第一款的规定:"转股价格应不低于募集说明书公告日前 20 个交易日该公司股票交易均价和前 1 个交易日的均价。"这一规定要求转股价格应该高于股票的市价。发行人与承销商会根据确定,一般溢价幅度视当时股市的状态而定。股市高涨时,溢价幅度相对较高,而股市低迷时,溢价幅度相对较低。国外可转换公司债券的溢价幅度一般为 20%～30%,我国为了保证可转换公司债券的顺利发行,往往将可转换公司债券的溢价幅度定得相对较低,但是过低的溢价幅度使得转换的可能性大增,公司因转股而增加的股份变多,从而稀释原股东的权益,而且,过度容易的转股会减少可转换公司债券通过债务约束而形成的治理作用。

(2)转股期限。转股期限是指可转换公司债券持有人行使转股权的时间区间,当前已发行可转换公司债券的转股区间一般在发行后的 6 个月或 12 个月之后至期满日。

(3)回售条款。回售条款是赋予可转换公司债券持有人的一种权利,它是指当股票价格持续低于转股价格达到一定幅度时,可转换公司债券持有人按事先约定的价格,将可转换公司债券卖给发行人的一种权利。回售条款主要有以下几个因素:①回售时间,一般是事先约定的,通常定在整个可转换公司债券期限的时间 1/3;②回售价格,其收益率一般比市场利率稍低,但远高于可转换公司债券的票面利率;③回售期权,发行人承诺到达回售时间时,股票价格应达到一定价位,此时如果行使转换权,投资人可以获得远高于票面利率的收益。但如果市场行情没有如期履约,发行后较长时间内,股票价格没有良好的表现,转换无法实现,则发行人承诺投资人可以按照制定息率将可转换公司债券回售给发行人,发行人无条件接受可转换公司债券。此外,需要说明以下几点。第一,回售条款并不经常使用,发行人容易接受的方案通常是对未来判断准确、融资成本确定、不需要更多附加条款支持的发行方案。况且，在发行方案的制订过程中，发行人在其中一直起重要作用，能使用回售条款的发行方案不多。第二，假如使用了回售条款，那么票面利率将更低。回售条款是随着市场的不断发展而推出的更有利于投资人的保护性条款。相对于发行人具有的赎回条款，回售条款利益保护偏向投资人。第三，包含回售条款的可转换公司债券对投资者更具有吸引力，可以说，发行后所有的市场风险都由发行人承担了，发行人的压力增大了。第四，投资者应慎重选择包含回售条款的可转换公司债券，谨慎估计公司业绩欠佳、市场长期低迷、公司无力支付本金和利息的可能性。第五，回售期权也可分为两类，即硬回售和软回售。硬回售是指可转换公司债券必须由发行人完全用现金偿付的回售。在软回售情形下，发行公司有权选择用现金、普通股、其他次级票据或三者结合来偿还债务。

（4）赎回条款。赎回条款是赋予发行人的一种权利，指发行人的股票价格在一段持续的时间内，连续高于转股价达到一定幅度时，发行人按照事先约定，将尚未转股的转债买回。在股价走势向好时，赎回条款实际上起到强制转股的作用，也就是说，当公司股票增长到一定幅度时，可转换公司债券持有人若不进行转股，那么，他从可转换公司债券赎回得到的收益将远低于从转股中获得的收益。因此，赎回条款又锁定了可转换公司债券价格上涨的空间。当前已发行可转换公司债券的赎回条件一般是当期转股价比率的130%～150%，个别品种没有设立赎回条款。如果可转换公司债券持有人没有转股而使得可转换公司债券被发行人赎回，那么可转换公司债券持有人的潜在收益实际上被削减了。赎回条款更有利于发行人，因为它更多地考虑了发行人如何避免利率下调的风险、还本压力以及财务风险，投资人在赎回条件下只能尽量选择转股。

2019年4月8日，蓝色光标发布的《关于可转换公司债券转股数额累计达到转股前公司已发行股份总额10%暨达到当期转股价格130%提示性的公告》提示，根据公司《可转换公司债券募集说明书》有关"有条件赎回条款"的约定："在转股期内，如果公司A股股票在任何连续30个交易日中至少15个交易日的收盘价格不低于当期转股价格的130%（含130%），公司有权按照债券面值加当期应计利息的价格赎回全部或部分未转股的可转债。若在前述三十个交易日内发生过转股价格调整的情形，则在调整前的交易日按调整前的转股价格和收盘价计算，调整后的交易日按调整后的转股价格和收盘价计算。"公司股票自2019年3月11日至4月4日已累计14个交易日收盘价格不低于当期转股价格（4.31元/股）的130%（5.603元/股），待满足15个交易日的收盘价格不低于5.603元/股时，公司有权按照债券面值加当期应计利息的价格赎回全部或部分未转股的可转换公司债券。

（5）修正条款。修正条款包括自动修正和有条件修正。因向股东发生了派息、送红股、公积金转增股本、增发新股或配售、公司合并或分立等情况，股权遭到稀释，可转换公司债券的转换价值必然发生贬值，此时启动自动修正条款。此外，在已发行的可转换公司债券中，还设计有条件修正条款（一般为向下修正条款），即当股票价格连续数日低于转股价时，发行人以一定的比例修正转股价格。设置修正条款有利于保护投资者的利益，提高可转换公司债券的期权价值，也促使可转换公司债券顺利转成股权。向下修正条款与低溢价幅度从契约条款方面强化了转股的成功率。但是，在公司股票持续下跌的情况下，持有股票的投资者不能在下跌过程中获得来自修正股价的调整保护，因而可转换公司债券持有人所获得的向下修正条款的保护是以牺牲现有股东的利益而达到的。

以蓝标转债为例，蓝标转债设定的初始转股价格为 15.30 元 / 股，但是在三年多后，经过各种修正，到 2019 年 7 月份，转股价格已经降低为 4.28 元 / 股。表 4-8 列出了蓝标转债发行之后到 2019 年 7 月 18 日转股价格的变化及其原因。

表 4-8　蓝标转债转股价格的变化及其调整原因

调整日期	转股价格（元 / 股）	调整原因
2015 年 12 月 18 日	15.30	初始转股价格
2016 年 7 月 18 日	15.25	权益分派
2016 年 3 月 3 日	14.95	定向增发
2017 年 6 月 1 日	10.00	向下修正
2017 年 6 月 26 日	9.93	权益分派
2017 年 7 月 19 日	9.77	股权激励
2018 年 2 月 6 日	9.81	回购注销限制性股票
2018 年 7 月 19 日	9.79	分红
2018 年 9 月 11 日	5.29	向下修正
2019 年 1 月 31 日	4.31	向下修正
2019 年 7 月 18 日	4.28	权益分派

请扫码阅读蓝标转债上市公告书，第五节载明了该可转换公司债券发行与承销的情况，其中第六节载明了该可转换公司债券的具体发行条款。

蓝标转债上市公告书
请扫码阅读 PDF 文件。

4.3.3　可转换公司债券的发行条件

公开发行可转换公司债券的公司，同样受《上市公司证券发行管理办法》的管辖，具体而言，主板（含中小企业板）上市公司发行可转换公司债券⊖应当符合下列条件：

第十四条　公开发行可转换公司债券的公司，除应当符合本章第一节规定外，还应当符合下列规定：

（一）最近三个会计年度加权平均净资产收益率平均不低于百分之六。扣除非经常性损益后的净利润与扣除前的净利润相比，以低者作为加权平均净资产收益率的计算依据；

（二）本次发行后累计公司债券余额不超过最近一期末净资产额的百分之四十⊖；

（三）最近三个会计年度实现的年均可分配利润不少于公司债券一年的利息。

前款所称可转换公司债券，是指发行公司依法发行、在一定期间内依据约定的条件可以转换成股份的公司债券。

第十五条　可转换公司债券的期限最短为一年，最长为六年。

第十六条　可转换公司债券每张面值一百元。

可转换公司债券的利率由发行公司与主承销商协商确定，但必须符合国家的有关规定。

⊖ 创业板上市公司发行可转换公司债券的条件与主板有所不同，在此不再赘述，有需要的可以到中国证监会网站了解相关信息。

⊖ 新《证券法》对公司债券的发行要求已经取消了净资产额的百分之四十的限制。

第十七条　公开发行可转换公司债券，应当委托具有资格的资信评级机构进行信用评级和跟踪评级。

资信评级机构每年至少公告一次跟踪评级报告。

第十八条　上市公司应当在可转换公司债券期满后五个工作日内办理完毕偿还债券余额本息的事项。

第十九条　公开发行可转换公司债券，应当约定保护债券持有人权利的办法，以及债券持有人会议的权利、程序和决议生效条件。

存在下列事项之一的，应当召开债券持有人会议：

（一）拟变更募集说明书的约定；

（二）发行人不能按期支付本息；

（三）发行人减资、合并、分立、解散或者申请破产；

（四）保证人或者担保物发生重大变化；

（五）其他影响债券持有人重大权益的事项。

第二十条　公开发行可转换公司债券，应当提供担保，但最近一期末经审计的净资产不低于人民币十五亿元的公司除外。

提供担保的，应当为全额担保，担保范围包括债券的本金及利息、违约金、损害赔偿金和实现债权的费用。

以保证方式提供担保的，应当为连带责任担保，且保证人最近一期经审计的净资产额应不低于其累计对外担保的金额。证券公司或上市公司不得作为发行可转债的担保人，但上市商业银行除外。

设定抵押或质押的，抵押或质押财产的估值应不低于担保金额。估值应经有资格的资产评估机构评估。

第二十一条　可转换公司债券自发行结束之日起六个月后方可转换为公司股票，转股期限由公司根据可转换公司债券的存续期限及公司财务状况确定。

债券持有人对转换股票或者不转换股票有选择权，并于转股的次日成为发行公司的股东。

第二十二条　转股价格应不低于募集说明书公告日前二十个交易日该公司股票交易均价和前一个交易日的均价。

前款所称转股价格，是指募集说明书事先约定的可转换公司债券转换为每股股份所支付的价格。

第二十三条　募集说明书可以约定赎回条款，规定上市公司可按事先约定的条件和价格赎回尚未转股的可转换公司债券。

第二十四条　募集说明书可以约定回售条款，规定债券持有人可按事先约定的条件和价格将所持债券回售给上市公司。

募集说明书应当约定，上市公司改变公告的募集资金用途的，赋予债券持有人一次回售的权利。

第二十五条　募集说明书应当约定转股价格调整的原则及方式。发行可转换公司债券后，因配股、增发、送股、派息、分立及其他原因引起上市公司股份变动的，应当同时调整转股价格。

第二十六条　募集说明书约定转股价格向下修正条款的，应当同时约定：

（一）转股价格修正方案须提交公司股东大会表决，且须经出席会议的股东所持表决权的三分之二以上同意。股东大会进行表决时，持有公司可转换债券的股东应当回避；

（二）修正后的转股价格不低于前项规定的股东大会召开日前二十个交易日该公司股票交易均价和前一个交易日的均价。

4.3.4 可分离公司债券

1. 基本概念

我国 2001 年可转换公司债券规范发展之后，遇到了新的问题，就是可转换公司债券的流通性下降，已经严重偏于债性，所包含的认股权也未能得到合理的定价，因此，可分离公司债券应运而生。

可分离公司债券，又称分离交易的可转换公司债券，或者**附认股权证公司债券**（equity warrant bonds，WB）。可分离公司债券是指在发行公司债券的同时附有认股权证，持有人依法享有在一定期间内按约定价格（执行价格）认购公司股票的权利，也就是债券加上认股权证的产品组合。

可分离公司债券与可转换公司债券同属于混合型融资工具，本质上都是债券与认股权证的组合，两种产品的差异主要是债券与股权凭证的结构设计。二者的主要差异可以体现在以下几个方面。

（1）可否分离交易。可分离公司债券的最大优势是债券与权证可分离交易，能够满足不同投资者风险和收益多元化的需求；而可转换公司债券难以将债券与转换权分离，只能捆绑交易。

（2）债券发行利率。可分离公司债券可以采用两种定价方式：一是认股权证与公司债券分别作价；二是两者一并作价，即发行公司债券附送认股权证。前者债券利率会高一些，后者债券利率则与可转换公司债券相当。如果权证可与债券分离交易，则债券发行利率甚至还可以再低一些。而可转换公司债券的发行成本通常也较普通债券低。

（3）认股方式。对投资人而言，行使认股权时，可分离公司债券必须再缴股款，而可转换公司债券则不需要。分离型的可分离公司债券一般没有任何条款强制认股权证持有人行使其权利，可转换公司债券则可采用赎回条款强制投资人行使其转换权。

（4）产品存续期。可转换公司债券的转股期限与其本身的存续期重合，而可分离公司债券中的认股权证与普通债券部分的存续期可以不同，因此在产品结构设计上可以把债券的期限延长。

（5）发行人和投资者现金流。可转换公司债券筹集资金是一次性到位的，投资者行使转换权时，对发行人仅是增加股本，减少负债，不产生现金流；可分离公司债券的投资者在行使认股权时，需缴纳认股款，逐步增加发行人股本，资金分步到位，具有分期融资的特点，而公司债券通常是到期还本付息。

（6）会计处理不同。按照国际会计准则，可分离公司债券与可转换公司债券的会计处理基本相同，都要求将债券和权证分别确认为负债和股本。但是，在美国、英国及日本等国家，允许采取不同核算规则，不允许将可转换公司债券中转股权分离计入权益。

2. 发行可分离公司债券的好处

（1）公司债券与认股权证捆绑发行，将大大提高公司债券的吸引力，降低公司债券的发行成本，另外发行可分离公司债券，如果认股权证发生行权的话，可以实现两次融资，即一次债券融资和一次股票融资，对上市公司较有吸引力。

（2）通过分拆交易，可分离公司债券带来了两种完全不同的产品，可以满足不同投资者的偏好，完善了其市场流动性。

（3）可分离公司债券既可满足上市公司筹资需求，又能发挥市场对募集资金使用的监督作用。因为认股权证是否行权取决于公司未来的股价，公司只有效益提升，才有可能获得股票发行收入，所以，可分离公司债券的第二次发行是或有的，它避免了配股和增发完成后投资者无法进行实际监督的不足，通过市场手段激励上市公司最优化经营。

（4）可分离公司债券在发行过程中，有利于吸引各类投资者，提高发行成功率。投资者申购可分离公司债券，可获得可转换公司债券和认股权证两部分，因此，可分离公司债券同时吸引了债券投资者和权证投资者。在市场气氛较为活跃的背景下，可分离公司债券的权证部分上市后往往会获得市场追捧。比如，康美 CWB1（580023.SH），上市后连续 4 个涨停，价格已经涨到 4.298 元/股，较开盘参考价 1.029 元/股涨了 318%。权证部分一定的投机气氛，吸引了可分离公司债券的申购者，虽然债券部分由于利率较低，上市后会折价，但是权证的收益抵补了债券的损失，并且往往得到较好的综合收益。权证部分上市后价格上涨，就能直接扩大一级市场可分离公司债券申购者的单位申购收益。对于传统的可转换公司债券，申购者只能在未来可转换公司债券上市后通过转债价格上涨获得收益，但实际上，可转换公司债券上市后，往往会处于折价状态，这种市场气氛制约了投资者的申购热情，使得传统可转换公司债券的发行要比可分离公司债券难。

3. 可分离公司债券的发行条件

在我国，发行可分离公司债券的条件类似于发行一般的可转换公司债券，但受《上市公司证券发行管理办法》管辖，还应当符合以下一些具体的规定：

第二十七条　上市公司可以公开发行认股权和债券分离交易的可转换公司债券（简称"分离交易的可转换公司债券"）。

发行分离交易的可转换公司债券，除符合本章第一节规定外，还应当符合下列规定：

（一）公司最近一期末经审计的净资产不低于人民币十五亿元；

（二）最近三个会计年度实现的年均可分配利润不少于公司债券一年的利息；

（三）最近三个会计年度经营活动产生的现金流量净额平均不少于公司债券一年的利息，符合本办法第十四条第（一）项规定的公司除外；

（四）本次发行后累计公司债券余额不超过最近一期末净资产额的百分之四十[①]，预计所附认股权全部行权后募集的资金总量不超过拟发行公司债券金额。

第二十八条　分离交易的可转换公司债券应当申请在上市公司股票上市的证券交易所上市交易。

分离交易的可转换公司债券中的公司债券和认股权分别符合证券交易所上市条件的，应当分别上市交易。

第二十九条　分离交易的可转换公司债券的期限最短为一年。

债券的面值、利率、信用评级、偿还本息、债权保护适用本办法第十六条至第十九条的规定。

[①] 新《证券法》对公司债券的发行要求已经取消了净资产额的百分之四十的限制。

第三十条　发行分离交易的可转换公司债券,发行人提供担保的,适用本办法第二十条第二款至第四款的规定。

第三十一条　认股权证上市交易的,认股权证约定的要素应当包括行权价格、存续期间、行权期间或行权日、行权比例。

第三十二条　认股权证的行权价格应不低于公告募集说明书日前二十个交易日公司股票均价和前一个交易日的均价。

第三十三条　认股权证的存续期间不超过公司债券的期限,自发行结束之日起不少于六个月。募集说明书公告的权证存续期限不得调整。

第三十四条　认股权证自发行结束至少已满六个月起方可行权,行权期间为存续期限届满前的一段期间,或者是存续期限内的特定交易日。

第三十五条　分离交易的可转换公司债券募集说明书应当约定,上市公司改变公告的募集资金用途的,赋予债券持有人一次回售的权利。

关于上市公司发行分离交易的可转换公司债券的具体程序和发行条件,请扫码阅读中国证监会关于上市公司发行可转换为股票的公司债券核准的行政许可事项服务指南。

上市公司发行可转换为股票的公司债券核准的行政许可事项服务指南

请扫码进入中国证监会官网阅读。

🌐 案例 4-4

民生银行发行可转换公司债券

2013 年 3 月 15 日,民生银行(600016.SH)发行 200 亿元可转换公司债券。此次发行为近 18 个月以来我国 A 股市场最大的公开发行项目。3 月 21 日,可转换公司债券募集资金已全部划入民生银行,3 月 29 日,可转换公司债券正式上市流通,标志着本次可转换公司债券项目发行成功。

民生银行发行可转换公司债券的目的在于提高资本充足率,以 2012 年 6 月 30 日数据为基础测算,完成 A 股可转换公司债券发行,并假定可转换公司债券全部转股后,民生银行资本充足率可达到约 12.49%,核心一级资本充足率达到约 9.54%。

此次民生银行的可转换公司债券的主要要素和条款如下:

1. 证券类型

可转换为民生银行 A 股股票的可转换公司债券。该可转换公司债券及未来转换的民生银行 A 股股票将在上海证券交易所上市。

2. 发行总额

本次拟发行可转换公司债券总额为人民币 200 亿元。

3. 票面金额和发行价格

票面金额为 100 元/张,按面值发行。

4. 可转换公司债券基本情况

(1)债券期限:本次发行的可转换公司债券期限为发行之日起六年,即自 2013 年 3 月

15日至2019年3月15日。

（2）票面利率：第一年0.6%、第二年0.6%、第三年0.6%、第四年1.5%、第五年1.5%、第六年1.5%。

（3）债券到期偿还：在本次发行的可转换公司债券期满后五个交易日内，发行人将以本次发行的可转换公司债券的票面面值的106%（含最后一期年度利息）的价格向投资者兑付全部未转股的可转换公司债券。

（4）付息方式：本次发行的可转换公司债券采用每年付息一次的付息方式，计息起始日为可转换公司债券发行首日，即2013年3月15日。每年的付息日为本次发行的可转换公司债券发行首日起每满一年的当日，如该日为法定节假日或休息日，则顺延至下一工作日，顺延期间不另付息，每相邻的两个付息日之间为一个计息年度。每年的付息债权登记日为每年付息日的前一交易日，发行人将在每年付息日之后的五个交易日内支付当年利息。在付息债权登记日前（包括付息债权登记日）申请转换成发行人A股股票的可转换公司债券，发行人不再向其持有人支付本计息年度及以后计息年度的利息。可转换公司债券持有人所获得利息收入的应付税项由持有人承担。

（5）初始转股价格：10.23元/股（不低于《募集说明书》公告前20个交易日发行人A股股票交易均价和前一个交易日A股股票交易均价的高者）。

（6）转股起止日期：自可转换公司债券发行结束之日满六个月后的第一个交易日起至可转换公司债券到期日止（即2013年9月16日至2019年3月15日）。

（7）信用评级：AA+。

（8）资产评估机构：大公国际资信评估有限公司。

（9）担保事项：本次发行的可转换公司债券未提供担保。

5. 转股价格向下修正条款

在本次发行的可转换公司债券存续期间，当发行人A股股票在任意连续30个交易日中有15个交易日的收盘价低于当期转股价格的80%时，发行人董事会有权于上述事实发生之日起10个工作日内提出转股价格向下修正方案并提交发行人股东大会审议表决。上述方案须经参加表决的全体股东所持表决权的2/3以上通过方可实施。股东进行表决时，持有本次发行的可转换公司债券的股东应当回避。修正后的转股价格应不低于前项规定的股东大会召开日前20个交易日发行人A股股票交易均价和前一交易日发行人A股股票交易均价，同时修正后的转股价格不低于最近一期经审计的每股净资产和股票面值。

若在前述20个交易日内发生过转股价格调整的情形，则在转股价格调整日前的交易日按调整前的转股价格和收盘价计算，在转股价格调整日及之后的交易日按调整后的转股价格和收盘价计算。

6. 有条件赎回条款

在本次发行的可转换公司债券转股期内，如果发行人A股股票连续30个交易日中至少有15个交易日的收盘价格不低于当期转股价格的130%（含130%），发行人有权按照债券面值加当期应计利息的价格赎回全部或部分未转股的可转换公司债券。任一计息年度发行人在赎回条件首次满足后可以进行赎回，首次不实施赎回的，该计息年度不应再行使赎回权。

当期应计利息的计算公式为：

$$IA = B \times i \times t/365$$

式中　IA——当期应计利息；
　　　B——本次发行的可转换公司债券持有人持有的可转换公司债券票面总金额；
　　　i——可转换公司债券当年票面利率；
　　　t——计息天数，即从上一个付息日起至本计息年度赎回日止的实际日历天数（算头不算尾）。

若在上述交易日内发生过转股价格调整的情形，则在调整前的交易日按调整前的转股价格和收盘价格计算，在调整后的交易日按调整后的转股价格和收盘价格计算。

此外，当本次发行的可转换公司债券未转股余额不足3 000万元时，发行人董事会有权决定按面值加当期应计利息的价格赎回全部未转股的可转换公司债券。

7. 回售条款

若本次发行可转换公司债券募集资金运用的实施情况与发行人在募集说明书中的承诺相比出现变化，该变化被中国证监会认定为改变募集资金用途的，可转换公司债券持有人享有一次以面值加上当期应计利息的价格向发行人回售本次发行的可转换公司债券的权利。在上述情形下，可转换公司债券持有人可以在发行人公告后的回售申报期内进行回售，本次回售申报期内不实施回售的，自动丧失该回售权。除此之外，可转换公司债券不可由持有人主动回售。

4.4　上市公司发行可交换公司债券

4.4.1　基本概念

可交换公司债券（exchangeable bond，EB）的全称为"可交换他公司股票的债券"，是指上市公司股份的持有者通过抵押其持有的股票给托管机构进而发行的公司债券。

该债券的持有人在将来的某个时期内，能按照债券发行时约定的条件用持有的债券换取发债人抵押的上市公司股权。可交换公司债券是一种内嵌期权的金融衍生品，严格来说，是可转换公司债券的一种，不同之处在于可交换公司债券被转换的不是发行人自己公司的股票。

一般说来，可交换公司债券是上市公司的股东发行的，用所持上市公司的股票作为抵押，并在符合转换条件时以抵押股票偿还所负债务。由此可见，可交换公司债券与可转换公司债券的发债主体和偿债主体不同，可交换公司债券是上市公司的股东发行的，可转换公司债券是上市公司自身对投资者发行的；可交换公司债券是对现有股份的转让，并不涉及增发股份，而可转换公司债券在转股时会增发股份。

2018年，我国A股市场有38家公司发行了可交换公司债券，融资金额为556.50亿元。

可交换公司债券的发行人一般都是上市公司的控股股东，所以严格说来并不属于上市公司的再融资，在发行的时候一般也是采用私募债券的方式发行，只是因为可交换公司债券的发行对上市公司的股东会有一定影响，所以也纳入了中国证监会对上市公司再融资的监管范围中。因此本节内容循此思路，也在上市公司再融资部分加入了可交换公司债券这一方式。

4.4.2　融资特点

（1）可交换公司债券可以为发行人获取低利成本融资的机会。由于债券还赋予了持有人标的股票的看涨期权，并且有上市公司的股票作为质押，因此发行利率会低于其他信用评级相当的固定收益品种。而且由于可交换公司债券含有股票期权，所以在发售时更容易获得投资者的青睐。

（2）可交换公司债券经常被作为股东减持股票的一种方式，而且由于转股价一般会高于当前市场价，因此可交换公司债券实际上为发行人提供了溢价减持子公司股票的机会（见图4-5）。例如，母公司希望转让其所持的子公司5%的普通股以换取现金，但目前股市较低迷，股价较低，通过发行可交换公司债券，一方面可以以较低的利率筹集所需资金，另一方面可以以一定的溢价比率卖出其子公司的普通股。中国香港地区的和记黄埔曾两度发行可交换公司债券以减持所持有的沃达丰（Vodafone）；大东电报也用此方法出售所余下的电讯盈科的股份。

图4-5　可交换公司债券发行人和投资者的利益格局

（3）可交换公司债券还有风险分散的优点，因为债券发行人公司和转股标的公司不同。债券的偿还来源是发行人自身的现金流，而影响股票价值的则是股份公司的现金流，尤其是当债券发行人和转股标的公司分散于两个不同的行业时，投资者的风险就更为分散了。

（4）可交换公司债券的行权转换，可能会导致转股标的公司股东结构的重大变化，有可能影响到标的公司的经营。比如，原母公司持有上市子公司股票，如果母公司减持欲望强烈，那么有可能会发行较大量的可交换公司债券，在转股完成后子公司的股东会变得分散，甚至会影响到子公司的经营。可交换公司债券由于较可转换公司债券更为复杂，因此发行方案的设计也更为复杂，要求投资人具有更为专业的投资及分析技能。

4.4.3　发行条件

与前述各种再融资工具不同的是，可交换债券的发行，属于公司债券发行，因此由相关的公司债券发行管理规则管辖。

根据《公司债券发行与交易管理办法》和《上市公司股东发行可交换公司债券试行规定》，发行公募可交换债应当满足的条件包括净资产条件（公司最近一期末的净资产额不少于人民币3亿元）、负债条件（本次发行后累计公司债券余额不超过最近一期末净资产额的百分之四十）⊖、利润条件（公司最近3个会计年度实现的年均可分配利润不少于公司债券1年的利息）、评级条件（债券信用级别良好）等。同时，发行人必须不存在不得发行公司债券的情形，包括不存在最近36个月内公司财务会计文件存在虚假记载或公司存在其他重大违约行为、对已发行的公司债券或者其他债务有违约或者延迟支付本息的事实且仍处于继续状态等。

私募可交换债券由《公司债券发行与交易管理办法》以及《非公开发行公司债券业务管

⊖　新《证券法》对公司债券的发行要求已经取消了净资产额的百分之四十的限制。

理暂行办法》管辖，发行条件比较宽松，具体审核程序由交易场所进行转让条件确认，证券业协会备案。

案例 4-5
浙江世宝控股股东发行可交换公司债券减持股份

浙江世宝是国内率先自主开发汽车液压助力转向系统、汽车电动助力转向系统的企业之一，力争在行业内率先实现智能驾驶技术与系统集成能力，保持公司持续发展的竞争优势。公司在汽车行业积累了超过三十年的系统配套经验，客户资源多元化并且国际化，是众多声誉良好的汽车集团的一级配套商。

2006 年 5 月，浙江世宝成功在香港联交所创业板上市，浙江世宝的开盘价为 1.75 港元/股，此后成交量长期低迷，股价一直低于 1 港元/股，2011 年年初浙江世宝转板香港联交所主板，股票代码 1057，股价有所起色，但也始终徘徊在 2～3 港元/股。

2012 年 10 月 25 日，浙江世宝完成了 A 股市场的首发，发行量为 1 500 万股，发行价格为 2.58 元/股，募集净额为 2 971.18 万元。

A 股上市，虽然从融资的角度来说，对浙江世宝并没有多大的帮助（浙江世宝此前计划在 A 股市场募集资金 5.1 亿元用于包括汽车液压助力转向器扩产在内的三个项目的建设，但由于发行量和发行价格受控，最终只获得 3 000 万元不到的融资），但是由于 A 股市场给浙江世宝的估值比较高，发行后的 24 个月内，股价最低为 11.35 元/股，最高为 27.72 元/股，远高于同期的港股价格。市场给出的高估值，对于浙江世宝来说，既可以进一步通过市场价格进行再融资，也给控股股东高位减持公司股份提供了机会。

2014 年，浙江世宝进行了定向增发，发行价格为 18.46 元/股，发行 3 820 万股，实际募集资金 6.58 亿元。

2016 年 12 月 5 日，公司控股股东世宝控股通过大宗交易方式减持公司股票 1 100 万股，占 A 股股数比例为 4.8%，套现约 4.54 亿元。

2016 年 10 月 13 日浙江世宝的控股股东世宝控股以非公开发行方式发行了 1 亿元可交换公司债券，债券代号为 117042.SZ，简称"16 世宝债"，发行期限为 2 年期，自 2017 年 4 月 14 日起至此次可交换公司债券摘牌日止。截至 2017 年 12 月 31 日，世宝控股 2016 年可交换公司债券（发行规模为人民币 1 亿元，发行期限为 2 年期）的债券持有人实施了换股行为，以人民币 11.96 元/A 股[1]的价格合计交换了 3 558 527 股浙江世宝 A 股股票。由此世宝控股持有的浙江世宝 A 股股票数量由 347 506 529 股减少为 343 948 002 股，占公司总股本的持股比例由 44.01% 减少为 43.56%。对于世宝控股，未来如果发生换股，则可以按照较高的价格（换股价格高于当时市场价）减持浙江世宝 A 股股票；如果不发生换股，则相当于以较低利率发行了一次债券，第一年利率为 1%，第二年利率为 6%。

16 世宝债的主要条款如下：
（1）利息：附息，累进利率，每年一次付息，第一年票面利率为 1%，第二年票面利率为 6%。
（2）发行规模：1 亿元。
（3）起息日期：2016 年 10 月 13 日；到期日期：2018 年 10 月 13 日。

---

[1] 2017 年 7 月 31 日，"16 世宝债"的转股价格因派息和公积金转增股本而调整为 11.96 元/股。

（4）增信方式：质押担保，500 万股浙江世宝（002703.SZ）用于对债券持有人交换股份和本期可交换提供担保。

（5）初始转股价格：39.00 元 / 股。

（6）转股期间：2017 年 4 月 14 日至 2018 年 10 月 10 日。

（7）转股价格调整原则：当标的股票发生送红股、转增股本、配股以及派发现金股利等情况时，发行人按上述条件出现的先后顺序，依次对换股价格进行调整。

（8）向下修正条款：本期私募债券设置了向下修正条款，即在本期私募债券换股期内，当标的股票在任意连续 10 个交易日中至少 5 个交易日的收盘价低于当期换股价格的 90% 时，发行人董事会有权在 5 个交易日内决定换股价格是否向下修正。修正后的换股价格应不低于该次董事会决议签署日前 1 个交易日和收盘前 20 个交易日标的股票收盘价的均价（若在该交易日内发生过因除权、除息引起股价调整的情形，则对调整前交易日的交易均价除权、除息调整后的价格计算）。

（9）赎回条款：在换股期内，当下述情形的任意一种出现时，发行人有权决定按照债券面值及应计利息赎回全部或部分未换股的本期可交换私募债券：①换股期内，如果股票价格任意连续 20 个交易日中至少有 10 个交易日的收盘价不低于当期换股价格的 130%，发行人董事会有权在 5 个交易日内决定是否赎回；②本期可交换公司债券余额不足 3 000 万元时。

（10）回售条款：本期可交换私募债券进入换股期后，当标的股票在任意连续 20 个交易日中至少 10 个交易日的收盘价低于当期换股价格的 70% 时，发行人在回售条件触发次日发布公告，债券持有人有权在公告日后 10 个交易日内将本期可交换私募债券全部或部分按照债券面值的 110%（含应计利息）回售给发行人。若上述交易日内发生过换股价格因发生送红股、转增股本、配股以及派发现金股利等情况而调整的情形，则在调整前的交易日按调整前的换股价格和收盘价格计算，在调整后的交易日按调整后的换股价格和收盘价格计算。

4.5 再融资的承销风险

一方面，由于上市公司再融资时，股票市场的强弱是其不可控制的因素，而股票市场的强弱严重影响到再融资的成功与否，因为再融资的股票价格和发行公司的现行股价有一个比照关系，一旦股价跌破再融资的发行价格，上市公司新发行的股票将难以售出，从而使投资银行遭遇承销风险，严重的可能由此而导致公司亏损甚至倒闭。

另一方面，配股和增发往往是在股价比较高的情况下推出的，这时配股和增发会起到不良信号的作用，投资者会觉得上市公司认为市场股价高于公司的内在价值，因而愿意股票融资。这种信号会引发投资者的抛售，从而压低股价，最终导致再融资失败。

配股从发行条件、审批过程来看，都是比较简捷的再融资方式，但是，从发行的角度来看，配股的风险比较大。配股之所以风险比较大，除了上述两条再融资过程中的一般风险之外，还会有一些特殊的风险。公司的股东在配股计划推出后，将处于两难境地，如果参加配股，势必增加资金的投入；如果不参加配股，配股结束后，股价会被除权，将会导致直接损失。因此，对于原股东，如果不愿意参加配股，那么最好的办法就是抛售股份。因此，配股消息一旦公布，公司股价一般都会遭到比较强的抛压。为了提高中小股东配股的积极性，控股股东往往积极参与配股，同时其配股有一定时间的限售期，以此显示控股股东对上市公司的信心，也减低了中小投资者的持股风险。

2001年8月，哈药集团实施10配3股的配股方案，由于市道低迷，其12.50元/股的配股价远高于当时的市价，因此有多达6 832万股的余股由承销团包销，其主承销商南方证券由此成为公司第二大股东，南方证券被套资金8.5亿元。之后，南方证券又不断投入资金自救，2004年哈药集团的半年报显示，南方证券居然持有公司60.92%的股权，也就是说，共持有哈药集团流通股75 662.98万股，占公司流通股本的93.38%，流通市值超过40亿元，此时，哈药集团的市价已经不到5元/股。哈药集团的配股失败成为南方证券倒闭的重要导火索。监管当局认识到承销商在配股中的风险后，在《上市公司证券发行管理办法》中规定配股承销时必须采用代销方式，不可以包销。

在增发方面，主要是公开增发方式下的承销风险。定向增发由于局限在特定投资者中，比较容易沟通而避免发生放弃认购现象，而且定向增发的定价比较灵活，便于与特定投资者协商而达到易于接受的增发价格，因此，定向增发的相对风险较小并且可控。定向增发背后的实质性内容一般都是利好，因此二级市场的股价会有良好的支持，从这个方面看，定向增发的承销风险也比较小。[⊖]

可转换公司债券的发行风险相对较小，这与我们在4.3.1节中所讨论的可转换公司债券的发行优势有关，在实际的可转换公司债券发行过程中，基本都是成功的。

目前，增发过程不限制承销商对承销方式的选择，但是承销商为了竞争，一般采用实质性承销即余额包销的方式，虽然可以获得较高的承销费用，但同时加大了承销风险。因增发承销失败而大量占用承销商资金的例子也有不少。与配股相比，增发往往涉及的募集资金量更大，所以风险程度更高一些。

再融资风险是投资银行在承销中必须面对的风险，但是，投资银行可以采取一定的措施来防范风险，具体而言，可以有以下几个风险防范的措施。

（1）选择行情好的时候进行再融资，避免在市场恶化时承揽再融资业务，同时，尽可能缩短发布再融资消息到完成再融资的时间间隔，避免期间发生不利的市场变化。

（2）选择好的承销方式。在承销金额较多、市场状况欠佳因而风险较大时，投资银行可以选择代销方式或者有条件的包销，这样就避免了发行失败时投入大量的资金来包销股票。在我国，《上市公司证券发行管理办法》明确规定了配股时必须采用代销方式。

（3）选择好的上市公司。上市公司后期成长性是其再融资计划能否顺利实施的关键因素。因此，对于好的上市公司，虽然整体市场的行情欠佳，但如果具有后期成长性，且发行价格合理，那么，还是能够顺利发行的。

（4）选择好的再融资方式。再融资有配股、公开增发、定向增发、可转换公司债券、可分离公司债券等多种方式，投资银行应该根据上市公司的实际情况和当时的市场条件，合理选择再融资方式。

（5）与投资者进行充分沟通，说明投资项目，在定价过程中，尽可能地市场化发行，减少定价失误。

（6）创新发行方式。比如，可以采用类似于"货架登记"的发行方式，在批准进行再融资后，投资银行可以帮助发行人先进行证券登记，然后可以在登记后两年内分批出售新证券。当市场机会较好时，发行公司就发出一个简短的公告且可以随时从货架上取下证券进行

⊖ 在定向增发中，发行人往往会自己寻找特定投资者而不需要承销商介入，所以承销商的增发承销风险主要指公开增发的风险。

销售。投资银行还可以在实践中探索新的发行方式来减少发行风险。

（7）投资银行内部多层次的、制度化的风险控制系统。投资银行必须建立内核小组来对再融资承销行为进行风险评估和决策，在风险控制方面，建立多层次多部门的风险控制系统，完善风险内控机制。

■ 本章小结

1. 上市公司资本市场再融资的方式具体包括发行新股、优先股、可转换公司债券、可交换公司债券等，上市公司发行新股又可以分为配股和增发，而增发又可以分为定向增发和公开增发，可转换公司债券另有变化的形式——可分离公司债券。
2. 配股发行条件要低于增发，发行程序也较为简单，是上市公司最为常规的再融资方式。
3. 定向增发目前是我国上市公司再融资使用最多的方式，它往往是与发行公司特定的财务战略相联系的，是重要的资本运作工具。具体而言，定向增发融入的资金一般用于引入战略投资者、收购控股股东的资产、调整股东的持股比例、作为股权激励计划的股票来源等。
4. 定向增发和公开增发同为增发，但是差别较多，尤其是二级市场往往反应迥异。
5. 优先股兼具股本证券和债务融资的特点，契约设定有较大的灵活性，同时也是商业银行补充资本的重要工具。
6. 可转换公司债券作为债券与股票认股权证相互融合的一种金融工具，兼具债券、股票和期权三个方面的特征。
7. 可转换公司债券具有了筹资和避险的双重功能，因此，与单纯的筹资工具或避险工具相比，无论是对发行人，还是对投资者而言，都更有吸引力。
8. 可分离公司债券是债券加上认股权证的产品组合，发行可分离公司债券分离了债券和权证两类工具，因而具有多重好处。
9. 可交换公司债券也是一种内嵌期权的金融衍生品，可以有低成本融资、减持股票等各种用途。
10. 由于再融资的股票价格和发行公司的现行股价有一个比照关系，因而再融资的承销风险与IPO相比较大。

■ 思考题

1. 上市公司资本市场再融资主要有哪些方式？
2. 配股与增发相比较，各有哪些特点？
3. 什么是定向增发？定向增发有哪些优势？
4. 定向增发所对应的资本运作主要有哪些？
5. 定向增发与公开增发相比较，各有哪些特点？
6. 上市公司发行新股的基本条件有哪些？
7. 优先股的主要融资特点是什么？它与股权、债券融资相比较，各有什么特点？
8. 什么是可转换公司债券？它有哪些一般特征？
9. 可转换公司债券的发行优势体现在哪些方面？
10. 可转换公司债券的回售条款和赎回条款各是什么含义？
11. 什么是可分离公司债券？它与可转换公司债券的差异体现在哪些地方？
12. 发行可分离公司债券有哪些好处？
13. 什么是可交换公司债券？可交换公司债券主要有哪些融资特点？
14. 引起再融资承销风险的原因在哪里？投资银行如何防范再融资承销风险？

债券的发行与承销

■ **本章提要**

本章主要介绍了债券的发行和承销,具体包括国债和地方政府债券的发行与承销、金融债券的发行与承销、公司信用类债券的发行与承销,同时介绍了我国的债券交易市场。

■ **重点与难点**

1. 债券的概念、特征和种类
2. 我国债券市场的基本情况
3. 国债的主要发行方式以及我国国债的发行制度
4. 国债承销的风险与收益
5. 我国国债交易市场和交易品种
6. 政策性金融债券和金融企业债券的发行
7. 地方政府债券的概念以及发行特点
8. 政策性金融与一般金融债券
9. 我国公司信用类债券的主要类别及其各自的管理机构
10. 非金融企业债务融资工具的概念和主要品种
11. 非金融企业债务融资工具的注册流程
12. 公司债券的发行条件和发行模式
13. 企业债券的发行主体、监管机构和主要类别
14. 公司信用类债券评级主要考察的因素
15. 公司信用类债券的定价

5.1 债券的基本知识

5.1.1 债券的概念和特征

1. 债券的概念

债券是发行者为筹集资金而依照法定程序向债权人发行的,在约定时间支付一定比例的利息,并在到期时偿还本金的一种有价证券。从本质上说,债券是经过证券化的贷款,所有的债券凭证中都会包含一个主贷款协议,即债券契约,其主要内容为:

(1)债券的数额。债券的数额即面额、面值或本金,即债券发行者承诺债券到期时偿还

的数额。

（2）利息率。发行的债券附有特定的息票利率或称名义利率，利率的高低很大程度上取决于债券初始发行时的市场状况。多数债券的利息支付以 6 个月为时间间隔，通常在每个月的 1 日或 15 日支付。

（3）期限。债券的到期期限，即本金被全部付清的时间区间。按照期限划分，期限在 1 年以内的债券是货币市场上的有价证券；中期债券的到期期限为 1～5 年；超过 5 年就被认为是长期债券，长期债券的期限可以长达 30 年甚至 100 年。

（4）赎回特别条款（非必要条款）。赎回特别条款允许债券发行者在债券到期之前收回债券，并按预定的价格偿还贷款。债券发行者使用此条款来保护自己的利益。当市场上的一般利息率低于债券的利息率时，发行者会赎回债券，以便退出高成本的负债，而以较低的利息率再次融资。

（5）卖出债券的选择权（非必要条款）。债券所有者把债券归还给发行者而索回本金的权力。自然，只有当债券持有人有可能在投资回报率更高的领域进行再投资的时候，他才可能这样做。

（6）再集资（非必要条款）。当债券到期而发行者手头又没有足够的现金偿还债券持有人的时候，债券发行者可以通过发行新的债券来偿还旧债。

（7）抵押（非必要条款）。有的债券将会设定抵押物，以保障持有人的资金安全。此时，契约将载明抵押的性质。抵押品可以是不动产，诸如楼房和土地；或者是无形资产，诸如股票、债券和其他有价证券。

2. 债券的特征

一般而言，债券具有以下一些特征：

（1）偿还性。债券偿还性是指债券有规定的偿还期限，债务人必须按期向债权人支付利息和偿还本金。

（2）流动性。债券流动性是指债券持有人可按自己的需要和市场的实际情况，出售债券，收回资金，它主要取决于市场对转让所提供的便利程度。

（3）安全性。债券安全性是指债券持有人的收益相对固定，不随发行者经营收益的变动而变动，并且可按期收回本金。与股票相比，它的投资风险较小。

（4）收益性。债券收益性是指债券能为投资者带来一定的收入，这种收入主要表现为利息，即债权投资的报酬。但如果债权人在债券期满之前将债券转让，还有可能获得债券的买卖价差即资本利得。

5.1.2 债券的种类

1. 按发行主体不同，可分为政府债券、公司债券和证券化债券

（1）政府债券。政府债券的发行主体是政府，它是指政府财政部门或其他代理机构为筹集资金，以政府名义发行的债券，主要包括国库券和公债两大类。一般国库券是由财政部发行的，用以弥补财政收支不平衡。中央政府发行的公债称为国债，地方政府发行的公债称为地方债。政府债券与其他债券相比，安全性高，流通性强，风险很小，且享受免税待遇。还

有一类比较特殊的政府债券，即**政府机构债券**（agency bond），这是由美国联邦政府所拥有、担保或资助之大型机构（government sponsored entities，GSE）所发行的债券，其质量和流通性略低于美国国债，利息略高于美国国债。这类政府机构债券主要来自三家：**联邦住宅贷款抵押公司**（Federal Home Loan Mortgage Corporation，FHLMC）、**联邦国民抵押贷款协会**（Federal National Mortgage Association，Freddie Mac（房地美））和**联邦住房贷款银行**（Federal Home Loan Banks，FHLB）。

（2）公司债券。公司债券是指公司依照法定程序发行的债券。公司债券持有者是公司的债权人，有权按期取得利息，且利息分配顺序优于股东。公司破产清理资产时，债券持有者也优先于股东收回本金。同时，公司债券与政府债券相比较，风险较大。

（3）证券化债券。证券化债券不是以公司主体发行的，而是依托特定的资产支持项目的现金流而发行的，发行主体是特殊目的载体，主要分为抵押支持债券和资产支持债券。它与公司债券的差别在于，公司债券是公司主体信用融资，而证券化债券是与特定项目挂钩，以项目的未来现金流作为融资依据。由于资产证券化的飞速发展，抵押支持债券和资产支持债券已经成为债券市场中交易规模庞大的品种。

2. 按偿还期限不同，可分为短期债券、中期债券和长期债券

（1）短期债券是指偿还期限为1年或1年以内的债券，它具有周转期短及流动性强的特点，在货币市场上占有重要地位。

（2）中期债券是指偿还期限在1年以上、5年以下的债券。

（3）长期债券是指偿还期限在5年或5年以上的债券。长期债券除了满足政府和企业的长期融资需求之外，在证券市场中也是重要的估值标杆，如美国10年期国债利率。

3. 按利息是否固定，可分为固定利率债券、浮动利率债券和累进利率债券

（1）固定利率债券就是在偿还期内利率固定的债券。

（2）浮动利率债券是指利率可以变动的债券。这种债券的利率确定与市场利率挂钩，一般高于市场利率的一定百分点。

（3）累进利率债券是指以利率逐年累进的方法计息的债券。其利率随着时间的推移，后期利率将比前期利率更高，呈累进状态。

4. 按计息方式不同，可分为单利债券、复利债券和贴现债券

（1）单利债券是指在计算利息时，不论期限长短，仅按本金计息，所生利息不再加入本金计算下期利息的债券。

（2）复利债券是指在计算利息时，按一定期限将所生利息加入本金再计算利息，逐期滚算的债券。复利债券的利息包含了货币的时间价值。

（3）贴现债券是指在票面上不规定利率，发行时按某一折扣率，以低于票面金额的价格发行，到期时仍按面额偿还本金的债券。

5. 按是否可以转换为股票，可分为可转换债券和不可转换债券

（1）可转换债券是指发行人依照法定程序发行，在一定期限内依据约定的条件可以转换成股份的债券。可转换债券兼有债权和股权的双重性质。可转换债券应当记载债券转换为股份的条件及方法。持有人有权在规定的条件下将债券转换为股份，由债权人变为公

司的股东。根据可转换债券的特性，可转换债券持有人一般只享有该债券的利息，只有在持有人将债券转换成股票后，成为该公司股东，才能与其他股东一起享有该公司的分红派息。

（2）不可转换债券是指不能转换为股份的债券，它的持有人只能到期请求还本付息。

6. 按债券的国别，分为国内债券和国际债券

（1）国内债券是指一国借款人在本国证券市场上，以本国货币为面值向投资者发行的债券。

（2）国际债券是指一国借款人在国际证券市场上，以外国货币为面值向外国投资者发行的债券。它包括两种形式：一是外国债券，是指某一国借款人在本国以外的某一国家发行以该国货币为面值的债券。其特点是债券发行人在一个国家，债券的面值货币和发行市场属于另一个国家。如在美国发行的扬基债券和在日本发行的武士债券。二是欧洲债券，是指借款人在本国境外市场发行的，不以发行市场所在国的货币为面值的国际债券。它的特点是债券发行者、债券发行地点和债券面值所使用的货币分别属于不同的国家。

5.1.3 债券的付息方式与收益

1. 债券的付息方式

债券的付息方式是指发行人在债券的有限期间内，何时和分几次向债券持有者支付利息的方式。付息方式既影响债券发行人的筹资成本，也影响投资者的投资收益。一般把债券利息的支付分为一次性付息和分期付息两大类。

（1）一次性付息，具体包括三种情况：

一是利随本清，指以单利计息，到期还本时一次性支付所有应付利息。

二是以复利计算的一次性付息，具体来说，是以复利计算，将票面折算成现值发行，到期时票面额即等于本息之和，故按票面额还本付息。采用以复利计算的一次性付息方式付息的债券被称为无息债券。

三是以贴现方式计算的一次性付息，就是以贴现方式计算，投资者按票面额和应收利息的差价购买债券，到期按票面额收回本息。这种方式与以复利计算的一次性付息的计息方式不同，前者是按票面额和贴现率计算的，而后者的利率却是按投资额计算的。采用以贴现方式计算的一次性付息方式付息的债券被称为贴现债券。

（2）分期付息。分期付息债券又称附息债券或息票债券，是在债券到期以前按约定的日期分次按票面利率支付利息，到期再偿还债券本金。分期付息一般分为按年付息、半年付息和按季付息三种。

2. 债券的收益和收益率

债券的收益来自两个方面：一是债券的利息收益，它取决于债券的票面利率和付息方式；二是资本利得，它取决于债券买入价与卖出价、买入价与到期偿还额之间的差额。

债券的收益率有不同的计算方法：

（1）票面收益率。票面收益率又称名义收益率或票息率，是债券票面上的固定利率，即年利息收入与债券面额之比。

（2）直接收益率。直接收益率又称本期收益率或当前收益率，是指债券的年利息收入与买入债券的实际价格之比。直接收益率反映了投资者的投资成本带来的收益。

（3）持有期收益率。持有期收益率是指买入债券后持有一段时间，又在债券到期前将其出售而得到的收益（包括持有债券期间的利息收入和资本损益）与买入债券的实际价格之比。

（4）到期收益率。到期收益率是指买入债券后持有至期满得到的收益（包括利息收入和资本损益）与买入债券的实际价格之比。

5.1.4 中美两国债券市场的基本情况

1. 美国债券市场的基本情况

美国债券市场根据发行人的不同，可以分为公司债券、资产支持证券、国债、联邦机构证券、住房抵押证券和市政债券。

美国的债券市场存量基本与股权市场存量相当，2018年各类债券占整体市场存量的比重为50.02%，股权占49.98%，其他年份也较为接近。但是从融资的角度看，每年债券的融资量远超股票融资量。表5-1列出了美国在2004~2018年期间各类证券的市场存量，我们从中可以看出，在各类债券存量中，占比最大的是联邦政府发行的长短期国债，其次是商业银行住房抵押贷款转化的住房抵押证券，然后是公司债券、市政债券，再后面依次是联邦机构证券和资产支持证券。

表 5-1 美国 2004~2018 年各类证券的市场存量　　（单位：十亿美元）

年份	公司债券	资产支持证券	国债	联邦机构证券	住房抵押证券	市政债券
2004	4 595.6	1 100.2	3 945.8	2 700.6	6 301.7	2 877.7
2005	4 664.6	1 281.4	4 170.0	2 616.0	7 218.1	3 101.4
2006	4 904.7	1 656.9	4 328.0	2 634.0	8 389.9	3 287.5
2007	5 337.7	1 963.5	4 522.6	2 906.2	9 386.0	3 551.7
2008	5 514.0	1 829.5	5 783.6	3 210.6	9 467.4	3 667.6
2009	6 100.1	1 712.1	7 260.6	2 727.5	9 352.5	3 850.8
2010	6 743.9	1 507.8	8 853.0	2 538.1	9 258.4	3 961.4
2011	6 862.5	1 359.0	9 928.4	2 326.9	9 075.5	3 923.7
2012	7 266.2	1 280.3	11 046.1	2 095.8	8 838.1	3 920.9
2013	7 682.2	1 285.7	11 854.4	2 056.9	8 742.6	3 852.8
2014	8 045.0	1 349.4	12 504.8	2 028.7	8 842.0	3 806.9
2015	8 284.7	1 376.6	13 191.6	1 995.4	8 894.8	3 821.7
2016	8 688.5	1 391.8	13 908.2	1 971.7	9 023.4	3 866.4
2017	8 994.0	1 457.9	14 468.8	1 934.7	9 304.5	3 879.3
2018	9 200.7	1 615.6	15 608.0	1 841.6	9 732.3	3 821.1

资料来源：SIFMA Capital Markets Fact Book. 2019. P15. https://www.sifma.org/resources/research/fact-book/.

根据SIFMA的统计，从企业融资的角度看，一般公司债券2018年的发行量为13 394亿美元，与此相比较的是公司首次公开发行融资为499亿美元，再融资为1 546亿美元。由此看来，在资本市场对企业的融资支持方面，债券的融资规模远远超过股权融资的规模。

2. 中国债券市场的基本情况

截至 2018 年 12 月 31 日，我国债券市场存量金额为 58.39 万亿元，而 2013 年年底，这一数据为 25.01 万亿元，五年时间翻了一倍多，增长速度非常快。相应地，股票市场 2018 年年底的存量为 43.49 万亿元，2013 年年底的存量为 23.91 万亿元。由此可见，债券市场的增速明显要高于股票市场。从社会融资规模来看，2018 年企业债券融资存量为 20.13 万亿元，非金融企业境内股票融资存量为 7.01 万亿元，债券融资存量大约为股票融资的 3 倍；从增量角度看，债券融资为 2.48 万亿元，股票融资为 3 606 亿元，债券融资大约为股票融资的 7 倍（见表 5-2）。

表 5-2 2018 年我国社会融资情况

融资方式	2018 年年末 存量（万亿元）	2018 年年末 同比增速（％）	2018 年 增量（亿元）	2018 年 同比增减（亿元）
社会融资	200.75	9.8	192 584	-31 386
其中：人民币贷款	134.69	13.2	156 712	18 280
外币贷款（折合人民币）	2.21	-10.7	-4 201	-4 219
委托贷款	12.36	-11.5	-16 067	-23 837
信托贷款	7.85	-8	-6 901	-29 456
未贴现的银行承兑汇票	3.81	-14.3	-6 343	-11 707
企业债券	20.13	9.2	24 756	20 335
地方政府专项债券	7.27	32.6	17 852	-2 110
非金融企业境内股票融资	7.01	5.4	3 606	-5 153
其他融资	5.25	43.3	15 901	5 834
其中：存款类金融机构资产支持证券	1.28	86.7	5 940	3 963
贷款核销	3.01	20.9	10 151	2 565

注：1. 社会融资规模存量是指一定时期末实体经济从金融体系获得的资金余额。社会融资规模增量是指一定时期内实体经济从金融体系获得的资金额。
2. 自 2018 年 7 月起，中国人民银行完善社会融资规模统计方法，将"存款类金融机构资产支持证券"和"贷款核销"纳入社会融资规模统计，在"其他融资"项下反映。
3. 2018 年 8 月以来，地方政府专项债券发行进度加快，对银行贷款、企业债券等有明显的接替效应。为将该接替效应返还到社会融资规模中，自 2018 年 9 月起，中国人民银行将"地方政府专项债券"纳入社会融资规模统计，地方政府专项债券按照债权债务在托管机构登记日统计。
资料来源：2018 年第四季度《中国货币政策执行报告》中的表 6。

具体到债券的各个品种上，根据 2018 年的统计资料，我国债券发行量最大的是银行同业存单，占了将近一半，其次是公司信用类债券，一共是 77 905 亿元，其中中国银行间市场交易商协会（以下简称"交易商协会"）所发行的非金融企业债务融资工具占大多数。中央政府和地方政府分别通过国债和地方政府债券融资，分别是 36 626 亿元和 41 652 亿元，两者合计金额与公司信用类债券发行量基本相当。另外，国际机构也在我国债券市场中发行了一部分债券，金额为 720 亿元（见表 5-3）。

表 5-3 2018 年我国各类债券的发行情况 （单位：亿元）

债券品种	发行额	比重（％）
国债	36 626	8.50
地方政府债券	41 652	9.66

（续）

债券品种	发行额	比重（%）
中央银行票据	0	0.00
金融债券①	274 056	63.59
其中：国家开发银行及政策性金融债券	33 602	7.80
同业存单	210 832	48.92
公司信用类债券②	77 905	18.08
其中：非金融企业债务融资工具	57 938	13.44
企业债券	4 812	1.12
公司债券	14 555	3.38
国际机构债券	720	0.17
合计	430 959	100.00

注：① 金融债券包括国家开发银行金融债券、政策性金融债券、商业银行普通债券、商业银行次级债券、商业银行混合资本债、证券公司债券、同业存单等。
② 公司信用类债券包括非金融企业债务融资工具、企业债券以及公司债券、可转换公司债券、可分离公司债券、中小企业私募债等。
资料来源：2018年第四季度《中国货币政策执行报告》中的表10。

更详细的资料可以进入中国人民银行网站阅读2018年第四季度《中国货币政策执行报告》，⊖或者在中国人民银行网站找到更新的《中国货币政策执行报告》。

5.2 国债的发行与承销

5.2.1 国债的概念

1. 国债的概念

国债的发行主体是国家，其偿还来源是国家未来的税收收入以及国家所有的资产收益，所以它具有最高的信用度，被公认为是最安全的投资工具，也称"金边债券"。国债发行的目的多种多样，主要包括：弥补财政赤字、平衡国际收支、扩大政府的公共投资、解决临时性的资金需要、归还到期债券的本息等。

2. 国债的特点

（1）安全性高。由于国债是中央政府发行的，而中央政府是一国权力的象征，因此发行者具有一国最高的信用地位，一般风险较小，投资者会较为放心。

（2）流动性强，变现容易。中央政府的高度信用地位，使得国债的发行额十分庞大，发行也十分容易，由此造就了一个十分发达的二级市场，客观上为国债的自由买卖和转让带来了方便，增强了国债的流动性，变现较为容易。

（3）可以享受许多免税待遇。大多数国家规定，购买国债的投资者与购买其他收益证券相比，可以享受更多的税收减免。

⊖ http://www.pbc.gov.cn/goutongjiaoliu/113456/113469/3768943/index.html。

（4）国债是国家对货币市场操作的重要工具。中央银行在公开市场上买卖国债进行公开市场业务操作，可以有效地调节货币供应量进而实现对宏观需求的调节。

3. 国债的分类

按国债存在的形态划分，我国的国债可以分为无记名式国债、凭证式国债与记账式国债三种。

（1）无记名式国债。无记名式国债是一种票面上不记载债权人姓名或单位名称的债券，通常以实物券形式出现，又称实物券或国库券。实物债券是一种具有标准格式实物券面的债券，它以实物券的形式记录债权、面值等。

无记名式国债的一般特点是不记名、不挂失，可以上市流通。其持有的安全性不如凭证式国债和记账式国债，但购买手续简便。同时，由于可上市转让，所以流通性较强。上市转让价格随二级市场的供求状况而定，当市场因素发生变动时，其价格会产生较大波动，因此具有获取较大利润的机会，同时也伴随着一定的风险。

（2）凭证式国债。凭证式国债是指国家采取不印刷实物券，而用填制"国库券收款凭证"的方式发行的国债。我国从1994年开始发行凭证式国债。凭证式国债具有类似储蓄又优于储蓄的特点，通常被称为"储蓄式国债"，是以储蓄为目的的个人投资者理想的投资方式。与储蓄相比，凭证式国债的主要特点是安全、方便、收益适中。因此，购买凭证式国债不失为一种安全灵活、收益适中的理想的投资方式，是集国债和储蓄的优点于一体的投资品种。凭证式国债可就近到银行各储蓄网点购买。

（3）记账式国债。记账式国债是没有实物形态的票券，是通过电子账户进行登记和交易。在我国，上海证券交易所和深圳证券交易所已为证券投资者建立电子证券账户，因此，可以利用证券交易所的系统来发行债券。我国近年来通过上海和深圳证券交易所的交易系统发行和交易的记账式国债就是这方面的实例。投资者若想进行记账式债券的买卖，就必须在证券交易所设立账户。记账式国债又称无纸化国债。记账式国债具有成本低、收益好、安全性好、流通性强的特点。

无记名式、凭证式和记账式三种国债各有其特点。在收益性上，无记名式和记账式国债要略好于凭证式国债，通常无记名式和记账式国债的票面利率要略高于相同期限的凭证式国债；在持有的安全性上，凭证式国债略好于记账式国债，记账式国债又略好于无记名式国债；在流动性上，记账式国债略好于无记名式国债，无记名式国债又略好于凭证式国债。

5.2.2 国债的发行

国债的发行承销与公司债券的发行承销有着很大的判别差别。由于国债发行关系到一国财政状况、重点项目投资建设情况和货币政策实施等重大问题，所以各国都对国债的发行承销有着统一的制度性安排。国债发行前一般不需要经过评级。⊖

⊖ 标准普尔、穆迪和惠誉等国际评级机构也对政府主权信用的债务进行评级。比如，标准普尔在1993年到2003年年底长达10年的时间中对中国主权信用评级一直维持在"适宜投资"的最低限——BBB级，直至2008年7月穆迪才将中国政府的长期外币债券评级从A2上调至A1。在2010年的欧洲债务危机中，国际评级机构穆迪将希腊主权债务评级连降4级，由"A3"降至"Ba1"。

在我国，国债的发行分为三个市场：沪深交易所、柜台交易市场和银行间债券市场。在具体发行方式上，国债发行可以分为定向发售、代销、承购包销、公开招标发行和拍卖发行五种方式。

1. 定向发售

定向发售是指向养老保险基金、金融机构等特定机构发行国债的方式，主要用于国家重点建设债券、财政债券、特种国债等品种。

定向发售的国债一般都是特别国债，比如，2007年7月，全国人大常委会批准财政部发行15 500亿元人民币10年期以上可流通记账式国债，用于购买约2 000亿美元外汇，作为组建国家外汇投资公司的资本金来源。其中首批特别国债6 000亿元于2007年8月29日面向境内商业银行定向发售。⊖

2. 代销

代销是指由国债发行主体委托代销者代为向社会出售债券。这种方式可以充分利用代销者的网点，但因代销者只是按预定的发行条件，在约定日期内代为推销，代销期终止，若有未销出余额，将全部退给发行主体，代销者不承担任何风险与责任。因此，代销方式有着较多的缺陷：一是很难保证能按当时的供求情况形成合理的发行条件；二是推销效率难尽如人意；三是发行期较长，因为有预约推销期的限制。代销发行适用于证券市场不发达、金融市场秩序不良、机构投资者缺乏承销条件和积极性的情况。

3. 承购包销

承购包销是指大宗机构投资者组成承购包销团，按一定条件向财政部承购包销国债，并由包销团负责在市场上转售，任何未能售出的余额均由承销者购入。这种发行方式的特征是：第一，承购包销的初衷是要求承销者向社会再出售，由作为发行主体的财政部与承销团达成协议来确定发行条件，一切承购手续完成后，国债方能与投资者见面，因而承销者是作为发债主体——中央政府与投资者间的中介而存在的；第二，承购包销是用经济手段发行国债的标志，并可用招标方式决定发行条件，是国债发行转向市场化的一种形式。

1991年4月20日，中国财政部与中国工商银行信托投资公司牵头的承购包销团签订了《1991年国库券承销合同》，这是我国首次采用承购包销方式发行国债，也标志着我国的国债发行终于开始走向市场，实现了发行方式由行政分配任务和对个人、单位派购的方式向投资人自愿购买的市场方向转变。

目前，我国仍采取承购包销方式，主要运用于不可上市流通的凭证式国债的发行。2006年以来，凭证式国债承销团成员及其承销比例原则上每三年确定一次，如遇特殊情况，经财政部、中国人民银行批准，可以在凭证式国债承销团成员之间做小幅调整。

4. 公开招标发行

公开招标发行是通过投标人的直接竞价来确定发行价格（或利率）水平，发行人将投标人的标价自高价向低价排列，或自低利率排到高利率，发行人从高价（或低利率）选起，直

⊖ 这批特别国债的具体操作如下：财政部向境内商业银行发行6 000亿元特别国债，筹集人民币资金后，向央行购买等值的外汇；同时，央行利用卖汇获得的6 000亿元人民币向境内商业银行购买等值的特别国债。

到达到需要发行的数额为止。因此,所确定的价格恰好是供求决定的市场价格。

相对于承购包销发行方式,公开招标发行不仅实现了发行者与投资者的直接见面,减少了中间环节,而且投资者通过对发行条件的自主选择进行投标,充分体现市场竞争机制,有利于形成公平合理的发行条件,也有利于缩短发行期限,提高市场效率,降低发行成本。公开招标发行是国债发行方式市场化的进一步加深。

我国国债发行招标规则的制定借鉴了国际资本市场中的美国式、荷兰式规则,并发展出混合式招标方式。目前我国记账式国债发行采用"荷兰式""美国式""混合式"进行招标,招标标的为利率、利差、价格或数量。

(1)荷兰式招标。荷兰式招标又称为单一价格招标,按照投标人所报买价自高向低(或者利率、利差由低而高)的顺序中标,直至满足预定发行额为止,中标的承销机构以相同的价格或者利率获得中标的国债。标的为利率(或利差)时,全场最高中标利率(或利差)为当期国债票面利率(或基本利差),各中标机构均按面值承销;标的为价格时,全场最低中标价格为当期国债发行价格,各中标机构均按发行价格承销。

(2)美国式招标。美国式招标又称为多种价格招标,中标价格为投标方各自报出的价格或者利率。标的为利率时,全场加权平均中标利率为当期国债票面利率,中标机构按各自中标标位利率与票面利率折算的价格承销;标的为价格时,全场加权平均中标价格为当期国债发行价格,中标机构按各自中标标位的价格承销。背离全场加权平均投标利率或价格一定数量的标位视为无效投标,全部落标,不参与全场加权平均中标利率或价格的计算。

我们举例说明荷兰式招标与美国式招标的差别。假定财政部举行国债招标,招标总额是500亿元,表5-4列出了两种招标方式下中标者的中标价格。

表5-4 荷兰式招标与美国式招标的比较

项目	投标人 A	投标人 B	投标人 C
投标价(元)	88	86	85
投标额(亿元)	100	150	400
中标额(亿元)	100	150	250
荷兰式中标价	85	85	85
美国式中标价	88	86	85

一般而言,荷兰式招标的优点在于简单、高效,而且最终的单一价格也符合中标人利益一致的要求。⊖但缺陷之处也在于最终的单一价格,单一价格有可能造成投标方的虚假报价,因为最终中标价格未必是其当时的报价,投标方可以在价格标的的招标中,报出更高的价格,或者在利率招标时报出更低的利率。这种方式鼓励投标方的投机行为,这种投机行为的最终结果不利于投标方但有利于招标方,因为投标方实际上抬高了中标价格。美国式招标的缺点在于复杂一些,会有不同的中标价格,其好处在于,投标方都会更加谨慎地给出自己的报价,因为一旦中标,这个价格就是它获得证券的价格。

(3)混合式招标。混合式招标是我国借鉴国际资本市场经验,根据中国国情设计发展的招标方式。标的为利率时,全场加权平均中标利率为当期国债的票面利率,低于或等于票面利率的标位,按面值承销(荷兰式);高于票面利率一定数量以内的标位,按各中标标位的利

⊖ 尤其在股票发行时,一般采用荷兰式招标,最终中标人都在同一价格获得股票,符合同股同价的原则。

率与票面利率折算的价格承销（美国式）；高于票面利率一定数量以外的标位，全部落标。标的为价格时，全场加权平均中标价格为当期国债发行价格，高于或等于发行价格的标位，按发行价格承销；低于发行价格一定数量以内的标位，按各中标标位的价格承销；低于发行价格一定数量以上的标位，全部落标。背离全场加权平均投标利率或价格一定数量的标位视为无效投标，全部落标，不参与全场加权平均中标利率或价格的计算。

比如，当国债招标标的为利率时，全场加权平均中标利率为当期国债票面利率。这与荷兰式招标相比，对投标人更有利，因为加权平均价格会优于最终边际中标价格。假定最后边际中标利率为3.5%，此即为荷兰式利率招标的中标利率。而根据混合式招标规则，最后确定的加权平均中标利率肯定会低于3.5%，假定加权平均的中标利率是3.1%。降低中标利率对财政部是不利的，为了补偿，财政部会在中标利率价位再往上延伸一个区间，比如招标规则规定：当中标利率高于票面利率10%（不含）以上标位，全部落标。这意味着3.1%的利率还可以往上延伸10%，即凡是3.1%～3.41%的中标利率还能获得发行量，而在原有荷兰式招标中，3.41%～3.5%的中标利率仍可获得发行量。3.1%～3.41%的中标价格采用美国式，这样又发挥了美式招标的特点，鼓励成员理性投标。混合式招标有利于市场成员努力提高投标技术，准确估计在当前市场利率水平和供需关系情况下该债券的合理定价。

总体而言，混合式招标有利于发挥两个招标方式的优势，但也并不能完全避免两者的劣势，所以，招标规则仍需今后进一步完善。

5. 拍卖发行

拍卖发行是指在拍卖市场上，按照例行的经常性的拍卖方式和程序，由发行主体公开向投资者拍卖国债，完全由市场决定国债发行价格与利率。国债的拍卖发行实际是在公开招标发行的基础上更加市场化的做法，是国债发行市场高度发展的标志。该发行方式更加科学合理、高效，所以目前西方发达国家的国债发行多采用这种形式。

5.2.3 美国的国债发行

美国国债依据国债期限不同，可以分为短期的**国库券**（treasury bill）、**中期国债**（treasury note）和**长期国债**（treasury bond）。国库券是指期限在一年以下的国债，采用零息券方式，不附息，折价竞标发行，到期归还票面本金；中期国债是指期限在1～10年的国债，长期国债是指期限在10年以上的国债，这两种国债都是附息国债，利息每半年支付一次。非市场化国债的重要品种是**储蓄国债**（saving bond），这是美国财政部发行给普通民众的国债，采用无纸化记名形式，在投资者持有期不能转让，只能由美国财政部授权机构赎回。许多美国人购买储蓄国债作为长期理财工具。

美国国债的发行采用定期拍卖的方式。3个月和6个月的国库券每星期一拍卖，1年期的每个月的第三个星期拍卖，国库券都在星期四交割；2年期的国库券在1月、2月、4月、5月、8月、10月和11月拍卖，财政部在月中公布拍卖金额，一星期后定价，在月底31日左右交割；5年期和10年期的国库券在每季度第二个月（2月、5月、8月和10月）拍卖；30年期的国库券在每年2月、8月拍卖一次。5年、10年和30年期的国债一般由财政部在月初公布拍卖金额，一个星期后定价，在月中也就是15日交割。

美国国债的拍卖分为竞争性投标、非竞争性投标（购买单位低于 100 万美元的面值）和非公众购买（如美国联邦储备银行购买），拍卖总量先减去所有非竞争性投标金额和非公众购买金额，余额再以竞争性投标的方式进行。竞争性以收益率为基础，投标人标明他们希望得到的收益率和购买的金额，按照收益率由低到高的顺序排列分配债券，直到债券分配完毕。

美国市场化国债的发行是通过向投资者拍卖的形式发行的。在 20 世纪 90 年代以前，美国国债投标采用美国式投标法，由于 1991 年所罗门兄弟公司丑闻后美国式投标法受到一定指责，同时也由于荷兰式投标法可以降低发债成本，因此美国财政部最终在 1998 年 11 月全面采用荷兰式投标法。美国财政部接受的国债投标方式分两种：**竞争性投标**（competitive bid）和**非竞争性投标**（non-competitive bid）。竞争性投标就是投标者以竞价的方式进行投标；非竞争性投标则是投标者在投标时只报欲购买国债的数量，不规定投标利率，并接受竞争性投标者决定的最终利率。单个投标者最多只能非竞争性投标 500 万美元，并且不能同时进行竞争性与非竞争性投标。如果投标者进行竞争性投标，它在每一个标位上的投标额度不能超过该期国债发行量的 35%，最终累计中标量也不能超过该期国债发行量的 35%。

投标可以以电子化形式进行，也可以以通信形式进行。美国财政部国债局有两个电子化系统，一个是 TAAPS（Treasury Automated Auction Processing System），另一个是 TreasuryDirect 系统。TAAPS 主要面向机构，大的银行和金融机构通过它进行竞争性投标；TreasuryDirect 则是面向普通个人投资者的系统，只接受非竞争性投标。美国财政部国债局和美联储纽约分行同时也接受投标者的书面投标，书面投标既可以是竞争性的，也可以是非竞争性的。此外，普通投资者也可以通过华尔街上一些大机构的代理进行投标。

美国国债市场中有一个比较特殊的设置，就是**国债虚售市场**（when-issued market 或称 WI trading）。虚售市场自财政部宣布国债发售开始，直至正式发行日结束（见图 5-1）。在虚售市场中，投资者可以在财政部实际国债尚未发行时，即构建多头或者空头仓位来为未来的国债套利，虚售市场其实是一个交割日为发行日的远期市场。

图 5-1　虚售市场的时间流程

在虚售市场中，无论做多还是做空，都不需要融资或者融券，所以实际没有持有成本。对国债发行看多的一方可以在虚售市场中做多，反之做空。国债自营商往往参加国债拍卖，同时在虚售市场卖空，等到交割时，可以将拍卖所得的国债转手卖出。但是，此举也有相当大的风险。如果没有拍卖到足够的国债，自营商就必须在国债交割后的二级市场买入相应国债进行虚售市场债券的交割，否则违规；如果依然买不到足够的国债，就必须在回购市场借入相应国债。这样，自营商都会暴露在空头风险中，甚至可能遇到逼仓。

美国 20 世纪 90 年代初期就发生过所罗门兄弟公司的丑闻事件。该公司除了在发行市场上参加竞争性投标，还以代为客户投标的方式为自己购买，即将为客户投得的国债转移到自己的账户上，而客户对所罗门兄弟公司的这一行为毫不知情。通过这种方式，所罗门兄弟公司多次超越财政部规定的 35% 的限额购买国债，1991 年 5 月竟控制了美国 2 年期国债发行额的 94%。同时，由于所罗门兄弟公司通过超限额购买控制了某些品种国债的市场供给，该公司在国债二级市场抬高价格，大肆逼空虚售市场的做空者，导致对方的巨额亏损。所罗门兄弟公司被罚款 2.9 亿美元，相关责任人被处以市场禁入。

5.2.4　国债的一级自营商制度

　　为保证国债发行工作的顺利进行，尽可能避免发行失败，许多国家都实行了国债的一级自营商制度。该制度的核心就是由政府的有关部门认定一级承销商的主体资格，并进一步明确发行机关与一级自营商的权利、责任和义务。

　　我国现行的国债市场上实行国债一级自营商制度。国债一级自营商是在国债市场上建立的国债中介机构，一般由实力比较雄厚的商业银行或证券公司组成，其主要作用是作为国债发行主体在发行市场上投标或承购国债，同时在国债二级市场上承担做市商义务，随时向市场提供买卖双边报价，以保持国债二级市场的流动性。可以说，一级自营商是一、二级市场紧密结合的桥梁和纽带，是国债市场发展的重要力量。

　　在我国，除政策性银行外的各类银行，综合类证券公司和可以从事有价证券经营业务的各信托投资公司，以及其他可以从事国债承销、代理交易、自营业务的金融机构，都可以申请成为国债一级自营商。

　　国债一级自营商享有的权利包括：①直接参加每期由财政部组织的全国性国债承购包销团；②享有每期承销合同规定的各项权利；③享有在每期国债发行前通过正常程序同财政部商议发行条件的权利；④企业发行股票一次超过 8 000 万股的，在同等条件下，优先由取得国债一级自营商资格的证券经营机构担任主承销商；⑤优先取得直接与中国人民银行进行国债公开市场操作的资格；⑥自动取得同中国人民银行进行国债回购交易等业务的资格；⑦优先取得从事国债投资基金业务的资格。

　　国债一级自营商需履行的义务包括：①必须履行参加每期国债发行承购包销团，且每期承销量不得低于该期承销团总承销量的 1%；②严格履行每期承购包销合同和分销合同规定的各项义务；③承购包销国债后，通过各自的市场销售网络，积极开展国债的分销和零售业务；④维护国债二级市场的流通性，积极开展国债交易的代理和自营业务；⑤国债一级自营商在开展国债的分销、零售和进行二级市场业务时，要自觉维护国债的声誉，不得利用代保管凭证超售国债券而为本单位筹集资金；⑥国债一级自营商有义务定期向财政部、中国人民银行、中国证监会提交有关国债承销、分销零售以及二级市场上国债交易业务的报表、资料；⑦已获得国债一级自营商资格的金融机构参加某期国债承销后被取消一级自营商资格的，仍需履行该期承销合同规定的各项义务；⑧国债一级自营商有办理到期国债券本息兑付业务的义务。

5.2.5　国债承销的风险与收益

1. 国债销售价格的影响因素

　　国债承销的风险和收益均源于国债销售价格，在有利的价格下，承销商可以获得较为满意的利润；国债销售价格一旦不利，承销商将承受损失。对国债而言，承销价格的影响因素主要有以下方面。

（1）市场利率水平。一般情况下，国债价格水平由市场利率水平而定。市场利率水平主要取决于该国当时的通货膨胀状况，因为利率是货币时间价值的衡量，货币的购买力将直接影响到投资者要求的利率补偿水平。一般而言，国债定价的最低标准是不低于通货膨胀率，即实际利率为正，因此名义利率即为预期的通货膨胀率加市场基准利率。但是由于未来通胀水平较难预测，因此，国债价格中包含着一定的风险。

（2）国债承销的中标成本。国债承销的中标成本是承销商销售国债的成本底线，如果超出这一成本，承销商将直接发生亏损。因此，在投标中，承销商会尽可能压低中标价格，从而降低销售难度，更大程度地获得利润。

（3）二级市场国债的报价。二级市场的国债价格会影响到投资者购买一级市场国债的热情。如果一级市场的国债价格过高，投资者会转而购买二级市场的国债，从而导致承销商销售国债的失败。

（4）承销商的综合收益。为了保证国债承销的成功，承销商会从综合收益的角度考虑，来决定对国债的投标价格。承销商考虑的方面主要包括手续费收入和销售速度。在国债承销中，承销商可以获得一定比例的手续费收入。为了促进国债的销售，承销商有可能压低承销价格，以手续费补其不足。另外，承销商为了加快资金回收速度，也会降低承销价格，因为价格低了，承销商的销售就会加快，资金的回收速度就会变快，投资者的认购资金留在承销商手中的时间就长，承销商可以占用这部分资金以获得利息收入来提高综合收益。

2. 国债承销的收益

在国债承销的过程中，承销商的收益主要有四种来源：

（1）差价收入。差价收入是承销商的认购价格和对投资者的分销价格的差价。

（2）发行手续费收入。国债发行时，承销商按承销金额的一定比例可以从发行人处得到手续费。

（3）资金占用的利息收入。如果承销商提前完成了国债的分销任务，那么在交款日前就可以占用这部分资金，并取得利息收入。

（4）留存自营国债的交易获益。如果承销商可以留存一部分国债自营，若该国债上市后二级市场有较好的价格，承销商就可以获得交易收益。

3. 国债承销的风险

承销商承销国债可能面临一定的风险，一般因承销而产生的风险有两种情况：一种是在整个发行期结束后，承销商仍有部分国债积压，从而造成垫付相应的发行款，并且这部分留存自营的国债在上市后也没有获得收益；另一种是承销商将所有包销的国债全部加以分销，但分销的收入不足以抵付承销成本。

一般而言，承销商承销国债的风险远小于承销股票、公司债券等其他证券，但并不排除出现风险的情况。国债承销中的最大风险是市场利率变动的风险，如果市场利率在承销商分销国债的过程中提高了，那么国债价格将会下降，承销商可能承受损失。但是，财政部出于和承销商长期合作的考虑，在这种条件下往往会对承销商进行补偿，以减少承销商的风险。

5.2.6 国债的交易

1. 国债交易市场

在我国，国债的交易也分为三个市场：沪深交易所、柜台交易市场和银行间债券市场。

沪深交易所对挂牌的国债进行交易，交易对象是记账式国债，任何在沪深交易所有资金账户和证券账户的投资者都可以通过交易所系统买卖交易所内挂牌的国债。

柜台交易市场是指银行、证券公司、信托投资公司等金融机构通过零售网点对投资者进行的国债销售。在柜台交易市场，投资者可以买到新发行的国债，或者兑付到期的国债，但是，柜台交易市场不对国债提供连续的交易，因此，它不提供国债交易的流动性。

银行间债券市场是指依托于中国外汇交易中心暨全国银行间同业拆借中心和中央国债登记结算公司、银行间市场清算所股份有限公司（上海清算所）的，包括商业银行、农村信用合作联社、保险公司、证券公司等金融机构在内的，进行债券买卖和回购的市场。中国人民银行是其监管机构。目前，银行间债券市场已成为我国债券市场的主体。银行间债券市场参与者以询价方式与自己选定的交易对手逐笔达成交易，这与沪深交易所的交易方式不同。

无论是在上市的国债品种方面还是在交易量方面，沪深交易所市场和柜台交易市场都远远小于银行间债券市场，银行间债券市场是国债交易最主要的场所。

2. 国债交易品种

当前中国国债市场的交易品种有：现券交易、远期交易和回购交易。其中，回购交易包括质押式回购和买断式回购。分市场情况如下：交易所债券市场的交易品种有现券交易和质押式回购；商业银行柜台市场的交易品种只有现券交易；银行间债券市场的交易品种有现券交易、质押式回购、买断式回购、远期交易。

现券交易也可称为即期交易，是指交易双方以约定的价格成交并在当日或次日转让债券所有权、办理券款交割的交易行为。沪深交易所的现券交易遵循"价格优先、时间优先"的原则，采用公开竞价的方式进行。银行间债券市场的现券交易是以询价方式进行的，自主谈判，逐笔成交。

远期交易指交易双方约定在未来的某日，以约定价格和数量买卖标的债券的行为。目前可以作为远期交易标的债券的券种包括银行间债券市场进行现券交易的中央政府债券、中央银行债券、金融债券等。市场参与者进行远期交易应签订远期交易主协议。沪深交易所不提供国债的远期交易。

在国债交易中，除了一般的国债买卖之外，国债回购和逆回购是比较特殊的交易方式。由于国债具有最高的信用等级，且流通性极强，因此最经常地被用作金融机构间短期融资的抵押工具。

（1）国债回购。国债回购交易是买卖双方在成交的同时约定于未来某一时间以某一价格双方再行反向成交。亦即国债持有者（融资方）与融券方在签订的合约中规定，融资方在卖出该笔国债后须在双方商定的时间，以商定的价格再买回该笔国债，并支付原商定的利率利息。

质押式回购（又称封闭式回购）是交易双方以国债为权利质押所进行的短期资金融通业务。在质押式回购交易中，资金融入方（正回购方）在将国债出质给资金融出方（逆回购方）融入资金的同时，双方约定在将来某一日期由正回购方向逆回购方返还本金和按约定回购利率计算的利息，逆回购方向正回购方返还原出质债券。

买断式回购又称开放式回购，是指国债持有人将国债卖给购买方的同时，交易双方约定在未来某一日期，卖方再以约定价格从买方买回相等数量同种国债的交易行为。买断式回购与目前债券市场通行的质押式回购的主要区别在于标的券种的所有权归属不同。在质押式回购中，融券方（逆回购方）不拥有标的券种的所有权，在回购期内，融券方无权对标的债券进行处置；在买断式回购中，标的债券的所有权发生了转移，融券方在回购期内拥有标的券种的所有权，可以对标的债券进行处置，只要到期时有足够的同种债券返售给正回购方即可。

（2）国债逆回购。正回购是以国债做抵押拆入资金；而逆回购正好相反，是将资金通过国债回购市场拆出。所谓国债逆回购，其实是一种短期贷款，即把资金借给对方并获得固定利息；对方则用国债做抵押，到期还本付息。

3. 交易价格决定机制

在交易价格决定机制上，交易所采用竞价机制；商业银行柜台市场交易价格是由商业银行根据市场情况报出的；银行间债券市场采用做市商机制，即由做市商在银行间市场连续报出买卖双边价格，并按其报价与其他市场参与者达成交易。

4. 国债的监管体系

我国国债的发行由财政部进行监管，国债交易市场的监管分别由不同机构负责，目前还没有形成一个相对集中统一的国债交易市场监管机制与组织体系。涉及当前国债交易市场监管的政府部门主要包括财政部、中国证监会、中国人民银行、中国银保监会，其中，财政部和中国人民银行主要负责监管银行间国债市场和银行间柜台国债交易市场，中国证监会主要负责监管交易所国债市场，中国银保监会主要负责对中央国债登记结算有限责任公司存款类金融机构，以及保险公司进行国债投资的监管。

国债交易市场的自律性监管组织主要有中国外汇交易中心、中央国债登记结算有限责任公司、上海证券交易所、深圳证券交易所和中国证券登记结算有限公司，其中，前两者分别负责银行间国债市场前后台及其成员行为的一线监管，后三者分别负责交易所债券市场的前后台及其成员行为的一线监管。

5.3 地方政府债券的发行与承销

5.3.1 地方政府债券的概念

地方政府债券（local treasury bonds），国外一般称为**市政债券**（municipal bonds），是指在某一国家中有财政收入的地方政府或者地方公共机构发行的债券。地方政府债券所筹集到的资金一般用于交通、通信、住宅、教育、医院和污水处理系统等地方性公共设施的建设。

国外的地方政府债券一般分为两类：一类是一般责任债券，是以地方政府的税收为担保的普通债务债券，其资信级别较高，所筹资金通常用于教育、治安和防火等基本市政服务；另一类是收益债券，以当地政府所建项目得到的收益来偿还本息，地方政府不予担保，所筹资金主要用于建设收费公路、收费大学生宿舍、收费运输系统和灌溉系统等。地方政府债券在各国有不同的称呼，比如，日本的地方政府债券被称为地方债，英国的地方政府债券被称为地方当局债券。

在我国，1994年财政分税制改革后，中央政府上收部分财权，但地方政府仍拥有经济建设等事权。1995年施行的《中华人民共和国预算法》（以下简称《预算法》）第二十八条明确规定："地方各级预算按照量入为出、收支平衡的原则编制，不列赤字。除法律和国务院另有规定外，地方政府不得发行地方政府债券。"但是，由于我国地方政府的资金逐步开始大规模地投向资金需求大、建设期和回收期长的基础设施建设项目中，因此地方政府财政收支不平衡日益加剧，债务融资需求不断扩张。在此背景下，地方政府发展出了地方平台公司融资模式，隐形债务风险开始出现。

为规范地方政府债务管理，按照疏堵结合、"开前门、堵后门、筑围墙"的改革思路，2014年修订的《预算法》增加了允许地方政府举借债务的规定，同时从五个方面做出限制性规定：一是主体限制，只有经国务院批准的省级政府可以举借债务；二是用途限制，举借债务只能用于公益性资本支出，不得用于经常性支出；三是规模限制，举借债务的规模，由国务院报全国人大或者全国人大常委会批准，省级政府在国务院下达的限额内举借的债务，列入本级预算调整方案，报本级人大常委会批准；四是方式限制，举借债务只能采取发行地方政府债券的方式，不得采取其他方式筹措，除法律另有规定外，不得为任何单位和个人的债务以任何方式提供担保；五是风险控制，举借债务应当有偿还计划和稳定的偿还资金来源，国务院建立了地方政府债务风险评估和预警机制、应急处置机制以及责任追究制度。

地方政府债务分为一般债务和专项债务。一般债务针对没有收益的公益性事业发展举借，统一发行一般债券，筹集资金安排的支出纳入一般公共预算管理。对一般债券中到期需偿还的部分，主要以一般公共预算收入偿还，当赤字不能减少时可采取借新还旧的办法。专项债务针对土地储备、收费公路等有一定收益的公益性事业发展举借，按照对应的政府性基金项目发行专项债券，筹集资金安排的支出纳入政府性基金预算管理。对专项债券中到期需偿还的部分，应通过对应的政府性基金或专项收入偿还；政府性基金或专项收入暂时难以实现，如收储土地未能按计划出让的，可先通过借新还旧周转，政府性基金或专项收入实现后立即归还。

截至2018年12月31日，中国地方政府债券共有4 062只，余额为18.07万亿元，超过国债规模（14.88万亿元）。

5.3.2 地方政府债券的发行与承销

目前，我国各省、自治区、直辖市、经省政府批准自办债券发行的计划单列市新增债券发行规模不得超过财政部下达的当年本地区新增债券限额；原则上按照各地上报财政部的置换债券建议发债数把握置换债券发行规模上限。对于公开发行债券（含新增债券和公开发行置换债券），各地应当按照各季度发行规模大致均衡的原则确定发行进度安排。

2018年7月30日，财政部发布《地方政府债券公开承销发行业务规程》，指出为进一步完善地方政府债券发行方式，提高债券发行效率，财政部决定实行地方政府债券公开承销制度。

地方政府债券公开承销，是指各省（自治区、直辖市、计划单列市）财政部门（以下简称"地方财政部门"）与主承销商协商确定利率（价格）区间后，由簿记管理人组织承销团成员发送申购利率（价格）和数量意愿，按事先确定的定价和配售规则确定最终发行利率（价格）并进行配售的行为。

地方政府债券公开承销通过财政部政府债券发行系统、财政部上海证券交易所政府债券发行系统、财政部深圳证券交易所政府债券发行系统开展。

公开承销参与方包括地方财政部门、承销团成员及其他意向投资机构、业务技术支持部门、中介机构等。其中承销团成员包括簿记管理人、除簿记管理人外的主承销商和其他承销团成员。簿记管理人是受地方财政部门委托，负责地方政府债券公开承销组织操作的主承销商。

公开承销前，簿记管理人应当向所有承销团成员询价，明确记录询价情况和利率（价格）区间，并将相关信息进行公开披露。

除簿记管理人外的其他承销团成员，应当根据本机构及其他意向投资者的申购需求，在规定的竞争性承销时间内，通过发行系统发送申购意向函。

公开承销按照低利率或高价格优先的原则对有效申购逐笔募入，直至募满计划发行量或将全部有效申购募完为止。申购标的为利率时，全场最高配售利率为当期债券的票面利率，各获配承销团成员按面值承销；申购标的为价格时，全场最低配售价格为当期债券的票面价格，各获配承销团成员按票面价格承销。最高配售利率（最低配售价格）标位配售数量以各承销团成员在此标位申购量为权重进行分配，最小承销单位为申购量的最小变动幅度，分配后仍有尾数时，按申购时间优先原则进行分配。

5.4 金融债券的发行与承销

金融债券是由银行和非银行金融机构发行的债券。在美欧等市场经济成熟的国家和地区，金融机构通常都是公司制企业，其发行的债券也属于公司债券，并不单独归类；而在我国和日本等国家，将金融机构发行的债券单列为金融债券。

发行金融债券的主要目的有两个。第一，增强负债的稳定性，乃至充当资本。金融债券的偿还期限通常较长，有些甚至长达几十年，金融债券这种长期负债比金融机构吸收的存款具有更高的稳定性，符合条件的可以充当二级资本。第二，扩大资产业务，金融机构可以根据需要，灵活地发行金融债券，改变其根据负债结构和负债规模确定资产结构与规模的传统业务特征。由于金融债券是凭借发行主体的信用发行的，因此，一般只有规模大、自信状况良好、信誉优良的金融机构才能获准发行。

在我国，根据《全国银行间债券市场金融债券发行管理办法》，发行金融债券的主体包括政策性银行、商业银行、企业集团财务公司及其他金融机构。"政策性银行"是指国家开发银行、中国进出口银行、中国农业发展银行。"企业集团财务公司"是指依照《企业集团财务公司管理办法》（2006年修订）条件设立的大型企业集团的财务公司；"其他金融机构"在《全国银行间债券市场金融债券发行管理办法》中并未列明，而是由单个法规予以授权。比如，《金融资产管理公司条例》（2000年）规定金融资产管理公司可以发行金融债券；《汽车金融公司管理办法》（2008年）规定汽车金融公司可以发行金融债券。根据现有规定，有权发行金融债券的"其他金融机构"包括：金融资产管理公司、金融租赁公司、汽车金融公司、消费金融公司、期货公司、证金公司。

根据以上划分，金融债券主要包括政策性金融债券和金融企业债券两种。金融企业债券根据发行主体不同，又可以分为商业银行债券、非银行金融债券和证券公司债券。下面对政策性金融债券和商业银行债券进行简单的介绍。

5.4.1 政策性金融债券

政策性金融债券是指我国政策性银行（国家开发银行、中国进出口银行、中国农业发展银行）为筹集信贷资金，经中国人民银行核准，采用市场化发行或计划派购的方式，向商业银行、保险公司等金融机构发行的金融债券。

由于政策性银行由国家全资所有，它的信用等同于国家信用，因此政策性银行债券属于利率债。

政策性银行发行金融债券应向中国人民银行报送金融债券发行申请报告、发行人近三年经审计的财务报告及审计报告、金融债券发行办法、承销协议、中国人民银行要求的其他文件。

政策性金融债券的发行申请应包括发行数量、期限安排、发行方式等内容，如需调整，应及时报中国人民银行核准。

政策性金融债券为无纸化债券，由中央国债登记结算有限责任公司负责托管登记，各承销商和认购人均在中央国债登记结算有限责任公司开设托管账户，中央国债登记有限责任公司接受政策性银行的委托办理还本付息业务。政策性金融债券可在银行间债券市场上流通，进行现券买卖和抵押回购操作，已成为各金融机构的重要投资工具，同时也成为中央银行执行货币政策、进行公开市场业务的操作工具之一。

5.4.2 商业银行债券

在我国，商业银行债券是指依法在中华人民共和国境内设立的商业银行发行的、按约定还本付息的有价证券。商业银行债券一般在全国银行间债券市场上市，也有一些商业银行的债券不上市交易。

根据商业银行债券的属性，可以分为商业银行普通债券和二级资本债券。

根据《全国银行间债券市场金融债券发行管理办法》第七条的规定，商业银行发行金融债券应具备以下条件：

（一）具有良好的公司治理机制；
（二）核心资本充足率不低于4%；
（三）最近三年连续盈利；
（四）贷款损失准备计提充足；
（五）风险监管指标符合监管机构的有关规定；
（六）最近三年没有重大违法、违规行为；
（七）中国人民银行要求的其他条件。

1. 商业银行普通债券

商业银行普通债券是指商业银行发行的短期债券，资金用途没有特别限定，通常用于替换存量负债或者投资新的资产项目。商业银行普通债券期限较短，一般在五年以内，以一年期为主。商业银行普通债券只能计入负债，不可以计入资本。

2. 二级资本债券（次级债）

在金融企业债券中，我国商业银行发行的二级资本债券成为主要的金融债券。通过发行二级资本债券可以补充附属资本，提高银行的资本充足率，改善银行通过资本吸收损失的能力。

《商业银行次级债券发行管理办法》(2004年)第二条规定,商业银行次级债券(简称"次级债")是指商业银行发行的、本金和利息的清偿顺序列于商业银行其他负债之后、先于商业银行股权资本的债券。经中国银监会批准,商业银行次级债券可以计入附属资本。事实上,在2013年《商业银行资本管理办法(试行)》施行、资本充足率标准修改之前,所有商业银行次级债券均计入附属资本。商业银行次级债券是指商业银行发行的、固定期限不低于5年(含5年),除非银行倒闭或清算不用于弥补银行日常经营损失,且该项债务的索偿权排在存款和其他负债之后的商业银行长期债务。

《商业银行资本管理办法(试行)》(2013年)施行后,按照巴塞尔协议Ⅲ的要求,将资本分类由原来规定的"核心资本和附属资本"变更为"核心一级资本、其他一级资本和二级资本"。与之相应,"次级债"这一概念也基本被"二级资本债券"替代,符合附加条件的"二级资本债券"计入银行二级资本,从而提高银行的资本充足率。

二级资本债券需要附加转股或者减记条款这样的特殊条款,即当触发事件发生时,二级资本债券可以实施减记,也可以实施转股,通过减记或者转股,将风险承担转向投资者。所谓触发事件,是指中国银监会认定若不进行减记该银行将无法生存,或者中国银监会认定若不进行公共部门注资或提供同等效力的支持该银行将无法生存。

比如,2016年7月21日,嘉兴银行发行了可转股的二级资本债券(债券简称:16嘉兴银行二级,代号1620021.IB),发行量是8亿元,期限为10年,在第5年年末附有前提条件的发行人赎回权,东方金诚国际信用评估有限公司给予AA-评级,中信证券担任主承销。

《2016年嘉兴银行股份有限公司二级资本债券募集说明书》⊖中,列明了转股及减记条款,本期债券在触发事件发生后,发行人有权在无须获得债券持有人同意的情况下自触发事件发生日起不再支付本期债券任何尚未支付的本金和利息。同时,发行人应向债券托管机构申请冻结本期债券:①在行权期间内,选择行使转股选择权的债券持有人,应在行权期间内向发行人提交股东资格审查所需资料,并配合发行人进行股东资格审查的相关工作。发行人在接收股东资格审查所需材料后,应向选择行使转股选择权的债券持有人出具接收材料的确认函;②在行权期间内,未按时向发行人提交股东资格审查资料的债券持有人,被视为选择不行使转股选择权,发行人有权在无须获得其同意的情况下,不可撤销地对其持有的本期债券进行全额减记;③在行权期间结束后,发行人应及时向监管部门提交股东资格审查资料。获得监管部门股东资格批复的本期债券持有人,在完成工商部门股东变更登记后,其所持有的本期债券将按照约定的转股价格转换为发行人普通股股份;④在行权期间向发行人提交股东资格审查资料,但因自身原因未获得监管部门股东资格批复或未能完成工商部门股东变更登记的本期债券持有人,其所持本期债券将不能转换为发行人普通股。发行人有权在无须获得其同意的情况下不可撤销地对其持有的本期债券进行全额减记。

5.5 公司信用类债券的发行与承销

企业在生产经营过程中,可能会由于种种原因需要使用大量资金,如扩大业务规模、筹建新项目、兼并收购其他企业、弥补亏损等。在企业自有资金不能完全满足这些资金需求

⊖ 读者可前往中国货币网(www.chinamoney.com.cn)阅读该文件。

时，企业便需要向外部筹资。通常，企业对外筹资主要有三种渠道：发行股票、发行债券和向银行等金融机构借款。

由于股票经常是溢价发行，故股票筹资的实际成本较低，而且筹集的资金不用偿还，没有债务负担，并且可以优化企业的资产负债表。但股票发行手续复杂，前期准备时间长，信息披露要求高，受到的制约较多。此外，增发股票还会导致股权稀释，影响到现有股东的利益和股东对公司的控制权。

向银行等金融机构借款通常较为方便，而且债务方式不会稀释股权，还能通过利息费用减少税负。但是信贷的期限一般较短，借贷资金的数量有限，而且利率也比较高。另外，贷款不具有流动性，不能上市交易。

相对而言，发行债券所筹集的资金期限较长，资金使用自由，而债券的投资者无权干涉企业的经营决策，现有股东对公司的所有权不变，从这一角度看，发行债券在一定程度上弥补了股票筹资和向银行借款的不足。另外，从成本来考虑，债券利率一般低于贷款利率，因此，发行债券是许多企业非常愿意选择的筹资方式。

需要说明的是，此处的公司信用类债券指的是非金融企业通过发行债券方式进行的融资。在我国，由于公司债券市场由三个部分组成，因此公司信用类债券其实包括了三种具体的债券，分别是：非金融企业债务融资工具、公司债券和企业债券。[⊖]非金融企业债务融资工具指的是在银行间债券市场发行和交易的公司债券，银行间债券市场的管理机构是交易商协会。公司债券指的是中国证监会系统内发行交易的公司债券。企业债券一般是由中央政府部门所属机构、国有独资企业或国有控股企业发行，最终由国家发改委核准的。由于企业债券内含的国有属性，使其成为实际属于具有"国家信用"的准政府债券。

从5.5.2节开始，我们将按照以上的分类方式分别向读者介绍这三种公司信用类债券。

表5-5列出了我国公司信用类债券截至2019年6月30日的存量情况。

表5-5 我国公司信用类债券的存量情况（截至2019年6月30日）

分类	债券数量（只）	债券数量所占比重（%）	票面总额（亿元）	票面总额所占比重（%）
企业债券	2 590	16.58	24 442.045 9	14.34
一般企业债券	2 582	16.53	24 373.745 9	14.30
中小企业集合债券	8	0.05	68.300 0	0.04
公司债券	6 099	39.05	63 147.066 3	37.04
私募债券	3 302	21.14	28 071.673 0	16.46
一般公司债券	2 797	17.91	35 075.393 3	20.57
中期票据	4 736	30.32	61 190.300 7	35.89
一般中期票据	4 736	30.32	61 190.300 7	35.89
短期融资券	2 195	14.05	21 717.942 5	12.74
一般短期融资券	464	2.97	5 196.400 0	3.05
超短期融资券	1 731	11.08	16 521.542 5	9.69
总计	15 620	100.00	170 497.355 4	100.00

资料来源：东方财富Choice金融终端。

⊖ 在本教材中，"公司信用类债券"指代宽口径的公司债券，"公司债券"特指中国证监会系统发行交易的公司债券，请读者注意这一区别。

5.5.1 公司信用类债券的主要条款

债券发行的条款主要列明了债券发行者发行债券筹集资金时所必须考虑的有关因素，具体包括发行额、面值、期限、偿还方式、票面利率、付息方式、发行价格、发行方式、是否记名、担保情况、债券选择权、发行费用等，适宜的发行条款可使筹资者顺利地筹集资金，使承销机构顺利地售出债券，也使投资者易于做出投资决策。在选择债券发行条件时，公司应根据债券发行的市场情况综合考虑下列因素：

（1）发行额。债券发行额是指债券发行人一次发行债券时预计筹集的资金总量。公司应根据自身的资信状况、资金需求程度、市场资金供给情况、债券自身的吸引力等因素进行综合判断后再确定一个合适的发行额。发行额定得过高，会造成发售困难；发行额太小，又不易满足筹资的需求。

（2）债券面值。债券面值即债券市面上标出的金额，公司可根据不同认购者的需要，使债券面值多样化，既有大额面值，也有小额面值。

（3）债券的期限。从债券发行日起到偿还本息日止的这段时间称为债券的期限。公司通常根据资金需求的期限、未来市场利率走势、流通市场的发达程度、债券市场上其他债券的期限情况、投资者的偏好等来确定发行债券的期限结构。一般而言，当资金需求量较大，债券流通市场较发达，利率有上升趋势时，可发行中长期债券；否则，应发行短期债券。

（4）债券的偿还方式。按照债券的偿还日期的不同，债券的偿还方式可分为期满偿还、期中偿还和延期偿还三种，或可提前赎回和不可提前赎回两种；按照债券的偿还形式的不同，可分为以货币偿还、以债券偿还和以股票偿还三种。公司可根据自身实际情况和投资者的需求灵活做出决定。

（5）票面利率。票面利率可分为固定利率和浮动利率两种。一般地，公司应根据自身资信情况、公司承受能力、利率变化趋势、债券期限的长短等决定选择何种利率形式与利率的高低。

（6）付息方式。付息方式一般可分为一次性付息和分期付息两种。公司可根据债券期限情况、筹资成本要求、对投资者的吸引力等确定不同的付息方式，如对中长期债券可采取分期付息方式，按年、半年或按季度付息等；对短期债券可以采取一次性付息方式等。

（7）发行价格。债券的发行价格即债券投资者认购新发行的债券时实际支付的价格。债券的发行价格可分为平价发行（按票面值发行）、折价发行（以低于票面值的价格发行）和溢价发行（以高于市面值的价格发行）三种。选择不同发行价格的主要考虑因素是使投资者得到的实际收益率与市场收益率相近。因此，公司可根据市场收益率和市场供求情况做出决定。

（8）发行方式。公司可根据市场情况、自身信誉和销售能力等因素，选择采取向特定投资者发行的私募方式，还是向社会公众发行的公募方式；是自己直接向投资者发行的直接发行方式，还是让证券中介机构参与的间接发行方式；是公开招标发行方式，还是与中介机构协商议价的非招标发行方式等。

（9）是否记名。在实物券形式下，记名公司债券转让时必须在债券上背书。同时还必须到发行公司登记，而不记名公司债券则不需如此。因此，不记名公司债券的流动性要优于记名公司债券。但是，通过记账式债券的推行，债券登记结算公司可以完成持有人的登记变更,因此记名公司债券也实现了较强的流通性。

（10）担保情况。发行的债券有无担保,是债券发行的重要条件之一,一般而言,由信誉卓著的第三方担保或以公司自己的财产做抵押担保,可以增加债券投资的安全性、减少投资风险、提高债券的吸引力。公司可以根据自身的资信状况决定是否以担保形式发行债券。通常,大金融机构、大公司发行的债券多为无担保债券,而信誉等级较低的中小公司大多发行有担保债券。

（11）债券选择权情况。附有选择权的公司债券是指在债券发行中,发行者给予持有者一定的选择权,如可转换公司债券、有认股权证的公司债券、可退还的公司债券等。一般说来,有选择权的债券利率较低,也易于销售。需要注意的是,可转换公司债券在一定条件下可转换成公司发行的股票,因而会影响到公司的股权结构。可退还的公司债券在规定的期限内可以退还给发行人,因而增加了公司的负债和流动性风险。公司可根据自身资金需求情况、资信状况、市场对债券的需求情况以及现有股东对公司所有权的要求等选择是否发行有选择权的债券。

（12）发行费用。债券发行费用,是指发行者支付给有关债券发行中介机构和服务机构的费用,债券发行者应尽量减少发行费用,在保证发行成功和有关服务质量的前提下,选择发行费用较低的中介机构和服务机构。

5.5.2 非金融企业债务融资工具

1. 非金融企业债务融资工具的定义

非金融企业债务融资工具是指具有法人资格的非金融企业在银行间债券市场发行的,约定在一定期限内还本付息的有价证券。

企业发行债务融资工具应在交易商协会注册,应在银行间债券市场披露信息,应由金融机构承销。

债务融资工具发行对象为银行间债券市场的机构投资者,包括银行、证券公司、保险资产管理公司、基金公司等。债务融资工具发行参与方包括主承销商、评级公司、增信机构、会计师事务所、律师事务所等中介服务机构,会计师事务所对发行的企业进行财务审计,评级机构对企业和融资工具进行评级,主承销商负责撰写募集说明书,安排企业进行信息披露等工作。

2. 非金融企业债务融资工具的一般发行条件

根据《银行间债券市场非金融企业债务融资工具管理办法》等规则指引,企业注册发行债务融资工具应符合以下基本条件:①具有法人资格的境内企业;②非金融企业;③交易商协会会员。

债务融资工具采用市场化定价方式,融资工具的发行利率根据企业和融资工具级别,结合银行间市场资金面情况进行确定,一般低于银行贷款基准利率。发行期限可以根据资金需求灵活安排,企业发行债务融资工具应采取市场化发行方式,按照交易商协会相关工作指引注册发行,一次注册后可根据资金需求及市场情况分期发行。

3. 非金融企业债务融资工具的主要品种

目前,银行间债券市场是国内最大的债券发行和交易市场之一,产品较为丰富。我们按照基础序列产品和创新型序列产品进行介绍。

（1）**基础序列产品**。

1）**短期融资券**（commercial paper, CP）。短期融资券是指具有法人资格的非金融企业在银行间债券市场约定在 1 年内还本付息的债务融资工具。

短期融资券是最早的非金融企业债务融资工具，2005 年 5 月 23 日，中国人民银行颁布《短期融资券管理办法》，起初短期融资券在中国人民银行备案发行，2007 年 9 月交易商协会成立后，短期融资券的发行移至交易商协会，并实行注册制自律管理。

短期融资券所募集的资金应用于符合国家相关法律法规及政策要求的企业生产经营活动，实务中主要用于补充流动资金和偿还金融机构借款。企业在短期融资券存续期内变更募集资金用途应提前披露；应披露企业主体信用评级和当期融资券的债项评级。

短期融资券具有期限较短的特点，适合具有短期流动性管理需求的非金融企业发行人，同时适用于短久期偏好的投资人。

短期融资券有助于拓宽非金融企业的直接融资渠道；有助于改善企业融资环境，节约企业融资成本。

在短期融资券中，还有一种期限更短的品种，即**超短期融资券**（super & short term commericial paper, SCP），指的是具有法人资格的非金融企业在银行间债券市场发行的，期限在 270 天以内的短期融资券。

2）**中期票据**（mid-term notes, MTN）。中期票据是指具有法人资格的非金融企业在银行间债券市场按照计划分期发行的，约定在一定期限还本付息的债务融资工具。

2008 年 4 月 16 日，交易商协会发布《银行间债券市场非金融企业中期票据业务指引》，中期票据开始发行。

中期票据所募集的资金应用于符合国家法律法规及政策要求的企业生产经营活动，并在发行文件中明确披露具体资金用途，在实务中主要用于补充流动资金、偿还金融机构借款和项目建设；企业在中期票据存续期内变更募集资金用途应提前披露；企业应在中期票据发行文件中约定投资者保护机制，该机制主要包括应对企业信用评级下降、财务状况恶化或其他可能影响投资者利益情况的有效措施，以及中期票据发生违约后的清偿安排。

中期票据可以满足企业的中长期融资需求，同时适用于具有中长期资金配置需求的投资人。

中期票据有助于强化资本市场作为宏观调控传导渠道的功能；有助于丰富市场产品品种，改善利率环境，建立健全有效市场机制，形成完整的企业融资市场收益率曲线；企业可实现融资成本的灵活配置，改善财务管理能力，提高自身应对复杂多变的金融环境的能力。

3）**定向债务融资工具**（private placement note, PPN）。定向债务融资工具是指具有法人资格的非金融企业，在银行间债券市场向定向投资人发行的债务融资工具，并在定向投资人范围内流通转让。

定向债务融资工具为更多类型的发行人和机构投资人拓展参与债务融资工具市场的渠道；顺应投资人灵活配置投资、提高风险管理水平的需要。

（2）**创新型序列产品**。

1）**永续票据**。永续票据是指不规定到期期限，债权人不能要求清偿，但可按期取得利息的一种有价证券，定位为无固定到期日、可递延支付利息的含权债务融资工具。

永续票据具有如下特征：无固定到期日及付息日的特点，发行人可提前赎回，投资人收益具有不确定性；票息递升，利息递延；永续票据在符合特定条件下可计入权益，并在满足合法合规、风险可控等条件下，允许可计入权益的永续票据募集资金用于项目资本金（不超过项目资本金总额的50%）；对于主体评级在AA及以上的发行人，计入权益的永续票据注册额度单独管理，计入负债的永续票据视同普通中期票据进行额度管理。

从发行人的角度看，永续票据对于资本支出较大、负债率较高，但整体资质良好，特别是电力、交通运输、市政建设等关系到国计民生的企业改善自身资产负债结构有重要意义；从投资者的角度看，永续票据具有期限长、票息相对较高等特点，可满足一些投资者特别是保险、基金等投资机构对于长期限、相对高收益的金融产品的投资需求。

永续票据在符合特定条件下可计入权益，满足项目资本金对于长期限、非债务性资金的要求，可以较好地匹配发行人项目投资需求；永续票据产品对于丰富金融投资产品序列、建立多层次债券市场、促进我国直接融资市场发展、加快我国债券市场与国际市场接轨的步伐具有重要意义。

2）并购票据。并购票据是指企业在银行间债券市场发行的，募集资金用于企业并购活动，约定在一定期限内还本付息的短期融资券、中期票据或其他债务融资工具。

并购票据具有如下特征：可用于支付并购对价或置换并购贷款本息；融资比例可达并购项目规模的60%；在期限、担保方面无强制性要求，以市场化方式确定利率；兑付安排灵活，可分期或一次性到期兑付，按年结息。

3）定向可转换票据。定向可转换票据是基于定向债务融资工具的创新产品，是指非金融企业依法发行、在一定期间内依据约定的条件可以转换成股份的债务融资工具。

定向可转换票据类似于可转换公司债券（目前可转换公司债券的发行人必须是上市公司），兼具债股特点。定向可转换票据的转股权条款主要设计思路是：投资人在特定时点有权利将所持有的债权（按照所持定向可转换票据的面值），通过认购发行人新增资本的方式转换为对发行人股权投资，其转股价格依据发行人估值确定，估值方式由发行人和投资人自行协商确定并在条款中明确。不同于交易所市场较为成熟的可转换公司债券产品，定向可转换票据的转股标志为发行人完成增资扩股手续，而非发行新增股份。考虑到以债权出资的方式在国内还处于创新初期，该产品的投资人可采用现金出资方式执行转股权；考虑到对发行人股东人数的控制，在托管机构同一时点持有定向可转换公司债券的定向投资人有特定数量限制，且投资人只能以其自身或一家合法子公司作为转股权的行使主体。

例如，陕西杨凌本香农业产业集团（以下简称"本香集团"）是国家级农业产业化重点龙头企业。公司以肉食品的安全为核心，在西部大开发的浪潮中，确立了本香"标准化生产、服务三农、健康为民"的事业目标。在融资过程中，虽然从历年盈利情况来看，本香集团基本能够保持较高但并不稳定的利润增速，但从2014年第一季度财务状况来看，由于营业收入增速的下降和成本费用的上升，叠加经营收益项中投资净亏损约470万元对利润造成的负面影响，公司该季度的营业利润约为-2 100万元。受盈利状况不稳定的拖累，近期发布的主体评级为BBB级，处于投资级别以下。

2014年9月，本香集团在银行间债券市场成功发行1亿元定向可转债务融资工具（14杨凌本香PPN001A和PPN001B），[①]该产品为国内发行的首只内嵌转股权的定向工具本期定向

---

① 高明政，王宏峰. 银行间市场非金融企业可转票据创新案例解析[J]. 金融市场研究，2014(9):104-108.

可转换票据，经交易商协会注册，由中信证券担任主承销商，渤海银行担任联席主承销商，中债信用增进投资股份有限公司提供全额不可撤销的连带责任保证。考虑到商业银行、公募基金等债性投资者投资股权存在法律障碍，为减少发行难度，该可转换票据分为附有转换股权的品种一（2 000万元）和普通定向工具品种二（8 000万元）。引入分层结构设计，既兼顾了商业银行、券商资管等不同类别投资人的偏好，又最大程度满足了企业的融资需求。PPN001A为2 000万元，附有发行人赎回权、转股权和投资人回售权的品种，期限3年，年利率8%；PPN001B为8 000万元，附有发行人上调票面利率选择权和投资人回售权，期限3年，年利率8.5%。巧妙的结构设计，开辟了中小企业融资的新通道，并有效解决了信用增进措施匮乏的中小企业融资成本高的问题（在此次发行中，综合发行成本率8.4%，低于所偿还银行贷款9.36%的贷款利率）。

结合企业发展规划，发行人及主承销商为可转换票据设置了两类转股期：第一类是在可转换票据付息日前享有的常规行权窗口期；第二类是在发行人决定启动IPO并与保荐人签署承销协议之日起一定时间内享有的特殊行权窗口期。特殊行权窗口日不得晚于最后一个常规行权窗口日。转股价格依据发行人估值确定，发行人的估值由发行人、投资人协商确定。

2016年8月1日，含有转股权的14杨凌本香PPN001A提前一年兑付了本金和利息，实际并未发生转股；2017年7月31日，14杨凌本香PPN001B也兑付了所有的本金和利息。

4）供应链票据。供应链票据是依托产业链上核心企业的信用，募集资金将通过委托贷款或者其他方式贷给处于发行人供应链上下游的企业的"1+N"融资模式。

供应链票据具有如下特征：在交易结构上，供应链票据一般由核心企业发行；核心企业将募集资金委托财务公司或商业银行管理，设立专项资金管理账户，为上下游企业提供融资服务；供应链内企业贷款的期限通常短于供应链票据的期限，这样当部分企业贷款到期后回收的资金还可以继续用于对下一家企业进行贷款。

供应链票据的发行主体为核心企业，依托核心企业的信用评级在债券市场发行票据募集资金，为其上下游中小企业提供融资支持。

供应链票据凭借核心企业与其上下游企业密切的生产经营关系，在保护投资人利益的前提下，解决了小微企业在融资环节面临的个体资质差、信息披露成本较高、信息不透明等问题，缓解了上下游中小企业融资难的困境，为实体经济发展服务；进一步加强了供应链内各个企业的联系，进一步促进了中小企业与核心企业建立长期战略协同关系，提升了整个供应链的竞争力。

5）熊猫债。境外机构可在银行间市场注册发行人民币债券，即"熊猫债"。

熊猫债具有如下特征：发行人注册地在境外；可根据境外发行人需求自行选择期限、规模及交易结构；可以公开发行或定向发行；募集资金可依法合规用于境内，也可按相关规定用于境外；注册有效期为两年，两年以内可灵活安排发行时间。

熊猫债的推出有利于促进人民币的跨境使用，提升人民币国际化水平；通过推动境外机构在境内人民币融资，改善我国国际收支平衡，增强人民币资本项目可兑换程度。有利于鼓励金融创新，丰富银行间市场产品种类，多元化发行人结构，提升金融市场对外开放水平，实现资本市场双向开放。有助于金融服务实体经济，助力"一带一路"建设，提升我国对外贸易与投资开放水平，进一步推进经济结构调整和转型升级。

银行间市场还有一些其他的创新型产品，如创投企业债务融资工具、绿色债券、双创债等，在此不一一介绍了。

4. 非金融企业债务融资工具的注册流程

非金融企业债务融资工具实行注册制。作为自律管理部门，交易商协会只对企业注册文件作形式评议，不对债务融资工具的投资价值及投资风险进行实质性判断。注册制这一机制强调的是：发行人充分信息披露；主承销商、信用评级机构、会计师事务所、律师事务所等中介机构尽职履职；投资人自主判断、自担风险。

非金融企业债务融资工具可以公开发行，也可以非公开发行。

（1）公开发行流程。公开发行是面向银行间市场成员公开发行。银行间市场成员主要包括境内商业银行、非银行金融机构、非金融机构、可经营人民币业务的外国银行分行等。

交易商协会对企业公开发行债务融资工具实行"分层分类"注册发行管理。

"分层分类"制度，是按照主体分层、产品分类的思路，根据主体资质、信息披露成熟程度、合规性等指标，将发行人分为第一类企业、第二类企业进行管理；同时，按照常规产品、特殊产品等维度对产品进行区分，设计有针对性的评议流程和信息披露要求。第一类企业可以将超短期融资券、短期融资券、中期票据、永续票据等常规产品进行多券种打包"统一注册"，在注册有效期内，对每种产品的发行规模、发行期限根据企业当时的融资需求灵活确定。按照产品分类思路，与常规产品相比，资产支持票据、项目收益票据、可转换票据等结构化品种及特殊用途品种在注册发行流程、信息披露方面有专项要求，与常规品种有一定差异，国家应在常规产品基础上适当增加有针对性的信息披露要求，设计差异化的储架发行制度。

第一类企业要求同时符合下列条件：

1）市场认可度高，行业地位显著，经营财务状况稳健，最近两个会计年度未发生连续亏损。

2）最近36个月内累计公开发行债务融资工具不少于3期，公开发行规模不少于100亿元。

3）最近24个月内无债务融资工具或者其他债务违约或者延迟支付本息的事实，控股股东、控股子公司无债务融资工具违约或者延迟支付本息的事实。

4）最近12个月内未被相关主管部门采取限制直接债务融资业务等行政处罚，未受到交易商协会警告及以上自律处分。

5）交易商协会根据投资者保护的需要规定的其他条件。

除此之外，不能同时满足上列条件的为第二类企业。

注册企业提交申请后，交易商协会要求对第一类企业首次反馈须在5日内出具意见，第二类企业10日内首次反馈；针对企业补充文件，交易商协会须在5日内出具后续反馈意见。

债务融资工具注册中介机构主要包括：主承销商、信用评级机构、会计师事务所、律师事务所、信用增进机构（如有）。主承销商是具备债务融资工具主承销资质，并在承销协议中被发行人委任的承销机构，在债务融资工具承销过程中承担主要责任，负责组织中介机构对发行主体进行尽调、撰写募集说明书等。国内债务融资工具主承销商一般由银行和证券公司担任。

交易商协会对公开发行产品注册流程包括：材料受理、材料预评、材料复评。企业按照交易商协会关于公开发行债务融资工具信息披露内容与格式的规定编制注册文件，并通过符合条件的承销机构将注册文件送达注册办公室；然后，交易商协会秘书处下设注册办公室负责对注册文件拟披露信息的完备性进行预评；最后，注册会议负责注册发行文件的复评工作。注册会议由注册办公室从注册专家名单中随机抽取5名注册专家组成，根据注册专家意见，决定是否接受债务融资工具的发行注册。

（2）非公开发行流程。企业发行定向工具应由符合条件的承销机构承销。企业自主选择主承销商；需要组织承销团的，由主承销商组织承销团。定向工具信用评级和跟踪评级的具体安排由发行人与定向投资人协商确定，并在《定向发行协议》中明确约定。定向发行相关信息披露主体应通过"中国银行间市场交易商协会综合业务和信息服务平台"进行定向信息披露。定向工具信息披露的基本原则是"谁能投资，向谁披露"。

交易商协会对符合要求的定向发行注册文件办理接收程序，并对注册材料进行形式完备性核对。企业定向发行注册文件形式完备的，交易商协会接受注册，并向企业出具《接受注册通知书》，注册有效期为2年。

企业可以在银行间债券市场向专项机构投资人或特定机构投资人发行定向工具。

专项机构投资人是指除具有丰富的银行间市场投资经验和风险识别能力外，还熟悉定向工具风险特征和投资流程，具有承担风险的意愿和能力，自愿接受交易商协会自律管理，履行会员义务的机构投资人。按照《定向债券融资工具专项机构投资人遴选细则》遴选发布的120家专项机构投资人，在完成购买某只定向工具的程序后，视为签署该只定向工具的《定向发行协议》，享受权利的同时承担相应义务，无须另行签署《定向发行协议》。

特定机构投资人是指了解并能够识别某发行人发行的特定定向工具投资流程和风险特征，具有承担该定向工具投资风险的意愿和能力，自愿接受交易商协会自律管理，履行会员义务的机构投资人。某些机构投资人通过签署《定向发行协议》和投资人确认函成为某只PPN的特定机构投资人。对某只PPN有投资意愿和能力，并签署相关协议文件的特定投资人；通过签署《定向发行协议》和投资人确认函成为某只PPN的特定机构投资人。

发行人发行PPN，可以只向专项机构投资人发行，或只向特定机构投资人发行，或同时向二者发行。

5.5.3 公司债券

公司债券的发行和交易由《公司债券发行与交易管理办法》（中国证券监督管理委员会令第113号）进行规范。

《公司债券发行与交易管理办法》第二条规定："公司债券是指公司依照法定程序发行、约定在一定期限还本付息的有价证券。"具体地，"在中华人民共和国境内，公开发行公司债券并在证券交易所、全国中小企业股份转让系统交易或转让，非公开发行公司债券并按照本办法规定承销或自行销售、或在证券交易所、全国中小企业股份转让系统、机构间私募产品报价与服务系统、证券公司柜台转让的，适用本办法。"法律法规和中国证券监督管理委员会（以下简称中国证监会）另有规定的，从其规定。

公司债券可以公开发行，也可以非公开发行。

1. 公司债券的发行条件

根据《证券法》第十五条的规定，公开发行公司债券，应当符合下列条件：

（一）具备健全且运行良好的组织机构；
（二）最近三年平均可分配利润足以支付公司债券一年的利息；
（三）国务院规定的其他条件。

公开发行公司债券筹集的资金，必须按照公司债券募集办法所列资金用途使用；改变资金用途，必须经债券持有人会议做出决议。公开发行公司债券筹集的资金，不得用于弥补亏损和非生产性支出。

上市公司发行可转换为股票的公司债券，除应当符合第一款规定的条件外，还应当遵守本法第十二条第二款的规定。但是，按照公司债券募集办法，上市公司通过收购本公司股份的方式进行公司债券转换的除外。

2. 公司债券的发行模式

（1）公开发行。采用公开发行模式的公司债券可以面向公众投资者公开发行（以下简称"大公募"），也可以仅面向合格投资者公开发行（以下简称"小公募"）。

根据《公司债券发行与交易管理办法》第十八条的规定，资信状况符合以下标准的公司债券可以向公众投资者公开发行，也可以自主选择仅面向合格投资者公开发行：

（一）发行人最近三年无债务违约或者迟延支付本息的事实；
（二）发行人最近三个会计年度实现的年均可分配利润不少于债券一年利息的1.5倍；
（三）债券信用评级达到AAA级；
（四）中国证监会根据投资者保护的需要规定的其他条件。

未达到前款规定标准的公司债券公开发行应当面向合格投资者；仅面向合格投资者公开发行的，中国证监会简化核准程序。

《公司债券发行与交易管理办法》第十四条规定，本办法所称合格投资者，应当具备相应的风险识别和承担能力，知悉并自行承担公司债券的投资风险，并符合下列资质条件：

（一）经有关金融监管部门批准设立的金融机构，包括证券公司、基金管理公司及其子公司、期货公司、商业银行、保险公司和信托公司等，以及经中国证券投资基金业协会（以下简称基金业协会）登记的私募基金管理人；
（二）上述金融机构面向投资者发行的理财产品，包括但不限于证券公司资产管理产品、基金及基金子公司产品、期货公司资产管理产品、银行理财产品、保险产品、信托产品以及经基金业协会备案的私募基金；
（三）净资产不低于人民币一千万元的企事业单位法人、合伙企业；
（四）合格境外机构投资者（QFII）、人民币合格境外机构投资者（RQFII）；
（五）社会保障基金、企业年金等养老基金，慈善基金等社会公益基金；
（六）名下金融资产不低于人民币三百万元的个人投资者；
（七）经中国证监会认可的其他合格投资者。

公开发行时，发行人应当按照中国证监会信息披露内容与格式的有关规定编制和报送公开发行公司债券的申请文件。中国证监会受理申请文件后，依法审核公开发行公司债券的申请，自受理发行申请文件之日起三个月内，做出是否核准的决定，并出具相关文件。⊖

⊖ 根据新《证券法》的要求，2020年3月1日起公开发行公司债券实行注册制，公开发行公司债券由证券交易所负责受理、审核，并报中国证监会履行注册程序。

"大公募"债券由证监会统一实施行政许可;"小公募"债券由沪深交易所进行上市预审核,沪深交易所预审核通过后,中国证监会以沪深交易所预审核意见为基础简化核准程序。

公开发行的公司债券,应当在依法设立的证券交易所上市交易,或在全国中小企业股份转让系统或者国务院批准的其他证券交易场所转让。

"大公募"债券上市后,可以同时采取竞价交易和协议交易方式;"小公募"债券,只能采取协议交易方式。

(2)非公开发行。非公开发行的公司债券应当向合格投资者发行,不得采用广告、公开劝诱和变相公开方式,每次发行对象不得超过200人。

非公开发行公司债券不强求信用评级,是否进行信用评级由发行人确定,并在债券募集说明书中披露。

非公开发行公司债券不需要经过核准程序,承销机构应当在每次发行完成后5个工作日内向中国证券业协会备案。中国证券业协会在材料齐备时应当及时予以备案。备案不代表中国证券业协会实行合规性审查,不构成市场准入,也不豁免相关主体的违规责任。

非公开发行公司债券,可以申请在证券交易所、全国中小企业股份转让系统、机构间私募产品报价与服务系统、证券公司柜台转让。

非公开发行的公司债券仅限于合格投资者范围内转让。转让后,持有同次发行债券的合格投资者合计不得超过200人。

5.5.4 企业债券

在我国,企业债券是类似于公司债券的债券品种,但是发行主体和监管部门有所不同。
企业债券发行主体一般需要具备以下的发行资质:
(1)发行人为中华人民共和国境内注册的非金融类企业法人。
(2)发行人为非上市公司(A股)或其子公司。
(3)发行人成立时间满3年(以能否提供最近3年连审的财务报告为依据)。
(4)发行人最近3年无重大违法违规行为。
(5)发行人前一次公开发行的企业债券(若有)已募足。
(6)发行人未擅自改变前次企业债券(若有)募集资金的用途。
(7)发行人已发行的企业债券或者其他债务未处于违约或者延迟支付本息的状态。
(8)企业债券债项评级一般不低于AA。

根据发改财金〔2020〕298号文要求,企业债券发行人应当具备健全且运行良好的组织机构,最近三年平均可以分配利润足以支付企业债券一年的利息,应当具有合理的资产负债结构和正常的现金流量,鼓励发行企业债券的募集资金投向符合国家宏观调控政府和产业政策的项目建设。

企业债券可以分为一般企业债和专项企业债。一般企业债是由国家发改委核准公开发行的企业债券,受企业债一般财务指标的约束。专项企业债并非一类特殊债券品种,而是在国家发改委审批范围内用于特定类型募投项目的债券,具体的品种载体可以是企业债,也可以是国家发改委审批的项目收益债和可续期债券(永续债),在产品形式上相对灵活。其包括:

城市地下综合管廊、战略性新兴产业、养老产业、城市停车场、双创孵化、配电网建设改造、项目收益债等。

企业债券发行时，企业按照企业债券发行规模申请材料目录及其规定的格式，提出债券发行规模申请。中央直接管理的企业向国家发改委申请；其他企业通过省级发展和改革部门或国务院行业主管部门审核，再向国家发改委转报。

企业债券须在批准文件印发之日起两个月内开始发行，可以申请在证券交易所上市，也可以申请在银行间市场上市流通，或两地同时上市。

5.5.5 公司信用类债券的评级

所谓债券信用评级，是指从还本付息的可靠程度和信用度两方面对债券评定等级。评级机构必须独立于发行者、承销商和其他相关机构。由于政府往往也是证券发行者，因此评级机构还必须独立于政府。

债券评级制度始于美国，通过拥有大量债券分析、会计、统计、财务专家的专业评级机构进行。现在全球最权威的几家债券评级机构是标准普尔（Standard & Poor's）、穆迪（Moody's）和惠誉（Fitch）等。它们依据下列标准对一家公司所发行的某种债券进行评级：

（1）该种债券违约的可能性，即债务人根据负债条件按期还本付息的能力。这主要与公司的基本面状况有关系，涉及公司的发展前景，即分析公司所处的行业性质是"朝阳产业"还是"夕阳产业"；公司在同行业中竞争能力如何；原料进货和成品销售渠道是否畅通等；公司的财务状况，与公司还本付息能力最为密切的指标是流动比率、速动比率、周转率等指标。

（2）公司本身的信用状况，包括公司还款拖欠状况等等。

（3）债券发行时的约定条件，包括分析公司发行债券时有无担保或抵押，在公司发生危机时的债务清偿顺序等因素。

（4）如果发行的是外国债券或者国际债券，还需要对发行国的社会、经济、政治环境加以分析，作为债券评级的另一因素。

目前，我国已经有一些信用评级公司活跃在信用评级舞台上，比如中诚信国际、联合资信、大公国际、新世纪等。2019年1月28日，中国人民银行营业管理部发布公告称，对美国标普全球公司（S&P Global Inc.）在北京设立的全资子公司——标普信用评级（中国）有限公司予以备案。同日，交易商协会也公告，接受标普信用评级（中国）有限公司进入银行间债券市场开展债券评级业务的注册。这标志着标准普尔已获准正式进入中国开展信用评级业务，这也是首家获得信用评级牌照的纯外资机构。

目前，我国已经形成了全国统一的债券信用级别标准，分为二类、三等、九级。这个标准基本上是参照了国外主要评级机构的做法并结合我国评级工作的实际情况而制定的，它的主要内容侧重于两个方面，即债券到期时的还本付息能力与投资者购买债券的投资风险程度。债券信用等级如下：

AAA 投资级，一等，债券有极高的还本付息能力；投资者没有风险。

AA 投资级，一等，债券有很高的还本付息能力；投资者基本没有风险。

A 投资级，一等，具备较高的还本付息能力；与前两种相比，易受经济变化的影响；投资者风险较低。

BBB 投资级，二等，具备一定还本付息能力，但需一定保护措施，一旦有变，偿还能力削弱；有一定的投资风险。

BB 投资级，二等，有投机性，不能认为将来有保证，对本息的保证是有限的；投资风险较大。

B 投机级，二等，还本付息能力低，保证低；投资风险大。

CCC 投机级，三等，还本付息能力很低或信誉不好，可能违约，危及本息安全；投资风险极大。

CC 投机级，三等，还本付息能力极低，高度投机性，经常违约，有明显缺点；投资风险最大。

C 投机级，三等，等级最低，经常违约，根本不能做真正的投资，或没有还本付息能力；绝对有风险。

5.5.6 公司信用类债券的发行定价

在发行定价及承销费用的收取方面，公司债券与股票有着较大的区别。

影响股票定价的因素是多种多样的，既有来自公司内部的，也有公司外在的因素。其中有些因素对于发行公司的承销商来说是可以预测和控制的，有些则不然，诸多的不确定因素使股票的发行定价充满了机会，同时也潜藏着风险，股票的发行定价往往会和上市之后的价格相去甚远。相对于股票而言，由于其确定的利息偿付承诺以及法律上既定的优先索偿地位，不确定因素对债券价格的影响要小得多。在实际操作中，债券价格是按照风险大体相当，偿还期限相等，则投资收益率应该大体一致的原则来确定的。

影响债券定价的因素主要有以下几类。

（1）资金市场或金融市场上资金供求状况及利率水平。这可以通过在市场上搜集相关信息而取得。

（2）发行公司的资信状况。公司的资信状况可通过聘请权威的评估机构进行评估，如标准普尔或穆迪，其评定的信用级别在国际上受到普遍认同。

（3）政府的金融政策，尤其是货币政策。这只能通过跟踪分析做出大致判断，政府货币政策变化的不确定性会改变投资者的预期收益率，从而使债券在承销阶段就产生潜在的风险或机会。这一现象源于债券价格对货币政策极强的联动性，因为债券价格的制定是参照市场利率并按照风险与收益之间存在的相关变化规律确立的。当市场利率上升时，为保证债券的投资人也能获得与利率上升相对应的较高收益率，必然要降低债券本身的价格；反之，当市场利率下降时，债券的价格就要上升，以保持债券与市场上其他类似的证券有相似的收益率。

实践中，债券的发行价格一般是以同期限的国债利率为基础上浮一定的利差，或者在某个特定的债券利率水平上溢价或贴现确定，以此反映出强劲或偏弱的市场状况。

5.6 债券交易市场

我国的债券交易市场分为银行间债券市场、交易所债券市场和柜台债券市场三种，其中银行间债券市场是最为主要的交易市场。

5.6.1 银行间债券市场

2018年银行间债券市场发行债券37.8万亿元，占中国债券市场发行各类债券总数的86.70%。托管余额为75.7万亿元，占债券市场总托管余额的87.62%。在成交量方面，银行间债券市场现券交易量为150.7万亿元，占债券市场现券交易量总量的96.17%。从交易量上的绝对优势可以看出，银行间债券市场占据了中国债券市场的主要地位。

1997年上半年大量商业银行资金通过交易所债券回购方式流入股票市场，造成股市过热。此后，在中国外汇交易中心基础上，经国务院批准建立了全国银行间债券市场，各商业银行只能使用由中央国债登记结算有限责任公司托管的国债、中央银行融资券和政策性金融债券进行现券买卖和债券回购。中国债券市场就此形成两市分立的状态，这种长期的市场分割状态影响着中国债券市场的发展。

银行间债券市场是以银行为主的机构投资者之间互相交易的市场，个人投资者不可以直接参与。中国银行间债券市场主要是为金融机构提供进行债券买卖和回购的市场，该市场的运行依托于中国外汇交易中心暨全国银行间同业拆借中心和中央国债登记结算有限责任公司、银行间市场清算所股份有限公司（又称"上海清算所"）。其中全国银行间同业拆借中心作为市场的前台交易系统，为市场参与者的报价、交易提供中介及信息服务。中央国债登记结算有限责任公司则是市场负责后台系统，为市场参与者提供债券托管、结算和信息服务。

在市场参与者方面，只要满足一定条件，金融机构法人、非法人产品类和非金融机构都可以进入银行间债券市场。其中非法人类机构投资者包括但不限于证券投资基金、银行理财产品、信托计划等，另外保险产品、经中国证券投资基金业协会备案的私募投资基金、住房公积金、社会保障基金、企业年金、养老基金、慈善基金等，也同样按非法人类合格机构投资者管理。

根据央行2019年1月发布的《2018年金融市场运行情况》，银行间债券市场各类参与主体共计20 763家，其中境内法人类共2 842家，境内非法人类产品16 735家，境外机构投资者1 186家。尽管在数量上来看，境内金融机构法人只占了总参与数量的13.69%，但实际交易贡献量主要来自商业银行和证券公司，银行是最大的市场参与者。

在交易方式方面，《全国银行间债券市场债券交易管理办法》第十五条规定："债券交易以询价方式进行，自主谈判，逐笔成交。"中国银行间债券市场的交易主要以询价的方式来进行，包括自行询价与通过货币经纪商询价。自行询价交易是一种由交易双方自行协商确定交易价格和其他交易条件的交易方式。自行询价机制主要有报价、格式化询价和确认成交三个步骤。

在实际操作中，比较常见的是有需求的机构投资方自行寻找对手，与不同的对手一对一联系并询价，直到协商一致后达成交易，然后到全国银行间同业拆借中心进行交易登记，并由中央国债登记结算有限责任公司或上海清算所进行结算。这种方式对于机构来说主动性更强，自行选择交易对手可以便于控制对手方的风险。对市场来说，这种方式也会减少大宗交易涌入交易所对市场价格进行冲击的情况。但是，一对一询价方式会使机构投资方花费较高的时间成本来询问、收集并决定,降低了交易效率,也可能导致投资者在千变万化的市场上错过最佳交易时机。从长期来看,这种不公开的交易方式会降低市场透明度,不利于市场流动。

通过货币经纪商询价的交易方式近年来逐渐成为主流。经纪商接受投资者交易指令后撮合双方达成交易。按照规定货币经纪商不可以做自营业务,因此货币经纪商的报价可以真实客观地反映市场水平,提供有效的信息。因此通过货币经纪商询价是一种较自行询价更有效率、更能正面影响市场透明度和流动性的交易方式。

5.6.2 交易所债券市场

上海证券交易所和深圳证券交易所也提供债券交易业务。成立于1990年的上海证券交易所和深圳证券交易所归属中国证监会管理,所在的交易所市场是债券交易的场内市场,市场参与者既有机构投资者也有个人投资者,是属于批发和零售混合型的市场。

在交易所债券市场上,个人投资者和机构投资者都可以参与债券交易,但是各自有不同的交易平台。个人投资者只能通过交易所的竞价系统进行债券的零售交易;对于机构投资者,则可以进入特设的交易平台进行批发交易。上海证券交易所设立了固定收益证券综合电子平台(以下简称"固定收益证券平台")用于机构债券交易,深圳证券交易所则设立了深圳证券交易所综合协议交易平台(以下简称"综合协议交易平台")用于机构债券交易。机构投资者可以在固定收益证券平台或综合协议交易平台进行交易,也可以在两家交易所的竞价交易系统进行交易。

交易所的主要投资者包括金融机构、理财产品、一般企业、QFII、RQFII、公益基金和高净值个人等。根据2018年的统计数据,目前交易所债券市场交易额主要由券商提供,其次是一般法人和自然人,与银行间投资者中商业银行占半壁江山的情况显然不同。

交易所进行的债券交易与传统股票交易类似,是由众多投资者共同竞价并由交易所撮合成交的指令驱动方式。另外,上海证券交易所的固定收益证券平台和深圳证券交易所的综合协议交易平台也提供自主询价成交的报价驱动交易方式,有做市商提供双边报价。

1. 竞价交易制度

竞价交易制度也被称为集中竞价市场,指的是经纪商把投资者的买卖指令提交到证券交易所的系统中进行交易,然后根据时间优先和价格优先的规则,从而形成资产价格的交易机制。目前中国上海证券交易所和深圳证券交易所使用的就是这种机制。在这种制度下,交易系统根据价格和时间优先的原则,对进入的投资者的交易订单进行分类,并将买卖指令配对竞价成交。竞价交易制度按成交规则,又可以分成连续竞价交易制度和集合竞价交易制度两种。

在世界范围内,竞价交易制度几乎是所有大型交易所(如纽约债券交易所、东京证券交易所等)的主要交易机制。

2. 报价驱动制度

报价驱动制度也被称为做市商制度。做市商是交易所的个人市场参与者或成员公司,也以其在交易所交易系统中显示的价格为自己的账户买进和卖出证券,其主要目标是在买入和卖出价格之间的差额中获取差价。通过这些交易,做市商可以输入并调整报价以买入、卖出、执行和清算订单。在国外,最常见的做市商类型是证券经纪商,这类机构为投资者提供购买和销售解决方案,以保持金融市场的流动性。在这种交易制度下,投资者买卖都以做市商为对手,证券成交价格的形成也是由做市商来决定的。

做市商机构需要连续地向投资者报出某些特定证券的买入价和卖出价以及相应的交易量,并在所报价位上接受对手买卖要求,保证及时成交。一般说来,规范的做市商制度可以极大地提高债券市场的流动性。目前世界上大部分的外汇市场、债券市场、货币市场都是将报价驱动制度作为基本交易制度的支持,其中美国纳斯达克和伦敦证券交易所都是以做市商制度为主的市场。

■ 本章小结

1. 债券是发行者为筹集资金而依照法定程序向债权人发行的,在约定时间支付一定比例的利息,并在到期时偿还本金的一种有价证券。根据各种标准,债券可以有多种分类。
2. 国债发行可以分为定向发售、代销、承购包销、公开招标发行和拍卖发行五种方式,我国主要采用公开招标发行的方式。美国国债的发行采用定期拍卖的方式。
3. 国债承销的风险和收益均源于国债销售价格,在有利的价格下,承销商可以获得较为满意的利润,而国债销售价格一旦不利,承销商将承受损失。
4. 在我国,国债采用一级自营商制度。
5. 国债的交易分为沪深交易所市场、柜台交易市场和银行间债券市场。其中,银行间债券市场是国债交易最主要的场所。我国国债市场的交易品种有现券交易、回购交易和远期交易,其中,回购交易包括质押式回购和买断式回购。
6. 地方政府债券是我国地方政府重要的融资工具,分为一般债务和专项债务,发行规模已超国债。
7. 按发行主体的不同,我国金融债券主要包括政策性金融债券和金融企业债券两种。金融企业债券中,商业银行债券分为商业银行普通债券和二级资本债券(次级债),后者可以补充银行资本。
8. 债券发行时需要综合考虑下列因素:发行额、债券面值、债券的期限、债券的偿还方式、票面利率、付息方式、发行价格、发行方式、是否记名、担保情况、债券选择权情况、发行费用。
9. 在我国,公司信用类债券可以分为非金融企业债务融资工具、公司债券与企业债券,分属不同的监管部门,在发行条件、发行审核和上市流通方面都有不同。
10. 非金融企业债务融资工具目前是我国最重要的公司信用类债券,有着丰富的品种,并采用注册制,在银行间市场体系内发行和交易。
11. 公司债券在中国证监会系统发行和交易,对应的市场是交易所市场。公司债券有大公募、小公募和私募三种发行方式,对应不同的发行条件和流通性。
12. 公司信用类债券的评级是重要的信息来源,有一套较为成熟的评价体系。
13. 公司信用类债券的发行定价需要考虑多方面的因素。
14. 我国债券市场主要分为三个部分,即银行间债券市场、交易所债券市场和柜台市场。银行间债券市场是中国最大的债券市场。银行间债券市场和交易所债券市场的参与者和交易方式各有特点。

思考题

1. 债券的特征是什么？有哪些主要的分类？
2. 国债有哪五种发行方式？我国国债发行的主要方式是什么？
3. 国债承销的风险与收益体现在什么地方？
4. 我国国债交易市场有哪些？有哪些主要的交易品种？
5. 为什么我国地方政府债券的发行量会超过国债，它起到了什么作用？
6. 商业银行通过债券补充资本，它所发行的债券需要满足哪些条件？
7. 公司信用类债券一般会有哪些条款？
8. 我国公司信用类债券的监管体系有哪些？各自的产品叫什么？
9. 非金融企业债务融资工具主要包括哪些品种？发行特点是什么？
10. 公司债券有哪几种发行模式？各种发行模式的发行条件有什么区别？
11. 企业债券和公司债券有什么区别？
12. 公司信用类债券在发行定价时，应主要考虑哪些因素？
13. 我国主要有哪几个债券交易市场？银行间债券市场采用何种交易方式？交易所债券市场采用何种交易方式？

第 6 章

资产证券化

■ 本章提要

本章首先介绍了资产证券化的基本概念、特点和基本结构,然后介绍了资产证券化的主要类型,分析了资产证券化的风险和收益,最后介绍了我国资产证券化的主要类别和典型案例。

■ 重点与难点

1. 资产证券化的定义
2. 资产证券化的基本结构
3. 证券化资产的特点
4. 资产证券化的主要类型
5. 对资产证券化收益与风险的分析
6. 我国资产证券化的主要类别
7. 资产证券化的作用

6.1 资产证券化的基本概念

6.1.1 资产证券化的定义

资产证券化(asset securitization)是指将缺乏流动性但预期能够产生稳定现金流的资产,通过重新组合,转变为可以在资本市场上转让和流通的证券的一种融资手段。

资产证券化始于 20 世纪 70 年代,产生的原因在于 20 世纪 60 年代末美国金融机构面临高利率政策、信用环境恶化等困难,开始主动寻求增强银行资产流动性的方法,以规避风险、增强现金能力。

在欧美等发达国家和地区,资产证券化已经成为非常重要的融资手段。美国资产证券化产品一般按照两大分类来进行统计:截至 2017 年年末,抵押支持证券发行量为 1.93 万亿美元,存量为 9.3 万亿美元;资产支持证券发行量为 5 592 亿美元,存量为 1.5 万亿美元。从发行量所占比例看,资产证券化产品占 2017 年美国所有债务发行量的 17.68% 左右。[○]

○ SIFMA. U.S. Capital Markets Deck [EB/OL]. (2018-09-06) [2020-02-02]. https://www.sifma.org/resources/research/us-capitital-markets-deck-2018/.

在美国，资产证券化在消费信贷的可得性中起着重要的作用。住房抵押贷款、信用卡、汽车贷款、学生贷款和其他贷款利用证券化市场得以广泛发放。截至 2017 年年底，美国 67.2% 的住房抵押贷款、18.3% 的汽车贷款、12.5% 的信用卡贷款和 11.9% 的未偿学生贷款都通过证券化方式持有。

2008 年次贷危机的主要来源是房地产市场的次级贷款以及由此衍生的证券化产品，这一市场近十年来在逐渐恢复中，美国 2017 年年底的资产证券化产品的存量与 2007 年相比还是倒退的，抵押支持证券的存量比 2007 年下降 1.7%，资产支持证券的存量比 2007 年下降 19.6%。

我国资产证券化发展得比较晚，但近些年发展得比较迅速。我国 2005 年 12 月 15 日国家开发银行和中国建设银行分别发行第一款资产支持证券和抵押支持证券产品，发行规模合计为 70.5 亿元。2008 年发行了 8 只资产证券化产品，发行规模达 296.5 亿元。受次贷危机的影响，2009 年和 2010 年试点暂缓，2011 年国务院重新批准开展试点。2012 年 9 月 7 日，根据中国人民银行和中国银监会的批准，中信信托以簿记建档、集中配售的方式向全国银行间债券市场成员发行规模为 101.664 4 亿元的"2012 年第一期开元信贷资产支持证券"，由此，我国的资产证券化进入了一个新阶段。2019 年的资产证券化年度发行量达到 23 405 亿元，2019 年年底资产证券化产品的存量达到 38 439 亿元。㊀ 2012～2019 年我国资产证券化历年发行数量如图 6-1 所示，年末发行存量如图 6-2 所示。

图 6-1 我国资产证券化历年发行数量（2013～2019 年）

资料来源：https://www.cn-abs.com/market.html#/analysis/market-summary.

关于资产证券化，其实很难下一个全面、准确的定义。1977 年，美国投资银行家莱维斯·瑞尼尔（Lewis Ranier）首次使用"资产证券化"这个词。在学界，普遍接受的定义来自被称为"证券化之父"的美国耶鲁大学的弗兰克·J.法博齐教授，他认为：资产证券化可以被广泛地定义为一个过程，通过这个过程，将具有共同特征的贷款、消费者分期付款合同、

㊀ 数据摘自资产证券化分析网。

租约、应收账款和其他不流动的资产包装成为可以市场化的、具有投资特征的带息证券。[1]

图 6-2　我国资产证券化历年年末发行存量（2012～2019 年）

资料来源：https://www.cn-abs.com/market.html#/analysis/market-summary.

杜克大学的斯蒂文·L.西瓦兹教授则认为：在证券化中，公司部分地分解自己，把不具有流动性的资产从公司整体风险中隔离出来，随后以该资产为信用基础在资本市场上融资。[2]

SEC 则对资产证券化定义如下：“资产证券化是指主要由现金流支持的，这个现金流是由一组应收账款或其他金融资产构成的资产池提供的，并通过条款确保资产在一个限定的时间内转换成现金及拥有必要的权力，这种证券也可以是由那些能够通过服务条款或者具有合适的分配程序给证券持有人提供收入的资产支持的证券。"

综合以上的定义，我们发现资产证券化的实质有两个关键要素，其一是未来现金流，其二是证券化的形式。前者是未来还款的保证，是证券定价、发行、交易的基础，也就是资产证券化产品价值的基础；后者保证了产品的流动性，因而使资产证券化成为市场化融资的重要手段。

资产证券化的典型过程就是发起人将自己拥有的资产（比如长期贷款、基础设施收费权、应收账款等）以真实出售的方式出售给特殊目的载体，特殊目的载体则依靠自己购得的资产组成**资产池**（asset pool），以资产池预期产生的现金流为基础，通过一定的结构安排，对资产中风险与收益要素进行分离与重组，然后发行证券。简单来说，资产证券化就是将能够在未来取得现金流的资产资本化，通过发行证券的形式将资产出售，然后以未来的现金流来偿付证券。

目前在我国，对资产证券化有着各种具体的定义，这是由于各种产品对应着不同的监管机构。我国资产证券化的主要模式包括中国人民银行和中国银保监会监管的信贷资产证券化、中国证监会监管的企业资产证券化、交易商协会自律管理的资产支持票据（包括项目收益票据）、中国银保监会监管的保险资产支持计划，它们各自有着不同的定义，但其实质还

---

[1] 弗兰克 J 法博齐.固定收益证券手册（原书第 6 版）[M].任若恩，李焰，等译.北京：中国人民大学出版社，2005.

[2] 斯蒂文 L 西瓦兹.结构金融：资产证券化原理指南（原书第 3 版）[M].李传全，龚磊，杨明秋，译.北京：清华大学出版社，2003.

是相同的。

《信贷资产证券化试点管理办法》(中国人民银行、中国银行业监督管理委员会公告〔2005〕第 7 号)第二条将信贷资产证券化定义为"在中国境内,银行业金融机构作为发起机构,将信贷资产信托给受托机构,由受托机构以资产支持证券的形式向投资机构发行受益证券,以该财产所产生的现金支付资产支持证券收益的结构性融资活动"。

《证券公司及基金管理公司子公司资产证券化业务管理规定》(中国证券监督管理委员会公告〔2014〕49 号)第二条明确,"资产证券化业务,是指以基础资产所产生的现金流为偿付支持,通过结构化等方式进行信用增级,在此基础上发行资产支持证券的业务活动"。

2016 年 12 月 12 日,交易商协会发布的《非金融企业资产支持票据指引(修订稿)》第二条规定,"资产支持票据,是指非金融企业为实现融资目的,采用结构化方式,通过发行载体发行的,由基础资产所产生的现金流作为收益支持的,按约定以还本付息等方式支付收益的证券化融资工具"。

《资产支持计划业务管理暂行办法》(保监发〔2015〕85 号)第二条规定:"本办法所称资产支持计划业务,是指保险资产管理公司等专业管理机构作为受托人设立支持计划,以基础资产产生的现金流为偿付支持,面向保险机构等合格投资者发行受益凭证的业务活动。"

6.1.2 资产证券化的基本结构

资产证券化往往又被称为结构融资。关于结构融资,本书在 2.3.4 节中已有介绍,这里不再赘述。

资产证券化虽然是一项较为复杂的金融技术,但是,其基本结构是相似的。图 6-3 描述了资产证券化的基本机构和运行机制,其中涉及较多的当事人,包括发起人、特殊目的载体、投资者、评级机构、服务人、信用增级机构等。

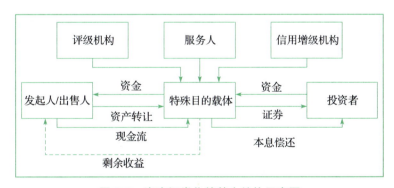

图 6-3 资产证券化的基本结构示意图

从图 6-3 中我们可以看到,发起人将资产真实出售给了特殊目的载体,特殊目的载体获得资产,再以资产未来的现金流为依托发行证券给投资者,投资者付出现金,获得收益权,发起人获得出售资产的现金,从而完成资产证券化的发行。在偿付阶段,特殊目的载体资产产生的现金流按照约定的支付周期支付给投资者(一般采用分层结构),待到项目终结时,资产最终的残值或者剩余收益根据事先约定,归回到发起人(一般情况)或者由投资者分配。在整个过程中,评级机构、信用增级机构、服务人等各类中介各司其职,保障资产证券化的顺利运行。

1. 发起人

资产证券化的发起人（originator）是资产池中资产的原始权益人，它在资产证券化过程中的首要角色就是出售资产。成功的证券化可以使发起人从资产负债表中剥离资产，换取现金，因而，发起人是资产证券化最主要的受益人。

在资产证券化中，发起人一般还可以作为服务人，这是因为资产池的资产都来自发起人，他们对资产池比较了解，同时也有利于保持他们与债务人之间的业务关系。尤其在发起住房抵押贷款的证券化时，原先的住房抵押贷款一般依旧由原先的银行负责贷后还款、清收等事项。

发起人在出售资产时，需要考虑资产池是否适于证券化。由于证券化的成功发行，依靠的是资产池未来产生现金的能力，因此，资产池中的资产需要符合证券化的要求。一方面要求资产池有一定的规模，资产具有一定规模之后，可以分散风险，同时通过规模经济降低发行费用；另一方面，进行证券化的资产不仅要求总量规模大，还要求资产池中的资产个数多且有一定的分散度。这是因为资产数目多可以使现金流趋于稳定，证券化的评级机构在进行资产评级的时候，其中内容之一就是分析前几位和几十位的单个资产在资产池中所占的比例，从而判断资产的集中程度。另外，资产池中的资产在行业、地区的分散也是需要发行人考虑的。

从证券化的最初发展来看，证券化的鼻祖——抵押贷款交易早在 19 世纪就在美国出现了，不过这种交易一般是大额的单项贷款的交易，而现代的资产证券化交易是由大量单个资产所形成的资产池。这从一个侧面反映了资产证券化对资产池规模要求是不断变化的。在实践中，如果一个资产的卖方无法形成一定规模的资产池，就需要多个卖方共同组成一定规模的资产池。从另一个角度来看，随着证券的清偿，资产池的规模会不断缩小，这时就可以通过循环购买的形式不断地买进资产，扩充资产池，这种方式可以充分利用一次证券化的便利，避免在手续方面简单重复而耗费成本，同时也有利于发起人保持更大的灵活性。信用卡证券化就是采用**主信托**（master trust）模式，有效地解决了信用卡余额不断变化而对资产池的影响。

在我国，根据基础资产类型的不同，发起人主要包括：持有信贷资产的银行；持有债权类基础资产的贸易公司、消费金融公司、融资租赁公司、保理公司；持有公用事业类基础资产的公共交通、供水、供热、供电、供暖等公共事业相关产业公司；持有物业费收费权类基础资产的物业公司；持有购房款尾款类基础资产的房地产开发公司；地方的公积金中心；票据收益权项目中的票据持有人；信用证项目中的信用证权益持有人等。

2. 特殊目的载体

特殊目的载体（special purpose vehicle，SPV）是资产证券化的中心环节，它是出于资产证券化结构处理的要求而专门设立的机构，其职能是在资产证券化过程中购买、包装证券化资产并以此为基础发行资产化证券。SPV 的核心作用在于隔离风险，即达到"破产隔离"的效果。

一般来说，SPV 不要求注册资本，从成本最小化考虑，一般也没有固定的员工或者办公场所，它只是一个空壳，通过 SPV 而保证被证券化的资产取得独立地位并实现与出售方的破产隔离，由此，出售方的任何财务风险、法律风险都不会向被证券化的资产传递，从而保证证券购买人的利益。

SPV 能否有效发挥其作用，关键在于是否选择了适当的法律形式。SPV 法律形式的选择是证券化首先要解决的问题。实际中，SPV 主要有以下三种选择：公司型、信托型、合伙型。

（1）**公司型 SPV，即特殊目的公司**（special purpose company，SPC）。SPC 不同于一般的实体公司，是由发起人注册设立的壳公司，它拥有相应的权利并承担相应的义务，但是一般没有专门的雇员和业务部门，SPC 只从事证券的发行等与证券化有关的业务，不进行其他的任何与证券化无关的业务；再者，让 SPV 成为一个独立的壳公司不会增大证券化的成本。

SPC 必须在法律上和财务上保持严格的独立性。

在税务方面，由于 SPV 的收入全部来自资产池产生的资金，并转而用于证券的偿付，如果对 SPV 征收公司所得税，同时证券偿付时还要投资者缴纳个人所得税，就会形成双重征税，从而加大资产证券化的成本。在实际运作中，考虑到税收因素，SPC 往往会选择税收优惠或减免的地区，例如许多 SPC 都选择在开曼群岛注册，因为根据开曼群岛的法律规定，在开曼群岛设立的公司只需一次性交纳一定的印花税，就可以在 50 年内免交一切税收与政府收费。

SPC 的一大好处体现在对优惠政策的承载方面，当基础资产是固定资产时，由于折旧等产生的税收优惠并不能由特殊目的信托或特殊目的实体吸收，因此会产生较大的不经济性。此时，以 SPC 作为载体发行证券，就具有极大的优势。

（2）**信托型 SPV，即特殊目的信托**（special purpose trust，SPT）。SPT 是以信托形式设立的特殊目的载体，信托方式是国际上资产证券化的典型模式。美国早期的资产证券化，由于没有相关的资产证券化法案，为了规避同样的风险和法律障碍，也采用了信托模式，通过信托机制而实现资产证券化所需的资产隔离。

在 SPT 这种形式下，发起人将资产池委托给 SPT，由发起人作为收益人，然后由信托机构发行信托受益凭证将受益权出售给投资者，最后信托机构再将发行信托受益凭证的收益转给发起人。

信托形式之所以能起到 SPV 的作用，关键依托于信托的特殊作用。从信托法上来看，信托主要有以下这些特征：①信托是为他人管理、处分财产的一种法律安排；②是委托人向受托人转移财产权或财产处分权，受托人成为名义上的所有人；③受托人是对外唯一有权管理、处分信托财产权的人；④受托人的任务的执行、权利的行使受受托目的的约束，必须为了受益人的利益行事（而不是受委托人和受益人的控制）。从其运行机制上来看，应当遵循两个最基本的法律原则。一是信托财产的所有权和利益分离。即信托一旦成立，委托人转移给受托人的财产就成为信托财产，所有权由受托人取得，但信托财产本身及其产生的任何收益不能由受托人取得而只能由受益人享有。二是信托财产的独立性。即在法律上，信托财产与委托人、受托人及受益人三方自有财产相分离，运作上必须独立加以管理，而且免于委托人、受托人及受益人三方债权人的追索。

在我国，破产隔离的效力是由《中华人民共和国信托法》(以下简称《信托法》) 赋予的，《信托法》第十五条规定，"信托财产与委托人未设立信托的其他财产相区别"；第十六条规定，"信托财产与属于受托人所有的财产相区别"。因此，以信托形式进行资产转让，可以实现完全的破产隔离，具有最强的破产隔离效力。

在资产证券化操作中的信托关系表现为：发起人是委托人；SPT 是受托人；信托财产为证券化资产组合；受益人则为受益证书的持有人。

由于信托财产所有权不属于委托人，而是由受托人通过 SPT 享有信托财产的所有权；同时信托财产又必须从受托人的自有财产中分离出来，避免自有财产损失对信托财产的影响。所以信托形式就可以满足风险隔离的要求了。SPT 可以采取两种形式：**授予人信托**（granter trust）和**所有者信托**（owner trust）。前者的特点是只发行单一种类的信托受益凭证（所有者权益证书），而后者还可以发行转付证券。

通过 SPT，可以实现风险的双层隔离，即委托人与信托财产的隔离和信托财产与受托人的隔离。

在税收方面，SPT 由于不是纳税主体，因此不存在缴纳所得税的问题，这是 SPT 结构在税收方面比 SPC 具有的一大好处，也是 SPT 结构被普遍采用的最主要原因。

在我国，SPT 另有一种较为特殊的模式，我们称之为**特殊目的实体**（special purpose entity，SPE）或者**特殊目的计划**。

SPE 的存在是由于我国较多的证券化业务是通过证券公司及基金管理公司子公司来开展的，它们所采用的 SPV 是资产支持专项计划，根据《证券公司及基金管理公司子公司资产证券化业务管理规定》，资产支持专项计划是证券公司或基金管理公司子公司为开展证券化业务专门设立的 SPV，这种 SPV 并不通过信托机构来安排，也不采用标准的信托计划结构，SPV、管理人以及原始权益人的关系被定位为"一种委托理财的形式"，其破产隔离效力存在一定的不确定性。

在我国，SPT 是目前最主要的特殊目的载体模式，证券化资产的受托机构包括信托公司、证券公司、基金管理公司子公司、保险资产管理公司等。

（3）合伙型 SPV。合伙型 SPV 有三个特点：其一是合伙人要承担无限连带责任，"无限"是指当合伙企业财产不足以清偿企业债务时，合伙人有义务用个人财产来清偿；"连带"是合伙人在以个人财产清偿企业债务时，债权人可以要求任一合伙人首先以其个人财产清偿全部债务；其二是合伙制企业本身不缴纳所得税，这样可以避免重复征税；其三是在资产证券化的过程中，合伙型 SPV 通常也为合伙人的资产证券化提供服务，但是不如 SPC 的灵活度大。

合伙型 SPV 还有一种变形的形式，就是将有限合伙制的机制引入进来，即有限合伙的 SPV。该载体由**普通合伙人**（general partner，GP）和**有限合伙人**（limited partner，LP）组成：普通合伙人实施经营权，并负有无限连带责任；有限合伙人没有经营权，但不承担无限连带责任，只承担有限责任。在这种机制下，有限合伙人提供资金，普通合伙人提供管理，各司其职，各担其责。

3. 投资者

证券化的投资者主要是机构投资者，尤其是商业银行、保险公司、养老基金、共同基金等这些中长期投资工具的投资者。

机构投资者之所以愿意购买证券化产品，主要是因为证券化产品在资金提供的规模和期限上都比较适合机构投资者进行投资，同时证券化产品也具有较强的流动性，能够满足机构投资者资产组合的需求。

4. 信用增级机构

信用增级（credit enhancement）是指在资产证券化中运用的各种提高信用等级的技术。信用增级是资产证券化交易中的一个重要方面，通过信用增级能够进一步提高资产池的信用等级，从而使证券获得较低的融资成本和较高的流动性。

信用增级可以分为两大类：一类是内部信用增级，另一类是外部信用增级。大部分的资产证券化都同时采用了内部信用增级和外部信用增级。

（1）内部信用增级。内部信用增级的特点是通过证券化资产本身的现金流，经过一定的处理，为资产证券化提供信用增级。一般来说，内部信用增级的好处在于，企业能够充分利用自身资源，提高资金的使用效率，降低信用增级的成本。

内部信用增级的方式主要有：发行多级证券、超额抵押、储备金制度、出售者追索权等。

发行多级证券是指根据偿付顺序的先后发行不同级别的证券，证券级别随偿付顺序的先后而由高到低排列。这样，实际上是用下一级证券的现金流来为上一级证券的本金利息偿付提供信用增级。这种采用**优先/次级结构**（senior/subordinated structures）的方式又称为**结构性信用增级**（structural credit enhancement）。例如，以1 000万美元的资产发行证券，假定分为A、B、C三个级别，如果A级别的发行额是200万美元，则A级别的超额抵押担保就是80%，如果B级别发行额是300万美元，那么这个级别证券的超额担保就是50%，级别越低保证就越低。由于最低级别的证券一般是发起人持有的，因此这种结构安排实际上是发起人为优先级别的投资人提供偿付保证，是一种内部的信用增级。这种增级形式既保证了信用的增级，又可以使资产池中的资产得到充分的利用，所以是一种常用的增级方式。在实践中，发起人往往会买入求偿等级较低的证券，以此作为对发行的支持。

超额抵押则是指在发行时保证资产池的总价值量高于证券发行的总价值量，这样，资产池中的超额价值部分就可以为所发行的证券提供超额抵押。例如，在美国发行价值1亿美元的抵押支持证券，其资产池的规模一般不能低于1.02亿美元。这种安排可以提高抵御风险的能力，从而使证券偿付具有更好的保障。但是，这种信用增级方式显然降低了资产的使用效率，与资产证券化的本意有所不符，所以使用时一般较为谨慎。

储备金制度是指将一部分从资产池中产生的现金流或发起人的资金转到一个特定的储备金账户上，并且保持一定的规模，如果资产池产生的现金流异常，不能按期支付证券的本息，则将资金从储备金账户划转到支付账户进行支付。储备金制度保证了证券支付的平稳性，但是与超额抵押相类似，储备金制度也会降低资金的使用效率。一般来说，储备金的数量与资产池的规模相关，它会随着资产池规模的减少而减少。

出售者追索权是指如果证券投资者没有按事先约定得到证券本金或利息的支付，那么他们就可以从资产出售人（发起人）那里得到某种补偿。这种追索权分为完全追索权和部分追索权，当投资者没有按计划得到偿付时，他们可以行使完全追索权而得到完全的支付，也可以根据部分追索权得到一定比例的但不是全额的支付。不过，出售者追索权会给资产证券化带来两方面的不良影响：一是真实出售的认定；二是对资产证券化结构特点的影响。在出售人提供追索权的情况下，实际是由发起人来提供担保的，如果发起人的信用状况发生变化，整个证券化证券的级别就会因为担保机构信用级别的变化而变化，因此，在一个典型的资产证券化结构中，应该尽量不采用出售者追索权，但有时为了提高证券发行的吸引力，减少投资者的疑虑，发起人往往还是会选择采用出售者追索权。

（2）外部信用增级。外部信用增级是指通过第三方，如商业银行、保险公司、政府机构等担保机构的保证来提高证券的等级，这种信用增级要求提供保证的第三方的信用级别不能低于证券本身的信用级别。

具体说来，第三方提供担保的形式有：担保机构开设**现金抵押账户**（cash collateral account，CCA）和**抵押投资账户**（collateral invested account，CIA），保险公司提供保函，银行出具备用信用证，金融机构直接担保等。

现金抵押账户（CCA）是独立于证券化信托资产之外的一个现金信托账户，一旦有特殊情况发生，超额比例用尽仍不足以偿付投资者本息时，则需动用现金抵押账户。现金抵押账户一般是由第三方银行贷款投资组成的，偿还顺序排在普通投资者之后，账户中的资金可以投资于随时可变现的短期证券类资产。

抵押投资账户（CIA）类似于对证券化资产的私人股权投资，作用同现金抵押账户一样，通常是在信用评级公司做出投资级别评级后，由发起人或者担保机构出资形成。发起人购买次级证券虽然也是对发行的支持，但是单纯依靠发起人提供信用增级，评级机构对资产支持证券的评级不会高于发起人的信用级别，另外由于发起人因此而承担了部分的偿付违约责任，基础资产实际上并未实现"真实出售"。因此，第三方购买次级证券作为支持，比发起人购买更为有利。所以，证券化过程中，发起人往往会邀请金融机构购买次级证券，提供抵押投资账户模式的担保。

保险公司的保函或者提供信用保险也是一种由第三方提供的信用增级，通过 SPV 向保险公司投保，保险公司出具保函或者保单，承诺在出现本息偿付困难时，由保险公司代替 SPV 向投资者偿付。

银行出具的**备用信用证**（standby letter of credit）则是银行保证的承诺书，当证券的本息偿付不能按期进行时，银行则按照信用证的约定承担一定的担保还款责任。从理论上说，如果银行为证券支付提供全额的担保，证券化的产品的信用级别就可以提高到银行的信用级别。这里的信用证是备用信用证，与商业信用证不同，商业信用证具有明显的支付性质，银行见到与单证相符的凭证时必须进行资金的支付，而资产证券化中的信用证只是一种担保性质的信用证，银行相应的责任并不一定真实发生，所以它是备用性质的。

金融担保（financial guarantee）是一种常用的外部增级形式，这种形式是由专业的金融担保公司来担保本金和利息的支付，而且金融担保公司是对本金和利息的支付提供完全的担保。这样，证券的信用级别就被金融担保公司提升到了金融担保公司的级别。在实际中，金融担保公司会考虑到自身因为证券化所面临的风险，所以一般只对已经是投资级的证券提供担保。保险公司在提供担保之后也会由自己的机构来对资产证券化交易实施动态的监督，以便降低自己所面临的风险。

根据担保的强度可以将金融担保分为全额担保和部分担保两类：全额担保是为证券的本息偿付提供完全的担保，而部分担保则只能对部分的本息偿付提供保证。担保机构参与到资产证券化的过程中有重要的意义，特别是在私人发起的证券化中，因为担保机构可以提高证券的信用等级，从而降低发起人通过证券化融资的成本，同时也提高了投资者进行投资的信心，有力地推动了资产证券化的发展。信用增级技术在证券化过程中起着关键的作用，它不仅是证券成功发行的重要保证,同时也是提高资产信用等级和降低筹资成本的重要手段,它是证券化领域中必不可少的一个环节,尤其在私人发起的证券化过程中。

5. 其他服务机构

(1)信用评级机构。证券化的信用评级充分显示出了结构性的特点:信用评级的对象不是发行债券的主体,而是整个证券化的偿付能力,不仅包括对资产池的评价,还包括信用增级等各个方面的内容。标准普尔、穆迪、惠誉、达夫与菲尔普斯(Duff & Phelps)都是资产证券化评级市场中的著名机构。证券化的评级基本作用是解决信息不对称的问题,使得投资者能够依照自己的投资计划投资,而发起人也可以因此而获得尽可能高的证券化价格,而不必打太多的折扣来应对信息问题,从而提高了市场的效率。

(2)投资银行。投资银行的作用包括承销证券和参与其他中介活动,包括资产池的分析、组建和资产证券化结构的构建,对参与到资产证券化过程中的各方(如评级机构、律师事务所、会计师事务所)的行动进行协调,同时还要负责证券的发行、证券二级市场流动性的支持等资产证券化的各个方面。也就是说,通过将发起人、特殊目的载体和投资者有机地组合起来,投资银行将成为整个证券化交易的组织者,以及资产证券化技术的主要支持者。

(3)服务人。服务人的职责就是负责对资产池的管理工作,负责收取资产池所产生的资金、将资产存入指定的受托银行等工作;特别是在不良资产的证券化中,因为不良资产的回收和处理与服务人的经验有密切的联系,所以服务人的角色极为重要,非常为评级机构所看重。如前所述,一般由发起人承担服务人的角色,不一定需要其他机构来承担。

(4)受托人。受托人的主要作用就是为投资者的证券提供偿付服务,它是投资者利益的代表。受托人的主要职责包括:保证代表投资者持有资产池中的资产、监督合约的执行情况、定期向投资者提供报告、向投资者进行本金和利息的支付等。如果特殊目的载体不能够按约履行合约,受托人可以代表投资者提起法律诉讼。

(5)法律服务机构。在资产证券化的过程中,有许多参与方,每两个参与方之间都通过法律合同而形成相应的权利义务关系。不仅如此,资产证券化能够顺利进行还有赖于依靠法律合同来构造理想的交易结构,比如真实销售的认定就必须建立在一系列合同关系上。特别在跨国的证券化交易中,由于各个参与方属于不同的国家,就更需要专业的法律服务机构参与其中,依照各个法律的规定来实施合乎法律的跨国资产证券化。因此,在证券化过程中,律师起着重要的作用,并且律师需要在证券化方面具备专门的经验和职业技能。

(6)会计服务机构。会计师的主要职责是向发起人或特殊目的载体提供有关会计和税收的咨询。

6.1.3 资产证券化的特点

与其他证券产品相比,资产证券化是比较特殊的一类,它不像传统的股权工具,收益来自企业未来的剩余分配,且具有不稳定性;也不像一般的债务工具以发债人的整体信用为保证,且一般不需要对现金流进行特殊的处理。资产证券化是以特定资产产生的现金流作为偿付来源的,而且这种现金流经过了处理,使其具有稳定的特性。

资产证券化虽然有很多品种,但一般都具有以下几个明显的特点。

一是**破产隔离**（bankruptcy remote）。在证券化过程中，发起人的资产或出售，或实施特殊结构下的资产信托，在这两种情况下，目标资产在风险上就与发起人产生了隔离，SPV 取得对资产池的完全控制权；即使发起人遭遇破产或信誉等级的降低，也不影响它所出售或委托的资产的安全度，也就是通常所说的破产隔离，也有人将此特点称作"真实出售"，因为真实出售的完成是破产隔离的实现手段。

在破产隔离过程中，SPV 起到了核心的作用。SPV 虽然是一个空壳，并无任何实体上的意义，但是，通过 SPV 的设立，就可以达到发起人和被证券化资产的隔离。这是资产证券化与传统融资工具的重要区别，传统融资工具的收益来源是被投资主体，无论是通过股权形式还是债务形式，而资产证券化则对 SPV 出售了资产，未来的投资收益来源于这部分被出售的资产，也就是说这份收益是建立在虚拟的被投资主体 SPV 上的。

二是证券化，即 SPV 通过发行证券来筹资购买获取未来收益的权利。证券这种形式并不仅仅是发起人筹资的形式、投资者获益的手段，它还涉及资产证券化的各个方面，如资产池的构建、发行的法律法规等方面。通过证券化，原先长期的、非流动的资产能够流动起来，从而化解了资产变现的困难，同时也吸引了大量投资者持有具有流动性的资产支持证券。

三是资产重组。资产证券化要求作为偿付证券基础的资产池所产生的现金流与证券偿付的现金流相一致；在没有进行资产重组的情况下，自然的资产组合所产生的现金流很难满足资产支持证券的要求。因此，在资产池组建的时候，资产重组技术的运用便显得至关重要，这种资产重组技术其实质是现金流重组技术。而其他融资的方式一般并不强调资产重组，因为它们融资所依靠的是筹资者的整体信誉水平。

6.1.4 证券化资产的特点

正是由于资产证券化需要通过真实出售而实现破产隔离，同时要求证券化和资产重组，所以，能够出售给 SPV、进入资产池的资产，一般都会满足一定的要求，以保证资产证券化的成功运作。一般来说，证券化的资产具有以下几个特点。

（1）资产数量多。这主要是从资产池能够产生稳定的现金流角度考虑的。资产数量多，意味着现金流更为稳定，更加符合大数原理。

（2）资产相似。如果资产池中资产的种类过多，既不有利于对资产池质量的评价和理解，也不利于产生稳定的现金流。然而，虽然要求资产有相似性，但是也不能过度集中，适度分散的相似资产，是资产证券化的最佳选择。比如信用卡还款的证券化，资产都是信用卡欠款，但是如果信用卡用户有一定的分散度，就有利于产生更为稳定的现金流。

（3）资产要足够分散。这是指资产在地域分布上不要太集中，否则，整个资产池受个别风险的影响会比较大。这一点在评价各种贷款证券化的资产池质量的时候尤为重要，如果资产在地域上过于集中，证券的价值就会对该地区的经济发展状况过于敏感。

（4）现金流是可以预测的，并且是稳定的。

（5）资产的历史状况比较好。资产的历史状况是评级考虑的重要因素。

（6）其他特点主要包括：本息的摊还存在于整个资产的存续期间，资产池中的资产具有较高的变现价值或者易于变现，且能够在特殊情况下将投资者的损失降到最低等。这些特点保证了未来用于证券化的资产能够较好地被结构化，同时又能够保证现金流的相对稳定，从而大大提高证券化发行的成功率。

6.2 资产证券化的主要类型

6.2.1 按照基础资产分类

根据基础资产分类，资产证券化产品可分为抵押支持证券和资产支持证券两大类。其区别在于前者的基础资产是住房抵押贷款，而后者的基础资产则是除住房抵押贷款以外的其他资产。这种划分方法来自美国，因为在证券化产品中，住房抵押贷款产生的证券化在市场份额上占了大部分。

1. 抵押支持证券

抵押支持证券（mortgage-backed securities，MBS），就是以住房抵押贷款作为资产池而发行的证券，这种证券化的产品又可以依具体的房产不同分为居民住房抵押贷款证券（residential mortgage-backed securities，RMBS）和商业用房抵押贷款证券（commercial mortgage-backed securities，CMBS），后者的资产池中资产的数量要少一些，资产的集中度也大一些。

MBS 是最早的资产证券化品种，也是目前存量最大的证券化品种。MBS 最早产生于 20 世纪 60 年代，它主要由美国住房专业银行及储蓄机构利用其贷出的住房抵押贷款，发行的一种资产证券化商品。MBS 的早期形式是过手证券，即资产池所产生的本金与利息扣除费用之后，将原封不动地转移支付给 MBS 的投资者。后来，MBS 的形式逐渐多样，包装技术加强，出现了转付证券形式，即现金流经过技术处理后，变得更加稳定，而后再支付给 MBS 投资者。

美国的 MBS 主要有四种：①政府国民抵押贷款协会（GNMA）担保的过手证券；②联邦住宅贷款抵押公司（FHLMC）的参政书；③联邦国民抵押贷款协会（FNMA）的抵押支持债券；④民间性质的抵押过手债券。

2. 资产支持证券

资产支持证券（asset-backed securities，ABS）的基础资产是除了房地产以外的其他资产。按照美国证券业和金融市场协会（Security Industry and Financial Market Association，SIFMA）的划分，ABS 的主要类型包括汽车贷款（automobile loans）支持证券、信用卡债权（credit card receivables）支持证券、物业套现贷款（home equity loans）证券、预制房（manufactured housing）支持证券、学生贷款（student loans）支持证券、工商企业应收账款支持证券等。在其他 ABS 中，还可以细分为设备租赁支持证券、CBO 和债务抵押债券（CDO）等，其中 CBO 和 CDO 是近年来增长最快的部分，1995 年才刚刚 12 亿美元，到 2006 年年底就到达 3 000 亿美元了。

图 6-4 是 1999～2008 年十年来美国 ABS 市场的发展情况和结构变化。

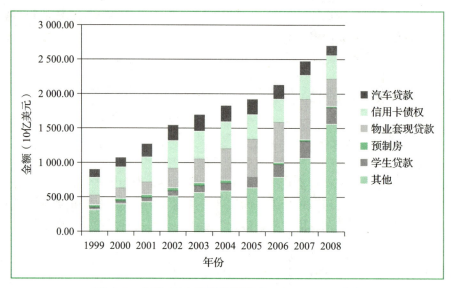

图 6-4 美国 ABS 市场的概况（1999～2008 年）

（1）汽车贷款证券化。汽车贷款证券化是将很多汽车贷款组成资产池，透过法律架构、现金流量及信评机制的安排，加以包装组合后，发行受益证券给投资人。在证券化过程中，发起人会从所有车贷组合中，根据一定的标准挑选出适合做证券化的车贷组合，对贷款人的年龄、缴款记录、车子种类、贷放成数、贷放期间等均有所限制，然后再针对证券化的资产组合进行风险评估及现金流量模拟并做信用分档，将资产切割成多档不同信用评级的受益证券，经评级机构评级确认，再经主管机关核准后，方能正式发行。

汽车贷款证券化最早是 1985 年美国米特兰银行发行的，其证券名称为**汽车应收款证券**（certificates for automobile receivables，CAR），所以 CAR 成为汽车贷款支持证券的形象生动的名称。

汽车贷款证券化的思路和运作方式与住宅抵押贷款基本一致。在美国，通用、福特、克莱斯勒等汽车公司都有自己的汽车金融公司，它们成为 CAR 的主要发起人。其他发起人还包括一些商业银行。由于汽车的使用年限较短且折旧较快，因此 CAR 的期限一般是 5 年，采用等额分期还款的方式，现金流比较稳定。汽车贷款在证券化之前，企业贷款的资金几乎完全由汽车金融服务公司和银行等机构提供，而现在有 3/4 的资金是通过资本市场，依靠发行资产保证证券来支撑。

（2）信用卡债权证券化。信用卡债权证券化是针对信用卡应收账款而设计的证券化。在 1986 年之前，信用卡贷款的证券化只是简单的债权转让，容易受到金融监管的控制，发展也受到了限制。1986 年，所罗门兄弟公司率先在承销美国第一银行发行的 5 000 万美元信用卡贷款担保债券时，为该债券提供了较高的收益率以满足投资者的收益预期，同时设计了一个**利差账户**（spread account）作为当贷款损失超过一定标准时，投资者的追索对象。这一方法免除了金融机构被追索的义务，从而巧妙地避开了金融管制。

所罗门兄弟公司开创的这一业务手段，带来了信用卡债权证券化的迅速发展。在过去，信用卡贷款的资金主要都是由商业银行提供的，而在 20 世纪 80 年代末期，商业银行则转变为信用卡债权担保债券的主要发行人，这种债券的投资者就是信用卡贷款的资金提供人，其构成主要为某些机构投资者。

信用卡债权证券化业务的主要特点是主信托的发行架构，也叫作统合信托。所谓主信托，是与单一信托相对应的，即在同一个信托框架下发行类似的证券系列。

由于信用卡债权的特性为循环型的信用，信用卡持卡人可以随时消费、借款以及还款，因此信用卡债权的余额会随着持卡人的不同行为而可能有大幅的波动，这样资产池的现金流很不稳定，而且会出现很快的周转期。主信托克服了这一弱点，在主信托框架下，发起人可以视需要随时转移新的应收账款进入该主信托，并据以不定期发行不同系列的固定收益证券。对于投资者而言，在主信托的发行架构下，投资者共同分享同一发起人信托资产池所产生的收益，由于主信托资产池规模通常比单一信托的大，因此风险也较为分散。

证券化的资产池一般有3个不同的现金流周转期，即应收款循环期、约定偿还期与提前偿还期。在应收款循环期，随着信用卡应收款的不断偿还，新产生的信用卡应收款持续地注入资产池，以维持资产池的稳定。国际上，应收款循环期通常为2～11年。在约定偿还期，新的应收款不再注入，资产池的规模不断减小，直至投资者的本金和利息全部清偿完毕，期限通常为12个月。提前偿还期是一种先进的制度安排，当资产池出现严重缩水或者当发起人出现严重问题的时候，证券化资产就自动启动被迫提前偿还程序，并立即开始偿还投资者的本金。这种制度安排最大限度地保证了投资者利益，避免了证券化资产长期的市场风险。

由于信用卡贷款支持证券的现金流较为不稳定，因此，信用增级是重要的辅助手段，在信用卡债权证券化中，常用的信用增级手段包括设置超额比例、现金抵押账户、抵押投资账户以及设定附属层等。

（3）工商企业应收账款支持证券。工商企业应收账款支持证券是以企业的应收账款为基础资产而形成的证券化。工商企业的应收账款一般包括贸易应收款和租赁应收款。贸易应收款的证券化，有利于贸易企业尽早回款，加快资金周转。租赁应收款则主要来自租赁公司，由于租赁公司的业务具有金融属性，因此，租赁公司往往将应收的租赁款经过证券化而提前实现资金的回流，从而便于后面租赁业务的开展。

通过应收账款证券化，可以产生以下几个优点：其一，可以方便地获得资金，提高公司的流动性，而且由于证券化过程比较规范且很多外部机构参与其中，应收账款证券化的交易比较透明，使得融资成本较低；其二，通过将应收账款出售给专业的证券化SPV，可以省去公司管理应收账款的麻烦，转移因应收账款而带来的损失风险；其三，应收账款证券化有利于优化财务结构，将应收账款转移到资产负债表外，降低资产负债比率，提高融资能力。

标准的应收账款证券化分为五个阶段：选择进入资产池的应收账款、组建SPV、完善交易结构、信用增级、证券评级与销售。

（4）其他ABS。2000年前，学生贷款支持证券在ABS市场中只占很小的比例，但是2000年后上升得比较快，成为四大ABS产品之一，这是因为2000年美国国会规定非营利性质的公司需要转变成纳税主体，因此原先学生贷款公司都是通过发行债券融资的，但是税收规则变动后，这些贷款公司开始转而采用证券化方式解决融资。

1992年，巨灾风险证券化（catastrophe risk securitization）被引入市场。巨灾风险证券化是指将巨灾风险进行证券化处理，利用从资本市场筹集的资金化解巨灾风险的一种融资方式。主要的形式有巨灾债券（catastrophe bonds）和未定收益票据（contingent surplus notes，

CSN）等。巨灾债券是在触发条件下可以免付本金或者利息的债券。CSN是由保险公司向投资者发行的依据特定事件的发生而进行支付的证券化产品。当特定事件发生后，保险公司就可以依据条款迅速设立投资基金而获得资本补充。

为了便利于巨灾保险的风险管理，美国芝加哥商业交易所1992年12月11日正式推出了巨灾保险期货，但由于指数的准确性不高、严重的道德风险以及其他因素，该项交易夭折了。1995年9月29日，美国芝加哥商业交易所继续推出了巨灾保险期权交易。

6.2.2 按照现金流支付方式分类

1. 过手证券和转付证券

过手证券和转付证券是抵押支持证券中常见的划分方法。这种划分是根据资产池资产与投资者的关系而进行的。

过手证券（pass-through）是早期的证券化产品。过手证券的持有人对住宅抵押贷款（组合）及其还款现金流拥有直接所有权。银行和SPV将抵押贷款及其产生的还款现金流在扣除了有关费用（如担保费、服务费等）之后"过手"给投资者。当然，银行和SPV有义务提供相应的服务（如按月收取借款人的偿还本金和利息并进行"过手"）。由于是直接所有权的过手，所以过手证券一般不再出现在银行和SPV的资产负债表上。

过手证券的不足表现在：一方面，抵押贷款的各种风险几乎会"原封不动"地过手给投资者，中间没有任何"减震"机制；另一方面，直接过手妨碍了对抵押贷款的细化组合，从而难以满足投资者对收益与风险不同组合的多样化需求。

转付证券（pay-through）则根据投资者对收益、风险和期限等的不同偏好，对抵押贷款所产生的现金流重新进行了组合，使本金和利息的偿付机制发生了变化。转付债券并不意味着对抵押贷款的所有权转移给了投资者，因而它是作为发行人的负债，所对应的资产只是抵押品，保证现金流的偿付，所以资产池所产生的现金流也就不必一定与投资者的所得相一致，投资者的当期所得可以高于资产池所产生的当期现金流，也可以低于资产池所产生的当期现金流。为了保障投资者稳定的收益，往往是发起人自己持有一部分支付不稳定的证券，这样的安排显然可以为投资者创造出稳定的现金流从而完成证券的偿付。

过手证券和转付证券之间的表面区别在于现金流是否经过技术处理，而内在的区别在于所有权的归属不同。通过过手证券形式所进行的证券化所产生的证券是支持资产的所有权凭证，投资者拥有资产的所有权；而在转付证券形式下所进行的证券化时，支持资产只是证券偿付的抵押保证，所有权并不归投资者所有。因而，两者的最终剩余现金流的归属不同，过手证券的最终剩余现金流归投资者所有，而转付证券的最终剩余现金流仍归SPV，最终还是属于发起人。

我们可以通过回顾资产证券化的基本结构示意图（见图6-3）来看这两种形式的差别，图中虚线表示的是最终的剩余现金流，如果按虚线所示，这些现金流归发起人所有，即转付证券；如果没有虚线部分，即过手证券。

2. 担保抵押债券

担保抵押债券（collateralized mortgage obligation，CMO）是证券化市场上常见的一种证

券类型，是从 MBS 中衍生出来的。担保抵押债券具体是指以抵押贷款组成的资产池为支持发行的多种期限、多种利率的一组抵押转付证券，每组称作一个"**档**"（tranche）。

一个典型的 CMO 一般包含四档债券：A 档、B 档、C 档和 Z 档债券。其中，前三个是"正规级"债券，第四个是"剩余级"债券。CMO 的现金流首先用于支付 A 档债券的本金，当完全偿付后，转而支付 B 档债券的本金，同理再行支付 C 档债券本金。A、B、C 档债券在发行日开始即按票面利率支付利息，当前三类债券本息都被偿付后，资产池中产生的剩余现金流方可用于支付 Z 档债券的本息。而 Z 档债券利息只计不付，累计复利，只有在前几档"正规档"债券偿付完毕后，Z 档债券才开始清偿本息；因此，Z 档债券又被称为应计利息档债券，实质上是一种附有本息禁偿期的债券。在所有"正规级"债券都得到本息偿付后，剩余的支持资产的收入将全部支付给"剩余级"债券所有人。Z 档债券存在的效应是，前几档债券的本金支付因 Z 档债券利息的延迟支付而加速。实践中，"剩余级"债券一般不对外发行而由发起人持有，一方面可以减少发行费用，另一方面也对"正规级"债券起到了超额抵押和信用增级作用，这也是发起人为证券化融资所必须承担的风险，但同时发起人也可借此获得未来可能的额外收益。

CMO 的分档技术，根据现金流特征而进一步细化了债券的类别，虽然没有消除提前偿付风险和利率风险，但是这些风险在不同级别的债券上形成了不同程度的分布，从而满足了投资者对不同风险程度的偏好。比如，CMO 中的短期证券面临的利率风险最小，现金流最稳定，因此对于高度厌恶风险、追求资金短期安全性和流动性的投资者最为合适；中长期债券的利率风险和提前偿付风险相对提高，适合中度风险偏好者；Z 档债券则承担了最高级别的利率风险和提前偿付风险，但是其预期收益也是最高的。以下是 CMO 与其他几种债务类工具的比较（见表 6-1）。

表 6-1 CMO 与其他几种债务类工具的比较

特征比较	CMO	过手证券	MBS	公司债券	国库券
基础资产的利用效率	相对有效利用	最有效的利用，对私募者需要进行信用增级	没有得到有效使用	无基础资产	无基础资产
现金流的确定性	可预期、稳定	相对不确定	可预期	可预期、稳定	确定
支付频率	半年支付利息，到期支付本金	按月支付本金和利息	按季度或半年支付利息，到期支付本金	与 CMO 类似	半年或一年支付利息
平均期限	最先偿付的证券期限容易预测，后面几档不易预测	依赖于按揭贷款提前偿付的历史经验	类似于过手证券	事先可确定，如果存在赎回则不确定	因为大部分不会赎回，所以期限非常稳定
流动性	流动性好	流动性好，尤其是 GNMA 证券	流动性好	有限流动性	流动性非常好
信用级别	很多是 AAA 级	从证券担保 AAA 级到 A 级的私人过手证券	很多是 AA 级或 AAA 级	从 AAA 级到投机级	有政府的充分承诺和信用保证
投资者	包括抵押市场和资本市场的投资者	主要是传统的抵押市场的参与者和有限的资本市场投资者	过手证券投资者和中长期资本市场投资者	资本市场投资者	资本市场投资者

资料来源：FEENEY. Securitization: Redefining the Bank[M]. MacMillan Press Ltd, 1995: 108-109.

鉴于 CMO 结构的复杂性，在评级时，必须对每个档单独评级。惠誉评级公司开发了一套评级体系，称之为"V"评级体系（V-rating system），该体系用 5 个 V 来评估每个档的风险状况。V1 表示在各种利率变动状态下回报都平稳；V2 表示收益和现金流会有小幅度的变化；V3 表示收益和现金流会有较大幅度的变动，但是其变化程度尚小于机构债券；V4 表示变动会大于机构债券；V5 表示会有巨大的波动，在压力较大的利率情境下会出现负收益。

3. 本息分离债券

从资产池产生的现金流使用的角度来划分，还有一种叫作**本息分离债券**（separate trading registered interest and principal securities strips，STRIPS）的产品，具体分为**本金债券**（principal-only security，PO）和**利息债券**（interest-only security，IO）。本息分离债券是在 CMO 基础上的进一步创新。

本息分离债券并不是资产证券化产品的专属，而是借用了债券市场中的本息分离技术。本息分离债券最早是由美国财政部 1985 年为满足对零息债券的需求而设计的，从严格意义上讲，它实际上是零息债券的衍生产品。在国际上，本息分离债券是近 20 年来债券市场很有意义的创新之一，它的设计简单，却是实现投资组合的收益目标、对冲所面临的市场风险以及构造各种复合金融产品的非常有用的工具，它在活跃债券市场、方便投资者等方面有着十分重要的作用。我国也有本息分离债券的实践：国家开发银行 2002 年 10 月和 12 月推出了两期本息分离债券（期限分别为 10 年和 7 年），这两期债券可按照各笔本息拆分为若干只单笔的零息债券，每笔都有单独的代码，可独立交易和持有；付息日相同的本息分离债券，剩余期限相同的利息部分可以使用同一个债券代码，合并交易或持有。

在资产证券化中，PO 和 IO 的偿还支持产生于同一个资产池，但具体的偿还来源不同。PO 来源是资产池中贷款本金的偿还，而 IO 偿还的支持则是资产池中贷款利息的偿还。同 CMO 一样，本息分离证券也适应了市场上不同的投资需求：因为同样的市场利率变动所引起的 PO 和 IO 的收益变动是不一样的。

如果说 CMO 是在一定程度上对住宅抵押贷款组合产生的现金流进行了分割、重组的话，PO 和 IO 则对这种现金流进行了更大胆、更彻底的重组和剥离，也就是将构成住宅抵押贷款现金流的本金和利息分别剥离出来，并向不同的投资者偿付。抵押贷款组合产生的本金形式的现金流，仅用来支付给 PO 的投资者。抵押贷款组合产生的利息形式的现金流，仅用来支付给 IO 的投资者。

PO 一般以零息债券的贴现方式发行，投资者的收益取决于两方面因素：债券面值与出售价格之间的差价以及抵押贷款本金的偿还速度。债券面值与出售价格之间的差额越大，收益自然也就越高；本金的偿还速度越快，收益也会越高，因为提前偿还的本金还可以用于再投资。

IO 则与 PO 不同，它没有面值。对 IO 的投资者来说，风险主要来自抵押贷款的提前偿还和市场利率的变动。

当市场抵押利率下降时，提前偿付会增加，这样就使得 PO 投资者获得加速偿付，而且这些未曾预计的现金流以较低的利率贴现，因而使 PO 的价格上升；相反地，当市场抵押利率上升时，提前偿付会减少，而且这些现金流以较高的利率贴现，因而使 PO 的价格下降。

对于 IO 投资者，当市场抵押利率下降时，提前偿付会增加，这样 IO 的计息本金就减少了，此时现金流将以较低的贴现率贴现，一般综合结果是 IO 的价格下降；当市场抵押利率上升时，提前偿付会减少，此时 IO 的计息本金增加了，但是却需要按照较高的利率贴现，所以综合结果不确定，综合结果取决于两方面影响的力度。

上述分析表明，当市场利率下降和提前偿还时，PO 和 IO 在风险、收益上几乎是相反的。所以，这两种债券可以被投资者运用于对冲交易，有利于投资者较好地控制风险，因而特别受到社会保险基金和养老基金的青睐。

另外，IO 和 PO 的拆分，是结构套利（structure arbitrage）的一种。原先一种证券拆分为两种后，综合价格要高于原先两种价格之和。比如，1987 年 1 月，FNMA1 号信托的价格是本金的 102.19%；同年 2 月，这种证券拆分为 IO 和 PO，此时 IO 的交易价格是本金的 58.16%，PO 则按本金的 48.00% 交易，因此，拆分产生了将近 4%（= 58.16% + 48.00% − 102.19%）的套利收益。

4. 债务抵押债券

债务抵押债券（collateralized debt obligation，CDO）是 ABS 中异军突起的一个新产品。在美国，CDO 在资产证券化产品中的市场比重已由 1995 年的 1% 以下，提升至 2005 年的 15% 左右，成长速度十分惊人。由于 CDO 的利率通常高于定期存款或是一般国债，因此在当今微利时代，CDO 在国际市场上的吸引力逐渐上升，成为近年来证券化产品中的新主流。

CDO 是一种新兴的投资组合，它以一个或多个类别且分散化的抵押债务信用为基础，重新分割投资回报和风险，以满足不同风险偏好投资者的需要。

CDO 源于美国的 MBS。20 世纪 80 年代以来，由于资产证券化的广泛使用，市场上形成了 CMS、ABS 等众多的产品。投资者在投资这些产品时，需求和风险偏好是不同的，因此，相关的金融创新应运而生。由于公司债券、MBS、ABS 等债务工具与不同期限的资产债权一样，具有未来稳定的现金流，因此同样可以用来构造资产池，再次进行证券化，发行不同次序的债务凭证。这些证券化资产均来自债务，因此统称为 CDO。从 CDO 发展的过程可以看出，CDO 把证券化技术延伸至范围更广的债权资产类型，是在证券化基础上的再证券化，是广义的 ABS。

CDO 虽由 ABS 发展而来，但是与传统的 ABS 有着非常明显的区别：其一是标的资产不同。证券化的标的资产是不能在市场中交易的现金资产，而 CDO 的标的资产是可以在资本市场上交易的现金或合成资产，是对已有债券、MBS、ABS 的再次包装。其二是资产池的要求不同。在 CDO 的资产池构成中，资产的相关性越低越好，这样可以起到分散风险的作用，而 ABS 的资产池中的资产来源比较一致，分散性差，风险相关度高。其三是发行的目的不同。CDO 的发行更多是为了风险管理和套利，而 ABS 主要是为了实现资产的流动性。

在构造 CDO 过程中，为了转移信用风险，CDO 往往与信用违约互换（credit default swap，CDS）结合起来，形成更为复杂的合成 CDO。合成式 CDO 的最初发行人是美国和欧洲的银行，通过发行合成式 CDO，使标的资产的所有权和相应的信用风险脱钩，使得银行能够更加灵活地进行资产负债管理。合成式 CDO 的具体构造过程如图 6-5 所示。由发起人将一组贷款债权汇总包装，并由 SPV 订立信用违约互换合约，CDS 类似于贷款债权的信用保险或者对赌协议，当发生违约事件或者违约率变化时，双方可根据违约率的点数获得全额或一部分的赔偿。经过这样的安排，投资者可以更加放心地持有 CDO，但是，由 CDS 蕴藏的衍生工具风险也相应而生，并演化成为 2008 年金融危机的主要元凶。

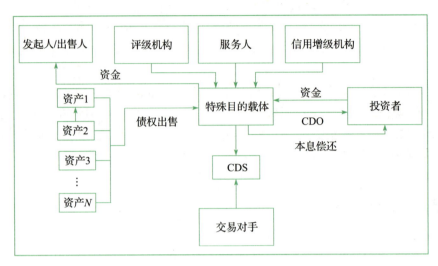

图 6-5　合成式 CDO 的具体构造过程示意图

6.3　资产证券化的收益和风险分析

6.3.1　证券化的收益分析

1. 发起人的收益

资产证券化的主要优势来自结构。由于资产化证券的偿付依靠的是特定的资产，而不是像公司债券那样依靠整个公司的运营情况和信用状态，因此，对发起人来说，只要将与证券化资产相关的信息提供出来就可以了，完全没有必要公开整个公司的信用状况；同时也正是因为这种部分信息的公开，投资者可以更加容易地了解投资产品的情况，证券发行在信息公开方面的成本以及耗费的时间也会大大减少，降低了这种融资方式所需要的成本，提高了发起人的融资速度，也提高了发起人的经营灵活度。

2. 金融机构的收益

对于银行而言，实施资产证券化有利于满足银行资本充足率的要求。银行提高资本充足率可以通过增加资本的形式，也可以通过减少风险资产的形式。银行通过对商业贷款的证券化，可以使原来风险权重高的商业贷款转化为现金或风险权重低的其他资产（如国库券），通过风险权数的降低而减少风险资产，从而达到提高银行的资本充足率的目的。

除了有利于银行满足资产充足率的要求，资产证券化为金融机构的风险管理也提供了一种新的手段。对于包括银行在内的一般金融中介机构而言，资产流动性和安全性是进行资产管理的重要目标，资产证券化可以从两个方面来改善金融机构的风险管理。一方面，银行可以通过资产证券化将长期资产转化为短期资产，从而增强机构经营的灵活性，特别是对长期资产占总资产比重较大的机构（如商业银行），通过这种方式还会减少机构面临的流动性风险。资产证券化对流动性的解决对商业银行有着重要的意义，因为商业银行与其他金融机构不同，它的资金来源是存款，是一种短期的资金来源。正是由于这种资金来源方面的限制，使得从资金的安全性来考虑商业银行适合做的业务是短期的贷款，而不是长期的资金借出。另一方面，通常一类机构只擅长某一类型的资产投资，如某一特定类型的贷款发放或对特定地区的贷款发放，这种经营虽然发挥了机构的特长，也为机构带来了经营收益，但由于资产使用过于集中，机构经营的特质风险会随之增加。资产证券化所依赖的资产池中的资产也是某一特定类型的资产，这使得投资资产证券化所形成的证券同投资这种特定类型的资产的效果相似，这样，机构既可以通过投资资产证券化的证券来达到分散经营风险的目的，又不必自己进行相关的业务操作，从而降低了经营的成本。

资产证券化还有利于提高资金借贷的效率。商业银行通过自身的贷款功能来提供长期的贷款，然后通过资产证券化这种手段将长期的贷款出售，手中持有短期的资产，既适应了资金来源的要求，又发挥了自身在发放贷款、管理贷款中的专业化水平，降低了风险，提高了收益，对整个社会的资源充分利用也是有益处的。

从金融机构所需要的资金成本来看，资产证券化也是降低资金成本的一个重要的手段。金融监管机构通常会对金融机构所投资的资产提出保留一定资本的要求，对风险程度高的资产（如商业贷款）要求比较高的资本保留比例，对风险程度低的则要求的保留资本比例较低。金融机构通过证券化可以将原来风险程度比较高的资产出售，然后购进风险程度比较低的资产，从而降低要求保留的资产比例，从而减少资金使用的成本。

对于财务公司而言，资产证券化可以将长期的资产转变成短期的资产，可以扩大自己的经营规模。例如，通用汽车的金融公司就可以将自己的汽车贷款证券化，不仅可以收回资金，而且能够扩大自己的贷款规模，从而促进通用汽车的销售。

3. 其他证券化参与者的收益

资产证券化对于一般性质的企业也是一种良好的融资选择。资产证券化融资属于结构融资，也就是说，在这个过程中，评级机构不对整个企业评级，而是只对用以支持证券的资产进行评级，如果支持资产的评级高于企业总的评级，那么就意味着利用证券化来融资所付出的成本将会低于企业以其主体信用融资所付出的成本，也就是降低了企业的融资成本。例如，有的资料分析的结果是资产证券化交易的中介体系收取的费用率比其他融资方式的费用率至少低 0.5%。特别是对一些中等规模的企业来讲，这种结构性融资带来的低成本会比较明显。对发起人来说，资产证券化的一个重要的好处就是可以将长期的资产变现为短期的资金，加快了资金的周转，从而增加了资金的使用效率，也提高了企业的经营效率。从社会资源的使用来看，资产证券化这种结构性的融资方式使得较好的资产获得较高的收益，这实际是由社会资源流向收益高的企业进一步变成社会资源流向收益高的资产，不能不说是提高了资源流动的效率，有助于社会资源的充分利用。

如果发起人是政府，那么资产证券化也会成为一种可取的融资方式，这其中最为突出的就是基础设施收费的证券化。通过这种融资方式，政府就可以只提供先期的投入，然后将形成的资产（收费的权益）证券化，出售给投资者，从而收回投入的资金，这种融资的效果有些像住房抵押贷款的证券化，因为通过证券化，政府能将资金反复利用，而不必一定等到用收取的费用来收回，大大拓宽了政府资金所能影响的范围。

无论对何种类型的资产证券化发起人，通过将风险资产进行证券化，都可以转移这些机构所面临的风险。例如，商业银行持有住房抵押贷款的时候会面临流动性风险、提前支付风险等一系列的风险，而通过资产证券化则可以将资产转移出去，同时将资产的风险也转移出去。当然，这种风险的转移并不是简单地把风险从一个主体转移到另一个主体，这个风险转移的过程同时也是风险的匹配过程：愿意和有能力承担相应风险的投资者会购买证券而承担相应的风险，这种将风险分配到适合的主体上降低了整个金融体系的风险；风险转移过程的另一个表现就是通过资产证券化的参与主体的增多，将原来由发起人独自承担的风险分散到了大量的投资者和信用增级机构，也降低了风险。也就是说，资产证券化为金融风险的分散和降低提供了一种手段。

除了发起人可以从证券化中得到收益，参与证券化的其他主体也会从中受益。担保机构可以获得保费收益。如果证券化还需要互换等其他类型的业务，也就为相应的机构提供了收益来源。证券化的实施可以为投资者提供更多的投资工具，满足了投资者对金融资产多样性的要求，使投资者的投资组合更加容易构建，减少投资者的投资成本，提高资本市场的效率。

从社会风险的角度来看，证券化使原来的信用链得以加长，分散了风险，提高了社会抗拒金融风险的能力。以住房抵押贷款为例，信用链由原来的储蓄者、中介机构和贷款人变成了借款人、中介机构、信用增级机构、流动性便利提供机构和投资者，但是，风险的分散并不等于风险的消失，证券化可以将商业银行的"存短贷长"的问题解决，从而消除了这部分的自身的风险，但这种风险并没有就此消失，而是转移了。这个问题的根本解决还有赖于投资者资金与借款人资金在期限上的匹配。如果投资者购买证券的资金也是长期资金，那么这种资金时间上的不匹配问题通过证券化的形式可以得到解决；否则，时间不匹配的风险问题并没有得到根本解决，只不过是发生了转移。不过，这种不匹配的风险主要发生在私募证券中，对于公募的可交易证券，由于投资者可以自由地买卖相应证券，因此时间上的不匹配基本可以得到解决。

6.3.2 证券化的风险分析

1. 普通风险分析

这里对普通风险和特别风险两个方面进行分析。首先，由于证券化所产生的证券基本是固定收益证券，所以，证券化证券的风险跟一般的债券风险是相似的，因此它具有一般债券所具有的风险，即普通风险。就普通风险而言，主要有以下这些风险。

（1）**利率风险**（interest rate risk）。由于债券的价格与市场利率相关，因此，市场利率的变动就会给债券持有者带来损失，这就是利率风险。常见的解决方法是采用浮动利率、进行利率互换或者引入其他利率保值方法。

（2）**汇率风险**（exchange rate risk）。汇率风险有两个产生渠道：其一是证券化资产与证券的现金流币种不一致；其二是投资者持有的证券与其本国货币不一致。在前一种情况下，一般会在结构设计中加入货币互换，以减少现金流币种不匹配的风险。对于后一种情况，则由债券持有者自己选择一定的交易方法来规避汇率风险，比如购买远期外汇、外汇期货、货币互换等。

（3）**购买力风险**（purchasing power risk）。许多证券化的证券都是固定利率的，这样投资者就会面临通货膨胀的风险，非预期通货膨胀的发生会改变证券收益的实际购买力。购买力风险与利率风险是相似的，因此可以采用相同的方法来消除购买力风险。

（4）**流动性风险**（liquidity risk）。流动性风险是投资者无法按合理的价格及时卖出手中的证券而遭受损失的风险。这种风险的解决主要依靠证券交易市场的流动性，交易市场的流动性越大，风险越小。在资产证券化过程中，有时需要安排投资银行为二级市场的交易提供一定的流动性。不过，由于资产证券化下的证券一般价值可预期且较为稳定，所以其流动性一般情况下是比较有保证的。

（5）**主体信用风险**（credit risk）。主体信用风险指的是证券发行人的信用风险，主要有**违约风险**（default risk）和**降级风险**（downgrade risk）。证券化过程中的信用风险主要集中于资产池的质量，而不是像一般的风险那样集中于证券发行人整体的风险。因为资产池是证券偿付的基础，而资产池中的资产都是在未来产生收益的资产，因此容易受到外界因素的影响，可能会出现信用级别的降低。在良好的风险隔离结构下，证券发行人基本只作为壳载体，所以其信用是通过一系列的信用保证和信用增级体现出来的。在设计良好的结构中，主体信用风险对证券化资产的影响会非常小。事实上，与该证券有关的信用支持机构的信用状况才是影响该证券信用风险的关键因素。对于信用风险，SPV还经常通过信用违约互换（CDS）这类方式，向外部交易对手转嫁。

（6）**提前偿付风险**（prepayment risk）。如果证券条款中规定发行人拥有提前偿付权力，就有可能产生提前偿付风险。在提前偿付情况下，会影响投资者的投资收益，而且也会打乱投资者原有的资金安排。因此在提前偿付发生时，往往需要发行人做出必要的补偿。证券化产品由过手证券发展到转付证券，其初衷就是防范现金流的不稳定，而提前偿付是造成现金流不稳定的重要原因之一。证券化的分档处理、现金抵押账户、超额抵押账户等方式，都可以降低提前偿付的风险。IO和PO则是针对投资者的不同需求而设立的，因为提前偿付时，PO价格会上升，而IO价格会下降。

（7）**再投资风险**（reinvestment risk）。再投资风险是指投资者将得到的收益进行再投资时而面临的收益率降低的风险。在提前支付且市场利率下降时，投资者即会遇到再投资风险。

（8）**赎回风险**（call risk）。这是由证券发行人在证券到期日之前赎回全部或部分证券所造成的风险。发行人一般会在市场利率降低的时候赎回证券，转而用较低利率的证券进行再融资。对于投资者而言，如果证券被赎回，其收益就会出现很大的不确定性。很明显，在利率降低的时候赎回证券，投资者就会面临再投资的风险。

证券投资的其他风险还有事件风险、等级下降风险、失效风险等。

2. 特别风险分析

除了与一般债券相类似的普通风险，作为一种特殊的融资方式，资产证券化证券还有着区别于一般债券的特别风险，这种特有的风险主要来源于资产证券化过程中信用链的加长以及特殊的结构性特点。具体而言，特别风险包括以下几种。

（1）资金不匹配的风险。在资产证券化的过程中，由于特殊目的载体只是一个载体，偿还的基础还是特殊目的载体从发起人那里购得的资产,因此,当资产池所产生的现金流与证券偿付所要求的现金流不吻合时就会产生匹配风险。具体说来主要有两种:一是资产池是按照固定利率产生现金流,而证券偿付要求是浮动利率,或者相反,这是利率方面不匹配的风险。这种问题可以通过利率互换来解决,或者在设计证券利率时直接采用与资产池现金流相一致的利率标价。二是资产池所产生的资金的货币种类和偿付所要求的资金货币种类不同,即货币(汇率)方面的不匹配。在资产证券化中,汇率方面的风险是常见的风险,因为在各国证券化市场上,国外投资者都是重要的投资人,如同利率方面的风险解决一样,可以通过货币互换的形式加以化解。

(2)第三方风险。资产证券化的信用链的加长,参与方的增多,使得影响证券的因素增多。在资产证券化的过程中,参与证券化的每一方(包括服务机构、管理人、信用增级机构、受托人)都会影响到证券的质量。例如,在证券的动态的评级中,如果担保人的信用级别降低,那么证券的级别往往会受到牵连而降低。

(3)法律风险。资产证券化之所以能够成功,关键在于它的结构性特点,资产证券化通过让更多的专业性机构参与进来,加之真实出售、资产重组、破产隔离等技术的运用创造出了新的融资方式。但是随着信用链的增长、参与方的增多,必然伴随着契约合同的增多、新型合同的出现,法律风险也会不断地加大。在这其中,特殊目的载体与发起人之间的真实出售尤为重要,因为一旦真实出售得不到法律上的确认,整个证券化就会归于失败。单从特殊目的载体来看,就有许多复杂的法律问题:包括特殊目的载体机构性质的认定、特殊目的载体业务的管理规定、特殊目的载体于发起人是否具有母公司和子公司的关系、特殊目的载体对资产池资产完全所有权的认定等。而其他方面的法律问题就更多、更复杂。所以,资产证券化过程中一定需要有非常好的法律机构来提供服务,这是资产证券化成功的重要保障。

6.4 我国资产证券化的实践

6.4.1 我国资产证券化的主要类别[一]

我国资产证券化目前采用多头监管模式,中国人民银行、中国银保监会、中国证监会、交易商协会都各有其监管之下的资产证券化项目,因此,我们按照监管归属的划分,来介绍我国目前主要的资产证券化种类。

总体而言,我国的资产证券化种类可以分为信贷资产证券化(collateralized loan obligation,CLO)、企业资产证券化(asset-backed securitization,ABS)、资产支持票据(asset-backed note,ABN)、保险资产支持计划四大类。表6-2给出了2018年我国资产证券化市场的产品统计数据,从表中,我们可以看到信贷资产证券化、企业资产证券化和资产支持票据各自当年的发行量以及年底的存续数据。其中,企业资产证券化的发行单数、总金额、存续单数和存续金额都是最大的,这是我国资产证券化规模最大的种类。

2015年中国保险监督管理委员会(以下简称"中国保监会")发布了《资产支持计划业

[一] 如非特别说明,本节数据均来源于中国资产证券化分析网(https://www.cn-abs.com/)。

务管理暂行办法》，由此产生了保险资产支持计划，但由于保险资产支持计划发行的量相对较少，影响力较小，因此一般不单独统计。我们在下面的分类介绍中，也不对保险资产支持计划做具体介绍，特此说明。

表 6-2　2018 年我国资产证券化市场的产品统计

产品分类	发行单数	发行金额（亿元）	存续单数	存续金额（亿元）
信贷资产证券化	156	9 323.35	154	7 698.36
企业资产证券化	694	9 535.37	685	8 915.7
资产支持票据	96	1 261.25	96	1 180.74
合计	946	20 119.97	935	17 794.8

1. 信贷资产证券化

（1）信贷资产证券化的基本情况。信贷资产证券化是专门针对我国商业银行的信贷资产出售而采用的资产证券化模式。商业银行作为发起人，将原本不流通的贷款资产转换成为可流通的证券化产品，基础资产包括企业贷款、个人汽车贷款、住房抵押贷款、不良资产重组、金融租赁、个人消费贷款、小微贷款等，其中住房抵押贷款是最多的基础资产。表 6-3、图 6-6 和图 6-7 展示了我国近年来信贷资产证券化的情况。

表 6-3　2018 年我国信贷资产证券化统计

产品分类	总单数	总金额（亿元）	存续单数	存续金额（亿元）
信贷资产证券化	156	9 323.35①	154	7 698.36
企业贷款	15	872.52	15	677.77
个人汽车贷款	29	1 221.06	29	846.47
住房抵押贷款	54	5 842.63	54	5 303.32
不良资产重组	34	158.8	34	125.08
金融租赁	1	18.51	1	18.51
个人消费贷款	18	1 101.78	16	637.76
小微贷款	5	108.04	5	89.45

注：①由于四舍五入，合计数可能有出入。

图 6-6　我国银行信贷资产证券化历年发行情况（2011～2018 年）

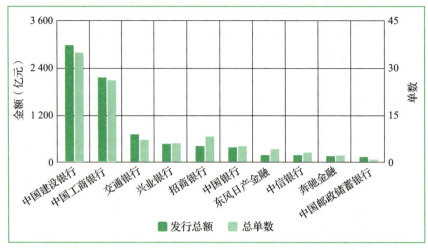

图 6-7　2018 年我国信贷资产证券化的前十名发起机构

（2）信贷资产证券化的监管。信贷资产证券化的主管部门是中国人民银行和中国银保监会。

2005 年 4 月，中国人民银行、中国银监会发布了《信贷资产证券化试点管理办法》，信贷资产证券化正式起步。

2014 年 11 月，中国银监会办公厅发布的《关于信贷资产证券化备案登记工作流程的通知》（银监办便函〔2014〕1092 号文）要求，信贷资产证券化业务由"审批制"改为"备案制"。

2015 年 1 月，中国银监会下发《中国银监会关于中信银行等 27 家银行开办信贷资产证券化业务资格的批复》（银监复〔2015〕2 号），27 家股份制银行和城商行获得开办信贷资产证券化业务的主体资格。

目前，信贷资产证券化的监管流程是：首先，信贷资产证券化采用的是主体资格备案制，需要进行信贷资产证券化业务的银行向中国银保监会提出申请获得相关业务资格，如已发行过的银行业金融机构，则豁免资格审批。然后，备案申请由创新部统一受理、核实、登记，银行业金融机构在完成备案登记后可开展资产支持证券的发行工作。已备案产品需在三个月内完成发行，三个月内未完成发行的须重新备案；在备案过程中，监管部门对发起机构的合规性进行考察，不再打开产品"资产包"对基础资产等具体发行方案进行审查。最后，会计师事务所、律师事务所、评级机构等合格中介机构针对证券化产品发行方案出具专业意见，并向投资者充分披露。

（3）信贷资产证券化的交易结构（见图 6-8）。信贷资产证券化的交易结构一般采用 SPT 模式，信托公司会为该项资产证券化设立一个信托项目，发起人将信贷资产转移给该项信托（SPT），再由 SPT 发行资产支持证券，通过承销商向市场销售。从法律角度看，SPT 模式能够实现资产证券化所要求的真实出售和风险隔离。

作为发起人的商业银行，将信贷资产包出售给信托公司的信托计划，承销团依托信托计划向市场销售资产支持证券。发起人完成出售后，身份发生转变，它会成为服务人继续服务于贷款的回收和催欠等，但由于它现在是为资产支持证券持有人服务的，因此会收取一定的服务费。

（4）信贷资产证券化对银行的好处。对商业银行来说，采用信贷资产证券化的好处有四点。

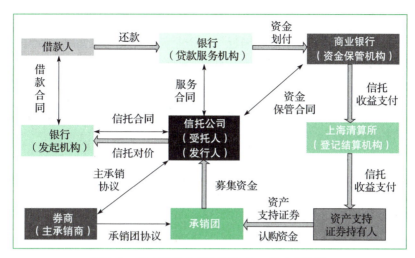

图 6-8 我国信贷资产证券化的一般交易结构

其一，提高资产的流动性。银行账面上期限较长的信贷资产得以变现，尤其是住房抵押贷款，银行获得资金后可以去寻找新的获利机会。

其二，缓解资本压力，分散信用风险。通过出售信贷资产，银行改变了资产的风险状态，原来的风险资产转换为无风险的现金，降低风险资产总水平，从而提高资本充足率，节约监管资本。另外，信贷出售采用的是真实出售，风险资产出表，未来即使发生信用风险，银行也仅仅承担所购买的 CLO 劣后部分份额的损失。

其三，调节利率期限结构。银行出售的信贷资产的久期较长，而获得的现金是零期限资产，由此银行可以缩短资产的久期，在利率上升的情况下，防范久期较长而引起的资产价格下跌。

其四，增加银行的中间业务收入。银行出售信贷资产后，身份转变为服务人，可以获得服务费收入。

2. 企业资产证券化

（1）企业资产证券化的基本情况。在我国，企业资产证券化特指依据中国证监会发布的《证券公司及基金管理公司子公司资产证券化业务管理规定》，发起人通过资产支持专项计划进行的资产证券化。

企业资产证券化具有特定的管理人，即证券公司、基金管理公司子公司。[⊖]

企业资产证券化采用特定的特殊目的载体，即资产支持专项计划或中国证监会认可的其他特殊目的载体。

基础资产可以是企业应收款、租赁债权、信贷资产、信托受益权等财产权利，基础设施、商业物业等不动产财产或不动产收益权，以及中国证监会认可的其他财产或财产权利。一般而言，基础资产可以分为债权类型、收益权类型以及权益类型等。债权类基础资产包括企业应收账款、融资租赁债权、消费贷款等；收益权类（企业经营收入类）基础资产包括公用事业收入、企业经营收入等；权益类基础资产包括商业物业、租赁住房等不动产财产，主要表现为通过持有股权而间接持有不动产资产，将不动产资产产生的现金流作为资产支持证

⊖ 2018 年 12 月 24 日，在华能信托 – 开源 – 世茂住房租赁资产支持专项计划中，华能贵诚信托有限公司成为管理人，标志着信托公司首度承担资产支持专项计划的管理人角色。

券分配现金流来源。

表 6-4、图 6-9 和图 6-10 展示了我国近年来企业资产证券化的情况。目前看来，个人消费贷款和应收账款是最大两类基础资产。

表 6-4 2018 年年底我国企业资产证券化统计

产品分类	总单数	总金额（亿元）	存续单数	存续金额（亿元）
企业资产证券化	694	9 535.37	685	8 915.71
小额贷款	8	33.4	8	33.4
融资租赁	106	1 188.07	106	940.83
收费收益权	32	265.54	32	255.22
个人消费贷款	92	1 932.61	92	1 929.85
应收账款	101	1 787.71	100	1 675.11
委托贷款	4	87.59	4	79.95
房地产信托投资基金	15	277.57	15	277.2
保理融资	218	1 454.04	212	1 380.27
信托受益权	28	443.35	28	411.37
两融债权	23	371	23	371
保单质押贷款	1	30	1	30
票据收益权	10	157.15	10	156.34
CMBS	31	704.87	31	702.02
PPP	2	10.81	2	9.39
其他	23	791.66	21	663.76

图 6-9 我国企业资产证券化历年发行情况（2011～2018 年）

（2）企业资产证券化的监管。企业资产证券化的主管部门是中国证监会，依据的基本法规是中国证监会 2014 年 11 月 19 日发布的《证券公司及基金管理公司子公司资产证券化业务管理规定》。

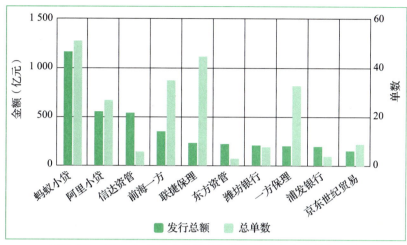

图 6-10　2018 年我国企业资产证券化的前十名原始权益人

企业资产证券化采用的是备案制，管理人应当自专项计划成立日起 5 个工作日内将设立情况报中国基金业协会备案，同时抄送对管理人有辖区监管权的中国证监会派出机构。

中国证监会对基础资产实行负面清单管理方法。负面清单管理主要是指列明不适宜采用资产证券化业务形式，或者不符合资产证券化业务监管要求的基础资产。中国证券投资基金业协会负责资产证券化业务基础资产负面清单管理工作，研究确定并在协会网站及时公开发布负面清单。

资产支持证券可以按照规定在证券交易所、全国中小企业股份转让系统、机构间私募产品报价与服务系统、证券公司柜台市场以及中国证监会认可的其他证券交易场所进行挂牌、转让。资产支持证券仅限于在合格投资者范围内转让。转让后，持有资产支持证券的合格投资者合计不得超过 200 人。

企业资产证券化的期限可长可短，短的有一年期的，一般集中在 3～5 年，也有更长期限的。

（3）信贷资产证券化的交易结构（见图 6-11）。企业资产证券化的交易结构一般是 SPE 模式。与 SPT 模式不同的是，计划管理人不需要将资产委托给信托公司，资产支持专项计划本身就相当于一个信托项目。但是，从法律角度看，SPT 和 SPE 实现的破产隔离效果还是有所不同的。专项计划项下的资产原则上属于客户委托进行管理的资产，根据国务院发布的《证券公司监督管理条例》第五十九条"客户的交易结算资金、证券资产管理客户的委托资产属于客户"，严格地说，它不属于信托资产，而是属于委托管理资产，如果未来出现清算，可能会影响到证券化产品持有人的利益。《证券公司及基金管理公司子公司资产证券化业务管理规定》是《证券公司监督管理条例》的下位法，只能推出补救条款，其在第五条中明确规定："专项计划资产独立于原始权益人、管理人、托管人及其他业务参与人的固有财产。原始权益人、管理人、托管人及其他业务参与人因依法解散、被依法撤销或者宣告破产等原因进行清算的，专项计划资产不属于其清算财产。"

企业资产证券化涉及的相关各方主要包括原始权益人（发起人）、计划管理人、主承销商、资产服务机构、会计师事务所、律师事务所、评级机构、交易所、基金业协会、资产托管机构、资金监管机构、证券登记结算机构、计划推广人、财务顾问（不一定有）等。

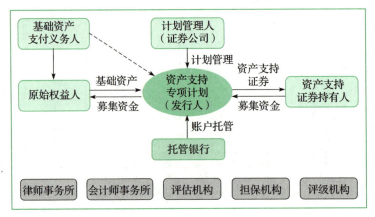

图 6-11 我国企业资产证券化的一般交易结构

3. 资产支持票据

（1）资产支持票据的基本情况。2012 年 8 月 3 日交易商协会颁布《银行间债券市场非金融企业资产支持票据指引》，推出了资产支持票据这个产品，2016 年 12 月 12 日交易商协会又颁布了《非金融企业资产支持票据指引（修订稿）》。

所谓资产支持票据，是指非金融企业为实现融资目的，采用结构化方式，通过发行载体发行的，由基础资产所产生的现金流作为收益支持的，按约定以还本付息等方式支付收益的证券化融资工具。发行资产支持票据应在交易商协会注册，发起机构、发行载体及相关中介机构应按相关要求接受交易商协会的自律管理。

《非金融企业资产支持票据指引》指出，基础资产是指符合法律法规规定，权属明确，可以依法转让，能够产生持续稳定、独立、可预测的现金流且可特定化的财产、财产权利或财产和财产权利的组合。形成基础资产的交易基础应当真实，交易对价应当公允。具体而言，基础资产可以是企业应收账款、租赁债权、信托受益权等财产权利以及基础设施、商业物业等不动产财产或相关财产权利等。

表 6-5、图 6-12 和图 6-13 展示了我国近年来资产支持票据的情况。目前，占比最高的支持资产为应收账款和融资租赁款。

表 6-5　2018 年我国资产支持票据统计

产品分类	总单数	总金额（亿元）	存续单数	存续金额（亿元）
资产支持票据	96	1 261.25	96	1 180.74
小额贷款	1	10	1	10
融资租赁款	27	321.68	27	253.02
收费收益权	4	46.52	4	46.52
应收账款	23	349.25	23	349.25
委托贷款	2	20.8	2	20.3
保理融资	20	168.78	20	159.17
信托受益权	2	44.15	2	44.15
票据收益权	2	115.5	2	113.94
CMBS	6	76.12	6	75.94
其他	9	108.45	9	108.45

图 6-12　交易商协会资产支持票据历年发行情况（2011～2018 年）

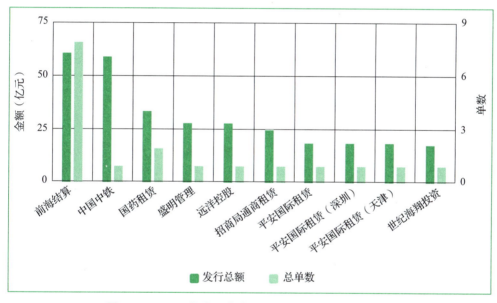

图 6-13　2018 年我国资产支持票据的前十名发起机构

资产支持票据在我国资产证券化市场中所占比重不大，但是新指引出台后，增长速度比较快。

（2）资产支持票据的监管。资产支持票据的主管部门是交易商协会。基本监管依据是《非金融企业资产支持票据指引》。交易商协会采用注册制和自律管理的方式，管理资产支持票据。注册有效期为 2 年，首期发行应在注册后 6 个月内完成，后续发行应向交易商协会备案。

在 2012 年发布的《银行间债券市场非金融企业资产支持票据指引》中，并未要求资产支持票据发行需要通过特殊目的载体来完成，因此此时的资产支持票据都由发起机构直接发行，实际上只是一种类似于资产抵押贷款方式的融资，并没有采用特殊目的载体。2017 年，《非金融企业资产支持票据指引》（修订版）加入了特殊目的载体，发行可以采用两种模式，即有特殊目的载体或者无特殊目的载体，特殊目的载体可以为特殊目的信托、特殊目的公司或交易商协会认可的其他特殊目的载体。《非金融企业资产支持票据指引》第三条载明，发行载体可以为特殊目的信托、特殊目的公司或交易商协会认可的其他特殊目的载体（以下统称特殊目的载体），也可以为发起机构。

不通过特殊目的载体的资产支持票据，对于融资方而言属于表内融资模式，资产不出表，风险未完成转移；而采用了特殊目的载体之后，资产可以通过真实出售而出表，风险转移给投资者。

资产支持票据的期限一般是 3～7 年。

（3）资产支持票据的交易结构。资产支持票据的交易结构有两种，一种是无 SPV 模式，另一种是加入 SPV 模式，分别如图 6-14 和图 6-15 所示。目前主要采用 SPV 模式。

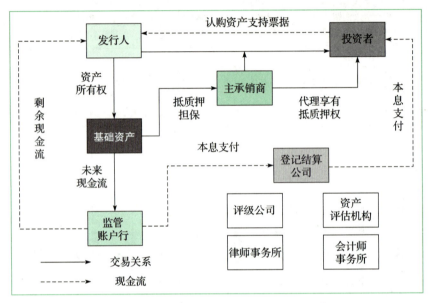

图 6-14　无 SPV 的资产支持票据交易结构

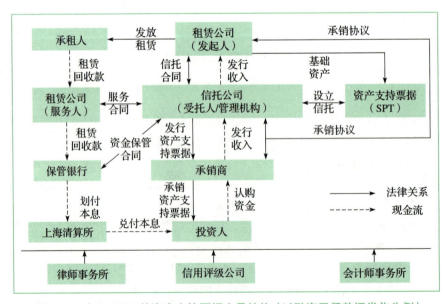

图 6-15　加入 SPV 的资产支持票据交易结构（以融资租赁款证券化为例）

（4）**项目收益票据**（project revenue note，PRN）。它是银行间市场上另一类资产支持票据，适用于期限较长的地方政府基础设施建设。

2014年7月11日，交易商协会公布了《银行间债券市场非金融企业项目收益票据业务指引》，正式推出项目收益票据。

所谓项目收益票据，是指非金融企业在银行间债券市场发行的，募集资金用于项目建设且以项目产生的经营性现金流为主要偿债来源的债务融资工具。所称项目包括但不限于市政、交通、公用事业、教育、医疗等与城镇化建设相关的、能产生持续稳定经营性现金流的项目。

项目收益票据的发行主体一般为项目公司，其偿债来源以项目收益为主，期限较长，可以达到15年，覆盖整个项目投资周期，包括项目建设阶段与运营收益阶段。

项目收益票据的还款来源是项目未来产生的收益，地方政府可以通过财政补贴等方式予以间接支持，但是不可以通过直接或间接的方式提供担保，由此建立了经营性市政项目与政府信用之间的风险隔离。

4. 我国资产证券化产品的比较

表6-6列出了我国三类资产证券化产品的比较结果。

表6-6 我国三类资产证券化产品的比较结果

要素指标	信贷资产证券化（CLO）	企业资产证券化（ABS）	资产支持票据（ABN）
法律与规则	《中华人民共和国信托法》《信贷资产证券化试点管理办法》《关于进一步扩大信贷资产证券化试点有关事项的通知》《金融机构信贷资产证券化试点监督管理办法》《关于信贷资产支持证券发行管理有关事宜的公告》等	《中华人民共和国证券投资基金法》《私募投资基金监督管理暂行办法》《证券公司及基金管理公司子公司资产证券化业务管理规定》《资产支持专项计划备案管理办法》《资产证券化业务基础资产负面清单指引》等	《中华人民共和国信托法》《银行间债券市场非金融企业债务融资工具管理办法》《非金融企业资产支持票据指引》（修订版）等
主管机构	中国人民银行、中国银保监会	中国证监会、交易所	交易商协会
基础资产	信贷资产	1. 符合法律法规规定，权属明确，可以产生独立、可预测的现金流且可特定化的财产权利或者财产，可以是单项财产权利或者财产，也可以是多项财产权利或者财产构成的资产组合。 2. 第1条所说的财产权利或者财产，其交易基础应当真实，交易对价应当公允，现金流应当持续、稳定。 3. 基础资产可以是企业应收款、租赁债权、信贷资产、信托受益权等财产权利，基础设施、商业物业等不动产财产或不动产收益权，以及中国证监会认可的其他财产或财产权利	符合法律法规规定，权属明确，可以依法转让，能够产生持续、稳定、独立、可预测的现金流且可特定化的财产、财产权利或财产和财产权利的组合。基础资产可以是企业应收账款、租赁债权、信托受益权等财产权利以及基础设施、商业物业等不动产财产或相关财产权利等
发起机构	金融机构	企业	非金融企业
发行人/管理人	发行机构/受托机构，为信托公司或者中国银保监会批准的其他机构	专项计划管理人，为证券公司或基金管理公司子公司	发行机构，为信托公司或者中国银保监会批准的其他机构

（续）

要素指标	信贷资产证券化（CLO）	企业资产证券化（ABS）	资产支持票据（ABN）
发行载体	特殊目的信托	特殊目的载体，为资产支持专项计划或者证监会认可的其他特殊目的载体	1. 特殊目的载体，可以为特殊目的信托、特殊目的公司或交易商协会认可的其他特殊目的载体 2. 发起机构
中介机构	主承销商（金融机构）、贷款服务机构、资金保管机构、律师事务所、会计师事务所、信用评级机构等	资产服务机构、托管人、信用增级机构、律师事务所、会计师事务所、流动性支持机构、销售机构等	主承销商（金融机构）、资产服务机构、资金监管机构、资金保管机构、律师事务所、会计师事务所、信用评级机构、资产评估机构、信用增级机构等
投资主体	1. 银行间债券市场投资者 2. 单个银行业金融机构购买持有单只资产支持证券的比例，原则上不得超过该单发行规模的40%	合格投资者的定义，参见《私募投资基金监督管理暂行办法》	银行间债券市场投资者
发行方式	公开发行或定向发行	计划的推广销售应向特定的机构投资者进行，但不得通过广播、电视、报刊及其他公共媒体进行	公开发行或定向发行
发行场所	银行间债券市场	主要为证券交易所，也可在全国中小企业股份转让系统、机构间私募产品报价与服务系统、证券公司柜台市场以及中国证监会认可的其他证券交易场所进行挂牌、转让	银行间债券市场
发行流程	1. 中国银保监会——备案制，流程如下： （1）业务资格审批 （2）发行证券化产品前，进行产品备案登记 （3）已备案产品需在3个月内完成发行，3个月内未完成发行的须重新备案 2. 中国人民银行——注册制，流程如下： （1）向中国人民银行申请注册 （2）在注册有效期内，可自主选择发行时机，并在产品发行信息披露前5个工作日前在中国人民银行进行备案	备案制，流程如下： 1. 发行前项目报交易所取得无异议函 2. 专项计划成立日起5个工作日内将设立情况报中国证券投资基金业协会备案	注册制，流程如下： 1. 向交易商协会提交资产支持票据注册文件 2. 注册有效期为2年，首期发行应在注册后6个月内完成，后续发行应向交易商协会备案
自持比例	自持最低档次证券，自持比例原则上不得低于该单资产支持证券发行规模的5%	未强制要求	未强制要求
信用评级	需要双评级	需要评级，但不要求双评级	需要评级，但不要求双评级

6.4.2 我国资产证券化的典型案例

根据前面的介绍，我国资产证券化分为信贷资产证券化、企业资产证券化和资产支持票据三大类。在此，我们对这三类资产证券化各举一个典型案例进行解析说明。

案例 6-1

邮元 2014 年第一期个人住房贷款支持证券

1. 项目背景

中国邮政储蓄银行有限责任公司（以下简称"中国邮政储蓄银行"）是经国务院同意、中国银监会批准，由中国邮政集团公司于 2007 年 3 月 6 日全资组建成立的。中国邮政储蓄银行初始注册资本为人民币 200 亿元，发行前注册资本为人民币 470 亿元。中国邮政储蓄银行坚持服务"三农"、服务中小企业、服务城乡居民的大型零售商业银行定位，发挥邮政网络优势，强化内部控制，合规稳健经营，为广大城乡居民及企业提供优质金融服务，支持国民经济发展和社会进步。中国邮政储蓄银行发行前已成为全国网点规模最大、网点覆盖面最广、客户最多的金融服务机构，规模居全国银行业第五位。

但是中国邮政储蓄银行资本规模相对较小，2011～2013 年的资本充足率分别为 10.17%、9.08% 和 8.84%，核心资本充足率分别为 8.45%、7.96% 和 7.72%，呈现逐年下降之势。中国邮政储蓄银行通过将其表内的个人住房抵押贷款证券化，可以资产出表，降低风险资产总额，从而提高其资本充足率，同时提高其流动性。中国邮政储蓄银行决定将 68.14 亿元住房抵押贷款进行证券化。

2012 年我国信贷资产证券化试点重启，商业银行利用住房抵押贷款进行证券化动力充足、潜力巨大，邮元 2014-1 成为 2012 年信贷资产证券化重启后的第一单。

2. 交易结构和基本条款

（1）交易结构（见图 6-16）。中国邮政储蓄银行作为发起机构将相关信贷资产委托给作为受托人的交银国际信托有限公司（以下简称"交银国信"），设立邮元 2014 年第一期个人住房贷款证券化信托。受托人将发行以信托财产为支持的资产支持证券，将所得认购金额扣除承销报酬和发行费用的净额支付给发起机构。

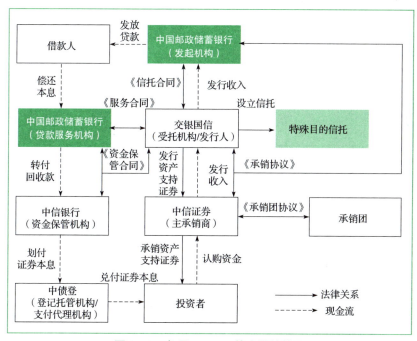

图 6-16　邮元 2014-1 的交易结构图

受托人向投资者发行资产支持证券,并以信托财产所产生的现金为限支付相应税收、信托费用及本期资产支持证券的本金和收益。本期资产支持证券分为优先级资产支持证券和次级资产支持证券,其中优先级资产支持证券包括优先 A 级资产支持证券和优先 B 级资产支持证券。

中国邮政储蓄银行作为发起机构,初步计划持有比例为本期资产支持证券发行规模的 5%,实际持有比例可能视市场及发行情况有所调整,但不低于 5%,持有期限不低于本期次级资产支持证券的存续期限。

根据《服务合同》的约定,受托人委托中国邮政储蓄银行作为贷款服务机构对信贷资产的日常回收进行管理和服务。

根据《资金保管合同》的约定,受托人委托中信银行对信托财产产生的现金资产提供保管服务。

根据《债券发行、登记及代理兑付服务协议》的约定,受托人委托中央国债登记结算有限责任公司(以下简称"中债登")对资产支持证券提供登记托管和代理兑付服务。

受托人拟安排优先级资产支持证券在银行间债券市场上市交易。

(2)基本条款(见表 6-7)。

表 6-7　邮元 2014-1 的基本条款

发行总额	6 814 237 677.14 元		
初始起算日	2014 年 4 月 16 日		
法定到期日	2039 年 12 月 31 日		
证券分档	优先 A 级资产支持证券	优先 B 级资产支持证券	次级资产支持证券
金额	5 996 000 000 元	477 000 000 元	341 237 677.14 元
规模占比	88%	7%	5%
信用等级	AAA(中债资信)/AAA(中诚信)	A(中债资信)/A-(中诚信)	无评级
利率类型	浮动利率	浮动利率	—
票面利率	基准利率+基本利差	基准利率+基本利差	无票面利率
基准利率	1 年期定存利率,并在中国人民银行调整该利率生效日后的次年 1 月 1 日调整		不适用
基本利差	根据公开招标结果确定	根据公开招标结果确定	不适用
发行利率	5.80%	6.79%	不适用
还本付息频率	按月支付	按月支付	不适用
还本方式	过手摊还	过手摊还	不适用

3. 基础资产与资产池情况

(1)资产合格标准。中国邮政储蓄银行对于入池资产的合格标准主要分为借款人、抵押贷款和抵押房产三类。

1)借款人的标准。借款人的标准包括:贷款发放时年满 18 周岁,不超过 60 周岁,并且年龄与剩余期限之和不超过 65 年。

2)抵押贷款的标准。抵押贷款的标准包括:初始抵押率不超过 70%,且初始抵押率的计算中,评估价值取购房合同约定价格与房产评估价值两者孰低;抵押贷款未偿本金余额不低于 10 万元且不超过 300 万元;抵押贷款剩余期限不超过 30 年且不低于 1 年。

3)抵押房产。抵押贷款已由房产抵押担保,且已办理抵押登记手续;抵押房产不属于自建房屋,均属于商品房。

4)区域筛选。入池资产最初筛选自 15 个省(自治区、直辖市)、市,经过分析,将区域划定在 12 个城市内,一方面保证资产所在区域房地产行业的相对稳定性,另一方面确保资产池较好的分散性。

(2)资产池情况。从基础资产池情况(见表 6-8)来看,资产池包含 2.36 万笔个人住房贷款,加权平均贷款年利率为 5.88%,加权平均贷款剩余期限为 15.16 年,单笔贷款平均本金余额约为 28.78 万元。从贷款质量来看,贷款不良率不足千分之一,贷款优质,风险可控。从借款人情况来看,借款人的平均年龄为 37.3 岁,多处于职业和财富的上升期,且基本属于刚需购房客户,这些在一定程度上对贷款的偿还起到支撑作用。从抵押资产来看,抵押完备可靠,且抵押物发行时市值平均达到贷款余额的一倍以上,抗风险能力强。从资产集中度来看,资产分散在 10 个省(自治区、直辖市)、市,单一城市集中度不超过 15%,有效实现了风险分散。

表 6-8 邮元 2014-1 资产池基本情况

资产池未偿本金余额总额(元)	6 814 237 677.14	加权平均贷款年利率(%)	5.88
借款人数量(位)	23 680.00	单笔贷款最高年利率(%)	6.98
贷款笔数(笔)	23 680.00	加权平均贷款合同期限(年)	17.78
单笔贷款最高本金余额(元)	2 841 288.88	加权平均贷款剩余期限(年)	15.16
单笔贷款平均本金余额(元)	287 762.42	加权平均贷款账龄(年)	2.62
合同总金额(元)	8 047 449 400.00	加权平均初始抵押率(%)	60.96
单笔贷款最高合同金额(元)	3 000 000.00	加权平均借款人年龄(岁)	37.30
单笔贷款平均合同金额(元)	339 841.61		

资料来源:《邮元 2014 年第一期个人住房贷款支持证券发行说明书》。

4. 信用增级措施

(1)内部信用增级。

1)优先/次级安排。本期资产支持证券通过设定优先/次级的本息偿付次序来实现内部信用提升。本期资产支持证券划分为三个层次:优先 A 级、优先 B 级、次级证券。优先 A 级证券的本息偿付次序优于优先 B 级与次级证券,优先 B 级证券的本息偿付次序次于优先 A 级但要优于次级证券,次级证券的受偿顺序次于优先 A 级和优先 B 级证券。若资产池违约使本期证券遭受损失,则首先由次级证券承担损失,当违约金额大于次级证券本金余额时,优先 B 级证券投资者将承受损失,依此类推。

2)信用触发机制。本期交易设置了信用触发机制,即同资产支持证券兑付相关的违约事件,一旦触发将引致基础资产现金流支付机制的重新安排。如果违约事件被触发,则信托账项下资金不再区分收入回收款和本金回收款,而是将二者混同并在支付有关的税费、报酬以后用于顺序偿付优先档证券的利息和本金以及支付次级证券的本金,其余额分配给次级证券持有人。

(2)外部信用增级。邮元 2014-1 未采用外部信用增级措施。

5. 其他

首先,关于会计出表。在本次项目中,中国邮政储蓄银行持有全部发行的次级资产支持证券,按照全部次级档证券约 2.68 亿元规模全部自持,而按照中国银监会对个人住房抵押贷款所规定的风险权重是 50%，因此中国邮政储蓄银行应计提的风险资本规模有所减少，同时通过本次信贷资产证券化交易，中国邮政储蓄银行可以实现 90% 的证券化资产出表，对中国邮政储蓄银行更好地盘活信贷资产存量、优化信贷资产结构起到促进作用。

其次，关于结构安排。在结构分层上，本次项目的分层相对简单，发起机构在研究实际资产后，发现期限在 5 年内的贷款数量很少，绝大多数集中在 10 年以上；同时，回款的不集中不可测也使得细致分层意义不大；另外，过于复杂的分层结构可能也会带来投资人认知的问题。最终发起机构选择优先 A 档 88%、优先 B 档 7%、次级档 5% 这种比较简单的分层方式。

读者如果有兴趣，可以进入中国债券信息网阅读邮元 2014 年第一期个人住房贷款证券化发行文件，尤其是《邮元 2014 年第一期个人住房贷款支持证券发行说明书》。㊀

案例 6-2

阿里巴巴 1 号专项资产管理计划

1. 项目背景

重庆市阿里巴巴小额贷款有限公司（以下简称"重庆阿里小贷"）由阿里巴巴集团旗下的阿里巴巴金融中国控股有限公司（Alibaba Financial China Holding Limited）与银泰集团旗下的宁波市金润资产经营有限公司、复星集团旗下的上海复星工业技术发展有限公司、万向集团旗下的万向租赁有限公司共同出资创建，公司于 2011 年 6 月成立，注册地在重庆市江北区鱼嘴镇，截至 2014 年 5 月末的注册资本为人民币 10 亿元，法人代表为马云。

浙江阿里巴巴小额贷款股份有限公司（以下简称"浙江阿里小贷"，与重庆阿里小贷合称"阿里小贷"）是由阿里巴巴电子商务有限公司与银泰集团旗下的宁波市金润资产经营有限公司、复星集团旗下的上海复星工业技术发展有限公司、万向集团旗下的万向租赁有限公司共同出资创建和自然人马云、彭蕾、曾鸣、金建杭及邵晓锋共同投资组建的股份有限公司，公司于 2010 年 3 月成立，注册地在杭州市余杭区五常街道，注册资本为人民币 6 亿元，法人代表为马云。

2013 年 3 月 7 日，阿里巴巴宣布筹备成立阿里小微金融服务集团，负责阿里巴巴集团旗下所有面向小微企业以及消费者个人服务的金融创新业务，新筹建的阿里小微金融服务集团主要由原支付宝与阿里金融两大板块构成，主要业务范畴涉及支付、小贷、保险、担保等领域。阿里小微金融服务集团将为无数小微企业、个人创业者和广大消费者提供资金、支付、担保等多种服务，支持他们的生存和发展。

阿里小贷以数据和网络为核心基础，充分利用其天然优势，即阿里巴巴 B2B、淘宝、支付宝等电子商务平台上客户积累的信用数据及行为数据，引入网络数据模型和在线视频资信调查模式，通过交叉检验技术辅以第三方验证确认客户信息的真实性，将客户在电子商务网络平台上的行为数据映射为企业和个人的信用评价，向这些通常无法在传统金融渠道获得贷款的弱势群体批量发放"金额小、期限短、随借随还"的小额贷款（见图 6-17）。利用数据化的运作模式解决小微企业融资需求将成为趋势，这不仅具备执行的基础，也能将众多小微企业在网络平台上积累的信用发挥社会价值，引导小微企业重视经营信用，促

㊀ https://www.chinabond.com.cn/Info/18649309.

进企业合法守信经营。阿里小贷通过近两年的实际运作,取得了良好的经营业绩和社会效果。

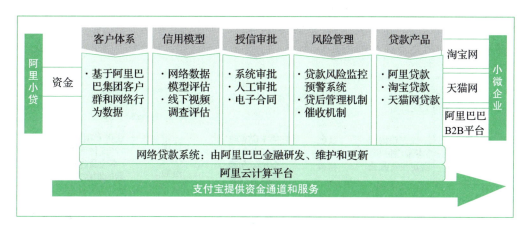

图 6-17　阿里小贷业务模式和流程

阿里小贷主要提供信用贷款和订单贷款两种贷款产品。信用贷款为阿里巴巴、淘宝网和天猫网卖家以自身信用为基础,向阿里小贷申请的信用贷款,信用贷款最长期限为 1 年,卖家可以提前还款,按日计息。截至 2012 年 10 月末,信用贷款余额共计 25 亿元。订单贷款是以淘宝网和天猫网卖家在支付宝已经收到买家货款后将订单款项作为经营能力的凭据向阿里小贷申请的信用贷款,买家收货确认付款后支付宝将货款直接用于还款,一般期限不超过 32 天,按日计息。截至 2012 年 10 月末,订单贷款余额共计 6 亿元。

从目前的情况看,阿里小贷自开业以来,贷款资产整体的逾期率和不良率控制在较低水平,并趋于稳定。

总体而言,阿里小贷的贷款资产反映了小微企业数量多、贷款金额小、贷款时间短等特征,并且在目前较大的客户及贷款样本上,逾期及不良等风险指标表现出了一定的稳定性。在市场规模方面,预计未来以阿里巴巴集团旗下大规模电子商务平台为基础,将有较大的增长空间。

2013 年 7 月,东方证券资产管理公司与阿里小贷合作推出了东证资管"阿里巴巴 1 号～10 号专项资产管理计划",以阿里巴巴小额贷款公司发放贷款形成的债权为基础资产,截至 2014 年 9 月成功完成了 10 期证券的发行,每期发行规模 5 亿元,共融资 50 亿元。这次发行不仅开启了小额贷款资产证券化的大门,更是首次尝试了循环购买结构的资产证券化。我们在此介绍的是第 1 号专项资产管理计划,由于各期的基本框架是一致的,因此案例具备典型性。

2. 交易结构和基本条款

(1) 交易结构。阿里巴巴 1 号专项资产管理计划(以下简称"阿里 2013-1")的参与各方及承担的角色如下:

1) 原始权益人 / 次级资产支持证券持有人 / 资产服务机构:重庆阿里小贷。
2) 优先级资产支持证券持有人。
3) 次优级资产支持证券持有人。
4) 计划管理人:上海东方证券资产管理有限公司。

5）推广机构：东方证券股份有限公司。

6）托管银行：兴业银行股份有限公司。

7）资产支持证券登记托管机构：中国证券登记结算有限责任公司深圳分公司。

8）担保及补充支付承诺人：商诚融资担保有限公司。

阿里 2013-1 的交易结构如图 6-18 所示。

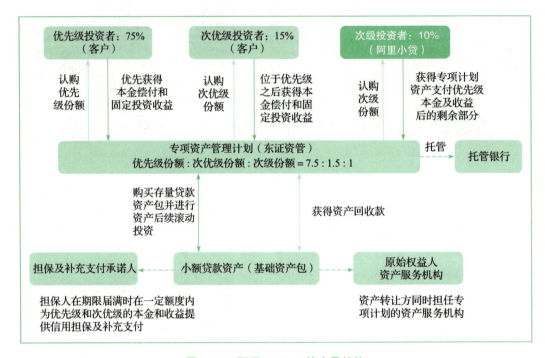

图 6-18　阿里 2013-1 的交易结构

交易结构描述如下：

1）计划管理人通过设立专项计划募集资金，原则上专项计划优先级资产支持证券、次优级资产支持证券和次级资产支持证券比例为 7.5∶1.5∶1，三类资产支持证券合并运作。

2）计划管理人运用专项计划资金购买原始权益人（资产转让方）小额贷款资产包，即原始权益人（资产转让方）在专项计划设立日转让给专项计划的，原始权益人对借款人的本金及利息的请求权和其他附属权利。

3）计划管理人委托基础资产转让方作为资产服务机构，对基础资产进行管理，包括但不限于基础资产资料保管、对借款人应还款项进行催收、运用前期基础资产回收款滚动投资后续资产包等。

4）发行的专项计划到期后，管理人按照合同的约定将基础资产的收益分配给专项计划资产支持证券持有人。

5）担保及补充支付承诺人在期限届满时在保证责任范围内提供担保，并在补充支付额度内为优先级资产支持证券和次优级资产支持证券的本金及收益提供补充支付，履行担保及补充支付义务的金额合计不超过专项计划规模的 30%。

（2）基本条款（见表 6-9）。

表 6-9　阿里 2013-1 的基本条款

发行总额	5 亿元		
初始起算日	2013 年 7 月 29 日		
法定到期日	存续期 15 个月		
证券分档	优先 A 级资产支持证券	优先 B 级资产支持证券	次级资产支持证券
金额	37 500 万元	7 500 万元	5 000 万元
规模占比	75%	15%	10%
信用等级	AAA（上海新世纪）	A+（上海新世纪）	无评级
发行利率	6.20%	11.00%	
还本付息频率	按月支付	按月支付	不适用
还本方式	过手摊还	过手摊还	不适用

3. 基础资产与资产池情况

（1）基础资产。阿里 2013-1 的基础资产是阿里小贷的贷款资产，专项计划发行结束之时即起始运作日，计划管理人根据约定向托管人发出付款指令，与原始权益人完成专项计划对应的首批资产转让交易。

基础资产的合格标准如下：[⊖]

1）"原始权益人"真实、合法、有效拥有"基础资产"，且"基础资产"上未设定抵押权、质权、其他担保物权或任何第三方权利。

2）按贷款五级分类标准，"原始权益人"将其归类为正常类。

3）该"基础资产"未发生本金或利息逾期或其他违约情形，且对应的"借款人"在"原始权益人"支付结算平台上未发生不良贷款记录。

4）该"基础资产"的借款人不会享有"原始权益人"提供的返还借款人已实际支付之利息的任何优惠措施。

5）贷款到期日（若为订单贷款则是"逾期日"）不得晚于"专项计划"的最后一个"分配基准日"。

（2）循环购买。在首批受让的基础资产产生回收款后，资产服务机构向计划管理人提交再投资拟受让的基础资产清单及再投资金额的建议，需经过计划管理人的审核和确认后，资产服务机构根据约定继续将该款项投资于符合合格投资约定的小额贷款资产并按照约定进行保管和催收等管理工作，计划管理人每日对前一日的基础资产再投资过程中发生的资金划拨进行核对。以此类推，直到专项计划按照约定停止再投资。

循环购买使得一个专项资产管理达到了多个计划的效果，同时也符合小额贷款金额小、期限短的特点，能够充分利用证券化平台的融资能力，同时也保障了投资者的利益。

图 6-19 以阿里小贷专项计划项目为例，介绍循环购买的基本流程。

4. 信用增级措施

阿里 2013-1 同时采用了内部信用增级措施和外部信用增级措施，具体见表 6-10 和表 6-11。

⊖ 此处部分标准由于不公开披露而未列示。

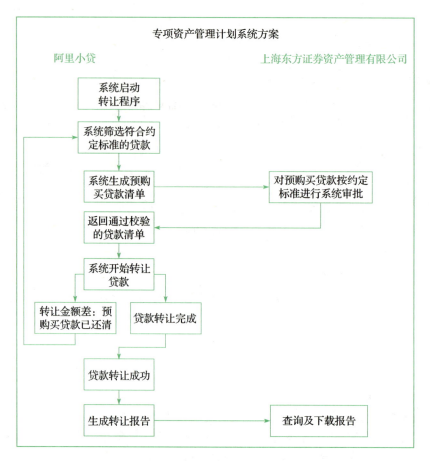

图 6-19　阿里 2013-1 的循环购买流程图

表 6-10　阿里 2013-1 的内部信用增级措施

项目	内容
优先/次级分层	1. 次优级和次级资产支持证券为优先级资产支持证券提供 25.0% 的信用支持 2. 次级资产支持证券为次优级资产支持证券提供 10.0% 的信用支持
超额利差	资产池加权平均利率与优先级资产支持证券加权平均票面利率之间存在一定的超额利差，超额利差能够转化为一定的超额抵押，为优先级资产支持证券提供一定的信用支持
加速清偿事件触发机制	1. 原始权益人或支付宝公司发生任何丧失清偿能力事件 2. 发生任何资产服务机构解任事件，且在 90 个自然日内仍无法找到合格的继任资产服务机构 3. 在专项计划存续期间内连续 5 个工作日基础资产不良率超过 10% 等
加速清偿事件触发后	停止循环购买，将专项计划收款支付宝账户的全部余额划付至专项计划账户

表 6-11　阿里 2013-1 的外部信用增级措施

项目	内容
差额支付承诺人	商诚融资担保有限公司 在未发生加速清偿事件情况下的最后一个分配基准日或发生加速清偿事件情况下的法定到期日，即使担保及补充支付承诺人已足额支付担保履行总额，专项计划资金不足以支付专项计划相关税金和费用或无法使得优先级和次级资产支持证券持有人获得足额的本金和预期收益，启动担保事件（履行担保及补充支付金额不超过发行规模的 30%）

(续)

项目	内容
担保人	商诚融资担保有限公司
担保支付启动事件	在未发生加速清偿事件情况下最后一个分配基准日或发生加速清偿事件情况下每个自然月对应日,专项计划资金不足以支付专项计划相关税金和费用或无法使得优先级和次级资产支持证券持有人获得足额的本金和预期收益,启动担保事件(履行担保及补充支付金额不超过发行规模的30%)

5. 评价

阿里巴巴分别成立了重庆阿里小贷和浙江阿里小贷,注册资本为10亿元和6亿元(后上升至10亿元)。根据中国人民银行与中国银监会共同下发的《关于小额贷款公司试点的指导意见》,小额贷款公司从银行业金融机构融资的额度不得超过注册资本的50%,那么阿里小贷最多只能放出8亿元贷款。但是,阿里小贷通过资产证券化,将发放的大量小额贷款打包出售,现金回流,然后进行新的贷款发放,在这个过程中,阿里小贷并未扩张资产负债表,也未提高负债率。这样的快速周转模式使得企业迅速成长,到2017年,重庆阿里小贷的注册资本已经超过18亿元,而根据统计,2016年,重庆阿里小贷通过资产证券化获得融资达到135亿元。资产证券化的运用,使得阿里小贷突破了企业在融资规模方面的限制。

阿里巴巴2013-1获得了资产证券化分析网评出的"国内首单小额信贷资产证券化产品"和"国内首单循环结构资产证券化产品"称号。此后,东证资管阿里巴巴2号~10号专项资产管理计划以及更多的产品陆续推出,阿里小贷的继任者重庆市蚂蚁商诚小额贷款有限公司截至2019年9月底,已经发行了126单证券化产品,总融资额为2953亿元。阿里系列中又出现了蚂蚁小贷,即重庆市蚂蚁小微小额贷款有限公司,截至2019年9月底,该公司已经发行了179单证券化产品,总融资额为5064亿元。在此之后,京东白条、小米贷款、顺丰小贷、苏宁小贷、京汇小贷等小额贷款公司如雨后春笋般不断涌现。

案例 6-3

远东租赁 2016 年度第一期信托资产支持票据

1. 项目背景

远东国际租赁有限公司(以下简称"远东租赁")注册在中国(上海)自由贸易试验区世纪大道88号金茂大厦,系由原对外经济贸易部(现为商务部)批准,由中国人民建设银行(后更名为中国建设银行)、中国化工进出口总公司(后更名为中国中化集团公司)、日本债券信用银行、皇冠租赁株式会社、韩国产业租赁株式会社投资的中外合资企业,历史悠久。

截至2016年3月末,该公司是国内业务规模最大的独立机构类融资租赁公司之一,在长沙、沈阳、深圳、北京、济南、武汉、成都等地设有12家办事处。

经过二十多年的发展,远东租赁通过与国内外优质知名设备供应商的密切合作,以及自身丰富的行业经验和专业的人才优势,为客户业务发展提供专业的设备动产融资租赁及相关的多元化金融增值服务,逐步确立了在中国融资租赁行业的领先地位。远东租赁的营业收入主要包括租赁及保理利息、咨询及服务费、产品销售收入、经营租赁收入、建造合同及其他收入等。

融资租赁业务是远东租赁的主要收入和利润来源,占远东租赁营业收入的60%~70%。

2013～2015年，租赁及保理利息收入分别为49.69亿元、61.17亿元和59.73亿元，2016年第一季度租赁及保理利息收入为16.46亿元，较上年同期上升12.37%。

融资租赁行业一般都为高杠杆行业。融资租赁行业的资产主要是应收融资租赁款，这类资产主要通过签订融资租赁合同，款项的回收额和期限相对确定，受宏观经济、行业景气等的影响相对较小；截至2013年年末、2014年年末、2015年年末和2016年3月末，远东租赁的资产负债率分别为84.07%、85.66%、83.93%和84.73%，资产负债率水平符合行业特征。

此外，远东租赁具有良好的银行资信状况，借款均按照借款协议及时、足额偿还本金和利息，没有发生借款逾期情形。

2. 交易结构和基本条款

（1）交易结构（见图6-20）。该项交易采用了信托结构作为特殊目的载体，是资产支持票据首次采用SPT结构。远东租赁作为发起机构以相关租赁债权资产作为信托财产委托给作为受托人的平安信托，设立远东2016年度第一期资产证券化信托，作为发行载体。平安信托作为发行载体的管理机构向投资人发行以信托财产为支持的资产支持票据，所得认购金额扣除相关费用支出后的资产支持票据募集资金净额支付给发起机构。票据名称为"远东国际租赁有限公司2016年度第一期信托资产支持票据"（以下简称"远东ABN 2016-1"）。

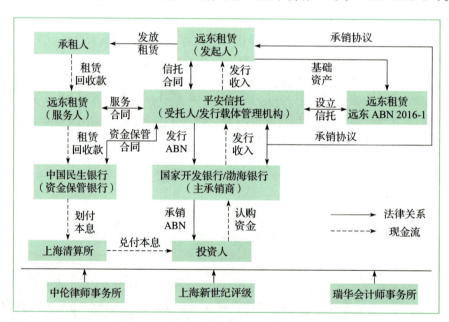

图6-20　远东ABN 2016-1的交易结构

受托机构向投资者发行资产支持票据，并以信托财产所产生的现金为限支付相应税收、费用支出、信托应承担的报酬及本期资产支持票据的本金和收益。本期资产支持证券分为优先级资产支持票据和次级资产支持票据，其中优先级资产支持票据包括优先A级资产支持票据和优先B级资产支持票据。

发行载体管理机构与发起机构、联席主承销商签署《承销协议》，联席主承销商再与承销商签署《承销团协议》，组建承销团对优先级资产支持票据以簿记建档方式发行，次级资产支持票据全部由发起机构持有。

（2）基本条款（见表6-12）。

表 6-12　远东 ABN 2016-1 的基本条款

发起机构全称	远东国际租赁有限公司
基础资产类型	租赁债权
注册金额	20.68 亿元
发行金额	20.68 亿元
面值	人民币 100 元
起息日	2016 年 6 月 21 日
定价方式	通过集中簿记建档方式确定
主承销商	国家开发银行股份有限公司、渤海银行股份有限公司
资金保管机构	中国民生银行股份有限公司
评级机构	上海新世纪资信评估投资服务有限公司
信用增级机构	无
律师事务所	北京市中伦律师事务所上海分所
现金流评估预测机构	瑞华会计师事务所（特殊普通合伙）
登记托管机构	银行间市场清算所股份有限公司

远东 ABN 2016-1 的产品分层如表 6-13 所示。

表 6-13　远东 ABN 2016-1 的产品分层

产品分层	优先 A 级资产支持证券	优先 B 级资产支持证券	次级资产支持证券
发行金额（元）	1 757 400 000.00	187 300 000.00	123 300 000.00
占比（%）	84.98	9.06	5.96
利率（%）	3.750	5.99	
预计到期日	2019 年 9 月 26 日	2020 年 3 月 26 日	2021 年 6 月 26 日
评级情况	AAA 级（新世纪）	AA– 级（新世纪）	
期限（年）	3.27	3.76	5.02
摊还方式	过手摊还	过手摊还	—
发行对象	银行间市场机构投资者	银行间市场机构投资者	发起机构自持

次级资产支持票据规模为人民币 1.233 亿元，由发起机构远东租赁全额认购。

3. 基础资产和资产池情况

资产池涉及发起机构与 49 个承租人签署的 51 笔租赁合同。截至基准日（2016 年 5 月 1 日），资产池的未收租金总额约为 23.43 亿元，其中未收本金总额约为 20.65 亿元，资产池统计信息如表 6-14 所示。

表 6-14　远东 ABN 2016-1 的资产池情况　　　　（金额单位：万元）

入池资产基本信息	合同租金本金余额	206 495.22
	证券发行总金额	206 800.00
	合同租金总额（包含本息）	274 635.96
	租金余额（包含本息）	234 336.03
	租赁合同笔数（笔）	51
	承租人数量（个）	49
	单笔租赁合同平均本金余额	4 048.93
	单笔租赁合同最高本金余额	10 800.00
	单笔租赁合同平均合同金额	5 385.02
	单笔租赁合同最高合同金额	13 781.91

（续）

入池资产期限/利率特征	加权平均租赁合同期限（年）	4.37
	加权平均租赁合同剩余期限（年）	3.74
	租赁年利率（%）	6.69
	单笔租赁合同最长剩余期限（年）	4.87
	单笔租赁合同最短剩余期限（年）	0.9
入池资产借款人/抵押物特征	前五名借款人集中度（%）	23.62
	正常类贷款占比（%）	100.00

从地域分布看，基础资产主要分布在贵州和江苏，按合同金额各占22.28%和20.45%；从行业分布看，基础资产主要分布在教育和土木工程建筑业，按合同金额各占35.57%和23.70%；从租赁利率看，主要集中在6%～7.5%；从租赁合同期限看，主要集中在60～72个月，占合同金额的50.98%。

4. 信用增级措施

（1）内部信用增级：优先/次级安排。本期资产支持票据通过设定优先级/次级的本息偿付次序来实现内部信用提升。根据不同的风险、收益特征，本资产支持票据分为优先级资产支持票据和次级资产支持票据。优先级资产支持票据包括2个类别，分别为优先A级资产支持票据、优先B级资产支持票据。优先A级资产支持票据的本息偿付次序优于优先B级资产支持票据，优先B级资产支持票据的本息偿付次序优于次级资产支持票据。在任一分配日，若因资产池违约使票据遭受损失，则首先由次级资产支持票据承担损失，当违约金额大于次级资产支持票据本金余额时，优先B级资产支持票据投资者将承担损失；当违约金额大于次级资产支持票据和优先B级资产支持票据本金余额之和时，优先A级资产支持票据投资者将承担损失。

优先A级资产支持票据能够获得优先B级和次级资产支持票据15.02%的信用支持，优先B级资产支持票据能够获得次级资产支持票据5.96%的信用支持。

（2）外部信用增级。本期资产支持票据暂不考虑外部信用增级措施。

5. 评价

远东租赁作为一家融资租赁公司，没有银行作为大股东，也难以享受银行同业借贷的低成本资金。而对于金融业务来说，低成本的资金来源是首要条件，通过资产证券化这条线路，远东租赁以及很多其他租赁公司获得了市场化的资金来源，摆脱了银行融资之困。

从远东ABN 2016-1这单证券化，我们可以看到其得益之处在于：

（1）降低融资成本。根据远东租赁2016年发行的中期票据的利率，当时远东租赁的融资利率为3.56%～4.7%，期限是2～3年，而远东ABN 2016-1的优先级利率是3.750%，期限更长一些为3.27年，次优先级虽然利率高了一些（达到5.99%），但是所占比重很小，只有9.06%，期限为3.76年。所以从融资成本角度看，发行资产支持票据更合适些。

资产支持票据是在银行间债券市场公募发行，流动性强，由此也降低了远东租赁的筹资成本。

（2）改善流动性。由于发起机构属于融资租赁行业，鉴于租赁行业的特殊性，一般的租赁业务只有在租赁资产到期日的时候，才能将所有的融资租赁项目的款项收回，所以资金回笼的周期特别长，期限甚至达到5～10年之久。进入资产池的租赁合同，期限在60～72

个月之间的占合同总金额的 50.98%，低于 36 个月的仅占 7.84%，由此看来，资产证券化大大地改善了远东租赁的资产流动性。

（3）资产出表。远东 ABN 2016-1 是资产支持票据首次引入信托结构，随着信托模式引入到资产支持票据中，实现了破产隔离，因此对远东租赁而言也就实现了资产出表。通过信托模式实现资产出表后，吸引了大量的发起机构，从而激活了资产支持票据这一产品，使其发行量大幅度上升。

（4）规避行业监管。为防范风险，保障经营安全，根据我国商务部发布的《外商投资租赁业管理办法》规定，外商投资融资租赁公司的风险资产一般不得超过净资产总额的 10 倍。公司的净资产总额指的是企业的资产总额减去负债之后的净额。资产实现出表后，这一监管指标也就成功破解。

所以，综合各个方面分析，远东租赁发行资产支持票据，都是非常有利的。

■ 本章小结

1. 资产证券化就是将能够在未来取得现金流的资产资本化，通过发行证券的形式将资产出售，然后以未来的现金流来偿付证券。
2. 资产证券化的典型过程就是发起人将自己拥有的资产以"真实出售"的方式出售给特殊目的载体，特殊目的载体则依靠自己购得的资产组成资产池，以资产池预期产生的现金流为基础，通过一定的结构安排，对资产中风险与收益要素进行分离与重组，然后发行证券。
3. 资产证券化的基本结构包括发起人、特殊目的载体、投资者、评级机构、服务人、信用增级机构等。其中，特殊目的载体是核心。
4. 资产证券化的基本特点是破产隔离、证券化和资产重组。
5. 资产证券化产品按照基础资产分类可以分为抵押支持证券和资产支持证券。按照现金流支付方式分类，包括过手证券和转付证券、担保抵押债券、本息分离债券和债务抵押债券。
6. 资产证券化是对现有金融产品开发的深化，对发起人、金融机构和其他参与各方都有利益，但同时也引起了一系列的风险，包括普通风险和特别风险。
7. 由于监管分隔，我国的资产证券化产品可以分为信贷资产证券化、企业资产证券化、资产支持票据、保险资产支持计划四大类。银行贷款、个人消费贷款、应收账款、融资租赁款等是最为主要的基础资产。
8. 研读我国资产证券化典型案例，了解其交易结构、基本条款和信用增级措施等，评估证券化对发行人的好处。

■ 思考题

1. 资产证券化的定义是什么？
2. 资产证券化的基本结构如何？它包括哪些主要的当事人？请画图说明。
3. 资产证券化的主要特点是什么？
4. 资产证券化产品按照基础资产应如何分类？按照现金流支付方式应如何分类？请阐述各种产品的概念和特点。
5. 分析资产证券化的收益和风险。
6. 目前，我国资产证券化主要有哪些类别？它们主要采用的 SPV 结构是什么？基础资产主要有哪些？
7. 我国资产证券化主要采用的信用增级方法有哪些？

第7章 公司并购

■ 本章提要

公司并购是投资银行的重要业务。本章首先介绍了并购的基本概念、动因以及并购的程序、支付方式,然后分析了杠杆收购这种比较特殊的收购方式,最后介绍了反收购策略和要约收购。

■ 重点与难点

1. 公司并购的概念和类型
2. 公司并购的动因,包括协同效应、多元化效应、价值低估动因、委托代理关系和税负效应
3. 公司并购的一般操作程序
4. 公司并购的支付方式,包括现金收购、换股收购、资产置换收购和其他证券收购
5. 杠杆收购的概念、一般程序、风险和收益
6. 反收购策略,包括预防性措施和主动性措施
7. 要约收购的基本概念、程序、价格的确定、豁免条件
8. 私有化和主动性要约收购

7.1 并购的概念和类型

企业的发展有两种途径:一种是通过自我积累滚动发展,另一种是通过并购迅速扩张。由于金融市场的发展,并购方式日益多样化,并购技术日益成熟,对企业而言,并购已经成为越来越重要的扩张手段。通过并购,企业可以在短时间内由外部市场获得所需的技术、生产设备、营销网络、市场准入等多种资源,当然,这些资源有待于企业在并购之后较好地实现整合。

7.1.1 并购的一般概念

并购(mergers and acquisitions)的说法源自西方,是合并(merger)与收购(acquisition)

的合称。

合并,又称兼并,是指两家或两家以上公司并为一家公司的经济行为。《公司法》第九章"公司合并、分立、增资、减资"第一百七十二条规定:"公司合并可以采取吸收合并或者新设合并。一个公司吸收其他公司为吸收合并,被吸收的公司解散。两个以上公司合并设立一个新的公司为新设合并,合并各方解散。"同时,第一百七十四条规定:"公司合并时,合并各方的债权、债务,应当由合并后存续的公司或者新设的公司承继。"也就是说,公司合并分为吸收合并和新设合并。在吸收合并中,吸收方保留法人地位,成为存续公司,被吸收方取消法人资格,其资产、负债全部由存续公司承担,表现形式为 A+B=A。在新设合并中,原先的公司均取消法人地位,其资产、负债均并入新设公司,表现形式为 A+B=C。

一般来说,吸收合并方便快捷,因为这是原公司的扩展,没有设立新的公司,从程序角度看,比较便捷,同时,也可以节约合并费用。对于存续公司而言,保证了公司运营的连续性。但是,吸收合并的缺点在于:一是财务安全,如果被吸收方资产质量较差,或者有大量隐藏的不良资产或者或有负债,会影响到吸收方的财务安全;二是吸收方与被吸收方的摩擦,吸收合并后,被吸收方处于被动局面,往往会引起人事关系、企业文化等方面的摩擦。

反过来看,新设合并的利弊恰好是吸收合并的反面,新设合并比较有利于合并双方的融合,但是相应的程序较复杂、费用较高。

所以,一般说来,大公司或者强势公司对小公司或者弱势公司往往会采用吸收合并的方式,而如果合并双方规模相当、实力相当,则往往采用新设合并。

收购是指一家公司购买另一家公司或多家公司的资产或者股权的经济行为。收购包括资产收购和股权收购两类。

收购公司(兼并)比收购资产要复杂得多,由于公司不仅拥有相应的法人财产,同时也是各种契约的承担者,因此购买公司不仅是产权的转让,也是所有这些有关契约的权利和责任的转让;购买资产则一般只包括对该公司的固定资产、经营许可和产品商标等的购买,资产价值透明,未来的隐患也相对较少。另外,购买公司与购买资产在税收处理、折旧计提等方面也不相同。综合而言,购买资产比购买公司要简单、便捷、安全,但是最终到底采用购买资产方式还是购买公司的方式必须服从于公司的总体战略,即公司通过收购到底需要获得哪种经济资源。比如,如果公司收购是为了获取上市公司的地位,那么就需要收购上市公司而实现借壳上市,而如果采用收购资产的方式,那么即使购买了所有的资产,也达不到上市的目的。公司如果需要获得对方公司的营销渠道或者市场准入许可,一般也会采用收购公司的方式来实现。

采用收购部分股权的方式,相对于收购整个公司而言,要简单一些,所以,部分股权的收购,往往成为收购公司的重要替代。通过持有一定的股权而实现战略合作,有时候比整体收购公司更有效,当然,具体方式的选择还是需要服从公司的整体战略。

案例 7-1

通用汽车:并购的产物

通用汽车公司是美国三大汽车公司之一,一度是全球最大的汽车公司,而这家公司基本上是通过并购而形成的,这个特点使它明显异于对手福特公司、丰田公司这些产业发展而来的公司。

通用汽车的创始人杜兰特是一个企业管理者和成功的推销员，先后经营过木材厂、专利药品、雪茄和房地产。1886年，杜兰特建立了一家马车制造公司，经过15年精心经营，和不断收购（杜兰特的企业最南到亚特兰大，最北到多伦多），成为当时美国最大的马车制造商。

1904年，杜兰特买下了别克公司，持有别克公司65%的股份并成为别克公司董事长。1908年，别克已经成为美国顶尖的汽车制造商，别克产品也成为当时市场上最畅销的一个品种。

1908年9月，作为一次资本运作，早期的通用汽车公司成立并在数天后以375万美元的价格收购了别克公司，杜兰特开始运作对美国其他车企的并购而构建现在通用汽车公司的基本框架。他采用以换股收购的方式收购了包括凯迪拉克、奥兹莫比尔、奥克兰（庞蒂亚克汽车公司的前身）在内的20多家汽车制造厂、汽车零部件制造厂及汽车销售公司。但在收购福特汽车的时候出现了麻烦，亨利·福特同意以800万美元的价格出售，但必须支付现金，最终这笔交易没有达成。

杜兰特认为，汽车产品需要市场细分，通过各种款式和各种品牌来满足不同的收入阶层的不同喜好。通用汽车生产凯迪拉克、别克、奥克兰等十多种不同样式的汽车，给消费者提供了更多的选择余地。而福特汽车提倡的是"一个型号适应所有人"。

尽管通用汽车的多品牌战略在一开始获得了成功，但是到了1911年，通用汽车公司陷入了亏损的泥潭，出现了严重的资金危机。内因是扩张太快，下属企业缺少整合，没有形成统一的管理机制；外因是亨利·福特生产的T型车，由于价格低廉、没有任何装饰，变得更为畅销。最终，通用汽车公司被摩根财团收购，杜兰特被逐出通用汽车公司。

此后，杜兰特和雪佛兰创建了另外一家汽车公司，开始制造雪佛兰汽车，并将手中部分的雪佛兰股份换成通用汽车公司的股份，最终于1916年将通用汽车公司从银行家的控制下重新夺了回来，使其变成了雪佛兰的一家子公司。后来，杜兰特成立了股份制的新通用汽车公司，通过新"通用"公司换股收购了老"通用"。到1920年，通用汽车公司扩大为1916年的8倍。但是之后，通用汽车公司遭遇了1920～1921年的严重危机，杜邦和摩根财团实现了对通用汽车公司的控制。

截至2009年，通用汽车公司因金融危机重组之前，通用汽车有七个分部，即GMC商用车分部、凯迪拉克分部、别克分部、雪佛兰分部、庞蒂亚克分部、奥兹莫比尔分部和土星分部。其中，只有土星分部是1985年通用汽车公司抵御外国轿车大规模进入美国市场而决定建立的，这是通用汽车公司唯一从内部建立起来的公司，其他分部都是通过并购而建立的。

读者如果有兴趣，可以自行扫描二维码进入通用汽车官网了解和阅读通用汽车公司的品牌系列。

通用汽车公司的品牌系列
请扫码进入通用汽车官网阅读。

7.1.2 并购的类型

1. 按行业关系划分

从行业角度看，并购可以划分为横向并购、纵向并购和混合并购三种，这是最常见的划分方法。

（1）**横向并购**（horizontal merger）。横向并购是指同行业间的企业兼并，即两个生产或销售相似产品的企业之间的并购行为，通用汽车公司的并购。横向并购实际上是竞争对手之间的并购。通过横向并购，一方面由外部迅速扩大生产规模、占领市场；另一方面由内部实现规模经济，节约管理费用和销售费用。同时，横向并购减少了竞争对手，往往会引起反垄断调查。

（2）**纵向并购**（vertical merger）。纵向并购是指处于生产同一（或相似）产品不同生产阶段的企业之间的兼并，即优势企业将与本企业生产紧密相关的非本企业所有的涉及前后生产工序、工艺工程的企业收购过来，从而形成纵向生产一体化。根据收购企业的上下游关系，纵向并购可以分为前向并购和后向并购，前者是指对上游企业的收购（比如钢铁企业收购矿山），后者是指对下游企业的收购（比如橡胶企业收购轮胎公司）。纵向并购有利于企业的内部化，实现协作生产，从而降低成本和交易费用。

（3）**混合并购**（conglomerate merger）。混合并购是指既非竞争对手又非现实中或潜在的客户或供应商的企业间的并购。混合并购的目的往往是利用原有行业的利润基础，进入更具增长潜力和利润更高的领域，实现投资的多元化。混合并购往往是企业多元化经营战略的体现，也是战略转移和结构调整的重要手段。

案例 7-2

多元化赶超的百事可乐

世界上第一瓶可口可乐于 1886 年诞生于美国，1898 年，世界上第一瓶百事可乐同样诞生于美国。由于可口可乐的名声早就深入人心，而且控制了绝大部分碳酸饮料市场，因此百事可乐的出现，有"山寨"的感觉，尽管在 1929 年开始的大萧条和二战期间，百事可乐为了生存，不惜将价格降至 5 美分/磅①，是可口可乐价格的一半，但百事可乐仍然未能摆脱困境，倒是留下了一句美国人熟知的"5 分镍币可以多买 1 倍的百事可乐"的口头禅。

既然在碳酸饮料的主业方面难以超越可口可乐，那么百事可乐便寻找另一条道路：多元化。1965 年，百事可乐公司与世界休闲食品最大的制造与销售商菲多利（Frito-lay）公司合并，组成了百事公司，将休闲食品纳入公司核心业务，从此开始了多元化经营。

从 1977 年开始，百事公司进军快餐业，先后将必胜客、塔可钟和肯德基收归麾下。

1992 年，百事公司与立顿公司形成伙伴关系，在北美市场生产即饮茶饮料品牌——立顿茶。

1997 年，百事公司将市场经营重点重新回归饮料和休闲食品，将必胜客、肯德基和塔可钟业务上市，使之成为一家独立的上市公司，即百胜全球餐饮集团（Tricon Global Restaurant, Inc.）。

1998 年，百事公司以 33 亿美元全盘收购了世界鲜榨果汁行业排名第一的纯品康纳公司（Tropicana Products Inc.）。

2001 年，百事公司以 134 亿美元成功收购世界著名的桂格燕麦公司。桂格旗下的佳得乐（Gatorade）在美国运动饮料市场拥有绝对份额。通过这次百事历史上最大的并购，百事可乐非碳酸饮料的市场份额一下跃升至 25%，是当时可口可乐同领域的 1.5 倍，在非碳酸饮

---

① 1 磅 ≈ 0.453 6 千克。

料市场超越了可口可乐。

2005年12月12日,纽约证券交易所的电子屏幕上的数字显示:百事公司市值首次超过了雄踞纽约证券交易所食品业龙头位置近一个世纪的可口可乐公司。而10年前,可口可乐公司1 330亿美元的市值还是百事公司的两倍多。

目前,软饮料、休闲食品和快餐成为百事的三大主营业务,通过这些业务的综合实力,百事公司超越了可口可乐公司的百年龙头地位。当然,在多元化投资并购的过程中,百事公司有很多企业管理方面的成功经验,这才保证了多元化之路不至于演变成为多元恶化。

可口可乐公司也有过多元化经营的经历。自20世纪70年代开始,可口可乐公司大举进军与饮料无关的其他行业,在水净化、葡萄酒酿造、养虾、水果生产、影视等行业大量投资,并购和新建这些行业的企业,其中包括1982年1月,公司斥资7.5亿美元收购哥伦比亚制片厂的巨额交易。但是,这些投资给公司股东的回报少得可怜,其资本收益率仅为1%。直到20世纪80年代中期,可口可乐公司集中精力于主营业务,才使利润出现直线上升。

2. 按收购目的划分

根据收购目的的不同,并购还可以划分为战略并购和财务并购。

(1) 战略并购。战略并购是指并购双方以各自核心竞争优势为基础,立足于双方的优势产业,通过优化资源配置的方式,在适度范围内强化主营业务,从而达到产业一体化协同效应和资源互补效应,创造资源整合后实现新增价值的目的,波音公司和麦道公司的合并、花旗银行和旅行者集团的并购等。战略并购的目的在于通过并购,提升公司原有的主营业务,从而达到资源的更优配置和整体价值的上升。战略并购往往需要很长的时间来实现并购双方的整合,其价值的增长也需要较长的时间才能体现。

(2) 财务并购。财务并购是和战略并购相对应的一个概念。财务并购是指收购方将收购作为公司的一项财务战略,这一类的财务并购并不强调参与公司运营而提升公司业绩,而是更多地着眼于通过资本运作或者价值发现而使资产价值得到提升。

财务并购可以分为资产重组型和价值发现型。资产重组型的财务并购是指收购方通过购买目标公司的控股权而对目标公司进行大规模甚至整体资产置换,通过改变目标公司主营业务并将收购方自身利润注入上市公司的方式来改善目标公司业绩,提高目标公司的资信等级以提升公司价值并拓宽其融资渠道。财务并购往往短期内造成利润的迅速提高。由于大量优质资产注入上市公司,造成目标公司股价大幅上扬,许多财务并购通过这种股份大幅上扬而取得财务收益,因此财务并购也常常伴随着市场操纵和内幕交易。

价值发现型的财务并购是另一类财务并购,它不需要通过资产重组。收购方往往收购被市场低估的公司的股份,然后待市场发现其价值时再抛出。价值发现型的财务并购必须符合"E&E"(enter & exit)战略要求,也就是说,其买入的目的是未来卖出。价值发现型的财务并购还往往伴随着杠杆收购,此时并购方通过小资金投入而撬动大的公司并购。

战略并购和财务并购面临的风险是不同的。战略并购不但需要考虑财务的负担,而且更多地考虑资源调整后整体盈利能力的提升、资源互补的效率提高和产业结构的改善等方面的问题,在并购决策过程中必须充分考虑这些不确定性的存在,不仅要有对各方面未来变化的预测,还要有具体的风险规避与风险控制决策。财务并购的风险主要是企业并购前后的收益率变化和融资成本的变化,一般没有企业资源整合后带来的产业产品结构调整、企业管理资源和管理能力的协调以及企业文化的冲突等的风险。

3. 按收购双方态度划分

（1）友好收购。友好收购是收购方事先与被收购方商议，达成协议，从而完成收购。在收购的过程中，被收购方的配合是非常重要的，不仅有利于收购的完成，而且对收购完成后的整合具有关键作用。在可能的情况下，收购尽量考虑采用友好收购的方式。在友好收购的条件下，必须通过谈判达成帕累托改善，使收购方和被收购公司的控股股东都感到满意，同时也要充分考虑其他中小股东的利益。双方谈判的空间取决于未来目标公司被收购后业绩改善的空间。

（2）恶意收购。恶意收购也被称为敌意收购，是指收购方在未与目标公司达成协议时，强行通过收购目标公司的股份而进行的收购，恶意收购方往往被称为"公司袭击者"。恶意收购的收购成本会比较高，其好处在于收购方可以掌握主动性，而且比较突然。由于恶意收购会引起股票价格的大幅度波动，因此成为证券市场监管的一个重要内容，主要强调信息的披露和及时停牌。恶意收购一般针对股权比较分散的上市公司。

4. 其他分类

公司并购还可以分为直接收购和间接收购、协议收购和公开市场收购、要约收购和非要约收购等。

7.2 公司并购的动因

并购是公司经营的重要决策，管理层和投资银行对并购的目的都有着非常实际的考虑。而从理论的角度，经济学家也给出了很多解释，我们在本教材中归纳为以下五个方面：协同效应、多元化效应、价值低估动因、委托代理关系和税负效应。

7.2.1 协同效应

协同效应（synergy effects）就是指企业生产、营销、管理的不同环节、不同阶段、不同方面共同利用同一资源而产生的整体效应。在并购方面具体指并购后竞争力增强，导致净现金流量超过两家公司预期现金流量之和，又或合并后公司业绩比两个公司独立存在时的预期业绩高。

根据产生的来源不同，协同效应可以具体分为管理协同效应、经营协同效应和财务协同效应。伊戈尔·安索夫（1965）[⊖]最早提出协同效应理论，是指并购双方资产、能力等方面的互补或协同从而提高公司业绩和创造价值，即合并后公司的整体业绩会大于合并前各自原有业绩的总和。效率理论是比较直接、比较符合企业直观目标的并购动机理论，所以这种收购一般属于战略收购，由收购方的董事会根据对自身业务的理解而发起并购。

1. 管理协同效应

管理协同（management synergies）效应主要来自两个方面：其一是通过并购而节约管

⊖ ANSOFF H. Corporate Strategy: An Analytic Approach to Business Policy for Growth and Expansion [M]. New York: McGraw-Hill, 1965.

理费用；其二是差别效率引起，即由于两家公司的管理效率不同，具有管理优势的公司兼并管理优势差的公司，可以取得 1+1 > 2 的效果。管理优势是一种综合优势，其中也包含品牌等一系列的内涵。管理协同在并购中面临的最大风险在于管理融合，如果管理不能有效地融合，就会引起并购失败，使得 1+1 < 2。

案例 7-3

海尔的"休克鱼"

在海尔公司发展的道路上，并购整合是其重要特征，海尔充分发挥了其自身的管理优势，在企业兼并方面也取得了重大成功。

海尔的总裁张瑞敏提出了吃"休克鱼"的思路。他认为，国际上的企业兼并分成三个阶段，当企业资本存量占主导地位、技术含量并不占先的时候，是大鱼吃小鱼，大企业兼并小企业；当技术含量的地位已经超过资本的作用时，是快鱼吃慢鱼，比如，微软起家并不早，但它始终保持技术领先，所以能很快地超过一些老牌电脑公司；到 20 世纪 90 年代，就是强强联合，所谓鲨鱼吃鲨鱼，美国波音和麦道之间兼并就是这种情况。而在中国，国外成功的例子只能作为参考，大鱼不可能吃小鱼，也不可能吃慢鱼，更不能吃掉鲨鱼。所谓休克鱼，是指硬件条件很好，管理不行的企业。这类企业由于经营不善，落到市场的后面。一旦有一套行之有效的管理制度，把握住市场，很快就能重新站起来。恰恰海尔擅长的就是管理，这就找到了结合点。

1991 年，海尔合并了青岛电冰柜总厂和青岛空调器总厂，海尔集团正式成立。1995 年 7 月，海尔将原红星电器有限公司整体划归海尔集团，海尔除了投入资金外，一个显著的特点是将海尔的企业文化与 OEC 管理体系移植到被兼并企业中，创造出一个具有活力的新机制，使企业迅速进入良性发展阶段。红星电器被改组为海尔洗衣机总公司，在输入成套管理模式的基础上，以对人的管理为重中之重，企业由此获得了超常发展：三个月扭亏，第五个月赢利 150 万元，第二年一次通过了 ISO 9001 国际质量体系认证，荣获中国洗衣机"十佳品牌"。到 1996 年年底，其国内市场占有率在全国百家大商场中已上升到 22%。1997 年 9 月，海尔集团进入彩电业，标志着海尔黑色家电、信息家电生产领域进程化的开始。同时，海尔以低成本扩张的方式先后兼并了广东顺德洗衣机厂、莱阳电熨斗厂、贵州风华电冰箱厂、合肥黄山电视机厂等 18 个企业。海尔在多元化经营与规模扩张方面，进入了一个更广阔的发展空间。

2. 经营协同效应

经营协同（operating synergies）效应主要是指实现协同后的企业生产经营活动在效率方面带来的变化及效率提升所产生的效益，具体包括规模经济、范围经济、**市场势力**（market power）、资源互补这四个方面。规模经济是指通过扩大生产规模而使单位产品的成本下降，从而获得收益；范围经济是指企业通过多种产品经营而使单位产品的成本降低，从而获得收益；市场势力指的是并购之后新的公司市场份额提升，从而更能够提高产品价格，获取垄断利润；资源互补是指公司通过合并更好地利用双方已有资源，如技术开发、市场营销等方面的资源，从而使两个公司的能力达到协调有效的利用。

1998 年，花旗银行与旅行者集团的合并就是基于经营协同效应的考虑，具体来说，是基于规模经济与范围经济的考虑。

案例 7-4

花旗银行与旅行者集团的合并

花旗银行成立于 1812 年，成立以来，其通过大量的收购，加速形成了金融帝国。而与旅行者集团的合并，是其从商业银行向综合性银行跨越的重要一步。

1. 合并前的构想

花旗银行和旅行者集团合并时的预期是在随后两年通过集团内部交叉销售与成本节约产生协同效应：花旗银行原为美国最大的商业银行，但在 1996 年纽约化学银行和大通曼哈顿银行合并后，屈居次席。花旗银行有着最多的海内外分支网络。旅行者集团则拥有旅行者保险公司以及当时第二大投资银行所罗门美邦公司。由于花旗银行和旅行者集团的金融产品是互补的，而且销售网络也是互补的，花旗银行主要是分支网络，而旅行者集团主要是保险或者证券的直接代理人，因此，可以利用花旗银行的分支网络售卖旅行者集团的产品，如保险和证券经纪业务，同时又可以利用旅行者集团的销售代理销售花旗银行的产品，如基金、信用卡、消费信贷等。表 7-1 列出了合并前花旗银行和旅行者集团的简况。

表 7-1 合并前花旗银行和旅行者集团的简况 （金额单位：亿美元）

类别	花旗银行	旅行者集团
营业收入	216	271
营业利润	41	34
资产总额	3 109	3 866
股东权益	219	222
职员人数（人）	93 700	68 000

资料来源：Wall Street Journal, April 7, 1998.

2. 合并过程

1998 年 4 月 7 日，花旗银行和旅行者集团宣布合并，两家合并为花旗集团。花旗银行以其股票 1∶2.5 换购花旗集团股票，旅行者集团则按 1∶1 换购花旗集团股票。1998 年 7 月 22 日两公司的股东大会通过合并提议。10 月 8 日，美联储批准了合并申请，跨行业的金融巨头花旗集团从此诞生。

由于直到 1999 年 11 月克林顿总统才签署《金融服务现代化法案》，而花旗旅行者合并案在此之前就发生了，因此其实此案触犯了《格拉斯 – 斯蒂格勒法案》。

3. 合并后的整合

合并后，花旗银行与旅行者集团股东各持有整合后的花旗集团 50% 的股权。在花旗集团 18 席董事中花旗银行和旅行者集团各占有 9 席。在花旗集团最高管理层人事安排方面，花旗集团首创了"双首长制"，花旗银行的里德（John Reed）与旅行者集团的威尔（Sanford Weill）共同担任花旗集团董事长的共同首席执行官（Co-CEO）。

在业务方面，花旗集团将其业务按产品划分为三大集团，分别为：全球消费者金融集团，主要包括花旗银行的北美分行、抵押贷款、信用卡及国际消费者业务以及旅行者集团的花旗金融公司、泛美金融服务公司、旅行者人寿及年金公司、旅行者产险公司的个人产险等；全球公司与投资银行集团，包括花旗银行的全球关系银行、新兴市场业务以及旅行者集团的所罗门美邦证券公司、旅行者产险公司的商业产险；全球投资管理及私人银行集团，包括花旗银行和旅行者集团的资产管理业务，以及花旗银行的私人银行业务。其中，全球公司与投资银行集团和全球消费金融集团盈利占整个集团盈利的 88% 左右。

业务整合中,比较出色的是全球公司与投资银行集团。

1998 年 4 月至 10 月,由于双方文化的差异,公司与投资银行业务的整合并不顺利,双方陷入了内部斗争和争夺地盘的局面。花旗银行是典型的商业银行文化,讲求作风保守、注重管理程序及内部控制;所罗门美邦公司则是标准的投资银行文化,作风积极热情、自由放任、重视业绩表现及奖金分红。

但是,通过人事调整和业务调整,双方加强了融合,具体安排是:关闭债券套利操作业务,转向开拓固定收入证券的承销及零售金融等业务;花旗银行的固定收入证券业务并入所罗门美邦公司;所罗门美邦的全球外汇操作业务并入花旗银行;在投资产品方面,花旗主要提供以客户为导向的投资组合解决方案,所罗门美邦公司主要向客户提供以证券现货市场为导向的金融衍生产品。

双方的协作体现在花旗银行部门为投资银行的客户提供融资,比如 1999 年 3 月,在日本烟草公司以 77.9 亿美元收购美国雷诺兹-纳贝斯克的海外业务过程中,所罗门美邦公司是雷诺兹-纳贝斯克的并购顾问,当日本烟草公司表示有意收购时,花旗银行立即在两个月内筹组 50 亿美元的银行团贷款,提供过桥贷款。所罗门美邦公司从花旗银行的全球关系银行客户方面扩大业务。

但是,在全球消费者金融集团方面,原先设想的花旗集团内部金融子公司之间的交叉销售难以实现。花旗银行的产品属于"制造模式",而泛美金融服务公司的产品是量体裁衣类型的"关系模式",双方的销售难以交叉。

4. 花旗集团在保险市场的撤退

2001 年 12 月 9 日,花旗集团宣布将分拆其财产险部分。2002 年 3 月,旅行者财产险公司通过 IPO 出售股权并筹资 39 亿美元。2005 年年初,花旗集团将旅行者的寿险和年金业务卖给了 MetLife,此时几乎所有的保险业务都被出售。

出售保险业务的原因在于保险部门的风险资本收益率相对集团其他业务较低,拖累了集团,同时交叉销售的协同效应并不如之前所想象的那么好。如果不尽早拆分,集团的股价将长期低迷,被竞争对手超出。花旗的目的是要集中资源,做好最擅长的业务——全球金融服务。

🌐 案例 7-5

华润雪花啤酒的快速增长

华润雪花啤酒(中国)有限公司(以下简称"华润雪花啤酒")成立于 1994 年,是一家生产、经营啤酒和饮料的央企控股企业,总部设于中国北京,其股东是华润创业有限公司。

华润雪花啤酒从一个区域性的单一工厂,发展成为行业中的知名企业,仅用了十年的时间。2006 年华润雪花啤酒销量超过 500 万千升,不但突破了雪花啤酒单品销量第一,并且公司总销量一举超越国内其他啤酒企业,成为中国销量最大的啤酒企业。2009 年,华润雪花啤酒公布国际权威调研机构 Plato Logic 的最新统计数据称,2008 年中国雪花牌啤酒超越全球啤酒老大百威英博(AB-InBev)旗下"百威淡啤"(Bud Light),成为世界销量第一的啤酒品牌。截至 2018 年,华润雪花啤酒在中国经营超过 78 家啤酒厂,旗下含雪花啤酒品牌及 30 多个区域品牌。2018 年,华润雪花啤酒年产能约 2 100 万千升,总销量达到 1 128.5 万千升,共占有中国啤酒市场约 29.6% 的份额。

华润雪花啤酒通过自建和并购两条道路快速扩张,强力地扩展了它的市场势力。下面列举了华润雪花啤酒近年来的一些重要并购活动。通过对同行业啤酒公司的并购，一方面加速了对市场份额的占有，另一方面也消减了竞争对手。

1996年8月15日，沈阳华润雪花啤酒有限公司举行股份转让签字仪式，华润啤酒（中国）有限公司占有沈阳华润雪花啤酒有限公司的股份升至90%。

2004年3月9日，华润啤酒有限公司和浙江钱啤集团股份有限公司在杭州举行股份转让合资经营签字仪式，双方宣布将共同经营"浙江钱啤股份有限公司"。

2004年5月18日，华润啤酒在中国香港地区宣布，华润啤酒将和安徽龙津集团组建合资企业，将龙津集团在舒城和六安的两间啤酒厂收入帐下。

2004年9月15日，以收购代价7 100万美元，以及在完成收购之时将承担的一笔债务，成功向狮王啤酒集团（Lion Nathan Limited）收购其在中国啤酒业务的所有权益，包括其位于苏州、常州和无锡的3家啤酒厂，合共516 000千升生产能力。

2005年4月11日，华润雪花啤酒在北京宣布已与阜阳市政府达成协议，并以现金1.25亿元人民币收购已完成重组的阜阳市雪地啤酒有限责任公司的资产。此次收购为华润雪花啤酒在已拥有相当优势的合肥及六安市场以外开辟了安徽西北部的市场，有助于继续推进雪花啤酒在安徽市场上的销售，也将有利于进一步巩固华润雪花啤酒在华中一带建立的市场地位。

2006年2月9日，华润雪花啤酒在北京宣布，以约7 200万元的价格收购福建泉州清源啤酒有限公司（"清源啤酒"）85%的股权，从而顺利实现华润雪花啤酒在福建的生产布局。

2006年7月24日，华润雪花啤酒公司宣布分别以人民币3.38亿元及8 100万元的代价收购浙江银燕啤酒有限公司100%的股权及安徽淮北相王啤酒有限责任公司的资产。

2006年12月15日，华润雪花啤酒宣布分别以人民币约1.39亿元（含存货）及3 700万元的代价收购山西月山啤酒有限责任公司及内蒙古蒙原酒业有限公司与啤酒业务有关的资产。

2007年1月4日，华润雪花啤酒（中国）在北京宣布，以人民币25亿元收购蓝剑（集团）有限责任公司100%的股权。交易完成后，华润雪花啤酒将持有四川华润蓝剑14家啤酒厂100%的股权（收购前持有62%），同时持有四川蓝剑集团（贵州）瀑布啤酒有限公司100%的股权、人民币1亿元现金及"蓝剑"商标。

2007年1月29日，华润雪花啤酒（兴安）有限公司举行揭匾仪式。华润雪花啤酒以3 700万元资金收购乌兰浩特蒙原酒业有限责任公司与啤酒业务有关的资产，华润雪花啤酒（兴安）有限公司成立。

2018年8月3日早间，华润雪花啤酒发布公告称与喜力啤酒达成战略合作，将以243.5亿港元对价向喜力配售新股，占扩股后总股本的40%；喜力则向华润雪花啤酒转让中国（包含港澳地区）现有业务，并向华润的啤酒授予喜力在中国的独家商标使用权。喜力啤酒总部位于阿姆斯特丹，是全世界第二大的啤酒酿造商。

华润雪花啤酒公司的发展情况
请扫码进入华润雪花啤酒公司官网阅读。

读者如果有兴趣，可以扫描二维码进入网页了解和阅读华润雪花啤酒公司的发展情况。

3. 财务协同效应

财务协同（financial synergies）效应是指通过并购在财务方面产生协同而给公司带来收益，具体包括财务资源互补和财务成本降低。

财务资源互补方面，具体来说就是有两类企业：一类企业拥有大量的超额现金流但是缺少投资机会；另一类企业内部资金较少但是有大量投资机会，需要融资。这两类企业通过合并就有可能得到较低的内部资金成本的优势。财务成本降低指的是并购后企业的财务运作能力大于并购前两个企业财务能力之和，同时，企业合并之后，资本扩大、现金流改善、整体信用提升，这使得公司的财务综合成本得到降低。综合而言，财务协同效应就是通过企业的合并可以带来财务上的改善，从而获得较低成本的内部融资和外部融资。

7.2.2 多元化效应

多元化效应是指企业通过并购与自身产业并无相关性的公司而使资产配置多元化，以此分散风险、获取收益。多元化效应的理论根据是马科维茨的资产组合理论，根据资产组合理论，通过多元化持有资产可以防范资产的个体风险，降低因个体差异而形成的非系统性风险。公司股权也是资产的一种，因此，多元化并购在理论上也可以达到同样的效果。但是，企业并购是一件复杂的事，当收购的股权达到一定比例之后，就要涉及参与管理、整合企业等各个具体的事务，而且，当被并购企业出现困难时，收购方一般很难退出，也就是说，收购的股权的流动性是有限的，而不是像基金在证券市场中构建资产组合那样简单。因此，多元化并购并不能简单地达到"东方不亮西方亮"的效果，而往往会出现多元恶化，也就是"东方西方都不亮"。

所以，市场存在着大量的多元化失败的案例，而且我们所看到的成功案例，也都是因为并购方虽然跨行业并购，但是事先有着充分的准备和了解，这种多元化也往往和企业的主业有着简洁的联系。

案例 7-6

伯克希尔－哈撒韦公司：多元化并购的范例

伯克希尔－哈撒韦公司（以下简称"伯克希尔公司"，股票代码：BRK_A 和 BRK_B）是一家具有深远影响的投资控股公司，伯克希尔公司在全世界所有保险公司中，股东净资产名列第一；在 2018 年《财富》500 强中，伯克希尔公司以 2 421 亿美元营业收入名列第 10 名，并以 449 亿美元的利润而名列利润榜的第 3 名。任何一种划分公司种类的做法都不适合伯克希尔公司。伯克希尔公司是一家控股公司，旗下公司的经营范围包括保险和再保险、媒体、铁路运输、能源、银行，还包括行业诸多的各类制造业公司。伯克希尔公司是一家混合型公司，这从经营范围上不难看出。根据伯克希尔公司 2009 年的年报，伯克希尔公司目前经营的保险类公司有 10 家，非保险公司 68 家，总共 78 家公司。这还不包括伯克希尔公司作为证券投资而持有的可口可乐、麦当劳、《华盛顿邮报》、沃尔玛、强生、宝洁、吉列、美国运通、富国银行、穆迪公司、卡夫食品、康菲石油、通用电气、联合包裹（UPS）、家得宝等公司的股份，这些公司的股份虽然是以证券投资的方式持有，但伯克希尔公司在很多公司中都是第一大股东。根据 2018 年的年报显示，伯克希尔公司是可口可乐、富国银行、美国银行、纽约银行梅隆公司、合众银行、穆迪公司等一系列公司的第一大股东。

伯克希尔公司有员工 389 000 多人，但是总部管理人员仅有 20 多人，他们高效地管理着巨大的企业集团和投资。

伯克希尔公司虽然也像基金公司那样构建投资组合，把这些投资和收购作为整体组合的一枚枚棋子，但是其理念又与基金公司大不相同。伯克希尔公司持有这些公司的股份往往是"超长期"的，甚至不考虑出售而实现资本利得，它不是像持有上市公司股票那样持有这些公司的股份，而是更像持有一家非上市公司的控股股份。

伯克希尔公司从 1965 年沃伦·巴菲特接管到 2018 年，每股净值增长了 10 918 倍，年均复利增长 18.7%，股价增长 24 725 倍，年均复利增长 20.5%，而同期 S&P 指数增长 150 倍，年均复利 9.7%⊖。由于伯克希尔公司的业绩是以净资产为标准的，S&P 指数是以股价为标准的，而且伯克希尔公司的业绩是税后的，S&P 指数是税前的，因此，实际伯克希尔公司要更大幅度地领先 S&P 指数。

能够成功地经营这么巨大的多元化的企业集团，巴菲特独特的投资理念起到了决定性作用。在企业收购方面，从 1982 年起，巴菲特就开始在每年伯克希尔公司年报上刊登公司收购广告，寻找新的并购对象，一般是六条原则：一是大宗交易（并购公司的税前收益不得低于 1 000 万美元，以后逐渐调整，2008 年上升到 7 500 万美元，而且能够在股权资本基础上而非运用大量债务获得这一收入）；二是持续盈利能力（对未来的盈利项目不感兴趣，盈利状况突然好转也不可取）；三是业务收益状况良好，股权投资回报满意，同时目标公司应没有（或很少）负债；四是现成的管理团队；五是业务简单（对高技术企业不感兴趣）；六是提供收购报价（不会花时间与卖方讨论价格未定的交易）。

巴菲特在谈到他的收购理念时，曾经说道："研究我们过去对子公司和普通股的投资时，你会发现我们偏爱那些不太可能发生重大变化的公司和产业。我们这样选择的原因很简单：在进行收购公司和购买普通股时，我们寻找那些我们相信在从现在开始的十年或二十年的时间里实际上肯定拥有巨大竞争力的企业。至于那些形势发展变化很快的产业，尽管可能会提供巨大的成功机会，但是它排除了我们寻找的确定性。"

读者如果有兴趣，可以自行扫描二维码进入网页了解、阅读伯克希尔－哈撒韦公司的主要业务和主要子公司。

伯克希尔－哈撒韦公司的主要业务和主要子公司

请扫码进入伯克希尔－哈撒韦公司官网阅读。

7.2.3 价值低估动因

股票市场并不总是有效的，往往会低估标的公司的价值，从而引起资本收购的欲望。因此从市场估值角度看，价值低估（undervaluation）是公司被收购的一个重要原因。J. Fred Weston 等人（1998）指出在并购时应考虑目标公司的股票市场价格总额与其全部重置成本的大小，如果后者大于前者，表明目标公司的市场价值被低估，此时可以通过并购刺激市场对目标公司的股票价格重估，从而为并购双方创造价值。⊜

价值低估的一个重要来源是市场价值与重置成本的差异。在证券市场中，市场价值与重置成本是不一致的，但是，在特定的情况下，这种差异会扩大。最主要的原因是通货膨胀，在通货膨胀阶段，公司的重置成本上升，但是，由于会计制度的原因，在公司的账面价值中

⊖ 资料来源：伯克希尔－哈撒韦公司 2018 年年报。
⊜ Weston J F, Chung K S, Siu J A. Takeovers, Restructuring and Corporate Governance [M]. 2nd ed. Prentice Hall, 1998.

并没有得到反映,这时候就容易产生公司价值被低估的现象。1969 年,经济学家詹姆斯·托宾(James Tobin)提出了著名的托宾 Q,即所谓的 Q 比例,该比例可以用于衡量市场价值与重置成本的差异,具体而言,Q 比例即公司股票的市场价值与代表这些股票的资产的重置价值的比率,用公式表示为:

$$Q = \frac{市场价值}{重置成本} = \frac{每股股价}{每股重置价值}$$

当 $Q<1$ 时,收购公司比新建公司更有利。美国 20 世纪 80 年代初期,由于通货膨胀和股市低迷的双重影响,Q 比例一直在 0.5～0.6 徘徊,在这种条件下,收购公司有利可图,因此,证券市场中大量出现并购现象,杠杆收购方式也在这段时间被创造了出来。

价值低估的另一个来源是定价套利。假定 A 公司是上市公司,市场对其按照 20 倍市盈率定价,B 公司是非上市公司,市场对其定价是 10 倍市盈率。两家公司的股本情况和盈利状况如表 7-2 所示。如果 A 公司按照 10 倍市盈率现金收购 B 公司,而且,市场对其依然按照 20 倍市盈率定价,那么 A 公司的市值就会上升,并且比原先的 A、B 两家公司市值之和还要多。这其中的增长,就是来自对低市盈率公司的收购。

表 7-2 高市盈率公司对低市盈率公司的收购

项目	A 公司	B 公司	项目	A 公司	B 公司
市盈率	20	10	市值	10 亿元	1 亿元
盈利	5 000 万元	500 万元	并购后利润	5 500 万元	
EPS	0.5 元 / 股	0.5 元 / 股	股价	11 元 / 股	
股价	10 元 / 股	5 元 / 股	市值	11 亿元	
股票数	1 亿股	1 000 万股			

上述并购套利,可以被称为"**自举交易**"(bootstrap),也可以被称为"**增值收购**"(accretive acquisition)。自举交易和增值收购都发生在收购公司的市盈率大于目标公司的市盈率时,两者的共同点在于收购有利于提振公司的短期市场价格,因为收购公司支付的价格低于市场预期被收购方可以带来的价值。两者的差别在于是否能够实现有效的整合。自举交易一般是会计游戏,并不致力于公司的整合和业绩实质性的提升。增值收购则强调并购的协同效应,希望通过并购使得公司价值有实质性的提升。

增值收购能够顺利实施,取决于三个因素:第一,增值收购增加了收购公司的每股收益;第二,公司可以利用增值收购来鼓励股价上涨;第三,增值收购的目标是增加两家公司的协同效应,产生一个大于单独部分总和的合并价值。为了充分实现增值收购的潜在每股收益效益,两家公司必须进行有效整合。

而自举交易方面,由于缺少实质性的整合,股价往往会慢慢回落。在 20 世纪 60 年代的美国,由于不同行业组合可以形成多元化的收入结构,因此大型企业集团在股票市场受到追捧,他们的唯一目标就是不断成长并扩张。当时黄金级公司的代表 LTV(Ling-Temco-Vought)就是得克萨斯电气工程承包商吉米·林(Jimmy Ling)的心血结晶。他成功缔造的商业帝国 LTV 旗下聚集了不少公司,包括琼斯与拉夫林钢铁厂(Jones & Laughlin)、战斗机制造商布兰尼夫国际航空公司(Braniff International Airways)和高尔夫器材制造商威尔森公司(Wilson and Company)。这些资本玩家通过不断地收购、收购、再收购而提高公司市值。

这种花招在拥有高市盈率的牛市非常有效,但 20 世纪 60 年代末期出现的熊市让这些企业集团不得不面对现实：这种数字游戏终成泡影，投资者已逐渐看透这些集团模式，他们发现集团整体收益的增长不可能快于各个部分的收益，每股收益的飙升完全是一种幻觉。而且，即使管理层非常优秀，管理规模庞大、彼此不相关资产也会是个巨大挑战，自然就会出现一些管理不善的子公司。市场对这类公司的市盈率明显调低，使得这种简单并购的花招不再有效。总之，如果所收购公司不能创造增值，那么目前每股收益的上升只是短暂的假象，市场对公司的估值将会下降，公司价值随之下降。

自举交易也会因为市场对上市公司的估值标准下降而失败，因为随着并购的增加，投资者对上市公司的盈利预期会下降，从而调整市盈率倍数，降低对自举交易公司的估值水平。

当然，价值低估还会来自收购方认为市场对目标公司未来盈利能力的低估。相对于重置成本而言，基于盈利的估值不确定性非常大，而收购方往往处于过度乐观的状态中，所以这类的价值低估往往蕴含较大的风险。

案例 7-7

九龙仓的价值

九龙仓（0004.HK）于 1886 年由渣打爵士成立，起初业务只限于货仓经营。尖沙咀海运大厦一带即是一百多年前由渣打爵士和政府投资作为货仓码头之用。经过百年的发展，九龙仓的业务也走向多元化，除收购了海港企业 51% 的股权外，也收购了天星小轮和电车。

九龙仓拥有的地皮位于尖沙咀，具有优秀的发展潜力，而在九龙仓公司的股价中，没有得到充分体现。

1980 年 6 月，包玉刚通过要约，以 105 元/股的价格现金收购 2 000 万股九龙仓股份（49%），短平快地完成了对九龙仓的控股。

之后，九龙仓展开了一连串清晰的改建项目，包括在 1989～1993 年，九龙仓把原来的旧电车厂重建为今天拥有 20 万平方米的时代广场，于 1990～2000 年，海港城展开大型重建，并兴建港威一期。海港城的总楼面面积因而新增了 22 万平方米，占整个扩充计划的三成。

以海港城为例，海港城位于九龙半岛南端的尖沙咀，楼面面积共达 78 万平方米，包括优质写字楼、700 间商店及食肆、服务式住宅、酒店、会所和约 2 000 个泊车位，是中国香港地区最大型的购物、饮食及娱乐中心。海港城的租金总收入一般约占集团有关收入的六成。2018 年，海港城的租户销售额达到了 490 亿港元，而海港城仅靠收租金就赚了 100 亿港元。早年间海港城还是一个废旧码头，包玉刚的女婿吴光正逐步改造这个码头，使之成为如今举世闻名的海港城。

海港城以及九龙仓名下的时代广场估值约 2 195 亿港元，土地使用年限均为 999 年，这些资产成为九龙仓的核心盈利资产。

2017 年 11 月 23 日，九龙仓将其全资子公司九龙仓置业独立分拆上市。九龙仓置业（1997.HK）以香港投资物业为主，资产包组合里包括海港城、时代广场、荷里活广场、卡佛大厦、会德丰大厦及正改建为奢华酒店的 The Murray 等六项位于中国香港地区的投资物业。

7.2.4 委托代理关系

代理理论（agency cost theory）最初是由 Jensen 和 Meckling 于 1976 年提出的。按照代

理理论，经济资源的所有者是委托人，负责使用以及控制这些资源的经理人员是代理人。委托人与代理人在利益上是不一致的，而且代理人的动机难以验证，由此容易引起经理人员追求私人利益而非公共利益，而这种代理成本将由其他大多数的所有者承担。

代理理论实际上源于管理层利益驱动。所有权和经营权实现"两权分离"后，控制权逐渐移位于管理层，他们日益成为经济生活中最有力的决策者。由于管理层目标与企业目标的内在冲突，此时委托代理问题就变得非常突出，其变形就是管理层努力扩张企业，以使他们的薪金、津贴和地位随企业规模的扩大而提高。

Roll（1986）提出了自大假说，认为发生并购并不是收购公司拥有私人信息，而是收购公司部分决策者的自大，即自以为在公司估值上能够比市场做得更好，才导致了收购公司愿意付出溢价去并购目标公司。由于这部分决策者自以为存在的协同效应或其他并购价值来源实际上是不存在的，收购公司对目标公司支付的并购溢价最终将被市场证明是过度支付，收购公司将因此陷入典型的"赢者的诅咒"情境，其股东的财富将被损毁。Mueller 和 Sirower（2003）以 1978～1990 年大公司之间的 168 起并购为样本，几乎没有证据表明并购产生了协同，反而有相当的证据证明是被管理者的自利和自大所驱动。

7.2.5 税负效应

有时候，公司会从税收角度进行并购。当公司有过多账面盈余时，合并一家亏损公司可以减少应纳税额，从而降低税负。

除了直接的税收扣减，并购方更主要地会考虑亏损递延的税负节约。一般税法中都会有亏损递延条款，公司在一年中出现亏损，该企业不但可以免交当年所得税，其亏损还可以向后递延，以抵销后若干年的盈余，企业以抵销后的盈余缴纳所得税。所以，一些盈利能力高、已达到公司所得税最高等级的公司会考虑选择那些累计亏损额较大但市场前景较好的企业作为收购对象，从而冲抵其利润，大大降低其纳税基础及税收。

利用并购获得税收优惠必须要根据所在国的税法规定。根据美国税法，亏损递延是指如果某公司在一年中出现了亏损，该企业不但可以免付当年的所得税，还可以将亏损向后递延，以抵销以后 15 年的盈余，企业根据抵销后的盈余缴纳所得税。但是我国税法规定：①转让整体资产、资产置换——转让受让双方亏损各自在税法规定弥补年限内弥补，不得结转；② 合并——被合并企业以前年度的亏损，不得结转到合并企业弥补。但是对于企业重组同时符合特定条件的，可以适用特殊性税务处理规定来结转被并购企业的亏损。

对于并购而言，税负毕竟是次要的原因，在决策过程中，税负往往是被作为并购成本的节约，而不是最直接的并购原因。

案例 7-8

收购某钢铁企业时的税务安排

有四家公司（F、C、T、B）准备联合投标收购一家濒临倒闭的钢铁联合企业 X。

F 公司是当地最大的工业集团之一，具有雄厚的资金实力与钢铁方面的生产管理经验和技术，但是，F 公司的资产负债率比较高，不希望因为收购而加大负债，希望新收购的钢铁联合企业不并入公司的资产负债表,因此要求持股比例不高于50%。

C公司是当地一家有较高盈利的有色金属企业。

T公司和B公司是两家投资公司。

钢铁联合企业X由于连年亏损,留下超过5亿元的亏损,投资财团希望利用这些亏损节约投资成本,但只有C公司一家可以吸收这些亏损。经过设计和谈判,四方最终采用了以下的合资结构:C公司认购控股公司(收购主体平台)100股股票(1元/股),成为控股公司,因而C公司成为钢铁联合企业法律上100%的拥有者,这样,钢铁联合企业的亏损就可以经由控股公司而并入C公司的报表,控股公司和C公司合并税收;四方投资者通过认购控股公司的发行的可转换公司债券提供此次收购的资金;投资者根据合资协议组成董事会,负责公司的重要决策,并任命F公司设立的100%股权的管理公司担任项目经理,负责公司的日常生产经营;由于C公司获得了税收亏损的好处,因此C公司多出5 000万元(见图7-1和表7-3)。

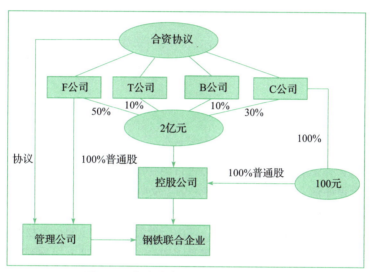

图7-1 收购某钢铁企业时的投资结构

表7-3 收购钢铁联合企业的出资比例　　　　　　　　　　(金额单位:百万元)

公司	实际持股比例(%)	可转换公司债券	购买债务亏损	总计	实际投资占总投资比例(%)
F公司	50	75		75	37.5
C公司	30	45	50	95	47.5
T公司	10	15		15	7.5
B公司	10	15		15	7.5
合计	100	150	50	200	100.0

由于利用了税收亏损,除C公司以外的投资者可以节约投资资金的25%,而C公司通过税务亏损合并则获得了1.65亿元的税款节约(当地税率33%)。

7.3 公司并购的一般操作程序

并购是一项非常复杂、技术性强、量体裁衣的投资银行业务。在并购的过程中,并购方需要综合考虑各种因素,包括业务、财务、文化等各个方面,而在具体执行时,需要选择合适的时机、计算交易的金额、考虑支付的方式等。在并购前，并购方一般需要选择实力雄厚、经验丰富的投资银行作为并购顾问，制订合适的计划，并在并购过程中全程参与。并购的财务顾问协议一般会包括服务条款、费用安排、免责条款和终结条款等。

7.3.1 目标公司的筛选

目标公司的物色，可以由并购方完成，也可以由投资银行代为寻找潜在的目标公司。目标公司的选择，需要符合并购方的战略要求。

物色目标公司的过程，同时也是并购需求分析和并购计划制订的阶段，在这个阶段，并购方和投资银行需要对企业的并购需求进行论证、对并购能力进行探讨、对目标公司的特征模式进行沟通，并且就主要的并购方式，如二级市场收购还是非公开市场私购、融资并购还是非融资并购等达成一致。

由于在此阶段尚未进入收购，因此目标公司的相关数据只能通过公开的渠道获得。收购方也可以做一些市场调查，通过相关的政府部门、被收购方的竞争对手或合作伙伴来深入了解被收购方。

7.3.2 目标公司的评价

初步确定目标公司后，需要对目标公司进行隐秘的、全面的评估。评估主要分为财务评估、技术评估、管理评估、税务评估、法律评估、反收购评估、其他方面评估等。

在财务方面，主要考虑销售额、成本、利润、现金流量、股权结构、税务等方面的指标。财务方面的评估主要由投资银行完成。其中，尤其需要关注的是股权结构。股权的集中或分散程度、股权流动性高低、内部持股率等因素会在很大程度上影响到后续并购方式的选择以及并购成功的可能性。股本规模较小、股权较分散、股权流动性较强、内部持股率较低的目标公司容易成为被收购的对象。但是，如果大股东有出售控股权的意向，此时股权集中相对更好。

在技术方面，需要评估装备水平、工艺先进性、产品质量、原料供应、市场状况等。这类指标往往可以聘请专业的公司或人员进行评估。

在管理方面，主要对主要管理人员、信息系统、监控系统等进行评价。

在税务方面，收购企业的全部过程涉及诸多税务问题，需要考虑的问题有：被收购企业的税务结构及状况、资本市场收购时涉及的印花税和资本利得税等。税务评价的另一个内容是从买方整体来评价收购了这家新的企业后其新的税务结构和地位的变化。

在法律方面，主要是评估交易的法律风险，主要评估的方面有：交易的合法性、产权的完整性和真实性、各种合同的法律纠纷和潜在风险。为了防范法律方面的风险，一般会请专门的律师事务所作评介并出具法律意见书，由于一些潜在的法律问题难于在收购时弄清，所以买方为了保护自己的利益，也会要求卖方出具一个承诺（undertaking）。

反收购评估也是比较重要的一项调查内容，需要了解目标公司是否有反收购准备，如果有，是哪些，有没有破解的办法。反收购措施的调查，主要是对公司章程的相关规定以及金降落伞、毒丸计划等相关协议进行调查。如果忽略反收购评估，会在收购实施过程中处于被动局面。

其他方面还包括诸如对劳资和环保的评估。这两个问题虽然与生产没有直接的联系，但如果处理不好，会对企业的经营产生重大影响（在有些行业中尤为突出）。

7.3.3 目标公司的估值

目标公司的估值，其实算是财务评估的一个部分，但是由于估价在并购交易中的重要性，所以我们单独列出讨论。公司价值评估有很多种方法和模型，我们在此介绍四种基本的方法，即资产基准法、现金流贴现法、市场比较法和实物期权法。需要注意的是，任何模型都有其缺陷和不足，因此在实际评估时，模型估价只能作为一个参考。公司估值是一门艺术，而不是技术。公司估值还会受到很多因素的影响，即使假定只受四个因素影响，而每个因素判断的准确率都是80%，最终准确率也只有40.96%（=80%×80%×80%×80%）。

1. 资产基准法

资产基准法是一种静态评估方式，往往作为收购报价的底线。运用资产基准法时，首先要得到企业资产方面的相关数据，然后利用这些数据估算企业的价值。资产基准法主要有账面价值法和重置成本法。另外还有一种清算价值法，但是，清算价值法是企业终止时的价值计算法，而收购企业是以延续经营为目的的，因此，这种方法事实上并不适用于收购估价。

（1）账面价值法。账面价值法是最为简单的一种，也就是根据资产负债表中的账面净资产而估算企业价值。事实上，并购很少按照账面净资产支付对价，因为购买企业和购买商品是不同的，购买企业注重的是其盈利能力和成长能力，两家盈利能力相差很大的公司即使具有相同的净资产也不会得到相同的出价。为弥补这种缺陷，在实践中往往采用调整系数，对账面价值进行调整，变为：

$$目标企业价值 = 目标公司的账面净资产 \times (1+ 调整系数)$$

式中，(1+调整系数)也叫作市净率，这种调整方法也叫市净率法。账面价值法比较适用于账面价值和市场价值相差不大的企业，尤其是非上市公司。

（2）重置成本法。重置成本是指并购企业重新构建一个与目标企业完全相同的企业需要花费的成本。当然，采用重置成本法时，必须要考虑到现存企业资产的贬值情况，贬值包括了有形损耗、功能性贬值和经济性贬值。重置成本法的思路是购买商品的思路，并不考虑被收购企业资产的盈利能力，因此，这种收购价值估算方法适用于以获取对方企业资产为目的的并购。

案例 7-9

巴菲特收购伯克希尔公司：资产基准法的失误

伯克希尔公司被巴菲特收购之前是一家传统家族纺织企业，但是由于棉纺织品过剩和产业海外转移，伯克希尔公司业绩低落、股价低迷。伯克希尔公司在1948年的税前利润额为2 950万美元，拥有12家工厂和11 000名雇员，但到1965年之前，它的利润所剩无几，工厂只剩2家，雇员仅余2 300人。

1962年，巴菲特第一次以每股7美元的价格开始购买伯克希尔公司的股票。伯克希尔公司在1964年10月3日的资产负债表显示，有2 789万美元的资产，以及股东2 200万美元的净值。巴菲特总共花费了约 1 200 万美元，终于在 1965 年 5 月取得伯克希尔公司的控制权，当时伯克希尔公司的市场价值约为 1 800 万美元。巴菲特收购的原因在于他认为市场大大低估了伯克希尔的价值，这使得他有机会以低于账面价值的价格购入这家公司。

但是，伯克希尔公司的纺织业依旧每况愈下，收购完成的 20 年后，也就是 1985 年圣诞节前夕，所有的原材料都用完了，所有的订单都完成了，设备也都卖掉了，工厂停止了生产。1 200 万美元购得的机械设备最终只卖了几十万美元。

这是巴菲特投资生涯中犯的一个重大错误，因为贪图便宜而购入伯克希尔公司。但是，巴菲特很快认识到错误并转而利用伯克希尔公司纺织业的现金流转而收购保险公司，进行投资，实现了公司的重大转型。因此，20 年后，伯克希尔公司股票的股价从当初巴菲特所付的平均价每股 11 美元，上升到了每股 2 600 美元。

2. 现金流贴现法

现金流贴现法是在考虑资金的时间价值和风险的情况下，将发生在不同时点的现金流量按既定的贴现率统一折算为现值再加总求得目标企业价值的方法。该方法的介绍参见 3.6.4 中股票发行定价方法中的现金流贴现定价法，其实质是一致的。

现金流贴现法是比较成熟、比较科学的评估方法，它同时适用于上市公司和非上市公司的价值评估。但是，未来现金流、终值以及贴现率都是不太确定的，这就大大地影响到价值评估的准确性。

如果说资产基准法确定了价值评估的底线，那么，现金流贴现法主要考察的是企业未来的盈利能力，它为并购估价确定了上限。

现金流贴现法一般会对未来的自由现金流进行估算，然后进行贴现，汇总而得到公司的价值。

3. 市场比较法

市场比较法是基于类似资产应该具有类似价格的理论推断，其理论依据是"替代原则"。市场比较法实质就是在市场上找出一个或几个与被评估企业相同或近似的参照企业，在分析、比较两者之间重要指标的基础上，修正、调整企业的市场价值，最后确定被评估企业的价值。运用市场比较法的评估重点是选择可比企业和确定可比指标。一般会选择行业相似、规模相似、盈利能力相似的企业作为参照。市场比较法的理论基础是有效市场理论，该理论认为当前市场的定价已经充分反映了各方面的信息，因此是合理的价格，相似公司应该以相似的价格出售。

市场比较法通过参照市场对相似的或可比的资产进行定价来估计目标企业的价值。由于需要企业市场价值作为参照物，因此市场比较法比现金流贴现法所需信息少，而且有相应的参照物，买卖双方比较容易就价格达成一致。

比较的主要指标包括市盈率比较、市净率比较、市销率比较、自由现金流比较，等等。

4. 实物期权法

实物期权（real options）的概念最初是由斯图尔特·迈尔斯（Stewart Myers）于 1977 年在麻省理工学院提出的，他指出一个投资方案产生的现金流量所创造的利润，来自目前所拥有资产的使用，以及对未来投资机会的选择。

实物期权不同于金融期权，主要针对一些具有不确定性投资结果（表现为期权）的非金融资产，是该类资产定价的重要方法。实物期权的一般形式包括放弃期权、扩展期权、收缩期权、选择期权、转换期权、混合期权、可变成交价期权以及隐含波动率期权等等。实物期权法是当今投资决策的主要方法之一。

期权价值评估法下，利用期权定价模型可以确定并购中隐含的期权价值，然后将其加到按传统方法计算的静态净现值中，即为目标企业的价值。

和资产净值法这种静态的定价方法相比，期权价值评估法考虑了目标企业所具有的各种机会与经营灵活性的价值，弥补了静态评估的缺陷。和现金流贴现法相比，现金流贴现法不考虑外在环境的变化和管理策略变化对企业价值的影响，而实物期权法着重考察未来各种变化的价值，能够使并购方根据风险来选择机会、创造经营的灵活性。因此，从定价的理念角度看，实物期权法是并购定价非常科学合理的测算方法。

在实际运用中，实物期权法并不是替代传统技术的全新框架，现金流贴现法与实物期权法应视为具有互补性质的决策工具，前者更适合分析确定决策环境中并不复杂的项目，其预测在相对稳定的环境中更为可靠；后者更适合分析不确定环境中的复杂项目，管理者可利用新信息，积极管理项目。

林特和彭宁斯（Lint & Pennings，2001）以实物期权法与现金流贴现法具有互补性为基础，提出了四象限分析法。他们根据收益和风险的不同将项目分为四个象限，如图7-2所示。

象限1：项目具有高期望收益与低风险。可使用现金流贴现法分析，且项目应立即实施。

象限2：项目具有低期望收益与低风险。可运用现金流贴现法分析，且项目应立即放弃。

象限3：项目具有高期望收益与高风险。使用实物期权法量化风险，在新信息来临时根据新信息进行决策。

象限4：项目具有低期望收益和高风险。使用实物期权法分析，在有利信息来临时实施项目。有些收购对象，比

图7-2 实物期权法和现金流贴现法的应用

如困境公司，虽然期望收益非常低，但是如果存在高风险的话，它还是有价值的。对这一类公司，如果采用现金流贴现法估值，肯定是没有收购价值的。

实物期权法的应用缺陷在于：其一，使用期权定价模型时，需要有一定的假设条件，事实上，很多经济活动的机会收益是否符合几何布朗运动规律，有待继续研究；其二，实物期权法的计算结果因情况而异，因此其结果的确定性不足。因此，在并购实务中很少单独采用该方法，往往是在运用其他方法定价的基础上考虑并购期权的价值后，加以调整得出评估值。

5. 收购溢价和并购铁律

据统计，1997～2006年，支付给上市公司的收购溢价，在美国平均为30%，在欧洲平均为28%。收购所支付的价格往往是收购过程中的关键所在，再好的企业，如果价格过高，也是不合适的。那么，如何确定并购中所能支付的最高价格？在并购中，兼并所创造的价

值，是否可以补偿乃至超过支付给目标公司股东的溢价？

假设 B 公司收购 T 公司，两家公司在收购信息公布前的股价和净收入如表 7-4 所示。

表 7-4 收购前 B 公司和 T 公司的基本信息

项目	B 公司	T 公司
兼并信息发布前的股价（美元 / 股）	30	22
净利润（亿美元）	80	37.5
发行在外的股票（亿股）	40	15
每股收益（美元）	2	2.5
市盈率	15	8.8
市场价值（亿美元）	1 200	330

假定收购后的公司为 C，收购完成后，B + T = C，V_B、V_T、V_C 分别代表各家公司的股权价值，则：

$$V_C = V_B + V_T + 协同效益 - 现金对价$$

若 P_T 代表支付给目标公司的收购价（现金对价），那么：

$$溢价 = P_T - V_T$$

收购方的收益或者损失可以表示为：

$$收购方收益 / 损失 = V_C - V_B = V_T + 协同效益 - 现金对价$$
$$= 协同效益 - (现金对价 - V_T)$$
$$= 协同效益 - 溢价$$

因此，我们得到：收购方收益 = 协同效益 - 溢价，这一关系被称为"并购铁律"，即收购方的收益取决于收购后能够得到的协同效益与其支付的溢价之差。

如果把收购方支付的溢价看作是出售方的收益，那么，收购方收益 + 出售方收益 = 协同效益，收购方和出售方的总收益来自并购后的协同效益，支付溢价的多少，体现了收购方和出售方之间利益的分配，它来自谈判的结果。

"并购铁律"还有另一种表示方法，根据收购方收益 = 协同效益 - 溢价，如果收购方必须保证收益为正，那么，协同效益必须大于所支付溢价，也就是说，在并购过程中，收购方所支付的溢价不得超过未来的协同效益，否则并购方就会承受亏损。

下面我们分现金支付、换股收购、部分现金部分换股这三种方式来讨论并购对价。

（1）现金支付。假设 B 公司支付给 T 公司的价格是每股 30.8 元（40% 的溢价），溢价金额是 132（= 22 × 0.4 × 15）亿美元，假定协同效益的现值估计是 100 亿美元，那么：

$$收购方的收益 = 协同效益 - 溢价 = 100 - (30.8 × 15 - 330) = -32（亿美元）$$

按每股计算，T 公司股东的收益为 8.8（= 132/15 或者 40% × 22）美元 / 股；B 公司股东的损失为 0.8（= 32/40）美元 / 股。

（2）换股收购。假设 B 公司采用纯粹的换股方式进行收购，T 公司股东以每股 T 股票换得 1.026 67 股 B 公司股票，计算依据是 T 公司股票每股 22 元，B 公司支付 40% 溢价，那么 T 公司股东应该得到 30.8（= 22 × 1.4）元 / 股，而 B 公司股票价格为 30 元 / 股，因此相当于 1.026 67（= 30.8/30）股。

请思考，T 公司目前获得的对价是否与全现金收购时的 30.8 美元 / 股相等？

答案是不相等，因为股本稀释了。T 公司股东得到的是合并之后的公司的股票。

我们用 P_C 代表公司 C 的股价，n 代表 B 公司原有的股份数，m 代表对 T 公司股东发行的股份数，那么，新公司的总股份数就等于 $n+m$。此时，公司 C 的每股价值为：

$$P_C = \frac{V_C}{n+m} = \frac{V_B + V_T + 协同效益 - 现金}{n+m}$$

代入 $n=40$，$m=15.4$（$=1.02667 \times 15$），现金 $=0$，协同收益维持不变，仍为 100 亿美元，则：

$$V_C = 1\,200 + 330 + 100 = 1\,630（亿美元）$$
$$n + m = 40 + 15.40 = 55.4（亿股）$$
$$P_C = 163\,000/55.4 = 29.42（美元/股）$$
$$P_T = P_C \times m = 29.42 \times 15.4 = 453.1（亿美元）$$
$$溢价 = P_T - V_T = 453.1 - 330 = 123.06（亿美元）$$

请注意比较：在现金收购时，溢价为 132 亿美元，而此时换股收购时，减少到 123.1 亿美元。

相应地，转换价值为 30.21（$=453.1/15$）美元/股，即 37.3% 的溢价（$=30.21/22-1$）。

T 公司股东的收益是 8.21（$=(453.1-330)/15$）美元/股，B 公司股东损失为 0.58（$=23.1/40$）美元/股。

两相比较，换股收购时，B 公司支付的溢价有所减少，B 公司股东的损失也有所减少。

（3）部分现金部分换股。假设 B 公司每收购一股 T 公司的股票支付 15 美元现金和 0.541 股 B 公司股票，协同效益依然是 100 亿美元，结果会怎样？

$$V_C = 1\,200 + 330 + 100 - (15 \times 15) = 1\,405（亿美元）$$
$$n + m = 40 + 15 \times 0.541 = 48.115（亿股）$$
$$P_C = 1\,405/48.115 = 29.201（美元/股）$$
$$P_T = P_C \times m + 现金 = 29.201 \times (15 \times 0.541) + 225 = 462（亿美元）$$
$$支付给 T 公司的价格 = 462/15 = 30.80（美元/股）$$

此时，对价与全现金收购相等。

但是，由于部分支付采用股票，因此可以延迟资本利得税，也许在这个方面另有吸引力。

此时，收购方的收益 = 协同效益 − 溢价 $=100-(30.8 \times 15-330)=-32$（亿美元），也与全现金收购时完全相同。

按每股计算，T 公司股东的收益 $= P_T - 330 = 462 - 330 = 132$（亿美元），折合 8.8（$=132/15$）美元/股；B 公司股东的损失 0.8（$=32/40$）美元/股。这些也都与全现金收购时完全相同。

不过，此时如果计算对 T 公司收购的名义溢价率，就不是 40% 了，此时溢价率为 41.95%（$=(15+0.541 \times 30)/22-1$）。

当然，此时部分现金部分换股与全现金收购的核算完全一致，是基于 B 公司每收购一股 T 公司的股票支付 15 美元现金和 0.541 股 B 公司股票的假设，如果改变这一支付条件，这两种收购方式就会显出差异了。

（4）盈亏平衡点的核算。根据并购铁律，收购方收益 + 出售方收益（溢价）= 协同效益，那么，收购盈亏平衡时，收购方收益为零，此时：

$$协同效益 = 出售方收益 = 收购溢价$$

假定依照上述部分现金部分换股方式，B 公司对目标公司 T 支付 $P_T = m \times P_B +$ 现金，那么：

盈亏平衡时的协同效益 = 溢价 = $m \times P_B$ + 现金 $-V_T$ = 15×0.541×30 + 225 − 330 = 138.45（亿美元）

也就是说，在协同效益达到 138.45 亿美元的条件下，B 公司的报价才可以使得这次收购盈亏平衡。

（5）将盈亏平衡协同效益与公司的经营业绩相联系。假定公司所得税为 40%，目标公司的实际资本成本为 11%，兼并费用为 12 亿美元，那么要使 B 公司的要约价格合理，需要永续自由现金流至少增加 16.55（=（138.45+12）×11%）万美元。

假设资本支出和净经营资本的增加所需的融资由折旧和其他非现金项目来提供，那么，与盈亏平衡协同效益相对应，营业利润需要增加 27.58（= 16.55/（1−0.4））亿美元。

案例 7-10

美国银行收购行舰队波士顿银行，对盈亏平衡效益的估算

2003 年 10 月 24 日，美国银行（Bank of America，BAC）宣布收购舰队波士顿银行（Fleet Boston，FB），交易采用换股的形式。10 月 22 日，FB 的股价为 45 美元/股，BAC 股价为 81.03 美元/股，据此确定换股比例为每股 FB 换 0.555 3 股 BAC（= 45/81.03），总价值约 489 亿美元（= 0.555 3×10.869×81.03）。

以资产规模计，BAC 当时位居美国银行业第三位。截至 2003 年 9 月 30 日，该银行资产总计 7 370 亿美元，而 FB 排名第七，资产规模为 1 960 亿美元。一旦收购完成，BAC 将取代 J. P. 摩根大通成为全美第二大银行，仅次于花旗集团；新的 BAC 将拥有美国 9.8% 的银行存款，零售客户 3 300 万，居美国银行业首位；新公司将雇用大约 18 万名员工，拥有近 5 700 个分支机构，是竞争对手富国银行的近两倍。

在兼并公告发布前一日，两个公司的股权价值如表 7-5 所示。

表 7-5　美国银行（BAC）和舰队波士顿银行（FB）的基本信息

项目	BAC	FB
股价（美元/股）	81.86	31.8
股票数量（十亿股）	1.489 4	1.086 9
市场价值（十亿美元）	121.92	34.56

如果忽略收购费用，那么：

美国银行的盈亏平衡协同效益 = 0.555 3×10.869×81.86 − 345.6 = 148.5 亿美元

假定实际资本成本为 6%，那么该协同效益相当于永续自由现金流每年增加 8.9（= 6%×148.5）亿美元。

假定资本支出依靠内部融资，企业所得税为 38%，那么，每年的营业利润需要增加 14.4（= 8.9/（1−0.38））亿美元。华尔街对该合并的协同效益预估如表 7-6 所示。

表 7-6　合并协同效益的估算

重组费用	13.0 亿美元
第一年费用协同效益	4.20 亿美元
第一年收入协同效益	1.80 亿美元
第一年合计	6.0 亿美元
第二年费用协同效益	18 亿美元
第二年收入协同效益	3.3 亿美元
第二年合计	21.3 亿美元

假设合并的执行延迟了一年，则

预期的协同效益的价值[①] = $\left[\dfrac{(6.0-13.0)}{1+6\%} + \dfrac{(21.3/0.06)}{(1+6\%)^2} \right] \times (1-0.38) = 19.18$（亿美元）

此时，协同效益大于支付的溢价（191.8＞148.5），支付的溢价是合适的。支付的溢价是41.5%（＝45/31.8–1）。

490亿美元股票比FB上周五收市时的股票价值346（＝10.869×31.8）亿美元高出了41.6%。其他有意收购FB的银行都认为，BAC出价过高，因为FB的经营一直无法在其东北主要市场以外的地区增长，它在阿根廷的业务亏损严重。这些BAC的竞争对手包括位于北卡罗来纳州夏洛特市的美联银行和花旗集团。

周一，BAC股价下跌了10%，这是市场担心对BAC收购价格过高的迅速反应，但是FB的股价则上涨了26%。

①第二年之后的费用协同效益和收入协同效益都假定与第二年相同，简单估算，因此第二年以后的收益就是355（＝21.3/0.06）亿美元的现值。

（6）增值-稀释分析。如前所述，假设B公司收购T公司。对每股收益（EPS）的影响如表7-7所示。

表7-7 收购的增值-稀释分析

	B公司	T公司	C公司
净利润（亿美元）	80	37.5	117.5
发行在外的股票（亿股）	40	15	55.4
每股收益（美元）	2	2.5	2.12
市盈率	15	8.8	
增值（稀释）			0.12
增值（稀释）百分比			0.06

对于B公司股东，每股收益因为收购而上升到2.12（＝117.5/55.4）元/股。

B公司股东的权益＝117.5×40/55.40 × 市盈率

T公司股东的权益＝117.5×15.4/55.40 × 市盈率

如果市场的估值市盈率没有发生变化，即C公司依然保持15倍的市盈率，那么对于收购方就获利了，此时C公司的市值为1 762.5（＝117.5×15）亿美元，而原先B公司的市值为1 200（＝80×15）亿美元，T公司的市值为330（＝37.5×8.8）亿美元。这是高市盈率公司收购低市盈率公司的一个例子。

这是简单的增值-稀释分析。投资者可能会考虑到市盈率的变化，认为：高市盈率是高成长的反映，低市盈率是低成长的反映。合并后，可能会采用一个加权平均的市盈率来估值。

新的市盈率＝(15×80+8.8×37.5)/(80+37.5)＝13.02

在此条件下，公司市值不变。

合并后的股价＝2.12×13.02＝27.60（美元/股）

如果考虑协同效益100亿美元，那么100/55.4＝1.81美元/股，此时股价为29.41（＝27.60＋1.81）美元/股。

考虑另一种估算模式。假设转换比例为1股T公司股票转换为1.5股B公司股票，那么B公司将增加22.5（＝15×1.5）亿股，合并后总股数为62.5亿股。预测EPS为1.88（＝117.5/62.5）美元，稀释程度为0.12（＝2–1.88）美元，即6%。

这意味着，要实现零稀释，必须营业利润增加12.5（＝0.12×62.5/(1–40%)）亿美元。如果达不到这个营业利润，市盈率就会下降到对应的位置。

需要注意的是，只有当预期成长性因为兼并而改变时，运用增值减去稀释分析计算盈亏平衡协同效益才有意义。

7.3.4 收购的实施

目标公司一旦确定，收购方就可以开始正式收购了。

首先，并购方可以直接或者委托投资银行与目标公司的管理层接触，表达收购意向，并递交收购建议书，作为与对方谈判的基础。收购建议书的内容包括：收购价格、结构、付款方式、附带条件及建议书有效时间。如果对方愿意在合适的条件下进行磋商和谈判，那么就可以初步签订收购意向书。收购意向书通常会确定并购标的、并购方式、尽职调查范围以及其他事项的安排。同时，双方还需要签署保密协议，并购企业承诺保守对方提供的内部信息，保证不将这些信息用于本次交易以外的任何用途。

然后，并购方将进行**尽职调查**（due diligence），一般通过专业会计师事务所和律师事务所对企业的资产、负债、财务、经营、法律等各个方面进行调查，核对目标公司提供的财务资料是否真实、有无重大出入、各种资产的法律地位是否真实等等。尽职调查是并购前的重要工作，其目的在于增加对目标公司的了解，获得更加全面、真实、准确的信息，由此形成正确的报价和并购条件。

收购意向书和尽职调查是建立在双方合作的基础上的，如果目标公司拒绝合作，或者收购方希望采用突然袭击的方式，那么，收购意向书和尽职调查就都不需要了。

收购的过程分为协议收购和二级市场收购两种。

协议收购是并购双方通过谈判而达成收购协议，并在证券交易所场外转让股份的方式。协议收购方式下，收购意向确定后，收购人应向目标公司的董事会提出，双方就有关收购事项进行磋商、谈判，以达成收购协议，在此过程中，要注意遵循有关法律、行政法规的规定。收购人与被收购公司正式谈判开始后，应立即通知证券主管机关和证券交易所，从正式谈判之日起，被收购公司的股票交易必须停牌，直至公布收购协议之日止。《证券法》第七十一条规定："采取协议收购方式的，收购人可以依照法律、行政法规的规定同被收购公司的股东以协议方式进行股份转让。以协议方式收购上市公司时，达成协议后，收购人必须在三日内将该收购协议向国务院证券监督管理机构及证券交易所作出书面报告，并予公告。在公告前不得履行收购协议。"在协议收购中，《证券法》第七十三条规定："采取协议收购方式的，收购人收购或者通过协议、其他安排与他人共同收购一个上市公司已发行的有表决权股份达到百分之三十时，继续进行收购的，应当向该上市公司所有股东发出收购上市公司全部或者部分股份的要约。"收购人也可以按照相关的法律规定，申请要约收购豁免。

二级市场收购的方式，一般属于恶意收购，这种方式适用于目标公司股权非常分散、控股股东持股比例低的条件下。按照《证券法》八十五条对上市公司收购的规定，通过证券交易所的证券交易，投资者持有或者通过协议、其他安排与他人共同持有一个上市公司已发行的有表决权股份达到百分之五时，应当在该事实发生之日起三日内，向国务院证券监督管理机构、证券交易所作出书面报告，通知该上市公司，并予公告，在上述期限内不得再行买卖该上市公司的股票，但国务院证券监督管理机构规定的情形除外。

投资者持有或者通过协议、其他安排与他人共同持有一个上市公司已发行的有表决权股份达到百分之五后，其所持该上市公司已发行的有表决权股份比例每增加或者减少百分之五，应当依照前款规定进行报告和公告，在该事实发生之日起至公告后三日内，不得再行买卖该上市公司的股票，但国务院证券监督管理机构规定的情形除外。

投资者持有或者通过协议、其他安排与他人共同持有一个上市公司已发行的有表决权股份达到百分之五后，其所持该上市公司已发行的有表决权股份比例每增加或者减少百分之一，应当在该事实发生的次日通知该上市公司，并予公告。

违反第一款、第二款规定买入上市公司有表决权的股份的，在买入后的三十六个月内，对该超过规定比例部分的股份不得行使表决权。

二级市场收购同样规定了要约收购，即《证券法》第六十五条："通过证券交易所的证券交易，投资者持有或者通过协议、其他安排与他人共同持有一个上市公司已发行的有表决权股份达到百分之三十时，继续进行收购的，应当依法向该上市公司所有股东发出收购上市公司全部或者部分股份的要约。收购上市公司部分股份的收购要约应当约定，被收购公司股东承诺出售的股份数额超过预定收购的股份数额的，收购人按比例进行收购。"

收购完成后，收购方将完成资金的交付、产权交接和公司变更等手续，股东将完成登记过户。同时，并购方支付相应的投资顾问等一系列费用。

7.3.5 并购后的整合

并购之后的整合是一个新的阶段的开始，也是最终决定并购是否成功的最为重要的步骤，股权转让的完成，只是在名义上完成了并购，但实质上的并购的完成需要有后续整合的保证。

整合主要分为以下几个方面。

（1）资产的整合。并购完成后，收购方往往会按照其意愿保留核心资产，出售非核心资产或者亏损资产，这样可以减轻现金流压力，同时也体现了业务整合的要求。

（2）业务的整合。收购方在完成收购后，会将目标公司的业务进行整合，具体分为独立保留、与收购方原有部门合并、出售或者关闭。

（3）机构和人员的整合。机构和人员的整合是与业务的整合相联系的，尤其其中的人力资源整合，往往是比较敏感的问题，处理不当，会造成目标公司优秀员工的大批离职，损害企业长远的发展。

（4）文化的整合。文化的整合是软性的，但往往是最难处理的。很多并购就是因为文化整合失当而造成并购失败。比如德意志银行于1989年收购英国的摩根建富集团（Morgan Grenfell Group）后，由于德意志银行控制过严，摩根建富的许多重要高管纷纷离去。瑞士联合银行收购华宝之后，并购主导方将自身的企业文化延伸至被并购子公司，导致多位明星高管离职。

🌐 案例 7-11

上汽集团收购双龙：失败的整合

近年来，为了获取海外先进的生产技术、规避贸易壁垒、取得海外市场和资源，中国的车企纷纷踏上了海外投资和收购之路。

2004年10月28日，上汽集团以5亿美元的价格高调收购了韩国双龙48.92%的股权。

这是国内车企第一次以控股方身份兼并国外龙头汽车公司。根据双方协议，上汽集团将保留和改善双龙现有的设备，引进技术，并在未来对双龙进行必要的投资。上汽集团将帮助双龙拓展其在韩国的业务，还将帮助双龙汽车拓展中国和其他海外市场。当时看来，上汽集团与双龙达到了一种双赢的跨国经营的局面。

上汽集团并购双龙的时候，双龙刚刚扭亏为盈，以生产SUV型汽车为主。之后，金融危机爆发，到2008年年底，双龙现金流几近枯竭，已经到了发不出员工薪酬的境地。为了维持企业的正常运转，上汽集团与双龙管理层一起提出了减员增效、收缩战线的方案，却遭到了双龙工会的反对。由于工会成员担心取消新车推出计划将直接影响到职工收入，2008年12月17日，双龙工会成员在平泽工厂，以外泄核心技术为由，扣留了中方的管理人员。最终，双龙汽车公司不得不放弃整改方案，同时宣布，已无力支付原定于当月24日发放的韩国工厂全体员工的月薪，并且停止招聘，暂停员工福利，以度过当前的经济危机。

虽然2009年1月5日，上汽集团紧急调拨4 500万美元注入双龙，用于支付员工工资，上汽集团提出援助条件是双龙要从生产一线裁员2 000人，但工会坚持不裁员使得上汽集团无法接受，其2亿美元的救济性资金援助也暂时搁浅。救不救双龙，一时间让上汽集团陷入两难境地。2009年1月9日，上汽集团向韩国首尔法庭申请双龙破产保护，以应对销量下滑和债务攀升的局面。2009年2月6日，韩国法院宣布双龙汽车公司进入破产重组程序。这意味着双龙的大股东上汽集团永远失去了对双龙的控制权。

在并购双龙的5年时间里，上汽集团累计投入资金42亿元人民币，损失大半。

上汽集团在收购双龙过程中，高估了双龙的品牌和技术实力，低估了收购后整合的难度，比如韩国工会的强势力量等，这种文化差异导致了并购最后的胜者并不一定就是财大气粗的一方。上汽集团一直被诟病为双龙的提款机，而在管理上并没有很强的主导力量，前期双方关系更像是貌合神离，而一旦陷入危机，上汽集团无法真正控制双龙，终于反目成仇。

7.4 公司并购的支付方式

并购时，收购方可以有多种支付方式供选择，从MM定理来看，各种支付方式对并购价值的实现是没有影响的，否则，就会出现收购方式的无风险套利。但是，从实际运作的角度看，支付方式的选择是非常重要的，往往会影响到最终收购的效果。

并购的支付方式主要有现金收购、换股收购、资产置换收购和其他证券收购这样几种，主要方式是前面两种。下面会分别叙述。

在选择支付方式时，总的原则如下：①判断是否能够优化公司资本结构，如果收购方股权比例偏低，则选择换股方式，反之，则采用现金方式或者债务融资；②尽量在目标公司股东的要求和收购方的意愿中间寻找平衡，因为双方股东对收购支付方式可能会存在分歧，最好能够在符合收购方意愿的同时尽量满足目标公司股东的要求，当然，具体操作时可能会有难度，这就取决于双方谈判的能力；③利用税收的优惠。不同的支付方式不同引起的税负是不同的，因此需要尽量选择能够合理避税的支付方式。

7.4.1 现金收购

现金收购是最简单的方式，买方直接用现金支付对价，其优势在于出价的透明度。现金收购是目标公司股东最愿意接受的一种出价方式，尤其在目标公司有着大量的中小股东时，现金收购更能打动中小股东，赢得他们手中的股票。现金收购的另一个好处在于操作简便、速度快，往往使目标公司没有充分的时间来布置反收购。现金收购是恶意收购时主要的支付方式。

对收购方而言，使用现金支付，除了上述迅速、透明、胜算更大的好处外，现有的股东权益不会因为支付现金而被稀释，现有股东依然保持对公司的控制。但是，缺点在于收购方如果现金不充足的话，就会背上沉重的即时现金负担，收购方还会大量负债，产生较大的融资成本、影响公司的信用状况。

在税务方面，现金支付对目标公司的股东而言，可能需要缴纳资本利得税。股份变成现金，意味着出售，如果当地税法规定有资本利得税的话，则需要按章缴纳。我国目前对个人投资者尚未有资本利得税规定，但是公司出售股权实现的投资收益需要缴纳所得税。

7.4.2 换股收购

收购方用本公司的股票换购目标公司股票以达到收购目的的方式，称为股票收购或者**换股收购**（stock-for-stock）。由于这种方式不需要买方支付现金，因此，换股收购方式成为成熟资本市场中收购的主要方式，尤其是对一些交易金额比较大的并购案。

换股收购根据股票的来源，可以分为两种，一种是增发换股，另一种是库存股换股，增发换股是常用的方式。增资换股，指的是收购公司采用向目标公司定向发行新股的方式来交换目标公司原来的普通票，从而达到收购的目的。库存股换股是指收购公司以其库存股与目标公司的普通票交换，从而达到收购的目的。

换股收购的好处在于：①收购方不需要支付大量现金，因而不会影响到公司的现金资源；②收购完成后，目标公司的股东不会因此失去他们的所有者权益，只是这种所有权由目标公司转移到了兼并公司，使原股东成为扩大了的公司的新股东这种换股的形式统一了双方股东的利益，有利于未来的融合；③公司并购完成后，总股本增大，公司规模变大；④目标公司的股东可以推迟收益实现时间，享受税收优惠。

换股收购的缺点在于：①收购方的股本结构会发生变动，会稀释原有股东的股权比例；②程序受到限制，手续较为复杂且存在不确定性，因为股票新增发行需要经过股东大会，而且受到监管部门及证券交易所的限制，这种时间的延缓会使目标公司或者竞购对手有时间组织反收购或者竞购。

并购方在考虑是否采用换股收购方式时，需要充分权衡以上换股收购的优缺点，选择合适的并购支付方式。尤其重要的是需要考虑公司目前的股权结构，也就是主要股东在多大程度上可以接受控制权的稀释。除了以上优缺点之外，收购方还需要比较股本收益率和借贷利率，当股本收益率较高时，可以发行成本较低的债券或者联系银行贷款来进行收购。市场因素也是换购收购需要考虑的因素，一般在股价处于上升阶段时，多会采用换股收购的方式，股价低迷时现金收购方式无疑更有吸引力。

换股收购的方式在实际使用的时候还会经常和认股权证一起使用，也就是在收购时附送目标公司股东一部分认股权证作为收购的代价，这种方式是一种延期的股票增发，当然由于股票期权的介入，使情况更为复杂一些。

在换股收购中，换股比例意味着收购代价，比较难以确定，往往是双方争执、谈判的焦点。在上市公司收购上市公司时，换股比例相对比较容易确定，一般采用每股市价法，也就是双方比较股票的市价，决定换股比例，即换股比例＝合并方每股市价／被合并方每股市价，当然，收购方往往会给出一定的溢价。在收购非上市公司时，确定换股比例会比较困难，常用的方法为每股净资产法，即换股比例＝合并方每股净资产／被合并方每股净资产，考虑到双方净资产盈利能力不同，会根据双方的盈利能力、成长性、经营与管理水平、发展前景等各因素给出一定的调整系数。

案例 7-12

盈科数码动力收购香港电讯：成也现金，败也现金

盈科数码动力（以下简称"盈动"）是李嘉诚之子李泽楷 1999 年 5 月通过收购德信佳这家香港上市公司并注入数码港项目而来。作为一家互联网公司，盈动缺乏稳定的现金来源和盈利，但是由于其互联网概念，股价高企、市值较大。通过借壳后一系列的注入资产和收购，1999 年底盈动成为中国香港地区第八大公司，但是其投资截至 2001 年 9 月总亏损达 6.67 亿美元，在已上市的投资组合中只有 TOM.COM 产生了 1 300 万美元的收益，其余的都在亏损。

香港电讯是香港本地的电话公司，占有 94% 的电话市场，而其大股东英国大东电报局希望出售股权而转向欧美和日本的业务。在香港电讯的股权构成中，英国大东约持 54%，中国电信（香港）持 10%，中国香港特区政府持股约 8%，其余均为小股东。盈动的竞购对手是新加坡电信，盈动市值在 2000 年年初只有 1 680 亿港元，而香港电讯当时市值已达 2 140 亿港元。

2000 年年初，盈动向香港电讯的股东提出了两个收购建议方案以供选择：一是"完全换股"为每股香港电讯换 1.1 股盈动；二是"部分换股"，每股香港电讯股份换 0.711 6 股盈动，另外每股加 0.929 美元或 7.23 港元现金。另外，李泽楷成功说服中国银行、汇丰银行、法国巴黎银行和巴克莱银行提供总额近 130 亿美元的贷款。

由于香港电讯方面对现金更感兴趣，盈动提出的"部分换股"方案最终胜出。2000 年 2 月 29 日，与香港大东电报局签署了总价将近 400 亿美元的并购协议。2000 年 8 月 18 日，盈动宣布盈动和香港电讯的合并已经生效，香港电讯已经成为盈动的全资附属公司，而"香港电讯"的股票从香港联交所下市。2000 年 12 月盈动采用新的公司标志并更名为"电讯盈科"。

为收购香港电讯而欠下的巨额债务成了盈动的最大困扰。盈科并购香港电讯的现金代价为 120 亿美元，其中 30 亿美元须于提取贷款后 90 日偿还，其余 90 亿美元须于提取后 180 日或 2001 年 2 月 28 日（以较早为准）偿还。2000 年 8 月 17 日，盈动在该笔贷款中提取约 113.2 亿美元支付并购香港电讯的现金支付部分。2000 年 8 月 22 日，盈动再提取 6.8 亿美元作为营业资金。2001 年 9 月 11 日，盈动偿还了 30 亿美元，剩余 90 亿美元。在剩下的 90 亿美元中，盈动通过配售股份、出售资产等方法使剩余的短期债务达到 40.7 亿美元，但是这 40.7 亿美元需要在 2001 年 2 月 28 日之前进行再融资。2001 年 2 月盈动经过百般努力，最终通过香港电讯获得 47 亿美元的银团贷款，该银团贷款分为 3 个份额必须在 3～7 年偿还，过渡性贷款的银行手续费为 11.59 亿港元，每年的利息开支和其他银行手续费合计达 24.58 亿港元，而电讯盈科的年收入却只有 78 亿港元，财务费用占年收入的比重超过 30%。

2000年电讯盈科因为投资大幅贬值和收购香港电讯，账面亏损达141亿港元，公司在香港电话市场的份额从94%跌至89%，公司股价一路下滑，由2000年2月15日的26.35港元/股下滑到2001年9月3日的最低点1.63港元/股。

在盈动收购香港电讯案例中，正是因为报价中的现金含量，盈动才收购了香港电讯，但也因此而背上了沉重的债务负担。英国大东电报局获得了大量现金，同时及时套现，成为最大的赢家，免受盈动股价暴跌之累。而那些拿了盈动股票交出香港电讯的中小股东，如果没有及时套现，手中的盈动股票大大地缩水了，仅为原先的十几分之一。作为主要股东的李泽楷，虽然作了一部分套现，但其个人持有的盈动股票价值也从收购香港电讯最高时的1 400多亿港元降到了140多亿港元。

7.4.3 资产置换收购

除了以现金、自己公司的股权去收购目标公司的股权，收购方还有许多其他的资产可以在并购过程中派上用场。支付非货币性资产进行并购主要有两种：一种是并购方用非货币性资产参与定向增发，通过直接投资目标公司而获取股权，必要的时候可以获取大股东的控制性地位；另一种是并购方以非货币性资产与目标公司大股东持有的控制性股权进行置换，接替原有大股东的地位，成为目标公司新的大股东，也就是用自己的资产换取对方的股份。

借壳收购过程中，资产置换收购是最常见的支付方式，即收购方用自己的资产（一般是一家或数家有营运历史的公司）来认购被收购方增发的股份，从而获得被收购方的控制权。

在顺丰借壳鼎泰新材的案例（案例3-10）中，顺丰的股东用其拥有的顺丰控股这家公司的股权认购了鼎泰新材增发的股份，从而获得了鼎泰新材的控制权，完成借壳上市。

案例 7-13

苏州中茵收购 S*ST 天华

S*ST天华（600745.SH）是一家湖北的纺织业上市公司，由于经营不善以及控股股东的恶意掏空而出现连续亏损，2007年如果继续亏损，则将退市。

2007年4月，为支持天华股份重组，实现全体股东利益最大化，河南戴克实业有限公司等4家股东向中茵集团以象征性价格出让其部分股份，受让完成后，中茵集团持有天华股份24.06%的股份，成为天华股份第一大股东。上述股权转让已于2007年5月8日办理完毕股权过户手续。

此次股权转让，苏州地产开发商中茵集团仅以4元（每家股东1元）的象征性代价成为S*ST天华的大股东，其代价一是承债，二是注入三家房地产企业的优质资产。中茵集团承诺在公司股改实施日起一年内解决公司不低于5 000万元账面债务，后按承诺实现。

2007年9月27日，天华股份与中茵集团签订《新增股份购买资产协议》，约定天华股份向中茵集团发行205 630 000股新股购买中茵集团持有的净值总额为54 903.58万元的三家房地产公司股权。本次收购完成后，天华股份的总股本变为327 374 896股，中茵集团持有239 921 000股，占上市公司总股本的73.29%，成为绝对控股股东。

2008年4月18日，中茵股份（2008年3月13日，S*ST天华更名为中茵股份）和中茵集团分别正式获得中国证监会《关于核准湖北天华股份有限公司向苏州中茵集团有限公司定向发行股份购买资产等资产重组行为的批复》（证监许可〔2008〕506号）和《关于核准苏州中茵集团有限公司公告湖北天华股份有限公司收购报告书并豁免其要约收购义务的批复》（证监许可〔2008〕507号）。2008年4月29日，完成定向增发的股权登记工作。

用于置换天华股权的是中茵集团控制的三家房地产企业：江苏中茵置业有限公司（100%股权）、连云港中茵房地产有限公司（70%股权）及昆山泰莱建屋有限公司（60%股权）。这三家公司2007年、2008年实现的归属于公司的净利润分别为7 841.29万元和9 560.21万元。

此次重大资产重组完成后，公司由一家亏损的纺织品公司转型为房地产公司，极大改善了公司的财务状况、持续经营能力和盈利能力。而中茵集团在收购过程中，实际的支付代价比较小，耗费的现金非常少，主要成本是承担了5 000万元债务以及稀释了三家房地产企业的权益（从100%稀释到73.29%）。当然，股权稀释的成本并不低，收购完成后，按2008年年底的股价计算，中茵股份的市值约为11亿元，中茵集团所占股份对应市值大约为8亿元，考虑到湖北天华原有资产的利润贡献为零，中茵股份的市值贡献全部来自中茵集团所注入的三家房地产公司，因而可以估算出中茵集团股份因借壳而稀释的市值约为3亿元。虽然价值不菲，但长期而言，中茵集团借壳上市为其未来的资本运作打开了大门。

7.4.4 其他证券收购

1. 债券

并购方可以发行公司债券来进行收购，尤其在西方，**垃圾债券**（junk bond）是在杠杆收购中常用的工具。发债收购的优点在于不会稀释股权，手续比较方便，而且利息在税前支付。其优点与现金相似，不过增加了负债率。

2. 优先股

并购方发行优先股进行收购的好处在于：对于收购方而言，既不会增加现金支付压力，又不会稀释控制权；对于目标公司的股东而言，虽然没有获得现金支付，但是，优先股收益相较普通股稳定，被收购一方的股东可以获得优先保证的收益权。但是，由于优先股不能在股价上升时给股东带来资本利得，于是优先股方案往往会遭到反对，因此，有时候往往会采用可转换优先股的方式，使得被收购方的股东既可以在市场风险较大的时候安享优先股的收益，又可以在市场走好股价上升时及时转换为普通股而获得股价上涨的收益。

3. 可转换公司债券

可转换公司债券也是一种常用的支付方式，有其独特的优点。对于收购公司：①能以比普通债券更低的利率和比较宽松的契约条件发行债券；②提供了一种能比现行股价更高的价格出售股票的方式。对于目标公司股东：①债券的安全性和股票的收益性相结合；②在股价上涨的情况下，可以以较低的成本获得股票。

4. 认股权证

收购方还可以发行认股权证来作为并购的支付。但是，由于认股权证的价值具有不确定性，被收购方的股东往往会怀疑行权的可能性，因此，认股权证往往是作为现有支付方式的补充，一般不作为单独的支付工具。

在实际使用中，由于单一的支付方式难以保证符合各方面的要求，总有其不足的地方，因此收购方往往会采用多种支付工具，制订一揽子的支付计划。在收购过程中，支付计划的设计和安排越来越具有技术性，因此也越来越成为投资银行的一项重要业务。

7.5 杠杆收购

7.5.1 杠杆收购的概念

杠杆收购（leveraged buyout，LBO）是一种特殊的收购方式，是指通过大量负债进行收购的方式，而其特殊之处并不在于杠杆收购采用了负债方式，而是债务偿还的模式。杠杆收购专指收购方主要通过借债来获得另一家公司，而又从后者现金流量中偿还负债的收购方式。

杠杆收购的操作过程中的关键点有两个：一是收购模式，二是融资结构。

1. 收购模式

杠杆收购和传统负债收购不同，其特殊之处在于需要完成债务的转移，因为在收购时，负债主体并不是被收购方，而是收购方（收购方特设的 SPV）；偿债时，偿债主体是被收购方。为此，在杠杆收购时，收购方并不直接去收购目标公司，而是会设立一家专门用于杠杆收购的特殊目的载体（SPV），由收购方控股 SPV，然后，以 SPV 作为融资主体和并购主体去完成杠杆收购。这种结构处理的好处在于，一是便于风险控制，即使收购失败，风险不会向并购方扩散；二是通过这家 SPV，可以顺利实现融资、合并、偿债这一系列过程。因此，杠杆收购是通过 SPV 实现间接收购而不是由收购方直接去收购，这是杠杆收购在结构方面的重要特点。

杠杆收购采用**买下全部股权**（buyout）的方式，由此实现被收购公司与 SPV 的合并，从而建立偿债主体，但偿债现金流来自目标公司，而且目标公司的资产和未来现金流在收购完成前就会被设定抵押而成为偿债保证（见图 7-3）。

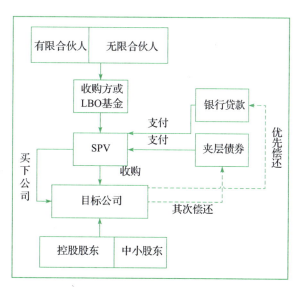

图 7-3 杠杆收购的一般结构

2. 融资结构

在融资结构的设计方面，LBO 主要采用倒金字塔式的融资结构（见图 7-4）。最上层的是银行贷款，大概占 60%，银行贷款具有最为优先的求偿权，现金流首先归还银行贷款，当然其利率相对较低。中间一层是垃圾债券或称夹层债券，约占收购资金的 30%，垃圾债券也可以再按照现金流的分配顺序继续细分，垃圾债券的利率比较高，但是，其现金流的分配在银行贷款之后，因此具有较高的风险。最后一层是股权层，大概占 10%，用于承担最后的风险、获得剩余求偿权。股权资本这部分的风险最大，但相应的可能收益也最高。2000～2005年，美国杠杆收购的债务比例平均为59.4%～67.9%。

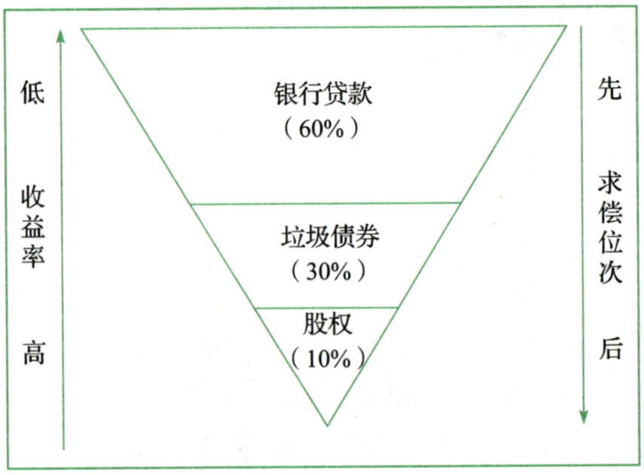

7.5.2 杠杆收购的一般程序

杠杆收购是比较灵活的收购方式，往往会由投资银行专门设计结构，并且全程参与控制并购的进程，而且，投资银行还常常会在杠杆收购过程中加入自己的股权。杠杆收购的一般流程如下所述。

图 7-4 杠杆收购的基本融资结构

1. 收购目标的选择

理论上，只要目标公司股本收益率（净资产收益率）大于收购的负债利率，则并购方通过负债买入即可获利，并且股本投入越少、并购负债越多，则投资报酬率将越高。由此也可以发现，杠杆收购的实质，是用成本较低的负债去替代原先收益率较高的股本，通过重新构造资本结构而获得重组的价值。

更为精准的衡量指标可以采用投入资本回报率（return on invested capital，ROIC），具体计算公式是：

$$ROIC = NOPLAT \div IC$$

式中 NOPLAT——息前税后经营利润，且 $NOPLAT = EBIT \times (1-T) =$（营业利润 + 财务费用 - 非经常性投资损益）$\times$（1 - 企业所得税税率）；

　　　　　IC——投入资本，且 IC = 有息负债 + 净资产 - 超额现金 - 非经营性资产。

如果投入资本回报率远高于负债利率，那么如果能用更多的债务去替换原有的股权的话，就能够产生资本结构调整的利润。

实际操作中，目标公司虽然可能有较好的投入资本回报率，但是如果目标公司的现金流不稳定，将会给收购方的偿债带来巨大压力。因此，除了目标公司的投入资本回报率，目标公司的现金流质量也是并购方的重要考虑目标。

对于偿债能力的衡量，一般采用EBITDA这个指标。EBITDA指标表明了企业通过经营所获可用于偿债（主要针对利息偿付）的现金资源，因此在实践中广为用作偿债能力测试指标，一般杠杆收购会将这一指标控制在8倍以内，最好是5～6倍。

EBITDA最早是在20世纪80年代中期由使用杠杆收购的投资机构在对那些需要再融资的账面亏损企业进行评估时开始被大量使用的。他们通过计算EBITDA来快速检查公司是否有能力来偿还这笔融资的利息。

收购方可以非常方便地计算出目标企业的EBITDA，然后根据收购方所能承受的EBITDA倍数，他们就能够倒算出收购该公司的总出价，然后再根据风险分担和资金成本来分配收购的股本资金和债务资金。比如，被收购方的EBITDA是10亿元，收购方希望收购总价控制在6倍以内，那么他们的出价上限就是60亿元，假定收购方股债比例为1∶5的

⊖ Trenwith Group "M&A Review". Second Quarter, 2006.

话，就会投入 10 亿元的股本，加上 50 亿元的负债。同时，他们会再次测算 50 亿元负债的偿还风险（对负债而言，负债总量对 EBITDA 的倍数是 5 倍），如果风险过大，则下调债务总额，增加股权比重。

EBITDA 指标在实际使用中，需要小心，谨防误用。该指标所给出的偿债现金流来源包括利润、利息、所得税、折旧和摊销，但是由于折旧与摊销实际上是占用了企业未来所需要的再投资资金，因此需要谨慎对待这部分现金流。比如，有两家企业，EBITDA 都是 10 亿元，但是 A 企业的 EBIT 占 8 亿元，DA 占 2 亿元；B 企业正好相反，B 企业的 EBIT 占 2 亿元，DA 占 8 亿元，那么，很明显地，A 企业将有更好的偿债能力，虽然这两家企业从 EBITDA 总额来说是相同的。

综合而言，一般说来，理想的杠杆收购目标具有以下几个特征。

（1）公司管理层有较强的管理能力。

（2）公司经营比较稳定，投入资本回报率高于负债利率。

（3）公司的负债比较少。

（4）公司的现金流量比较稳定。

（5）公司资产的变现能力强。

这类公司如果在市场上股价低迷、价值被低估，就有可能成为杠杆收购的对象。

2. 收购阶段

首先，需要设立一家控股的壳公司（SPV）作为特殊目的公司来进行收购。特殊目的公司的股本要求极少，理论上满足最低注册资本要求即可，但是实际操作中，因为特殊目的公司是最后吸收风险的载体，对收购的债务融资，尤其是垃圾债券的融资，具有稳定性的支柱作用，所以，特殊目的公司其实并不是真正的壳公司，需要有一定的资本来稳定金字塔以上的融资。所以，特殊目的公司的股本出资往往占收购资金的 10% 左右。当然，也有比较极端的例子。比如，在著名的 1988 年 KKR 发起的雷诺兹 – 纳贝斯克收购案中，华尔街的"收购之王"KKR 公司以总金额 250 亿美元收购了雷诺兹 – 纳贝斯克公司。KKR 公司本身动用的资金仅为 15 亿美元。

然后，特殊目的公司开始寻找外部融资。按照图 7-4 中的倒金字塔结构，杠杆收购按照求偿位次划分，融资的一般结构是过桥贷款、优先债务、从属债券、延迟支付证券和股权。

（1）**优先债务**（senior debt）层。优先债务即一级银行贷款，是杠杆收购融资结构中的上层融资工具，这种债务在融资结构中所占比例比较高，20 世纪 80 年代时一般为 65%，后来由于杠杆收购的风险加大，到了 90 年代降为 50%。它的供资者多为商业银行，其他非银行金融机构如保险公司、商业金融公司等也经常介入。优先债务之所以冠名"优先"，在于其供资方所面临的风险最低，现金流优先偿还这部分的债务，而且一旦公司破产清算，债权人对收购得来的资产享有优先求偿权。

（2）**从属（次级）债务**（junior/subordinated debt）层。从属债券是指那些以垃圾债券为表现形式的债务融资工具，它也称为次级债务。如果公司清算，从属债券的求偿权位于一级贷款之后。从属债券包括优先从属债券和次级从属债券等，它们是杠杆收购融资体系中内容形式最丰富的一族。

从属债券既可以采用私募，也可公开发售。私募常由少数投资机构如保险公司、养老基金会及其他投资者私下认购。由于所购债券期限长、流通性差，所以私募债券持有者一般会得到比公募债券持有者更高的利息。公开发行则通过高风险债券市场进行。在公开发行过程中，投资银行提供自始至终的服务。担任杠杆收购的策划者和发起人的投资银行往往又是从属债券承销商。在公开发行下，投资银行在公开市场上担任做市商，可以使债券流通性较私募大大提高。

（3）**股权资本**（equity）层。股权资本证券是杠杆收购融资体系中居最底层的融资工具，因为股权资本证券的求偿权在垃圾债券之后。股权资本证券包括优先股和普通股。普通股是整个融资体系中风险最高、潜在收益最大的一类证券。杠杆收购股权资本证券一般不向其他投资者直接出售，而只供应给在杠杆收购交易中发挥重要作用的金融机构或个人。因此，股权资本的供应者多为收购的内部机构或人员，包括杠杆收购股权基金、投资银行以及目标公司的高管人员。

（4）**过桥贷款**（bridge loan）。在典型的杠杆收购中，收购方常通过投资银行安排过桥贷款。过桥贷款期限很短，只是在收购过程中起一个中介作用，由收购者日后发行垃圾债券或收购完成后出售部分资产或部门所得资金偿还。尽管如此，投资银行发放过桥贷款仍承担着巨大风险。为杠杆收购交易的达成，策划收购的投资银行不惜代价发放单笔金额巨大的过桥贷款，这些占投资银行净资产较高比重的过桥贷款往往会使投资银行的业绩和财务出现大起大落的情况。

过桥贷款的期限一般为180天，并可根据收购者要求展期180天。该贷款的利率设计多取爬升式，比如，第一季度利率为基准利率加500个点，以后每个季度加25个基点。这种爬升式利率设计有效地加快了收购者的还款速度。投资银行在提供此贷款时先按1%计收承诺费，然后按过桥贷款的实际支付金额，加收1%左右的附加费用。

当融资到位后，并购方即可以开始收购，直至完成对目标公司的全部收购，并实现与目标公司的吸收合并，这样，特殊目的公司的债务就可以转移到目标公司身上，由其承担还债义务。

3. 重组阶段

收购完成后，进入重组阶段，在此阶段，主要进行以下操作：短期而言，出售部分非核心的资产，获得现金，偿还一部分短期债务；中长期而言，对公司业务进行重组，增强其现金能力。由于偿债的目标所限，对公司的重组往往是以现金目标为第一要务，而将企业长远发展能力置于其后。

4. 谋求重新上市或者出售

债务偿还完成后，收购方将会考虑投资收益的兑现，当然，也有一些失败的案例，在债务偿还出现问题时，选择向第三方出售。

二次并购（secondary buyouts）指的就是一个收购方（私募股权基金或者**财务发起人**（financial sponsor））向另一家收购基金或者财务提供者出售所购企业。这种并购模式原先主要是针对运作不利的杠杆收购，现在，也开始被其他交易目的所运用。二次并购主要的交易动机包括：所购企业过小而不能IPO；二次并购出售速度更快，更易实现；并购基金到了一定年限或者已经实现了期望利润，需要退出所收购企业。

当然，重新上市是最佳选择，这样，通过IPO，并购方所持股权能够实现最好的收益，而且，证券市场所提供的流动性也是最好的。

7.5.3 杠杆收购的收益和风险

1. 杠杆收购的价值源泉

杠杆收购是一个价值创造的过程，其价值源泉主要来自以下几个方面。

一是价值低估。被收购的企业往往是被市场低估的企业，通过收购和必要的重组，可以挖掘内在价值，并最终在市场价值中得到表现。

二是负债对股本的替代。当投入资本回报率大于杠杆收购的综合债务成本时，可以利用原先分红或者留存的收益来偿还贷款，其实质就是以债务替代原先股东的股权收益，从而将利润转移到新股东（即杠杆收购方）的股权上来。

三是代理成本的减少。并购重组，尤其是管理层参与的杠杆收购，可以使公司管理层的利益与股东利益一致，降低代理成本。同时并购之后，收购方会大幅度削减管理费用，这也有利于公司降低成本。

四是税盾作用。由于杠杆收购利用了大量的债务，因此收购之后可以享受利息的税盾作用，同时收购后也可以加大折旧而降低企业盈利或者加大企业亏损，从而合理规避所得税。

在此，举一例说明杠杆收购的收益来源。

假定 A 公司年利润为 1 亿元，B 公司贷款 10 亿元吸收合并 A 公司，贷款利率为每年 10%。收购后，拆分资产，将亏损部分以 2 亿元卖出，而剩余资产可以产生年利润 1.5 亿元，这样，5 年多后就可以还清贷款。此时 A 公司按 10 倍市盈率出售，值 15 亿元。在此次杠杆收购中，投资方 A 公司的收益是 15 亿元，债务成本均由被收购方承担。

如果不考虑价值低估、代理成本降低、税盾这些外部因素，单纯考虑股债结构变化引起的收益，我们可以对收益来源做以下分解，看一下股债结构变化所带来的收益（见表 7-8）。

表 7-8 杠杆收购中资本结构变化对收益的影响 （金额单位：百万美元）

	1. 去杠杆	2. 去杠杆 + 提升利润率	3. 去杠杆 + 提升利润率 + 提高估值倍数
资金来源			
总负债	650	650	650
总股本	350	350	350
合计	1 000	1 000	1 000
5 年后			
已偿还债务	150	180	180
预计的 EBITDA	125	150	150
假设的估值倍数	8	8	9
交易价值	1 000	1 200	1 350
其中：负债	500	470	470
股权	500	730	880
股本五年 IRR（%）	7.39	15.84	20.25

（1）去杠杆。假定 A 公司的 EBITDA 为 12 500 万美元，收购方按照 8 倍价格即 100 000 万美元完成了收购，收购前股权为 35 000 万美元，债务为 65 000 万美元，收购后假定每年

用经营活动产生的现金偿还 3 000 万美元债务本金，到第五年年末，债务本金还剩 50 000 万美元，此时如果 EBITDA 仍为 12 500 万美元，企业按照 8 倍价值出售，出售价格依旧是 100 000 万美元，但由于债务已经降低到 50 000 万美元，因此股权价值上升为 50 000 万美元，对于股权资本，五年的年复利收益率为 7.39%。此时，股权的收益纯粹来自股债结构的变化，被称为**去杠杆收益**（deleveraging），即通过利用经营产生的现金流偿还债务，降低了债务总额，在企业价值不变的条件下，间接地提高了股权的价值。

（2）去杠杆＋提升利润率。如果在五年中，A 公司的利润率提升，使得 EBITDA 上升 20%，达到 15 000 万美元每年。此时，假定偿还债务的能力也提升 20%，五年累计偿还 18 000 万美元，剩余债务 47 000 万美元，同时 EBITDA 是 15 000 万美元，估值倍数保持 8 倍，则企业总价值为 120 000 万美元，去除 47 000 万美元的债务，股权价值为 73 000 万美元，股权五年的年复利回报率为 15.84%。

（3）去杠杆＋提升利润率＋提高估值倍数。假定其他条件与情况（2）一致，但企业出售时由于盈利能力提升，估值倍数上升到 9 倍，此时企业总价值为 135 000 万美元，股权价值为 88 000 万美元，股权五年的年复利回报率为 20.25%。

2. 杠杆收购的风险

杠杆收购的最大风险来自现金流风险。被收购公司虽然之前有着较为稳定的现金流，但是可能在金融危机、政策调整等不可预见事件的影响下，发生现金流衰减。一旦偿债发生困难，并购方的倒金字塔融资结构将发生崩溃，而处在最底层的股本将血本无归。同时在融资结构中，并购方往往会加入一些担保之类的信用提升措施，因而并购方也会因此而受到损失。

在杠杆收购中，一般采用 EBITDA 来估算未来的偿债能力。EBITDA 减去资本性支出，然后根据营运资本的变化、长期固定资本与债务的变化以及需要支付的现金税款进行调整，最终就能够得到可偿债现金流。其中，债务总量指标是杠杆率，具体有两个，分别为总负债/EBITDA、净负债/EBITDA，这两个指标限制了相对目标公司 EBITDA 的可承担负债总额与净负债总额，一般会将总负债/EBITDA 控制在 8 倍以内，将净负债/EBITDA 控制在 7 倍以内。另一类指标是偿付率，考察现金流偿还债务利息的能力，也有两个指标，分别是 EBITDA/利息费用和（EBITDA−资本性支出）/利息费用，这两个指标要求公司每年产生的现金流要超过每年应支付的利息。一般 EBITDA/利息费用要求在 1.5 以上，（EBITDA−资本性支出）/利息费用要求至少大于 1。

杠杆收购的其他风险还包括目标公司高估、融资成本失控、法律风险、被收购公司的财务风险、重组风险等一系列的风险。

因此，在杠杆收购的过程中，一定要注意可能的各种风险，合理防范和监控风险。

案例 7-14

迈克尔·米尔肯和垃圾债券

迈克尔·米尔肯（Michael Milken）出生于 1946 年，1970 年在沃顿商学院获工商管理硕士，他被认为是自 J.P. 摩根以来美国金融界最有影响力的金融家，其贡献在于开发了垃圾债券市场。

垃圾债券（junk bond），也叫**高收益债券**（high yield bond），是指信用等级在投资级以下（一般都在 BB 级或以下）的债券，但同时这种投资利息也高。垃圾债券最早起源于美国，在 20 世纪二三十年代就已存在。70 年代以前，垃圾债券主要是一些小型公司为开拓业务筹集资金而发行的，由于这种债券的信用受到怀疑，问津者较小，所以主流机构投资者不会投资垃圾债券。70 年代初其流行量还不到 20 亿美元。

　　但是，米尔肯发现了垃圾债券的价值。一方面，垃圾债券由于不良的形象以及较弱的流动性，其价值被过于低估；另一方面，单个的垃圾债券可能有风险，但是如果集合一些垃圾债券作为投资组合，其收益会远远高于高等级债券，而且风险也得到了控制。当时，拥有大量"垃圾债券"的"第一投资者基金"接受了米尔肯的意见，坚定地持有了这些"垃圾债券"，结果 1974～1976 年，"第一投资者基金"连续 3 年成为全美业绩最佳的基金，基金的销售量大增。

　　于是，米尔肯在垃圾债券市场声名鹊起。他进而利用这种声势，进一步扩展垃圾债券的市场。起先，米尔肯通过其服务的德崇证券公司（Drexel Burnham Lambert）为中小企业发行高风险债券进行融资，同时说服机构投资者购买这些债券。逐渐地，垃圾债券市场被开发出来了，而且米尔肯成为"垃圾债券大王"，几乎垄断了垃圾债券的发行和交易。

　　米尔肯帮助融资的一些当时很小的公司，后来成长为大公司，比如 MCI、有线电视新闻网（CNN）、时代华纳等。而这些公司目前都成为《财富》500 强的大公司。

　　1982 年，德崇证券公司开始通过"垃圾债券"来帮助进行杠杆收购。1984 年 12 月，米尔肯策划了使他名声大振的皮根斯袭击海湾石油公司的标购事件。标购虽未获成功，却证明了米尔肯有在数天内筹集数十亿甚至上百亿美元的能力。1988 年雷诺兹-纳贝斯克收购案中，米尔肯筹集了 250 亿美元资金，帮助 KKR 公司收购了雷诺兹-纳贝斯克公司，而 KKR 公司本身动用的资金仅为 15 亿美元。

　　在整个 80 年代，美国各公司发行垃圾债券 1 700 多亿美元，其中德崇证券公司就发行了 800 亿美元，占 47%。1983 年德崇证券公司的收益仅为 10 多亿美元，但到了 1987 年该公司就成为华尔街盈利最高的公司，收益超过 40 亿美元。米尔根 1987 年的交易佣金高达 5.5 亿美元。

　　然而，在改变美国证券发展史的时候，米尔肯的命运也出现了几乎毁灭性的转变。恶意收购带来的压力最终将米尔肯送上法庭，1990 年米尔肯承认六项罪名，包括掩盖股票头寸、帮助委托人逃税、隐藏会计记录等。最终，他被判处十年监禁，赔偿和罚款 11 亿美元，终生禁入证券业。

　　1993 年，米尔肯被提前释放。1996 年，他与家人和朋友一起，投资 5 亿美元，以教育服务为目标，创建了知识寰宇（Knowledge Universe）公司，然后开始收购和联合相关企业。他收购了制造智能玩具的跳蛙公司，第二年就将其年产值从 1 700 万美元增至 8 000 万美元；他又收购了有良好声誉的学前教育连锁机构——儿童发现中心，作为其在学前教育领域的基地。现在，知识寰宇公司已有下属企业 13 家，年产值 15 亿多美元。

　　米尔肯因为身患前列腺癌但逃过了死神，因此建立了前列腺癌基金会，用超常的效率为能出应用成果的研究提供资金。

　　由于债券质量日趋下降，以及 1987 年股灾后潜在熊市的压力，从 1988 年开始，发行公司无法偿付高额利息的情况屡有发生，垃圾债券市场逐步走向衰退，遗留下了很多严重后果，比如储蓄信贷业的破产、杠杆收购的恶性发展、债券市场的严重混乱及金融犯罪增多等等。

　　鉴于垃圾债券的名声不佳，这类债券改用高收益债券（high yield bond）之名。进入 20 世纪 90 年代，伴随着美国经济走稳，高收益债券的违约率则转而明显下降，发行量重新上升。进入 21 世纪后,高收益债券加入了 CDO 等新的工具,同时一些注入 CDS 之类的衍生工具也开始进入市场,因此高收益债券市场存量仍保持稳步增长,市场规模和质量远远超过了 20 世纪 80 年代。目前,美国是全球最大的高收益债券市场,2012 年市场存量约为 1.3 万亿美元,约占全球高收益债券存量规模的 60%,从 2000 年到 2011 年,高收益债的发行量累计达到 1.6 万亿美元,基本保持增长态势。

表 7-9 是高盛证券统计了 1973 年 1 月至 2007 年 10 月的美国 5 次景气循环期(分别为 1973 年 1 月至 1980 年 11 月,1980 年 11 月至 1987 年 8 月,1987 年 8 月至 1990 年 6 月,1990 年 6 月至 2000 年 3 月,2000 年 3 月至 2007 年 10 月),包括绝望期、希望期、成长期与乐观期的各类资产的表现,高收益债券是相当不错的投资工具。2009 年,美国的高收益债券甚至创造了 58% 的年收益率(见图 7-5)。

表 7-9 高收益债券和其他投资工具的收益与风险比较 (%)

	绝望期	希望期	成长期	乐观期
股票	-34.8	65.2	-0.2	27.6
投资级债券	0.2	18.4	0.1	5.6
高收益债券	-13.8	29.5	6.3	4.9
政府债券	1.6	9.3	-0.3	4.1
商品/原料	10.7	-1.5	3.4	6.6

资料来源:Goldman Sachs Credit Strategy & Equity Portfolio Strategy, 2010-03-19.

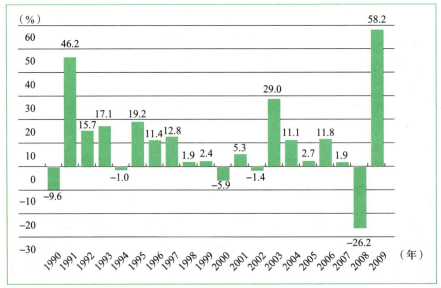

图 7-5 美国高收益债券历年的收益情况(1990~2009 年)

资料来源:巴克莱资本美国高收益指数(2010 年 1 月)。

案例 7-15

杠杆收购好孩子集团

好孩子集团创立于 1989 年,是中国最大的儿童产品制造商,位于江苏昆山经济开发区,具有年产 300 万辆各类童车的能力。2005 年好孩子销售额为 25 亿元,纯利润超过 1 亿元,净利润率约为5%。据中国轻工总会统计，好孩子集团在中国中高档童车市场已占据近70%的份额。此外，好孩子的总销售额中有70%是在海外完成的，它在美国的童车市场占有率也已达到了30%以上。

好孩子集团由注册于开曼群岛的Geoby控制，控股股东为香港上市公司第一上海（0227.HK），持股49.5%。其他股东还有中国零售基金（CRF）（持股13.2%）、软银中国（SB China）（持股7.9%）、PUD公司（持股29.4%）。其中，PUD公司是好孩子集团管理层在英属维尔京群岛注册的投资控股公司，实益拥有人为宋郑还、富晶秋、王海烨、刘同友等高管及好孩子集团的其他中高层雇员。

由于好孩子具有局部市场"隐形冠军"的特点，所以被纳入了收购基金的视野中。2006年1月，一家在中国香港地区注册，专门从事控股型收购的金融机构太平洋联合集团（Pacific Alliance Group，PAG），以1.225亿美元收购好孩子100%股权，同时向管理层支付32%的股份。根据此协议，第一上海会同其他几家机构投资人将其在好孩子集团中持有的全部股权转让给由PAG控制的名为G-baby的持股公司。收购后，G-baby的股份结构为：PAG占68%股份，管理层占32%。董事长还是由好孩子集团的创始人宋郑还担任，但董事会从原来的9人缩减为5人。

在收购资金的运作方面，PAG经过精心的测算和设计，通过资产证券化及间接融资等手段，设计了一个颇为漂亮的杠杆。在确定收购意向后，PAG先筹集收购价10%的股本资金，然后以好孩子集团的资产为抵押，向银行借入5 000万美元过渡性银团贷款，相当于整个收购价50%的资金，并向PAG的股东们推销约为收购价40%的债券。

收购之后，管理层的股份比原先增加了3%，且股权价值升值了300%；而第一上海卖出的价格接近收购时的5倍，软库和美国国际集团卖出的价格接近收购时的2倍。各方都实现了共赢。

根据PAG的测算，好孩子的市场价值在20亿元人民币以上（20倍市盈率），折算成PAG 68%的持股比例，该部分股权的市场价值不低于1.7亿美元。PAG支付的1.225亿美元收购款中，只有1 200万美元左右，其余以好孩子的业务现金流和企业控制权价值为抵押，向金融机构借贷，其收益目标为400%。

作为财务投资者，PAG的下一个目标是将好孩子运作上市，如果上市顺利，PAG可以实现更高的收益率。

案例7-16

世界最大私募基金黑石收购最大地产公司EOP

2007年1月11日，世界上最大的私募基金集团黑石集团（the Blackstone Group）出价380亿美元竞购Equity Office Properties Trust（EOP）。10天之后，美国第二大房地产投资信托基金（REIT），沃那多房地产信托公司（Vornado Realty Trust）也宣布加入角逐。2月7日，EOP公司将收购价格定为每股55.5美元，连带黑石集团承担的EOP大约165亿美元的债务，黑石收购总成本接近395亿美元，而这也是有史以来规模最大的一宗杠杆收购交易。

EOP是当时美国最大的公开上市的房地产投资信托基金，它在美国拥有近600栋写字楼/办公物业，使用面积超过1.05亿平方英尺[①]，在美国的许多地区性市场持续地占有主导地位。

[①] 1平方英尺 ≈ 0.092 903平方米。

在 EOP 的交易结构中，黑石集团为收购 EOP 成立了黑鹰信托，资本金约为 160 亿美元，并借债近 200 亿美元。此外，由高盛、美国银行等组成的债权融资安排人准备了将近 300 亿美元作为最高限额。黑石集团收购 EOP 的结构安排如图 7-6 所示。

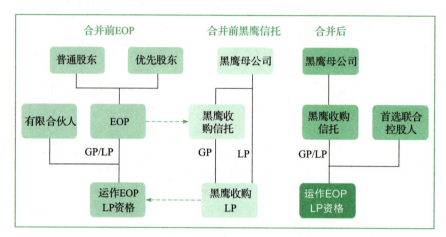

图 7-6　黑石集团收购 EOP 的结构安排

收购完成后，黑石集团以闪电般的速度拆分 EOP。在并购交易完成的当天，即 2007 年 2 月 9 日，房地产开发公司麦克洛（Macklowe）以 70 亿美元购买了 EOP 旗下 8 处位于纽约曼哈顿的房产。毕银资本（Beacon Capital Partners）以 63.5 亿美元购买了华盛顿和西雅图的房产。旧金山的 Shorenstei 公司在波特兰以 12 亿美元购买了黑石旗下的房产。2 月 17 日，也就是收购交易结束仅一周左右的时间内，黑石集团已经卖掉了 53 座大楼，这些资产的交易价格已达 146 亿美元。

资料来源：岳峥. 争夺 EOP：世界最大私募基金收购最大地产公司 [J]. 新财富，2007（2）：46-48.

7.6　反收购策略

当恶意收购发生时，被收购方进入反收购。在反收购过程中，有一些重要的策略，被收购方可以根据自身的情况选择使用。

常见的反收购措施包括两类：预防性措施和主动性措施。预防性措施是被动的防御，但是，预防性措施的存在，可以对收购方形成威慑，减少恶意收购发生的可能。主动性措施在发生恶意收购时见机采用。

7.6.1　预防性措施

预防性措施指的是在对方采用恶意收购之前就已经采取的预防性的反收购措施，一般通过驱鲨剂条款和内部协议形成。

1. 驱鲨剂条款

驱鲨剂条款（shark repellants），是指为了防止公司被恶意收购而在公司章程中设立的一些条款，通过这些条款来增加收购者获得公司控制权的难度。

驱鲨剂条款主要包括董事会轮选制、董事资格限制、超级多数条款等防御措施。收购方收购公司，其目的在于获得公司的控制权。虽然从股份上说，获得具有多数投票权的股份就可以成为控股股东，但是，成为控股股东并不能保证就获得了公司的控制权，因为公司经营管理的重大决策都是由董事会做出的，只有控制了公司的董事会，才真正地控制了公司。在很多的例子中，收购方成为第一大股东，但是它并不能控制董事会，甚至在董事会中都没有席位。驱鲨剂条款就是通过事前在公司章程中加入有利于现有控股方的条款，从而防止恶意收购。当然，可能部分条款会在法律上有瑕疵，影响公平竞争的游戏规则，因此需要参考律师的意见。

在我国，《公司法》第一百条规定"单独或者合计持有公司百分之十以上股份的股东请求时"，"应当在两个月内召开临时股东大会"；第一百零二条规定"单独或者合计持有公司百分之三以上股份的股东，可以在股东大会召开十日前提出临时提案并书面提交董事会"。根据这些规定，收购方只要单独或者合计持有公司百分之十以外的股权，就可以要求召开临时股东大会，并在临时股东大会上通过提交临时提案而更换公司的董事会成员，从而获得对董事会的控制权。

（1）**董事会轮选制**（staggered board election）。董事会轮选制，也称分期分级董事会制度，是指公司章程规定每年只能改选部分董事，一般是1/3或者1/4，这样，并购方需要两年到三年时间，才能控制董事会。在实施董事会轮选制的情况下，收购者即使收购到了足量的股权，也无法对董事会做出实质性改组。

比如，新浪公司股权相当分散，为了防止被收购，设置了铰链型董事会：董事会共有9名成员，董事会的9名董事共分为三期，任期3年且任期交错，每年只有一期董事任职期满，进行新的董事选举。任职期满的董事可重新获得提名，提名董事需获多数票通过。新浪董事会不设提名委员会，董事候选人的提名由段永基、陈丕宏、陈立武、曹德丰、张懿宸、陈晓涛、张颂义7名董事负责。但是，这种结构导致了董事们长期连任、把持董事会，缺少淘汰机制。这使得新浪公司的业绩在某种程度上受到影响，而新浪的创始人王志东提出了改革措施时，由于侵犯了其他董事的利益，因此被赶出了新浪和新浪董事会。这些董事们所代表的股份，并不是多数股份，仅占10%，这对其他股东是不公平的。当盛大网络持有19.5%，想要收购新浪时，遇到了困难，难以进入董事会。当然，这个困难还来自新浪所设置的"毒丸计划"。

《公司法》和《上市公司章程指引》中没有禁止董事会轮选制，而是把是否执行董事会轮选制的权利交给上市公司董事会和股东大会。《上市公司章程指引》第九十六条规定："董事由股东大会选举或者更换，并可在任期届满前由股东大会解除其职务。"该条款意味对现有董事会的控制权的保护，在一定程度上限制了并购者改组目标公司。

（2）董事资格限制。董事资格限制是指规定董事的任职条件，董事必须具备某些特定条件才可以担任公司董事。通过董事资格的限制，同样可以阻止收购方进入董事会。设置董事资格限制的本意在于防止能力较弱、品行不良的人事进入董事会，但是，在预防反收购中，目标公司往往利用扩大董事资格的限制范围，限制外来股东进入董事会。

比如，2006年新大洲A（000571.SZ）修订了《公司章程》，对董事提名的方式和程序做出如下规定："在章程规定的人数范围内，按照拟选任的人数，由连续18个月以上单独或合并持有公司发行在外有表决权股份总数5%以上的股东按持股比例提出4名非独立董事建议名单；由公司董事会、监事会、连续18个月以上单独或者合并持有公司已发行股份1%以上的股东提出3名独立董事候选人建议名单；由公司经营管理层提出1名非独立董事建议名单。提交公司董事会提名委员会进行资格审查。"通过这一条款的规定，使得董事的提名权牢牢地控制在现有股东、董事会、监事会以及管理层手中。新来的股东即使握有多数股权，依然难以越过"连续18个月"的限制而进入董事会；即使满了18个月，也需要"提交公司董事会提名委员会进行资格审查"。1998年，大港油田收购爱使股份时，虽然大港油田持股超过了10%，而爱使股份第二到第九大股东持股数加在一起也只占9.49%，但是，由于爱使股份设置了驱鲨剂条款而无法入主董事会。爱使股份公司章程设定的第一道障碍是"单独或合并持有公司有表决权股份总数百分之十（不含投票代表权）以上、持有时间半年以上的股东"才有权进入董事会；第二道障碍是"持有时间半年以上的股东，如要推派代表进入董事会、监事会的，应当在股东大会召开的二十日，书面向董事会提出"和"董事会在听取股东意见的基础上提出董事、监事候选人名单"。最后双方在上海市证券管理办公室的行政协调下才相互妥协，大港油田入主爱使，爱使原有董事保留。

（3）**超级多数条款**（super-majority provision）。超级多数条款是指在公司章程中规定，对于可能影响到控制权变化的重大事项决议必须经过多数股东或者董事表决同意才能通过。《公司法》和《上市公司章程指引》并未对超级多数条款进行限制。《公司法》第一百零三条规定："股东大会作出修改公司章程、增加或者减少注册资本的决议，以及公司合并、分立、解散或者变更公司形式的决议，必须经出席会议的股东所持表决权的三分之二以上通过。"因此，收购方需要得到2/3股东的支持，才能成功进行合并或者改组。但是，2/3表决票的限制也是双刃剑，因为它同时也限制了控股股东的控制力。

驱鲨剂条款是通过公司章程而设置的，也就可以通过股东大会修改公司章程而去除驱鲨剂条款。因此，收购方可以召集股东大会修改公司章程有关董事会轮选制、董事资格的条款。现实中，目标公司往往会将与董事会轮选制、董事资格这些相应条款与公司章程中的超级多数表决条款结合起来，以达到更好的反收购效果。而《公司法》第一百零三条规定："股东出席股东大会会议，所持每一股份有一表决权。但是，公司持有的本公司股份没有表决权。股东大会作出决议，必须经出席会议的股东所持表决权过半数通过。但是，股东大会作出修改公司章程、增加或者减少注册资本的决议，以及公司合并、分立、解散或者变更公司形式的决议，必须经出席会议的股东所持表决权的三分之二以上通过。"也就是说，股东大会做修改公司章程的决议，必须经出席会议的股东所持表决权的2/3以上通过。理论上收购方需要控制（包括获得代理投票权等）目标公司66%以上的股权，才能有把握修改公司章程，从而解除驱鲨剂条款对其取得公司控制权的阻碍。

除了以上三种情形之外，各国不同的《公司法》也为现有董事会成员提供了特殊的保护。比如在德国，监事会与董事会是上下级关系，根据德国《股份法》第八十四条规定，股份公司监事会享有对董事的聘任权和解聘权。这种人事决定权包括自主选任董事的权力，而且这样的聘任和解聘不受股东会指令的约束。德国的股份公司根据注册资本和员工人数设定不同的监事人数。⊖根据德国《公司法》"职工参与制"的规定，即监事会成员（监事）三分之一或半数从职工选举中产生，即职工参加公司经营管理的参与制。因此在德国，收购方想要进入董事会会比较困难，要进入监事会就更难了。2018年2月，李书福通过二级市场购买了奔驰的母公司——戴姆勒公司9.69%的股票，涉及的金额高达90亿美元，成为戴姆勒公

⊖ 朱泓睿. 德国有限公司"三分之一共决"监事会的法律地位 [J]. 德国研究，2018，33（1）：89-102, 136.

司的第一大股东，但是即便如此他还是进入不了董事会，更不用说监事会了。

2. 内部协议

内部协议包括金降落伞、毒丸计划、相互持股等措施。

（1）**金降落伞**（golden parachute）。金降落伞，是指目标公司董事会按照聘用合同中公司控制权变动条款对高层管理人员进行补偿的条款，规定当公司被收购或者其董事及高管被解雇时，公司需要一次性支付一大笔解职费。金降落伞条款让收购者增加收购成本，同时，又保护了现有董事和管理层不因被收购而利益受损。

当解职补偿针对中层管理人员时，被称为"银降落伞"；针对一般员工时，被称为"锡降落伞"。锡降落伞由于受惠者人数众多，有时反而比金降落伞更加有效。

比如，中国南玻集团股份有限公司（000012，南玻A；200012，南玻B）股权比较分散，为防止公司因合并、分立、被收购及其他股份变动事由对高级管理人员队伍的稳定造成不利影响，保护高级管理人员的合法权益，维护公司的正常生产经营和稳定发展，在公司章程中设置了"金降落伞"条款（第一百三十一条）："公司因合并、分立、被收购及其他股份变动事由在聘任合同期内终止或变更合同，公司应当依照聘任合同规定对总经理或公司其他高级管理人员进行经济补偿，补偿的标准不低于被解聘人员上一年度年薪总和的十倍。"

又如，伊利股份（600887.SH）在2006年5月的股票期权激励计划中授予总裁潘刚等33人合计5 000万份股票期权，在一般情况下，激励对象首次行权不得超过获授股票期权的25%，剩余获授股票期权可以在首次行权的1年以后、股票期权的有效期内选择分次或一次行权。但当市场中出现收购本公司的行动时，激励对象首次行权比例最高可达到获授期权总数的90%，且剩余期权可在首次行权后3日内行权。伊利股份的上述计划是管理层激励、类毒丸计划与金降落伞的结合体。

（2）**毒丸计划**（poison pill）。毒丸计划，是指目标公司发行的，在一定条件下（一般是面临被恶意收购威胁时）生效的证券，这些证券可以用来摊薄并购方股权比例，因而有效地防止公司被接管。

毒丸计划是美国著名的并购律师马丁·利普顿（Martin Lipton）1982年发明的，正式名称为"股权摊薄反收购措施"，最初的形式很简单，就是目标公司向普通股股东发行优先股，一旦公司被收购，股东持有的优先股就可以转换为一定数额的收购方股票。毒丸计划于1985年在美国特拉华法院被判决合法化。

毒丸计划一般有"**内翻式**"（flip-in pill）和"**外翻式**"（flip-over pill）两种形式。外翻式是早期形式，这种毒丸允许目标公司的股东在被收购而与收购方公司合并时，以低价购买收购方公司的股票。内翻式是后来的发展，即允许目标公司股东以低价（一般是半价）购买目标公司自己的股票。外翻式毒丸曾在1985年被James Goldsmith破解过。Goldsmith收购了Crown Zellerbach Corp.51%的股份，因为他只是购买了其股票而并没有进一步与目标公司合并，因而没有触发"毒丸"。Goldsmith成为最大股东，后来又成为董事长控制了董事会，并修改协议收回了毒丸。

相对而言，内翻式计划启动后，会导致低价新股充斥市场，从而一方面大大稀释了收购方的股权，另一方面也提高了他的收购成本，从而达到抵制收购的目的。

毒丸计划还有一些其他形式，比如票据购买计划。票据购买计划是指当公司面临恶意收购时，其股东有权将其持有的目标公司的股份按约定的比例转换成一种或者一揽子债券，而这些债券往往还带有一些令收购者头疼的条款，比如具有优先受偿权或者提前清偿权、在特定条件下可以转回股票等等。票据购买计划将使加大收购方的财务成本，影响其现金流。这类毒丸计划也被称作"毒债计划"。

毒丸计划曾经是一种被广泛采用的反收购手段，但是由于毒丸计划在资本市场中是一个负面信号，会给投资者造成公司自我保护、阻碍资本自由流通、可以躲避被接管威胁等印象，造成公司股价下跌，因此，在公司治理越来越受重视的今天，毒丸计划的使用率已大幅度下降。

案例 7-17

新浪的毒丸计划

2005 年 2 月 18 日，盛大及其某些关联方向 SEC 提交了 13-D 表备案，披露其已拥有新浪已发行普通股 19.5% 的股权，成为新浪的第一大股东。

22 日，新浪宣布，该公司董事会已采纳了股东购股权计划（毒丸计划）。按照该计划，于股权确认日（预计为 2005 年 3 月 7 日）当日记录在册的每位股东，均将按其所持的每股普通股而获得一份购股权。在购股权计划实施的初期，购股权由普通股股票代表，不能于普通股之外单独交易，股东也不能行使该权利。只有在某个人或团体获得 10% 或以上的新浪普通股或是达成对新浪的收购协议时，该购股权才可以行使，即股东可以按其拥有的每份购股权购买等量的额外普通股。

盛大及其某些关联方当时的持股已超过新浪普通股的 10%，而购股权计划允许其再购买不超过 0.5% 的新浪普通股，其他股东不能因盛大及其关联方这一 0.5% 的增持而行使其购股权。

一旦新浪 10% 或以上的普通股被收购（就盛大及其某些关联方而言，再收购新浪 0.5% 或以上的股权），购股权的持有人（收购人除外）将有权以半价购买新浪公司的普通股。

在一般情况下，新浪可以以每份购股权 0.001 美元或经调整的价格赎回购股权，也可以在某位个人或团体获得新浪 10% 或以上的普通股之前（或其获得新浪 10% 或以上普通股的 10 天之内）终止该购股权计划。

新浪的另一道防守：铰链型董事会，即新浪董事会共有 9 名成员，设有补偿委员会、审计委员会和股份管理委员会。董事会的 9 名董事共分为三期，任期三年且任期交错，每年只有一期董事任职期满，并就此进行新的董事选举。

由于盛大难以破解新浪的"毒丸"，所以 2006 年无奈抛售 17% 的新浪股份，收购以失败告终，但在股票一进一出之间，盛大获利不少。国外媒体评论道："这是在美国资本市场上第一次一个亚洲公司对另一个亚洲公司进行'没有想到的'收购。无论对法律界还是投资银行界来说都是里程碑式的事情。"

资料来源：新浪网站的相关报道。

案例 7-18

深国商毒丸计划的流产

"深国商"（000056.SZ）1983 年创建深圳市国际商场，是深圳本地唯一一家零售商业类上市公司，也是深圳股票市场零售商业类上市公司中唯一一家同时发行了A、B股的公司。

收购方"茂业国际"是深圳最大的百货企业，在珠三角、长三角、西南区共拥有19家百货门店，处于区域领导地位，并快速成为中国百货业的龙头。2008年5月，茂业国际（0848.HK）在中国香港地区上市，总发行8.63亿股新股，所筹资金净额达到25.1亿港元。茂业国际的实际控制人是黄茂如，在2008年发布的福布斯中国富豪榜上，黄茂如以32.6亿元的身家排名104位。同茂业商厦一起举牌"深国商"B股的大华投资（中国）有限公司（以下简称"大华投资"）也属于"茂业系"。

深国商和茂业国际都是经营百货业的，因而深国商成为茂业国际的收购目标。而此时，中国股市经过2008年的大跌，很多股票价位已经非常低，甚至低于净资产。深国商的股票在2007~2008年高峰时期，A、B股价格曾分别高达人民币15.9元/股和7.4港元/股，到了10月，股价已分别跌至最低人民币3.01元/股和1.44港元/股，非常具有吸引力。

另外，深国商的股权结构状况也为并购和控股提供了可能性。深国商经过2006年实行股权分置改革后，原不能流通的法人股不断解除限售，到"茂业系"举牌时，深国商的流通股权已占公司总股本的96%。深国商总股本仅为2.209亿股，股权结构十分分散，截至2008年6月底，持股5%以上的股东仅有2名，持股1%以上的股东也仅有4名，第一大股东马来西亚和昌父子有限公司持股比例也不过13.7%，因而成为并购目标的可能性非常大。

2008年11月，香港上市公司茂业国际在A股市场连续举牌，对上市公司深国商的流通股进行收购。茂业商厦及其一致行动人大华投资合计持有的A、B股股份占公司股份总额的5.09%。而深国商的管理层采取了一系列反收购措施，以避免被收购的命运。

2008年11月14日，深国商发布公告称，定于2008年11月29日以现场方式召开2008年第一次临时股东大会，其主要内容之一是审议11月13日召开的公司第五届董事会临时会议通过的《关于修改公司章程的议案》。深国商董事会提出这个议案的目的是试图通过修改章程来增加反收购条款。议案提出的第一条修改意见也是核心条款是：如任何投资者获得公司的股份达到或可能超过10%，经公司股东大会通过决议，公司可向除该投资者之外的所有在册股东，按该投资者实际持有的股份数增发新股或配送股份。其他3条修改意见分别是：新增董事必须分批改选，每年更换不能超过1/3；将董事长选举和罢免由原来的1/2以上通过率提高到2/3以上；增加董秘职责，需要负责监控公司股票变动情况。

深国商的第一条修改实质上是一项毒丸计划，但是，按照《上市公司收购管理办法》第八条规定："被收购公司的董事、监事、高级管理人员对公司负有忠实义务和勤勉义务，应当公平对待收购本公司的所有收购人。被收购公司董事会针对收购所做出的决策及采取的措施，应当有利于维护公司及其股东的利益，不得滥用职权对收购设置不适当的障碍，不得利用公司资源向收购人提供任何形式的财务资助，不得损害公司及其股东的合法权益。"深国商的议案内容明显违反了这项规定，即使获得股东大会通过也将可能被中国证监会否决，因此深国商只能修改议案，删除了毒丸计划。

11月29日，深国商召开了临时股东大会，审议修改过的《关于修改公司章程的议案》仍然没能通过表决，议案没有获得法定要求的多数票，一些股东表示深国商长期以来业绩很不理想，令广大中小股东十分不满，如果能被茂业收购，可能会让公司业绩有大的提升，而深国商管理层针对收购设置种种障碍是在损害广大股东的利益。

12月17日，深国商发布公告，截至12月16日，茂业商厦及关联企业持有深国商的股份已达总股本的10%，跃升为深国商的第二大股东。

作为另一项反收购措施，深国商向深圳证券交易所举报：茂业商厦及其一致行动人大华投资增持深国商股票达到占公司总股本 5.09% 时才发布举牌公告，违反了《证券法》等法规关于达到 5% 必须公告的限制性规定。但是，深圳证券交易所未予置评。

在我国目前的法律框架下，要实行毒丸计划是有一定难度的。

首先，股份的发行需要经过股东大会同意，且需要 2/3 多数票，在收购方持有相当比例股权时，增发新股很难通过股东大会表决。而美国采用了授权资本制，事先规定股本总额，董事会在不超过股本总额条件下，可以自行发行新股。

其次，对收购方以外的股东发行股份的困难。现有股权再融资模式下，配股模式要求对所有原股东配售；公开增发需要符合财务要求，且难以对收购方排他性发行。只有定向增发可以采用，即通过对十名以内的对方定向发行股份而提高现有持股方的持股比例，并间接降低收购方的持股比例。所以，中国式毒丸计划，就是定向增发。比如三特索道（002159.SZ）于 2013 年 3 月份抛出定增计划，向关联法人股东当代科技、恒健通及 7 名董事、高管发行 3 000 万股，其目的在于防止湘鄂情的收购。又如大商股份（600694.SH）遭"茂业系"举牌后，2013 年 5 月 27 日大商股份公告称，公司拟作价 48.85 亿元，向大商集团和大商管理收购其下属的商业零售业务及有关资产。大商集团和大商管理标的资产净资产账面值 3.96 亿元，评估值 48.85 亿元，评估增值率达 1 132.65%。重组方案显示，将以 37 元/股的价格，向大商集团和大商管理发行 1.32 亿股；若重组成功，二者及其一致行动人将合计持有大商股份 34.46% 的股份。但是这种定向增发，其实类似于控股股东增持股份，与真正的毒丸计划（预设认购权、低价售股）还是不太一样的。

最后，毒丸计划所要求的认股权证模式目前在我国市场中是被禁止的。

（3）相互持股。相互持股也称作交叉持股，指的是关联公司或者友好公司之间互相持有对方股份，一旦其中一方遭到敌意收购威胁，另一方即施以援手。

2004 年 9 月 2 日，广发证券（000776.SZ）面临中信证券的敌意收购。在收购战中，广发证券的相互持股方深圳吉富创业投资股份有限公司（2004 年 9 月 7 日由广发证券员工出资 2.48 亿元设立）、辽宁成大（600739.SH）和吉林敖东（000623.SZ）三家公司迅速增持并控制了广发证券 66.17% 的股份，共同绝对控股，从而成功地挫败了中信证券的恶意收购[一]，其中辽宁成大和吉林敖东分别是广发证券的第一大股东和第二大股东。

2019 年 1 月 23 日，长荣股份（300195.SZ）发布公告，拟以 2.68 欧元/股，以现金形式认购德国证券交易所上市公司海德堡增发的股票 2 574.38 万股，涉及金额约 5.5 亿元。本次交易完成后，长荣股份全资子公司将成为海德堡第一大股东，持有海德堡 8.46% 的股份。公告还表示，海德堡考虑"在长荣股份中建立不超过长荣股份股本 21% 的相互持股，以加强两家公司之间的战略伙伴关系"。此举构成了长荣股份与海德堡公司的相互持股。

相互持股的优势在于成本低，而且行动便利，便于控制。但是，相互持股可能带来公司治理方面的种种弊端，所以往往为各国法律所禁止[二]。

相互持股的不利之处在于，一是公司治理方面的弊端，由此会影响到投资者对公司价值的判断，影响企业形象和股价表现；二是相互持股一旦失败，反而会帮助收购方一举两得，

[一] 谢九，王伟力. 中信收购广发"野蛮人"战争 [J]. 新财富，2004（10）：36-40.

[二] 相互持股的限制可以通过"环形持股"的设计而绕过。但相互持股或者环形持股会增加税务方面的成本，因而从税收角度可以有所限制。

进而获得关系企业的股权。

2019年4月30日，沪深交易所修改了《股票上市规则》，其中最重要的部分是对于相互持股有了明确规则限制，比如《深圳证券交易所股票上市规则》第11.8.4条和《创业板上市规则》第11.8.5条分别增加一款，作为第二款："上市公司控股子公司不得取得该上市公司发行的股份。确因特殊原因持有股份的，应当在一年内消除该情形，在消除前，上市公司控股子公司不得对其持有的股份行使表决权。"

深圳证券交易所表示，"明确上市公司不得形成交叉持股，鉴于交叉持股可能会引致资产虚增、股权结构不清晰等问题，根据现行监管规定和监管做法，这次修订明确上市公司控股子公司不得取得该上市公司发行的股份，并要求因司法划转、被动持有等特殊原因形成的交叉持股在一年内予以消除，且在消除前不得行使表决权。"

3. 其他预防性安排

其他预防性安排还包括**双重股权**（dual class share）、员工持股等。

双重股权是指在股份结构中安排两种股份，虽然都是普通股，但是投票权不同，比如，谷歌原始股东和管理层持有的A股每股投票权是10票，而对公众发行的B股每股投票权是1票，这样谷歌原始股东和管理层就可以牢牢地掌握公司的控制权。刘强东在京东上市时，按照京东的AB股规则，刘强东所持股票属于B类普通股，其1股拥有20票的投票权（一般美国上市公司的AB股投票权比例是1∶10），而除刘强东之外的其他股东所持股票属于A类普通股，其1股只有1票的投票权。所以京东上市时，刘强东虽然只持有20.68%的股份，但拥有超过80%的投票权，在这样的投票权安排结构下，收购方是不可能获得京东的控制权的。

员工持股是另一种经常采用的预防性安排。员工持股一方面可以形成对员工的激励机制，另一方面，在面临恶意收购时，可以控制一部分公司股份，增强公司的控制权，提高恶意并购者的并购难度。员工持股可以由员工分散持有，也可以由基金会或者工会集中持有，集中持有模式更有利于防御恶意收购。同时，董事会中的职工董事，也有助于抵御恶意收购。《公司法》规定上市公司可设立职工董事，职工董事由职工代表大会选举产生。也就是说，不管职工股权比例大小，都可以在董事会有一席之地，有的公司还会增加职工董事的比例，这样保证了原控股方增加在董事会中的话语权。

7.6.2 主动性措施

主动性措施是指当发生恶意收购时，目标公司临时组织的反收购措施，一般包括焦土战略、出售皇冠明珠、回购股份、诉诸法律、寻找白衣骑士等。

1. 焦土战略

焦土战略是一种目标公司"自残"的策略，主要包括加速还款、购买不必要的资产等，这些措施都在耗尽公司的现金资源。对收购方而言，一方面，影响了目标公司的估价，使收购方的收购兴趣下降；另一方面，尤其对杠杆收购不利，因为现金流价值下降，导致收购时的融资变得困难、收购后的整合难度也加大。但是，这些基于现金流而对收购方的干扰，从决定到实施往往需要一定时间，因此在面对速度较快的恶意收购时，难以奏效。

2. 出售皇冠明珠

出售皇冠明珠，就是将公司最有价值的部分出售，从而使收购方失去收购的兴趣。目标公司一般会考虑将有价值的资产出售给关系企业，待收购风潮过去后，再行回购。也有直接在市场中公开出售的，但是，公开出售优良资产，容易使优质资产直接落入收购者手中，反而减少其收购成本，也有可能被其他竞争者购得，从而影响公司未来的发展。因此，对皇冠明珠的出售一定要谨慎，以免对公司业务造成实质性的伤害。

3. 回购股份

回购股份是反收购中经常采用的措施。目标公司买回自己公司的股票，主要作用有四个：其一是减少市场中可供收购的股份，使收购方收集股票的难度加大；其二是提高股价，增加收购方进一步收购的成本；其三是通过回购股份，显示抵抗的决心；其四是利用回购消耗公司的现金资源，甚至不惜负债，从而使公司的财务风险加大、被收购的价值下降。

回购股份的缺点在于：第一，回购需要公司有着较好的现金资源；第二，随着公司的回购以及股份的注销，收购方的持股比例会被动地上升，这是被收购方所不愿看到的。

4. 增持股份

相较于回购股份，增持股份是更有效的反击方案。增持股份是由控股股东出资，在市场中购买被收购方的股份，从而进一步增加其持股比例，对抗收购方的收购。其主要作用体现在：其一是减少市场中可供收购的股份，使收购方收集股票的难度加大；其二是提高股价，增加收购方进一步收购的成本；其三，通过增持股份，显示抵抗的决心；其四是通过增持，使己方手中的持股比例上升。

增持股份需要控股股东具有较好的现金资源。

在宝能系收购万科的过程中，在2015年7月、8月通过宝能系旗下的前海人寿和钜盛华公司三次举牌，至2015年8月26日，宝能系超越华润成为万科第一大股东，持股共15.04%，彼时双方持股比例仅差0.15%。几日之后，华润出手，通过两次增持，新增万科约0.4%的股份，使其持股达到了15.29%，又超越了宝能系的15.04%，重新夺回第一大股东之位。但是，后来随着宝能系继续购买万科股票，华润难以跟进，宝能成为万科的第一大股东。后来，通过深圳地铁的介入，才打破了宝能的控股地位，使得深圳地铁成为万科的第一大股东。

5. 绿色邮件

绿色邮件（green mail）是目标公司以一定的溢价购买收购方先前所持有的本公司的股票。绿色邮件是对收购方的妥协和贿赂。绿色邮件通常还包括一个大宗股票持有人在较长期限内不得持有目标公司股票的约定，一般为五到十年，此举保证了目标公司在一段时间内不会受到该袭击者的并购威胁。

绿色邮件的问题在于目标公司溢价购回公司股票的代价太高，收购方很快就实现了恶意收购的收益。也就是说，绿色邮件可能反而鼓励了公司袭击者去频繁地收购公司。

6. 诉诸法律

诉诸法律是指利用并购方在收购过程中的法律漏洞而进行诉讼，通过法律手段来判定并购无效。与并购相关的法律一般有两类：反垄断法和收购程序法。反垄断法是指并购完成后，收购方可能形成对市场的垄断，因此可以提起反垄断调查。更为常用的是寻找收购方在收购程序方面的法律漏洞。比如我国第一起恶意收购案"宝延风波"时，深圳宝安集团在没有执行停牌公告的情况下，通过本公司和关联企业合计持有延中实业10.65%的股票，并在次日继续增持到17.07%时才发布公告，宣布其持股比例和已经成为第一大股东的事实。由于宝安集团明显地违犯了当时《股票发行与交易管理暂行条例》第四十七条的规定："任何法人直接或者间接持有一个上市公司发行在外的普通股达到百分之五时，应当自该事实发生之日起三个工作日，向该公司、证券交易场所和证监会作出书面报告并公告。"因此，延中实业提起申诉。当然，由于法律的不健全，最后通过中国证监会进行行政处理，仍然判定宝安所获延中股权有效，但进行了少量的罚款。在大港油田收购爱使股份中，也采用了诉诸法律（行政）的方式，通过上海市证券管理办公室的协调，大港油田最终入主公司董事会。

7. 寻找白衣骑士

寻找白衣骑士（white knight）是指在遇到恶意收购时，向关系密切的企业求助，通过关系企业参与收购竞争，从而挫败恶意收购行为或者迫使恶意收购方提高收购价格。

案例 7-19

哈啤反收购战

2004年5月1日，香港上市的哈尔滨啤酒集团有限公司（以下简称"哈啤"）（0249.HK）宣布单方面终止与其第一大股东SAB Miller（以下简称SAB，持股29.41%）的"独家策略投资者协议"。5月2日，SAB的全球竞争者Anheuser-Busch Companies, Inc.（以下简称AB）宣布将以每股3.70港元的价格从哈啤的第二大股东手中购入约29.07%的股权。SAB为巩固其在哈啤中的第一大股东地位，于5月4日宣布将以每股4.30港元的价格全面要约收购哈啤。在竞购战中，哈啤管理层抵制SAB的收购，而支持AB作为"白衣骑士"对哈啤进行收购。5月19日，AB正式成为哈啤持股29.07%的第二大股东，而SAB则于5月24日正式公告了要约收购书。5月31日和6月1日是竞购战的转折点，在这两天里AB以每股5.58港元的高价增持哈啤股份至36%，一跃成为第一大股东。6月3日AB以每股5.58港元的价格全面要约收购哈啤，高出SAB的收购价30%。至此，哈啤竞购战胜负已明，SAB宣布撤回敌意收购，并将其所有持股转让给AB。

资料来源：汤欣，徐志展．反收购措施的合法性检验[J]．清华法学，2008，2（6）．

案例 7-20

万科股权争购战中的"白衣骑士"

2015年1月开始，宝能系即通过旗下的前海人寿在二级市场不断买入万科（00002.SZ）A股股票。根据披露的信息，前海人寿于2015年1月、2015年2月、2015年3月、2015年4月、2015年6月和2015年7月都有所交易，而到7月，第一次举牌万科。

此后，虽然遭遇到万科管理层的坚决反对以及万科大股东华润股份的不断增持，但是，终究抵挡不住宝能系的疯狂购买。

2016年8月初，中国恒大（03333.HK）开始买入万科股票，并通过后续不断增持，最终耗资超过300亿元，持股占万科总股本的14.07%，成为万科第三大股东。

2017年3月24日，万科将召开董事会会议，董事换届之事已提上日程。当时万科的股权结构为：宝能系持股25.4%，深圳地铁（华润已将所持有的万科股份悉数转让给深圳地铁）持股15.31%，恒大持股14.07%，万科管理层持股7.12%，安邦保险持股6.18%，刘元生持股1.21%。

在各方静候万科董事会换届之时，中国恒大3月16日晚间发布公告称，将所持有的万科股份（1 553 210 974股A股）表决权委托给深圳地铁，同时，已将所持有的万科股份质押给中信证券，期限一年。

这样，深圳地铁、中国恒大、刘元生等站在一起支持万科现任管理团队，他们的合计持股比例达到37.71%，已明显高于宝能系。从单一股东来看，本次转让后，深圳地铁的持股由15.31%变为29.38%，超宝能25.4%持股成万科第一大股东。

从各个方面看，恒大扮演了一次"白衣骑士"，它的股权转让一举扭转了万科管理层所面对的不利局面，基本上为万科股权之争画上了句号。

7.7 要约收购[一]

7.7.1 要约收购的基本概念

要约收购（tender offer）是指收购人为了取得上市公司的控股权，向所有的股票持有人发出购买该上市公司股份的收购要约，以便收购该上市公司的股份。根据法律规定，收购者在持有目标公司股份达到法定比例时（《证券法》规定该比例为30%），如果继续进行收购，应当采取要约方式进行，包括发出全面要约或者部分要约。收购要约需要书面做出，并在收购要约中列出收购条件、收购价格、收购期限以及其他规定事项。采取要约收购方式的，收购人在收购期限内，不得卖出被收购公司的股票，也不得采取要约规定以外的形式和超出要约的条件买入被收购公司的股票。

法律之所以要求收购人进行要约收购，其法理基础是，公司收购会对目标公司的所有股东产生重要影响，取得公司控制权的收购者即新的大股东有可能利用资本多数决定原则来侵犯其他股东的利益，为消除其他股东的疑虑和对收购方的不信任，法律赋予他们选择是否按照一定价格向收购者卖出股票而退出公司的权利。因此要约收购的法律规定贯穿的原则是股东平等原则和公平原则，其目的是保护目标公司其他股东的权益而对收购者课以法律上的义务。

我国用于规范要约收购的法律是《上市公司收购管理办法》（2006年5月17日中国证监会通过，2008年、2012年、2014年分别修订）。

要约收购可以分为全面要约和部分要约。全面要约是以购买目标公司的全部股份部分为目的而发出要约，部分要约则是以购买目标公司的部分股份为目的而发出要约。《上市公司收购管理办法》第二十三条规定："投资者自愿选择以要约方式收购上市公司股份的，可以向被收购公司所有股东发出收购其所持有的全部股份的要约（以下简称全面要约），也可以向被收购公司所有股东发出收购其所持有的部分股份的要约（以下简称部分要约）。"

[一] 由于各国关于要约收购的法律规定不同，本小节以《中华人民共和国证券法》和《上市公司收购管理办法》为依据。

关于全面要约，《上市公司收购管理办法》第二十七条规定"收购人为终止上市公司的上市地位而发出全面要约的，或者向中国证监会提出申请但未取得豁免而发出全面要约的，应当以现金支付收购价款；以依法可以转让的证券（以下简称证券）支付收购价款的，应当同时提供现金方式供被收购公司股东选择。"

《上市公司收购管理办法》第五十七条还特别指出了间接收购的情形，即"投资者虽不是上市公司的股东，但通过投资关系取得对上市公司股东的控制权，而受其支配的上市公司股东所持股份达到前条规定比例、且对该股东的资产和利润构成重大影响的，应当按照前条规定履行报告、公告义务。"该条所指的"前条规定"就是"收购人拥有权益的股份超过该公司已发行股份的30%的，应当向该公司所有股东发出全面要约"，也就是说这种情形下必须采用全面收购的方式。案例7-20中的第一次要约收购，帝亚吉欧采用的是全面要约收购，虽然帝亚吉欧实际间接持有水井坊的比例并没有超过30%（39.71%×53%=21.05%），但是它"通过投资关系取得对上市公司股东的控制权，而受其支配的上市公司股东所持股份"超过了30%（达到了39.71%），所以必须采用全面要约方式来收购剩余股份。

关于部分要约，一般来说，部分要约是以继续保持目标公司的上市地位为目的，而不是以目标公司退市为目的。部分要约只适用于协议收购触发要约收购和证券交易所的证券交易触发要约收购两种情形。部分要约收购可以降低收购人的收购成本，避免收购过多的股份而导致公司下市。近年来，部分要约收购已逐渐成为我国上市公司收购的主要方式。

具体而言，部分要约适用于协议收购和交易所收购两种情形。一是协议收购触发要约收购。《证券法》第七十三条规定："采取协议收购方式的，收购人收购或者通过协议、其他安排与他人共同收购一个上市公司已发行的有表决权股份达到百分之三十时，继续进行收购的，应当向该上市公司所有股东发出收购上市公司全部或者部分股份的要约。但是，经国务院证券监督管理机构免除发出要约的除外。"《上市公司收购管理办法》中也有相同的规定。二是证券交易所的证券交易触发要约收购。这是指收购人欲通过证券交易所的交易取得目标公司的控制权，只能在目标公司股权的一定比例内进行，超出该比例的收购应以要约方式进行，或采取全面要约方式进行，或采取部分要约方式进行。《证券法》第六十五条规定："通过证券交易所的证券交易，投资者持有或者通过协议、其他安排与他人共同持有一个上市公司已发行的有表决权股份达到百分之三十时，继续进行收购的，应当依法向该上市公司所有股东发出收购上市公司全部或者部分股份的要约。"《上市公司收购管理办法》中也有相同的规定。

同时，法律为部分要约收购股份设定了最低限制。《上市公司收购管理办法》第二十五条规定了部分要约收购股份的最低限制："收购人依照本办法第二十三条、第二十四条、第四十七条、第五十六条的规定，以要约方式收购一个上市公司股份的，其预定收购的股份比例均不得低于该上市公司已发行股份的5%。"5%的最低限制是在已收购了目标公司30%股权的基础上做出的。

读者如果有兴趣，可以自行扫描二维码进入网页阅读上市公司收购管理办法及上海证券交易所上市公司要约收购情况相关内容。

上市公司收购管理办法
请扫码进入中国证监会官网阅读。

上海证券交易所上市公司要约收购情况
请扫码进入上交所官网阅读。

案例 7-21

帝亚吉欧三度要约收购水井坊

帝亚吉欧（Diageo Highlands Holding B.V.，DHHBV）来自英国，母公司 Diageo Plc 是全球最大的酒类公司，分别在纽约和伦敦证券交易所上市，旗下拥有横跨蒸馏酒、葡萄酒和啤酒等一系列顶级酒类品牌。帝亚吉欧公司在全球 80 多个国家和地区有超过 22 520 名员工，2013 年销售额达到 187 亿美元，市值高达 890 亿美元，是世界 500 强公司。

水井坊白酒是我国浓香型白酒的代表之一，600 多年前，承天府恩泽，俯览锦江，水井街酒坊在古成都城中心水井街开窖建坊，引岷江上游水，前庭当垆、后庭酿酒，是古代酿酒作坊与酒肆的典型实例，堪称"第一坊"。1999 年考古发现了水井坊酿酒作坊和窖池，成为"1999 年全国十大考古新发现"，由此"水井坊"被列入"全国重点文物保护单位"。国家权威部门给它的评定是：迄今为止全国以至世界发现的最古老、最全面、保存最完整、极具民族独创性的古代酿酒作坊，被我国考古界、史学界、白酒界专家誉为白酒行业的"活文物"、"中国白酒第一坊"。水井坊不仅是中国现存最古老的酿酒作坊，而且是中国浓香型白酒酿造工艺的源头，是我国古代酿酒和酒肆的唯一实例，堪称中国白酒第一坊，她集中体现了川酒醇香隽永的特色，也代表了中国白酒酿造的最高水平之一。

1. 第一次要约收购：全面要约收购

2007 年 2 月，帝亚吉欧看中了四川水井坊股份有限公司（以下简称"水井坊"），从成都盈盛投资控股有限公司（以下简称"盈盛投资"，是由全兴集团实控人杨肇基和原来全兴集团的管理层共同创立的公司）受让收购了全兴集团 43% 的股权，全兴集团是上市公司水井坊的控股股东，持有 39.71% 的股权。2008 年 7 月，帝亚吉欧又增持 6% 的股权，使得帝亚吉欧持有的全兴集团股权达到 49%。2010 年 3 月，帝亚吉欧进一步收购盈盛投资所持有的全兴集团 4% 的股权，帝亚吉欧所持有的全兴集团股权增加至 53%，由于全兴集团持有水井坊 39.71% 的股份，帝亚吉欧因此而形成间接控制水井坊 39.71% 的股份（见图 7-7）。根据《证券法》和《上市公司收购管理办法》，收购人应当向除全兴集团之外的水井坊股东发出全面收购要约。

图 7-7 第一次要约收购前的水井坊股权关系

2012 年 3 月 20 日，水井坊发布要约收购报告书，收购人为帝亚吉欧。

读者如果有兴趣，可以自行扫描二维码阅读 2012 年 3 月 20 日的水井坊要约收购报告书。

收购人在要约收购报告书中提示了退市风险警示、暂停上市及终止上市的情况："本次要约收购系因 DHHBV 从盈盛投资受让全兴集团 4% 的股权而触发。尽管本次

水井坊要约收购报告书（2012 年 3 月 20 日）

请扫码阅读 PDF 文件。

要约收购不以终止水井坊上市地位为目的，若本次要约收购期限届满时，社会公众股东持有的水井坊股份总数低于 48 854 570 股，即低于水井坊股本总额的 10%，水井坊将面临股权分布不具备上市条件的风险。""根据《上海证券交易所股票上市规则》第 12.16 条、12.17 条、14.1.1 条第（五）项及 14.3.1 条第（九）项的规定，上市公司因收购人履行要约收购义务，股权分布不具备上市条件，而收购人不以终止上市公司上市地位为目的的，在五个交易日内提交解决股权分布问题的方案，交易所同意实施股权分布问题解决方案的，公司股票被实施退市风险警示；未在规定期限内提交解决股权分布问题方案，或者提交方案未获同意，或者被实行退市风险警示后六个月内股权分布仍不具备上市条件，公司股票将暂停上市；被暂停上市后六个月内股权分布仍不具备上市条件，公司股票将终止上市。"

要约收购报告书摘要公告前 30 个交易日内，水井坊股份的每日加权平均价格的算术平均值为 21.446 5 元/股。在公告要约收购报告书摘要之日前 6 个月内，收购人不存在买卖水井坊股份的情形。

经综合考虑，收购人确定要约价格为 21.45 元/股。

要约收购期限为：2012 年 3 月 26 日至 4 月 24 日。

截至 2012 年 4 月 24 日，本次要约收购期限届满，根据中国证券登记结算有限责任公司上海分公司提供的数据统计，在 2012 年 3 月 26 日至 4 月 24 日要约收购期限内，预受要约股份共计 3 274 股，撤回预受要约股份共计 120 股，水井坊流通股中共有 3 154 股接受收购人发出的收购要约。

这次要约收购属于全面要约，有相当大的终止上市风险。但收购方通过巧妙的低于二级市场的要约收购价格设置，最终实际完成要约收购的股东几乎可以忽略不计。帝亚吉欧最终实现了"要约不收购"，既满足了法律要求，又避免了退市风险。

2. 第二次要约收购

2013 年 7 月 23 日，水井坊发布公告：四川省商务厅同意盈盛投资将其持有全兴集团合计 47% 的股权转让给帝亚吉欧，由此帝亚吉欧持有 100% 的全兴集团的股份，从而对水井坊的持股比例将由 21.05% 增至 39.71%（见图 7-8）。此外，全兴集团名称也将变更为"四川成都水井坊集团有限公司"。

图 7-8　第二次要约收购前的水井坊股权关系

帝亚吉欧这家老牌外国酒企在水井坊上的投资并不理想，2012 年 3 月水井坊披露的要约收购公告中，帝亚吉欧的收购价为 21.45 元/股，当时水井坊股价在 21 元/股上下挣扎。2013 年以来，水井坊股价持续下跌，截至 7 月 23 日收盘报收于 12.68 元/股，相比帝亚吉欧 1 年前的收购价已经跌去近五成。

但是，这挡不住帝亚吉欧对水井坊的收购脚步。

2018 年 7 月 10 日，时隔六年之后，水井坊又一次发布要约收购报告书，收购方依旧是帝亚吉欧，这一次是部分要约收购。

读者如果有兴趣，可以自行扫描二维码阅读 2018 年 7 月 10 日的水井坊要约收

水井坊要约收购报告书（2018 年 7 月 10 日）

请扫码阅读 PDF 文件。

购报告书。

帝亚吉欧以及收购人基于对水井坊所在行业的前景长期看好，为了进一步提高帝亚吉欧对上市公司的持股比例，巩固控股股东地位，有效促进上市公司稳定发展，收购人拟对上市公司进行要约收购。

此次收购人 - 为 Grand Metropolitan International Holdings Limited（以下简称 GMIHL 公司），它注册地在伦敦，是帝亚吉欧 100% 的控股股东。

本次要约收购为向除四川成都水井坊集团有限公司及 Diageo Highlands Holding B.V. 以外的水井坊股东发出的部分要约，要约收购股份数量为 99 127 820 股，股份比例为 20.29%，要约收购价格为 62.00 元 / 股。加上之前持有的 39.71% 的股份，收购人及其关联方对水井坊的持股总量将达到 60%。

本次要约收购期限共计 30 个自然日，即 2018 年 7 月 13 日至 8 月 11 日。

本次要约收购报告书摘要提示性公告之日前 30 个交易日水井坊每日加权平均价格的算术平均值为 51.77 元 / 股，综合考虑行业的整体发展情况以及近期市场价格情况，本次要约收购交易价格确定为 62.00 元 / 股，在要约收购报告书摘要提示性公告之日前 30 个交易日每日加权平均价格的算术平均值基础上溢价 19.76%。

由于是部分要约收购，本次要约收购完成后，收购人及其关联方最多合并持有水井坊 60% 的股份，所以水井坊将不会面临股权分布不具备上市条件的风险。

一个月后，GMIHL 公司完成了预定的收购计划，最终有 9 292 个账户共计 247 176 244 股股份接受收购人发出的要约。预受要约股份的数量超过 99 127 820 股，收购人按照同等比例收购了预受要约的股份。

通过这一次部分要约收购，帝亚吉欧完成了对水井坊 60% 股权的持有，同时又不需要面临退市的风险。

3. 第三次要约收购

距离前次要约收购刚过半年，2019 年 2 月 27 日，水井坊又一次公布了要约收购报告书，收购方还是 GMIHL 公司。

读者如果有兴趣可以自行扫描二维码阅读 2019 年 2 月 27 日旧的水井坊要约收购报告书。

水井坊要约收购报告书（2019 年 2 月 27 日）

请扫码阅读 PDF 文件。

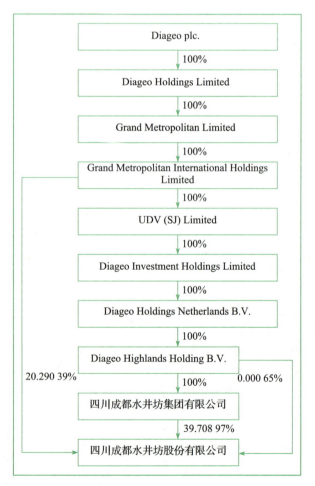

图 7-9 第三次要约收购前的水井坊股权关系

第三次要约收购前的水井坊股权关系如图 7-9 所示。

此次要约收购还是采用部分要约收购，其目的在于提高帝亚吉欧对水井坊的持股比例，巩固控股权。收购完成后，GMIHL 公司直接和间接合计持有水井坊的股份预计将由 60% 上升到 70%，并且水井坊将不会面临股权分布不具备上市条件的风险。

本次要约收购期限共计 30 个自然日，即 2019 年 3 月 5 日至 4 月 3 日。

本次要约收购报告书摘要提示性公告之日前 30 个交易日水井坊每日加权平均价格的算术平均值为 32.52 元/股，综合考虑行业的整体发展情况以及近期市场价格情况，本次要约收购交易价格确定为 45.00 元/股，在本次要约收购报告书摘要提示性公告之日前 30 个交易日每日加权平均价格的算术平均值基础上溢价 38.38%，较 2019 年 2 月 26 日（即水井坊于 2019 年 2 月 27 日发布的重大事项提示性公告日前一日）收盘价溢价 19.33%。

截至 2019 年 4 月 3 日，本次要约收购期限届满，根据中国证券登记结算有限责任公司上海分公司提供的数据统计，在 2019 年 3 月 5 日至 4 月 3 日要约收购期间，最终有 689 个账户共计 15 341 956 股股份接受收购人发出的要约，数量少于 48 854 570 股，收购人全部购买了这些股份，相当于股份总数的 3.14%，不到原计划 10% 的 1/3。

经过此次要约收购，帝亚吉欧通过四川成都水井坊集团有限公司间接持有 39.71% 的股份，GMIHL 公司直接持有 23.43% 的股份，合计持有水井坊股份比例为 63.14%。

7.7.2 要约收购的程序

1. 要约收购报告书摘要

收购人按照拟收购上市公司股份超过 30%，须改以要约方式进行收购的，收购人应当在达成收购协议或者做出类似安排后的 3 日内对要约收购报告书摘要做出提示性公告。本次收购依法应当取得相关部门批准的，收购人应当在要约收购报告书摘要中做出特别提示，并在取得批准后公告要约收购报告书。

2. 要约收购报告书

以要约方式收购上市公司股份的，收购人应当编制要约收购报告书，聘请财务顾问，通知被收购公司。

要约收购报告书包含的内容有：

（1）收购人的姓名、住所；收购人为法人的，其名称、注册地及法定代表人，与其控股股东、实际控制人之间的股权控制关系结构图。

（2）收购人关于收购的决定及收购目的，是否拟在未来 12 个月内继续增持。

（3）上市公司的名称、收购股份的种类。

（4）预定收购股份的数量和比例。

（5）收购价格。

（6）收购所需资金额、资金来源及资金保证，或者其他支付安排。

（7）收购要约约定的条件。

（8）收购期限。

（9）报送收购报告书时持有被收购公司的股份数量、比例。

（10）本次收购对上市公司的影响分析，包括收购人及其关联方所从事的业务与上市公司的业务是否存在同业竞争或者潜在的同业竞争，是否存在持续关联交易；存在同业竞争或者持续关联交易的，收购人是否已做出相应的安排，确保收购人及其关联方与上市公司之间避免同业竞争以及保持上市公司的独立性。

（11）未来12个月内对上市公司资产、业务、人员、组织结构、公司章程等进行调整的后续计划。

（12）前24个月内收购人及其关联方与上市公司之间的重大交易。

（13）前6个月内通过证券交易所的证券交易买卖被收购公司股票的情况。

（14）中国证监会要求披露的其他内容。

收购人发出全面要约的，应当在要约收购报告书中充分披露终止上市的风险、终止上市后收购行为完成的时间及仍持有上市公司股份的剩余股东出售其股票的其他后续安排；收购人发出以终止公司上市地位为目的的全面要约，无须披露第（10）项规定的内容。

3. 报告和公告

向中国证监会、证券交易所提交书面报告，抄报派出机构，通知被收购公司，同时对要约收购报告书摘要做出提示性公告。

收购人报送符合中国证监会规定的要约收购报告书15日后，公告其要约收购报告书、财务顾问专业意见和律师出具的法律意见书。在15日内，中国证监会对要约收购报告书披露的内容表示无异议的，收购人可以进行公告；中国证监会发现要约收购报告书不符合法律、行政法规及相关规定的，及时告知收购人，收购人不得公告其收购要约。

4. 实施收购

收购人可以采用现金、证券、现金与证券相结合等合法方式支付收购上市公司的价款。以现金支付收购价款的，应当在做出要约收购提示性公告的同时，将不少于收购价款总额的20%作为履约保证金存入证券登记结算机构指定的银行。收购人以证券支付收购价款的，应当提供该证券的发行人最近3年经审计的财务会计报告、证券估值报告，并配合被收购公司聘请的独立财务顾问的尽职调查工作。

收购要约约定的收购期限不得少于30日，并不得超过60日，但是出现竞争要约的除外。在收购要约约定的承诺期限内，收购人不得撤销其收购要约。

5. 支付和过户

收购期限届满，发出部分要约的收购人应当按照收购要约约定的条件购买被收购公司股东预受的股份，预受要约股份的数量超过预定收购数量时，收购人应当按照同等比例收购预受要约的股份；以终止被收购公司上市地位为目的的，收购人应当按照收购要约约定的条件购买被收购公司股东预受的全部股份；未取得中国证监会豁免而发出全面要约的收购人应当购买被收购公司股东预受的全部股份。

收购期限届满后3个交易日内，接受委托的证券公司应当向证券登记结算机构申请办理股份转让结算、过户登记手续，解除对超过预定收购比例的股票的临时保管；收购人应当公告本次要约收购的结果。

收购要约的期限届满，收购人持有的被收购上市公司的股份数达到该公司已发行的股份总数的75%以上的，该上市公司的股票应当在证券交易所终止上市。如果收购人持有的被收购公司的股份达到该公司已发行的股份总数的 90% 以上，其余仍持有被收购公司股票的股东，有权向收购人以收购要约的同等条件出售其股票，收购人应当收购。收购行为完成后，被收购公司不再具备《公司法》规定的条件的，应当依法变更其企业的形式。

收购人对所持有的被收购的上市公司的股票，在收购行为完成后的六个月内不得转让。

6. 向监管当局报告

收购期限届满后 15 日内，收购人向中国证监会报送关于收购情况的书面报告，同时抄报派出机构，抄送证券交易所，通知被收购公司。

7.7.3 要约收购价格

出于对目标公司股东利益的保护，《上市公司收购管理办法》第三十五条对要约收购的价格做了具体规定："收购人按照本办法规定进行要约收购的，对同一种类股票的要约价格，不得低于要约收购提示性公告日前 6 个月内收购人取得该种股票所支付的最高价格。要约价格低于提示性公告日前 30 个交易日该种股票的每日加权平均价格的算术平均值的，收购人聘请的财务顾问应当就该种股票前 6 个月的交易情况进行分析，说明是否存在股价被操纵、收购人是否有未披露的一致行动人、收购人前 6 个月取得公司股份是否存在其他支付安排、要约价格的合理性等。"

上述条文的含义在于规定要约收购价格必须在两个价格中取较高者，一个价格是要约收购提示性公告日前 6 个月内收购人取得该种股票所支付的最高价格，另一个价格是提示性公告日前 30 个交易日该种股票的每日加权平均价格的算术平均值。通过这两个价格，限定了要约收购的价格下限，避免收购人以不切实际的低价来回避要约收购。

要约收购是收购人达到一定收购比例后必须履行的义务，但是，如果继续采用要约形式放开收购，可能会耗费过多的资金、收集不必要的多余股份，甚至收购人可能收购超过 75% 的股份而引起公司下市，因此要约收购方往往会通过设定有利的要约收购价格而实际达到"要约不收购"的效果。也就是说，要约收购方需要设定一个合法的收购价格，但是这个价格又必须低于合理的市场价格，合法但不具有吸引力，使得股票持有人没有出售的兴趣，从而合理地规避要约收购。在案例 7-20 的第一次要约收购中，帝亚吉欧需要全面要约收购水井坊的股票，但又担心过多的收购会引起下市，因此设置了合法但不具有吸引力的价格，帝亚吉欧的收购价为 21.45 元 / 股，当时水井坊股价在 21 元 / 股左右，所以最终仅有 3 154 股接受收购人发出的收购要约。

在很多国内的要约收购案例中，都出现了"要约不收购"的现象，比如，复星收购南钢、迪康收购成商、高盛收购双汇等案例，其关键之处都是选择股价上涨阶段进行要约收购，此时，"提示性公告日前 30 个交易日该种股票的每日加权平均价格的算术平均值"均低于公告日的股价，因此可以设定一个高于法律所规定的下限但又低于市场价的要约收购价，目标公司的股东都会惜售手中的股票。之后，如果股价维持在这个水平或者继续上涨，只要不低于要约收购价，那么，一个月后，要约收购结束，收购方就可以合法地完成要约收购的法定程序，但是，又不需要买入更多的股票。

7.7.4 要约收购的豁免条件

在我国，收购上市公司的主要方式是通过与控股股东洽商而进行协议收购，因为我国上市公司的股权相对比较集中。达成协议收购意向后，如果收购的股份数超过30%，那么，就需要根据法律要求进行要约收购。但是，在一定条件下，可以申请豁免要约收购。

收购人如果希望申请豁免的，可以对照《上市公司收购管理办法》第六章"豁免申请"中规定的条件，向中国证监会提出申请。收购人应当在与上市公司股东达成收购协议之日起3日内编制上市公司收购报告书，提交豁免申请及《上市公司收购管理办法》第五十条规定的相关文件，委托财务顾问向中国证监会、证券交易所提交书面报告，同时抄报派出机构，通知被收购公司，并公告上市公司收购报告书摘要。派出机构收到书面报告后通报上市公司所在地省级人民政府。收购人自取得中国证监会的豁免之日起3日内公告其收购报告书、财务顾问专业意见和律师出具的法律意见书；收购人未取得豁免的，应当自收到中国证监会的决定之日起3日内予以公告。未取得豁免的，投资者及其一致行动人应当在收到中国证监会通知之日起30日内将其或者其控制的股东所持有的被收购公司股份减持到30%或者30%以下；拟以要约以外的方式继续增持股份的，应当发出全面要约。

具体的要约收购豁免条件在《上市公司收购管理办法》第六十二条和第六十三条中有规定。

第六十二条　有下列情形之一的，收购人可以向中国证监会提出免于以要约方式增持股份的申请：

（一）收购人与出让人能够证明本次股份转让是在同一实际控制人控制的不同主体之间进行，未导致上市公司的实际控制人发生变化；

（二）上市公司面临严重财务困难，收购人提出的挽救公司的重组方案取得该公司股东大会批准，且收购人承诺3年内不转让其在该公司中所拥有的权益；

（三）中国证监会为适应证券市场发展变化和保护投资者合法权益的需要而认定的其他情形。

收购人报送的豁免申请文件符合规定，并且已经按照本办法的规定履行报告、公告义务的，中国证监会予以受理；不符合规定或者未履行报告、公告义务的，中国证监会不予受理。中国证监会在受理豁免申请后20个工作日内，就收购人所申请的具体事项做出是否予以豁免的决定；取得豁免的，收购人可以完成本次增持行为。

第六十三条　有下列情形之一的，投资者可以向中国证监会提出免于发出要约的申请，中国证监会自收到符合规定的申请文件之日起10个工作日内未提出异议的，相关投资者可以向证券交易所和证券登记结算机构申请办理股份转让和过户登记手续；中国证监会不同意其申请的，相关投资者应当按照本办法第六十一条的规定办理：

（一）经政府或者国有资产管理部门批准进行国有资产无偿划转、变更、合并，导致投资者在一个上市公司中拥有权益的股份占该公司已发行股份的比例超过30%；

（二）因上市公司按照股东大会批准的确定价格向特定股东回购股份而减少股本，导致投资者在该公司中拥有权益的股份超过该公司已发行股份的30%；

（三）中国证监会为适应证券市场发展变化和保护投资者合法权益的需要而认定的其他情形。

有下列情形之一的，相关投资者可以免于按照前款规定提交豁免申请，直接向证券交易所和证券登记结算机构申请办理股份转让和过户登记手续：

（一）经上市公司股东大会非关联股东批准，投资者取得上市公司向其发行的新股，导致其在该公司拥有权益的股份超过该公司已发行股份的30%，投资者承诺3年内不转让本次向其发行的新股，且公司股东大会同意投资者免于发出要约；

（二）在一个上市公司中拥有权益的股份达到或者超过该公司已发行股份的30%的，自上述事实发生之日起一年后，每12个月内增持不超过该公司已发行的2%的股份；

（三）在一个上市公司中拥有权益的股份达到或者超过该公司已发行股份的50%的，继续增加其在该公司拥有的权益不影响该公司的上市地位；

（四）证券公司、银行等金融机构在其经营范围内依法从事承销、贷款等业务导致其持有一个上市公司已发行股份超过30%，没有实际控制该公司的行为或者意图，并且提出在合理期限内向非关联方转让相关股份的解决方案；

（五）因继承导致在一个上市公司中拥有权益的股份超过该公司已发行股份的30%；

（六）因履行约定购回式证券交易协议购回上市公司股份导致投资者在一个上市公司中拥有权益的股份超过该公司已发行股份的30%，并且能够证明标的股份的表决权在协议期间未发生转移；

（七）因所持优先股表决权依法恢复导致投资者在一个上市公司中拥有权益的股份超过该公司已发行股份的30%。

相关投资者应在前款规定的权益变动行为完成后3日内就股份增持情况做出公告，律师应就相关投资者权益变动行为发表符合规定的专项核查意见并由上市公司予以披露。相关投资者按照前款第（二）项、第（三）项规定采用集中竞价方式增持股份，每累计增持股份比例达到该公司已发行股份的1%的，应当在事实发生之日通知上市公司，由上市公司在次一交易日发布相关股东增持公司股份的进展公告。相关投资者按照前款第（三）项规定采用集中竞价方式增持股份的，每累计增持股份比例达到上市公司已发行股份的2%的，在事实发生当日和上市公司发布相关股东增持公司股份进展公告的当日不得再行增持股份。前款第（二）项规定的增持不超过2%的股份锁定期为增持行为完成之日起6个月。

案例 7-22

SEB 集团部分要约收购苏泊尔

苏泊尔（002032.SZ）是中小板的一家上市公司，公司主业是厨房炊具和厨卫家电，是中国最大炊具研发、制造商。SEB集团是一家用电器和炊具业务领域内享有盛誉的国际集团，是全球最大的小型家用电器和炊具生产商之一。SEB集团具有160多年的历史，成立于1857年，1975年在巴黎证券交易所上市。

2006年8月16日，苏泊尔宣告已经与来自法国的餐具巨头SEB集团达成战略投资框架协议。根据这个协议，全部交易完成之后，SEB集团持有的苏泊尔股票将达到52.7%～61%，成为苏泊尔的绝对控股股东。而苏氏父子及其控股的苏泊尔集团将持有苏泊尔17.01%股权。2007年4月11日，中国商务部原则上同意苏泊尔集团、苏增福、苏显泽以每股18元的价格分别向法国SEB国际股份有限公司协议转让所持苏泊尔9.71%、4.24%、0.43%的股权，共计2 532.011 6万股。同意苏泊尔以每股18元的价格向SEB定向增发4 000万股人民币普通股（A）股；原则同意SEB集团以部分要约方式收购苏泊尔不少于 4 860.545 9 万股，不多于 6 645.208 4 万股。收购完成后，SEB 集团将持有苏泊尔 52.74%～61% 的股权，成为控股股东。SEB 集团持有苏泊尔 A 股股份三年内不得转让。

截至 2007 年 8 月 31 日，SEB 集团已通过协议转让和定向增发方式，获得了苏泊尔 30% 的股份，顺利走完了前两步。但即将开始的第三步即要约收购方案则有所调整。因为这段时间市场发生了重大变化，苏泊尔股价大幅上升。2007 年 11 月 21 日苏泊尔公告中国证监会的审核通过了 SEB 集团并购苏泊尔的部分要约收购。SEB 国际股份有限公司宣布自 2007 年 11 月 21 日起向苏泊尔全体流通股股东发起部分要约收购，新的要约收购报告书中，要约收购价格由原来的每股 18 元大幅调高至每股 47 元，原定收购不低于 48 605 459、不高于 66 452 084 股股份的上下限调整为不高于 49 122 948 股股份，即取消了收购下限，且把收购上限调至与原来收购下限相当的水平。

SEB 集团给出的要约价格为每股 47 元，较 39.95 元（11 月 15 日收盘价）、43.22 元（11 月 16 日收盘价）和 40.74 元（公告日前 20 日均线）溢价比例分别为 17.6%、8.7% 和 15.4%，对应苏泊尔的 2007～2008 年市盈率大约为 60 倍和 40 倍。这个价格非常具有吸引力。

12 月 20 日，部分要约收购完成，接受要约的股份数超过了收购上限，股东按比例向 SEB 集团出售股份。

但是，要约收购完成后，苏泊尔在部分要约收效后将无法满足公众股不低于 25% 的要求。按苏泊尔现有总股本 2.16 亿股核算，要约收购后社会公众持有的股份占 11.2%，低于苏泊尔股份总数的 25%，苏泊尔将不具备上市条件。如果苏泊尔连续 20 个交易日不具备上市条件，苏泊尔股票将被暂停上市；如果自暂停上市交易之日起 12 个月内仍不能达到上市条件，苏泊尔将被终止上市。

为此，SEB 集团准备了增发、减持以及扩大股本至 4 亿元以上（此时维持上市地位只需公众股不低于 10%）三项可能采取的措施。苏泊尔股票自 2008 年 1 月 18 日起停牌处理股权分布问题。2008 年 2 月 29 日苏泊尔将以资本公积金转增股本的方式，向全体股东每 10 股转增 10 股，转增后公司总股本增加到 43 204 万股，且流通股超过总股本 10%，根据相关规定可满足上市条件。2008 年 3 月 20 日，公司股东大会审议通过了这一转增方案。

3 月 28 日，重新满足上市条件的苏泊尔复牌。

7.7.5 要约收购与私有化

私有化指的是上市公司的控股股东主动收购剩余股份，取消上市地位，成为私有公司。在这个过程中，主动性要约收购是主要的方法，这与法律要求下的被动性要约收购是不同的。主动性要约收购都会提出一个高于市场价格的、具有吸引力的要约收购价，这个价格一般会较当时的市场价格有 20% 左右的溢价，希望吸引目标公司股东出售股份。

中国石油对旗下公司的私有化是我国出现最早的私有化要约收购。2005 年 10 月 31 日，中国石油宣布了对旗下三家上市公司——辽河油田、锦州石化以及吉林化工进行私有化的计划，要约收购完成之后，三家上市公司将会终止上市地位。对国内资本市场而言，这是要约收购退市第一例。2005 年 12 月 15 日，锦州石化、辽河油田的要约期结束，中国石油对这两家公司的要约收购完成，锦州石化和辽河油田退市。2006 年 2 月 12 日，中国石油向吉林化工全体股东发出的全面收购要约期限届满，据登记公司统计，经确认已预受要约且未撤回的 A 股股份数共计 15 770.02 万股，占吉林化工流通 A 股的 78.85%，占其总股本的 4.43%。

股份交割手续完成后，中国石油将合计持有吉林化工 3 462 113 253 股（含中国石油已收购的 908 113 053 股 H 股），占吉林化工总股本的 97.22%，超过吉林化工总股本的 90%。根据《公司法》和《证券法》，吉林化工的股权结构已不符合上市条件，将终止上市。中国石油进行私有化的原因主要是出于资产整合的需要。早在 2000 年 4 月中国石油在中国香港地区上市时，就曾承诺将在 3 年之内对旗下资产进行整合，避免旗下上市公司业务重叠、关联交易、同业竞争等。同时，此时市场股价普遍较低，未来对成品油定价机制改革会使吉林化工、锦州石化这些炼油企业业绩大幅提升，从而提高回购成本，因此，中国石油选择尽早完成旗下子公司的私有化。

之后，中国石化也开始了旗下上市公司的私有化，将子公司镇海炼化（香港上市）、石油大明、齐鲁石化、扬子石化、中原油气通过要约收购而实现退市。

在境外市场，要约收购是公司私有化的主要方式，也是杠杆收购经常会采用的方式。

2012 年 2 月 21 日，阿里巴巴集团与阿里巴巴网络有限公司（01688.HK）联合宣布，阿里巴巴集团（"要约人"）向阿里巴巴网络有限公司董事会提出私有化要约。阿里巴巴集团及其一致行动人当时持有此上市公司 73.5% 的股份。协议公布每股注销价格为 13.5 港元／股，较 2 月 9 日停牌前最近 60 个交易日的平均收盘价溢价 60.4%。阿里巴巴集团当时持有阿里巴巴 B2B 73.12% 股份，收购余下 26.88% 股份将耗资近 190 亿港元。6 月 15 日开曼群岛大法院已于当地时间批准私有化计划。开曼群岛是阿里巴巴公司注册地，此前阿里巴巴私有化计划已获得股东通过。香港联交所以计划生效为前提，批准撤销阿里巴巴网络有限公司的股份在香港联交所的上市地位。

又如 2012 年分众传媒（FMCN）从纳斯达克证券市场私有化时，所给出的要约价格是每份美国存托股份（ADS）27 美元，与前收盘价 23.38 美元相比，溢价 15%。2014 年巨人网络（NYSE：GA）宣布巨人网络股东都将获得每股普通股 12 美元，或每股 ADS 12 美元的收购价格，这一价格较前 5 天的加权平均价格溢价 24%，较前一个交易日价格溢价 21%。在溢价支持下，这两家公司都先后完成了私有化，并回到 A 股重新上市。

■ 本章小结

1. 并购是合并与收购的合称。合并是指两家或以上公司并为一家公司的经济行为，包括吸收合并和新设合并。收购是指一家公司购买另一家公司或多家公司的资产或者股权的经济行为。收购包括资产收购和股权收购两类。
2. 并购按行业关系可以划分为横向并购、纵向并购和混合并购三种；根据收购目的，并购可以划分为战略并购和财务并购；按收购双方态度可以划分为友好收购和恶意收购。
3. 关于公司并购的动因，主要理论有协同效应、多元化效应、价值低估动因、委托代理关系和税负效应。
4. 公司并购的一般操作程序包括目标公司的筛选、目标公司的评价、目标公司的估值、收购的实施和并购后的整合。
5. 公司并购的支付方式包括现金收购、换股收购、资产置换收购和其他证券收购这几种，各种支付方式都各有其特点，需要综合体会和比较。
6. 杠杆收购是指收购方主要通过借债来获得另一家公司，而又从后者现金流量中偿还负债的收购方式。杠杆收购的操作过程中的关键点有两个：其一是收购的模式；其二是融资结构。垃圾债券在杠杆收购的财务结构中起着重要的作用。
7. 常见的反收购措施包括两类：预防性措施和主动性措施。预防性措施包括驱鲨剂条款、内部协议和其他预防性安排；主动性措施一般包括焦土战略、出售皇冠明珠、回购股份、诉诸法律、寻找白衣骑士等。
8. 要约收购是指收购人为了取得上市公司的控股权，向所有的股票持有人发出购买该上市公司股份的收购要约，收购该上市公司的股份。收购者在持有目标公司股份达到法定比例时，如果继续进行收购，应当采取要约方式进行。
9. 在一定的条件下，可以申请要约收购的豁免。另外，有些公司会通过巧妙设计出"合法但缺少吸引力"的要约收购价格而规避要约收购。
10. 私有化希望通过要约收购而达到获得全部股份的目的，因而会采用主动性要约收购，都会提出一个高于市场价的、具有吸引力的要约收购价。

■ 思考题

1. 并购是合并和收购的合称，那么合并和收购各有什么含义，又如何细分？
2. 公司并购的动因主要包括哪几个理论？从协同效应角度考虑，又可以细分为哪几个途径的协同？
3. 公司并购的一般操作程序是怎样的？并购时，如何为目标公司估值？
4. 公司并购时有哪些主要的支付方式，各自的特点是什么？各举出一个案例并分析支付方式的得失。
5. 杠杆收购的概念是什么？其一般程序如何？杠杆收购中，SPV 的作用是什么？杠杆收购典型的融资结构是什么？
6. 反收购策略主要包括哪些具体的措施？
7. 要约收购的基本概念是什么？为什么要设置要约收购？
8. 列举我国要约收购的豁免条件，并考虑如何在不符合豁免条件下规避要约收购。
9. 私有化过程中应该如何使用要约收购？它与被动性的要约收购在操作上有什么不同？

第8章 投资银行的风险管理

■ 本章提要

本章主要讲述投资银行的风险管理,包括内部的风险管理和外部的监管。本章首先剖析了投资银行风险的整体特征和各项业务的具体风险,然后介绍了投资银行风险的管理架构、管理政策和管理技术。

■ 重点与难点

1. 风险的整体特征
2. 投资银行的业务风险
3. 投资银行风险的全面管理模式
4. 投资银行的风险管理架构
5. 投资银行的风险管理政策
6. 以 VaR 为代表的投资银行风险管理技术

8.1 投资银行的风险来源

风险是指各种不确定因素导致行为主体蒙受损失的可能性。投资银行的风险就是指种种不确定因素使得投资银行的实际收益与预期收益发生偏离,从而蒙受损失或减少获取收益的可能性。

8.1.1 风险的整体特征

一般而言,风险可以分为系统性风险和非系统性风险。

1. 系统性风险

系统性风险是指由全局性的共同因素引起的收益的可能变动,系统性风险的特点是:对整个市场或绝大多数投资产品普遍产生不利影响。系统性风险造成的后果具有普遍性,其主要特征是几乎所有的投资产品均下跌,投资者往往要遭受很大的损失。正是由于这种风险不能通过分散投资相互抵消或者消除,因此又称为不可分散风险。比如 2008 年全球性的金融危机,使得各国金融市场普遍下跌、金融机构频频爆发清盘危机。

系统性风险主要是由政治、经济及社会环境等宏观因素造成的,包括政策风险、利率风险、购买力风险和市场风险等。

对抗系统性风险的主要监管措施之一就是将金融市场明确分工并相互分割开来,如美国通过《格拉斯 – 斯蒂格尔法案》建立了商业银行与投资银行的"防火墙",禁止混业经营。但是,20 世纪 90 年代以来,由于市场自由化的影响以及金融产品的创新,银行和其他金融机构之间的区分变得越来越模糊,再加上金融市场全球化和一体化的程度日益加深,使得单纯的割裂政策难以执行,正由于此,美国放弃了分业经营而重新准许混业经营。

对抗系统性风险的另一措施就是政府救助,由于投资银行之间存在的资金链、业务链的关系,以及投资银行倒闭对整个金融市场的震荡性影响,政府对于投资银行的系统性危险往往主动营救,通过注入资金、暂时关闭金融市场等方式来干预。

2. 非系统风险

非系统风险又称非市场风险或可分散风险,是指只对某个行业或个别公司产生影响的风险,它通常是由某一特殊的因素引起,是发生于个别公司的特有事件造成的风险。

非系统风险的主要形式包括经营风险、信用风险、操作风险、流动性风险等。

8.1.2 投资银行的业务风险

从业务种类上看,传统的投资银行业务主要是证券的承销业务、经纪业务、自营业务和资产管理业务,这些业务与经济周期和股市的波动周期有着较大的联动效应,因而存在系统风险,不利于券商对风险的控制。而近几年来,在传统的业务基础上,西方投资银行的业务又有了很大的拓展,金融创新产品日新月异,涉入创新类产品的交易越来越多,由此带来了非常大的风险。

根据业务的种类,我们可以对投资银行的风险进行如下划分。

1. 承销业务风险

证券承销是投资银行的传统业务,在发行过程中,承销商要面对市场的不确定性,往往会遭遇发行失败。发行失败的主要原因包括项目选择失误、定价失败、项目风险控制不足或者证券市场发生未预计的变化等。因此,对于证券承销业务,投资银行需要建立良好的风险控制机制,严格筛选项目并跟踪项目的整个发行周期,实时监控风险。同时,在承销方式和承销融资方面都需要审慎地处理。

2. 经纪业务风险

证券经纪业务是指证券公司接受客户委托,为其代理股票和其他有价证券交易的中介业务。经纪业务是投资银行主要业务和利润收入的重要来源。经纪业务涉及的主体比较多,环节复杂,因而风险来源多、发生频繁。

经纪业务风险主要包括以下几个方面。

（1）开户规模及佣金费率风险，即由于开户规模过小以及交易佣金恶性竞争而带来的风险，具体包括：由于开户者本身质量不符合规定而影响券商正常业务的开户对象风险；开户数量与经营规模不相适应的开户数量风险；佣金费率下降引起的佣金收入风险等。

（2）交易保障风险，即在业务高峰时，可能由于处理能力不足致使客户委托未能及时执行，使客户转向别的投资银行；或者由于忙中出错造成经济损失或者导致客户流失。

（3）交易差错风险，即由于操作人员可能忙中出错，发生操作失误、反向操作或委托内容不全等事故，产生业务纠纷，给投资银行造成损失。

（4）信用交易风险，即在向客户融资融券过程中，由风险失控所引起的风险。

（5）电脑处理风险。电脑处理系统是证券营业部的核心枢纽，它不仅要向客户提供及时的数据传输，而且要和总公司保持联系，有的还直接与证券交易所保持联系，进行指令传送、交易回报等实时数据处理。电脑系统一旦出现故障，可能引起交易瘫痪，造成的损失是难以估量的。

3. 自营业务风险

在证券的自营买卖或投资过程中，种种原因会使投资银行发生损失。在现代投资银行中，自营业务已经成为最主要的利润来源，但同时也是波动最大的利润来源，因此控制自营业务风险是投资银行风险控制的重中之重。

投资银行的自营业务风险主要有以下几种。

（1）市场风险，是指由于证券市场上证券价格的波动造成证券公司自营业务经济损失。证券市场变幻莫测，引起证券价格波动较大，因此，投资银行需要严格选择投资标的、构建良好的证券组合，并且对风险进行实时监控，减少市场波动带来的损失。

（2）经营管理风险，即投资银行在证券自营买卖过程中因经营水平不高、管理不善而带来的风险。

（3）违规风险，即在自营业务中由于违反有关法律法规而遭受损失的可能性。投资银行在市场上拥有特殊地位，为了保证证券市场的规范运行，防止证券公司利用其资金实力和其他便利条件操纵市场、欺诈普通投资者，国家有关法律法规对证券公司的自营业务做出了详细的禁止性规定，如果证券公司违反了这些规定，就要承担违规风险，受到相应的处罚。

（4）金融衍生产品风险。广泛地拓展业务范围和开发应用金融衍生品，增加了投资银行的利润渠道，但同时蕴藏了很大的风险，尤其是衍生产品往往有着巨大的杠杆，容易引起巨额亏损，而且无论公司本身还是监管当局，都会面临衍生产品的风险监控难度较大的问题。

8.2 投资银行的风险管理

投资银行的风险管理，就是通过发现和分析公司面临的各方面的风险，并采取相应的措施避免风险、实现公司经营目标，降低失败的可能性，减少影响公司绩效的不确定性的全部过程。

从国外投资银行的发展历程看，投资银行的风险管理经历了从原始管理到全面管理四个阶段。目前，典型的大型投资银行，如摩根士丹利、高盛等，均采用了全面风险管理型的架构。表 8-1 为美国投资银行风险管理架构的发展历程。

表 8-1 美国投资银行风险管理架构的发展历程

分类	原始管理模式	分散管理模式	集中管理模式	全面管理模式
市场环境	市场形态比较简单	市场环境比较复杂，同时面对多个不同的市场	市场多样化，通常要面对多个国家与地区	面对全球市场，情况复杂多变
发展历程和组织规模	业务规模较小	业务组织规模扩展并呈现一定复杂度	业务组织规模较为庞大，业务复杂度提高	业务组织规模庞大，业务复杂度高
风险管理方式	缺少风险管理专职部门与人员	风险管理职能由各部门分别负责，无专设部门	专设风险管理部门，集中管理风险	设风控部门，并由各部门参与监控自身风险
风险度量	无风险度量	以业务为单位进行简单主观估测	结合系统风险进行风险因素的整体估测	强化风险的综合、精确度量
决策与操作关系	不分离	分离，但不彻底	分离	分离
风险管理独立性	不独立	不独立	独立	独立
业务效率	无质量保证的高效率	相对较高	对业务运作效率有一定的影响	以质量为基础的高效率

资料来源：尹萧，孔维成. 美国投资银行风险管理架构对我国的启示[J]. 海南金融，2007（5）：53-57.

全面风险管理（enterprise risk management，ERM）这一概念由美国"反对虚假财务报告委员会"（Committee of Sponsoring Organizations of the Tread-Way Commission，简称 COSO 委员会）于 2003 年提出，其内部控制的最新版本转变为《全面风险管理框架（草案）》（"ERM 框架"），强调要实行全面风险管理。根据 COSO 的定义，"全面风险管理是一个过程。这个过程受董事会、管理层和其他人员的影响，从企业战略制定一直贯穿到企业的各项活动中，用于识别那些可能影响企业的潜在事件并管理风险，使之在企业的风险偏好之内，从而合理确保企业取得既定的目标。"

作为一项贯穿企业各项活动的流程，投资银行的全面风险管理由以下三个方面实现：①建立风险管理的组织构架和体系；②制定风险管理的一整套政策和程序；③运用风险管理的技术监测工具。

8.2.1 投资银行的风险管理架构

1. 投资银行风险管理的总体架构

各家投资银行因其业务的偏重点不同而具有不同的风险管理体系，但其基本构架都大同小异。一般来说，投资银行设有直接隶属公司董事会的"风险管理委员会"，由"风险管理委员会"集中统一管理和控制公司的总体风险。"风险管理委员会"一般由财务总监或执行总裁负责，其成员包括：执行总裁、全球股票部主任、全球固定收入证券部主任、各地区高级经理、财务总监、信贷部主任、全球风险经理，以及一些熟悉、精通风险管理的专家等。

"风险管理委员会"的主要职责是：设计或修正公司的风险管理政策和程序，签发风险管理准则；规划各部门的风险限额，审批限额豁免；评估并监控各种风险暴露，使总体风险水平、结构与公司总体方针相一致;在必要时调整公司的总体风险管理目标。

"风险管理委员会"下设市场风险管理部、信贷风险管理部、审计部等,它们均独立于公司的其他业务部门。市场风险管理部负责监管公司在全球范围内的市场风险结构(包括各地区、各部门、各产品的市场风险);信贷风险管理部负责监管公司在全球范围内的各业务伙伴的风险暴露额度;审计部通过定期检查公司有关业务和经营状况,评估公司的经营和控制环境。

2. 高盛的风险管理架构

高盛的风险管理架构设计得较为合理,反映了西方头部投行的风险管理体系和管理理念。

高盛安排了公司管控、公司高管管控和委员会管控三个风险管控层面,同时构筑了从业务部门到公司内部审计的三道防线(见图 8-1)。

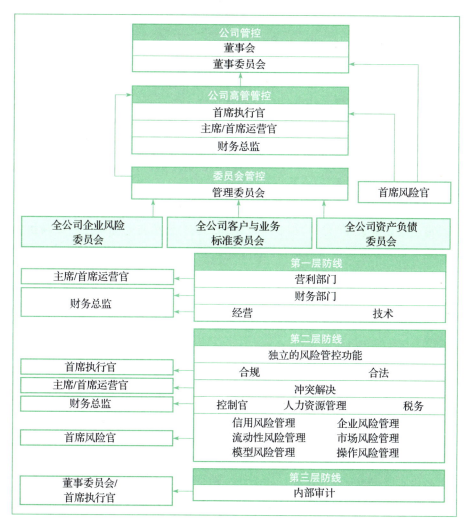

图 8-1 高盛风险管理组织架构

资料来源:高盛 2018 年年报第 78 页。

董事会负有对风险最终监督的职责。其下又通过公司高管层面和委员会层面进行管控。各类风险委员会是风险管控的重要支撑节点。委员会成员一般由第一道防线和第二道防线的高级经理组成,并建立了各类委员会的具体程序,以确保适当的信息屏障到位。

图8-1概述了高盛风险管理治理结构、三条防线以及报告之间的关系。

管理委员会(Management Committee)监督高盛的全球活动,并直接授权设立其他委员会来提供风险监督。管理委员会由最资深的领导人组成,并由高盛的首席执行官担任主席。管理委员会的大多数成员也是其他委员会的成员。以下是主要涉及公司层面风险管理的委员会。

(1)全公司企业风险委员会(Firmwide Enterprise Risk Committee)。全公司企业风险委员会负责对企业风险管理框架进行持续的审查、批准和监控,并对总体财务和非金融风险进行监督。作为这种监督体系的一部分,委员会负责公司范围内的现行业务和产品层面上批准和监控高盛公司的风险限制框架。这个委员会由首席财务官和首席风险官共同担任主席,他们由首席执行官任命,并向管理委员会报告。以下是向全公司企业风险委员会报告的主要委员会。

1)全公司风险委员会(Firmwide Risk Committee)。全公司风险委员会在全球范围内负责在全公司对业务和产品层面不断监测非金融财务风险和相关风险限制,由公司层面企业风险委员会的主席共同主持。

2)全公司新业务委员会(Firmwide New Activity Committee)。全公司新业务委员会负责审查新活动,并建立一个流程,以识别和审查已有重要业务的复杂性和/或结构发生变化后,或随着时间的推移出现的不同的信誉和适宜性问题,以考虑这些业务是否仍然合适。该委员会由监管控制负责人和欧洲、中东和非洲FICC销售负责人共同担任主席,他们由公司层面企业风险委员会主席任命。

3)全公司模型风险控制委员会(Firmwide Model Risk Control Committee)。全公司模型风险控制委员会负责监督模型风险控制的开发和实施,包括与财务模型的依赖相关的治理、政策和程序。该委员会由副首席风险官担任主席,并由公司层面风险委员会主席任命。

4)全公司行为和操作风险委员会(Firmwide Conduct and Operational Risk Committee)。全公司行为和操作风险委员会负责监控和管理公司行为和操作风险的框架、政策、参数和限制。该委员会由全球合规董事总经理和副首席风险官共同担任主席,并由全公司企业风险委员会主席任命。

5)全公司技术风险委员会(Firmwide Technology Risk Committee)。全公司技术风险委员会负责审查与技术的设计、开发、部署和使用有关的事项。该委员会监督网络安全事务以及技术风险管理框架和方法,并监测其有效性。该委员会由首席信息官和全球投资研究主管共同担任主席,并由全公司企业风险委员会主席任命。

6)全球商业弹性委员会(Global Business Resilience Committee)。全球商业弹性委员会负责监督业务弹性措施,促进提高安全和弹性水平,并审查与业务弹性相关的某些操作风险。该委员会由首席行政官担任主席,并由全公司企业风险委员会主席任命。

7)风险控制委员会(Risk Governance Committee)。风险控制委员会(通过全公司企业风险委员会授予的权力)在全球范围内负责对业务和产品级别的风险框架、政策、参数和限制进行持续的批准和监控。此外,该委员会还审查压力测试和情景分析的结果。该委员会由首席风险官担任主席,并由全公司风险委员会主席任命。

8)沃尔克监管委员会(Volcker Oversight Committee)。沃尔克监管委员会负责监督和定期审查董事会批准的沃尔克规则合规计划的执行情况,以及与沃尔克规则相关的其他事项。

该委员会由市场风险管理主管和合规副主管共同担任主席，并由全公司风险委员会主席任命。

（2）全公司客户与业务标准委员会（Firmwide Client and Business Standards Committee）。全公司客户和业务标准委员会负责评估并决定公司与客户的关系类型，总结并标准化客户服务经验，形成相关的商业标准和声誉风险预警体系。该委员会由总裁和首席运营官担任主席，由首席执行官任命为主席，并向管理委员会报告。该委员会定期向董事会的公共责任委员会提供最新情况并接受其指导。以下委员会联合向全公司企业风险委员会和全公司客户及业务标准委员会报告。

1）全公司声誉风险委员会（Firmwide Reputational Risk Committee）。全公司声誉风险委员会负责根据全公司声誉风险委员会制定的标准，评估被确定为可能加剧声誉风险的交易所产生的声誉风险。该委员会由总裁和首席运营官担任主席，副主席是合规主管和冲突解决主管，由公司范围内的声誉风险委员会主席任命。

2）全公司适用性委员会（Firmwide Suitability Committee）。全公司的适用性委员会负责为产品、交易和客户的适用性制定标准和政策，并提供一个跨职能、区域和产品的适用性评估一致性论坛。该委员会还负责审查从其他委员会逐步升级的适用性事项。该委员会由合规副主管与欧洲、中东和非洲FICC销售联席主管共同担任主席，他们由全公司客户和业务标准委员会主席任命。

3）全公司投资政策委员会（Firmwide Investment Policy Committee）。全公司投资政策委员会负责审查、批准、制定政策，并对某些非流动性的主要投资进行监督，包括对此类投资的风险管理和控制进行审查。该委员会由商业银行部门负责人和特殊情况小组负责人共同主持，他们由总裁和首席运营官以及首席财务官任命。

4）全公司资本委员会（Firmwide Capital Committee）。全公司资本委员会负责批准和监督与债务相关的交易，包括高盛公司资本的主要承诺。本委员会旨在确保承销商和资本承诺在全球范围内保持业务、声誉和适用性标准。该委员会由信贷风险管理负责人和融资小组负责人共同担任主席，他们由全公司企业风险委员会主席任命。

5）全公司承诺委员会（Firmwide Commitments Committee）。全公司承诺委员会审查高盛的承销和分销活动以及与股权相关的产品供应情况，并制定和维护政策及程序，以确保公司在全球范围内在法律、声誉、监管和商业标准方面保持良好状况。除了审查具体的交易外，该委员会还定期对部门和产品进行一般性战略审查，并制定与交易惯例有关的政策。该委员会由投资银行部门的工业集团联席主管、一名咨询总监和一名风险管理董事总经理共同担任主席，他们由全公司客户和业务标准委员会主席任命。

（3）全公司资产负债委员会（Firmwide Asset Liability Committee）。全公司资产负债委员会审查和批准高盛的财务资源的战略方向，包括资本、流动性、资金和资产负债表。该委员会负责监督资产负债管理，包括利率和货币风险、资金转移定价、资本配置和激励以及信用评级。该委员会根据当前事件、风险、暴露和监管要求，对资产负债管理和财务资源配置的调整提出建议并批准相关政策。该委员会由首席财务官和全球财务主管共同主持，他们由首席执行官任命为主席，并向管理委员会报告。

3. 中信证券的风险管理架构

图 8-2 是中信证券的风险管理架构。

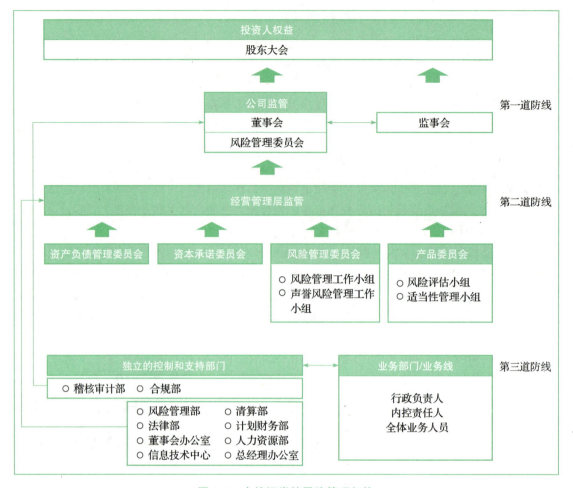

图 8-2 中信证券的风险管理架构

资料来源：中信证券股份有限公司 2018 年年度报告第 42 页。

中信证券的董事会是公司风险监管的最终责任部门。

董事会下设的风险管理委员会、经营管理层下设的专业委员会、相关内部控制部门与业务部门/业务线共同构成公司风险管理的主要组织架构，形成由委员会进行集体决策、内部控制部门与业务部门/业务线密切配合，较为完善的三层次风险管理体系，从审议、决策、执行和监督等方面管理风险。在部门和业务线层面，确立了由业务部门/业务线承担风险管理的首要责任、风险管理部及合规部等内部控制部门对各类风险进行专业化管理、稽核审计部负责事后监督与评价的风险管理三道防线。

第一道防线：董事会。董事会风险管理委员会对公司的总体风险管理进行监督，并向董事会汇报和提出建议。

第二道防线：经营管理层。公司设立资产负债管理委员会、资本承诺委员会、产品委员会和风险管理委员会。公司任命首席风险官负责协调全面风险管理工作。

第三道防线：业务部门/业务线。在部门和业务线层面，公司对前、中、后台进行了分离，分别行使不同的职责，建立了相应的制约机制，形成由业务部门/业务线、风险管理部及合规部等内部控制部门、稽核审计部共同构筑的风险管理三道防线。

8.2.2 投资银行的风险管理政策

投资银行风险管理主要涉及市场风险、信用风险、操作风险和其他风险的管理，同时针对不同风险的特点，确定不同的管理策略和实施方案。

1. 市场风险的管理

市场风险是指由于市场交易标的的价格变化而引起的投资银行收益超预期的波动。市场风险主要来自股票价格、利率、汇率、期货期权价格以及其他各种金融工具价格发生波动。

市场风险管理部作为风险管理委员会下属的一个执行部门，全面负责整个公司的市场风险管理及控制，并直接向执行总裁报告工作。市场风险管理部负责撰写和报送风险报告，制定和实施全公司的市场风险管理大纲。风险管理大纲向各业务单位、交易柜台发布经风险管理委员会审批的风险限额，并以此为参照对执行状况进行评估、监督和管理；同时报告风险限制例外的特殊豁免，确认和公布管理当局的有关监管规定。这一风险管理大纲为投资银行的风险管理决策提供了一个清晰的框架。

市场风险管理部定期对各业务单位进行风险评估。整个风险评估的过程是在全球风险经理领导下由市场风险管理部、各业务单位的高级交易员和风险经理共同合作完成的。由于其他高级交易员的参与，风险评估本身为公司的风险管理模式和方法指引了方向。

为了正确评估各种市场风险，市场风险管理部需要确认和计量各种市场风险暴露。投资银行的市场风险测量是从确认相关市场风险因素开始的，这些风险因素因不同地区、不同市场而异。例如：在固定收入证券市场，风险因素包括利率、收益曲线斜率、信用利差和利率波动；在股票市场，风险因素则包括股票指数暴露、股价波动和股票指数差；在外汇市场，风险因素主要是汇率和汇率波动；在商品市场，风险因素则包括价格水平、价格差和价格波动。投资银行既需要确认某一具体交易的风险因素，也要确定其作为一个整体的有关风险因素。

市场风险管理部不仅负责对各种市场风险暴露进行计量和评估，而且要负责制定风险确认、评估的标准和方法并报全球风险经理审批。确认和计量风险的方法有：VaR 分析法、压力分析法、场景分析法。

根据确认和计量的风险暴露，市场风险管理部分别为其制定风险限额，该风险限额随交易水平变化而变化。同时，市场风险管理部与财务部合作为各业务单位制定适量的限额。通过与高级风险经理协商交流，市场风险管理部力求使这些限额与公司总体风险管理目标一致。

2. 信用风险的管理

信用风险是指合同的一方不履行义务的可能性，包括贷款、互换、期权及在结算过程中交易对手违约带来损失的风险。投资银行签订承销项目协议、交易合同和受托理财合同等时，将面临信用风险。通过风险管理控制以及要求对手保持足够的抵押品、支付保证金和在合同中规定净额结算条款等程序，可以最大限度地降低信用风险。

信用风险管理是投资银行整体风险管理构架中不可分割的组成部分，它由风险管理委员会下设的信用风险小组全面负责。信用风险小组直接向全球风险经理负责，全球风险经理再依次向执行总裁报告。信用风险小组通过专业化的评估、限额审批、监督等在全球范围内实施信用风险控制和管理。在考察信用风险时，信用风险小组要对风险和收益间的关系进行平衡，对实际和潜在的信用风险暴露进行预测。

为了在全球范围内对信用风险进行优化管理，信用风险小组建立有各种信用风险管理政策和控制程序，包括：①对最主要的潜在信用风险暴露建立内部指引，由信用风险管理部门总经理监督。②实行初始审批制，不合规定的交易要由信用风险管理部门指定成员审批才能执行。③实行限额制，每天对各种交易进行监控以免超过限额。④针对抵押、交叉违约、抵消权、担保、突发事件风险合约等订立特定的协议条款。⑤为融资活动和担保合约承诺建立抵押标准。⑥对潜在暴露（尤其是衍生品交易的）进行定期分析。⑦对各种资产组合进行场景分析以评估市场变量的灵敏性。⑧通过经济、政治发展的有关分析对主权风险进行定期评估。⑨和全球风险经理一起对一些特殊信用风险进行专门评估和监督。

3. 操作风险的管理

操作风险是指因交易或管理系统操作不当而引致损失的风险，包括因公司内部失控而产生的风险。公司内部失控的表现包括：超过风险限额而未被察觉、越权交易、交易或后台部门欺诈（包括账簿和交易记录不完整，缺乏基本的内部会计控制）、职员不熟练以及计算机系统不稳定并易于进入等。

作为金融服务的中介机构，投资银行除面临市场风险和信用风险外，还面临非直接的与营运、事务、后勤有关的风险，这些风险可归于操作风险。

在一个飞速发展和越来越全球化的环境中，当市场中的交易量和产品数目扩大、复杂程度提高时，发生这种风险的可能性呈上升趋势。这些风险包括经营或结算风险、技术风险、法律或文件风险、财务控制风险等。它们大多是彼此相关的，所以投资银行监控这些风险的行动、措施也是综合性的。

投资银行一般由行政总监负责监察公司的全球性操作和技术风险。行政总监通过优化全球信息系统和数据库实施各种长期性的战略措施以加强操作风险的监控。一般的防范措施包括：支持公司业务向多实体化、多货币化、多时区化发展；改善复杂的跨实体交易的控制；促进技术、操作程序的标准化，提高资源的替代性利用；消除多余的地区请求原则；降低技术、操作成本，有效地满足市场和监管变动的需要，使公司总体操作风险控制在最合适的范围。

8.2.3 投资银行的风险管理技术

随着信息技术的不断发展，采用一套高效的风险监控技术必不可少。科学地度量潜在的风险，是风险管理技术中重要的环节。

在近年来的风险管理技术的发展过程中，VaR 成为一种投资银行普遍采用的风险管理技术。VaR 是对市场风险进行度量和管理的工具，而市场风险目前是投资银行最主要的风险来源，因而，我们在此主要介绍 VaR 技术，对其他风险管理技术从略。

风险价值（value at risk，VaR）于 1994 年由 J. P. 摩根银行提出，直译为"处于风险中的价值"，一般译为风险价值。1998年5月，国际证监会组织（international organization of securities commissions，IOSCO）技术委员会提交了一份文件《证券公司及其监管当局风险管理和控制指引》，其中指出 VaR 模型是最为重要的风险管理技术。目前，在各大投资银行所使用的风险管理技术工具中，VaR 已经成为行业普遍的选择。各家投资银行在年报中，也会详细披露其 VaR 值，比如高盛公司 2012 年年报披露的日均 VaR 值为 0.86 亿美元（置信度为 95%），同时还公布各个细类的 VaR 值，如表 8-2 和图 8-3 所示。

表 8-2　高盛 2018 年的日均 VaR 值　　　　　　　（单位：百万美元）

风险类别	2018 年	2017 年
利率风险	46	40
股权价格风险	31	24
汇率风险	14	12
商品价格风险	11	13
分散化效果	−42	−35
总计	60	54

资料来源：高盛 2018 年年报第 91 页。

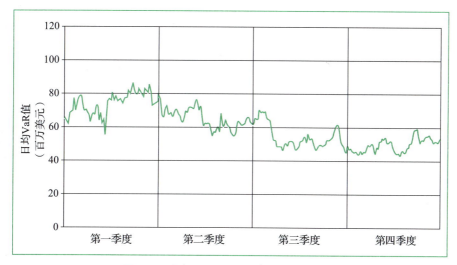

图 8-3　高盛 2018 年 VaR 值的变化情况

资料来源：高盛 2018 年年报第 92 页。

就定义而言，VaR 值是指在正常市场条件和给定置信水平（通常是 95% 或者 99%）下，在给定的持有期间内，某一投资组合预期可能发生的最大损失，用公式可以表示为：

$$prob(r_p < -VaR) \leq 1-c$$

式中，$prob$ 是资产价值损失小于可能损失上限的概率；r_p 是该项金融资产在持有期 Δt 内的损失；VaR 是置信水平 c 下处于风险中的价值。

假定某投资银行持有置信度为 95%，按天计算的 VaR 值为 10 万元的资产组合，则根据 VaR 的定义，表示该投资银行以 95% 的可能性保证在未来 24 小时之内，市场价格的变动而使该资产组合带来的损失不会超过 10 万元。

VaR 的关键参数包括持有期限、观察期限、置信水平等。

持有期限指的是衡量回报波动性和关联性的时间单位，也是取得观察数据的频率，比如日收益率、周收益率或者月收益率等。具体的持有期限需要根据需要来决定，组合调整速度快的，可以选用以天作为持有期限；调整周期相对较慢的组合，可以采用周、月或者更长的持有期限。当然，期限越长，相应的数据就越少，越容易影响到 VaR 模型的质量。国际上投资银行一般采用 1 天作为 VaR 的持有期限，同时，VaR 值也是每天营业终了时必须向管理部门报告的。

观察期限是指对给定持有期限的回报的波动性和关联性考察的整体时间长度，这一时间长度取决于历史数据的长度，历史数据越长，效果越好。当然，由于市场的结构变化，也需要对历史数据有所选择，并不是越长越好。

置信水平是指总体参数值落在样本统计值某一区内的概率，一般选择 95% 或者 99%。置信水平越高，资产价值损失超过 VaR 值的概率就会越低，但是过高的置信水平会使计算得数的准确性下降；反之，置信水平越低，损失超过 VaR 值的概率则会越高，当置信水平过低时，预测将失去意义。所以，需要适当选择置信水平。VaR 的准确性和模型的有效性可以通过返回测试来检验。

作为一种测量风险的数理技术，VaR 具有以下几个特征。

（1）VaR 适用的范围广泛，根据不同类型的风险来源和风险管理环境，VaR 可以修正为不同类型的衍生模型。VaR 方法适用于包括利率风险、汇率风险、股票价格风险、商品价格风险以及衍生工具风险在内的各种市场风险的衡量，因而投资银行用一个具体的指标数值就可以概括其整体风险状况，加快了以盯市报告为基础的风险信息交流，而且通过对不同市场上风险状况的比较，可以合理地配置资源，大大地方便了投资银行高层管理人员和监管当局随时掌握机构的整体风险状况。

（2）VaR 是一种动态风险管理技术，这表现在：VaR 随时按照市场价格进行重新定价，而且 VaR 技术采用的时间间隔通常较短，报告的时间间隔可以灵活选取。同时，VaR 既可以测度单个金融资产的风险水平，也可以测度整个公司面临的风险水平，而且，VaR 技术以价值的形式给出风险水平，易于理解。

（3）VaR 方法是以规范的统计技术来全面综合衡量风险的方法，较传统风险管理方法更为客观、准确和及时，因而 VaR 方法逐渐演变成为现代金融风险管理的标准方法。

（4）VaR 可以简化信息披露程序，应用这一技术手段，金融机构只需要计算交易资产的 VaR。同时，VaR 的一个重要特征是透明性，仅仅一个 VaR 值就可以让任何人明白潜在的风险大小。

尽管 VaR 方法已经由实践证明是一种很有效的风险管理手段，但是我们也应该看到，VaR 的计算是在若干个与现实情况不完全符合的假设条件基础上的，因此，其本身也蕴含风险。例如，VaR 计算以金融工具的报酬率近似地服从正态分布为前提，这在多数情况下有效，但是，在现实生活中，由于市场总是存在某些不完善的地方，因此，金融工具的分布常常偏离正态分布，这就必然要求对原有的 VaR 模型进行修正。此外，VaR 假设的市场环境是正常的条件，并不能说明突发事件对金融资产市场价值的影响。如果出现金融市场动荡不定的情况，金融资产价格的变动可能大大超过 VaR 的数值，这就要求考虑数学理论中的极值理论。

与风险价值相配合，还有极限测试和情景分析两种风险管理方法，这些方法是对 VaR

方法的补充和改进。

（1）极限测试。VaR 对商业银行市场风险度量的有效性建立在市场正常运行的前提条件下，如果市场出现异常变化或极端情况，VaR 就难以事前测算风险值，这是 VaR 的缺陷。而极限测试则是用于弥补 VaR 这一缺陷的重要工具。所谓极限测试，是指将投资银行置于某一特定的极端市场情况下，然后测试该银行在这些关键市场变量突变情况下的表现状况。

相对于其他市场风险衡量方法而言，极限测试具有其自身的优点。由于极限测试对象的选择是建立在主观基础之上，测试者自行决定市场变量及其测试幅度，因而可以模拟市场因素任何幅度的变动。同时，极限测试不需要明确给出发生某一类事件的可能性大小，因而没有必要对每一种变化确定一个概率，相对较少涉及复杂的数学知识，非常适合交流。另外，作为商业银行的高级风险管理工具，极端测试可以为管理层明确地指出导致资产组合价值发生变化的本质原因和风险因素。当困扰风险管理人的问题来自一个或几个关键市场因素的波动时，极限测试往往是其最佳选择。

（2）情景分析。风险价值反映了投资银行发生一定数量损失的可能性大小，极限测试则从不同风险要素角度提供了投资银行可能发生的最大损失数额，但这两种方法都有可能忽视一个经济组织所面临的最大风险，即具有潜在灾难性后果事件的发生。情景分析恰恰弥补了这一缺陷，不仅着眼于特定市场因素的波动导致的直接影响，而且从战略的角度分析在特定的背景下、特定的时间段内发生的一系列偶然事件对商业银行的直接影响和间接影响，从而帮助银行对其长期的关键性薄弱层面做出评估。

具体而言，极限测试是通过对一个或一组市场变量在短期内的特定波动进行假设分析，研究和衡量这组市场变量的差异化给投资银行资产组合带来的风险是一个由上而下的过程，而且是一维的战术性风险管理方法。情景分析假设的是更为广泛的情况，包括政治、经济、军事和自然灾害在内的投资环境，一旦环境变化，首先分析市场主要变量的可能变化，进而分析对商业银行资产组合的影响。然而情景分析以更广泛的视野、更长远的时间范围来考察商业银行的风险问题，弥补了 VaR 和极限测试只注重短期情况分析的不足，因此，三种方法有机结合而形成的市场风险衡量体系是更为完善和有效的。

从市场风险的管理流程看，以高盛公司为例，它所披露的市场风险管理流程包括：

（1）收集完整、准确、及时的信息。

（2）动态"限额 – 设定"框架。

（3）监测符合既定的市场风险限额，并报告风险敞口。

（4）分散风险。

（5）控制头寸。

（6）评估缓冲效果，如相关证券或衍生品的经济对冲。

（7）主动与业务部门和独立的风险监督和控制部门沟通。

■ 本章小结

1. 投资银行的风险可以分为系统性风险和非系统性风险。前者是指由于全局性的共同因素引起的收益的可能变动；后者通常由某一特殊的因素引起，是发生于个别行业或者个别公司的特有事件造成的风险。

2. 投资银行的风险根据其业务可以分为承销业务风险、经纪业务风险和自营业务风险。
3. 全面风险管理是针对投资银行的风险而要求的管理模式,投资银行的全面风险管理由以下三个方面实现:①建立风险管理的组织构架和体系;②制定风险管理的一整套政策和程序;③运用风险管理的技术监测工具。
4. 投资银行风险管理主要涉及市场风险、信用风险、操作风险和其他风险的管理,同时针对不同风险的特点,确定不同的管理策略和实施方案。
5. 市场风险目前是投资银行最主要的风险来源,VaR 是对市场风险进行度量和管理的主要技术。

■ 思考题

1. 怎么理解投资银行经营中的系统性风险和非系统性风险?投资银行各项业务的风险是怎么体现的?
2. 什么是 ERM?全面风险管理有哪些基本特点?
3. 投资银行的全面风险管理由哪三个部分组成?
4. 以高盛公司为例,投资银行的风险管理架构主要包括哪三个风险管控层面和哪三层防线?
5. 风险价值(VaR)的定义是什么?它有哪些主要参数?其优缺点如何?哪些方法可以对 VaR 方法的补充和改进?

第 9 章 投资银行的监管

■ 本章提要

本章首先主要讲述投资银行的监管问题,包括投资银行监管的目标和原则、投资银行的监管模式,然后再具体从商业银行的投行业务监管和证券公司的投行业务监管两个角度展开,之后介绍了次贷危机之后尤其是近期全球投资银行监管架构的变化和我国投资银行监管架构的变化,最后针对业务创新与监管之间的矛盾关系阐述了如何调适双方的需求。

■ 重点与难点

1. 投资银行监管的目标和原则
2. 投资银行的主要监管模式
3. 我国商业银行债券承销业务和并购业务的监管模式和内容
4. 我国证券公司投行业务的监管模式和内容
5. 全球投资银行监管架构的变化
6. 我国投资银行监管架构的变化
7. 投行业务创新与监管之间的调适

9.1 投资银行监管的目标和原则

9.1.1 投资银行监管的目标

1. 监管的必要性

对投资银行的监管是投资银行发展到一定阶段的产物。投资银行作为资本市场最重要的金融中介机构之一,为直接融资搭建桥梁,具有完善资本市场功能、优化资源配置的作用。随着投资银行对一个国家经济运行的影响力的提升以及自身风险的扩大,对投资银行进行有效监管变得愈加重要。

对投资银行进行监管的必要性总体可以归纳为三点。

(1)矫正市场失灵。由于完全信息和零交易费用的假定缺乏现实性,市场机制无法有效地配置资源，从而引发市场失灵。新古典主义经济学认为，"市场失灵"的诱因有四个，分别是垄断、外部性、公共物品和不完全信息。对金融市场来说，以上四个因素都会造成市场失灵。

对于金融市场中的垄断问题，有人认为金融行业的规模经济特征使金融业成为一个自然垄断行业，规模不经济的金融机构必然遭到淘汰；也有人认为金融业并非自然垄断行业，金融市场的垄断现象很大程度上和监管当局设置的市场壁垒有关。

金融市场的外部性主要表现在金融机构破产带来的负外部效应上，个别金融机构的破产可能会造成系统性金融危机，甚至引发社会动荡。

金融监管本身就是一种公共物品，因此应由监管当局来承担监管责任，而不是私人，但是这一理论未能解释金融监管的必要性，没有说明为什么金融监管这一"公共物品"被需要。

金融市场的不完全信息表现为信息本身的不完全和信息不对称。信息本身的不完全是符合现实的，完全的信息是理想化的假设。金融机构创建的初衷在于解决信息不对称，充当交易双方的媒介，从而降低信息搜寻成本并提高市场效率。然而却带来金融机构与其他参与者间信息不对称的新问题，处于信息劣势一方的利益容易受到金融机构的侵害。

投资银行是证券市场的参与者，证券市场是金融市场的组成部分，也存在"失灵"问题。下面从证券市场垄断、信息失灵和外部性三个角度分析证券市场失灵的原因。

1）证券市场垄断。证券发行市场不可能被某一个或为数不多的某几个发行人垄断。满足条件的筹资人都可以利用证券市场直接融资，不同筹资人发行的证券作为投资渠道来说具有很强的替代性。所以，某一筹资人不可能单独制定证券价格，只能接受市场价格。

证券流通市场的垄断现象比发行市场严重得多。如果单个投资者持有证券的大部分流通份额，这个投资者可以作为"庄家"操纵证券价格，成为价格制定者而不是接受者。这种操纵行为被称为"庄家操纵"，并形成二级市场的垄断现象。

2）信息失灵。有效性理论认为，在一个高效的市场中，价格能充分反映相关信息。信息对于证券价格的形成来说是一个至关重要的因素，不完全信息会导致信息失灵，进而引发市场失灵。不完全信息的一项重要表现就是信息不对称，信息不对称是指在交易过程中，交易双方由于地位、专业领域不同，对于证券信息的了解程度不同所导致的双方所获取的信息在时间、数量、质量、内容上不相同、不对等的现象。由于并不是每个市场参与者都具备同等的专业知识和信息渠道来分析证券价格，因此证券市场的信息不对称现象普遍存在。信息不对称带来的不良后果有内幕交易、虚假陈述、市场操纵以及逆向选择。

第一，内幕交易。《证券法》第五十三条规定："证券交易内幕信息的知情人和非法获取内幕信息的人，在内幕信息公开前，不得买卖该公司的证券，或者泄露该信息，或者建议他人买卖该证券。"内幕交易与证券市场的公平目标背道而驰，内幕交易是指提前获知涉及公司经营、财务或者对该公司证券的市场价格有重大影响的尚未公开信息（内幕信息）的人，提前知道了证券价格上涨或下跌的情况，于是先于不知情交易者进行交易并攫取丰厚收益。因此，禁止内幕交易有助于缓解证券市场信息不对称的问题，有助于营造一个公平的交易环境，有助于保护处于信息劣势的投资者的利益。

第二，虚假陈述。上市公司作为筹资人总是比投资人更了解公司的经营状况，这种天然的信息优势放大了证券市场信息不对称的问题。某些上市公司为了自身利益，隐瞒、遗漏或者谎报公司信息，这种违法行为被称为虚假陈述。

第三，市场操纵。市场操纵是指利用资金、信息和工作便利等优势，人为地影响证券价格，制造证券市场假象，诱使他人在不了解真实情况下做出证券买卖决定，从而获取利益的行为。市场操纵行为人为地扭曲了证券市场的正常价格，使价格与价值背离，严重扰乱了市场正常秩序。

第四，逆向选择。在证券市场中，证券市场的投融资双方，即上市公司和投资人，存在信息不对称关系，这使上市公司容易利用自身优势侵害投资人利益。对于上市公司的不诚信行为，广大投资人为了维护自己的利益，对上市公司报以优质公司与次级公司的平均价格，致使优质公司退出直接融资市场，而次级公司在直接融资市场的占比不断提高，即"劣币驱逐良币"的现象。优质公司由于外部融资渠道受阻，不得不放弃部分净现值为正的资本项目，造成投资不足的问题，阻碍公司的业绩增长；次级公司由于资金充裕，可能将资金投向回报率较低的项目，产生过度投资的问题；综合来看，市场资源未实现最优配置，市场运行未达到帕累托最优。

3）外部性。证券市场的外部性表现为两个层面：微观层面，投资银行等证券市场参与者的危机对其他市场参与者有负的外部效应；宏观层面，证券市场的波动对实体经济市场，尤其是实物资产市场有相当程度的影响。

由于存在上述市场失灵，也就出现了缓解或消除市场失灵的动机，从而引申出监管的必要性。监管者对庄家操纵、内幕交易、虚假陈述、逆向选择等不当行为的监控和禁止，对外部性的防控，都是缓解证券市场失灵的有效手段。

（2）保护投资者，维护市场信心。市场一旦失灵，信息弱势方的利益会受到侵害，金融系统的稳定性受到破坏。证券市场上最大的信息弱势方就是投资者。证券市场垄断削弱市场的公平性，使投资者的利益受到"庄家"的侵害；内幕消息的使用人、进行虚假陈述的上市公司、操纵市场的个人或机构，都是牺牲投资者的利益为自身牟利。

保护投资者的根本目的是维护市场信心，确保市场拥有足够多的参与者和流动性，促进资本积累、证券市场发展和经济增长，并且维护金融系统的稳定。投资者是证券市场的主角，充当了资金供给者、证券产品需求者和证券交易主体等多重角色。只有投资者对证券市场"深信不疑"，源源不断地向市场注入资金，证券市场才能保持稳定且不断壮大。

许多国家都将"保护投资者，维护市场信心"作为一项重要的监管理由。英国将市场信心确定为金融监管的总体目标之一，金融服务管理局必须遵守这一目标。欧盟的监管理念也包括维持人们对欧洲证券市场的信心。中国证监会也明确指出"保护投资者利益是我们工作的重中之重"。

（3）促进投资银行稳健发展，避免系统性金融风险。投资银行的风险特征以及社会影响力使维护投资银行稳健发展、避免系统性风险成为监管的首要理由。一方面，开展投行业务所面临的风险具有周期性和扩散性的特点。投资银行具有明显的周期性特征，原因是投行业务在各行业的渗透范围广泛，因受到周期性行业的影响而呈现周期性特征；投资银行资本规模大，为大量社会资金提供中介服务，其业务风险也会随其参与的信用活动成倍放大，形成连锁反应，导致风险的扩散性传播。另一方面，投资银行对经济和社会的影响力大。投行业务覆盖范围广泛，包括承销业务、经纪业务、并购重组业务、资产管理业务、资产证券化业务、自营业务等，涉及的交易对手和客户广泛，如果发生较大风险，其影响力会波及整个实体和虚拟经济部门，导致系统性金融风险，甚至引发社会恐慌和动荡。因此，世界各国都极力促进投资银行稳健发展，维护经济、金融秩序，避免系统性金融风险的发生。

2. 监管目标

世界各国的监管理念既有共性又有差异，监管理念的差异性体现在监管政策和目标的差别上。监管理念在证券监管法律制度中体现为监管目标。

（1）各国法律所规定的投资银行监管目标。从各国相关法律条款中可以窥见该国对证券市场的监管目标。

美国《1933年证券法》所明确提及的证券市场监管目标有"保护公共利益"和"保护投资者"，该法律规定：当委员会根据本法在订立规章或被要求考虑或者决定某一行为是否对保护公共利益是必要或者恰当时，委员会还必须同时考虑到对保护投资者利益而言该行为是否能提高效率、促进竞争以及加速资本形成。除此之外，美国《1934年证券交易法》第二条b小节提到监管的"目的在于保护州际商业、国家信贷和联邦税收权力，保护国家银行体系和联邦储备系统，并使之更为有效，以及保证对证券交易的公平诚信之市场的维护"。

英国《2000年金融服务与市场法》明确提出四点金融监管目标，分别是：①保持公众对英国金融系统和金融市场的信心；②向公众宣传，使公众能够了解金融系统及与特殊金融产品相连的利益和风险；③保护消费者；④减少金融犯罪。

日本《证券交易法》制定的目的是"使有价证券的发行、买卖及其他交易能够公正进行，并使有价证券顺利流通，以保证国民经济的正常运行及保护投资者利益"。可见，日本的金融监管强调了"确保市场公正""保证经济正常运行"和"保护投资者利益"三个目标。

中国的金融监管目标更倾向于安全，强调在稳定的前提下创造有利于竞争的金融创新环境。根据《证券法》第一条的规定，证券法制定的目的是"规范证券发行和交易行为，保护投资者的合法权益，维护社会经济秩序和社会公共利益，促进社会主义市场经济的发展"。由此可见，我国法律中也提到了"保护投资者利益""保护公共利益"的目标，特别添加了"促进社会主义市场经济的发展"这一目标。

（2）国际证监会组织提出的三大监管目标。虽然证券监管目标不直接适用于投资银行监管，但是投资银行的业务集中于证券市场，因此以上三大目标能成为设立投资银行监管目标的依据。根据国际证监会组织1998年9月发布的《证券监管的目标和原则》，证券监管目标可概括为三个方面。

1）维护投资银行体系的安全与稳定。由于投资银行业是高风险行业，且存在"多米诺骨牌"效应，一旦投资银行发生危机，可能导致整个金融市场动荡，进而影响整个宏观经济的稳定与发展，政府的任务就是促使投资银行在法定范围内稳健经营，降低和防范风险，提高投资银行体系的安全性和稳定性。

2）促进投资银行开展公平竞争。竞争是市场经济的基本特征，只有通过竞争才能提高投资银行的工作效率，改进服务质量，降低服务成本。监管一方面要保护投资银行的机会均等和平等地位，另一方面要维护正常的金融秩序，力求在安全稳定的基础上促进投资银行公平竞争。

3）保护投资者的合法权益。投资者是投资银行的服务对象，只有尊重投资者，保护其合法权益，才能使其建立信任和信心。而投资者的信任和信心，是金融市场和投资银行生存和发展的前提。投资者是证券市场的参与者与出资者，是投资银行的服务对象。他们对投资银行的信任和信心是证券市场与投资银行生存和发展的前提。为了赢得这种信任和信心,必须对投资银行进行监管,防止其误导、欺诈或操纵等行为发生,以保护投资者合法权益。

以上三个目标是紧密相连的,而且在某些方面是互相重叠的。例如,有利于促进投资银行开展公平竞争的监管政策也有利于保护投资者、维护投资银行体系的安全与稳定;许多有利于维护投资银行体系的安全与稳定的监管措施也能起到保护投资者和促进投资银行开展公平竞争的作用。全面的法律制度安排和有效的执行机制有助于以上三个目标的实现。

9.1.2 投资银行监管的原则

金融监管的原则与金融监管的目标相一致,金融监管原则为金融监管目标服务。

1. 三公原则

"三公原则",即公平、公正、公开的原则,是各国对资本市场的监管最基本、最核心的原则;同样,在对以资本市场业务为核心的投资银行的监管中,"三公原则"也是核心原则。

(1)公平原则。公平原则是指在资本市场中,交易双方应该处于公平地位,所有投资者都公平地获得有关公司的信息、市场的信息,公平地获得交易的机会,公平地得到法律的保护。在此原则下,反欺诈、反对市场操纵和内幕交易、反对大户垄断等,成为重要的市场制度。

(2)公正原则。公正原则要求监管当局公正地对待市场参与各方,不得采取歧视性的政策。在具体监管实践中,以法律法规为依据,严格执行相关规定,不徇私枉法。在处理违规事件时,一视同仁,不采用双重标准,不私下处置。由此原则出发,相应地要求监管人员立场公正,不得从事证券交易,不得接受不正当利益。

(3)公开原则。公开原则要求投资银行真实、准确、充分地披露相关信息。尤其是在证券发行和投资产品销售过程中,必须对投资者充分揭示潜在的风险因素,不得在信息披露中出现虚假陈述、重大误导和遗漏。2010年4月16日,美国证券交易委员会对高盛提起民事诉讼,指认后者在次级抵押贷款业务金融衍生品交易中欺诈,致使投资者蒙受巨额损失。起诉书说,美国大型对冲基金保尔森公司在美国次级住房抵押贷款危机爆发前预判楼市泡沫会破灭,因而做空债务抵押债券,向高盛支付大约1 500万美元,用于设计和营销相关金融衍生产品。2007年2月,高盛应这项委托推出与次级抵押贷款相对应的担保债务权证"Abacus 2007-AC1",向银行等多方推销,但没有向投资者披露保尔森做空这款产品等"关键信息"。荷兰银行、德国工业银行等投资者承受了大约10亿美元的巨额损失。2010年7月15日,高盛同意支付5.5亿美元罚款,与美国证券交易委员会就民事欺诈指控达成和解。这是迄今为止美国证交会对金融机构开出的最大的一笔罚单。由此案可见,即使是老牌的投资银行,也会利用信息不对称而违反公开原则,并且为此付出了巨大的代价。

除了"三公原则",对投资银行的监管还有一些其他原则,主要包括如下。

(4)依法监管原则。依法监管原则强调了资本市场法制建设的重要性,通过良好的法律制度来保护参与各方的合法权益,使得监管当局各项监管措施有法可依。依法监管原则是公平原则的具体延伸。

(5)统一监管与自律相结合的原则。统一监管原则体现的是国家对投资银行的集中监管,此举保证了投资银行监管的强制性和严肃性。但同时,也需要投资银行的自律管理,即实现投资银行的自我约束、自我教育和自我管理。投资银行业界也需要建立协会组织来进行自律管理。

(6)安全性与效率性相结合的原则。监管是有成本的,过度监管会降低投资银行的效率,扼杀投资银行的正常竞争,因而,正确把握监管的边界非常重要,既不能过度宽松而降低投资银行的安全性,又不能过度严厉而影响投资银行的效率。相比较而言,目前欧美各国对投资银行的监管是由松而紧的过程,我国对投资银行的监管则由较为严厉的监管体系转向适度监管、促进投资银行提高效率的阶段。

2. 证券市场十大监管原则

各国的投资银行监管原则呈现多样性和复杂性,然而证券市场监管原则存在许多共同点。国际证监会组织概括了十大证券市场监管原则,同样可以作为制定投资银行监管原则的基础。

(1)关于监管机构的原则。

1)明确监管机构的责任范围,避免各监管机构间职责不清而引起监管不到位、监管冲突等监管混乱现象;

2)在行使职能、权力的过程中,监管机构要保持独立性,不受外界因素的干扰并承担一切和行使职能、权力相关的责任;

3)监管机构要具备足够的权力和适当的资源以履行职责;

4)监管程序应当清楚、不存在歧义,监管程序应具备连续性;

5)工作人员遵循最高的职业标准。

(2)自律的原则。

1)监管当局要充分利用自律管理的优势,允许自律组织分担一部分监管责任;

2)监管当局要对自律组织进行监管,在授予自律组织监管权力之前,禁止不达标的自律组织参与监管,自律工作一旦开始,监管机构要持续地监管自律组织,判断其是否合理地使用监管权力。

(3)执行证券监管的原则。

1)监管机构需要具有检查和稽核的综合权力,运用审核、调查和监察等综合手段有助于提高监管效率和效果;

2)监管机构应当具有执法的权力,对金融市场参与者的不当行为进行严格执法;

3)建立相配套的监管体系以保证监管机构的综合权力得以行使和贯彻。

(4)监管合作的原则。

1)监管机构应该具有同国内外同行信息共享的权利;

2)监管机构之间应该建立信息共享机制;

3)监管者应该对外国监管者在行使职能和权力时提供必要的协助。

(5)发行人原则。

1)发行人信息披露要及时、充分、准确;

2)公正、公平对待公司证券的所有持有人;

3)发行人编制高标准的、达到国际审计、会计准则的财务报表。

（6）与审计师、资信评级机构和其他信息服务供应商有关的原则。

1）审计师应接受适度的监督；

2）审计师应独立于其所审计的发行机构；

3）审计准则必须具有高质量且达到国际认可的水准；

4）资信评级机构应接受适当程度的监督，监管系统应确保评级结果用于监管目的的资信评级机构必须进行注册登记并接受持续监督；

5）向投资者提供分析或评估服务的其他机构应根据其活动对市场的影响情况或监管系统对其的依赖程度接受相应的监管。

（7）集合投资计划的原则。

1）监管系统应对希望销售或者运营集合投资计划的主体制定资格、治理、组织和运营行为标准；

2）监管体系应对集合投资计划的法律形式和结构以及客户资产的隔离与保护做出规定；

3）根据发行人原则的要求，监管应提出披露要求；

4）监管应确保对集合投资计划进行的资产评估以及份额的定价和赎回建立在恰当、已披露的基础之上；

5）监管应确保对冲基金和对冲基金管理人或顾问接受适当的监督。

（8）市场中介机构原则。

1）设定市场中介机构的最低准入标准；

2）应根据市场中介机构所承担的风险，对市场中介机构提出相应的初始和持续资本要求及其他审慎要求；

3）中介机构应遵循业务条例规则，加强内部控制和风险管理，而监管机构应该定期评估被监管实体的合规性和风险管理程序；

4）建立中介机构破产程序。

（9）二级市场及其他市场原则。

1）建立交易系统（包括证券交易所）须获得监管部门授权并接受其监督；

2）对交易所和交易系统应进行持续监管，目的是通过能恰当平衡不同市场参与者诉求的公平、公正的规则来确保诚信交易；

3）监管应促进交易的透明度；

4）监管应致力于发现并阻止操纵行为及其他不公平的交易行为；

5）监管应确保应对大额持仓、违约风险和市场中断进行适当管理。

（10）与清算和结算有关的原则。证券结算系统、中央证券存管机构、交易报告库和中央对手方，都应遵守监管要求，以确保其公平性、有效性、高效率，并减少系统性风险。

9.2 投资银行的监管模式

9.2.1 集中监管模式

集中监管是指由政府制定证券法规，并建立全国性的监管机构进行统一监管的模式。集中型监管的两大特点：一是完整的、权威的全国性证券法律法规体系，二是对证券市场各参与方实施全面监管的全国性监管机构。集中监管模式的优点在于有国家法律法规的支撑，监管具有强制约束，惩罚手段严格，能够最大限度规制市场参与者的行为，最大范围保护投资者的利益；统一的监管机构保证了监管目标和手段的一致性，避免了不同监管方间互相推诿所导致的效率低下问题。其中型监管的缺点在于，政府的过度干预会阻碍证券市场的发展进步，抑制金融产品和服务的创新；监管制度的改革滞后于市场环境的变化，监管缺陷往往在危机产生后才被弥补。实施集中性监管的代表性国家有美国、日本和中国。

1. 美国

纵观美国监管模式的变化历程，由于受到数次金融危机的影响，集中监管的力度和重要性逐渐增强。

在1929~1933年经济大萧条之后，建立了以SEC为最高监管主体的集中监管模式。SEC直属美国总统，不受中央银行和财政部管理，主要任务是监督并实施美国的证券法律。

美国针对投资银行的法律法规体系也逐渐变得完善，为集中监管提供了强有力的支持。最早的一部完全针对投资银行的法律是美国《1933年证券法》，该法提出了证券公开发行过程中的信息披露要求，而且明确禁止证券交易中的欺诈行为。随后，美国《1934年证券交易法》和1970年颁布的《证券投资者保护法案》进一步完善了投资银行监管的法律体系。1999年11月，《金融服务现代化法案》在美国国会获得通过，不仅撤销了《格拉斯－斯蒂格尔法案》对混业经营的限制，而且以立法形式规定了"双线多头"的功能性监管模式。"双线"是指联邦政府和州政府两条线，"多头"是指多个金融监管机构。相应地，SEC随即在2004年出台了两份重要监管文件：一份是受监管的投资银行控股公司（supervised investment bank holding companies，SIBHCs）规则；另一份是并表监管实体（consolidated supervision entities，CSEs）监管规则。自2007年金融危机发生以来，随着《多德－弗兰克法案》的生效，SEC的监管权不断加强和扩大，金融监管体制逐渐从"双线多头"向统一、集中的监管体制过渡，集中监管的地位不断提升。

2. 日本

日本投资银行监管模式的演变过程与美国类似，也经历了从多头集中式监管到单头集中式监管的过程，当前由金融监督厅进行统一、集中式监管。日本原来的政府监管主体是大藏省，辅助监管主体是其他各省的监管机构。在经历了长期经济萧条后，日本成立了金融监督厅，对投资银行等金融机构实行集中监管。证券交易所则由大藏省和金融监督厅合作监管。

3. 中国

中国投资银行监管的总体方向借鉴了美国的集中统一监管制度。在1998年之前，集中监管职责由1992年10月成立的国务院证券委员会以及中国证券监督委员会共同承担，前者负责对证券业实施方针、政策、规章、监督等宏观管理，后者负责监管执行。1998年年初，中央决定撤销国务院证券委员会和中国证券监督委员会，改设中国证券监督管理委员会。随着投资银行业务在商业银行和其他金融机构中的开展，为了防止监管套利带来的金融风险、防范金融风险跨部门跨领域跨行业传染并放大、维护金融系统全局稳定，中国开始逐步形成"一委一行两会"的统一监管架构。

除集中监管外，中国还存在一些投资银行的自律性组织，如 1990 年成立的沪深交易所、1991 年 8 月 28 日成立的中国证券业协会、2007 年 9 月 3 日成立的中国银行间市场交易商协会，它们的职能主要是制定自律性管理制度，加强行业管理，维护会员的合法权益。2013 年，国务院出台《国务院机构改革和职能转变方案》，明确提出要"改革社会组织管理制度，加快形成政社分开、权责明确、依法自治的现代社会组织体制，逐步推进行业协会与行政机关脱钩，强化行业自律，使其真正成为提供服务、反映诉求、规范行为的主体"。可见，虽然中国目前仍采用以集中监管为主导的监管模式，但是未来行业自律组织将在投资银行监管中发挥更为突出的作用。

9.2.2 自律管理模式

自律管理是指政府将监管权力下放给行业协会、交易所等自律组织的模式。自律型监管的特点是政府除一些必要的立法外，不额外制定统一的监管法律法规。自律管理较集中监管的优势包括：自律组织较少地干预市场，有利于金融创新；由市场参与者负责制定的法规更具专业性、针对性、灵活性和时效性，能更迅速地对市场变化做出反应并进行制度改进。而其缺点包括：社会影响力有限，自律组织的规则只在会员范围内具有约束力，虽然对社会公众有一定的引导、示范作用，但不具有强制性；自律管理的重点在于维护自律组织会员的利益，可能忽视公众利益；自律管理手段有限，除声誉损失、行为约束、经济罚款外，缺乏更有效的规制手段，受监管方的违规成本较低。

英国是从自律管理逐渐转变为集中监管的代表国家，目前以英格兰银行为最高监管主体。在 1986 年"金融大改革"之前，英国主要依靠市场和投资银行的自律管理，自律组织包括证券交易所协会、专业机构和清算机构、证券业理事会等。在 1986 年"金融大改革"之后，由财政部对投资银行进行统一监管，并制定全国性法律《1986 年金融服务法》。1998 年 6 月 1 日，金融服务局的成立标志着自律管理模式开始被集中监管模式取代。2000 年 6 月，新的金融法《金融服务与市场法》出台，英国成为全世界第一个实行统一监管的国家。英国集中监管模式主要体现在金融服务监管局（Financial Service Authority，FSA）的功能上。金融服务监管局既要拟定法律细则，又要监管银行、证券公司、保险公司等金融机构，它的监管范围广、权威性强。2008 年金融危机后，英国政府决定对金融监管体制进行彻底改革，金融服务监管局于 2012 年被拆分为审慎监管局（Prudential Regulation Authority，PRA）和金融行为局（Financial Conduct Authority，FCA），前者属于英格兰银行的下设机构，后者接受英格兰银行的指导和建议。

9.2.3 混合监管模式

集中监管和自律管理各有利弊。为了克服"市场失灵"，需要采取一定的强制性规则，此时集中监管发挥作用；为了消除"政府失灵"，需要坚持市场化方式，此时自律管理更合适。结合这两种监管模式，便催生出第三种监管模式——混合监管模式。分级监管是这类模式的基本特征：集中监管致力于市场的长远规划、框架设计、制度建设及对造成市场重大损失的行为的强制纠正；自律管理则在日常监管中承担更多职责。混合监管是在权衡集中监管和自律管理的优劣势后做出的平衡性选择。

德国是典型的政府集中监管和自律管理并重的国家。监管主体包括银行监管局、联邦储备银行、证券交易委员会、证券上市批准委员会、注册证券经纪人协会等，政府监管机构和行业自律组织具有同等重要的地位。集中监管和自律管理优势互补，对德国银行业的平稳运行起到了关键作用。从1997年6月开始的东南亚金融危机以及随后而来的全球金融动荡，波及面之大，连美国都无法幸免，而德国的金融业依然保持稳定；2007年美国次贷危机也没有对德国投资银行业产生太大影响。一方面，集中监管的强制性和严格性从根本上避免了德国金融市场遭受冲击。另一方面，自律组织具备专业性和灵活性，更能满足复杂多变的证券市场环境对监管的需求，这也是必不可少的。因此，类似于德国的混合监管模式将成为今后国际监管模式的主流。

9.3 对商业银行投行业务的管理

根据《商业银行法》（2015年）第一章第三条，我国商业银行能够涉及的投行业务包括：发行金融债券，代理发行、代理兑付、承销政府债券以及经国务院银行业监督管理机构批准的其他业务。《商业银行法》第四十三条明确指出，商业银行在中华人民共和国境内不得从事信托投资和证券经营业务，不得向非自用不动产投资或向非银行金融机构和企业投资，但国家另有规定的除外。除股票承销业务外，我国商业银行可以开展并购重组、债券承销、结构化融资等投行业务。本小节重点对商业银行的债券承销和并购业务的监管体系进行梳理。

9.3.1 我国商业银行债券承销业务的管理体系

1. 管理机构

银行间债券市场是商业银行承销债券的主要场所，中国银行间市场交易商协会（National Association of Financial Market Institutional Investors，NAFMII）负责对银行间债券市场进行自律管理，其业务主管部门为中国人民银行。交易商协会成立于2007年9月3日，是由市场参与者自愿组成的，包括银行间债券市场、同业拆借市场、外汇市场、票据市场和黄金市场在内的银行间市场的自律组织。交易商协会负责对银行间市场进行自律管理，维持银行间市场正当竞争秩序。在银行间债券市场发行的债券品种具体包括超短期融资券、短期融资券、私募票据、中期票据、集合票据、永续中票、项目收益票据、资产支持票据等非金融企业债务融资工具。在银行间债券市场，承销商主要是商业银行，证券公司也可以参与承销。

我国债券市场的另外两大监管机构分别是国家发改委和中国证监会（见表9-1）。企业债和项目收益债的发行工作由国家发改委监管，由商业银行或者证券公司承销，在银行间债券市场以及交易所市场发行。公司债、企业资产证券化产品的发行工作由中国证监会主导，由证券公司承销，并在交易所债券市场上市。

表 9-1　信用债监管体系

管理机构	NAFMII（中国人民银行）	国家发改委	中国证监会
债券种类	非金融企业债务融资工具	企业债、项目收益债	公司债、企业资产证券化产品
承销商	商业银行、证券公司	商业银行、证券公司	证券公司
发行场所	银行间市场	银行间市场和交易所市场	交易所市场

2. 管理模式

交易商协会对银行间市场采用的是自律管理模式，实行发行注册制，提高发行效率；制定金融衍生品主协议等标准文件，提高交易效率、降低金融风险；制定自律指引和规则，规范市场行为；建立行业教育培训体系，提高从业人员素质。目前，交易商协会已形成注册制下规则制定、注册发行和后续管理相结合的自律管理框架。其中，规则制定环节重在组织债务融资工具产品和有关规则制度的研发、设计，注册发行环节重在实施债务融资工具的注册发行工作，后续管理环节重在开展后续自律管理体系建设并监督执行情况，同时对注册工作进行全程监督。

具体而言，NAFMII 对银行间债券市场的自律管理体现在发行注册和后续管理两个方面。

（1）发行注册。2008 年 4 月，在中国人民银行的指导下，交易商协会在中国金融市场开启了债券发行注册制的先河。实施注册制，对债务融资工具发行进行注册管理，是交易商协会开展自律管理的重要方式。

1）我国注册制发展背景。我国债券市场的真正发展始于 1981 年国债的恢复发行，债券发行实行严格的审批制或核准制，具有浓厚的行政管制色彩，市场发展较为缓慢。政府曾多次强调"转变政府职能，改进管理方式，深化行政审批制改革"，为注册制的发展奠定了政策基调。2007 年 5 月 30 日，国务院办公厅《关于加快推进行业协会商会改革和发展的若干意见》（国办发〔2007〕36 号）明确指出，各级人民政府及其部门要进一步转变职能，把适宜于行业协会行使的职能委托或转移给行业协会。在政府转变经济管理职能和加快金融领域市场化改革的背景下，中国人民银行于 2008 年 4 月发布《银行间债券市场非金融企业债务融资工具管理办法》（中国人民银行令 2008 年第 1 号），规定所有交易商协会对债务融资工具实行注册管理。此后，交易商协会在不断完善注册发行管理流程、提高注册发行效率的同时，大力推动产品创新，逐步建立起以短期和超短期融资券、中期票据、中小企业集合票据为基础，以含权化品种、外币品种、特殊发行主体品种为补充的多层次债务融资工具产品线。

2）注册管理的机制安排。一是市场化评议制度。市场化评议制度是通过交易商协会注册办公室初评和注册会议复评的制度安排来具体实现的，债务融资工具初评到复评的整个过程都向市场公开。其中，注册办公室工作人员由交易商协会秘书处专职人员和会员选派人员组成，并持续保持以会员选派人员为主的人员结构，负责接收注册文件，对注册文件披露信息的完备性、合规性进行初步评议及安排注册会议；注册会议由 5 名经济金融理论知识丰富、熟知相关法律法规、从业经验丰富、职业声誉较高的金融市场专家（注册专家）组成，依照相关自律规则，对发行企业及中介机构注册文件拟披露信息的完备性、合规性进行评议，以此决定是否接受债务融资工具的发行注册。

二是余额管理制度。注册会议结论为接受注册发行的，交易商协会向企业出具《接受注册通知书》，赋予企业一定注册额度。有效注册额度，是银行间债券市场成员共同认可的、企业据以发行债务融资工具的一种凭证。《银行间债券市场非金融企业债务融资工具发行注册规则》（以下简称《发行注册规则》）第十七条规定："交易商协会接受发行注册的，向企业出具《接受注册通知书》，注册有效期2年。"第十八条规定："企业在注册有效期内可以一次发行或分期发行债务融资工具。企业应在注册后2个月内完成首期发行（私募产品在注册后6个月内完成首期发行）。企业如分期发行，后续发行应提前2个工作日向交易商协会备案。"据此，企业可在银行间债券市场发行注册额度以内的债务融资工具。同时，在注册额度有效期内的任一时点，企业发行债务融资工具的余额不得超过注册额度。

三是主承销商负责制。一般而言，在注册制度的整体框架下，主承销商应承担的职责主要包括：协助发行企业制订发行计划；负责组织制作和汇总注册文件；负责在注册过程中与协会进行沟通；负责对债务融资工具进行后续管理和应急管理；督促发行人配合主承销商及中介机构做好注册发行工作，从而一定程度上促进企业风险管理体系建设的不断完善。

主承销商负责制对商业银行的工作提出了更高的标准和要求。对于商业银行而言，履行主承销商职责不仅可以避免或减少在突发事件下因发行人无法偿付本息而导致的声誉风险，而且也切实保护了投资者的利益。此外，明确主承销商及其他中介机构的权利与义务，也可以有效推动以注册制为核心的债券市场发行制度的平稳健康发展。

（2）后续管理工作。

1）后续管理的范畴和意义。债务融资工具后续管理，是指在债务融资工具存续期间，企业在主承销商、信用评级机构、律师事务所等中介机构的支持下，通过各种方法对其风险状况和偿债能力进行跟踪、监测，按照相关规则指引要求及对投资者的承诺持续履行信息披露、还本付息等义务，以保护投资者权益的行为。后续管理通过"实现充分督导提示、事后严格督查纠正"的工作机制，实现"落实市场运行规则、维护市场运行秩序和保护投资人权益"的工作目标。

目前，非金融企业债务融资工具市场化运作水平不断提升，逐步成为企业直接融资的重要渠道之一。一方面，随着债务融资工具发行规模的扩大、发行主体范围的拓展和产品类型的丰富，市场成员对深化银行间债券市场风险管理、完善风险控制长效机制的要求日益迫切，"以规范促发展"逐步成为当前市场发展中的重要课题；另一方面，在当前我国错综复杂的宏观经济形势下，加之发债主体信用评级重心下移，信用风险发生概率抬升，防控信用风险的难度加大。由此，加强债务融资工具市场后续管理的意义就显得更为突出。

后续管理既是对"发行后"的管理，也是对"事后"的管理。"发行后"是指后续管理的时间区间，是从非金融企业债务融资工具发行结束到对付完毕；"事后"是指对违规行为的事后纠正和惩戒。后续管理的主要对象既包括发行人，又包括中介机构，债务融资工具市场的中介机构包括主承销商、评级机构、会计师事务所、律师事务所等机构及其从业人员。后续管理的两条工作主线分别是合规性审核和信用风险管理。

2）后续管理机构设置。在交易商协会内部，债务融资工具后续管理由后督中心和自律处分办公室分头负责。后督中心对内监管注册全流程，确保注册发行工作依法合规；对外监督发行人和中介机构对自律规定的执行情况，通过督导主承销商开展动态监测、风险排查和压力测试，派员对发行人及中介机构进行业务调查，推动建立企业自我约束与以主承销商为主的中介机构对其持续监督相结合、内外联动的后续管理体系架构。

自律处分办公室是交易商协会对非金融企业债务融资工具注册发行工作进行后续自律处分的常设机构，根据"市场事，市场议、市场决"的理念，按照《非金融企业债务融资工具市场自律处分规则》等相关自律规范性文件开展自律处分工作，监督自律处分决定的执行。

3）后续管理的"主承销商负责制"。主承销商负责安排并非要求主承销商为其承销债券的信用风险"最终买单"，而是要求主承销商同等重视承销发行和后续管理，为发行人提供贯穿债券发行前、中、后的各类服务，特别在债券存续期间，主承销商通过动态监测、风险排查和压力测试等手段持续关注承销企业的信用风险和合规运作状况，督导企业按要求履行信息披露等义务，及时防范、预警、处置信用风险。在信用事件发生后，主承销商应承担起应急处置职责，密切监测并督导企业按要求披露重大信息，同时加强与其他中介机构、相关监管及政府部门的信息沟通和行动协调，利用专业和信息优势协助企业谋求可行的市场化债务处置方案，最大限度地降低系统性风险的发生。

目前，商业银行均在总行层面设有专岗或专门团队，建立起总分支行有效联动的后续管理工作机制。信用评级机构、律师事务所等其他中介机构根据后续管理总体要求，按照职责分工初步建立了配套制度。近几年的实践经验表明，"主承销商负责制"明确了主承销商及市场各方的职责，为明晰后续自律管理的工作要求创造了条件，是注册制得以顺畅运行的重要制度安排。

3. 监管内容

（1）机构资质。商业银行必须成为交易商协会承销业务相关会员，才可以在银行间债券市场开展债券承销业务。中国银行间市场交易商协会债务融资工具承销业务相关会员（以下简称"承销业务相关会员"）是指已经在银行间债券市场从事债务融资工具承销业务或有意向从事债务融资工具承销业务的交易商协会会员，包括交易商协会主承销类会员、承销类会员和意向承销类会员。主承销类会员是指已经在银行间债券市场从事债务融资工具主承销业务的交易商协会会员。承销类会员是指已经在银行间债券市场从事债务融资工具承销业务的交易商协会会员。意向承销类会员是指有意向在银行间债券市场从事债务融资工具承销业务且自愿参加市场评价的交易商协会非承销类银行会员和证券公司会员。

交易商协会建立了一套完善的市场评价机制作为承销业务相关会员资格的评价标准，三类会员资格有各自的市场评价指标和标准。承销业务相关会员市场评价指标体系包括机构资质及业务评价、市场评价、交易商协会秘书处评价三类指标。机构资质及业务评价指标是指对承销业务相关会员的基本资质、部门设置及人员配备、市场表现等情况的评价。市场评价指标是指相关投资人、发行人及其他市场成员对承销业务相关会员业务能力等情况的评价。交易商协会秘书处评价指标是指交易商协会秘书处对承销业务相关会员遵守交易商协会相关自律规则等情况的评价。

参与每年市场评价工作的各主体应充分履行各自的职责。承销业务相关会员应在有效时间内提交真实、准确、完整的材料，参与市场评价的市场成员应在有效时间内向交易商协会提交独立、客观、真实的评价结果，交易商协会应根据市场评价需要对承销业务相关会员、参与市场评价的市场成员进行调查，核实评价结果真实性，对承销业务相关会员评价信息进行汇总、整理并及时公布。

依据市场评价结果，承销商可能获得或丧失某一类承销资格。意向类承销类会员经市场评价可以成为承销类会员，承销类会员经评价可以晋升为主承销类会员。在每一评价期内，承销类会员为在银行间债券市场开展任何债务融资工具承销业务的，期满后自动成为非承销类会员；主承销类会员未在银行间债券市场开展任何债务融资工具主承销业务的，期满后自动成为承销类会员。

交易商协会将具有承销类会员身份的商业银行划分为全国性银行、地方性银行和外资银行三大类，按照市场评价结果分别授予全国性银行A类主承销资格，授予地方性银行和外资银行B类主承销资格。三类银行面临一套相似的市场评价体系，但是具体标准和评价侧重点不同。评价体系包括：机构资质及业务评价、市场评价、交易商协会秘书处评价，总分为100分，分值越高，评价结果越优秀。

（2）发行管理。

1）债券发行业务的管理。在注册制的整体框架下，债务融资工具的注册发行实行主承销商负责制，主承销商在整个债券注册发行过程中扮演着至关重要的角色。商业银行在债券发行业务中承担了5项工作：发行前的尽职调查、注册、发行、发行后的后续管理和协助发行人披露信息。针对商业银行的工作内容，交易商协会通过制定相关规则指引对各项活动进行监管。

第一，发行前的尽职调查。主承销商尽职调查是债务融资工具尽职调查的基础和核心，相对于其他中介机构的尽职调查，主承销商尽职调查的关注范围最广，质量要求最高。同时，主承销商有义务协调其他中介机构在各自专业范围内开展专项尽职调查。为规范银行间债券市场非金融企业债务融资工具主承销商对拟发行债务融资工具的企业的尽职调查行为，提高尽职调查质量，交易商协会制定了《银行间债券市场非金融企业债务融资工具尽职调查指引》（以下简称《尽职调查指引》）。

《尽职调查指引》要求主承销商遵循勤勉尽责、诚实信用的原则，掌握企业的发行资格、资产权属、债权债务等重大事项的法律状态和企业的业务、管理及财务状况等，对企业的还款意愿和还款能力做出判断，以合理确信企业注册文件的真实性、准确性和完整性。主承销商开展尽职调查可采用查阅、访谈、列席会议、实地调查、信息分析、印证和讨论等方法，在充分调查的基础上撰写符合要求的尽职调查报告。主承销商应指派专人对已经注册的企业的情况进行跟踪，关注企业经营和财务状况的重大变化，并进行定期和不定期的调查。并于每期债务融资工具发行前，撰写补充尽职调查报告，反映企业注册生效以来发生的重大变化的尽职调查情况。

第二，注册。为规范银行间债券市场非金融企业债务融资工具的注册，交易商协会制定了《发行注册规则》。根据该规则，债务融资工具发行注册实行注册会议制度，由注册会议对注册材料进行形式审核，并决定是否接受债务融资工具发行注册。主承销商负责将相关注册文件递交交易商协会，交易商协会受理注册申请后，注册办公室进行初评，随后将经过初评的拟披露注册文件送达参加注册会议的注册专家，参加会议的注册专家应对是否接受债务融资工具的发行注册做出独立判断，意见分为"接受注册""有条件接受注册""推迟接受注册"三种。5名注册专家均发表"接受注册"意见的，交易商协会接受发行注册；2名（含）以上注册专家发表"推迟接受注册"意见的，交易商协会推迟接受发行注册；不属于以上两种情况的，交易商协会有条件接受发行注册，企业按照注册专家意见将注册文件修改完善后，交易商协会接受发行注册。

第三，发行。取得注册通知书后，主承销商负责开展簿记建档发行工作。簿记建档是一种系统化、市场化的发行定价方式，包括前期预路演、路演等推介活动和后期的簿记定价、配售等环节。先进行预路演，根据反馈信息并参照市场状况，簿记管理人和发行人共同确定申购价格区间；然后路演，与投资人进行一对一沟通；最后，簿记管理人接受申购订单，记录承销团成员/投资人认购债务融资工具利率（价格）及数量意愿，形成价格需求曲线，并与发行人最终决定发行利率。

交易商协会对债务融资工具簿记建档发行业务实施自律管理，具备主承销或承销资质的商业银行应该按照《非金融企业债务融资工具簿记建档发行规范指引》（以下简称《簿记建档指引》）建立完善内部管理制度，及时向交易商协会备案。交易商协会有权对簿记建档参与方的不当行为进行处分，《簿记建档指引》提到了以下不当行为：违反自律规定；未按照《簿记建档指引》要求建立和完善内部管理制度；未按《簿记建档指引》要求或发行方案约定进行簿记建档现场管理，导致簿记建档秩序混乱；蓄意干扰发行利率及配售，或单方面违约等扰乱市场秩序的行为；市场成员及相关工作人员有利益输送等严重破坏市场秩序行为。

《簿记建档指引》也明确提出了发行人的权利与义务：发行人有权利根据需要选定簿记管理人，并与主承销商协商确定簿记建档发行安排和发行利率区间；若选择多家机构作为簿记管理人，则应指定其中一家牵头负责簿记建档工作，并在唯一指定场所进行簿记；发行人必须严格遵守和执行有关法律法规、部门规章和交易商协会自律规则。

为进一步明确发行方和主承销方之间的权利义务，NAFMII 起草了《银行间债券市场非金融企业债务融资工具承销协议文本》。此外，NAFMII 还制定了《银行间债券市场非金融企业债务融资工具承销团协议文本》，重点对承销团成员在参与债务融资工具承销过程中的权利义务进行约定。两个协议文本采用主协议加补充协议的文本体例和签署模式，协议各方既可以在主协议中约定引导性条款，又不违背合同自由原则，兼具原则性与灵活性。

第四，发行后的后续管理。在债务融资工具存续期内，主承销商需要通过各种有效的方法对债务融资工具发行企业和提供信用增进服务的机构进行跟踪、检测、调查，及时准确地掌握其风险状况及偿债能力，持续督导其履行信息披露、还本付息等义务，以保护投资者利益。

主承销商需建立后续管理工作机制和相关制度，设立专门机构或岗位。主承销商需结合宏观经济、金融政策和行业运行变化情况，对企业和提供信用增进服务机构的经营管理、财务状况，债务融资工具信息披露、募集资金用途、二级市场交易、公开市场信息等情况，进行动态监测。主承销商通过动态监测、风险排查，发现对企业偿债能力可能产生严重影响的，需对企业开展定期或不定期的压力测试，并视情况会同企业制订风险处置预案，并根据情况适时启动风险处置预案，采取针对性处置措施，妥善处理相关问题。

第五，协助发行人披露信息。注册制的核心是信息披露，主承销商要协助发行人持续披露信息，包括发行前、存续期内、本息兑付、特殊事项等。在 2012 年 NAFMII 颁布的《银行间债券市场非金融企业债务融资工具中介服务规则》中，多次提到主承销商协助信息披露的义务，第九条规定"主承销商应协助企业披露发行文件，为投资者提供有关信息查询服务，严格按照相关协议组织债务融资工具的承销和发行"，第十条规定"自债务融资工具发行之日起，主承销商应负责跟踪企业的业务经营和财务状况，并督促企业进行持续信息披露"。

2）资产证券化发行。国内资产证券化业务起步于 2005 年，发展至今市场上形成了三种业务模式：信贷资产支持证券、企业资产支持证券和资产支持票据。商业银行充当信贷资产证券化的发起人，企业资产证券化的财务顾问和资产支持票据的承销商。

在资产支持票据发行中，商业银行以主承销商的身份参与资产支持票据业务，提供承销服务，应履行以下职责：第一，对基础资产、发行载体或其管理机构、相关交易主体以及对资产支持票据业务有重大影响的其他相关方开展尽职调查；第二，按照《银行间债券市场非金融企业资产支持票据指引》及交易商协会相关自律规则提交注册发行文件；第三，按照约定组织资产支持票据的承销和发行；第四，按照交易商协会相关自律规则开展后续管理工作等。

9.3.2 我国商业银行并购业务的监管体系

1. 商业银行并购业务种类

我国商业银行为企业兼并重组提供金融服务的方式多种多样，大致可分为三类。

（1）融资顾问和财务顾问。商业银行在充分了解企业并购融资需求之后，可以利用其人才、信息、科技等方面的优势，为企业设计融资方案、分析融资风险、评价还款能力、并协助安排并购资金等融资顾问服务，或为客户提供包括交易撮合、尽职调查、价值评估、交易结构设计、并购风险评估、协助商务谈判、协助完成交割等在内的财务顾问服务。

（2）资金募集。银行为企业并购融资提供资金募集服务，具体的方式包括发放并购贷款、发行并购债、参与并购基金等。

并购贷款是指商业银行向并购方或其子公司发放的，用于支付并购交易价款的贷款。1996 年颁布的《商业银行贷款的基本规则》将商业银行的贷款种类限制于个人贷款、流动资金贷款和固定资产贷款的范围内，商业银行无法涉足并购贷款领域。直至 2008 年 12 月 9 日，中国银监会发布了《商业银行并购贷款风险管理指引》，银行贷款才有机会介入并购。根据中国银监会的规定，并购贷款占并购交易价款的比例不应超过 60%。

企业可以通过发行债券的方式募集并购资金，这类债券一般为公司债务或非金融企业债务融资工具，商业银行可以为并购方发行债务融资工具提供中介服务。我国并购债券起步较晚，2013 年 5 月 20 日，在国办发〔2013〕67 号"金十条"颁布的前夜，中国银行间债券市场成功发行了并购定向工具——"13 湘黄金 PPN001"，成为我国并购金融领域自 2008 年并购贷款开闸以来的一项重要创新与突破。

并购基金是私募股权基金的一种，用于获得目标企业的控制权。考虑到各方的风险承受情况，企业的并购资金来源往往是多途径共同解决的，一般由商业银行、并购方和基金管理公司各提供一部分资金，合成一个基金用于收购目标资产。由于商业银行提供资金受政策和商业银行加权风险资产两种因素的制约，因此在并购基金中较多地使用表外资产。这样既规避了政策不允许银行资金直接进入资本市场的限制，又不影响银行资本充足率。目前普遍做法是由商业银行控股的资产管理公司推动并购基金的资产管理计划，银行端由于有广泛的客户基础，资产管理计划由银行端负责销售，从而把理财资金引入并购业务领域。

（3）托管服务。托管服务伴随并购基金而产生，国内成立的基金必须经商业银行托管。商业银行与基金委托人签订委托资产托管合同，安全保管委托投资的资产。

2. 并购贷款业务

提供并购贷款是商业银行参与企业并购的主要方式，也是并购资金最主要的来源之一。2015年3月12日，中国银监会对《商业银行并购贷款风险管理指引》进行了修订：一是将并购贷款期限从5年延长至7年；二是将并购贷款占并购交易价款的比例从50%提高到60%；三是将担保的强制性规定修改为原则性规定，同时删除了担保条件应高于其他种类贷款的要求，允许商业银行在防范并购贷款风险的前提下，根据并购项目风险状况、并购方企业的信用状况合理确定担保条件。此次修订表明并购贷款监管在强调风控的同时，也注重放松约束、鼓励创新。以《商业银行并购贷款风险管理指引》为依据，下文将详细解读商业银行并购贷款的监管机构、模式和内容。

（1）监管机构。商业银行并购贷款业务的监管机构是中国银保监会。中国银保监会的监管职责主要有：积极指导商业银行完善内部业务流程和内控制度，建立相应的准入机制，允许银行在风险可控的前提下开展并购贷款业务；密切监控商业银行并购贷款业务的发展情况，尤其是商业银行应对复杂并购交易和融资结构时是否具备相应的风险评估、合同设计和贷后管理能力，建立惩罚机制和退出机制。

（2）监管模式。商业银行并购贷款的监管模式更接近政府监管，但又有其独特性，可以归纳为"以硬性约束为基础，增加原则性指导"的政府监管模式。由于并购交易和并购融资的复杂性，《商业银行并购贷款风险管理指引》在业务准入、风险评估、风险管理等方面，仅对关键性指标设置强制要求，而且这些强制要求的门槛不是很高，更多的是采用原则性指导的方式，以便商业银行结合自身和并购项目的特点，因地制宜地设计业务流程和管理制度。从《商业银行并购贷款风险管理指引》所示的监管内容中可以更清晰地发现这一监管模式的特点。

（3）监管内容。

1）机构资质。《商业银行并购贷款风险管理指引》对商业银行开展并购贷款业务设立了准入和退出条件。另外，这里所称的商业银行是指依照《商业银行法》设立的商业银行法人机构；所称的并购是指境内并购方企业通过受让现有股权、认购新增股权，或收购资产、承接债务等方式以实现合并或实际控制已设立并持续经营的目标企业的交易行为。

第一，准入条件。一是主体资格。符合以下条件的商业银行法人机构才被允许开展并购贷款业务：①有健全的风险管理和有效的内控机制；②贷款损失专项准备充足率不低于100%；③资本充足率不低于10%；④一般准备余额不低于同期贷款余额的1%；⑤有并购贷款尽职调查和风险评估的专业团队。《商业银行并购贷款风险管理指引》仅仅从主体上要求具有抗风险能力的银行开展并购贷款业务，除了三项比例要求外，并没有过多的硬性约束，这给了银行和企业更大的创新空间，体现了中国银保监会"以硬性约束为基础，增加原则性指导"的监管模式。二是事前报告。《商业银行并购贷款风险管理指引》还要求，符合上述条件的商业银行在开展并购贷款业务前，应按照《商业银行并购贷款风险管理指引》制定相应的并购贷款业务流程和内控制度，向监管机构报告后实施。监管当局通过事前报告机制，督促商业银行建立、完善并购业务流程和内控制度。

第二，退出条件。退出条件体现出政府监管模式下的严格性。商业银行开办并购贷款业务后，如不能持续满足准入条件，应当停止办理新发生的并购贷款业务。中国银监局不设置整改期限，而是直接叫停业务，表明退出机制是十分严格的。

2）并购监管。第一，风险评估。商业银行应组织并购贷款尽职调查和风险评估的专门团队，专门团队的负责人应有3年以上并购从业经验，对与并购贷款有关的各项风险进行调查、分析和评估，并形成书面报告。

《商业银行并购贷款风险管理指引》为商业银行评估并购贷款的风险评估构建了框架。

首先，要求商业银行从战略风险、法律与合规风险、整合风险、经营风险以及财务风险等角度评估并购贷款的风险，并规定了分析风险时至少应涵盖的内容。并购贷款涉及跨境交易的还应分析国别风险、汇率风险和资金过境风险等。

其次，在全面分析同并购有关的风险的基础上，商业银行还应该建立审慎财务模型，预测并购双方未来财务数据、财务杠杆和偿债能力指标。接着，在财务模型测算的基础上，进行压力测试，考虑在各种不利情形下并购贷款面临的风险和损失。

最后，根据借款人还款资金来源是否充足、还款来源和还款计划是否匹配，来判断借款人能否按时按量偿付利息和本金，并提出并购贷款质量下滑的应对措施或退出策略，形成贷款评审报告。

第二，风险管理。一是并购贷款风控指标。并购贷款余额不超过同期核心资本净额的50%，对同一借款人的并购贷款余额不超过同期核心资本净额的5%；并购的资金来源中并购贷款所占比例不高于60%；并购贷款期限一般不超过7年。二是并购贷款发放条件。并购贷款必须满足以下三个基本条件：对并购方的约束条件是依法合规经营，信用良好；对并购交易的约束条件是合法合规；对并购双方的约束条件是必须具有较高的产业相关度或战略相关性，使并购能产生协同效应。三是并购贷款担保标准。原则上来说，借款人要提供充足的能覆盖并购贷款的担保，但不构成强制性约束，不要求并购贷款的担保条件高于其他种类贷款。四是并购贷款保护性条款。商业银行应该在借款合同中约定保护贷款人利益的关键条款，例如对借款人或并购后企业重要财务指标的约束性条款、对借款人在特定情况下获得额外现金流用于提前还款的强制性条款、对借款人或并购后企业的主要或专用账户的监控条款、确保贷款人对重大事项知情权或认可权的借款人承诺条款等。五是并购贷款存续期间管理。在贷款存续期内，商业银行要定期性、持续性地评估并购双方未来现金流的可预测性和稳定性，评估借款人的还款计划与还款来源是否匹配，密切关注借款合同关键条款的履行情况。至少每年对并购贷款业务的合规性和资产价值变化进行内部检查和独立的内部审计，对风险状况进行全面评估。六是不良并购贷款处理方法。出现不良并购贷款时，银行应该及时采取相应风险控制措施，并提高并购贷款业务内部报告检查和评估的频率。

9.4 对证券公司投行业务的监管

9.4.1 监管机构

我国证券业监管机构可划分为两大类：一类是由中国证监会及其派出机构组成的国务院证券监督管理机构；另一类是由证券交易所和证券业协会等组成的自律性监管机构。中国证监会是证券业监管的最高机构，负责全国证券市场的监督管理，其派出机构各地证监局负责区域性证券市场监管。而证券交易所和证券业协会为自律组织，起到辅助政府监管的作用，且接受中国证监会的监督和指导，如图9-1所示。

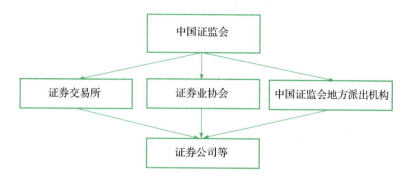

图 9-1　我国证券监管机构

1. 中国证券监督管理委员会

"中国证券监督管理委员会"简称"中国证监会"，是国务院直属监管机构，依法对证券期货市场进行集中监管。中国证监会在实施监管中的主要职责有：

（1）依法制定监管法律法规。
（2）依法对证券的发行、上市、交易、登记、存管、结算进行监管。
（3）依法对证券发行人、证券经营机构、证券登记和结算机构进行监管。
（4）依法制定证券从业人员的资格标准、业务规则和行为准则并监督实施。
（5）依法监督证券发行、上市和交易的信息披露情况。
（6）依法对自律组织的业务活动进行监管。
（7）依法对证券期货违法违规行为进行调查和处罚。
（8）法律、行政法规规定的其他职责。

2. 中国证监会地方派出机构

中国证监会地方派出机构是地方证监局，其根据中国证监会和当地政府的授权，管理当地的证券期货事务。中国证监会派出机构的主要职责有：对辖区内的上市公司和证券期货经营机构、律师事务所、会计师事务所、资产评估机构等中介机构进行监管；依法查处辖区内监管范围内的证券期货违法违规行为，处理相关投诉和举报，调解证券或期货纠纷和争议。

3. 证券交易所

我国有两大证券交易所，即上海证券交易所和深圳证券交易所，分别于1990年12月19日和1991年7月3日正式营业，沪深交易所都采用会员制的组织形式。证券交易所接受中国证监会的统一监管，承担着制定证券交易规则、监管上市公司、监管交易所会员、监管证券交易等重要职能。

4. 证券业协会

中国证券业协会成立于1991年8月28日，是依法注册的、由证券公司自愿组成的独立法人机构。它的设立是为了加强证券业之间的联系、协调、合作和自我控制，以利于证券市场的健康发展。中国证券业协会采取会员制的组织形式，我国所有的证券公司都是证券业协会的会员。中国证券业协会既要维护会员的合法权益，又要监督、检查会员行为，对违反法律、法规或协会章程的行为给予纪律处分。

9.4.2 监管模式

1. 集中监管

我国设立了专门的全国性证券监管机构——中国证监会，以实现对全国证券市场的监管。虽然证券交易所和证券业协会等自律组织也在监管中发挥作用，但是政府监管占据着主导地位。另外，《证券法》等全国性的法律文件日益完善，证券监管者得以借助法律来规范证券市场，进一步加强了政府主导的集中监管的力度。

2. 分业监管

1995年颁布的《商业银行法》确立了我国金融分业经营制度，随后金融监管上形成了"一行三会"的分业监管模式。具体到对证券公司的监管上，1999年7月1日，《证券法》正式实施，《证券法》规定："国家对证券公司实行分类管理，分为综合类证券公司和经纪类证券公司，并由国务院证券监督管理机构按照其分类颁发业务许可证。"综合类证券公司可以经营证券经纪业务、证券自营业务、证券承销业务以及经国务院证券监督管理机构核定的其他证券业务，但注册资本不得低于5亿元人民币，而经纪类证券公司注册资本只需5 000万元，但只能从事证券经纪业务。

2004年之后，证券公司的分类监管模式又产生新变化。2004～2007年，是我国对证券公司综合治理阶段，建立了以风险管理能力为基础的分类监管体系。至此，我国确立了以风险管理能力为划分标准的证券公司分类监管模式。

9.4.3 监管内容

1. 对证券公司的监管

本部分将从《证券公司监督管理条例》和新《证券法》的角度，解读证券公司监管的重要内容。

（1）市场准入。设立证券公司，应当具备下列条件：第一，有符合法律、行政法规规定的公司章程；第二，主要股东具有持续盈利能力，信誉良好，最近三年无重大违法违规记录，净资产不低于人民币2亿元；第三，有符合本法规定的注册资本；第四，董事、监事、高级管理人员具备任职资格，从业人员具有证券从业资格；第五，有完善的风险管理与内部控制制度；第六，有合格的经营场所和业务设施；第七，法律、行政法规规定的和经国务院批准的国务院证券监督管理机构规定的其他条件，包括证券公司股东的非货币财产出资总额不得超过证券公司注册资本的30%，证券公司应当有3名以上在证券业担任高级管理人员满2年的高级管理人员等。

2014年修订的《证券法》详细划分了证券公司业务种类和相应的注册资本金标准。经国务院证券监督管理机构批准，证券公司可以经营证券经纪、证券投资咨询与证券交易、证券投资活动有关的财务顾问、证券承销与保荐、证券自营、证券资产管理和其他证券业务。证券公司经营证券经纪、证券投资咨询与证券交易、证券投资活动有关的财务顾问三项业务的，注册资本最低为人民币 5 000 万元；经营证券承销与保荐、证券自营、证券资产管理和其他证券业务中的一项的，注册资本最低为人民币 1 亿元；经营证券承销与保荐、证券自营、证券资产管理和其他证券业务中的两项的，注册资本最低为人民币 5 亿元。并且，证券公司的资本是实缴资本。

为防止证券公司主要股东利用股东身份将证券公司作为融资平台做庄炒作，挪用客户资金从事违法违规活动，《证券公司监督管理条例》还对证券公司主要股东设置了更严格的准入门槛，有下列情形之一的单位或者个人，不得成为持有证券公司 5% 以上股权的股东、实际控制人：第一，因故意犯罪被判处刑罚，刑罚执行完毕未逾 3 年；第二，净资产低于实收资本的 50%，或者或有负债达到净资产的 50%；第三，不能清偿到期债务；第四，国务院证券监督管理机构认定的其他情形。

（2）市场退出。证券公司市场退出有狭义和广义之分。狭义的证券公司市场退出是指证券公司被迫取消证券业务资格，不再经营证券业务。广义的证券公司市场退出包括强制退出和商业退出。强制退出是指证券公司因严重违法经营或财务风险，被证券监管机构责令关闭，或因破产而失去证券业务资格甚至公司法人资格。商业退出是指证券公司在市场化条件下自行解散，或者因合并或拆分而解散等情况。

我国证券公司的市场退出机制以狭义的强制退出为主，监管机构主要采取停业整顿和指定其他机构托管、接管或者撤销等措施。《证券法》第一百四十三条规定："证券公司违法经营或者出现重大风险，严重危害证券市场秩序、损害投资者利益的，国务院证券监督管理机构可以对该证券公司采取责令停业整顿、指定其他机构托管、接管或者撤销等监管措施。"对证券公司进行停业整顿时，证券监管部门组成整顿工作组进驻该公司，审计资产负债情况，清查违法违规行为，控制和化解风险。证券公司整改后，应当向国务院证券监督管理机构提交报告。证券公司被托管、接管或撤销的区别在于：被托管、接管之后的证券公司还存在；被撤销后的证券公司被清算和注销。

此外，对证券公司的违法违规行为，中国证监会还可以采取下列措施：限制业务活动，责令暂停部分业务，停止批准新业务；停止批准增设、收购营业性分支机构；限制分配红利，限制向董事、监事、高级管理人员支付报酬、提供福利；限制转让财产或者在财产上设定其他权利；责令更换董事、监事、高级管理人员或者限制其权利；责令控股股东转让股权或者限制有关股东行使股东权利；撤销有关业务许可。

（3）内部控制。内部控制是指证券公司为实现经营目标，根据经营环境的变化，对证券公司经营管理过程中的风险进行识别、评价和管理的制度安排、组织体系和控制措施。建立并完善内部控制制度是证券公司管理的重要环节，也是监管机构的要求。《证券公司监督管理条例》第二十七条明确规定："证券公司应当按照审慎经营的原则，建立健全风险管理与内部控制制度，防范和控制风险。"《证券法》第一百二十八条也提到："证券公司应当建立健全内部控制制度，采取有效隔离措施，防范公司与客户之间、不同客户之间的利益冲突。证券公司必须将其证券经纪业务、证券承销业务、证券自营业务、证券做市业务和证券资产管理业务分开办理，不得混合操作。"

根据《证券公司内部控制指引》，我国对证券公司内部控制的主要监管要求如下。

1)控制环境:主要包括证券公司所有权结构及实际控制人、法人治理结构、组织架构与决策程序、经理人员权力分配和承担责任的方式、经理人员的经营理念与风险意识、证券公司的经营战略与经营风格、员工的诚信和道德价值观、人力资源政策等。

2)风险识别与评估:及时识别、确认证券公司在实现经营目标过程中的风险,并通过合理的制度安排和风险度量方法对经营环境持续变化所产生的风险及证券公司的承受能力进行适时评估。

3)控制活动与措施:保证实现证券公司战略目标和经营目标的政策、程序,以及防范、化解风险的措施,主要包括证券公司经营与管理中的授权与审批、复核与查证、业务规程与操作程序、岗位权限与职责分工、相互独立与制衡、应急与预防等措施。

4)信息沟通与反馈:及时对各类信息进行记录、汇总、分析和处理,并进行有效的内外沟通和反馈。

5)监督与评价:对控制环境、风险识别与评估、控制活动与措施、信息沟通与反馈的有效性进行检查和评价,发现内部控制设计和运行的缺陷并及时改进。

(4)风险管理。

1)净资本指标。净资本是指根据证券公司的业务范围和公司资产负债的流动性特点,在净资产的基础上对资产负债等项目和有关业务进行风险调整后得出的综合性风险控制指标。

净资本指标反映了净资产中的高流动性部分,表明证券公司可变现以满足支付需要和应对风险的资金数。净资本指标的主要目的:一是要求证券公司保持充足、易于变现的流动性资产,以满足紧急需要并抵御潜在的市场风险、信用风险、营运风险、结算风险等,从而保证客户资产的安全;二是在证券公司经营失败、破产关闭时,仍有部分资金用于处理公司的破产清算等事宜。

证券公司必须持续满足的净资本指标标准有:净资本与各项风险准备之和的比不得小于100%;净资本与净资产的比不得小于40%;净资本与负债的比不得小于8%;净资产与负债的比不得小于20%;流动资产与流动负债的比不得小于100%。

对各项业务的净资本要求是:经营证券经纪业务的,其净资本不得低于人民币2 000万元;经营证券承销与保荐、证券自营、证券资产管理、其他证券业务等业务之一的,其净资本不得低于人民币5 000万元;经营证券经纪业务,同时经营证券承销与保荐、证券自营、证券资产管理、其他证券业务等业务之一的,其净资本不得低于人民币1亿元;经营证券承销与保荐、证券自营、证券资产管理、其他证券业务中两项及两项以上的,其净资本不得低于人民币2亿元。

2)风险资本准备。对不同业务类型,证券公司应按不同比例计提风险资本准备。例如,证券公司经营证券承销业务的,应当分别按包销再融资项目股票、IPO项目股票、公司债券、政府债券金额的30%、15%、8%、4%计算承销业务风险资本准备。为与证券公司的风险管理能力相匹配,对不同评级的证券公司实施不同的风险资本准备计算比例。A、B、C、D类公司分别按照以上基准计算标准的0.3、0.4、1、2倍计算有关风险资本准备;连续三年评级为A类的公司按照以上基准计算标准的0.2倍计算有关风险资本准备。

各类证券公司都应该按统一标准计算以下两项风险资本准备。证券公司设立分公司、证券营业部等分支机构的,应当对分公司、证券营业部,分别按每家2 000万元、300万元计算风险资本准备。证券公司应按上一年营业费用总额的10%计算营运风险资本准备。

（5）分类评级。中国证监会制定的《证券公司分类管理规定》于2009年5月正式颁布，确立了"以风险管理能力、持续合规状况为主"的分类监管总框架。根据2017年7月修订的分类管理规定，分类评级的具体规则如下。

中国证监会以证券公司风险管理能力为基础，结合公司市场竞争力和持续合规状况，从资本充足、公司治理与合规管理、动态风险监控、信息系统安全、客户权益保护、信息披露6方面进行评价打分。根据证券公司评价计分的高低，将证券公司分为A（AAA、AA、A）、B（BBB、BB、B）、C（CCC、CC、C）、D、E等五大类11个级别。中国证监会及其派出机构对其实施区别对待的监管政策，对不同类别证券公司规定不同的风险控制指标标准和风险资本准备计算比例，并在监管资源分配、现场检查和非现场检查频率等方面区别对待；证券公司分类结果将作为证券公司申请增加业务种类、新设营业网点、发行上市等事项的审慎性条件，作为确定新业务、新产品试点范围和推广顺序的依据。此外，证券公司缴纳投资者保护基金的标准要按照分类评价结果来确定，级别越低缴纳的比例就越高。

在分类评价方法上，中国证监会设定正常经营的证券公司基准分为100分。在基准分的基础上，根据证券公司风险管理能力评价指标和标准、市场竞争力、持续合规状况等因素，进行相应加分或扣分以确定证券公司的评价计分。

为持续完善评价体系留出空间，增强制度的适应性和有效性，《证券公司分类管理规定》委托中国证券业协会在条件具备时对全面风险管理能力、合规管理能力、社会责任履行情况等进行专项定量评价，逐步提升风险管控能力在分类评价中的比重，确保分类评价结果切实管用、持续有效，不断提高监管资源配置的有效性。

（6）信息披露。证券公司应当依法向社会公开披露其基本情况、参股及控股情况、负债及或有负债情况、经营管理状况、财务收支状况、高级管理人员薪酬和其他有关信息。披露信息的方式为定期报告和临时报告。定期报告包括年度报告和月度报告，其中年度报告必须经具有相关从业资格的会计师事务所审计，并附有内部控制评审报告。发生影响或者可能影响证券公司经营管理、财务状况、风险控制指标或者客户资产安全的重大事件的，证券公司应当立即向国务院证券监督管理机构报送临时报告，说明事件的起因、目前的状态、可能产生的后果和拟采取的相应措施。

2. 对证券公司承销业务的监管

（1）对承销业务的监管总纲。1999年7月1日，《证券法》的正式实施标志着核准制代替审批制，成为我国新的发行审批制度。2001年4月1日，核准制正式全面实施，股票发行审核委员会成立，双重审批制度和"配额管理"彻底取消，证券发行承销商推荐制度建立。2003年10月9日，中国证监会颁布《证券发行上市保荐制度暂行办法》，用承销商保荐制度取代了原有的承销商推荐制度，并一直延续至今。相较审批制，核准制精简了监管程序、取消了行政审批、提升了证券市场活跃度，但随着证券市场的发展，核准制也暴露出一些弊端。第一，核准制仍然离不开行政调控，审核效率仍较低；第二，核准制的实质性审查阻碍了市场机制发挥力量；第三，核准制扭曲了市场的资源配置功能等。2013年，党的十八届三中全会提出要"推进股票发行注册制改革"。2019年1月，经党中央、国务院同意，中国证监会发布《关于在上海证券交易所设立科创板并试点注册制的实施意见》，标志着我国证券市场开始从设立科创板入手，稳步试点注册制，逐步探索符合我国国情的证券发行注册制。

2019年7月22日,科创板首批25家企业正式上市交易,标志着股票发行注册制迈进了一大步。

证券市场的直接融资手段主要包括发行股票和债券,二者在发行制度和承销监管方面区别颇大。证券公司承销业务可以划分为股票承销、债券承销、资产证券化三大类,如表9-2所示。

表9-2 证券公司承销业务种类

承销业务种类	股票承销	债券承销			资产证券化
		债务融资工具	企业债	公司债	金融债	
发行制度	核准制	注册制	核准制			备案制
主管机构	中国证监会	交易商协会	国家发改委	中国证监会	中国人民银行	中国证监会

(2)股票承销和保荐。我国股票发行采用核准制下的保荐人制度,证券公司可以经营证券承销和保荐业务,主承销商和保荐人身份可以由同一家证券公司担任。

保荐制是指,由保荐人(证券公司)负责发行人的上市推荐和指导,核实公司发行文件的真实性、准确性和完整性,协助发行人进行信息披露,直到获得监管机构的发行批准。证券公司获得保荐资格必须满足监管机构所指定的标准,只有获得保荐人资格的证券公司才能成为承销商。证券公司申请保荐机构资格应当具备的条件有:注册资本不低于1亿元,净资本不低于5 000万元;具有完善的公司治理和内部控制制度,风险控制指标符合相关规定;保荐业务部门具有健全的业务流程、内部风控系统;保荐业务团队专业且结构合理,从业人员不少于35人,其中最近三年从事保荐相关业务的人员不少于20人;拥有保荐代表人资格的从业人员不少于4人;最近三年未因重大违法违规行为受到行政处罚等。

获得股票发行核准后,证券公司作为承销商以包销或代销的方式帮助发行人将股票推销给投资者。《证券发行与承销管理办法》规定了承销商的义务:证券公司实施股票承销前,应向证监会报送发行与承销方案;证券发行依照法律、行政法规的规定应当由承销团承销的,组成承销团的承销商应当签订承销团协议,由主承销商负责组织承销工作;主承销商应当设立专门的部门或者机构,协调公司投资银行、研究、销售等部门共同完成信息披露、推介、簿记、定价、配售和资金清算等工作;投资者申购缴款结束后,主承销商应当聘请会计师事务所出具验资报告,首次公开发行的还应聘请律师事务所出具专项法律意见书;主承销商应当在证券上市后10日内向中国证监会报备承销总结报告等文件;另外,主承销商有持续披露信息的义务。

(3)债券承销。我国债券发行制度较复杂,根据债券种类的不同,各监管部门对债券的发行和承销分开监管。

非金融企业债务融资工具采取注册制,受交易商协会监管,证券公司和商业银行均可充当主承销商。2008年4月,中国人民银行颁布《银行间债券市场非金融企业债务融资工具管理办法》,授权交易商协会对非金融企业债务融资工具实施自律管理,此后中国人民银行不再对相关主承销商和承销商资格给予审核认可。交易商协会于2011年组织实施了意向类承销会员(银行类)市场评价工作之后,2012年11月5日正式启动了证券公司类会员参与非金融企业债务融资工具主承销业务市场评价工作,以市场化的方式打通证券公司获得主承销商资质的渠道。证券公司最近一次分类监管结果为 AA 及以上，并具备公司信用类债券承销业务经验的，才可能成为承销类会员。

企业债的发行采取核准制，应组织承销团以余额包销的方式进行承销，由国家发改委审核和监管。企业债得到国家发展改革委批准并经中国人民银行和中国证监会会签后，即可进行具体的发行工作。自 2000 年国务院特批企业债券以来，已担任过企业债主承销商或累计担任过三次以上副主承销商的金融机构方可担任主承销商，已担任过企业债副主承销商或累计担任过三次以上分销商的金融机构方可担任副主承销商。各承销商包销的企业债券规模原则上不得超过上年末净资产的 1/3。中国证监会负责对证券公司承销企业债业务进行监管，证券公司必须满足《关于加强证券公司承销企业债券业务监管工作的通知》的要求。

公司债采用核准制下的保荐人制度，受中国证监会监管。证券公司作为保荐人编制、报送募集说明书和发行申请文件，中国证监会受理后做出核准或不予核准的决定。中国证监会对券商承销公司债业务的监管内容同股票承销业务相似。

金融债采取核准制，发行主体有政策性银行、商业银行和企业集团财务公司，受到中国人民银行监管。证券公司可采用协议承销、招标承销等方式参与公司债承销：以协议承销方式发行金融债的，发行人聘请主承销商；以招标承销方式发行金融债的，发行人与承销团成员签订承销主协议。承销团成员应该满足以下条件：注册资本不低于 2 亿元；具有较强的债券分销能力；具有符合要求的债券从业人员和债券分销渠道；最近两年无重大违法违规行为等。

（4）资产证券化。我国已取消了资产支持证券的行政审批制度，实行市场化的证券自律组织事后备案和基础资产负面清单管理制度。证券公司和基金管理公司子公司通过设立专项资产管理计划来开展资产证券化业务，中国证监会及其派出机构对管理人执行集中监管，中国证券业协会、基金业协会对管理人实行自律管理。证券公司和基金管理公司子公司应当自专项计划成立日起 5 个工作日内将设立情况报中国基金业协会备案，同时抄送对管理人有辖区监管权的中国证监会派出机构。

证券公司申请设立专项计划、发行资产支持证券，应具备以下条件：一是具备证券资产管理业务资格；二是最近一年未因重大违法违规行为受到行政处罚；三是具有完善的合规、风控制度以及风险处置应对措施，能有效控制业务风险。

3. 对并购重组业务的监管

上市公司并购重组财务顾问业务是指为上市公司的收购、重大资产重组、合并、分立、股份回购等对上市公司股权结构、资产和负债、收入和利润等具有重大影响的并购重组活动提供交易估值、方案设计、出具专业意见等专业服务。2008 年，中国证监会颁布了《上市公司并购重组财务顾问业务管理办法》，明确设立了财务顾问制度，将上市公司并购重组，从中国证监会直接监管下的全面要约收购，转变为财务顾问把关下的部分要约收购；将完全依靠中国证监会的事前监管，转变为实施财务顾问制度下的中国证监会适当事前监管与重点强化事后监管相结合。由此，财务顾问承担了上市公司并购重组"第一看门人"的职责。

为在上市公司并购重组审核工作中贯彻公开、公平、公正的原则，提高并购重组审核工作的质量和透明度，中国证监会设立了上市公司并购重组审核委员会，其主要职责是：根据有关法律、行政法规和中国证监会的规定，审核上市公司并购重组申请是否符合相关条件；

审核财务顾问、会计师事务所、律师事务所、资产评估机构等证券服务机构及相关人员为并购重组申请事项出具的有关材料及意见书；审核中国证监会出具的初审报告；依法对并购重组申请事项提出审核意见。并购重组委审核事项主要包括：根据中国证监会的相关规定构成上市公司重大资产重组的；上市公司以新增股份向特定对象购买资产的；上市公司实施合并、分立的；中国证监会规定的其他情形。2014年，《上市公司重大资产重组管理办法》修订后，中国证监会取消了对不构成借壳上市的上市公司重大购买、出售、置换资产行为的审批，但涉及发行股份购买资产仍需通过证监会审核。

并购重组委依照《公司法》《证券法》等法律、行政法规和中国证监会的规定，对并购重组申请人的申请文件和中国证监会有关职能部门的初审报告进行审核。并购重组委通过召开并购重组会议和记名投票方式对并购重组申请进行表决，表决结果在中国证监会网站上公布。上市公司并购重组申请经并购重组委审核通过后，还需经中国证监会做出核准或不核准的决定。证监会对并购重组委实行问责制度，并购重组委会议审核意见与表决结果有明显差异的，或事后显示存在重大疏漏的，中国证监会可以要求所有参会的并购重组委委员分别做出解释和说明。同时，证监会建立对并购重组委委员违法违纪行为的举报监督机制，对有线索举报并购重组委委员存在违法违纪行为的，中国证监会应当进行调查，并根据调查结果对有关委员予以谈话提醒、通报批评、暂停参加并购重组委会议、解聘等处理；涉嫌犯罪的，依法移交司法机关处理。

中国证监会对证券公司从事并购重组业务实行资格许可管理，规定了相关资格条件：

（1）公司净资本符合中国证监会的规定。

（2）具有健全且运行良好的内部控制机制和管理制度，严格执行风险控制和内部隔离制度。

（3）建立健全尽职调查制度，具备良好的项目风险评估和内核机制。

（4）公司财务会计信息真实、准确、完整。

（5）公司控股股东、实际控制人信誉良好且最近3年无重大违法违规记录。

（6）财务顾问主办人不少于5人。

（7）最近24个月内不存在违反诚信的不良记录。

（8）最近24个月内未因执业行为违反行业规范而受到行业自律组织的纪律处分。

（9）最近36个月内未因违法违规经营受到处罚或者因涉嫌违法违规经营正在被调查。

（10）中国证监会规定的其他条件。

证券公司受聘担任上市公司独立财务顾问的，应当保持独立性，不得与上市公司存在利害关系；存在下列情形之一的，不得担任独立财务顾问：

（1）持有或者通过协议、其他安排与他人共同持有上市公司股份达到或者超过5%，或者选派代表担任上市公司董事。

（2）上市公司持有或者通过协议、其他安排与他人共同持有财务顾问的股份达到或者超过5%，或者选派代表担任财务顾问的董事。

（3）最近两年财务顾问与上市公司存在资产委托管理关系、相互提供担保，或者最近一年财务顾问为上市公司提供融资服务。

（4）财务顾问的董事、监事、高级管理人员、财务顾问主办人或者其直系亲属有在上市公司任职等影响公正履行职责的情形。

（5）在并购重组中为上市公司的交易对方提供财务顾问服务。

（6）与上市公司存在利害关系、可能影响财务顾问及其财务顾问主办人独立性的其他情形。

证券公司从事上市公司并购重组财务顾问业务，应当履行的职责有：

（1）接受并购重组当事人的委托，对上市公司并购重组活动进行尽职调查，全面评估相关活动所涉及的风险。

（2）就上市公司并购重组活动向委托人提供专业服务，帮助委托人分析并购重组相关活动所涉及的法律、财务、经营风险，提出对策和建议，设计并购重组方案，并指导委托人按照上市公司并购重组的相关规定制作申报文件。

（3）对委托人进行证券市场规范化运作的辅导，使其熟悉有关法律、行政法规和中国证监会的规定，充分了解其应承担的义务和责任，督促其依法履行报告、公告和其他法定义务。

（4）在对上市公司并购重组活动及申报文件的真实性、准确性、完整性进行充分核查和验证的基础上，依据中国证监会的规定和监管要求，客观、公正地发表专业意见。

（5）接受委托人的委托，向中国证监会报送有关上市公司并购重组的申报材料，并根据中国证监会的审核意见，组织和协调委托人及其他专业机构进行答复。

（6）根据中国证监会的相关规定，持续督导委托人依法履行相关义务。

（7）中国证监会要求的其他事项。

9.5 投资银行监管政策的变化

9.5.1 金融监管架构的变化

1. 全球投资银行监管架构变化

（1）金融市场监管架构的国际演变。在金融监管模式的历史演变中，监管架构的选择与国家的经济运行状况、主流经济思潮密切相关。

20世纪30年代以前，亚当·斯密的古典自由主义占据主流地位，强调"市场"这只看不见的手的力量，倡导政府对经济采取自由放任态度，这种思想确立了早期的金融监管模式——自律管理。1817年，纽约证券和交易委员会的成立标志着金融市场自律组织真正诞生。早期的资本主义发展受益于政府最小限度的干预，出现了将近一个世纪的金融繁荣期，伦敦、纽约相继成为全球金融中心。

1929~1933年，美国经济大萧条孕育出的凯恩斯主义以"政府干预"为主张，成为主流经济学派，政府从对金融市场"自由放任"转向"干预"，加强集中监管力度。1933年美国颁布的《格拉斯-斯蒂格尔法案》使美国金融业从混业经营转变为分业经营。

其后，20世纪70年代，西方世界长期处于"滞胀"困境，以哈耶克为代表的主流经济思想再次向自由主义回归。在这个时期，自律管理的作用得到充分地彰显和充实。突出的表现就是，国际证监会组织在其1998年颁布的《证券监管目标与原则》中将自律管理作为重要基石。

（2）西方发达国家投资银行监管架构的变化。

1）美国投资银行监管架构的变化。

第一阶段：监管空白（1929年经济大萧条之前）。在很长一段时间内，美国私人银行所经营的投行业务在监管缺失的环境中自由发展。管制缺失加上证券需求的迅猛增长，使得以J.P.摩根为代表的私人扬基投资银行家在20世纪初成了美国金融乃至实体经济的主宰者。关于投资银行的立法亟待完善。1911年，堪萨斯州率先颁布了《蓝天法》来规范证券发行，随后各州纷纷出台相似法律，纽约证券交易所和美国投资银行家协会也制定了一些自律规范。

第二阶段：联邦化集中监管（1933～1999年）。罗斯福新政时期的重要成果之一是确立了分业经营模式，投资银行和商业银行独立发展，奠定了此后近70年的投资银行监管架构——由联邦主导的外部监管架构。美国国会和SEC制定多项全国性法律法规，对投资银行进行联邦化统一监管。20世纪70年代，随着投资银行间竞争加剧和管制放松，不同类型金融机构出现相互融合的态势，商业银行采取银行控股公司或金融控股公司的模式进入投资银行行业。

第三阶段：功能监管和并表监管（2000～2008年）。金融机构合并热潮在20世纪90年代达到顶峰，1999年11月，《金融服务现代化法案》在美国国会获得通过，正式取消了金融行业混业经营的限制，并规定了功能监管——由州和联邦银行监管者监督银行业务，州和联邦证券监管者统辖证券业务，州保险委员会负责保险经营和销售……将最有经验的监管者置于其最熟悉的金融业务监管领域。虽然金融机构已经混业经营，但是监管制度上仍是分业监管。SEC的监管范围从注册登记的经纪交易商扩展到了经纪交易商不受监管的分支机构以及控股公司本身。

并表监管是此时期美国投行监管措施的核心。并表监管指的是对投资银行母公司在合并报表基础上的审慎监管，即在单一法人监管的基础上，对母公司的资本、财务以及风险进行全面和持续的一种监管方法，以识别、计量、监控和评估投资银行的总体风险状况。然而，实际上由SEC承担并表监管职责的CSEs仅限于5家规模最大的经纪交易商（高盛公司、摩根士丹利、雷曼兄弟、美林和贝尔斯登），花旗和摩根大通这两家也申请成为并表监管实体的金融机构则是由美联储负责并表监管的。

第四阶段：集中监管强化（2009年至今）。2008年9月，华尔街五大投资银行或破产，或被收购，或转型成为银行控股公司，2004年SEC构建的针对CSEs的监管架构自然就没有存在的必要了。在此后的一段时期内，美联储和SEC共同承担了监管职责。2010年7月21日，《多德-弗兰克法案》金融改革法案正式生效，该法案加大了美联储的监管权力，进一步提升了集中监管力度：美联储主席等9家金融监管机构负责人组成金融稳定监督委员会（Financial Stability Oversight Council，FSOC），职责是识别和防范金融风险；美联储的监管范围不断扩大，涵盖所有可能带来系统性风险的商业银行和非银行金融机构等。此外，消费者金融保护局设立，为消费者提供与金融部门欺诈和滥用行为有关的保护；《多德-弗兰克法案》限制银行自营交易和高风险衍生品交易，并将之前缺乏监管的场外衍生品纳入监管范围。

2）英国投资银行监管架构的变化。

英国金融监管架构如图9-2所示。

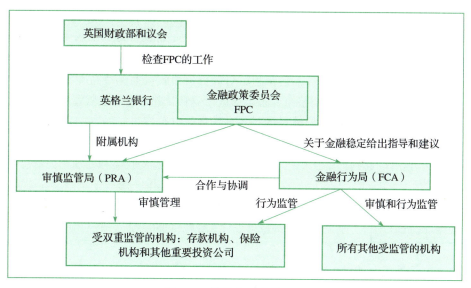

图 9-2 英国金融监管架构

第一阶段：自律管理为主（1945～1979 年）。此阶段英国以金融机构的自律管理为主，以英格兰银行的集中监管为辅；间接性的法律文件被运用于辅助监管，英格兰银行仅承担指导职责。在监管职责分工方面，英格兰银行负责银行监管，证券与投资委员会对从事证券与投资业务的金融机构进行监管，贸易与工业部对保险公司进行监管。

第二阶段：以 FSA 为核心的集中监管（1980～2006 年）。1986 年英国伦敦证券交易所推出新的《金融服务法》，该法案允许金融业混业经营。进入 20 世纪 90 年代后，英国混业经营发展过快，英格兰银行监管薄弱越发凸显，1998 年成立的金融服务监管局（FSA）接替了英格兰银行对银行业的监管责任。英格兰银行的职能被限定在执行货币政策、保护金融市场稳定的范围内。FSA 继承了原有 9 个金融监管机构的监管权力，同时还负责对过去不受监管的领域进行监管，例如为金融业提供律师与会计师事务所的规范和监管等，FSA 成为英国唯一的金融监管机构。除了 FSA 和英格兰银行外，财政部也起到了辅助监管的作用，财政部的职责是制定金融监管组织架构和监管法律。至此，英国分业、自律管理演变为混业、集中监管。

第三阶段：以英格兰银行为核心的集中监管（2007 年之后）。国际金融危机警示英国开展金融监管体制改革，英格兰银行成为最高监管机构。英国金融监管当局将 FSA 拆分为两个机构：第一，审慎监管局（PRA）为英格兰银行的附属机构，对存款机构、保险机构及其他重要的投资公司进行微观监管，将微观审慎监管集中于英格兰银行，从而消除职责不清和监管漏洞问题；第二，金融行为局（FCA）负责行为监管，强化消费者保护并接受英格兰银行的指导和建议。同时，英国政府撤销金融稳定委员会后在英格兰银行内部设立了金融政策委员会（Financial Policy Council，FPC），由 FPC 负责宏观审慎性监管和系统风险监管。

3）德国投资银行监管架构的变化。德国一直坚持混业经营制度，即使是在数次全球金融危机中，德国金融业备受冲击的情况下，也没有实施分业经营制度，反而更加注重政府监管与自律管理并重，加强全国性、统一性的金融监管。

第一阶段：分业监管（2002 年之前）。根据 1957 年颁布的《联邦银行法》和 1961 年颁布的《银行法》，德国在联邦一级，有 4 个监管机构对银行、证券、保险实行监管，分别是联邦银行监管局（Federal Banking Supervisory Office，FBSO）、联邦证券监管局（Federal Security Supervisory Office，FSSO）、联邦保险监管局（Federal Insurance Supervisory Office，FISO）和中央银行。FBSO、FSSO、FISO 均隶属德国财政部，分别负责银行、证券和保险的分业监管。德意志联邦银行是德国的中央银行，它在制定与执行货币政策上保持高度的独立性，不受政府的指令干预。德意志联邦银行对整个金融市场进行监管，并对银行业监管提供重要支持（见图9-3）。联邦银行对金融机构的监管是通过各地的地区办公室进行的，办公室一方面对金融机构定期报告做出分析和评价，另一方面进行现场审计、评估资本状况和风险管理程序。联邦银行在银行业监管中起到辅助作用，其工作重点是帮助银监局收集和处理相关信息。

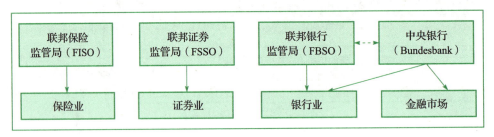

图9-3　2002年之前德国金融监管架构

第二阶段：统一监管（2002～2008年）。20世纪90年代以来，德国金融业面临的内外竞争压力不断加剧，迫使金融机构纷纷进行机构改革和战略调整。这种压力主要来自三个方面：一是外资银行在德国市场上份额的扩张；二是全球金融业兼并浪潮深刻地改变了银行的传统观念，加深了金融业内部业务的交叉，催生了大量的创新金融业务；三是金融业内部的重组使德国出现了一些大的金融集团，银行业、证券投资和保险业之间的界限更加模糊。这些都使得银行经营风险日趋复杂化、多样化、国际化。因此，为了加强对金融机构的有效监管，德国对金融监管体系实行了相应的改革（见图9-4）。

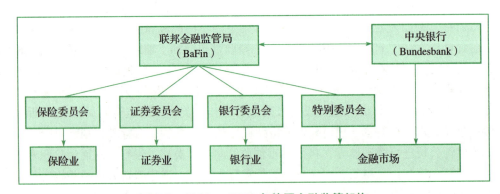

图9-4　2002～2008年德国金融监管架构

2002年，德国颁布了《金融监管一体化法案》，该法案授权成立联邦金融管理局（BaFin，Federal Financial Supervisory Authority），负责对银行业、证券业和保险业进行统一监管。它是具有法人资格的联邦金融监管机构，直接对财政部负责。联邦金融监管局的职能机构包括理事会、咨询委员会、3个分别接替原银监局、证监局和保监局职能的委员会，另设3个特别委员会负责整个金融市场的监管工作。负责投行监管的是证券委员会。

第三阶段：宏观审慎监管加强（2009年至今）。2008年国际金融危机和2009年欧债危机使德国的经济和金融受到一定冲击，反思金融监管体系的漏洞，德国积极推进宏观审慎管理、处置机制和存款保险制度等方面的改革。

德国监管层认为，金融危机的一大教训是没有专门机构关注系统性风险，宏观和微观层面金融监管的职责划分不清晰，两者之间信息传导不通畅。为了弥补这一缺陷，德国在危机后增设一家宏观监管机构——金融稳定委员会（Financial Stability Council，FSC）。金融稳定委员会成立于2013年，负责宏观审慎管理。委员会成员来自财政部、中央银行、金融管理局和金融稳定局，主席来自财政部，成员来源的多样性体现了FSC工作机制的协调性和制约性。FSC宏观审慎监管措施有三类：一是"软措施"，即不直接干预市场参与者，例如发布金融稳定报告；二是"警告和建议"，FSC可在职权范围内，就可能产生的风险，对联邦政府、BaFin和任何公共部门提出警告和建立；三是"硬措施"，即采取强硬手段约束市场参与者和监管机构的行为。

中央银行在宏观审慎管理中也起到了重要作用。首先，中央银行有权反对FSC发布的警告和建议，有权向FSC提请发布警告和建议的提案；其次，FSC成立之前，出于保密理由，中央银行无权获得监管机构的某些数据，FSC成立之后，中央银行不仅可以获得全面数据，还可以发布额外数据满足宏观审慎分析的需要；最后，中央银行负责撰写FSC的年度报告。

为解决金融机构倒闭危机，缓解系统性风险，德国采取设立处置基金、颁布重组法案、建立不良资产处置机构等措施。相应地，财政部下设联邦金融市场稳定局（Federal Agency for Financial Market Stabilization，FMSA），联邦金融稳定局成立之初被定位为一个临时机构，职责是管理稳定基金、提供市场流动性、监管新成立的不良资产管理公司，而在2016年被升级为监管当局，专门从事重组业务监管。图9-5为2009年至今德国金融监管架构。

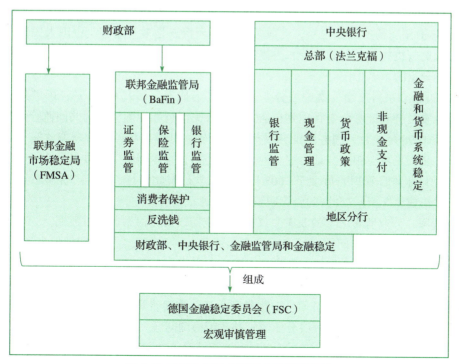

图9-5　2009年至今德国金融监管架构

2. 我国投资银行监管架构变化

（1）金融市场监管架构演变。改革开放以来，中国金融市场监管架构经历了从统一监管到分业监管，从多头监管到集中监管的过程，并且自律管理所扮演的角色越来越重要。这种架构的变迁可以划分为三个阶段：第一阶段是1992年之前以中国人民银行为主导的统一监管架构；第二阶段是从1992年10月中国证监会成立起至2003年4月中国银监会成立所形成的"一行三会"分业集中式监管架构；第三阶段从确立"一行三会"监管架构开始，建立了联席会议机制，同时是监管架构向自律型、市场化监管的过渡期。

2015年10月29日，《中共中央关于制定国民经济和社会发展第十三个五年规划的建议》中提出："加强金融宏观审慎管理制度建设，加强统筹协调，改革并完善适应现代金融市场发展的金融监管框架，健全符合我国国情和国际标准的监管规则，实现金融风险监管全覆盖。"

2018年3月13日，国务院机构改革方案出炉，方案确定：中国银监会和保监会合并，组建中国银行保险监督管理委员会，作为国务院直属事业单位，统一监管银行业和保险业。与此同时，此次改革方案还将中国银监会和保监会拟定银行业、保险业重要法律法规草案和审慎监管基本制度的职责划入中国人民银行。中国金融监管体制将正式形成新的"一委一行两会"架构：国务院金融稳定发展委员会（简称"金稳委"）、中国人民银行、中国证监会、中国银保监会。

第一阶段：以中国人民银行为主导的统一监管期。1986年颁布的《中华人民共和国银行管理暂行条例》确立了中国人民银行作为唯一的金融监管机构的地位。在此期间，中国人民银行充当商业银行、中央银行和监管机构三重角色。随着金融市场的进一步发展，金融机构、金融产品和服务、市场参与者的数量和种类不断增加，由中央银行兼顾货币市场和证券市场的监管显得力不从心，导致监管不力。一系列的违法违规现象破坏了金融市场秩序，分业监管改革迫在眉睫。

1990年沪深交易所成立之后，此阶段的另一个特点是多头监管。中国人民银行不再是唯一的金融监管机构，监管的执行、法律法规的制定都是由中国人民银行和上海、深圳两地的政府共同分担。

第二阶段："一行三会"集中型分业监管架构形成期。1992年10月，国务院决定设立国务院证券委员会和证券监督管理委员会，中国人民银行和中国证监会共同监管架构初步形成。但直至1998年6月，国务院证券委员会被撤销，证券市场的监管职能才完全移交给中国证监会，真正形成了银行与证券的分业监管。之后，中国保险监督委员会1998年11月成立，中国银行业监督管理委员会于2003年4月成立，至此银行、证券、保险行业的分业监管格局正式形成，"一行三会"的监管职责划分明确。

第三阶段：分业监管之上的联席会议机制形成期以及自律型监管过渡期。为确保货币市场、资本市场和保险市场间的互通有无，还必须建立"一行三会"之间的信息通道。于是，2004年6月28日，中国证监会、保监会、银监会正式公布《三大金融监管机构金融监管分工合作备忘录》，标志着分业监管协调机制的建立。备忘录的内容包括指导原则、职责分工、信息收集与交流、工作机制等方面。监管联席会议每季度召开一次，三家监管机构就专业监管问题进行讨论和协商，及时解决分业监管的政策协调问题。

2008年8月，中国人民银行"三定"方案正式公布，该方案提出，"在国务院领导下，中国人民银行会同中国银监会、证监会、保监会建立金融监管协调机制，以部际联席会议制度的形式，加强货币政策与监管政策之间以及监管政策、法规之间的协调，建立金融信息共享制度，防范、化解金融风险，维护国家金融安全，重大问题提交国务院决定"。2013年，国务院同意建立由中国人民银行牵头、更多主体参与的金融监管协调部际联席会议制度，成员单位扩展为中国银监会、证监会、保监会、外汇局，必要时可邀请国家发改委、财政部等有关部门参加。至此，联席会议实质性恢复并定期召开。

近年来，金融市场监管套利行为猖獗，金融产品层层嵌套风险积聚，在此背景下，2017年7月第五次全国金融工作会议提出要设立金稳委，作为中国证监会、保监会、银监会之上更高一级的机构，负责对涉及全局性的重大监管问题、重大金融风险问题进行协调处理。

2018年3月，国务院机构改革方案出台，中国金融监管体制将正式形成新的"一委一行两会"架构：金稳委、中国人民银行、中国证监会、中国银保监会。新的体制顺应综合经营趋势，由中国人民银行全面统筹协调监管，承担监管规制，其目的在于强化宏观审慎监管、全面防范金融风险。

除了构建统一监管的大框架之外，监管工作发展的另一个特点是从集中式的行政性监管向行业协会为主体的自律性监管过渡。

自律管理是金融市场管理的最初形式，也是最基本的形式。和行政监管相比较，自律管理的优势在于更加具有弹性，修改和调整相对容易。自律管理和行政监管的边界可以简单概括为：为了克服"市场失灵"，需要采取一定的规制；为了消除"政府失灵"，需要坚持市场化方式。居于"市场—政府"光谱中间的就是自律管理组织。行政监管一般专职于市场的长远规划、框架设计、制度建设及对造成市场重大损失的行为的强制纠正；自律管理组织则往往在市场日常的监督、管理和规范中担负着更多具体的职责。国际证监会组织在其1998年颁布的《证券监管目标与原则》中将自律管理原则作为重要基石。因此，自律型、市场化监管模式是趋势所在。

在自律管理改革的过程中，银行间市场率先展开自律管理实践，2008年，银行间市场交易商协会开启了中国金融市场债券发行注册管理的先河，此后产品创新层出不穷，市场规模不断扩大，市场风险得到有效监控，充分体现了自律管理的优势。在交易所市场，《证券法》明确了证券交易所和证券交易协会作为自律管理组织的法律地位，为自律管理提供了法律支撑。在公司债券发行、新三板挂牌过程中，充分发挥证券交易所、股转系统和证券交易协会的作用。未来，随着我国股票发行注册制的改革探索，在交易所市场中，自律管理的导向会越来越清晰，自律管理的实践会越来越丰富。

（2）投资银行监管架构演变。我国投资银行监管架构的变化同投资银行的发展阶段密不可分。改革开放后，我国才出现投资银行金融机构，根据改革开放至今投资银行的发展程度，将投资银行历史沿革划分为三个阶段，并分析各阶段的监管特点：第一阶段是投资银行的萌芽期（1979～1991年），对应统一监管；第二阶段是投资银行的早期发展阶段（1992～1999年），商业银行和投行业务分离，监管模式变为分业监管；第三阶段是投资银行的规范发展阶段（2000年至今），在此期间国家出台多项法律法规以完善对投资银行的分业监管体系。

第一阶段：投资银行萌芽期所对应的统一监管模式。1979年之前，我国未出现真正意义上的投资银行。1979年，第一家信托投资公司中信信托投资公司成立，标志着第一家类投资银行金融机构的出现，投资银行的发展进入萌芽期。信托投资公司的主要业务包括委托存款、委托贷款和委托投资以及信托存款、信托贷款和信托投资，还包括同业拆借、融资租赁、担保业务、境外借款、资本金贷款和投资、债券发行、证券承销和经纪、投资业务、基金管理、投资顾问等。可见，除活期存款、个人储蓄存款和结算业务外，信托投资公司的经营范围还包括银行业、证券业和信托业的所有业务，也就是说，此阶段投资银行的组织结构属于德国全能银行模式。由于投资银行的混业经营模式，监管层面采取的是统一监管方式。

第二阶段：投资银行的早期发展阶段所对应的分业监管模式。1995年，我国颁布了《商业银行法》，其中第四十三条规定："商业银行在中华人民共和国境内不得从事信托投资和股票业务。"从而在法律上限定了我国投资银行的发展模式，此举标志着银行业和证券业、信托业分业经营、分业监管的开始；1999年7月，《证券法》正式颁布实施，标志着证券行业进入早期发展阶段。此阶段孕育出了一批专业从事投行业务的证券公司，证券市场规模特别是股票市场规模不断壮大，资本市场上金融工具种类增加，相关法律法规相继颁布等。分业经营对应着分类监管模式。

第三阶段：投资银行的规范发展阶段所对应的分业监管模式。从2002年开始，由于证券市场遭遇熊市，同时证券公司违规经营风险暴露，鞍山证券、佳木斯证券、新华证券等一批中小券商相继被关闭或撤销。2004年，南方证券被中国证监会和深圳市政府接管。

为规范证券公司，中国证监会不断完善相关法律法规体系。2004~2007年，我国对证券公司开展综合治理，建立了以风险管理能力为基础的分类监管体系；2009年中国证监会颁布《证券公司分类管理规定》，从法规层面确立分类监管体系，并于2010年和2017年进行了两次修订。关于投行业务，中国证监会也制定了一系列监管文件，规范证券公司从事投行业务。2009年中国证监会对《证券发行上市保荐业务管理办法》进行了修订，完善了证券公司保荐业务的监管制度；2012年颁布《证券期货市场诚信监督管理暂行办法》，建立了全国统一的证券期货市场诚信档案数据库；2013年颁布《证券发行与承销管理办法》，制定了证券发行与承销规则；2014年修订《上市公司收购管理办法》，增加了"财务顾问不得教唆、协助或者伙同委托人编制或披露存在虚假记载、误导性陈述或者重大遗漏的报告、公告文件，不得从事不正当竞争，不得利用上市公司的收购谋取不正当利益"的条款；2015年《公司债券发行与交易管理办法》正式实施，进一步规范了公司债发行、交易和转让行为；2016年修订《上市公司重大资产重组管理办法》等。

在规范发展阶段，我国金融监管在分业监管的基础上更强调统筹协调。近年来，金融体系风险事件频发，如2013年"钱荒"、2015年股市异常波动等，都对现有的分业监管体系形成巨大挑战。2016年中央经济工作会议指出，金融风险有所积聚，要把防控金融风险放到更重要的位置。当前金融风险的一个重要来源是监管套利、产品嵌套、资金空转。在"一行三会"分业监管模式下，不同机构监管标准不同，为金融机构间相互合作、规避监管提供机会。例如，银行通过发放理财、委外投资等方式，将理财资金交由信托、券商、基金等机构进行投资，从而规避投资范围的监管限制。针对监管套利所带来的风险问题，统筹协调金融监管是重要的解决之道。于是，"加强金融宏观审慎管理制度建设，加强统筹协调，改革并完善适应现代金融市场发展的金融监管框架，健全符合我国国情和国际标准的监管规则，实现金融风险监管全覆盖"被纳入"十三五"规划的建议。针对中国金融业现存的跨监管套利，2018年3月启动了国务院机构改革方案，将中国银行业监督管理委员会和中国保险监督管理委员会的职责整合，组建中国银行保险监督管理委员会，作为国务院直属事业单位；将中国银行业监督管理委员会和中国保险监督管理委员会拟定银行业、保险业重要法律法规草案和审慎监管基本制度的职责划入中国人民银行。这项改革,对于解决现行体制存在的弊端,强化综合监管,优化监管资源配置,更好地统筹系统重要性金融机构监管,逐步建立符合现代金融特点、统筹协调监管、有力有效的现代金融监管框架,守住不发生系统性金融风险的底线,维护国家金融安全,具有深远的历史意义和重要的现实作用。

9.5.2 业务创新与监管之间的调适

1. 投行业务创新、金融风险与金融监管的关系

投行业务创新、金融风险与金融监管之间相互影响、互为因果。投行业务创新对金融市场的冲击增加了金融风险,为避免金融危机的发生,金融监管介入市场。同时,金融监管模式的差异决定了投行业务创新活跃度的差异。

(1)投行业务创新的原因。投资银行开展业务创新,根本原因在于实现更高的利润,具体来说,主要是基于以下几个方面的需要。

1)拓宽盈利渠道。经纪业务、投行业务和自营业务是我国证券公司的三大传统业务,其中经纪业务佣金收入一直是国内投资银行的最主要收入来源,占比超过30%。随着最低佣金率和营业部开设门槛的放开,加上经纪业务同质化特点,证券公司纷纷选择降低佣金以吸引客户,导致经纪业务佣金率整体下滑。由于证券公司对经纪业务的依赖程度高,佣金率的下降导致利润率降低。为拓宽盈利渠道,证券公司在三大传统业务外,积极探索新兴业务模式。传统业务占比在2015年达到阶段高峰(81.38%)之后,在2016年迅速降至71.83%,主要是经纪业务和自营业务比重大幅下降,投行业务比重反而大幅提升。2012~2016年,资管业务占比呈现上升趋势,2016年资管业务占比同比提升近一倍(见表9-3)。

表9-3 我国券商的业务结构 (%)

业务	2012年	2013年	2014年	2015年	2016年
经纪业务(代理买卖证券业务)	38.93	47.68	40.32	46.79	32.10
投行业务(证券承销与保荐、财务顾问、资咨询业务)	17.33	12.51	12.74	10.02	22.40
自营业务(证券投资收益(含公允价值变动))	22.41	19.19	27.29	24.58	17.33
资产管理业务	2.07	4.41	4.78	4.78	9.04
其他业务	19.26	16.21	14.87	13.84	19.13
营业收入总计	100.00	100.00	100.00	100.00	100.00

资料来源:Wind资讯。

2)差异化竞争策略。传统业务竞争愈加激烈,一方面因为证券公司数量增加,截至2016年年底,我国共有129家专业证券公司,总资产为5.79万亿元;另一方面因为传统业务对券商专业水平、规模实力等门槛较低,新券商进入市场的成本较低。竞争程度加大使行业整体利润水平下降,2009~2012年券商净利润率由45.5%降至25.4%。投行开发新市场和新产品,进而打造差异化竞争优势,才能在竞争中取胜。

从美国投资银行发展历程来看,其投资银行行业也经历了最初的佣金大战,收入普遍依

赖于经纪业务的佣金收入时期,而今三大投资银行高盛公司、摩根士丹利、美银美林各自的业务专长领域和盈利制高点各有特色,大型综合性投资银行和精品投资银行协调共生,都与其产品和业务创新的推动、各投资银行的差异化竞争密切相关(见图9-6)。

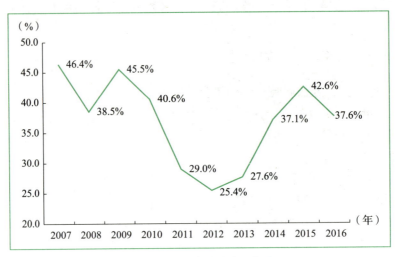

图 9-6　我国券商的净利润率

资料来源：Wind 资讯。

3)促进行业发展,提高整体水平。产品和业务是投资银行得以实现其资本市场功能的基础,我国投资银行成长时间短,行业知识和实际经验积累不足,产品研发和应用能力较差,与国外先进同行相比差距较大,行业整体技术水平有待提高。所以,投行产品和业务创新也是促进行业发展、提高整体水平的需要。

(2)业务创新与金融风险、金融监管的关系。投行业务创新会在一定程度上加剧金融风险,把金融体系的不稳定性增大,严重地可能引发金融危机。2008年金融危机的成因就是投行滥用创新型金融产品、金融监管滞后、货币政策失误等(见图9-7)。

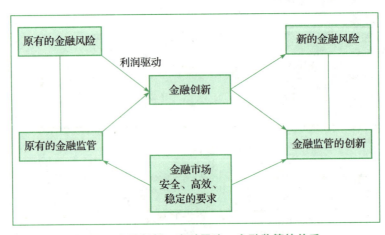

图 9-7　金融创新、金融风险、金融监管的关系

1)金融创新与金融风险的关系。投行业务的创新与风险的关系是相互联系、相互促进。

首先，业务创新的发展伴随着新的金融风险。在金融市场中，风险与收益总是并存的，高收益对应着高风险。投行追求业务创新的终极目的是提高利润，其开发出的高收益产品和服务必然对应着较高的风险。另外，投行业务风险影响范围广、扩散性强、突发性强，因此风险积聚演变成金融危机的概率更高。其次，金融风险与业务创新相互促进。一方面，加强金融风险管理在很大程度上推进了金融创新的发展；另一方面，金融创新使金融风险管理不断完善。

2）金融创新与金融监管的关系。金融监管既能约束业务创新，又能激发或支持金融创新。首先，业务创新带来新的金融风险，使原有的金融监管失效，尤其是采取政府监管模式的国家，其金融监管的灵活性不够，无法跟上金融创新的步伐。为了维护金融市场和社会的稳定，金融监管部门必须制定出更加严谨的措施和方法，用来约束金融创新，从而防范系统性金融风险，降低金融危机发生的可能性。

但是，金融监管创新的结果也许是更为高级的创新形态的出现，原因是监管激发了更高层次的规避监管、攫取利润的需要，创新与监管之间存在"遇强则强"的角逐关系。矛盾的是，金融监管的放松为金融创新营造良好的制度环境，应该有利于创新的发展，创新与监管之间又存在"遇弱则强"的关系。

2. 投行业务创新的制度环境

监管制度变迁为投行业务的发展带来了丰厚的制度红利。我国投资银行正处于剧变时期，各种管制的放松及新政策的出台将深刻影响投行业务的创新发展。

（1）IPO注册制改革和再融资政策变化。

1）注册制改革。注册制改革将对投行效率和竞争力提出更高的要求，不少券商和商业银行将加大投行业务投入，进行组织架构创新、业务流程创新、激励机制创新，以占据有利位置，促进自身竞争优势和核心竞争力的形成。

一是对投行硬实力提出更高要求。上市资源的稀缺性、圈钱效应及壳资源的价值将大为减弱，发行人、投行和投资者之间的市场博弈将更加均衡，未来决定券商投行业务核心竞争力的关键因素将是投行项目的多少及项目本身的质地等"硬实力"，而不是与证券审核权力部门之间的关系。

二是考验投行的定价和销售能力。在注册制下，新股是否成功发行并上市，取决于投行对项目公司真实情况的把握及其所处行业的研究，准确的市场判断、客观公正的定价能力和强大的销售能力将是券商股票承销与保荐业务取得成功的关键，投行研究能力、定价能力及销售能力的价值将凸显。

三是扩展券商投行业务空间。随着上市门槛的降低及上市审核管制的放松，未来拟上市公司数量将成倍增加，投行业务空间将大为扩展，投行业务收入占比将有所增加，券商对投行业务的重视程度也将提高。

2）再融资政策变化。我国对上市公司的再融资政策的基本框架始于2006年的《上市公司证券发行管理办法》，2011年又针对发行量较大的非公开发行制定了《上市公司非公开发行股票实施细则》。10年时间内，我国上市公司的再融资数量出现了大幅提升，并超过了IPO成为股票市场最主要的融资，但是也出现了一些问题：一是部分上市公司存在过度融资倾向，融资规模远超过实际需要量；二是非公开发行的定价机制存在较大套利空间，不利于投资者权益保护；三是再融资品种结构失衡，非公开发行由于发行条件宽松，定价时点选择多，发行失败风险小，逐渐成为绝大部分上市公司和保荐机构首选的再融资品种，公开发行规模急剧减少，同时，可转换公司债券、优先股等股债结合产品也发展缓慢。

针对这一问题，2017年2月15日，中国证监会对《上市公司非公开发行股票实施细则》的部分条文进行了修订，随后发布了《发行监管问答——关于引导规范上市公司融资行为的监管要求》，规范上市公司再融资。再融资新政的主要变化有：第一，定价只剩一个基准日，即发行期的首日；第二，拟非公开发行的股份数量不得超过发行前总股本的20%；第三，上市公司融资后18个月内不得启动再融资。再融资新政规范了发行定价，减少了过度融资的可能，在规范再融资的同时也增加了再融资的难度。

再融资相关监管规则的修改，抑制了上市公司此前的无序融资、过度融资以及频繁融资，有利于进一步引导资金脱虚向实，支持实体经济的发展，支持融资向优秀的上市公司倾斜。

（2）资产证券化、并购重组简政放权。

1）资产证券化简政放权。自2004年《国务院关于推进资本市场改革开放和稳定发展的若干意见》首次提出"积极探索并开发资产证券化品种"以来，资产证券化业务已由试点转为常规，业务范围扩展为信贷资产证券化、企业资产证券化和资产支持票据。2014年《证券公司及基金管理公司子公司资产证券化业务管理规定》出台，从事资产证券化业务的机构扩大为券商和基金公司并取消行政审批。这一系列制度改革将为券商投行从事资产证券化业务带来广阔的空间。

2）并购重组简政放权。2014年10月，中国证监会发布了修订后的《上市公司重大资产重组管理办法》和《上市公司收购管理办法》，这两个办法除保留借壳上市的审批外，取消对不构成借壳上市的重大收购、出售、资产置换行为的审批，要约收购事前审批及两项要约收购豁免情形的审批，完善了发行股份购买资产的市场化定价机制等。2015年4月修订后的《〈上市公司重大资产重组管理办法〉第十四条、第四十四条的适用意见——证券期货法律适用意见第12号》则进一步扩大了上市公司发行股份购买资产募集配套资金的比例和用途。上市公司并购重组的自主决策及市场化改革进一步放开，并购重组全过程的时间将缩短、效率大为提升。这些简政放权措施将进一步激发上市公司并购重组，给券商财务顾问业务带来飞跃式发展。

（3）牌照放开与金融机构交叉持牌。2014年《国务院关于进一步促进资本市场健康发展的若干意见》提出："实施公开透明、进退有序的证券期货业务牌照管理制度，研究证券公司、基金管理公司、期货公司、证券投资咨询公司等交叉持牌，支持符合条件的其他金融机构在风险隔离基础上申请证券期货业务牌照。积极支持民营资本进入证券期货服务业。支持证券期货经营机构与其他金融机构在风险可控前提下以相互控股、参股的方式探索综合经营。"这将使相对封闭的证券业逐步走向开放，各种性质的资本都可以发起设立、参股甚至控股券商，市场竞争者将越来越多，竞争将更加激烈。同时，其他金融机构也可以申请证券期货牌照，将为银行、信托、保险等大型金融机构进入资本市场打开大门，这些大型金融机构不仅拥有比券商庞大得多的客户资源，而且将为客户提供包括银行、证券、信托、保险等一系列综合金融服务，其强大的资本实力和极具竞争力的混业经营模式将对券商各项业务包括投行业务发展构成强大压力，失去特许经营保护的券商生存及竞争压力将陡升，券商行业自身的兼并重组将不可避免，业务创新速度也必须加快。

（4）场外市场发展。自2014年起，我国多层次资本市场建设取得了实质性进展，以新三板为代表的场外市场发展迅猛。第一，新三板市场规模的迅速扩大及做市商制度的建立，将为券商投行业务的发展提供新的契机、开辟新的战场。第二，区域性股权交易市场将纳入多层次资本市场体系，其发展定位是为区域企业私募证券的发行、转让及相关活动提供设施与服务，是区域性私募证券市场。这为券商差异化、小型化、专业化、特色化投行业务发展提供了空间，竞争力相对薄弱的中小券商可以借此平台发展创新型投行业务。

（5）《证券法》的修订及证券监管转型。《证券法》的修订在法律层面提高了投行业务违法违规行为的惩罚力度，投行业务违法违规行为将承担严格的行政责任、民事责任及刑事责任。这将扭转过去投行业务违法失信成本过低的状况，大幅增加违法违规风险成本。修订后的《证券法》在实际监管层面加大了证券违法违规行为查处力度。近年来，证券监管力度明显加强。2014年，证监会明确提出要监管转型，现在证券监管部门的工作重点正在从以事前审批为主向以事中事后监管为主转变。如果转型成功，市场主体准入后的持续监管力度将加强，发现和查处违法违规行为的能力将提高，券商投行业务违法违规行为受到处罚的风险会大大增加。2013年的"万福生科案"、2014年的"天威视讯"股价操纵案等就是例证。惩戒力度大幅提高、监管执法日趋严格，这些都对券商投行业务的合规和风险管理提出了更高要求。因此，进行投行业务创新还应该把握好度，重视创新业务的合规性和持续的风险管理，否则会受到严厉的惩罚。

3. 投行业务的创新路径

（1）挖掘承销保荐业务的潜力。

1）提升定价和销售能力。定价和销售能力是决定投行竞争力的重要指标。国内定价机制脱胎于历史的固定市盈率模式，导致目前各投行在证券发行时的价值发现、差异化定价不明显，以行业平均市盈率为定价基准已成为业内操作实际标准。在销售方面，各投行尚停留在基础客户维护和公关层面上，销售网络布局、客户数据库开发和维护尚处于起步阶段。提升定价和销售能力，有利于平衡发行人和投资者的利益关系，既帮助企业获得融资，又保护投资者的权益。这样投资银行既能为资本市场培育大批优秀上市公司，又能实现自身业务的持续健康发展。

2）提供全业务链承销保荐服务。一是为不同融资方式提供全面的承销保荐服务，包括IPO、股权债权再融资、非标结构化融资、股东特殊目的融资等；二是在承销保荐之外提供财务顾问、管理咨询、配套融资等服务，包括企业资产管理、财务管理、发展战略、并购重组等。

3）将业务覆盖到企业的整个生命周期。企业生命周期分为初创期、成长期、成熟期、衰退期四个阶段，投资银行可以针对不同阶段提供差异性融资服务。

（2）并购业务创新。并购是资本市场和实体经济发展到较高阶段的业务形态，以发达国家资本市场为例，投资银行主体业务已经从最初的股权债券融资发展为并购重组，并购业务贡献了大部分投行业务收益。我国企业间的并购重组已经成为调整经济结构的重要方式之一，且其重要性将不断提高，这是由我国的经济发展阶段以及政策导向决定的。当前中国经济正处于"三期叠加"，产能过剩和企业经营效益下滑问题突出、行业整合需求强烈、新经济增长点的培育任务艰巨,这些都为企业并购重组提供了广阔的舞台。

随着政府部门加快职能转变、一系列并购重组简政放权政策的出台及证券监管部门监管转型的顺利推进,资本市场在资源配置中的基础性作用将显现出来,以资本市场为主战场的企业兼并重组将爆发式增长。投资银行应当抓住机遇,大力发展并购重组业务,积极夯实撮合交易基础业务,创新发展并购重组资本介入业务,提供过桥贷款,引入并购基金、私募基金、私募股权等参与并购重组。

(3)资产证券化业务创新。资产证券化业务是国际投资银行的重要盈利点,当下也是国内投行开展资产证券化业务创新的好时机。从需求端看,中国三十多年经济的快速发展使积累了几十万亿元流动性相对较差的资产及其收益权,银行体系不良贷款余额巨大,企业资产证券化和信贷资产证券化需求强烈;从供给端看,国内股市、债市不温不火,投资者期盼寻找新型投资工具;从政策端看,资产证券化契合了"去杠杆"的监管目标,是政府大力支持的业务创新模式。资产证券化业务极有可能为国内投行业务的开展带来新的发展空间。资产证券化使原来的沉淀资产的未来现金流提前预支,盘活了存量资源,使优质的资产获得发展资金,提高了资金使用效率,进而实现了资源的优化配置。

(4)新三板市场业务创新。西方成熟资本市场的发展经验给我国资本市场发展的启示是:没有一个发达的场外市场就不可能有一个发达的场内市场。近几年在国家的大力扶持下,场外市场尤其是新三板市场取得了跨越式发展。其市场需求之旺盛、发展速度之快大大超出预期,这为投行业务发展开辟了新的天地。因此,投资银行在抢占和保持场内市场投行优势地位的同时,应当走出场内市场这个象牙塔,积极开拓场外市场尤其是新三板市场业务,在以市场为导向的前提下,将服务实体企业特别是中小企业、投资者和中国经济的转型发展作为己任,充分发挥资本中介专业服务机构作用,大胆进行投行业务创新,不仅可以增强服务实体经济能力,而且还能储备大批 IPO 企业资源,增加大量资产管理、财务顾问、经纪业务等客户资源,为投资银行增加新的业务增长点。

4. 投行业务创新的风险及监管调整——以次贷危机为例

(1)业务创新的风险分析。

1)次贷危机的产生与全球金融危机。次贷危机是一场与金融创新密切相关的金融危机,以次级抵押贷款为基础资产的金融衍生品使风险迅速蔓延至各类金融机构,演变成美国次贷危机,随后引发全球金融危机。

引起美国次贷危机的直接原因是利率上升和房价下跌。次级抵押贷款是指贷款机构向信用程度较差和收入不高的借款人提供的贷款,通常采用前期固定利率、后期浮动利率的还款方式。2006 年之前,由于美国住房市场繁荣、利率水平较低,次级贷款规模迅速扩大。随着利率上升,次级贷款的还款利率大幅提高,增加了借款人的还款负担。同时,房价下降使按揭买房者出售房屋或者通过抵押房屋再融资变得困难,这种局面导致大批次级贷款违约。

如果没有金融衍生品创新,那么次贷危机的波及面主要局限于发放次贷的银行类金融机构。然而,大量的、建立在次贷基础上的金融衍生品,如**抵押贷款支持证券**(mortgage-backed securities,MBS)、**信用违约互换**(credit default swap,CDS)、**债务抵押债券**(collateral debt obligation,CDO)等,使次贷危机迅速蔓延到持有这些债券的全球金融机构中。这些机构经营困难，股票被抛售，全球证券市场大跌，投资者损失惨重。

2）投资银行在次贷危机中扮演的角色。欧美投资银行在危机中扮演了次贷证券的发起、承销和二级市场做市、直接投资、为对冲基金等投资次贷证券提供抵押融资，与保险公司、对冲基金等进行 CDS 等次贷证券交易等多种重要角色，促进了次贷证券市场的空前膨胀。投资银行在业务创新中获得了丰厚利润，也在次贷危机中遭受严重损失。

一是次贷证券的发起、承销和二级市场做市。投资银行通过发起和承销次贷证券赚取了丰厚收益。首先，投资银行购买次级抵押贷款、资产支持证券、CDO 等资产，构建资产池，设立特殊目的载体。其次，设计次贷证券的结构，例如确定 CDO 优先档、中间档和权益档的比例、规模和评级。投资银行在以上两个阶段充当着次贷证券发起人的角色。最后，投资银行还负责次贷证券的承销工作。为了二级市场做市，投资银行通常会持有部分优先档或中间档 CDO，这为投资银行在次贷危机中遭受巨额损失埋下伏笔。此外，投资银行将次贷资产反复证券化并出售，通过信用违约互换等方式，使金融衍生品的规模远远超出市场分散风险的实际需求，极大地扩大了次贷危机的影响力。

二是直接投资次贷证券。次贷证券收益率高，受到担保机构的保护，有相对应的风险缓释工具（如 CDS），吸引投资银行固定收益部门运用杠杆大量投资。杠杆比率一般为 30 倍，雷曼兄弟的杠杆比率甚至高达 40 倍。同时，投资银行通常根据市场信息，参考信用评级，使用内部模型对次贷证券进行估值，这种估值方法普遍高估了次贷资产价值。由于次贷证券二级市场流动性低，二级市场价格远低于资产估值水平。因此，随着次级抵押贷款违约率攀升，投资银行遭受巨大资产减值损失。例如，2008 年 8 月，美林以 67 亿美元的价格将面值为 306 亿美元的 ABS 与 CDO 出售，售价仅为面值的 22%，此举引发了一轮 CDO 资产价值缩水风波，特别是对于欧洲银行，其 CDO 资产估值水平远高于美林交易价格，包括瑞银、德意志银行、法国兴业银行、法国农业信贷银行、Natixis 银行和巴黎银行，六大银行的资产减值损失共 317 亿美元。

三是为对冲基金等投资次贷证券提供抵押融资。对冲基金等机构投资者以 CDO 资产为抵押，从投资银行获得融资以再次投资于次贷证券，进一步放大杠杆和投资规模。当基础资产违约率上升时，CDO 等衍生品的价格下跌，对冲基金等面临追加保证金的要求，否则将被迫强行平仓。强行平仓带来资产价格继续下滑，投资银行继续追加保证金，导致进一步平仓甚至清盘。次贷证券价格的螺旋式下跌使得为对冲基金等机构提供抵押融资的投资银行蒙受巨大损失。例如，2007 年 6 月贝尔斯登的对冲基金破产时，美林持有其 8.5 亿美元次贷资产作为抵押品，最后只能以 1 亿美元拍卖成交。

四是与保险公司、对冲基金等进行 CDS 等次贷证券交易。投资银行参与大量 CDS 交易，一方面充当 CDS 卖方获得保费收入，当基础资产违约事件频发时，保护卖方蒙受巨大损失；另一方面充当 CDS 买方，对冲自持的次贷资产风险，由于交易对手风险，仍可能遭受损失。

（2）次贷危机所暴露出的投行监管缺陷。美国投资银行业监管上的缺陷是导致此次金融危机发生的一个重要原因。美国投行监管机制的不足之处主要表现在以下几点。

1）过于依赖市场力量。政府和监管当局认为市场有自己的发展模式和规律，不应过度干预市场，放任了房地产业过热、次级贷款过度发放以及衍生品过度创新。

2）监管力度减弱。20 世纪后期，放松监管成为主流，于是有了 1999 年《金融服务现代化法案》允许商业银行和投资银行混业经营，有了2004年SEC废除投资银行的经纪机构所承担债务额度的限制。

随着监管力度减弱，投资银行在业务方面几乎不受任何实质性约束，在利益驱使下，投资银行迅速膨胀，风险的隐患也越来越大，本次金融危机就是次贷危机蔓延的结果，而次贷危机的产生又是信用链拉长的结果，投资银行又利用金融工程技术对次债进行了分割组合，为金融市场埋下了隐患，最终酿成了这场危机。

3）对投资银行净资本和杠杆率控制不力。金融衍生品加上杠杆投资，帮助投资银行赚取丰厚利润，此时旧的净资本和杠杆率要求等已经难以确保投资银行的流动性。

4）投资银行信息披露不到位。监管机构不要求投资银行披露其在场外市场的交易信息，而场外市场金融产品众多、交易模式复杂，很容易滋生违法违规行为和风险隐患，有必要进行充分信息披露。

（3）国内外应对投行业务创新的监管对策。2008年国际金融危机后，各国为使投行监管适应投行业务创新的步伐，加大了监管改革力度。

1）监管职能方面。在监管职能方面，各国更加注重对系统性风险和金融创新的监管。

一是提高投资银行的资本要求。美国投资银行受到《巴塞尔新资本协议》最低资本充足率的限制，其高风险的业务投资模式、过度负债经营模式将发生改变。英国维克斯报告阐述了对英国银行业改革的三大建议，其主要内容涵盖了隔离零售银行与投资银行、提高银行资本要求和促进银行业竞争三大方面。日本监管当局认为金融监管体系的改革重点应放在扩大风险管理范围，防范外部风险内部化，即将监管范围由传统的商业银行扩大至所有金融市场的参与者，包括对冲基金、评级机构和金融衍生工具，要求进行资产证券化的基础资产必须真实，并定期公布资产敞口以及损失情况。

二是转变自由放任的监管理念，加强防范系统性风险。西方发达国家长期信奉"最少的监管就是最好的监管"，系统性风险常被忽视。然而，系统性风险的冲击力伴随着金融市场相关性的增强而数倍放大。鉴于此，美国、英国、欧盟等改变传统的监管理念，强化政府对金融危机的干预能力，提出赋予政府独立决策、自主运用危机治理工具的权利，在必要时有权解散那些"太大而不能倒闭"的公司，包括投资银行，从而避免政府为是否应救助困难企业而左右为难，并成立专门机构将所有系统重要性机构纳入监管。美国投行面临着前所未有的强力政府监管，受到SEC、美联储等多家政府监管机构的共同监管，还建立了金融服务监督委员会专门负责系统性风险管理；英国成立金融稳定委员会负责对系统性风险进行分析、判断和防范；日本成立专门工作组，对国内外大型金融机构的跨境和跨行业风险进行监控；欧盟组建"欧洲系统性风险管理委员会"负责监测欧盟金融市场可能出现的系统性风险。

三是坚持开放合作的原则，加强监管的国际合作。2008年金融危机的全球性和系统性特征将金融监管的国际合作推向了高潮，加强监管的国际协作成为各国完善监管职能的重要组成部分。与投资银行国际监管相关的两大组织，即巴塞尔银行监管委员会和国际证券委员会之间的协调与合作越发深入。国际货币基金组织（International Monetary Fund，IMF）与金融稳定委员会合作开展危机早期预警分析工作，加强风险的全球监测和分析、促进全球监管协作。各国金融监管当局也意识到建立和完善监管国际合作机制的必要性和迫切性。

2）监管目标方面。在监管目标方面，更强调金融市场稳定和投资者保护。

一是更加重视金融稳定的目标。英国制定了《2009年银行法》和《改革金融市场》白皮书，从机构设置、系统性风险防范与管理、问题金融机构处置、金融监管部门之间的协调等方面强化监管职责，力图构建一个严格防范、科学治理的监管框架维持金融稳定。《2009年银行法》更是明确了英格兰银行在金融稳定中的法定职责和核心地位，并强化了相关的金融稳定政策工具和权限。

二是强调保护存款人和投资者的利益。随着金融衍生品日益复杂化，金融机构和金融消费者之间的信息不对称加剧，更加削弱了金融消费者对金融产品潜藏风险的判别能力。2008年金融危机正是由于投资银行滥用衍生工具，评级机构提供虚假信息，美国对于金融消费者的保护有名无实，致使大量投资者利益受损。2008年第四季度，美国家庭净资产环比降9%，创1951年以来最大单季跌幅。因此，保护金融消费者权益成为危机后金融监管改革的重点。美国和英国明确提出通过法律健全消费者和投资者保护机制，美国2010年公布《多德－弗兰克法案》，使得保护金融消费者有法可依，并专门设立个人消费者金融保护署；英国于2009年通过《改革金融市场》白皮书，对保护消费者利益予以制度化；欧盟在2009年3月发布《驱动欧洲复苏政策文件》，强调要完善对银行储户的保护。

3）监管原则方面。在监管原则方面，一是增加宏观审慎监管原则。微观审慎监管针对单个金融机构进行监管，防止金融机构倒闭给投资者和存款人带来损失。而宏观审慎监管把金融系统作为监管对象，从全局对金融市场进行检测，以防范系统性风险发生，维护金融系统稳定。金融危机之后，各国把宏观审慎监管作为金融监管的主要原则。美国、欧盟和英国也都成立了跨部门委员会，负责监测系统性风险。美国成立金融服务监督委员会，并通过《多德－弗兰克法案》赋予美联储综合性的监管权力，把包括投资银行、经纪公司和投资基金在内的系统重要性金融机构、潜在系统风险和共性问题都纳入宏观审慎监管框架之下，使得美联储的监管权力扩大到经济中存在的广泛风险；欧盟成立系统性风险理事会（European Systematic Risk Committee，ESRC）强化应对系统性风险的能力；英国成立金融稳定委员会等。

二是强调依法监管原则。2008年金融危机后，美国颁布《多德－弗兰克法案》确保金融消费者的合法权益，拓宽了金融监管的法制化范围。长期以来，英国的金融监管法制化程度都较低，2000年6月，英国通过的《2000年金融服务和市场法》成为英国金融业监管管理的基本大法，开辟了英国金融监管法制化、制度化、规范化的道路。金融危机后，英国更加强化依法监管原则，颁布了《2009年银行法》和《改革金融市场》白皮书，成为金融危机中监管原则变化最大的国家。中国政府在金融危机爆发后，相继颁布了《国家金融突发事件应急预案》《关于支持金融服务业加快发展的若干意见》等文件，以提高金融风险预警和防范。从国际法律法规来看，巴塞尔协议在危机之后亦做了多次修改，并于2010年出台《巴塞尔协议Ⅲ》，为各国监管金融机构提供了统一的新标准。

4）监管体制方面。关于危机后金融体制改革的具体措施，已经在本章有过详细叙述，在此只做概述和总结。按照金融机构经营模式和监管部门的监管模式，各国的监管体制可分为三类。

一是混业经营、分业监管，代表国家是美国。该体制的特点有：①信奉"分权与制衡"，实行双层多头监管，监管部门众多；②监管体制滞后于金融创新，存在监管空白区域；③以微观审慎监管为主，缺乏宏观审慎监管；④监管力度不够。2008年金融危机之后，美国进行了"金融大部制"改革，赋予美联储全面监管银行、保险、证券和衍生品交易的权力，并设立金融稳定监管委员会处理监管争端,实现了不同监管机构之间的信息共享与监管协调。美国监管体制逐渐从双层多头伞形监管体制向统一监管体制的转变,形成了集中、全面和无缝监管的格局。

二是混业经营、混业监管。代表国家有英国和德国,其共同点是在危机后加强了宏观审慎管理,分别设立了金融政策委员会和金融稳定委员会专司宏观审慎监管。此外,英国确立了英格兰银行在金融监管中的核心地位,进一步加强了金融监管的集中性。

三是中国式分业监管体制。在此次国际金融危机中,中国投资银行业所受冲击比欧美国家投资银行业小得多,在一定程度上归功于中国分业监管体制。中国金融监管的行政色彩较浓,"一行三会"的监管架构对投行活动监管较严,加上资本项目不可兑换情况下跨境投资受到抑制,这些对于降低金融风险产生了积极作用。美国投资银行业的问题是金融创新过度,而中国投资银行业的问题是创新不足,但是这一问题会有所改善。

近年来,中国证监会逐渐放开证券公司的业务范围,融资融券、衍生品交易、资产管理、资产证券化等新业务开始发展;许多商业银行、保险公司也开始从事投行业务,金融市场初具混业经营趋势。中国在鼓励投行业务创新、减少行政干预的同时,并未放松监管。例如,为防止国内券商重蹈华尔街投资银行的覆辙,中国证监会修改了《关于证券公司风险资本准备计算标准的规定》,以加强对证券公司风控指标体系的监管;各监管机构致力于金融"去杠杆",通过对同业存单、同业理财、委外投资等业务的监管,降低银行资产端扩张速度,防止资金在金融机构间空转,引导银行资金服务实体经济;金融监管牢牢围绕"防范系统性金融风险"开展;中央重要会议多次强调建立金融监管协调机制,减少监管机构间的职能冲突,填补金融监管漏洞等。

2017年11月8日,金稳委成立,同时,由国务院副总理兼任国务院金稳会主任。金稳委明确了五方面主要职责:①落实党中央、国务院关于金融工作的决策部署;②审议金融业改革发展重大规划;③统筹金融改革发展与监管,协调货币政策与金融监管相关事项,统筹协调金融监管重大事项,协调金融政策与相关财政政策、产业政策等;④分析研判国际国内金融形势,做好国际金融风险应对,研究系统性金融风险防范处置和维护金融稳定重大政策;⑤指导地方金融改革发展与监管,对金融管理部门和地方政府进行业务监督和履职问责等。

2018年3月13日,国务院机构改革方案提请全国人民代表大会审议批准,方案形成了中国金融监管体制"一委一行两会"的新架构,即金稳委、中国人民银行、中国证监会、中国银保监会。新的框架强调了宏观审慎监管、统筹协调监管、分离发展与监管职能、分离监管规制与执行,更加适应当前中国金融发展的现状。这意味着未来我国的投资银行业将在更加稳健、合规、安全的框架下发展,这是与投资银行监管的基本目标和原则相一致的。

■ 本章小结

1. 对投资银行进行监管的理由主要有三:矫正市场失灵;保护投资者并维护市场信心;促进投资银行稳健发展,避免系统性金融风险。

2. 各国对投资银行的监管目标各有差异,但基本目标可以归纳为:维护投资银行体系的安全与稳定、促进投资银行开展公平竞争、保护投资者的合法权益。
3. 公平、公正、公开的"三公"原则是投资银行监管的基本原则。
4. 投资银行的监管模式分为集中监管模式、自律监管模式和混合监管模式。
5. 交易商协会对银行间债券市场的自律管理体现在发行注册和后续管理两个方面。监管内容包括机构资质和发行管理。
6. 我国商业银行承销业务和并购业务的监管模式和内容。
7. 我国商业银行为企业兼并重组提供顾问、托管、融资等金融服务，其中并购贷款是最主要的被监管业务。
8. 了解我国投资银行的三层监管架构，集中监管加分业监管的监管模式。
9. 我国对证券公司投行业务的监管包括对证券公司的监管、对承销业务以及并购重组业务的监管等。
10. 2008年次贷危机之后，以美国为代表的西方发达国家对投资银行的监管由功能监管和并表监管走向了集中监管。
11. 我国对金融市场的监管架构也从"一行三会"集中型分业监管架构开始转向了分业监管之上的联席会议以及强调自律型监管。投资银行的监管框架目前对应的是规范发展阶段的分业监管模式。
12. 投行业务创新、金融风险与金融监管之间相互影响、互为因果，这种关系决定了业务创新与监管之间协调发展的基调。
13. 近年来，我国投资银行创新的制度环境不断优化，业务创新层出不穷，创新能力将是投资银行未来发展的核心竞争力。

思考题

1. 投资银行监管的必要性是什么？
2. 投资银行监管的原则是什么？
3. 投资银行的监管模式主要有哪几种？
4. 我国商业银行在发行承销方面的主要管理机构是哪家？在具体监管内容中，它针对哪些进行监管？
5. 我国商业银行在并购贷款方面的风险应该如何评估和管理？
6. 我国对证券公司的监管模式是什么？
7. 我国对证券公司风险管理的主要监管指标是什么？分类评级主要关注哪些指标？
8. 2008年金融危机之后，以美国为代表的西方发达国家对投资银行的监管架构发生了怎样的变化？
9. 我国投资银行的监管架构在2018年之后发生了什么变化？
10. 投行业务创新、金融风险与金融监管这三者之间的关系应该如何描述？
11. 发行注册制改革对投资银行的效率和竞争力提出了什么样的要求？投行应该如何面对这种制度变化而进行创新？
12. 目前我国投行业务创新方面，应该有哪些可行路径？
13. 次贷危机暴露出投行监管方面的哪些缺陷？目前国内外有哪些具有针对性的监管改进措施？

参考文献

[1] STOWELL D. An Introduction to Investment Banks, Hedge Funds, and Private Equity: The New Paradigm.[M]. Pittsburg: Academic Press, 2010.

[2] FABOZZI F. The Handbook of Mortgage Backed Securities[M]. New York: McGraw-Hill, 2005.

[3] FABOZZI F J, MANN S V. The Handbook of Fixed Income Securities[M]. New York: McGraw-Hill, 2005.

[4] LERNER J, HARDYMON F, LEAMON A. Venture Capital and Private Equity: A Casebook[M]. 3rd ed. Hoboken: John Wiley & Sons, 2004.

[5] ROSENBAUM J, PEARL J. Investment Banking: Valuation, Leveraged Buyouts, and Mergers and Acquisitions[M]. Hoboken: John Wiley & Sons, 2009.

[6] LIAW T. The Business of Investment Banking: A Comprehensive Overview[M]. 2nd ed. Hoboken: John Wiley & Sons, 2005.

[7] 莫里森,维尔勒姆,等. 投资银行:制度、政治和法律[M]. 何海峰,译. 北京:中信出版社, 2011.

[8] 埃利斯. 高盛帝国[M]. 卢青,张玲,束宇,译. 北京:中信出版社, 2010.

[9] 盖斯特. 最后的合伙人:华尔街投资银行的秘密[M]. 向桢,译. 北京:中国财政经济出版社, 2003.

[10] 彻诺. 摩根财团[M]. 金立群,校译. 北京:中国财政经济出版社, 2003.

[11] 斯托厄尔. 投资银行、对冲基金和私募股权投资(原书第3版)[M]. 马晓军,黄嵩,等译. 北京:机械工业出版社, 2019.

[12] 戈登. 伟大的博弈:华尔街金融帝国的崛起[M]. 祁斌,译. 北京:中信出版社, 2005.

[13] 基德韦尔,布莱克威尔,等. 货币、金融市场与金融机构(原书第10版)[M]. 李建军,章爱民,译. 北京:机械工业出版社, 2009.

[14] 罗森鲍姆,珀尔. 投资银行:估值、杠杆收购、兼并与收购(原书第2版)[M]. 刘振山,曹建海,译. 北京:机械工业出版社, 2014.

[15] 罗斯,等. 公司理财(原书第11版)[M]. 吴世农,等译. 北京:机械工业出版社, 2018.

[16] 施瓦茨. 德意志银行[M]. 杨轩,译. 北京:华夏出版社, 2008.

[17] 何小锋,韩广智. 资本市场运作案例[M]. 北京:中国发展出版社, 2006.

[18] 何小锋,韩广智. 资本市场理论与运作[M]. 北京:中国发展出版社, 2006.

[19] 何小锋,黄嵩. 投资银行学[M]. 2版. 北京:中国发展出版社, 2008.

[20] 黄嵩,李昕旸. 兼并与收购[M]. 北京:中国发展出版社, 2008.

[21] 李心愉,郝君富. 公司融资案例[M]. 北京:中国发展出版社, 2008.

[22] 马晓军. 证券设计理论及融资工具创新问题研究[M]. 北京:中国财政经济出版社, 2006.

［23］ 王虹，徐玖平. 项目融资管理［M］. 北京：经济管理出版社，2008.

［24］ 谢多. 资产支持票据注册发行业务手册［M］. 北京：中国金融出版社，2018.

［25］ 李昕旸，杨文海. 私募股权投资基金理论与操作［M］. 北京：中国发展出版社，2008.

［26］ 赵智文，马晓军. 投资银行学［M］. 北京：科学出版社，2008.

［27］ 张志元. 投资银行学［M］. 北京：机械工业出版社，2009.

［28］ 中国银行间市场交易商协会教材编写组. 金融市场风险管理：理论与实务［M］. 北京：北京大学出版社，2019.

［29］ 中国银行间市场交易商协会教材编写组. 投资银行：理论与实务（上下册）［M］. 北京：北京大学出版社，2019.

［30］ 中国银行间市场交易商协会教材编写组. 现代金融市场：理论与实务（上下册）［M］. 北京：北京大学出版社，2019.

［31］ 中国证券业协会. 金融市场基础知识［M］. 北京：中国财政经济出版社，2018.

［32］ 中国证券业协会. 证券市场基本法律法规［M］. 北京：中国财政经济出版社，2018.

［33］ 中国注册会计师协会. 财务成本管理［M］. 北京：中国财政经济出版社，2019.

［34］ 周春生. 融资、并购与公司控制［M］. 2版. 北京：北京大学出版社，2007.

［35］ 朱宝宪. 公司并购与重组［M］. 北京：清华大学出版社，2006.

推荐阅读

书名	作者	中文书号	定价
货币金融学（第2版）	蒋先玲（对外经济贸易大学）	978-7-111-57370-8	49.00
货币金融学习题集（第2版）	蒋先玲（对外经济贸易大学）	978-7-111-59443-7	39.00
货币银行学（第2版）	钱水土（浙江工商大学）	978-7-111-41391-2	39.00
投资学原理及应用（第3版）	贺显南（广东外语外贸大学）	978-7-111-56381-5	40.00
《投资学原理及应用》习题集	贺显南（广东外语外贸大学）	978-7-111-58874-0	30.00
证券投资学(第2版)	葛红玲（北京工商大学）	978-7-111-42938-8	39.00
证券投资学	朱晋（浙江工商大学）	978-7-111-51525-8	40.00
风险管理（第2版）	王周伟（上海师范大学）	978-7-111-55769-2	55.00
风险管理学习指导及习题解析	王周伟（上海师范大学）	978-7-111-55631-2	35.00
风险管理计算与分析：软件实现	王周伟（上海师范大学）	978-7-111-53280-4	39.00
金融风险管理	王勇（光大证券）	978-7-111-45078-8	59.00
衍生金融工具基础	任翠玉（东北财经大学）	978-7-111-60763-2	40.00
固定收益证券	李磊宁（中央财经大学）	978-7-111-45456-4	39.00
行为金融学（第2版）	饶育蕾（中南大学）	978-7-111-60851-6	49.00
中央银行的逻辑	汪洋（江西财经大学）	978-7-111-49870-4	45.00
商业银行管理	陈颖（中央财经大学）	即将出版	
投资银行学:理论与案例（第2版）	马晓军（南开大学）	978-7-111-47822-5	40.00
金融服务营销	周晓明（西南财经大学）	978-7-111-30999-4	30.00
投资类业务综合实验教程	甘海源等（广西财经大学）	978-7-111-49043-2	30.00
公司理财：Excel建模指南	张周(上海金融学院)	978-7-111-48648-0	35.00
保险理论与实务精讲精练	胡少勇（江西财经大学）	978-7-111-55309-0	39.00
外汇交易进阶	张慧毅（天津工业大学）	978-7-111-60156-2	45.00